登科記考補正

上冊

〔清〕徐松 撰
孟二冬 補正

中華書局

圖書在版編目(CIP)數據

登科記考補正/(清)徐松撰;孟二冬補正. —北京:中華書局,2019.7
ISBN 978-7-101-13919-8

Ⅰ.登… Ⅱ.①徐…②孟… Ⅲ.科舉制度-研究-中國-唐代
Ⅳ.D691.342

中國版本圖書館 CIP 數據核字(2019)第 113194 號

書　　名　登科記考補正(全三册)
撰　　者　〔清〕徐　松
補 正 者　孟二冬
責任編輯　周毅澤
出版發行　中華書局
(北京市豐臺區太平橋西里 38 號　100073)
http://www.zhbc.com.cn
E-mail:zhbc@ zhbc.com.cn
印　　刷　北京瑞古冠中印刷廠
版　　次　2019 年 7 月北京第 1 版
2019 年 7 月北京第 1 次印刷
規　　格　開本/920×1250 毫米　1/32
印張 46¼　插頁 6　字數 1197 千字
印　　數　1-2000 册
國際書號　ISBN 978-7-101-13919-8
定　　價　146.00 元

目　録

自　序

清代著名學者徐松(1781－1848)所撰《登科記考》三十卷,是研究唐五代人物、史事、科舉和文學等方面的重要著作。該書自清道光十八年(1838)成書以來,一直受到學術界的充分重視和廣泛好評。趙守儼先生在《登科記考》(中華書局 1984 年 8 月第 1 版)的《點校説明》中,對該書的學術價值和主要特點,歸納爲以下三點:

一、取材宏富,而不傷於濫。其取材包括史籍、方志、類書、總集、别集、筆記小説、碑誌石刻,範圍甚廣。資料的搜集雖不能説已做到纖細不遺,但確已將唐代科舉的重要資料條分縷析,粹爲一編。編者對待資料的態度並非以多爲勝,而是作了較爲認真的選擇。如凡例談到:

> 圖經、家乘,例載科目,而近世府廳州縣志襲謬承訛,動遭指摘。……顔師古《漢書注》云:"私譜之文,出於閭巷,家自爲説,事非經典,苟引先賢,妄相假托。"今同斯例,概就刊落。惟見於《永樂大典》所引者,皆宋元舊笈,事有可徵,盡行採録。

這就是説,編者所用方志,限於去唐未遠之宋元舊著,明清所修,由於以訛傳訛之處太多,故摒棄不取。本書由《大典》中徵引的舊志,不但原書久佚,甚至徐松所看到的《大典》在今天也不可全見,因而這些遺文更爲可貴。至於人物生平的資料,編者雖没有明確提出選擇標準,但我們稍加留意就可以發現,他絶不是信手抄録,而是僅僅摭取其與科舉有關和能够説明登第者身世部分。編者的這種謹嚴的態度和做法,對於我們今天編選資料,也是值得借鑒的。

二、注意反映有關科舉取士各個方面的問題。例如科舉取士在有唐一代雖然在不斷發展和制度化,却始終遭到一些人的反對。在考試内容方面,重文藝還是重經術;録取對象,以"子弟"爲主,還是以寒門爲先,都存在着不同意見。凡能够反映上述問題的材料,編者都没有忽略,這也説明徐松的史識。又如,本書附載了大量的策賦詩文,初讀此書,可能感到這些資料似乎徒佔篇幅,意義不大,但如果要進一步探索唐代取士的標準和傾向,以至不同時期的文風,我們就會發現它是大有作用的,所謂"一篇一韻,初若虚文,而治亂之萌係焉"(《唐詩紀事》卷五八)。

三、考證和按語精闢,可取的不在少數。編者對一項制度的原始,多附加按語,以引起讀者的注意,如卷五開元五年(717)博學宏辭科下按語説:"按博學宏辭置於開元十九年,則此猶制科也。"同上卷開元二年(714)進士科下引《永樂大典》"賦"字韻注稱:"開元二年,王邱員外知貢舉,始有八字韻脚。"又指出:"按雜文之用賦,初無定韻,用八韻自此年始。"卷九天寶十三載(754)詞藻宏麗科,引《册府元龜》之文,以説明此年爲制舉試詩賦之始。同上卷天寶七載(748)李栖筠下,據《黄石公祠碑》碑陰齊嵩題記,指出碑文作者李卓即栖筠,可補史闕。此外,訂正兩《唐書》及其他史籍、筆記的地方更是不勝枚舉。這些都是我們校理有關史料應當取資的重要研究成果。

從以上所述可以看出,本書的作用已遠遠超出登科記的範圍,實際上是一部相當詳備的、經過考訂的唐五代科舉史料編年,對於研究唐代的歷史、文學都是很重要的參考書。

趙先生同時也指出:“然而古今的任何著作都不會是完美無疵的,本書有許多長處,但也有它的缺點,疏漏錯誤亦復不少。因此在使用這部書的時候,還需要進行覆核。岑仲勉先生於1941年曾寫過《登科記考訂補》一文(《歷史語言研究所集刊》第十一本),指出本書的重複、錯誤、缺漏多條,現附印書末,以便參考。近幾十年來唐代墓誌大量出土,這些都是徐松所不及見的,如果能利用這些資料對本書加以補充、訂正,成績必大有可觀。”實際上趙先生在點校中還徵引了施子愉《〈登科記考〉補正》(載《文獻》第十五輯)的成果,他在點校中已經注明。而趙先生本人在點校中亦指瑕、匡補甚多,讀者自可明瞭。其後,趙先生在《唐代登科記與徐松〈登科記考〉》、《從〈登科記考〉談到古籍整理的格式問題》(皆見《趙守儼文存》,中華書局1998年8月第1版)等文中,又有新的發現和補充(本書亦皆收録)。

對於徐松《登科記考》的補充、訂正,迄今所見已發表的專文有:

1.岑仲勉《登科記考訂補》(見前。本書簡稱“岑補”);

2.羅繼祖《登科記考補》,載日本《東方學報》京都第十三册第一分,昭和十七年(1942)六月(本書簡稱“羅補”);

3.施子愉《〈登科記考〉補正》(見前。本書簡稱“施補”);

4.卞孝萱《〈登科記考〉糾謬》,載《學林漫録》第六集;

5.張忱石《〈登科記考〉續補》(上、下),載《文獻》1987年第一、二期(本書簡稱“張補”);

6.胡可先《〈登科記考〉匡補》、《〈登科記考〉匡補續編》,載《文獻》1988年第一、二期;《〈登科記考〉匡補三編》,載《徐州師範學院學報》(哲學社會科學)1989年第4期(本書簡稱“胡補”);

7.楊希義《〈千唐誌齋藏誌〉中隋唐科舉制度史料輯釋》,載

《中原文物》1992年第一期(本書簡稱"楊希義《輯釋》");

8.陳尚君《〈登科記考〉正補》,載《唐代文學研究》第四輯,廣西師範大學出版社1993年版(本書簡稱"陳補");

9.朱玉麒《〈登科記考〉補遺、訂正》,載《文獻》1994年第三期(本書簡稱"朱補");

10.吴在慶《唐五代文史叢考·登科年考》,江西人民出版社1995年版(本書簡稱"吴考");

11.黄震雲《〈登科記考〉甄補》,載《文教資料》1996年第4期(本書簡稱"黄補");

12.王其禕、李志凡《〈登科記考〉補》,載臺灣《臺大歷史學報》第19期,1996年6月出版;王其禕、周曉薇《〈登科記考〉補續》,載《碑林集刊》(六),陝西人民美術出版社2000年版(本書簡稱"王補");

13.陳冠明《〈登科記考〉補名摭遺》,載《文獻》1997年第4期(本書簡稱"陳冠明補");

14.薛亞軍《〈登科記考〉正補》,載《古籍研究》2001年第1期。

除專論之外,如傅璇琮先生所著《唐代詩人叢考》(中華書局1980年1月第1版)、傅璇琮先生主編《唐才子傳校箋》(1－5册,中華書局1987年5月－1995年11月出版),以及近年出版的唐代諸家别集的校注等,對徐松《登科記考》中的錯誤也多有指正。這些新的研究成果,實際上反映了近幾十年來唐代科舉史料研究的新水平。但這些論文比較分散,查閲很不方便,同時其中也還有不少明顯的錯誤。本書對上述研究成果,在經過認真的核查、甄辨之後,予以充分吸收,並以文章發表的年代先後爲依據而加以注明,重複者不録。原作爲附録的"岑補",這次也依據所考年代和類别而納入正文,並予以注明。傅璇琮先生的《唐代科舉與文學》(陝西人民出版社,1986年10月第1版)和吴宗國先生的《唐代科舉制度研究》(遼寧大學出版社 1997 年 3 月第 2 版),則是近代以來唐代科舉制度研究的代表性的著作,對本人的研究工作具有指導性的作用,獲益良多。

徐松對當時新發現的唐代石刻、墓誌拓片等材料也有充分注意,《登科記考》中即多有徵引;但其後所發現大量的資料,則是他所不及見的。近十幾年來正式影印出版的如《千唐誌齋藏誌》(文物出版社 1984 年 1 月第 1 版。本書簡稱"《千唐》")、《北京圖書館藏中國歷代石刻拓本滙編》(中州古籍出版社 1991 年版)、《隋唐五代墓誌滙編》(天津古籍出版社 1991－1992 年出版),以及周紹良先生主編的《唐代墓誌彙編》(上海古籍出版社 1992 年 11 月第 1 版。本書簡稱"《彙編》")、吴鋼先生主編的《全唐文補遺》(三秦出版社 1994 年 5 月－2000 年 5 月出版。本書簡稱"《補遺》")等,都保存了許多與唐五代科舉有關的史料,這些史料實爲本書取材之淵藪。

徐松對於史料的選擇,態度十分審慎而又有所偏重。如《舊唐書》、《舊五代史》、《唐摭言》、《唐詩紀事》、《唐才子傳》、《玉芝堂談薈》等,皆甚爲其所重而常力主其説。但相對而言,如《新唐書》、《新五代史》等,則往往不爲其所重而有所忽略。加之《唐詩紀事》、《唐才子傳》在版本上的差異,因而會有諸多失誤之處。再如對於圖經、家乘的使用,徐松的態度亦極爲嚴格,以爲皆"襲謬承訛",故"概就刊落。惟見於《永樂大典》所引者,皆宋元舊笈,事有可徵,盡行採録"(《登科記考凡例》)。陳尚君先生就曾認爲徐松"態度審慎,但並不科學。文獻傳誤,所在皆有,即使唐人碑誌,亦難必其不誤,關鍵是要仔細考證,去僞存真。明清方志訛誤甚多,但也保存了不少今已失傳的宋元志的舊文,多有可與史乘相參者"(《〈登科記考〉正補》)。故"張補"、"胡補"、"陳補"等文皆獲益於方志者不少。又如"陳補"所引明嘉靖刊本《休寧浯田程氏族譜》,即據宋時譜牒增修,甚有史料價值。本書所引用的如元代洪景修編《新編古今姓氏遥華韻》、明代凌迪知編《萬姓統譜》等書，儘管訛誤甚多，但其中保存的可靠史料亦爲不少，岑仲勉先生在《元和姓纂四校記》中即多有徵引《統譜》以證史者。

本書對於徐松《登科記考》的補正，採用中華書局 1984 年 8 月第 1 版趙守儼先生點校《登科記考》爲底本（按該書 1993 年 9 月北京第二次印刷時個别地方有文字更改，本書亦參校）。凡趙先生校語皆予保留，並加“趙校”字樣。在體例上仍以徐松所擬《凡例》爲準。其體例本身的學術價值，趙守儼先生已有詳論。惟本書在資料的選擇使用上則超越了徐松的範圍，已如前述。補正的内容，主要包括以下幾個方面：

第一，凡徐松所缺考失收者，皆予以新的考證和補充，新增加條目前加“*”號。

第二，凡徐松所考有誤而需要重新調整或删併者，皆予以辨證而加以移正或删併；移正的條目前亦加“*”號，删併的條目於徐松原考下加“孟按”字樣。

第三，凡徐松所考有誤而需要删除者，則於條目前後加“*[……]”號，同時予以論證，以便讀者了解删除的原因。

第四，凡有比徐松所引更早或更確切可靠的材料，皆予以補充，以豐富和加强本書的史料價值。新補充部分加“孟按”字樣。對今人新補亦同。

第五，《記考》第二十八至三十卷的《别録》上、中、下，專門記載與唐代科舉有關的史料、筆記和詩文等資料，旨在爲讀者提供研讀之方便。其實這方面可以補充的資料還有很多，如《文苑英華》、《册府元龜》、《唐大詔令集》、《全唐文》、《全唐詩》以及唐宋人筆記資料等。但此類資料的選録似無明確標準，過多地收録則成龐雜的“資料彙編”，觀徐松所録，亦皆擇要或與前文相互印證者。故今之補正，僅補充《文苑英華》卷六九六所録薛登《論貢舉疏》和

《新唐書》卷一六四《歸崇敬傳》的相關内容，愚以爲此皆與唐世科舉關係十分密切者。此外僅就原文作些校正或辨誤的工作。

除此之外，尚有幾個問題需作補充説明：

第一，"博學宏詞"和"書判拔萃"，在唐代中期以後皆屬吏部銓選的範圍，本與禮部試無關，傅璇琮先生和吴宗國先生在論著中皆有明確論述，王勛成先生在《唐代銓選與文學》(中華書局2001年4月第1版)中也有詳論，這是毫無疑問的。但徐松《登科記考凡例》第十四條云："宏詞試文三篇，拔萃試判三條，是吏部選人之法，原無關於禮闈。惟《册府元龜》、《唐會要》宏詞、拔萃皆與制科類序。《文苑英華》詩賦門宏詞與省試同載，其《典同度管判》常非月名下注，引《登科記》'月'作'自'，是《登科記》載宏詞、拔萃之證。今亦按年序入，以備一代之制。"按徐松所見甚是，如宋代樂史《廣卓異記》卷十九，所引唐人《登科記》云云，皆將宏詞、拔萃與進士科並載。又《記考》卷十三貞元十年(794)博學宏詞科目下徐松考云："洪興祖《韓子年譜》引《科第録》：'十一年，試《朱絲繩賦》、《冬日可愛詩》、《學生代齋郎議》。'按《韓文考異》《學生代齋郎議》諸本作貞元十年應博學宏詞，是洪氏譜誤。"宋蜀刻本《新刊經進詳注昌黎先生文集·外集》卷二《上考功宏詞官虞部崔員外書》文讜注："唐進士禮部既登第後，吏部以宏詞試之，中其程，然後命官。公正元八年進士，至是再試宏詞不售，按此書云公年二十六，即貞元九年也。而古本《省試代齋郎議》，貞元十年應宏詞時作，即公九年、十年兩應是科也。故《與崔立之書》云：'凡二試於吏部，一既得之，又黜於中書。'此是再黜後書也。"宋代方崧卿《韓集舉正》卷五："《省試學生代齋郎議》。今本此下有'貞元十年應博學宏辭'九字，三本皆無之。考《登科記》當在貞元十一年。"又《全唐詩》卷三八六張籍《哭孟寂》詩："曲江院裏題名處，十九人中最少年。"注云："《唐進士登科記》，孟寂乃中書舍人高郢所取十六名。其年進士十七人，博學宏詞二人，故詩云十九人。"孟寂於貞元十五年(799)中書舍人高郢下登進士第，見本書卷十四。是皆爲唐《登科記》記載宏詞、拔萃之明證。但有一點徐松並未加説明，即他僅擇録有年代可考的宏詞、拔萃而繫入該年，而對於無確切年代可考的則一概刊落。觀《登科記考》卷二十七《附考》所列"進士科"、"明經科"、"制科"和"諸科"各項，並無吏部所設宏詞、拔萃之科甚明。因而本書的補正，亦僅就有年代可考的吏部宏詞、拔萃作一些補充和訂正；而對於無確切年代可考的仍舊缺如。

第二，關於唐代科舉中孝廉科與明經科的區别，史料的記載比較混亂。對此，徐松在《凡例》第四條中説："唐之秀才科罷於永徽，孝廉科停於建中。中葉以還，則以秀才爲進士之稱，孝廉爲明經之號。"又《記考》卷十一建中元年(780)引《唐會要》："六月九日，敕孝廉科宜停。"注："按《册府元龜》以爲二年六月敕。"此當爲《凡例》所本。故《記考》卷二咸亨四年(673)於"諸科"下著録馬懷素，考云："《舊書》本傳：'潤州丹徒人。'墓誌銘：'懷素字貞規。十五遍誦《詩》《禮》《騷》《雅》，能屬文，有史力。長史魚承曄特見器異，舉孝廉，引同載入洛。'按咸亨四年懷素年十五。《舊書》本傳言舉進士，墓誌不載，蓋即舉孝廉之誤也。今從墓誌。"是以建中之前"孝廉"入"諸科"之例也。又同上卷十三貞元八年(792)於"明經科"下著録周匡業，考云："歐陽詹《送周孝廉擢第歸覲序》云：'始未與周相接，二年間於貢府稠人中見之。年甚華，神甚清，英如穎如，若金在沙，若松在林。常奇之，曰："誰家千里駒，可羡也。豈權衡藻鏡而遺於是耶？"今春獻藝，果登孝廉上第。予以片言隻字進，亦同年成名，既昔情所佳，又今跡斯叶，或因有覿，獨與之語。宫商起於朱絃，薑桂在乎太牢，泠然可聽，芬乎可嘗，已比郄詵之玉，思懷陸績之橘。夏五月，自京而東，賃陋居，迴軒見别。予則不敏，輒奉以言："會稽之竹既鏃矣，宜羽之，荆山之璞既琢矣，宜礱之。雖休勿休，古有光大。晨昏之暇勿忘，則迭札之望可酬，連城之價可取，勉哉。有如君材，蓋不易得。"'按《永樂大典》引《清漳志》：'周匡業，明經科及第。'則周孝廉是匡業也。匡業即匡物之兄。"是以建中之後"孝廉"入"明經科"之例也。然同上卷二十七《附考》，則不論建中前抑或建中後，亦不論初唐抑或晚唐，凡"孝廉"皆歸入"明經科"，而"諸科"中則無一"孝廉"例。此其體例前後不一，故自有抵牾。按《唐會要》卷七十六"孝廉舉"條、《新唐書》卷四十四《選舉志上》及本書卷二十八《别録上》所引《蘇氏演義》，皆載"孝廉"與"明經"之異，惟"孝廉"科停於建中，且此後以"孝廉"爲"明經"之號，如徐松《凡例》所言。今檢唐人墓誌及諸史料中記載登"孝廉"者爲數不少，不當與"明經科"混同。今概從上引《凡例》，凡建中前稱"孝廉"者，皆入"諸科"；凡建中後稱"孝廉"者，皆入"明經科"。

第三，徐松《凡例》第六條云："《玉海》引《中興書目》云：'崔氏《登科記》一卷，載進士、諸科姓名。'是諸科之名始於崔氏，樂史沿而不改。所謂諸科者，謂明法、明字、明算、史科、道舉、《開元禮》、童子也，明經不在此數。何以明之？明經每歲及第將二百人，其數倍蓰於進士，而《登科記》總目所載諸科人數皆少於進士。《玉海》云：'《登科記》顓載進士，續之者自元和方列制科。'言進士、制科，對明經爲義也。《韓文五百家注》每詳科目，惟牛堪明經及第，注文一無徵引，知明經爲紀所無矣。今之編輯則貴詳贍，故於其年明經可考者，特書以補之。凡五經、二經、三經、學究一經、三禮、三傳入明經科，明法以下可考者入諸科。"這條體例的規定自有其道理，但徐松却忽視了一個非常重要的問題，即《開元禮》、三史、三傳、三禮、五經、九經和學究一經等，在唐代中期以後，既是禮部貢舉考試的科目，也是吏部銓試的科目選，二者並行不悖，不當混爲一談。關於這一點，王勛成先生在《唐代銓選與文學》第八章《科目選》中有比較清晰的說明："吏部科目選除博學宏詞科、書判拔萃科和平判科外，還有三史、三傳、三禮、五經、九經、開元禮和學究一經等，這些科目設置較遲，有些原是貢舉考試的科目，隨着形勢的變化與需要，被吏部借用過來，漸漸成爲吏部的科目選了。有些却是與貢舉試同時設立的，只是屬於禮部的爲科目舉，屬於吏部的爲科目選而已。科目選與科目舉的不同，僅在於考試的對象不同，有出身人、前資官參加的是吏部的科目選，白身人參加的是禮部的科目舉。而考試的内容大概都是一樣的。"此言甚是。徐松《凡例》第四條云："第進士者，亦得舉明經，蔡京、許孟容是也。"按《記考》卷十一大曆十一年(776)進士科著録許孟容，徐氏考云："《舊書》本傳：'孟容父鳴謙，究通《易》象，官至撫州刺史。孟容少以文詞知名，舉進士甲科。後究《王氏易》登科。'《柳宗元集》韓注：'孟容字公範，京兆長安人。大曆十一年，中進士第。'"又同書卷二十七《附考·明經科》著録許孟容，徐氏注云："《舊書》本傳：'究王氏《易》登科。'"孟按：《詩話總龜》前集卷四十一引《湘山野録》："許孟容進士及第，學究登科，時人嘲之曰：'錦褾子上着蓑衣。'"又《新唐書》本傳亦載其"擢進士異等，又第明經"。許孟容既已登進士第，是已有出身，其後應學究登科者，當爲應吏部科目選，而非禮部明經舉。故《新唐書》與徐松並誤。又如蔡京，徐松説他"第進士者，亦得舉明經"，按《記考》卷二十一開成元年(836)進士科著録蔡京，徐氏考云："《唐語林》：'邕州蔡大夫京者，故令狐相公楚鎮滑臺之日，因道場見於僧中，令京挈瓶鉢，彭陽公曰："此子眉目清秀，進退不懾，惜其卑幼，可以勸學乎？"師從之，乃得陪相國子弟。後以進士舉上第，尋又學究登科。零陵鄭太守史與京同年。'"但對於蔡京"尋又學究登科"一事，徐松並未予以單獨著録。孟按：《唐摭言》卷九："許孟容進士及第，學究登科，時號錦褾子上着莎衣。蔡京與孟容同。"考劉禹錫有《送前進士蔡京赴學究科》詩，題下原注："時舊相楊尚書掌選。"詩云："耳聞戰鼓帶經鋤，振發名聲自里閭。已是世間能賦客，更改窗下決編書。朱門達者誰能識,絳帳諸生盡不如。幸遇天官舊丞相,知君無翼上空虚。"《新唐書·宰相世系表下》:"開成五年五月,門下侍郎、同平章事楊嗣復罷,守吏部尚書、刑部尚書。"又《資治通鑑》卷二四六:開成五年"五月己卯,門下侍郎、同平章事楊嗣復罷爲吏部尚書。"故詩云"幸遇天官舊丞相"。知蔡京赴學究科在開成五年(840)五月以後。然而蔡京所應學究科,與許孟容同,實皆爲吏部所試,已如前論。以上兩條例證説明,徐松並没有區分禮部科目舉與吏部科目選。然而《新唐書》的記載,即誤以吏部學究爲"第明經",唐宋筆記資料於此亦無明確區辨,故徐松亦未深究,致有訛誤。本書補正,仍依徐松《凡例》之體,同時參照徐松對於博學宏詞科和書判拔萃科的處理方法,凡屬吏部科目選者,如許孟容、蔡京,皆予注明,讀者自知。

第四,唐代後期科場舞弊嚴重,朝廷往往採取覆試的方法,對已經及第的進士、明經和諸科等人員進行覆試,凡不合格者皆予黜落。徐松已經注意到這一現象,並在《登科記考》中徵引許多與此相關的史料;同時對於有年代可考的被覆落者,亦單列條目予以著録,如卷二十四乾寧二年(895)、卷二十五天成五年(930)、卷二十六廣順三年(953)、顯德二年(955)、顯德五年(958)。但同書如卷十九長慶元年(821)、卷二十二會昌五年(845),徐松雖徵引與上述相關的史料,却未單獨著録被覆落者,此亦其體例前後不一所致。此外還有一些徐松所未見到的與此相關的材料,愚以爲此類史料價值甚高,不當捨棄。爲統一體例,今凡有具體年代可考的被覆落的進士、明經、諸科等,皆予著録;凡年代未詳者不録。

第五,關於武舉,在唐代屬兵部選人之法,本與禮部試無關。但徐松在《記考》中,對於和武舉制度相關的史料皆按年載録,旨在全面反映唐代科舉制度的發展演變。在具體的科目考證中,徐松所著録的如"韜鈐科"(嗣聖元年)、"武藝超絶科"(神龍三年)、“知合孫吴,可以運籌决勝科”(開元九年)、“將帥科”(開元十二年)、“武足安邊科”(開元十五年)、“王霸科”(開元二十三年)、“智謀將帥科”(開元二十三年)、“軍謀越衆科”(天寶元年、建中元年)、“軍謀出衆科”(天寶十三載)、“識洞韜略,堪任將帥科”(貞元元年)、“軍謀宏達(遠),材任(堪任)將帥科”(元和三年、長慶元年、寶曆元年)等,是皆屬制舉特科,而非兵部武舉之常科。通觀徐松《登科記考》全書,無一兵部武舉常科之例。余以爲此非徐松不予著録,實因此類記載罕見,徐松未見,故皆闕如。今從新發現的唐人墓誌等材料中,檢出屬兵部武舉常科之登科者二十餘人,其中有具體年代可考者,亦有具體年代未詳者。因無著録之先例,故今凡有具體年代可考者,皆附載於該年禮部貢舉之後;凡具體年代未詳者,皆附載於本書卷二十七《附考·武舉》,並略以時代先後爲序著録。

第六,由於一些史料如唐人墓誌等,記載人物登科之事過於簡略,語焉不詳,僅言“及第”、“登科”、“登第”、“擢第”等,上下文亦無相關信息,不詳其爲進士、爲明經、爲諸科、抑或爲制科,亦不詳其登科之年。今按凡此之類,皆略以時代先後爲序,附載於本書卷二十七《附考·科目未詳》。又,據《全唐文補遺》册六,第211頁,盧價撰長興四年(933)十一月三十日《唐故中大夫守尚書吏部侍郎充弘文館學士判館事柱國賜紫金魚袋張公(文寶)權厝記並序》載,張文寶父張顗,嘗“任中書舍人、權知貢舉”。今未詳張顗權知貢舉之年,故附載於本書卷二十七《附考·知貢舉》。以上“武舉”、“科目未詳”和“知貢舉”三類,爲徐松《登科記考·附考》所無而新增補者,故説明如上。

據徐松《登科記考》逐年標注的登科數字統計,唐五代進士的總數當在7182人以上,諸科當在3125人以上,因有些年份失考而不注人數,所以這只是最爲保守的統計數字。明經科的人數,史無專門載記,其人數倍於進士或更多,應當是没有問題的。

加之秀才、制科、上書拜官、上封拜官、賜及第等,總數當在三萬人以上。這大約就是唐五代科舉的基本陣容了。經過徐松的考證,《登科記考》著録進士凡 2087 人,其中編年者 1404 人,入附考者 683 人;諸科凡 48 人,其中編年者 24 人,入附考者 24 人;明經凡 303 人,其中編年者 45 人,入附考者 258 人;制科和宏詞、拔萃凡 562 人,其中編年者 486 人,入附考者 76 人。以上數字相加約三千人。大約是唐代科舉人數的十分之一。本書的補正,在廣泛查閱各類資料並經仔細考據研究之後,新增補進士凡 661 人,其中編年者 215 人,入附考者 446 人;明經凡 434 人,其中編年者 128 人,入附考者 306 人;諸科 65 人,其中編年者 13 人,入附考者 52 人,制科和宏詞(僅録編年者)、拔萃(僅録編年者)凡 302 人,其中編年者 96 人,入附考者 206 人;此外,還新增補上書拜官 8 人(僅録編年者)、上封拜官 2 人(僅録編年者)、武舉 22 人,其中編年者 3 人,入附考者 19 人。以上數字相加爲 1527 人,已經超過徐松《登科記考》登科人數的一半。另外,還新增補和移正知貢舉者凡 33 人;補徐考缺名和改正姓名者凡 60 餘人;改正科目和移正科目年代者凡 200 餘處;新增補詩賦策文等 90 餘篇。這裏除了我個人多年的研究成果之外,也吸收了近幾十年來已有的成果,已如前述。

爲唐代文史研究提供一個更加豐富而且可靠的文本,這是我補正《登科記考》的初衷。但唐代科舉本身就是一個非常複雜的問題,而且各類史料的記載也多有訛謬散亂、真僞混淆之處,研究中稍有疏忽,便會造成新的錯誤。以徐松那樣的學者尚有諸多疏誤,況予步其後塵而摭遺補漏,必亦難免謬誤,故而懇請讀者予以指正。

孟二冬

2002 年 3 月 1 日於北京大學

登科記叙

選士命官，有國之大典；察言考行，先王之舊規。古者命於鄉而升於學，俾大樂正論造士之秀者而升諸司馬曰進士。進士者，謂可進而授之爵禄也。然則前一作“歷”。代選士，其科不一。洎聖唐高祖以神武静天下，用文教貞萬姓，武德五年詔有司特以進士爲選士之目，仍古道也。自鄉升縣，縣升州，州升府，皆歷試行藝，秋會貢於文昌，咸達一作“造”。帝廷，以光王國。然後會群后，謁先師，備牲牢，奏金石，尊儒教也。若明試其業，主張其文，核能否於聽覽之間，定取捨於筆削之下，職在考功郎。後至玄宗開元二十五年，重難其事，更命春官小宗伯主之，而業文志學之士知勸矣。於是獻藝輸能、擅場中的者，榜第揭出，萬人觀之，未浹旬而名達四方矣。近者佐使外藩，司言中禁，彈一作“峩”。冠憲府，起草粉闈，由此與能，十恒七八。至於能登臺階、參密命者，亦繁有徒。所謂選才授爵之高科，求士濫觴之捷徑也，不其然歟！粤自武德至乎貞元，閲崔氏本記，前後嗣續者在我公爲多焉。顧惟寡昧，獲與斯文，因濡翰而爲之序。　貞元十七年三月丁亥校書郎趙傪述。《文苑英華》載此序題作《李奕登科記序》。按《玉海》載序於崔氏《登科記》下，言李奕誤也，今不取。《玉海》又引姚康《科第録》有長慶二年五月十二日叙曰：“自武德已來登科名氏，編記凡十餘家，皆不備具。康録武德至長慶二年列爲十三卷。漢元帝詔云‘歲以此科第郎從官’，遂題爲《科第録》。”

登科記考叙

禮部鑄印局員外郎大興徐松撰

叙曰:州歲貢士,制昉禎明。蓋魏晋以還,相矜族望,江左猶不失門材,北朝則只重門蔭,世胄在高位,上品無寒門。窮則變,變則通,其不得不出於科目者,亦時勢然也。夫國有與立,惟在得賢,人匪生知,誰能廢學。造士、進士,賢以論辨而升;小成、大成,學由考校乃見。則江都三策,建初四科,雖南院之濫觴,實西周之舊軌矣。李唐承隋,法制大備。冬集之例,旁課律、書;春關以來,兼試宏、拔。其設條流也,不務苛細;其展公道也,在振孤寒。卷軸可温,行止無駁,扣簾得請,通榜非私。莫不櫻筍含芳,芙蓉表艷,重龍門之聲價,寫雁塔之姓名。又若待非常之才,列制舉之目,期之以伊吕,責之以霸王。或才綜八能,或名成一藝,束帛之賁,相望邱園,弓旌之招,無間屠釣。山陬海澨,命使遐搜;諸子百家,獻書授職。何其牢籠群有,囊括九流如此哉!是以俊入四門,經聯千佛,銀袍鵠化,毷筆鸞飄。武翊黄之三頭,張文成之萬選,常雜鮑帖,羅甲袁朋,波屬雲興,粲乎貢部。極之汪遵以吏擢,蘇涣以盗取,高智周以沙門升,吉中孚以道士進。而賓貢得人,新羅有金可記,高麗有崔致遠,大食有李彦昇。無流品之别,無華夷之限,衡校古今,得士之盛,於斯爲最。“英雄入彀”,殆非虚語。年祀邈遠,舊録散亡,史志、《會要》,文或踳駁。不揣檮昧,綴而緝之,有志復古者,尚其鑒諸。　道光十八年孟夏之月徐松述。

登科記考凡例

一、唐人撰登科記不下十餘家,見於《新書·藝文志》者,惟三家而已。曰崔氏《顯慶登科記》五卷,姚康《科第録》十六卷,李奕《唐登科記》二卷。崔氏書自武德逮貞元,《玉海》引《中興書目》云"崔氏《登科記》一卷",是其時已有殘闕。後有續之者,迄周顯德,見《書録解題》。姚康字汝諧,南仲孫也,其書自武德至長慶二年十一卷,續之者自長慶三年畢天祐丙寅爲五卷,洪興祖作《韓昌黎年譜》尚引之。《書録解題》云:"洪忠宣僅得其書五卷。"可見亦非全帙。李奕官兵部郎中、金吾將軍,其書宋時已不存。最後有大中十年鄭顥所進《諸家科目記》十三卷,自武德至大中,敕付翰林每歲編次,見於《唐會要》,而《藝文志》不載,蓋亦久佚也。至趙宋時,樂史有《修定登科録》四十卷,作《崇文總目》時已亡。樂史又有雍熙三年正月所上《登科記》三十三卷,《郡齋讀書志》作三十卷,起唐武德訖天祐末。紹興三十年十月,洪适又重編《唐登科記》爲十五卷,《書録解題》云:"洪忠宣得姚康書五卷於北方,丞相适又得别本——起武德,終大和——於毗陵錢伸氏,乃合崔氏之書,凡三本緝爲一書,天寶前姚書爲正,天寶後則三本合爲一。"晁氏書有樂無洪,陳氏書有洪無樂,《通考》始兼收之。自兹以後,惟見於《世善堂書目》及《玉芝堂談薈》。今所編輯,百不存一,海内藏書家儻有流傳秘笈,矜而教之,使唐賢姓名重光天壤,亦藝林之幸也。

一、宋人著述每引《登科記》,而不言某氏本。其總目載馬端臨《通考》,進士之外統曰諸科。按《讀書志》云:"樂史《登科記》記進士及諸科登名者。"是《通考》用樂史本也。今據以爲目,編於各年之下,諸書所引亦以附焉。

一、圖經、家乘,例載科目,而近世府廳州縣志襲謬承訛,動遭指摘。如獨孤及於天寶十三載洞曉玄經科擢第,而《河南府志》誤作天寶十五年第,且不言是制科。韓昶於長慶四年登第,在韓湘後一年,而《山陽續志》誤作湘與昶同是長慶三年登第。畢諴大和六年登第,楊乘大中元年登第。而《蘇州府志》誤以畢諴在大和二年,楊乘在大中六年。至譜牒之詳,宜推聖胄,然《闕里文獻考》所載元和五年狀元孔敏行、咸通四年狀元孔振、中和三年狀元孔拯,考之傳記,往往扺牾。又如《宿遷胡氏譜》云:"胡皺,唐天祐進士。"《萬載辛氏譜》云:"辛開仕梁,開平二年進士。"亦不知所據。顔師古《漢書注》云:"私譜之文,出於閭巷,家自爲説,事非經典,苟引先賢,妄相假托。"今同斯例,概就刊落。惟見於《永樂大典》所引者,皆宋元舊笈,事有可徵,盡行採録。

一、唐之秀才科罷於永徽,孝廉科停於建中。中葉以還,則以秀才爲進士之稱,孝廉爲明經之號。凡斯之類,不可以文害意。至其應舉之法,《通典》、史志皆言之未詳。大抵第明經者,仍得舉進士,牛蔚、王凝是也。第進士者,亦得舉明經,蔡京、許孟容是也。惟進士得第則止。明經有再試之法,昌黎《贈張童子序》云"童子一舉而進,立於二百人之列。又二年,益通二經,繇是拜衛兵曹之命"是也。若宏詞、拔萃兩科,登宏詞者得試拔萃,得拔萃者得試宏詞,且得再舉。張巡以書判拔萃入等,蕭昕兩舉宏詞是也。制科尤有一人連中數科者,員半千、陸元方、崔融、陽嶠連中八科,張鷟連中七科,裴守真連中六科,李懷遠、孫逖連中四科。一代之制,不可不知。

一、唐主司自改制後,以禮部侍郎任者曰知貢舉。他官任者曰權知貢舉,皆於上年之秋冬簡任,次年正月入闈。第傳記所載，或稱簡任之年，或稱主試之年，故每致參差。今以主試之年爲定，凡有事實，類叙知舉之下。其應舉者，鄉貢進士例於十月二十五日集户部，生徒亦以十月送尚書省，據温庭筠榜爲十月六日。正月乃就禮部試。試三場，先雜文，次帖經，次答策。每一場已，即榜去留。通於二月放榜，四月送吏部。然閻濟美之試東都，則在十一月、十二月，邱爲有《省試夏日可畏詩》，敬括有《省試七月流火詩》，或東都試與西都異，抑有事改期也？明經亦試三場，先帖文，次口試，次答策三道。其試期史無明文。《河東記》載韋丹舉五經，元長史言於明年五月及第，疑試明經在進士放榜後。

一、《玉海》引《中興書目》云："崔氏《登科記》一卷，載進士、諸科姓名。"是諸科之名始於崔氏，樂史沿而不改。所謂諸科者，謂明法、明字、明算、史科、道舉、《開元禮》、童子也，明經不在此數。何以明之？明經每歲及第將二百人，其數倍蓰於進士，而《登科記》總目所載諸科人數皆少於進士。《玉海》云："《登科記》顓載進士，續之者自元和方列制科。"言進士、制科，對明經爲義也。《韓文五百家注》每詳科目，惟牛堪明經及第，注文一無徵引，知明經爲紀所無矣。今之編輯則貴詳贍，故於其年明經可考者，特書以補之。凡五經、二經、三經、學究一經、三禮、三傳入明經科，明法以下可考者入諸科。

一、舉進士而未第者曰進士，曰舉進士；得第者曰進士第，曰前進士。新、舊《唐書》於初唐人傳多但言舉進士，而不言第；即中葉詳載某年登第，亦有未可盡據者。如程昔範於元和時登第，《舊書·李紳傳》言長慶時事，仍曰進士程昔範。李景素登第，《舊書·李蔚傳》但言景素太和中進士。崔嘏登第，《新書·李德裕傳》但言嘏舉進士。至於雜家小説，或言進士，或言舉進士，人既未詳，時亦莫考，紛紜參錯，載筆殊難。又或進士、明經紀載互異，如竇易直史謂舉明經，《因話録》作舉進士；元德秀史謂舉進士,《獨異志》作舉明經;杜景儉史謂舉明經,《御史臺記》作舉進士。今於有可考者,按年編次,折衷求是。其確知爲得第而年不可考者,萃爲一篇,目爲附考,繫於卷末。

一、《登科記》有上書拜官、上書及第。考《封氏聞見録》云:"常舉外有進獻文章並上著述之輩,或付本司,或付中書考試,亦同制舉。"《雲麓漫鈔》亦云:"上書者,中書試,同進士及第。"《權載之集》有元和元年吏部試上書人策問三道,是與制舉對策無異。惟自武德至顯慶,記不乏書,至開元四年以後全闕。今採傳記所載,因上書而拜官、實有年歲可考者,依其年增入。至又有所謂召拜官者,蓋如趙贊之薦處士袁滋,玄宗召拜校書郎;韋夏卿薦處士竇群,德宗召拜拾遺之類,不在此例。

一、唐季科第之弊,人主至以進士市恩,如劉鄴、韋保乂皆賜進士及第,論其非由場屋,自不應濫入千佛名經,惟《唐書・韋保乂傳》直言進士登第,與文戰者絶無區别。且薛史記天成賜趙贊及第詔,明言附其年春榜,既附其榜,去之則於人數不符。況上書拜官尚入科目,則同出特恩,自宜一例載入。

一、鄉貢進士由刺史送者爲州試,由京兆、河南、太原、鳳翔、成都、江陵諸府送者爲府試,皆差當府、當州參軍或屬縣主簿與尉爲試官。然喬彝之試《幽蘭》,試官則有二人;令狐之鎮三峰,秋賦加置五場;白居易之在錢塘,又自爲試官。是其時初無定制。至應宏詞及制舉,亦或由州府試,歐陽詹有懷州應宏詞試《片言折獄論》,見《文苑英華》;郁渾應"百篇"舉,壽州刺史李紳命百題試之,見於《新書・藝文志》,是可類推也。今録其關省試者,府州試故從略。

一、《困學紀聞》云:"唐制舉之名多至八十有六,凡七十六科。"《玉海》亦言:"自志烈秋霜而下凡五十九科,自顯慶三年至大和二年,及第者二百七十人。"今以《舊唐書》、《唐會要》、《册府元龜》、《文苑英華》、《雲麓漫鈔》諸書參考之,其設科之名已無慮百數。又如曰吏職清白，曰孝弟廉讓，見《孝子郭思訓墓誌》，曰穿楊附枝，見李邕《臧懷亮碑》；曰經明行修，見李邕《李思訓碑》；曰五臣，見李邕《程府君碑》；曰文擅詞場，見張説《楊志誠碑》；曰藏器下僚，見張説《平貞昚碑》；曰精通經史，見白居易《張擇碑》；曰武藝超絶，見《蕭穎士集》；曰才可百里，見《顔魯公集》；曰爕理陰陽，見《元和姓纂》；曰韜晦奇才，見《唐才子傳》；曰懷能抱器，曰牧宰，見《卓異記》。是知科目之名遺佚者多矣。至有所謂八科舉、四科舉者，則是其年以八目設科、以四目設科，非置科之名也。今以制舉及第姓氏文章之可考者，各標其科；若有姓氏而科之名不可考者，則依《登科記》初唐之例，標曰應制及第。

一、《玉海》載樂史有《唐登科文選》五十卷，《文苑英華》載唐人賦策，每引《登科記》注其異同，是《登科記》載試文之證。今據《文苑英華》及本集所載，或因人以考其文，或因文以知其人，各依其年載之。先進士，次制科，宏詞、拔萃又次之。進士始惟試策，垂拱以前載策爲多，後以雜文爲第一場，故又專録賦詩焉。

一、唐人試賦限韻自王邱始。其試詩則注曰題中用韻，限若干字成；或曰以某字爲韻，若干字成。今於有可考者，附載於詩賦題下。唐人試策皆寫題於試卷，今則列問於前。數人同試者不重録。

一、宏詞試文三篇，拔萃試判三條，是吏部選人之法，原無關於禮闈。惟《册府元龜》、《唐會要》宏詞、拔萃皆與制科類序。《文苑英華》詩賦門宏詞與省試同載，其《典同度管判》常非月名下注，引《登科記》"月"作"自"，是《登科記》載宏詞、拔萃之證。今亦按年序入，以備一代之制。

一、《登科記》舊係按年編次，故仍用編年之體，載諸帝之徽號。列武后之建元，用《通鑑》例也。其朝廷大事，如封禪之典、播遷之變，有關貢舉者，據新、舊《書》本紀及《通鑑》載之。

一、《唐會要》貢舉門有論經義一類，載經疏緣起以至《五經文字》、《九經字樣》，皆因明經而類及之也。今因貢舉謁先師，故及褒崇先聖；因設明法科，故及改定律令。至《册府元龜》貢舉門於條制考試之外，又立清正、謬濫諸目，既用編年，悉所不取。又有事關貢舉而無年月可稽者，於編年之例未符，亦所不録。

一、《登科記》之外，尚有《諱行録》、《文場盛事》諸書。《玉海》引《中興書目》云："《諱行録》一卷，以四聲編進士族系、名字、行第、官秩及父祖之諱、主司名氏。《文場盛事》一卷，載唐人世取科第及父子、兄弟、門生、座主同時者。"今用其意，於登科人族系、宦秩、瑣事、遺文皆載之。《摭言》又有《元和元年登科記》，專載等第，謂之《神州等第録》。兹於《摭言》所載等第事，亦按年附於進士之下。

一、《玉海》引《中興書目》、《通考》引《書録解題》皆有《五代登科記》一卷，起梁開平二年，至周顯德六年，記姓名及試題。兹亦編叙五代，别爲二卷。至十國之蜀、漢、南唐，皆置貢舉，契丹亦禮部試士。其時如張昭遠之第於漢，當同光之四年；伍喬之第於南唐，當乾祐之元年；宋琪之第於契丹，當天福之六年。雖與五代同時，而閏位偏安，事非畫一，且非原書之例，故從蓋闕。

一、正史、稗官及唐人藝文，言涉貢舉皆關考證，兹於卷末另釐爲"别録"三卷，仍以類相次。

登科記考補正卷一

唐高祖神堯大聖光孝皇帝

武德元年戊寅(618)

五月甲子,高祖即皇帝位於太極殿。大赦天下,改隋義寧二年爲唐武德元年。《舊書》本紀

壬申,命裴寂、劉文静等修定律令。置國子、太學、四門生合三百餘員,郡縣學亦各置生員。《通鑑》。 按《新書·選舉志》:"國子學,生三百人。太學,生五百人。四門學,生千三百人。"此言合三百餘員者,志所載後來增益之數也。《志》又云:"自高祖初入長安,開大丞相府,下令置生員,自京師至於州縣皆有數。"是以爲即位以前事。

十一月四日,詔皇族子孫及功臣子弟,於秘書外省别立小學。《唐會要》

上書拜官一人。

*應制及第:

*田仁會,《舊唐書》卷一八五上本傳:"田仁會,雍州長安人。……武德初應制舉,授左衛兵曹,累遷左武候中郎將。"《新唐書》卷一九七本傳:"仁會擢制舉,仕累左武候中郎將。"按陳補云:"武德元年至四年皆不貢舉,終武德之世亦未聞有制科之試,故難以常例繫於元年,亦不詳爲何年,姑存其文。" 孟按:唐世科舉,制科本自異於常科,其不貢舉年亦不妨

有制科，觀《登科記考》可知。徐松既約定“凡新、舊《書》言某某初者，皆繫於元年下”(見本卷貞觀元年進士科敬播名下注)。此亦當仿之。下同。

＊崔仁師。《舊唐書》本傳：“崔仁師，定州安喜人。武德初，應制舉，授管州録事參軍。”《新唐書》本傳：“崔仁師，定州安喜人。武德初擢制舉，調管州録事參軍。”亦見陳補。

二年己卯(619)

六月戊戌，按《會要》，戊戌爲朔日。詔曰：“盛德必祀，義存方策，達人命世，流慶後昆。建國君臨，弘風闡教，崇賢章善，莫尚於兹。自八卦初陳，《九疇》攸叙，徽章既革，節文不備。爰始姬旦，主翊周邦，創設《禮經》，大明典憲。啟生民之耳目，窮法度之本原，起化二《南》，業隆八百，豐功茂德，獨冠終古。暨乎王道既衰，《頌》聲不作，諸侯力争，禮樂陵遲。粤若宣尼，天姿叡哲，經過齊魯之際，揖讓洙泗之間，綜理遺文，弘宣舊制。四科之教，歷代不刊，三千之徒，風流無歇。惟兹二聖，道著生民，宗祀不修，孰明褒尚？朕君臨區宇，興化崇儒，永言先達，情深紹嗣。宜令有司於國子學立周公、孔子廟各一所，四時致祭。仍博求其後，具以名聞，詳考所宜，當加爵土。”《舊書》本紀、《册府元龜》。

不貢舉。

三年庚辰(620)

不貢舉。

四年辛巳(621)

正月，於門下省置修文館。《唐會要》。　按此爲西内之門下省。

四月十一日，一作“一日”。敕諸州學生及白丁，有明經及秀才、俊士、進士，明於理體，爲鄉曲所稱者，委本縣考試，州長重覆，取上等人每年十月隨物入貢。《摭言》。　按《隋書》，煬帝置進士科。《通鑑》武德元年有明經劉蘭成，胡三省注曰："劉蘭成，蓋嘗應明經科，因稱之。"其時唐未貢舉，是隋亦有明經矣。故《新·選舉志》云："唐取士之科多因隋舊也。"《志》又云："每歲仲冬，州縣館監舉其成者，送之尚書省。"與《摭言》言十月者異。

五月乙丑，以竇建德平，赦山東。詔曰："奇才異行，隨事旌擢。"《册府元龜》、《唐大詔令集》。

七月丁卯，以王世充平，大赦天下。詔曰："奇才異行，隨狀薦舉。"《册府元龜》、《唐大詔令集》。

不貢舉。是年下詔，而舉人至明年始集，故曰不貢舉。《永樂大典》載《衡水縣圖經志》云："蓋文達字藝成，冀州衡水縣人。武德四年，以經明行修徵爲國子博士。" 按冀州爲竇建德地，此或因赦詔而舉之。

*明經科：

*李詔。《全唐文補遺》（以下簡稱"《補遺》"）册五，第191頁，開耀二年(682)正月十五日《大□(唐)合州□(新)明縣丞李君(詔)墓誌》云："君諱詔，字旦，上黨襄垣人也。……年廿明經舉，射策高第，授豫州新蔡縣丞。……以調露元年七月廿一日終於私第，春秋七十有八。"以其二十歲推之，其登第之年在武德四年。

五年壬午(622)

三月，詔曰："擇善任能，救民之要術；推賢進士，奉上之良規。自古哲王，弘風闡教，設官分職，惟才是與。然而巖穴幽居，草萊僻陋，被褐懷珠，無因自達。實資選衆之舉，固藉左右之容，義在搜揚，理宜精擢。一作"確"。是以貢士有適，爰致加錫之隆；無益於時，必貽貶黜之咎。末葉澆僞，名實相乖，取非其人，濫居班秩。流品所以未穆，庶職於是隳廢。朕膺圖御宇，寧濟兆民，思得賢能，用清治本。招選之道，宜革前弊，懲勸之方，式加恒典。苟有才藝，所貴適時，潔己登朝，無嫌自進。宜令京官五品以上及諸州總管、刺史各舉一人。其有志行可録,才用未申,亦聽自舉,具陳藝能,當加顯擢,授以不次。賞罰之科,並依别格。所司頒下,詳加搜引,務在獎納,稱朕意焉。"《册府元龜》、《唐大詔令集》。　按此爲制舉之始。

十月,諸州共貢明經一百四十三人,秀才六人,俊士三十九人,進士三十人。《摭言》

十一月,引見,敕付尚書省考試。《摭言》

十二月,吏部奏付考功員外郎申世寧考試,秀才一人、俊士十四人,所試並通,敕放選與理人官。其下第人各賜絹五匹充歸糧,各勤修業。《摭言》

秀才一人。

進士四人:《摭言》作進士十四人,《登科記》作進士四人。　按《玉海》引趙修《登科記序》曰:"武德五年,詔有司特以進士爲選士之目。"是此年有進士,《摭言》作俊士,誤。四人與十四人,未知孰是。

孫伏伽。《玉芝堂談薈》載唐宋以來狀元姓名,始於唐高祖武德元年孫伏伽,是孫伏伽爲唐第一科狀元。惟唐貢舉始於武德五年,言元年者誤。又按《舊書》,伏伽於武德元年上書,已授治書侍御史。五年免官,尋起爲刑部郎中。豈免官時應舉耶?其時草昧初開,未可以常格論之。〇孟按:《唐摭言》卷一:"進士,大業中所置也。如侯君素、孫伏伽,皆隋之進士也明矣。"《談薈》之説未必可信。

知貢舉:申世寧。見上。　按《通典》云:"武德舊制,以考功郎中監試貢舉。"此以員外郎者,定制之初不必畫一也。

六年癸未(623)

進士四人:

*李義琛,

*李義琰,

*李上德。按以上三人原列上年進士科,徐氏考云:"《摭言》:'武

德五年,李義琛與弟義琰、從弟上德三人同舉進士。義琛等隴西人,世居鄴城。國初草創未定,家素貧乏,與上德同居,事從姑定省如親焉。隨計至潼關,遇大雪,逆旅不容。有咸陽商人見而憐之,延與同寢處。居數日,雪霽而去。琛等議鬻驢以一醉酬之,商人竊知,不辭而去,復先贈以稻糧。琛後宰咸陽,召商人與之抗禮。義琛位至刑部侍郎、雍州長史,義琰相高宗皇帝,上德司門郎中。'《舊書·李義琰傳》:'義琰,魏州樂昌人。父玄德。義琰少舉進士。'《新書》云:'義琰從祖弟義琛,擢進士第。'按義琰之父名玄德,則上德似非義琰從弟。" 孟按:樂史《廣卓異記》卷十九"兄弟三人同年及第(李義琛)"條云:"右按《登科記》:李義琛、弟義琰、從弟上德,三人武德六年進士及第。時一榜四人,而李氏昆季三人。自有舉場以來,兄弟相次擢第即多,若同年即無此盛。義琛官至中書侍郎,義琰上部侍郎,上德司門郎中。"知《摭言》所記"武德五年,李義琛與弟義琰、從弟上德三人同舉進士"者,蓋次年榜也。今移正。

七年甲申(624)

二月己酉,詔曰:"六經茂典,百王仰則,四學崇教,千載垂範。是以西膠東序,春誦夏絃,說《禮》敦《詩》,本仁祖義。建邦立極,咸必繇之。自叔世澆訛,雅道淪缺,綿歷歲紀,儒風莫扇。隋季以來,喪亂滋甚,睠言篇籍,皆爲煨燼。周孔之教,闕而不知,庠塾之儀,泯焉將墜。非所以闡揚徽烈,敦尚風範,訓民調俗,垂裕後昆。

"朕受命膺期,握圖御宇,思弘治道,冀宣德化,永言墳索,深存講習。所以捃摭遺逸,招集散亡,諸生胄子,特加獎勸。而凋弊之餘,湮替日久,學徒尚少,經術未隆,《子衿》之嘆,無忘興寢。方今函夏既清,干戈漸戢,搢紳之業,此則可興。宜下四方諸州,有明一經已上,未被升擢者,本屬舉送,具以名聞。有司試策,加階敘用。其吏民子弟,有識性開敏,志希學藝,亦具名狀,申送入京。量其差品,並即配學。明設考課,各使勵精,琢玉成器,庶其非遠。州縣及鄉里,各令置學。官僚牧宰,或不存意,普更頒下,早遣修立。夫安上治民，莫善於禮，出忠入孝，自家刑國。揖讓俯仰，登降折旋，皆有節文，咸資端肅。罔習末業，隨時廢紀。凡厥生民，各宜勉勵。”《册府元龜》、《唐大詔令集》、《通鑑》。　按是時秀才、進士、明經皆試策而已。

丁巳，按《會要》爲十七日。上幸國子監按“監”當作“學”。釋奠。詔諸王公子弟各就學，以周公爲先聖，孔子配。《通鑑》、《新書·禮志》。

五月，裴寂等奏上選定律令，頒行天下。《舊書·刑法志》

七月，詔曰：“自隋以來，離亂永久，雅道淪缺，儒風莫扇。朕膺期御宇，静難齊民，欽若典謨，以資政術，思弘德教，光振遐軌。是以廣設庠序，益召學徒，旁求俊異，務從獎擢。寧州羅川縣前兵曹史孝謙，守約邱園，伏膺道素，爰有二子，年並幼童。講習《孝經》，咸暢厥旨。義方之訓，實堪勵俗。故從優秩，賞以不次，宜普頒示，咸使知聞。如此之徒，並即申上，朕加親覽，時將褒異。”《册府元龜》。　按《新書·選舉志》：“凡童子科，十歲以下能通一經及《孝經》、《論語》，誦文十，通者予官。通七，〔趙校：“七”下原衍“經”字，據《新書·選舉志》删。〕予出身。”　按此即童子科所由昉也。

秀才二人。

進士六人：

*李玄齊，王補於是年補李玄齊爲“應制及第”，考云：“西安碑林博物館藏永徽五年《李玄齊墓誌》：‘君諱玄齊，字乾拯。君年甫二十，射策甲科，蒙授廣州都督府兵曹參軍。’以貞觀十六年卒，年三十六推之，射策值是年。”　孟按：由誌文觀之，玄齊射策甲科當爲進士科。

*雲洪嗣，胡補：“明凌迪知《萬姓統譜》（臺灣商務印書館影印文淵閣《四庫全書》本）卷二十云：‘雲洪嗣，武德七年進士，任湖州。’按《元和姓纂》卷三‘定興雲氏’：‘弘允，汾州刺史。’岑仲勉《元和姓纂四校記》云：‘《姓氏急就篇》上有雲弘嗣。允，疑原作胤，宋人避諱，改寫爲嗣也。……洪又弘之諱改。’宋談鑰《嘉泰吳興志》（吳興叢書本）卷十四《郡守題名》云：‘雲洪嗣，武德七年自右庶子授，遷鄭州刺史。’郁賢皓《唐刺史考》云：

'按天授二年雲洪嗣在岐州刺史任被殺,見《新書·則天皇后紀》及《通鑑》。其刺湖決無可能在武德七年,《吴興志》誤,今繫於高宗時。'郁説是。"

＊李義琳。《補遺》册五,第19頁,崔玄暐撰長安二年(702)五月六日《周故宋州碭山縣令李府君(義琳)神道銘并序》云:"君諱義琳,字□處,隴西成紀人也。弱冠,射策及第,解褐虞州桐鄉縣尉。"按李氏卒於垂拱二年(686)十月三日,享年八十二。以其弱冠年推之,其登第在本年。

八年乙酉(625)

秀才一人。

進士五人:

＊諸科:

＊王植。《補遺》册三,第379頁,龍朔二年(662)七月十九日《大唐故司宗寺丞上騎都尉王君(植)墓誌銘并序》云:"君諱植,字文端,太原晋陽人也。……年廿三,雍州貢明法,省試擢第,授大理寺録事。丹筆無冤,黄沙絶滯。遷長安縣尉,目覽耳聽,片言折獄。堆几之案雲撤,盈庭之訟霧收。應詔舉,遷魏州武陽縣令,仍在京删定律令。……以龍朔二年二月十日,寢疾卒於會稽郡,時年六十。"以龍朔二年年六十推之,其年二十三時在本年。其應詔舉之年未詳。

九年丙戌(626)

三月,改修文館爲弘文館。《唐會要》。　按在西内門下省東。

八月癸亥,制傳位於太子。甲子,太宗即皇帝位,大赦天下。詔曰:"高年碩學,直言正諫,所在長官,隨狀薦舉。"《册府元龜》、《唐大詔令集》、《通鑑》。

九月,上於弘文殿聚四部書二十餘萬卷,置弘文館於殿側。取三品已上子孫充弘文館學士。《通鑑》。　按弘文殿在凝陰殿北,爲西内之正北。此自門下省移於此也。"學士"當作"學生"。

十二月二十九日,詔曰:"宣尼以大聖之德,天縱多能,王道藉以裁成,人倫資其教義。故孟軻稱'生人以來,一人而已'。自漢氏馭歷，魏室分區，爰及晋朝，暨於隋代，咸相崇尚，用存享祀。朕欽若前王，憲章故實，親師宗聖，是所庶幾。存亡繼絶，抑爲通典。可立孔子後爲褒聖侯，以隋故紹聖侯孔嗣悊嫡子德倫爲嗣。主者施行。”《贈泰師孔宣公碑》陰。　按《册府元龜》以德倫封褒聖侯爲貞觀十年事，誤。當以碑爲正。

秀才二人。

進士七人。

知貢舉。按太宗於武德四年開文學館，有記室考功郎中房玄齡，《通鑑》於九年六月有行臺考功郎中房玄齡。蓋爲秦府之官，非知舉也。

唐太宗文武大聖大廣孝皇帝

貞觀元年丁亥(627)

正月乙酉，改元。《舊書》

上命吏部尚書長孫无忌等與學士、法官更議定律令。《通鑑》。　《舊書・刑法志》：“命長孫无忌、房玄齡與學士、法官更加釐改。”

五月，改國子學爲國子監。《唐會要》。　《舊書・職官志》以此爲二年事。

敕：“現在京官文武職事五品以上子，按“子”下疑有脱字。有性愛學書及有書性者，聽於弘文館内學書。其書法内出。”其年，有二十四人入館，敕虞世南、歐陽詢教示楷法。《唐會要》

黄門侍郎王珪奏：“弘文學生學書之暇，請置博士，兼肄業焉。”敕太學助教侯孝遵授其經典，著作郎許敬宗授以《史》、《漢》。《唐會要》

策進士問：“獄市之寄，自昔爲難，寬猛之宜，當令不易。緩則物情恣其詐，急則奸人無所容。曹相國所以殷勤，路廷尉於焉太息。韋弦折衷,歷代未聞,輕重淺深,佇承嘉議。”

問:“棘津登輔,不因階於尺木;莘郊作相,豈憑資於累遷。蓋道有攸存,時無可廢。爰暨澆訛,必循班序,先容乃器,因地拔萃。共相沿襲,遂成標準。今聖上務切懸旌,心摇啟繇。雖衣冠華胤,已喬遷於周列,而衡泌幽人,罕遥集於魏鼎。豈英靈不孕於山澤,將物理自係於古今?無蔽爾辭,切陳其致。”《文苑英華》

秀才二人:

* 張越石,

* 張楚金。以上二人原列本年進士科,徐氏考云:“《舊書·忠義傳》:‘張楚金少有志行,事親以孝聞。初與兄越石同預鄉貢進士,州司將罷越石而薦楚金,辭曰:“以順則越石長,以才則楚金不如。”固請俱退。時李勣爲都督,嘆曰:“貢士本求才行,相推如此,何嫌雙舉也?”乃俱薦擢第。’按《舊書·李勣傳》:‘太宗即位,拜并州都督。’《太平廣記》引《廣人物志》亦云貞觀元年勣爲并州都督。楚金,并州人。”按朱補云:“《記考》卷一貞觀元年進士科下著録張越石、張楚金兄弟二人,據引《舊唐書·忠義傳》。按唐劉肅《大唐新語》卷六‘舉賢’:‘張楚金年十七,與兄越石同以茂才應舉。所司以兄弟不可兩收,將罷越石。楚金辭曰:“以順則越石長,以才則楚金不如。請某退。”時李勣爲州牧,嘆曰:“貢才本求才行,相推如此,可雙舉也。”令兩人同赴上京。俱擢第,遷刑部尚書。’李勣爲并州都督,在貞觀元年,《記考》已證之,則楚金兄弟舉茂才亦在是年,茂才即秀才(見本文“韓琬”條),又據《記考》於貞觀元年科目下有‘秀才二人’,楚金兄弟當即其人。《記考》所據《舊唐書》後出,其言楚金兄弟‘預鄉貢進士擢第’當據舊聞編録,或係另有所據,或是根據唐中葉後進士亦稱秀才而致訛。《大唐新語》爲唐人所撰,是第一手資料,且言楚金擢第年歲鑿鑿,亦《舊書》所未及,理應從之,而改楚金兄弟擢第在貞觀元年秀才科下。”今從之。又按吴考云:“按唐進士試例於每年春,而州府貢進士在上年秋冬間。李勣於貞觀元年出任并州都督,則張楚金爲李勣所薦最早當在貞觀元年,而其及第則應在二年。然貞觀二年因關中飢停貢舉,則張楚金亦不可於二年登第。據《舊唐書》卷六七《李勣傳》,勣貞觀元年出任并州長史,至三

年爲通漢道行軍總管。又據《資治通鑑》卷一九三，貞觀三年十一月庚申，因突厥寇河西，李勣爲通漢道行軍總管，率衆出擊突厥。則張楚金爲李勣所薦當在貞觀三年十一月前。據此，張楚金之登進士第，貞觀三年或四年均有可能，而並非於貞觀元年時可斷。” 孟按：此説不無其據，然唐初科舉草創，其制未必一如後來，正如徐松所言“其時草昧初開，未可以常格論”；“定制之初不必畫一也”（《登科記考》卷一武德五年注）。故張氏兄弟登科之年，仍當本徐松所繫。

進士四人：

敬播，《舊書·儒學傳》：“敬播，蒲州河東人。貞觀初舉進士。”凡新、舊《書》言某某初者，皆繫於元年下。後仿此。

上官儀。《舊書》本傳：“本陝州陝人。父弘，隋江都宫副監，因家於江都。儀游情釋典，〔趙校：“典”原作“奠”，據《舊書》本傳改。〕尤精三論，兼涉獵經史，善屬文。貞觀初，楊恭仁爲都督，深禮待之。舉進士。” 按楊恭仁於武德九年七月爲雍州牧，行揚州大都督府長史。二年不貢舉，則儀當於元年及第。○孟按：《新唐書》本傳：“上官儀，字游韶……貞觀初，擢進士第，召授弘文館直學士。”

明經科：

*張文瓘。原列卷二十七《附考·明經科》，徐氏考云：“《舊書》本傳：‘貝州武城人，大業末徙家魏州之昌樂。貞觀初舉明經。’” 孟按：既言“貞觀初”，依《記考》通例，當移至本年。亦見陳補。

應制及第：

謝偃。《舊書·文苑傳》：“謝偃，衛縣人，本姓直勒氏。祖孝政，北齊散騎常侍，改姓謝氏。偃貞觀初應詔對策及第。”

知貢舉：按《通典》，貞觀以後貢舉，考功員外郎專掌之。盧承慶。《舊書》本傳：“貞觀初，爲秦州都督府户曹參軍。因奏河西軍事，太宗奇其明辨，擢拜考功員外郎。”

上官儀對策曰：“讓袂九流，披懷萬古，覽玉籙之奥義，覿金簡之遺文，睹皇王臨御之迹，詳政術樞機之旨，莫不則乾剛而張禮樂，法霆震而置威刑。縱使軒去鼎湖，非無涿鹿之戮，舜辭雷澤，遂有崇山之誅。自皋陶不嗣，忿生長往，甫侯設法，徒有說於輕重，子産鑄書，竟無救於衰敗。是知風淳俗厚，草艾而可懲；主僻時昏，黥鑿而猶犯。我君出震繼天，承圖化宰，孕十堯而遐舉，吞九舜而上征。猶以爲《周書》三典，既疏遠而難從；漢律九章，已偏雜而無準。方當採韋弦於往古，施折衷於當今。若能詔彼刑章，定金科之取捨，徵其張趙，平丹書之去留，必使楚國受金，不爲莊生所責，長陵盜土，必用張子之言。謹對。"○孟按：以上對策，《全唐文》卷一五五題作"《對用刑寬猛策》"。

"鳳德方亨，必資英輔，龍光未聘，實俟明君。既藏器以須時，亦虛襟而待物，莫不理符靈應，道叶冥通。類霜降而鐘鳴，同雲蒸而礎潤，秘策赴之如投水，神心應之若轉規，用能感會一時，抑揚千古。是以沈鱗暫躍，遂游泳於天漢；墜羽纔遷，乃騰驤於日陸。弘心體之妙旨，播舟水之嘉謀，義列丹青，德融金璧。迨乎時鍾季叔，化漸澆訛，拔萃之惠罕流，因地之階愈篤。使西都金子，奕葉稱榮；東國袁生，八公爲貴。廷尉之明窮識理，十載無知；黄門之妙極摛文，八遷寧進。徒使干星秀氣，永翳窮塵；照廡奇光，長湮幽石。自可循風市馬，襲軌畫龍，三反不虧，七年無廢。戔戔束帛，指邱園而畢陳；翹翹束乘，望林泉而載轄。則材標海若，霧集丹墀，德表星精，雲飛紫闕。豈直高尚之士，遥集於台司；衡泌之儔，喬遷於鼎職。謹對。"《文苑英華》。○孟按：以上對策，《全唐文》卷一五五作"《對求賢策》"。

二年戊子(628)

十二月，尚書左僕射房玄齡、國子博士朱子奢建議云："武德中，詔釋奠於太學，以周公爲先聖，孔子配享。臣以周公、尼父，俱稱聖人，庠序置奠，本緣夫子。故晋宋梁陳及隋大業故事，皆以孔子爲先聖，顔回爲先師。歷代所行，古今通允。伏請停祭周

公,升夫子爲先聖,以顔回配享。”詔從之。《唐會要》

二十一日,置書學,隸國子學。《唐會要》。　按《職官志》,武德初廢書學,此年復置。“國子學”當作“國子監”。

移弘文館於納義門西。按納義門在西内嘉德門之西廊。此自弘文殿側移弘文館於此。王珪奏,請爲學生置講經博士,考試經業,准式貢舉,兼學書法。《唐會要》。　《舊書·儒學傳序》曰:“貞觀二年,大徵天下儒士,以爲學官。數幸國學,令祭酒、博士講論畢,賜以束帛。學士能通一大經已上,咸得署吏。又於國學增築學舍一千二百間。國學、四門博士亦增置生員。其書、算合置博士、學生,以備藝文,凡三千二百六十員。其玄武門屯營飛騎,亦給博士,授以經業。有能通經者,聽之貢舉。”

米貴,不貢舉。

三年己丑(629)

四月,詔曰:“百行之本,要道惟先,一言終身,恕而已矣。春生夏長,寬裕之令行焉;齊禮道德,耻格之義斯具。朕爰自幼年,夙懔庭訓,豈徒學聞《詩》、《禮》,因令匡定家國。是以提三尺之劍,起一旅之師,戮鯨鯢於原野,救蒸人於塗炭。雲雷締搆,備嘗夷險,仁發於心,義形於色。大敵必勇,非爲身謀,大憝必誅,志安天下。太上皇留情姑射,尚想軒轅,駐蹕大安,使朕正居紫極。顧惟虚薄,辭不獲免,祗奉制誥,負扆當朝。乃眷宫宇,載懷冰谷,未明求衣,乙夜忘寐。静思七政,言念九功,何以答上玄之心,稱嚴君之志。欲勤恤典刑,舉直錯枉,允釐人瘼,任賢用能,拯濟困窮,抑損澆僞,開直言之路,廣不諱之門,聞所未聞,日慎一日。望人皆見德,變於至道。若一物失所,一人有怨,則朕躬之責,訓道不明也。

“朕聞《書》曰‘至誠動神’,况於百辟乎,况於兆庶乎?比聞遠近黔黎,耻爲盗賊,州縣囹圄,多並空虚。豈繇德教至此,自是人知厭亂,因其遷善,可以化之。朕往因征伐,行天下多矣,每見村落邱墟,未嘗不撫膺嘆息。自登九五,不許橫役一人。惟冀遐邇休息,得相存養,長幼有序,敬讓興行。其孝義之家,賜粟五石。高年八十以上,粟二石;九十以上,三石;百歲,加絹二匹。婦女正月以來生男,粟一石。鰥寡煢獨,不能自存;逃户初還,郊無糧貯:州縣長官,量加賬恤。

"諸州官吏,或正直廉平,刑清訟息;或貪婪貨賄,害政損人:宜令都督、刺史以名封進。白屋之内,閭閻之人,但有文武材能,灼然可取;或言行忠謹,堪理時務;或在昏亂而肆情,遇太平而克己:亦録名狀,與官人同申。泣辜慎罰,前王所重,枉繫一日,事等三秋。州縣法司,特宜存意,普告天下,知朕意焉。"《册府元龜》、《唐大詔令集》。　按此詔所言,即制舉科目之始。

秀才二人。

進士五人。

四年庚寅(630)

詔州縣皆作孔子廟。《新書·禮志》

詔前中書侍郎顔師古於秘書省考定五經。《貞觀政要》

秀才一人。

進士九人:

*許叔静,《補遺》册五,第119頁,顯慶三年(658)七月五日《唐故始州司法□□□都尉許君墓誌銘》云:"君□□,字□□,洛陽人也。……貞觀四年,年廿,俯從推薦,上允賓王,射策第高。"王補據《輯繩》(《洛陽出土歷代墓誌輯繩》之簡稱,下同。)謂墓主諱某,字叔静。今以其字著録。又王補爲"應制及第",今不取。今按:《唐代墓誌彙編續集》[顯慶023]據《隋唐五代墓誌滙編·洛陽卷》第三册第206頁録《大唐故始州司法上輕車都尉許君墓誌銘》作:"君諱□字叔静,洛陽人也。……貞觀四年,年廿,俯從推薦,上允賓王,射策第高。"當正名作"許叔静"。

＊韋仁約（韋思謙），《補遺》册二，第 6 頁，范履冰撰載初元年(690)一月七日《大唐故納言上輕車都尉博昌縣開國男韋府君（仁約）墓誌銘》云："府君諱仁約，字思謙，京兆杜陵人也。……府君年甫弱冠，舉國子進士，射策甲科，補幽州昌平縣尉。……以永昌元年九月廿八日遘疾彌留，薨於神都承義里第，春秋七十有九。"以永昌元年(689)年七十九推之，其弱冠歲在貞觀四年。按《記考》卷二十七《附考・進士科》録有"韋思謙"，徐氏考云："《舊書》本傳：'鄭州陽武人，本名仁約，字思謙。以音類則天父諱，故稱字焉。其先自京兆南徙，家於襄陽。舉進士。'《册府元龜》：'高季輔爲吏部尚書，韋思謙弱冠舉進士。'"兹據墓誌移正至本年。

＊崔志道。《千唐誌齋藏誌》（以下簡稱"《千唐》"）[341]盧獻撰永淳元年(682)十一月十七日《大唐故巫州龍標縣令崔君（志道）墓誌銘并序》云："君諱志道，字元閏，清河東武城人也。……逮乎弱冠，聲猷籍甚，甫應賓庭，射策高第，解巾泰州萬春縣尉。"崔氏卒於永淳元年(682)，享年七十二，則其弱冠歲在貞觀四年。亦見王補。

五年辛卯(631)

秀才一人。

進士十五人：

＊賈統，《唐代墓誌彙編》（以下簡稱"《彙編》"）[顯慶 010]（周紹良藏拓本）顯慶元年(656)七月二十七日《唐故并州太谷縣尉賈君（統）墓誌銘并序》云："君諱統，字知人，平陽人也。……年甫十八，爲大使李靖所舉，待詔金馬，擢第雲臺，名冠裒然，策標稱首，授文林郎。"賈統卒於顯慶元年(656)六月，年四十三。則其十八歲時爲貞觀五年。意《墓誌》所記，其當爲進士科之稱首。亦見張補。

＊畢粹。《彙編》[咸亨 074]咸亨四年(673)正月廿二日《唐故德州平原縣丞畢君（粹）墓誌銘并序》（北京圖書館藏拓本）云："諱粹，字思温，東平之盛族也。……貞觀五年，蒙召預本州進士。一枝升第，七步呈材，利用雖騁亨衢，敏學猶精通詁。"亦見羅補。

明經科：

錢元脩，羅隱《揚威將軍錢公列傳》："公諱元脩，字文通。貞觀五年，策試通經，補長興縣博士。"

＊李諝，《千唐》[190]龍朔三年(663。按《彙編》[龍朔 043]據北京圖書館藏拓本作"二年"，是)八月四日《大唐故蒲州汾陰縣丞上柱國李府君(諝)墓誌銘》云："君諱諝，隴西成紀人也。……貞觀五年，以國子監明經舉策問高第，解巾蒙授常州博士，又遷慈州司倉參軍事。又膺詔舉策，復高第，轉授貝州宗城縣丞，又授蒲州汾陰縣丞。"亦見王補。

＊賈貞。《補遺》册五，第 104 頁，永徽二年(651)閏九月廿四日《(上闕)賈府君(貞)墓誌銘并序》云："□諱貞，字松□，□□真定人也。……貞觀五年，以孝廉舉房州參軍事。"亦見王補。

六年壬辰(632)

二月戊子，初置律學。《舊書》本紀。　按《職官志》，隋以律學隸大理寺，武德初隸國子監，尋廢。至此復置。

秀才一人。

進士十二人。

應制及第：

崔信明。《舊書·文苑傳》："信明，青州益都人。祖滔。信明貞觀六年應詔舉，授興世丞。"

七年癸巳(633)

十一月丁丑，頒新定五經。《舊書》本紀。　《舊書·顏師古傳》云："太宗以經籍去聖久遠，文字訛謬，令師古於秘書省考定五經。師古多所釐正，既成奏之。太宗復遣諸儒重加詳議。於時諸儒傳習已久，皆共非之。師古輒引晋宋已來古今本，隨言曉答，援據詳明，皆出其意表，諸儒莫不嘆服。於是頒其所定之書於天下，令學者習焉。"蓋四年詔師古考定五經，至是頒行。今《五經正義》中每引定本，即其時所頒之本也。

秀才二人。

進士十三人：

＊姬温，《補遺》册三，第 434 頁，上元三年(676)正月二十二日《大唐故朝散大夫守昭陵令護軍姬府君(温)墓誌銘并序》云："公諱温，字思忠，河南洛陽人也。……親師博喻，敬業研幾。文絢詞林，學該議圃。……貞觀七年，明揚仄陋，爰應招弓之禮，方申觀國之材。祇問甲科，先登榮秩，蒙授承奉郎。董仲舒之稱舉首，陳仲躬之處高名。望古而言，實爲連類。"

＊李堯臣，孟按：《永樂大典》卷二三四二引《古藤志》："李進士堯臣，藤之秦川人。登貞觀七年第，累仕至交州刺史。賜其里門曰'登俊'，即今城南登俊坊是也。時刺史同榜進士劉從仕知秦川縣，因率父老創橋南市，亦名曰"登俊"焉。"《明一統志》卷八十四《梧州府・人物・唐》："李堯臣，鐔津人。貞觀中第進士，累官至交州刺史。賜其里門曰'登俊'。"又見四庫本《大清一統志》卷三六二，《廣西通志》卷十八、卷七十，《粤西文載》卷六十八等。按陳補據乾隆《廣西通志》、同治《梧州府志》補李堯臣於是年。

＊劉從仕。見上。按張補據《永樂大典》録上二人。

應制及第：

鄭敞，薛稷《故洛州洛陽令鄭府君碑》："公諱敞，字仲高，滎陽開封人。貞觀七年，制策高第，授越州都督府參軍。"按敞即仁基之子。

＊强偉。《彙編》[麟德 026](周紹良藏拓本，開封博物館藏石)麟德元年(664)十一月二十八日《□□□□□□□輕車都尉强君(偉)墓誌銘并序》云："君諱偉，字玄英，扶風人也。……貞觀七年任國子生，應詔舉，除貞州宗城縣丞。"亦見羅補，"貞州宗城"作"貝州禹城"。

八年甲午(634)

正月壬寅，命尚書右僕射李靖，特進蕭瑀、楊恭仁，禮部尚書王珪，御史大夫韋挺，鄜州大都督府長史皇甫無逸，揚州大都督府長史李襲譽，幽州大都督府長史張亮，凉州大都督李大亮，右領軍大將軍竇誕，太子左庶子杜正倫，綿州刺史劉德威，黄門侍郎趙弘智使於四方，觀省風俗。

詔曰："昔者明王之御天下也，内列公卿，允釐庶績；外建侯伯，司牧黎元。惟其淳化未敷，名教或替，故有巡狩之典，黜陟幽明，存省方俗。遐邇遂性，情僞無遺，時雍之宜，率由兹道。朕祗膺寶命，臨御帝圖，稟過庭之義方，荷上玄之嘉祉，四荒八表，無思不服。而夙興夕惕，勤躬約己，日慎一日，雖休勿休，欲萬國歡心，兆民有賴。推誠待物，近取諸身，實謂群官受拜，咸能自勵。乃聞連帥剌舉，或乖共治之寄；縣司主吏，尚多黷貨之罪。有一於此，責在朕躬。是用中夜憮然，昃景輟食。宜遣大使，分行四方，申諭朕心，延問疾苦，觀風俗之得失，察政刑之苛弊。耆年舊齒，孝弟力田，義夫節婦之家，疾廢煢嫠之室，須有旌賢賑贍，聽以倉庫物賜之。若有宏材異等，留滯末班，哲人奇士，隱淪屠釣，宜精加搜訪，進以殊禮。務盡使乎之旨，俾若朕親覿焉。"《舊書》本紀、《唐大詔令集》。

三月三日，詔加進士試讀經史一部。《册府元龜》、《唐會要》。按進士初惟試時務策五道，至是加讀經史。仍試以策，非帖經也。

秀才一人。

進士九人：

李義府，《舊書》本傳："瀛洲饒陽人。其祖爲梓州射洪縣丞，因家於永泰。貞觀八年，劍南道巡察大使李大亮以義府善屬文，表薦之，對策擢第。"《册府元龜》："李義府舉進士，劉洎、馬周薦之。太宗令詠烏，援筆爲詩曰：'何惜鄧林樹，不借一枝栖。'太宗喜曰：'當盡借卿全樹，何止一枝也！'尋除爲監察御史。"〇孟按：《唐詩類苑》卷一九七李義府《詠烏》詩題下注："義府年八歲，李大亮、劉洎之以神童薦至京師。太宗時在上林苑，便對有得烏者，令義府詠烏(云云)，帝曰：'與卿全樹，何止一枝。'"

＊裴皓。《補遺》册七，第266頁，龍朔三年(663)十月五日《大唐故宫府大夫兼檢校司馭少卿裴君(皓)墓誌銘并序》："君諱皓，字圓照，河東聞喜人也。…… 貞觀八年以茂才應舉，射策甲科，授右屯衛騎曹參軍。……永徽元年以賢良應詔，除尚書兵部員外郎。"

九年乙未(635)

五月二十日，敕："自今以後，明經兼習《周禮》，若《儀禮》者於本色内量減一選。"《册府元龜》、《唐會要》。

是年,移弘文館於門下省南。《唐會要》。　按自納義門内西移此。其後移仗大明宫,亦在門下省南。

進士六人:此數年或無考秀才。　按《唐語林》云:"唐朝初,明經取通兩經,先帖文,乃按章疏試墨策十道。秀才試方略策三道,進士試時務策五道。其後舉人憚於方略之科,爲秀才者殆絶,而多趨明經、進士。"

*楊全。《千唐》[53],貞觀二十三年(649)七月二十一日《大唐故將仕郎楊君(全)墓誌銘并序》(參見《彙編》,[貞觀171])云:"君諱全,字寶行,弘農華陰人也。……以貞觀九年,爰應旌命,射策高第,泛授散官。"亦見張補。

十年丙申(636)

進士十一人。

十一年丁酉(637)

正月庚子,頒新律令於天下。《舊書》本紀

四月,詔曰:"朕以寡薄,嗣守鴻基,實資多士,共康庶政。虚己側席,爲日已久,投竿捨築,罕值其人。自親巡東夏,觀省風俗,興言至治,夕惕兢懷。然則齊趙魏魯,禮義自出,〔趙校:"自出"原本誤倒,據《唐大詔令集》卷一〇二乙正。〕江淮吴會,英髦斯在。山川所感,古今寧殊?載佇風猷,實勞夢想。宜令河北、淮南諸州長官,於所部之内精加訪採。其孝弟淳篤,兼閑時務,儒術該通,可爲師範,文詞秀美,才堪著述,明識治體,可委字民,並志行修立,爲鄉里一作"閭"。所推者,舉送雒陽宫,各給傳乘,優禮發遣。當隨其器能,擢以不次。若有老病不堪入朝者,具以名聞。庶巖穴靡遺,俊乂可致。務盡搜揚之道,稱朕意焉。"《舊書》本紀、《唐大詔令集》。

七月庚寅，此據《舊書》，《新書》作“乙未”。以水災，詔“諸州官民有能明識治道，方正直諫者，並宜薦達。朕將親見其人，問以得失”。《册府元龜》

丙午，按《會要》，是二十四日。修宣尼廟於兖州。《舊書》本紀。按《新書·禮志》云：“十一年，詔尊孔子爲宣父，作廟於兖州。”

秀才一人。

進士八人。

十二年戊戌(638)

二月丁丑，幸國子學，親觀釋奠。國子祭酒以下官及學生高第精勤者，加級、賜帛各有差。《册府元龜》

詔國子祭酒孔穎達等撰《五經義訓》。《舊書·孔穎達傳》。按傳：“十二年，拜國子祭酒，與顔師古、司馬才章、王恭、王琰等諸儒受詔撰定《五經義訓》凡一百八十卷，名曰《五經正義》。太宗下詔曰：‘卿等博綜古今，義理該洽，考前儒之異説，符聖人之幽旨，實爲不朽，付國子監施行。’”又《册府元龜》云：“穎達爲國子監祭酒，與諸儒撰正《五經義疏》，數年乃成。”蓋於十二年拜祭酒，受詔撰《義疏》，十五年乃成。而馬嘉運等每掎摭之，故十六年有詔更定也。《通鑑》載於十四年，非是。考《正義序》，穎達列其同撰《義疏》人姓名，《易疏》爲朝散大夫、行太學博士馬嘉運，守太學助教趙乾叶。《書疏》爲朝散大夫、行太學博士王德韶，前四門助教李子雲。《詩疏》爲朝散大夫、行太學博士王德韶，徵事郎、守四門博士齊威。《禮記疏》爲中散大夫、守國子司業朱子奢，國子助教李善信，守太學博士賈公彦，行太常博士柳士宣，魏王東閤祭酒范義頵，魏王參軍事張權。《春秋左氏傳疏》爲朝請大夫、國子博士谷那律，故四門博士楊士勛，四門博士朱長才。又《唐會要》云：“穎達撰《義疏》一百七十卷，名曰《義贊》，有詔改爲《五經正義》。” 又按《孔穎達碑》云：“奉敕預撰《五經義疏》。公博極群書，遊□衆藝，削前□之紕繆，搴往哲之□□，誠萬古之儀刑，實一代之準的。蒙敕改名《五經正義》，付國子監施行。”是穎達所撰初名《義疏》，非“義訓”“義贊”也。

秀才一人。

進士十一人。

十三年己亥(639)

秀才二人。

進士十七人。

＊明經科：

＊董本,《千唐》[395]天授三年(692)正月廿九日《大周故文林郎上柱國董君(本)墓誌并序》(參見《彙編》[天授045])云:"公諱本,字行恭,隴西成紀人也。……年廿一,明經及第,唐授文林郎,即公稽古之力也。……維天授三年歲次壬辰正月戊辰朔八日乙亥,寢疾卒於洛陽縣殖業坊之私第,春秋七十四。"以天授三年年七十四推之,其二十一歲時在本年。亦見張補。

＊趙保隆。《彙編》[開元032]開元三年(715)十月廿五日《唐故冀州武强縣主簿天水趙府君(保隆)墓誌之銘并序》(北京圖書館藏拓本)云:"君諱保隆,字全祉,本天水右姓,因官扶風,留爲岐山人也。……年廿,以明經入貢升第,以貞觀廿二年始授瀛州樂壽尉。……春秋七十,以周永昌元年正月三日終於私第。"以永昌元年(689)年七十推之,其二十歲在本年。

十四年庚子(640)

二月丁丑,上幸國子監觀釋奠。命祭酒孔穎達講《孝經》,賜祭酒以下至諸生高第帛有差。《通鑑》

秀才一人。

進士五人。

應制及第：

李楚才,楊炯《原州百泉縣令李君神道碑》:"君諱楚才,衛州衛縣人。貞觀元年授長樂監,十四年應詔四科舉,射策登甲第。"

＊强偉。《彙編》[麟德 026](周紹良藏拓本,開封博物館藏石)麟德元年(664)十一月二十八日《□□□□□□□□輕車都尉强君(偉)墓誌銘并序》云:“君諱偉,字玄英,扶風人也。……貞觀七年任國子生,應詔舉,除貞州宗城縣丞。至十四年,復應詔舉,授豪州鍾離縣令。”亦見羅補。

＊明經科:

＊王德表。《千唐》[462]薛稷撰聖曆二年(699)三月二十九日《大周故瀛州文安縣令王府君(德表)墓誌銘并序》(參見《彙編》[聖曆 028])云:“公諱德表,字文甫,太原晋陽人。……貞觀十四年,郡縣交薦,來賓上國。……即以其年明經對策高第,左僕射梁國公房玄齡奏公學業該敏,特敕令侍徐王讀書,尋遷蜀王府參軍。”亦見羅補。

十五年辛丑(641)

四月辛卯,詔以來年二月有事泰山。《舊書》本紀

六月戊申,詔曰:“朕遐觀前載,歷選列辟,莫不貴此得人,崇兹多士,猶股肱之佐元首,譬舟楫之濟巨川。若夫構大厦者,採衆材於山岳;善爲國者,求異人於管庫。是以陶唐、有虞,揖讓之聖帝也,非元、凱不能成茂功;商湯、姬發,革命之明王也,非伊、吕無以定禍亂。況乎齊桓中人之才,器非濬哲;漢武嗣業之主,志在驕奢。猶賴管仲、隰朋之相,平津、博陸之輔,既爲五霸之主,亦稱萬代之宗。是知得士則昌,失人則亂。

“朕冕旒夙夜,虚心政道。雖天地效祉,宗社降靈,區宇晏如,俊乂咸事,尚恐山林藪澤藏荆、隋之寶,卜築屠釣韞蕭、張之奇。是以躬撫黎庶,親觀風俗,臨河渭而佇英傑,眺箕潁而懷隱淪,亟移日月,空勞夢寐。而驪龍莫兆,商歌寂寥。豈混跡駑駘,未逢良、樂之顧;將毓德巖穴,方追禽、向之遊?望雲長想,增其歎息。

“可令天下諸州,搜揚所部。士庶之内,或識達公方,學綜今古,廉潔正直,可以經國佐時;或孝悌淳篤,節義昭顯,始終不移,

可以敦風勵俗;或儒術通明,學堪師範;或文章秀異,才足著述:並宜薦舉,具以名聞。限來年二月,總集泰山。庶獨往之夫,不遺於版築;藏器之士,方升於廊廟。務得奇偉,稱朕意焉。"《舊書》本紀、《册府元龜》、《唐大詔令集》。

己酉,有星孛於太微,太史令薛頤上言未可東封。辛亥,起居郎褚遂良亦言之。丙辰,詔罷封禪。《通鑑》

秀才一人。

進士十四人。

十六年壬寅(642)

敕趙弘智與孔穎達覆更詳審《五經正義》。《五經正義序》。按序言"十六年,奉敕與前修疏人及給事郎、守四門博士、上騎都尉蘇德融爲《易正義》十四卷。通直郎、行四門博士、驍騎尉朱長才,給事郎、守四門博士、上騎都尉蘇德融,登仕郎、守太學助教、雲騎尉隨德素,儒林郎、守四門助教、雲騎尉王士雄爲《書正義》二十卷。給事郎、守太學助教、雲騎尉趙乾叶,登仕郎、守四門助教、雲騎尉賈普耀爲《詩正義》四十卷。儒林郎、守太學助教、雲騎尉周元達,儒林郎、守四門助教、雲騎尉趙君贊,儒林郎、守四門助教、雲騎尉王士雄爲《禮記正義》七十卷。朝散大夫、行太學博士、上騎都尉馬嘉運,朝散大夫、行太學博士、上騎都尉王德韶,給事郎、守四門博士、上騎都尉蘇德融,登仕郎、守太學助教、雲騎尉隨德素爲《春秋左氏傳正義》三十六卷"。

不貢舉。

十七年癸卯(643)

五月乙丑,手詔曰:"朕觀前烈,建國君臨,未有不藉忠良而能濟其功業者也。朕顯承宗祀,獲奉鴻基,側席求賢,有年載矣。而山林莫致,珍玩必臻,豈朕好惡之情未達於下?其令州縣舉孝廉茂才,好學異能卓犖之士。"《册府元龜》

進士十五人。

明經科：

蕭灌，張説《贈吏部尚書蕭公神道碑》："公諱灌，字玄茂，蘭陵人。年十八，明經高第，補代王功曹。"以永淳元年卒、年五十七推之，登第在是年。

＊崔沉。《彙編》[神龍035]褚璆撰神龍二年(706)十月十四日《大唐故文林郎崔君(沉)墓誌銘并序》(周紹良藏拓本)云："君諱沉，字處道，博陵安平人。……貞觀十七年，□(鄉)貢明經高第，授文林郎。十八年遘疾，終於宋城縣欽賢里第，年廿有四。"亦見陳補。

十八年甲辰(644)

三月己丑，《會要》作"二月六日"。有鄜州《會要》作"汴鄜諸州"。所舉孝廉，賜坐於御前，帝問曰："歷觀往古聖帝明王，莫不得一奉天，必以黎元爲本。隆邦建國，亦以政術爲先。天以氣變物，莫知其象；君以術化人，不顯其機。氣以隱質爲虚，術以潛通爲妙，運之無爲，施之無極。故能清風蕩萬域，長轡控八荒，不令而行，不言而信。欲尊其術，未辨其方，想望高才，以陳良策。"孝廉等文之按"文之"二字疑有誤〔趙校："文"當作"問"。〕無對。

又令皇太子問之曰："夫子何以爲曾參説《孝經》？"孝廉答曰："夫子以弟子之中參稱最孝，所以爲説。"太子曰："《禮記》云：公明儀問曾子，曰：'夫孝子先意承志，喻父母於善。參直養而已，安能爲孝？'據此而言，參未云孝。"又問："《禮》云：居處不莊，非孝也。事君不忠，非孝也。莅官不敬，非孝也。朋友不信，非孝也。戰陣無勇，非孝也。五者不遂，灾及於親。此五孝施用，若爲差等？"孝廉不能答。

次令近臣迭問："仁孝之名，誰所創作？明其優劣，仁孝何先？"又問："孝廉於四行之内，居第幾科？"又問："社主之義，殷柏周栗。秦漢以來，若爲變改？"又問："堯舜聖德，應貽厥孫謀，何因朱、均以後，絶滅無後？”孝廉並不能答。帝曰：“昔楚莊王謀事，群臣莫及。一作“逮”。退而有憂色，曰：‘諸侯能自得師者王，自爲謀而莫己若者亡。今以不穀之不肖，一作“德”。群臣言莫吾逮，吾國能免於亡乎？’朕發詔徵天下俊異，纔以淺近問之，咸不能答。海内賢哲，將無其人耶？朕甚憂之。”

令引就中書省射策，所答乖旨。於是下詔曰：“朕遐想千載，旁覽九流，詳加布政之方，莫若薦賢之典。是以元、凱就列，仄微可以立帝功；管、隰爲臣，中人可以成霸業。朕緬懷曩烈，虚己英奇，斷斷之士必升於廊廟，九九之術不棄於閭閻。猶恐在陰弗和，獨善難奪，永言髦傑，無忘寤寐。是以去夏之中，爰動翰墨，披露丹府，疇咨海内。尺木既樹，思睹游霧之群；雲羅宏舉，佇降翔庭之翼。而諸州所舉十有一人，朕載懷仄席，引入内殿，借以温言，略訪政道。莫能對揚，相顧結口。朕仍以其未睹闕廷，能無戰慄，一作“悚”。令於内省，更以墨對。雖搆思彌日，終不達問旨，理既乖違，詞亦庸陋。豈可飾丹漆於朽質，假風雲於泱起者哉！宜令放還，各從本色。其舉主以舉非其人罪論，仍加一等。

“然則今之天下，猶古之天下也。寧容仲舒、伯始之流，偏鍾美於往代；彦和、廣基之侶，獨絶響於今辰？故其見知也，則平準與樂安並進；其不用也，則敬通與亭伯同悲。淮陰所以興言，子長所以貽嘆。因斯論之，良繇俊造難進，或固棲遲之節；牧宰循常，未盡搜揚之道。撫事長息，彌增憮然。其令州縣，依前薦舉，皆集今冬。奇偉必收，浮華勿採，無使巴人之調，濫吹於《簫韶》，魏邦之珍，沈光於江漢。務盡報國之義，以副興賢之懷。”《册府元龜》。　按《唐大詔令集》入此詔於十年，誤，應從《册府》。

秀才一人。

進士二十四人：

冉實，張説《河州刺史冉府君神道碑》：“公諱實，字茂實。弱冠太學生，進士擢第。”以證聖元年卒、年七十一推之，是年二十歲。

＊張仁禕。《千唐》[311]郎餘令撰儀鳳四年(679)正月二十一日《唐故尚書吏部郎中張府君(仁禕)墓誌銘并序》(参見《彙編》[儀鳳029])云:“君諱仁禕,字道穆,中山義豐人也。……以對策甲科,起家岐州参軍事,即貞觀十八年也。”張氏卒於儀鳳三年(678),享年五十八,則其登科時爲二十四歲。亦見羅補。

＊明經科:

＊顔仁楚,《千唐》[230]乾封元年(666)二月二十三日《大唐故左衛長史顔君(仁楚)墓誌銘并序》(参見《彙編》[乾封006])云:“公諱仁楚,字俊,琅耶人也。……弱冠州舉孝廉,射策高第,授文林郎,貞觀十有八年也。”亦見張補、楊希義《輯釋》。

＊史行簡。《補遺》册五,第124頁,龍朔元年(661)三月十一日《大唐故汴州尉氏縣主簿史君(行簡)墓誌》云:“君諱行簡,字居敬,魏州冠氏縣鳳棲鄉大同里人也。……弱冠舉孝廉,解褐授文林郎,遷汴州尉氏縣主簿。……以顯慶五年四月卅日,卒於官第,春秋卅有六。”以其弱冠歲推之,其登第當在本年。按陳補誤繫於貞觀二十年(646)。

＊知貢舉:來濟。陳補云:“按《舊唐書》卷十八《來濟傳》云:‘太子承乾之敗……濟進曰:“陛下上不失作慈父,下得盡天年,即爲善矣。”帝納其言。俄除考功員外郎。十八年,初置太子司議郎,妙選人望,遂以濟爲之。’按承乾之敗在十七年四月。似本年即爲濟知貢舉。”

十九年乙巳(645)

二月庚戌,上親征高麗。乙卯,詔皇太子留定州監國。太子令曰:“仰惟聖訓,奉以周旋,虚想異人,共康神化。式遵曩軌,分鶩翹車,企覿英靈。欽聞政道。宜頒下州郡,妙簡賢良。其有理識清通,執心貞固;才高位下,德重位輕;或孝弟力田,素行高於州里;或鴻筆麗藻,美譽陳於天庭;或學術該通,博聞千載;或政事明允,才爲時新。如斯之倫,並堪經務,而韜光勿用,仕進無階,委身蓬蓽,深爲可嘆。所在官僚,精加訪採,庶使垂綸必察,操築無遺。一善弓旌,咸宜舉送。”於是州郡所舉,前後至者數百人。《舊書》本紀、《册府元龜》。

秀才三人。

＊明經科：

＊皇甫玄志，《彙編》[天授009]天授二年(691)二月七日《大周唐故儒林郎行魏州館陶縣主簿皇甫君(玄志)墓誌并序》(周紹良藏拓本)云："君諱玄志，字正平，安定朝那人也。……貞觀十九年明經及第。"亦見羅補。

＊元罕。《彙編》[天授035]天授二年(691)十月廿四日《唐遂州方義縣主簿河南元府君(罕)墓誌銘并序》(周紹良藏拓本，參見《補遺》册二，第316頁)云："公諱罕，字客子，河南洛陽人，魏昭成皇帝之後也。……以唐貞觀十九年，州辟孝廉，射策上第，解褐任商州上雒縣尉。"亦見王補。

上書拜官一人。

二十年丙午(646)

策進士問："惟堯則天，全潁陽之節；惟禹奠川，遂滄州之美。然則高潔之士，出於盛明；廉潔之賓，不生澆季。自皇唐受命，驅駕前古，貞遁不聞，風軌莫繼。豈端操之範，獨秘於往辰；將奔競之徒，頓騁於兹日？緬懷長往，有懵深衷，佇聽諸賢，以祛心疢。"

問："玄默垂拱，理歸上德；法令滋彰，事鍾澆季。是以唐、虞畫象，四罪而咸服；姬、夏訓刑，三千而愈擾。故知勝殘去殺，必在於弘仁；反樸還淳，不務於多辟。方知削兹三尺，專循五禮，幸陳用舍之宜，以適當時之要。"《文苑英華》

六月，詔曰："高明之天，資星辰以麗象；博厚之地，藉川岳而成形。況於帝王，體元立極，臨馭萬物，字養生靈者乎？所以致治之君，遠讒佞，近忠良，屈己以伸人，故能成其化。爲亂之主，親不肖，疏賢臣，虐下以恣情，用能成其亂。明君遵彼以興國，暗主行此以亡身。是以朽壤毁於蓮峰，巨蠹傷於翠葉。蓮峰墜澗，竟無反嶺之期；翠葉隨風，終無歸林之望。故知亡者難以復生，敗者不可重全。所以馭朽臨冰,銘心自戒,宵興旰食,側席思賢。庶欲博訪邱園,搜採英俊,弼我王道,臻於太平。

"可令天下諸州,明揚側陋。所部之内,不限吏人,其有服道棲仁,澄心勵操,出片言而標物範,備百行以綜人師,質高視於琳瑯,人不問於曾、閔,潔志邱園,揚名里閈;或甄明政術,曉達公方,稟木鐸於孔門,受金科於鄭相,奇謀間發,明略可以佐時,識見清通,偉才長於幹國;或含章傑出,命世挺生,麗藻遒文,馳楚澤而方駕,鉤深賾奥,振梁苑以先鳴,業擅專門,詞高載筆;或辨雕春囿,談瑩秋天,發研機於一言,起飛電於三寸,蓄斯奔箭,未遂揚庭:並宜推擇,咸同舉薦,以禮將送,具狀表聞。限以今冬,並與考使同赴。庶使焚林之舉,咸矯異於巖廊;尺木之階,方振鱗於游霧。翹心俊乂,稱朕意焉。主者施行。"《册府元龜》、《唐大詔令集》。 按《詔令集》作二十一年六月,《文苑英華》作二年正月六日。從《册府》。此詔許敬宗所草。

秀才一人。

進士三人:

張昌齡,《舊書·文苑傳》:"《張昌齡》冀州南宫人。弱冠以文詞知名。本州欲以秀才舉之,昌齡以時廢此科已久,固辭。乃充進士貢舉,及第。"《新書》:"昌齡與王公治齊名,皆爲考功員外郎王師旦所絀。太宗問其故,答曰:'昌齡等華而少實,其文浮靡,非令器也。取之則後生勸慕,亂陛下風雅。'帝然之。"《唐會要》:"貞觀二十年九月,考功員外郎王師旦知貢舉。時冀州進士張昌齡、王公瑾並有俊才,聲振京邑,而師旦考其文策全下,舉朝不知所以。及奏等第,太宗怪無昌齡等名,因召師旦問之。對曰:'此輩誠有詞華,然其體性輕薄,文章浮艷,必不成令器。臣若擢之,恐後生相仿效,有變陛下風雅。'帝以爲名言。後並如其言。" 按《舊書》明言昌齡及第,《文苑英華》亦載其文。潘昂霄《金石例》載張昌齡召見,試《息兵詔》,又言昌齡爲崑邱道記室,《平龜兹露布》爲士所稱,則又及第後任幕職之證也。《會要》、《新書》皆非事實,今從《舊書》。王公瑾即王公治,"治"避諱爲"理",訛爲"瑾"耳。○孟按:岑補云:"《記考》一,貞觀二十年進士著張昌齡,云:‘按《舊書》明言昌齡及第,《文苑英華》亦載其文。潘昂霄《金石例》載張昌齡召見,試《息兵詔》。’又言:‘昌齡爲崑邱道記室,《平龜兹露布》爲士所稱,則又及第後任幕職之證也。《會要》、《新書》皆非事實,今從《舊書》。’余按昌齡無進士及第之確證,拙著《唐史餘瀋》已嘗言之,徐氏以《會要》、《新書》不可信,則未知唐人記載如《封氏聞見記》、《譚賓録》固已如此云云也。昂霄元人,不過轉拾舊乘,試《息兵詔》本因獻《翠微宫頌》,充崑邱道記室更非必須進士其人,是豈足爲昌齡及第之憑信耶?徐證之强者,厥爲《英華》録昌齡對策,然劉蕡制科不第,其文尚傳,似未能據此而盡排唐人舊説也。"兹可存疑俟考。《册府元龜》卷五五一《詞臣部·詞學》:"張昌齡弱冠以文詞知名,舉進士及第。翠微宫成,詣闕獻頌,太宗召見,試作《息兵詔》,俄頃而就,帝甚説。"

田備,見《文苑英華》。 原注云:"總目作田恪。"

郝連梵。見《文苑英華》。

* 明經科:

* 程思義。《千唐》[498]長安三年(703)二月廿八日《周故朝議大夫行兖州龔業縣令上柱國程府君(思義)墓誌并序》(參見《彙編》[長安030]),題作《唐故朝議大夫行兖州龔丘縣令上柱國程府君墓誌并序》)云:"東平程君名思義,字思義,南兖州刺史樓之孫也。……年十八,幽州貢明經及第。……春秋七十五,長安三年正月廿四日卒於洛陽縣德懋里私第。"以長安三年(703)年七十五推之,其年十八在貞觀二十年。按羅補繫於貞觀二十一年,誤。王補入本年。

諸科:

張騭。張説《府君墓誌銘》:"諱騭,字成騭,姓張氏。年十九,明法擢第。"以調露元年卒、年五十二推之,是年十九歲。騭即燕公之父。燕公又爲碑云:"以明法歷饒陽、長子二尉。"〔趙校:《新表》卷七二下作"張隲"。〕

知貢舉:王師旦。《譚賓録》:"貞觀十九年,考功員外郎王師旦知舉。"蓋知二十年之舉,今從《會要》。

張昌齡對策曰:"則天分命,箕山多長往之賓;浚畝劬勞,滄州有肥遁之客。是以北荒孤行，甘草澤而輕周；南岳紫芝，玩林泉而恥漢。此蓋爲匹夫小節，未達汾陽之旨；獨行幽姿，寧動少微之宿。豈若大風在夢，非熊入兆，下箕尾而稱師，委旄頭而作傅。自大君有命，遠頓天紘，盡巖穴之英奇，總濠梁之薖軸。脱荷裳而襲朱紱，解薜蘿而綰青綬。五尺童子，羞稱荷蓧；三事大夫，耻觀瓢飲。將使鄭君谷口，擅不言之謡；曹相府門，多清净之化。方知聖人在上，真隱不獲全其高；淳風所偃，幽貞不能固其節。麛卵得性，麟鳳所以呈姿；山林不夭，風雲以之通氣。物既禀和而適變，士亦感類而相從。調飪自可怡神，烹鮮足堪養性。猶謂寒泉獨善，未臻授受之仁；薪槱兼濟，有助興王之道。謹對。"

"兩儀亭育，蓄嚴刑於積陰；四序平分，降明罰於秋序。是知觀象設教，聖人所以勝殘；因物造端，懿后由其立辟。故嬀川受命，士師陳九德之歌；瑶山載刑，吕侯訓百鍰之典。然則激揚神化，鼓舞皇階，資粉澤而弘風，俟德刑而振俗。是故六轡在御，飛龍之駕可期；九罭不施，奔鯨之害斯兆。縱使業優倦領，道邁曾巢，齊飲啄於鶉居，絶來往於犬吠，猶未可長懸三禮，永擯五刑，削兹噬嗑之科，專行忠信之薄。况今時推纂聖，運屬升皇，猶勞丹浦之誅，尚漏青邱之罪。伯夷典禮，與猾夏而同科；司寇詳刑，共春官而聯事。自可遠稽九伐，近命三驅，釋刀鋸於凶魁，休甲兵於原野。然後弛威象闕，展事天宗，繼美媧皇，追風火燧。石渠未滅，豈得輒議寢刑；中岳既封，自可專循大禮。謹對。"《文苑英華》

田備對策曰："聖人出震，博訪芻蕘；大帝登庸，詢謀師相。是以周稱尚父，吕望擢自磻溪；殷曰得賢，傅説求諸版築。莫不舟梁羽翮，鼎實鹽梅，表區寓之明明，成朝廷之濟濟。自隆周洎乎幽、厲，朝政在於諸侯；炎漢至於哀、平，威權任乎卿相。貂蟬耀彩，雄俊遍五侯之門；劍履生光，賓客滿四豪之第。吹竽彈劍，犬吠鷄鳴,用才各任所能,取士不求其備。弓旌之命,非道德之門;蒲帛之徵,乖有道之室。方今前疑後丞,龍翰鳳翼;左輔右弼,岳氣星精。加以徵逸璞於巖廊,索遺珠於窮海。邱園之下,羔雁成行;閭巷之中,軒軺相次。元纁之禮既備,巢父長謝山林;珪璧之問不空,夷、齊豈食薇蕨。謹對。"《文苑英華》。 按今本脱文據《永樂大典》引補。

郝連梵對策曰:"法星垂象,列九霄而照燭;習坎分爻,疏六位而輝焕。故有皇王慎罰,正俗以經時;聖哲詳刑,開物而成務。莫不克清函夏,載穆黎元,制天討之威嚴,弘秋官之典憲。舜遊嬀汭,乃去四凶;湯出鑣宫,驅除三面。然則質文異代,興廢殊途。微禹會昌,仁流於下泣;獨夫受戮,禍招於剖心。自運往道消,淳離樸散,王風不競,《菀柳》之刺斯聞,后德方衰,棘槐之制斯闕。望夷招敗,酷甚凝脂;函谷生灾,冤多精氣。雖復蕭何改創,爰始九章;温舒上言,仍譏一失。網漏吞舟之罪,主苟持寬;律加盈閣之繁,吏還舞智。邈乎遺法,允屬升平。

"大唐執紀先天,凝圖王氣。化軼胥庭之上,功超步驟之前,掃氛祲於乾樞,静囂塵於地軸。紫微君聖,時乘光於得一;黔首安生,日用陶其吹萬。皇帝上玄統歷,下武嗣徽。道叶順風,契黄帝之罔象;精通就日,符赤運之文明。於是職列英奇,朝班俊乂。載升降之節,既著禮容;臨甲乙之科,方在政辟。道無爲以端拱,思有罪而責躬,念向隅之獨嚬,乃納隍而軫慮。曲詢管庫,取薦芻蕘。誠宜妙簡平反,旁求庶獄。渭橋驚馬,必歸張季之言;禁圍射兔,勿爽高柔之旨。于公陰德,委以廷尉之司;盛吉深仁,授以憲曹之任。剖符寄劉寬之輩,蒲鞭之教可追;分陜趨邵奭之儔,棠陰之聽斯在。加以五詞咸備,兩造兼持,運静躁於韋弦,聽遲速於寬猛。獬豸雖觸咎繇,行其惠化;蒼鷹輟號郅都,息於頓苛。自然圄犴空虚,靡怨黄沙之罪;鉗釱安用,無施臼粲之刑。則跡邁成、康,道逾文、景,不仁自遠,無得而稱。謹對。"《文

苑英華》

二十一年丁未(647)

正月丁酉,詔以“貞觀二十有二載仲春之月,式遵故實,有事於泰山。仍令天下諸州,搜揚仄陋。其有學藝優洽,文蔚翰林,政術甄明,才膺國器者,並以申送。限以來年二月一日總集泰山。庶令作賦貽金,不韞天庭之掞;被褐懷玉,無溺屠釣之間。務得英奇,當加不次。”《册府元龜》、《唐大詔令集》。 按此詔許敬宗所草。

二月壬申,詔曰:“左邱明、卜子夏、公羊高、穀梁赤、伏勝、高堂生、戴聖、毛萇、孔安國、劉向、鄭衆、杜子春、馬融、盧植、鄭康成、服子慎、何休、王肅、王輔嗣、杜元凱、范寧、賈逵等二十有二人,代用其書,垂於國胄。既行其道,理合崇褒。自今有事於太學,可並配享尼父廟堂。”《舊書》本紀、《册府元龜》。 按自貞觀二年以孔子爲先聖,顔子爲先師,是年以左邱明二十二人並爲先師。至永徽間後,復以周公爲先聖,降孔子爲先師,貶顔子與左邱明等爲從祀。至顯慶二年七月,長孫无忌始奏復舊制。

丁丑,皇太子於國學釋菜。《舊書》本紀。 《册府元龜》:“二月丁丑,詔皇太子之國學,釋奠於先師。皇太子爲初獻,國子祭酒張後裔爲亞獻,光州刺史、攝司業趙弘智爲終獻。既講,弘智開講《孝經》,敷弘忠臣孝子之義。皇太子歡甚,因令宣勞胄子以上,言名教之所由,學校之所作,君臣父子之義,風化訓導之端,加之以弘獎,因之以誠勵,凡數百言,詞義甚美。聽者悚然,無不歡悦,更相顧曰:‘此誠德音也。’於是賜學官、胄子帛各有差,仍擢其高業者。右庶子許敬宗上四言詩,以美其事。”

八月壬戌,詔以河北大水,停封禪。其朝集使及選舉人等,前令詣洛陽宫,可依常年集限,並赴京師。《册府元龜》、《唐大詔令集》。

進士七人。

明經科:

＊薄仁,《彙編》[開元001]開元二年(714)正月十七日《大唐故滄州

長蘆縣丞薄府君(仁)墓誌銘并序》(北京圖書館藏拓本)云:"公諱仁,字範,雁門人也。……公年纔弱冠,任國子監學生。靈府虚融,神姿實發。微言一覽,洞曉三經,射策甲科,詞鋒穎脱,選衆而舉,爰授忻州行参軍。……以垂拱二年終於旅舍,春秋五十九。"以垂拱二年(686)年五十九推之。其弱冠歲在貞觀二十一年。亦見王補。

陳元敬,陳子昂有《周居士陳公墓誌銘》:"公諱元敬,二十二鄉貢明經擢第,拜文林郎。"銘言太歲己亥,享年七十有四。己亥爲嗣聖十六年,逆數之,擢第當在此年。　按元敬即子昂之父。○孟按:《記考》卷二十七《附考·明經科》又著録"陳元敬",徐氏考云:"盧藏用《陳子昂别傳》:'父元敬,以明經擢第,授文林郎。'趙儋《故拾遺陳公旌德之碑》:'元敬瑰偉倜儻,年二十二,鄉貢明經擢第。'"〔趙校:"陳元敬已見卷一貞觀二十一年,詳《施補》。"〕按施補云:"陳元敬爲陳子昂之父,陳子昂《府君有周文林郎陳公墓誌文》云:'公諱元敬,字某某,其先陳國人也……年弱冠,早爲鄉閭所服,耆老童幼見之若大賓。二十二鄉貢明經擢第,拜文林郎。'(《陳伯玉文集》〔《四部叢刊》本〕卷五)盧藏用《陳氏别傳》云:'陳子昂,字伯玉,梓州射洪縣人也……父元敬,以明經擢第,授文林郎。'(同上附録)趙儋《大唐劍南東川節度觀察處置等使户部尚書兼梓州刺史兼御史大夫鮮于公爲故拾遺陳公建旌德之碑》云:'公諱子昂,字伯玉,梓州射洪縣人也……祖辯,爲郡豪傑。辯生元敬……年二十二,鄉貢明經擢第,拜文林郎……公即元敬元子也。'(同上)《登科記考》先後所録兩陳元敬,實即一人,當删去卷二十七附考所録者。"今删併。

*賈玄贊。《彙編》[垂拱 007]據《芒洛冢墓遺文四編》卷三所録垂拱元年(685)六月廿二日《大□(唐)故朝散大夫行大學博士賈府君(玄贊)殯記》云:"君諱玄贊,字沖思,廣川人也。……□□(貞觀)十有八載,齒胄庠門。廿一年,以明經擢第,初任洛州博士。"(《彙編》注:此志原爲垂拱元年乙酉六月乙亥朔廿二日景申,被人將首行"唐"字改"隨",文中"貞觀"字改"開皇","垂拱"字改"大業",歲次"乙酉"改"甲戌","乙亥"改"辛未",兹將改鑿字作方圍。)亦見羅補。

知貢舉:王師旦。

二十二年戊申(648)

進士九人。

知貢舉:王師旦。

二十三年己酉(649)

五月己巳,太宗崩。《舊書》本紀

六月甲戌朔,高宗即位。《通鑑》

九月,詔曰:"殷宗邁德,化致升平;周王顯仁,政稱刑措。太宗文皇帝神明配德,靈武兼資,掃欃槍而王區夏,混陰陽而作天地。以此大業,留屬微躬。雖復琯變星霜,而心嬰荼毒。州郡之長,能修厥職,禮義興行,奸回自屏,刑憲不苛,孤煢是賴。有司詢訪,宜以名聞,有一於此,當超不次。其有經明行修,談講精熟,具此師嚴,才堪教胄者;志節高妙,識用清通,博聞强正,終堪卿輔者;遊情文藻,下筆成章,援心處事,端平可紀者;疾惡揚善,依忠履義,執持典憲,終始不移者:京師長官、上都督府及上州各舉二人,中下州刺史各舉一人。前代忠鯁,身死王門,子孫才堪任官而留滯停移者,既想遺風,尤宜旌舉。"《册府元龜》

秀才一人。《通典》云:"初秀才科等最高。貞觀中有舉而不第者,坐其州長,由是廢絶。"

進士八人:

婁師德。《舊唐書》本傳:"鄭州原武人。弱冠進士擢第。"以聖曆二年年七十推之,是年二十歲。〇孟按:《全唐文》卷七五二杜牧《上宣州高大夫書》:"婁侍中師德,亦進士也。"

* 明經科:

* 逯貞。《彙編》[神功003]神功元年(697)十月二十二日《大周故中大夫夏官郎中逯府君(貞)墓誌并序》(北京圖書館藏拓本)云:"君諱貞,字仁傑,河内河陽人也。……弱冠歲賦明經,解褐果州相如、杭州餘杭、魏

州頓丘等縣尉，非其好也。翟方進有封侯之骨，實假明經；梁敬叔有廟食之言，豈甘州縣。”按逯氏卒於萬歲登封元年(696)，享年六十七，則其弱冠之年在貞觀二十三年。王補入上年。

知貢舉：王師旦。師旦知舉，《譚賓録》之言十九年，即《唐會要》之二十年也。《通典》、《册府元龜》又載於二十三年，蓋此數年皆師旦知舉。惟太宗於是年五月崩，《通典》、《册府元龜》載九月太宗問張昌齡下第之事。張昌齡下第事誤，辨已見前，言九月亦誤。　按《畫墁録》言唐太宗一朝五放榜，每榜一名，其説甚謬，不知何所據也。

登科記考補正卷二

唐高宗天皇大聖大弘孝皇帝

永徽元年庚戌(650)

正月辛丑朔,改元。《舊書》本紀

六月,詔曰:"昔勳、華肇政,仁義居先;殷、周創基,教學成本。朕嗣立鴻基,裁成丕緒,如臨於海,罔知攸濟,思得學徒,用康庶績。而頃歲所敦,先諸聖教,青襟方領,未達至懷。惟欲思轅固以加班,想高堂以授秩。斯文寥落,去之彌遠,深加發慮,稱朕意焉。儒官員缺,即宜補授。其館博士、助教,節級賜物。三館學生有業科高第,景行淳良者,所司簡試,具以名聞。"《册府元龜》

是年,敕太尉長孫无忌,司空李勣,左僕射于志寧,右僕射張行成,侍中高秀輔,黄門侍郎宇文節、柳奭,左丞段寶玄,太常少卿令狐德棻,吏部侍郎高謍,刑部侍郎劉燕客,給事中趙文,中書舍人李友益,少府丞張行實,大理丞元紹,太府丞王文端,刑部郎中賈敏行等,共撰定律令格式。舊制不便者,皆隨有删改。《册府元龜》

秀才一人:

劉崟:《玉海》引《登科記》。

進士十四人：

＊趙義，《彙編》[永淳023]王允元撰永淳元年(682)十一月二十五日《大唐故淄州高苑縣丞趙君(義)墓誌銘并序》(周紹良藏拓本，開封博物館藏石)云："君諱義，字懷敬，天水人也。……永徽元載，應試甲科，選部隨班，爰從散秩，授文林郎。"亦見羅補。

＊劉仁叡。《唐代墓誌彙編續集》[神龍012]據《隋唐五代墓誌滙編·洛陽卷》第八册第83頁録神龍二年(706)十一月九日《大唐故朝議大夫行眉州司馬柱國公士劉府君(仁叡)墓誌銘并序》："公諱仁叡，本彭城人。……及乎志學，遍涉經史，僅登弱冠，尤擅文章。立身之資，孝友忠信；行己所尚，中和庶幾。故能初筮來賓，當年入仕，解褐郫縣尉。……亦神龍元年十二月十四日薨喻私第，春秋七十有五。"按"來賓"，謂觀國賓王，當指應進士舉。以弱冠年推之，其登第當在永徽二年(651)。

＊明經科：

＊王師協，《補遺》册五，第16頁，徐彦伯撰神功元年(697)十月廿日《□故韶州樂昌縣上柱國王府君(師協)墓誌銘并序》云："府君諱師協，字景和，琅邪臨沂人。……弱冠，明經射策高第，授常州江陰縣尉，時年廿三。"按王氏卒於神功元年(697)，享年六十七。則其二十歲時在本年。亦見王補。

＊崔暟。《彙編》[大曆062]吴少微、富嘉謨撰神龍元年(705)十一月廿四日《有唐朝散大夫守汝州長史上柱國安平縣開國男贈衛尉少卿崔公(暟)墓誌》(北京圖書館藏拓本)云："伊博陵崔公諱暟，歲十有八，以門胄齒太學。明年，精《春秋左氏傳》登科。"按崔氏卒於神龍元年，享年七十四，則其十九歲時在永徽元年。亦見胡補。

＊諸科：

＊吴本立。《補遺》册五，第288頁，神龍二年(706)十二月廿日《大唐故尚藥奉御上柱國吴君(本立)墓誌銘并序》云："君諱本立，字元惲，濮陽人也。……永徽元年，醫舉及第，尋授太醫監。"亦見王補。

＊賢良方正科：

＊裴皓。《補遺》册七，第266頁，龍朔三年(663)十月五日《大唐故

宫府大夫兼檢校司馭少卿裴君(皓)墓誌銘并序》:“君諱皓,字圓照,河東聞喜人也。……貞觀八年以茂才應舉,射策甲科,授右屯衛騎曹參軍。……永徽元年以賢良應詔,除尚書兵部員外郎。”

*遊情文藻,下筆成章科:

*孫處約。《彙編》[咸亨 068]據《考古與文物》1983 年 1 期所録咸亨三年(672)十一月二十二日《唐故司成孫公(處約)墓誌銘并序》云:“永徽元年,禮部尚書驃騎都尉申公(處約)應詔舉,遊情文藻,下筆成章,射策甲科。”又《補遺》册三,第 69 頁,張嘉禎撰開元二十九年(741)正月《故荆州大都督府長史上柱國樂安縣開國伯孫公(俊)之碑并序》云:“父處約,進士擢第,授校書郎。永徽元年,禮部尚書高士廉薦,應遊情文藻、下筆成章舉,對策高第,特授著作佐郎。”按張補據《孫處約墓誌》録入附考類。亦見陳補。

二年辛亥(651)

三月十四日,詔太尉、趙國公長孫无忌及中書門下,國子三館博士,弘文學士,故國子祭酒孔穎達所撰《五經正義》按孔穎達卒於貞觀二十二年。事有遺謬,仰即刊正。《唐會要》

閏九月,長孫无忌等上所删定律令式。甲戌,詔頒之四方。《通鑑》

秀才。《玉海》引《登科記》云:“是年始停秀才舉。” 按《新書·韓思復傳》:“舉秀才高第。”思復在永徽後,所謂秀才者,即進士科也。

進士二十五人。

*諸科:

*皇甫文備。《千唐》[513]長安四年(704)八月十九日《大周故正議大夫使持節都督姚宗等卅六州諸軍事守姚州刺史上柱國皇甫君(文備)墓誌》(參見《彙編》[長安 063])云:“君諱文備,字孝忠,安定郡人也。……弱冠以明法擢第,拜登仕郎。……以長安四年二月二日薨於姚府公第,春秋七十三。”以長安四年年七十三推之,其弱冠之年在永徽二年。亦見陳補。

三年壬子(652)

詔曰:“律學未有定疏,每年所舉明法,遂無憑準。宜廣召解律人,條義疏奏聞。仍使中書門下監定。”《舊書·刑法志》

應制及第。《雲麓漫鈔》於制科及第下注云“永徽三年”,是此年有制科也。

不貢舉。

*明經科:

*吴續,《彙編》[久視004]久視元年(700)七月二十六日《大周故承奉郎吴府君(續)墓誌之銘并序》(北京圖書館藏拓本)云:“君諱續,字光紹,其先濮陽人也。祖考從宦京洛,今復爲洛州合宫縣人也。……以永徽三年明經擢第……授承奉郎。”亦見王補。

*王大義,《千唐》[612]開元九年(721)八月九日《大唐故雅州名山縣尉王府君(大義)墓誌》(參見《彙編》[開元120])云:“君諱大義,字大義,瑯琊人也。……以永徽三年明經擢第,拜江華主簿。”亦見羅補。

*高隆基,《千唐》[504]盧粲撰長安三年(703)十月三日《大唐故蒲州猗氏縣令□(高)府君(隆基)墓誌銘并序》(參見《彙編》[長安043])云:“君諱隆基,字繼,渤海蓨人也。……弱冠以國子監明經,射策高第,調補并州參軍。……以調露二年正月十五日遘疾,終於縣之公館,春秋卌八。”以調露二年(680)年四十八推之,其弱冠之年在永徽三年。陳補云:“拓本姓氏已泐去。今考渤海蓨爲高氏郡望;《誌》復云:‘高祖德政,齊侍中、左僕射’,‘曾祖伯堅,北齊司徒東閤祭酒’,均與《北齊書》卷三十《高德政傳》相合,故知誌主當爲高姓。”

*劉仁景,孟按:徐氏原繫於卷二十七《附考·明經科》,姓名作“劉□”,考云:“蘇頲《司農卿劉公神道碑》:‘公諱某,彭城人也。弱冠修文,明經高第。’以景龍三年卒、年七十七推之,弱冠在永徽二、三年。”考《元和姓纂》卷五京兆武功劉姓:“弘基,唐右驍衛大將軍、太僕卿、夔襄公,生仁行、仁景。……仁景,左金吾將軍、司農卿、沛公。”又《唐刺史考全編》卷七〇《河南道·沂州》“劉仁景”條考云:“《全文》卷二五七蘇頲《司農卿劉

公神道碑》:'豫、博之連謀也……拜公爲齊州長史以鎮之。難平,轉沂、鄜二州諸軍事二州刺史……遷將作監。尋加銀青光禄大夫、司農卿。'後又以羽林將軍平節愍太子之難。按'豫、博連謀'指豫州刺史李貞與其子博州刺史李沖之亂,事在垂拱四年八月。同年九月平。又《舊書・劉弘基傳》:'從子仁景,神龍初官至司農卿。'又《節愍太子從俊傳》稱:'召左羽林將軍劉仁景等。'證知此'司農卿劉公'當即劉仁景。"今據以補名。又據上考知本年有明經科,故繫於本年。

＊劉寂。《千唐》[534]神龍二年(706)十一月三十日《大唐故通議大夫使持節興州諸軍事興州刺史上柱國劉府君(寂)墓誌銘并序》(參見《彙編》[神龍 041])云:"府君諱寂,字無聲,梁國濉陽人也。……年未弱冠,明經甲科,解褐洺州參軍。……春秋七十有二,神龍二年四月八日遘疾,卒於興州官舍。"按劉氏弱冠之年,在永徽五年(654),然"未弱冠"當前推。今附本年,是年劉氏年十八。王補入附考。

四年癸丑(653)

二月二十四日,太尉長孫无忌等表上《五經正義》曰:"臣无忌等言:臣聞混元初闢,三極之道分焉;醇德既醨,六籍之文著矣。於是龜書浮於温洛,爰演《九疇》;龍圖出於滎河,以彰八卦。故能範圍天地,埏埴陰陽,道濟四溟,知周萬物。所以七教八政,垂炯誡於百王;五始六虚,貽徽範於千古。詠歌明得失之迹,《雅》、《頌》表興廢之由,實刑政之紀綱,乃人倫之隱括。昔雲官司契之后,火紀建極之君,雖步驟不同,質文有異,莫不開兹膠序,樂以典墳。敦稽古以弘風,闡儒雅以立訓,啓含靈之耳目,贊神化之丹青。姬、孔發揮於前,荀、孟抑揚於後。馬、鄭迭進,成均之望鬱興;蕭、戴同升,石渠之業愈峻。歷夷險其教不墜,經隆替其道彌尊,斯乃邦家之基,王化之本者也。

"伏惟皇帝陛下,得一繼明,通三撫運,乘天地之正,齊日月之暉。敷四術而緯俗經邦,藴九德而辨方軌物。御紫宸而訪道,坐元扆以裁仁,化被丹澤,政洽幽陵。三秀六穗之祥,府無虚月;

集囿巢閣之瑞，史不絶書。照金鏡而泰階平，運玉衡而景宿麗。可謂鴻名軼於軒、昊，茂績冠於勳、華。而垂拱無爲，遊心經典，以爲聖教幽賾，妙理深玄，訓詁紛綸，文疏踳駁。先儒競生别見，後進争出異端，未辨三豕之疑，莫袪五日之惑。故祭酒、上護軍、曲阜縣開國子孔穎達，宏才碩學，名振當時，貞觀年中，奉敕修撰。雖加討核，尚有未周，爰降絲綸，更令刊定。敕太尉、揚州都督、監修國史、上柱國、趙國公臣无忌，司空、上柱國、英國公臣勣，尚書左僕射、兼太子少師、監修國史、上柱國、燕國公臣志寧，尚書右僕射、兼太子少傅、監修國史、上護軍、曲阜縣開國公臣行成，光禄大夫、侍中、兼太子少保、監修國史、上護軍、蓚縣開國公臣季輔，光禄大夫、吏部尚書、監修國史、上柱國、河南郡開國公臣褚遂良，銀青光禄大夫、守中書令、監修國史、上騎都尉臣柳奭，前諫議大夫、弘文館學士臣谷那律，國子博士、弘文館學士臣劉伯莊，朝議大夫、國子博士臣王德韶，朝散大夫、行太學博士臣賈公彦，朝散大夫、行太學博士、弘文館直學士臣范義頵，朝散大夫、行太常博士臣柳宣，通直郎、太學博士臣齊威，宣德郎、守國子助教臣史士弘，宣德郎、守太學博士臣孔志約，右内率府長史、弘文館直學士臣薛伯珍，太學助教臣鄭祖玄，徵事郎、守太學助教臣隨德素，徵事郎、守四門博士臣趙君贊，承務郎、守太學助教臣周玄達，承務郎、守四門助教臣李玄植，儒林郎、守四門助教臣王真儒等，上稟宸旨，旁摭群書，釋《左氏》之膏肓，翦古文之煩亂，探曲臺之奥趣，索《連山》之玄言，囊括百家，森羅萬有。比之天象，與七政而長懸；方之地軸，將五岳而永久。筆削已了，繕寫如前。

"臣等學謝伏恭，業慚張禹，雖罄庸淺，懼乖典正。謹以上聞，伏增戰越。謹言。永徽四年二月二十四日，太尉、揚州都督、上柱國、趙國公臣无忌等上。"北宋《周易》單疏本

三月壬子朔，頒孔穎達《五經正義》於天下。每年明經，令依

此考試。《舊書》本紀

十一月十九日，太尉長孫无忌等表上《律疏》曰："臣无忌等言：臣聞三才既分，法星著於玄象；六位斯列，習坎彰於《易經》。故知出震乘時，開物成務，莫不作訓以臨函夏，垂教以牧黎元。昔周后登極，吕侯闡其茂範；虞帝納麓，皋陶創其彝章。大夫之述三言，金篆騰其高軌；安衆之陳九法，玉牒播其宏規。前哲比之以隄防，往賢譬之以銜勒。輕重失序，則繫之以存亡；寬猛乖方，則階之以得喪。泣辜慎罰，文命所以會昌；斮脛剖心，獨夫於是蕩覆。三族之刑設，禍起於望夷；五虐之制興，師亡於涿鹿。齊景網峻，時英有踊貴之談；周幽獄繁，詩人致《菀柳》之刺。所以當塗撫運，樂平除慘酷之刑；金行提象，鎮南削煩苛之法。而體國經野，御辨登樞，莫不崇寬簡以弘風，樹仁惠以裁化。景胄以之碩茂，寶祚於是克崇，徽猷列於緗圖，鴻名勒於青史。暨炎靈委御，人物道銷，霧翳三光，塵驚九服。秋卿司於邦典，高下在心；獄吏傳於爰書，出没由己。内史溺灰，然而被辱，丞相見櫝，背而行賕，戮逮棄灰，誅及偶語。長平痛積冤之氣，司敗切瘦死之魂。遂使五樓之群，争迴地軸；十角之旅，競入天田。國步於是艱難，刑政於焉弛紊。殷憂俟來蘇之后，多難佇撥亂之君。

"大唐握乾符以應期，得天統而御曆，誅阪泉之巨猾，剿丹浦之凶渠。掃旬始而静天綱，廓妖氛而清地紀。朱旗乃舉，東城高滅楚之功；黄鉞裁麾，西土建翦商之業。總六合而光宅，包四大以凝旒，異域於是來庭，殊方所以受職。航少海以朝絳闕，梯崑山以謁紫宸。椎髻之酋，加之以文冕；窮髪之長，寵之以徽章。《王會》之所不書，塗山之所不紀。歌九功以協金奏，運七政以齊玉衡。律增甲乙之科，以正澆俗；禮崇升降之制，以拯頹風。蕩蕩巍巍，信無德而稱也。

"伏惟皇帝陛下，體元纂業，則大臨人，覆載並於乾坤，照臨運於日月。坐青蒲而化光四表，負丹扆而德被九圍。日旰忘餐，心存於哀矜；宵分不寐，志在於明威。一夫向隅而責躬，萬方有犯而罪己。仍慮三辟攸斁，八刑尚密；平反之吏，從寬而失情；次骨之人，舞智而陷網；刑靡定法，律無正條；徽纆妄施，手足安措。乃制太尉、揚州都督、監修國史、上柱國、趙國公長孫无忌，司空、上柱國、英國公李勣，尚書左僕射、兼太子少師、監修國史、上柱國、燕國公于志寧，尚書右僕射、監修國史、上柱國、開國公褚遂良，銀青光録大夫、守中書令、監修國史、上騎都尉柳奭，銀青光禄大夫、守刑部尚書、上輕車都尉唐臨，太中大夫、守大理卿、輕車都尉段寶玄，太中大夫、守黄門侍郎、護軍、潁川縣開國公韓瑗，太中大夫、守中書侍郎、監修國史、驍騎尉來濟，朝議大夫、守中書侍郎辛茂將，朝議大夫、守尚書右丞、輕騎都尉劉燕客，朝請大夫、使持節潁川諸軍事、守潁川刺史、輕車都尉裴弘獻，朝議大夫、守御史中丞、上柱國賈敏行，朝議郎、守刑部郎中、輕車都尉王懷恪，前雍州盩厔縣令、雲騎尉董雄，朝議郎、行大理丞、護軍路立，承奉郎、守雍州始平縣丞、驍騎尉石士逵，大理評事、雲騎尉曹惠果，儒林郎、守律學博士、雲騎尉司馬鋭等，摭金匱之故事，採石室之遺書，捐彼凝脂，敦兹簡要，網羅訓誥，研核邱墳，撰《律疏》三十卷，筆削已了。實三典之隱括，信百代之準繩。銘之景鐘，將二儀而並久；布之象魏，與七曜而長懸。庶一面之祝，遠超於殷簡；十失之嘆，永弭於漢圖。謹詣朝堂，奉表以聞。臣无忌等誠惶誠恐，頓首頓首。永徽四年十一月十九日進。"《唐律義疏》

頒新律疏於天下。《舊書》本紀

不貢舉。○孟按：詳下所考，疑謂本年"不貢舉"者誤。

＊進士科：

＊王景之。岑補云："《記考》二：永徽四年，據《通考》'不貢舉，應制及第三人'。余按《千唐》景龍三年《雍州美原縣丞王景之墓誌》(原目倒爲'之王景')：'永徽四年，鄉貢進士及第。'似是年固有進士者，應附入備

考。” 孟按:《千唐》所録《大唐故雍州美原縣丞王君(景之)墓誌銘并序》(參見《彙編》[景龍 028])云:“公諱景之,字崇業,太原祁人也。……永徽四年鄉貢進士及第,登漢策之甲科,光郄詵之片玉。解褐鄭王府典籤。”按景之卒於永淳二年(683)八月廿三日,享年六十。則其擢第時爲三十歲。按羅補云:“是年不貢舉,而有應制及第三人,景之誌稱登漢策□甲科,殆是三人之一。”

* 明經科:

* 楊再思,《補遺》册七,第 27 頁,岑羲撰《大唐故尚書右僕射贈特進并州大都督鄭國公楊恭公(再思)□□并序》:“公諱□,字再思,其先居於恒農之華陰,今爲鄭州源武人也。……弱冠明經擢第,解褐授□□□武尉。……春秋七十有六,以景龍三年□□己酉六月戊申,薨於勝□里之私第。”以弱冠歲推之,其擢第當在永徽四年。又原卷二十七《附考·明經科》著録“楊再思”,徐氏考云:“楊再思,《舊書》本傳:‘鄭州原武人,少舉明經。’”與此同爲一人,今删併。

* 李愻。《千唐》[523]神龍二年(706)正月廿一日《大唐故使持節亳州諸軍事亳州刺史李府君(愻)墓誌銘并序》(參見《彙編》[神龍 021])云:“公諱愻,字納言,趙郡元氏人也。……弱冠明經及第,調補梓州飛烏尉。”按李氏卒於神龍元年(705),享年七十二,則其弱冠之年在永徽四年。按楊希義《輯釋》誤作“李遜”。亦見陳補。

應制及第三人:

* 畢正義。《補遺》册六,第 251 頁,《大唐故益州都督法曹大理丞畢君(正義)墓誌銘》云:“君諱正義,字正義,太原人也。……永徽四年,應詔舉對策高第,詔授大理丞。”亦見王補。

五年甲寅(654)

進士一人:

* 王慶祚。《千唐》[458]盧備撰聖曆二年(699)二月十二日《大周□(岐)州雍縣尉太原王君(慶祚)墓誌銘并序》(參見《彙編》[聖曆 017],題作《唐故岐州雍縣尉太原王君(慶祚)墓誌銘并序》)云:“君諱慶祚,字嘉

胤,太原晋陽人也。……逮乎器光琢玉,業藴籯金,帝學盛樞衣之儀,王庭有觀光之美。射策高第,解褐除澧州澧陽縣主簿。……以唐咸亨四年九月廿五日遘疾,終於洛州淳風里第,春秋卅有九。"又銘曰:"藝成弱冠,翻飛上庠。"以弱冠歲推之,其登第時間當在永徽五年。王補入附考"制科"。

＊應制及第:

＊張復。《千唐》[370]垂拱四年(688)七月十七日《大唐故左□□□監察御史張府君(復)墓誌銘并序》(參見《彙編》[垂拱 056])云:"君諱復,字□□,清河人也。……早預國子生,應詔自舉,詔□問焉。封奏者千有餘人,君蔚爲舉首。爰降明詔曰:少年聰穎,機神博達,對□策問,詞義可稱,可待詔弘文館,准學士例,供食隨仗,入内供奉。時年十九。"張氏卒於垂拱四年(688),享年五十三,則其十九歲時爲永徽五年。

六年乙卯(655)

進士四十三人:

＊裴撝。《千唐》[617]開元九年(721)十月二十九日《大唐故通議大夫使持節寧州諸軍事寧州刺史上柱國裴公(撝)墓誌銘并序》(參見《彙編》[開元 129])云:"公諱撝,字思敬,河東聞喜人也。……弱冠以宿衛高第,解褐拜舒州司户,從常調也。"按裴氏卒於太極元年(712),享年七十七,則其弱冠之歲在永徽六年。誌言"以宿衛高第",則科目未詳。然據誌文所叙其德行儀表,及"尤工音律"云云,似爲進士科。今附載於此。

＊明經科:

＊慕容知禮,《補遺》册五,第 164 頁,咸亨四年(673)二月廿八日《唐故三品孫慕容君(知禮)墓誌銘并序》云:"君諱知禮,字思恭,其先昌黎棘城人也。……年甫十五,身長八尺,雅性好學,服膺儒素。明經拾紫,業用斯優。……以顯慶四年七月七日,卒於永康之廨宇,春秋一十有九。"知其年十五時在永徽六年。亦見王補。

＊李敏,《彙編》[垂拱 046]據《芒洛冢墓遺文》卷上所録垂拱三年(687)十二月九日《大唐故德州將陵縣丞李府君(敏)墓誌銘并序》云:"君諱敏,字知仁,趙郡人也。……永徽六年,歲貢明經高第,解褐汾州靈石縣

主簿。"亦見羅補。

＊趙思廉。《彙編》[天寶069]據《金石萃編》卷八十七所録天寶四載(745)十月十三日《大唐故監察御史荆州大都督府法曹參軍趙府君(思廉)墓誌銘并序》云:"公諱思廉,字思廉,天水人。……弱冠明經登甲科,解褐鄭之滎陽主簿。……大足元年八月十二日寢疾,終於南陽之旅舍,春秋六十有六。"則其弱冠之歲在永徽六年。亦見陳補。

應制一人。按"應制"下脱"及第"二字。

＊知貢舉。陳補云:"按永徽元年至六年,知貢舉者名皆缺。前録《唐故司成孫公(處約)墓誌銘》,在其永徽元年擢制舉授著作佐郎後接云:'又遷授禮部員外郎,轉考功員外郎、弘文館直學士、騎都尉。'其任考外時間,約在永徽末。《郎官石柱題名新著録》載考外題名第二行王師旦名下'中泐',後爲'元大士、孫處約',是處約前一任考外者爲元大士。惟確年尚難決定。"

＊顯慶元年丙辰(656)

正月壬申,改元爲顯慶元年。《舊書》本紀

三月十六日,皇太子弘請於崇賢館置學士並生徒,詔許之。《唐會要》

十月,詔曰:"朕受命上玄,嗣膺下武,每肅恭冕旒,延想英奇。俯振鷺而企貞臣,仰飛鴻而慕良輔。雲臺側席,玉管屢移;宣室整衣,金壺亟改。寂寥靡覿,鑒寐興懷。比年雖嘗進舉,遂無英俊。猶恐棲巖穴而韜奇,樂邱園而晦影。宜令河南、河北,江淮以南州縣,或緯俗之英,聲馳管、樂;或濟時之器,價軼蕭、張;學可帝師,材堪棟輔者:必當位之不次。可明加採訪,務盡才傑。州縣以禮發遣。"《唐大詔令集》

十二月乙酉,置算學。《舊書》本紀。 按《職官志》,武德初廢算學,此年復置。

進士三人:

蘇瓌。《舊書》本傳:"瓌,隋尚書右僕射威曾孫。祖夔,父勗。瓌弱冠本州舉進士"。盧藏用《蘇瓌神道碑》:"瓌字昌容,京兆武功人。幼而岐嶷,聰敏冠常,始讀《山棲志》,一覽便誦。及長,博綽經史,尤善屬詞。年十八,進士高第。"以景雲元年卒、年七十二推之,及第在是年。○孟按:《全唐文》卷七五二杜牧《上宣州高大夫書》:"蘇氏父子皆進士也。大許公爲相,於武后朝酷吏中不失其正,於中宗朝誅反賊鄭普思於韋后黨中。小許公佐元宗朝,號爲蘇宋。"

* 明經科:

* 孟玄一。《千唐》[577]開元三年(715)四月九日《大唐故渭州刺史將作少匠孟府君(玄一)墓誌銘并序》(參見《彙編》[開元019])云:"公諱玄一,字味真,瑯琊平昌人也。……弱冠以孝廉對策高第,試徐王府參軍,尋正授焉。……以長壽元年十二月十二日遘疾,終於州鎮,春秋五十有六。"則知其弱冠歲在顯慶元年。按陳補誤繫於顯慶五年(660)。亦見王補。

顯慶二年丁巳(657)

二月,《唐大詔令集》作"六月"。詔曰:"濟時興國,實佇九功;禦敵威邊,亦資七德。朕端拱宣室,思弘景化,將欲分憂俊乂,共逸巖廊。而比者貢寂英奇,舉非勇傑,豈稱居安慮危之志,處存思亂之心。如不旌賁遠近,則爪牙何寄?宜令京官五品以上及諸州牧守,各舉所知。或勇冠三軍,翹關拔山之力;智兼百勝,緯地經天之才;藴奇策於良、平,馳功績於衛、霍;蹤二起於吴、白,軌雙李於牧、廣;賞纖善而萬衆悦,罰片惡而一軍懼。如有此色,可精加採訪,各以奏聞。"《册府元龜》。　按《劉仁願紀功碑》:"顯慶二年,應詔舉文武高第,升進二階。"疑即應此詔也。

進士二十二人。

* 明經科:

* 姚處賢,《彙編》[長安071]長安四年(704)十一月廿八日《大周故濮州司法參軍姚府君(處賢)墓誌銘并序》(周紹良藏拓本)云:"君諱處賢,

宅彦累葉,河東人也。……弱冠以明經及第,解褐坊州博士。……以長安四年十一月廿八日終於道化里,春秋六十有七。"以長安四年(704)年六十七推之,其弱冠之歲在顯慶二年。

＊田嵩。《彙編》[開元158]開元十一年(723)正月廿八日《大唐故滕王府記室參軍田府君(嵩)墓誌銘并序》(周紹良藏拓本,開封博物館藏石)云:"君諱嵩,字嶠,本雁門郡,高曾因官,今爲河南武臨人也。……弱冠鄉貢明經擢第,授滕王府記室參軍事。"按田氏卒於開元十一年(723),享年八十六,則其弱冠之歲在顯慶二年。亦見王補。

＊應制及第:

＊楊志誠,陳補云:"《文苑英華》卷九二六張説《隴州司馬楊公神道碑》:'公諱忠(周校:集作'志')誠,字某,弘農華陰人也。……明慶中,詔郡國舉賢良,公對策天朝,無能出其右者,遷太子通事舍人。再舉高第,徙國子監丞。'後歷任禮部、吏部員外郎等職,'又應文擅詞場舉,策試天下第一。'志誠,周必大所見宋本及今存之龍池草堂本、結一廬本《張説之文集》卷十六皆不誤,《英華》誤爲忠誠,明慶即顯慶,因中宗諱改。詔郡國舉賢良,事在顯慶元年十月,志誠對策,當在二年。其'再舉高第'年不詳。"

＊劉仁願。《全唐文》卷九九〇闕名撰《唐劉仁願紀功碑》:"君名仁願,字士元,雕陰大斌人也。……顯慶元年,遷左驍衛郎將。二年,應詔□(舉)文武高第,升進三階。"

三年戊午(658)

二月,策志烈秋霜科。《册府元龜》

七月,上謂宰臣曰:"四海之廣,唯在得賢。卿等用人,多作形迹。護一作"讓"。避親知,不能盡意,甚爲不取。昔祁奚舉子,古人以爲美談,即使卿等兒姪,有材亦須依例進舉。"《通典》、《册府元龜》。

九月,廢書、算、律學。《舊書》本紀

是年,黄門侍郎劉祥道以選舉漸弊陳奏:"其三曰,雜色人請與明經、進士通充入流之數,以三分之論,每二分取明經、進士,一分取雜色人。其四曰,本傳作"其三"。儒爲教化之本,學者之宗。儒教不興,風俗將替。今庠序遍於四海,儒生溢於三學。勸誘之方,理實爲備,而獎進之道,事或未周。但永徽以來,於今八載,在官者以善政粗聞,論事者以一言可採,莫不光被諭旨,超升不次。而儒生未聞恩及,臣故以爲獎進之道未周。其五曰,本傳作"其四"。國家富有四海,於今已四十年,百姓官僚,未有秀才之舉。未知今人之不如昔,將薦賢之道未至?豈可方稱多士,遂闕斯人!請六品以下,爰及山谷,特降綸言,更審搜訪。仍量爲條例,稍加優獎。不然赫赫之辰斯舉,遂絶一代盛事,實爲朝廷惜之。"餘不録。奉敕付所司集群官詳議者。多難於改作,事竟不行。《通典》、《舊書·劉祥道傳》。

進士十七人:

崔禹錫。《唐詩紀事》:"崔禹錫字洪範,登顯慶三年進士第。爲中書舍人。"

明經科:

康希銑,顔魯公《康使君神道碑銘》:"君諱希銑,字南金,會稽人。年十四,明經登第,補右内率府胄曹。應詞藻宏麗舉甲科,拜秘書省校書郎。轉左金吾衛録事參軍。應博通文史舉高第,授太府寺主簿,轉丞。又應明於政理舉,拜洛州河清令。"以開元三年卒、年七十一推之,明經登第當在是年。

*崔玄暐(崔暈)。原列本卷龍朔二年(662)明經科,徐氏考云:"《舊書》本傳:'玄暐,博陵安平人。父行謹,爲胡蘇令。玄暐少有學行,深爲叔父秘監行功所器重。龍朔中,舉明經。'" 孟按:《彙編》[開元026]李乂撰開元三年(715)十月一日《大唐故特進中書令博陵郡王贈幽州刺史崔公(玄暐)墓誌銘并序》(周紹良藏拓本)云:"公諱暈,字玄暐,博陵安平人。……弱冠明經及第,解褐汾州孝義、雍州涇陽縣尉。……以神龍中,薨於白州之官舍,春秋六十有八。"按神龍凡三載,此言"神龍中",考《舊唐書》卷七《中宗紀》,崔玄暐神龍二年(706)六月戊寅貶爲白州司馬,同書本傳又稱在道病卒,則其卒當在神龍二年。可推知其弱冠歲約在顯慶三年

(658)。今從墓誌移附本年。又玄暐當以字行。

諸科一人。

志烈秋霜科：

韓思彦，《册府元龜》、《唐會要》。 《新書·韓思彦傳》："思彦字英遠，鄧州南陽人。志烈秋霜科擢第。"楊炯《右將軍魏哲神道碑》："公諱哲，字知人，鉅鹿陽曲人。顯慶三年，詔除左衛清宫府左果毅都尉，尋圉谷府折衝都尉。並長上如故。又以應詔舉對策甲科，遷左騎衛郎將。四年，詔公爲鐵勒道行軍總管。" 按是年不見他科，疑亦志烈秋霜科及第。

＊魏哲。孟按：見上徐松所引楊炯《右將軍魏哲神道碑》。

四年己未(659)

二月乙亥，上親策試舉人，《册府元龜》作"引諸色目舉人謁見，下策詔問之"。凡九百人。《册府元龜》作"九百餘人"。惟郭待封、張九齡五人居上第，按徐浩撰《張九齡碑》，九齡卒於開元二十八年，年六十三。則生於調露元年。上距顯慶四年尚二十一年，《舊紀》誤。〔趙校："舊紀"原誤"舊志"，今改正。〕《册府元龜》載五人無張九齡。○孟按：岑補云："《元龜》六九三之張昌宗，即與《舊紀》之張九齡相當，徐氏蓋未之注意。餘説見拙著《唐史餘瀋·張昌齡》條。"令待詔弘文館，隨仗供奉。《舊書》本紀

進士二十人。《詞學指南》："顯慶四年，進士試《關内父老迎駕表》、《貢士箴》。"

明經科：

尹思貞，《舊書》本傳："京兆長安人，弱冠明經舉。"以開元四年年七十七推之，是年二十歲。

＊張弘雅，原列卷二十七《附考·明經科》，徐氏注云："明經及第，見《宰相世系表》。"胡補云："魯曾煜等編《廣東通志》(臺灣商務印書館影印文淵閣《四庫全書》本)卷三一《選舉制》一《唐進士》：'顯慶四年己未：張弘雅，曲江人。'按《登科記考》卷二七《明經科》著録張弘雅，無年代。"陳補云："乾隆《廣東通志》卷三一《選舉》有'顯慶四年己未'進士'張弘雅，曲江

人’。按《新唐書》卷七二《宰相世系表》始興張氏房有‘弘雅，明經及第’，爲九齡從伯。《廣東通志》誤明經爲進士，然其及第年代當有據。” 孟按：上引《廣東通志》卷三十一著録張弘雅，誤明經爲進士。按同書卷六《編年一·唐紀》：“高宗顯慶四年己未，嶺南初舉進士、明經，張弘雅及第。《唐志》，劉思立奏加進士雜文、明經填帖，從之。曲江張弘雅首舉明經及第。”又同書卷四十四《人物志一·忠烈·韶州府》：“張弘雅，晋司空張華之後。……高宗顯慶四年，嶺南帥府舉弘雅明經，填帖皆中，首得及第。粵俗自是彬彬多經學士矣。”

*束良。《彙編》[景龍 015]南金續撰景龍三年(709)二月九日《大唐永州刺史束君(良)墓誌銘并序》(北京圖書館藏拓本)云：“君名良，字嘉慶，魏郡元城人也。……惟君弱冠鄉貢，明經及第，即授江王府倉曹，又授單於大都護府功曹。……景龍元年九月二日，終於荆府邸舍，春秋六十有八。”以景龍元年(707)年六十八推之，其弱冠之年在顯慶四年。

*諸科：

*楊炯。原收入顯慶六年(661)諸科，徐氏考云：“《郡齋讀書志》：‘楊炯，華陰人。顯慶六年舉神童，授校書郎。’《舊書·文苑傳》：‘炯幼聰明，博學善屬文，神童舉。’按炯是年十二歲。” 孟按：《唐才子傳校箋》卷一《楊炯傳》於“顯慶六年，舉神童，授校書郎”下箋云：“按《舊傳》載：‘炯聰明博學，善屬文。神童舉，拜校書郎。’《新傳》亦僅言‘舉神童，授校書郎’，皆未明言應神童舉之年歲。晁公武《郡齋讀書志》卷四上别集類《楊盈川集》謂：‘顯慶六年舉神童，授校書郎。’又馬端臨《文獻通考》卷二三一《經籍考》五八集部别集類著録《楊盈川集》二十卷，其下引‘晁氏曰’，即與袁本《晁志》同。所記神童舉之年歲當爲《才子傳》所本，而實則有誤。按四部叢刊之《楊盈川集》係據江南圖書館所藏明萬曆童氏刊本影印，除詩文十卷外，後附傳記、評述等資料，中亦有《通考》文，云：‘晁氏曰：唐楊炯也。炯，華陰人。顯慶四年舉神童，授校書郎。’此云四年，堪可注意。按唐制，童子舉爲鄉貢之一，屬‘歲舉之常選’，《新唐書》卷四四《選舉制》上云：‘凡童子科，十歲以下能通一經及《孝經》、《論語》，卷誦文十，通者予官；通七，予出身。’此云童子科在十歲以下。又《唐會要》卷七六《貢舉》中載廣德二年(764)五月二十四日敕，有云‘童子仍限十歲以下者’，即重申年齡之限

制。前文已考楊炯生於永徽元年(650),如顯慶六年(661),則炯已十二歲,於制不得應舉,顯慶四年(659)爲炯十歲,尚在年限之内。如此,則炯之應神童舉之年歲當以明童氏刊本《楊盈川集》附録所載《通考》文爲準。"故移正於此。

洞曉章程科。

材稱棟梁,志標忠鯁科。

政均卓魯,字俗之化通按"通"字疑有誤。高科。

安心畎畝,力田之業夙彰科。

道德資身,鄉閭共挹科。

養志邱園,嘉遁之風載遠科。

材堪應幕科。

學綜古今科:按以上諸科皆見《雲麓漫鈔》。是年設科最多,故本紀言試舉人九百人也。

李巢,

張昌宗,

秦相如,

崔行功,行功,恒州井陘人,見《舊書·文苑傳》。

郭待封。《册府元龜》載是年制科五人,即本紀所云五人居上第也。第統言制科,不知某人舉某科;今附於此科之下以俟考。

＊賢良方正科:

＊張玄弼。原卷二十七《附考·制科》著録張玄弼,徐氏考云:"張柬之《張府君墓誌》:'七徙職爲益州府功曹參軍,以賢良徵册入甲科。未拜職,以龍朔元年五月十九日終於洛陽。'李行虚撰銘曰:'擢第金門,淪軀泉□(户),未終千日,俄成萬古。'按玄弼登第當在顯慶四五年。" 孟按:該墓誌見《彙編》[天授 039]"司元大夫李行廉撰"永昌三年(691,實爲天授二年)《唐故益州大都督府功曹參軍事張君(玄弼)墓誌銘并序》(周紹良藏拓本),以"未終千日"推之,其登"賢良"科時約在本年,今移附於此。

＊幽素科:

＊趙越賓。《彙編》[長安 009]長安二年(702)六月廿五日《大周故

通直郎行杭州司士參軍上騎都尉趙府君(越寶)墓誌銘并序》(北京圖書館藏拓本)云:"公諱越寶,字連城,其先天水人也,今爲汝州梁縣人焉。……春秋廿,應幽素舉及第,授門下典儀。……春秋六十有三,以長安二年六月一日終於洛州合宫縣崇業里私第。"以長安二年(702)年六十三推之,其春秋二十在顯慶四年。又按《彙編》[開元276]廉察撰開元十六年(738)二月十五日《大唐故杭州司士參軍趙府君故夫人張氏(柔範)墓誌銘并序》(北京圖書館藏拓本)云:"府君……諱越寶,字連城。十八幽素擢第,解褐門下典儀。"然長安二年之誌在前,且記事頗詳,今從前者。亦見王補。

五年庚申(660)

六月辛卯,詔文武五品以上《册府元龜》作"内外官"。四科舉人。或孝悌可稱,德行夙著,通涉經史,堪居繁劇;或游泳儒術,沈研册府,下帷不倦,博物馳聲;或藻思清華,詞鋒秀逸,譽標文雅,材堪遠大;或廉平處事,强直爲心,洞曉刑書,兼苞文藝者:精加搜訪,各以名薦。《舊書》本紀、《册府元龜》。　按張説《贈太州刺史楊志誠碑》:"明慶中,詔郡國舉賢良。公對策,天朝無能出其右者。"疑即此年四科舉也。　又按《河朔訪古記》載藁城縣九門城西有唐高宗上元三年建浮圖碑,題云"唐應詔四科舉董行文撰文",《寶刻叢編》載《集古録目》引作"前應詔四科舉董行思"當亦此年制舉。

進士十四人。

上書拜官一人。

六年辛酉(661)

三月丙申朔,改元龍朔元年。《舊書》本紀。　《通鑑》作二月乙未晦改元。

進士五人:

＊張貞。《全唐文》卷三六五沈興宗撰《大唐開元寺故禪師貞和尚塔銘并序》:"禪師諱貞,兹郡京兆人也。俗姓張氏。……年弱冠,秀才登科,知名太學。以爲儒家非正諦,文字增妄想,故去彼取此,而爲上乘因。"按

貞禪師卒於開元十三年(725)九月十八日,享年八十四。則其弱冠歲在顯慶六年。又此誌文見《金石萃編》卷八十三。

*明經科:

*袁義全。《補遺》册六,第382頁,先天元年(712)十一月七日《大唐故文林郎袁府君(義全)郭夫人墓誌銘并序》云:"君諱義全,其先汝南人也。……年廿有五,鄉貢明經擢第,拜文林郎。……去聖曆二年十二月十九日,隱宫而没,春秋六十有三。"以聖曆二年(699)年六十三推之,其二十五歲時在本年。

召拜官一人。按《新書·祝欽明傳》:"父綝,字叔良。門人張後胤既顯宦,薦於朝,詔對策高第。"疑即其人也。

應制及第:○孟按:當作"志標忠鯁科",詳下。

*高像護。原作"高□",徐氏考云:"陳子昂《離狐縣丞高府君墓誌銘》:'君諱某。龍朔元年有制舉忠鯁,君對策及第。試永州湘源縣尉。'按顯慶四年有志標忠鯁制科,制舉忠鯁殆亦此類。" 孟按:陳子昂所撰墓誌見《彙編》[天授032]天授二年(691)十月廿三日《大周故宣議郎騎都尉行曹州離狐縣丞高府□(君)(像護)□□□(墓誌銘)》(北京圖書館藏拓本)云:"君諱像護,字景衛,其渤海蓨人也,因仕居洛,今爲陽翟人。……唐龍朔元年,有制舉忠鯁,君對策及第,試守永州湘源縣尉。"(注:方圍闕字據《全唐文》卷二一六補)今補其名。亦見王補。

龍朔二年壬戌(662)

正月丙午,《唐會要》作"十八日"。東都初置國子監,並加學生等員,均分於兩都教授。《舊書》本紀

改國子監爲司成館。《唐會要》

五月乙巳,復置律、書、算三學。《舊書》本紀

九月,敕學生在學,各以長幼爲序。初入學,皆行束脩之禮,禮於師。國子、太學各絹三匹,四門學各絹二匹,俊士及律、書、算學,州縣學,各絹一匹。皆有酒脯。其束脩三分入博士,二分助教。又每年國子監所管學生,國子監試;州縣學生,當州試。

並選藝業優長者爲試官,仍長官監試。《摭言》

進士八人:

* 韋承慶,《記考》卷二十七《附考・進士科》著録"韋承慶",徐氏考云:"《舊書・韋思謙傳》:'思謙子承慶,字延休,弱冠舉進士。'" 孟按:《補遺》册三,第37頁,岑羲、鄭愔撰神龍二年(706)十二月廿四日《大唐故黄門侍郎兼修國史贈禮部尚書上柱國扶陽縣開國子韋府君(承慶)墓誌銘并序》云:"公諱承慶,字延休,京兆杜陵人也。……年甫廿有三,太學進士,對策高第。……粤以神龍二年十一月十九日,寢疾薨於京師萬年縣大寧里第,春秋六十有七。"以神龍二年年六十七推之,其二十三歲在本年。今移正。

* 李元軌。《彙編》[永淳009]永淳元年(682)七月二十九日《唐故秘書省校書郎趙郡李君(元軌)墓誌銘并序》(周紹良藏拓本,開封博物館藏石)云:"君諱元軌,字玄哲,趙郡欒城人也。……年廿四,補國子生,居義窟而析經,希馬鄭而同志,究詞場而振藻,庶潘陸以齊風。以龍朔二年二月十二日射策高第,拜國子監大成。"又銘文曰:"放情墳索,遊神玄默。衆藝多能,博聞强識。擢秀金馬,登官石渠。"亦見羅補。

三年癸亥(663)

正月,詔以書學隸蘭臺,算學隸秘閣,律學隸詳刑寺。《舊書》本紀

八月,詔内外官五品以上各舉巖藪幽素之士,廣加詢訪,旁求謡俗,式企英材,允毗闕政。《册府元龜》。 按《舊書》本紀:"八月癸卯,彗星見於左攝提。戊申,詔百寮極言正諫,令内外官五品以上各舉所知。"

十二月庚子,詔改來年正月一日爲麟德元年。《舊書》本紀

不貢舉。

* 明經科:

* 喬崇隱。《千唐》[667]李系撰開元十五年(727)二月廿九日《唐故大理寺評事梁郡喬公(崇隱)墓誌銘并序》(參見《彙編》[開元247])云:

“公諱崇隱,字玄寂,京兆渭南人也。……志學之年,齒胄國庠,明年,以精書傳高第,褐拜陜州桃林縣尉。……春秋卌八,以證聖元年六月十日寢疾,終於唐州方城縣之别業。”按“志學之年”爲十五歲,次年當爲龍朔三年。按羅補繫於上元元年(674),誤。亦見陳補。

麟德元年甲子(664)

七月丁未朔,詔:“宜以三年正月,式遵故實,有事於岱宗。所司詳求茂典,以從折衷。其諸州都督、刺史,以二年十二月便集岳下。諸王十月集東都。緣邊州府,襟要之處,不在集限。天下諸州,明揚才彦,或銷聲幽藪,或藏器下僚,並隨岳牧舉送。”《册府元龜》

進士三人:

* 李嶠,原列卷二十七《附考·進士科》,徐氏考云:“《舊書》本傳:‘趙州贊皇人,隋内史侍郎元操從曾孫也。父鎮惡,襄城令。嶠爲兒童時,夢有神人遺之雙筆,自是漸有學業。弱冠舉進士。’” 孟按:《新唐書》本傳云:“及玄宗嗣位,獲其表宫中,或請誅之。張説曰:‘嶠誠懵逆順,然爲當時謀,吠非其主,不可追罪。’天子亦顧數更赦,遂免,貶滁州别駕,聽隨子虔州刺史暢之官。改盧州别駕,卒,年七十。”《資治通鑑》卷二一〇開元元年(713)載:“中宗之崩也,同中書門下三品李嶠密表韋后,請出相王諸子於外。上即位,於禁中得其表,以示侍臣。嶠時以特進致仕,或請誅之,張説曰:“嶠雖不識逆順,然爲當時之謀則忠矣。”上然之。九月,壬戌,以嶠子率更令暢爲虔州刺史,令嶠隨暢之官。”又《舊唐書》卷八《玄宗紀》上,開元二年(714)云:“三月甲辰,青州刺史郇國公韋安石爲沔州别駕,太子賓客逍遥公韋嗣立爲岳州别駕,特進致仕李嶠先隨子在袁州,又貶滁州别駕,並員外置。”《資治通鑑》卷二一一開元二年(714)載:“御史中丞姜晦以宗楚客等改中宗遺詔,青州刺史韋安石、太子賓客韋嗣立、刑部尚書趙彦昭、特進致仕李嶠,於時同爲宰相,不能匡正,令監察御史郭震彈之;且言彦昭拜巫趙氏爲姑,蒙婦人服,與妻乘車詣其家。甲辰,貶安石爲沔州别駕,嗣立爲岳州别駕,彦昭爲袁州别駕,嶠爲滁州别駕。”由上考知,李嶠卒

年當在開元二年，以年七十推之，其二十歲當在是年。今移正。

＊支敬倫，《千唐》[222]麟德二年(665)九月二十一日《大唐故文林郎支君(敬倫)墓誌并序》(參見《彙編》[麟德058])云："君諱敬倫，陳留人也。……蒙賓貢於王庭，授文林於上第。所冀搏飛沖漢，唳清響於高雲；孰謂茂蕊夙零，埋玉樹於窮壤。麟德二年九月八日卒於時邕里，春秋卅有四。"知其初授文林郎職後不久即去世。按《記考》麟德二年"進士並落下"，而龍朔三年記"不貢舉"，故推知其登第時間約在本年，今附此俟考。王補録入附考。

＊張珌(又名弘道)。[嘉靖]《新安名族志》上卷《張姓・休寧・石磴張村》："在邑西二十里。先世派出漢留文成侯，居陳留。……歷十三世曰濟，爲唐睦州刺史，遷金華。生子曰珌，擢麟德進士，初歷御史，出判饒州，棄官居新安黟之赤山鎮。"又同上《張姓・祁門》："張之先，金華人，唐有諱弘道者，麟德間進士，由御史出判饒州，逸居新安赤山鎮，即祁門也。"按《記考》麟德二年"進士並落下"，三年正月改元乾封，故附於元年。

諸科二人。

茂材異行科。見《雲麓漫鈔》。

銷聲幽藪科：

嚴善思。《舊書・方伎傳》："嚴善思，同州朝邑人。初應銷聲幽藪科舉擢第。則天時爲監察御史。" 按《記纂淵海》，麟德元年應銷聲幽藪科一人，殆即嚴善思也。《新書》："嚴善思名譔，以字行。父延。"

藏器下僚科：

平貞昚。張説《常州刺史平貞昚神道碑》："補廬州慎縣尉。刺史盧寶允舉藏器下僚，轉冀州大都督府曲沃縣尉，换晋州洪洞縣主簿。北平陽道昕、河東裴知禮薦以經邦興化，徙雍州新豐縣尉。"

經明行脩科：

李思訓。李邕《雲麾將軍碑》："公諱思訓，字建，隴西狄道人。年十四，補崇文生。舉經明行脩甲科。" 按碑言思訓卒於開元四年，年六十六，是年爲十四歲。《唐書》本傳作卒於開元六年者誤。

二年乙丑(665)

進士並落下。《唐語林》:"高宗時,進士特難其選。龍朔中,敕左史董思恭與考功員外郎權崇原同試貢舉。〔趙校:此據《封氏聞見記》卷三《貢舉》條,本作"權原崇"。參後岑仲勉《訂補》。〕思恭吴士輕脱,洩進士問目。三司推,贓污狼藉,命西朝堂斬決。告變免死,除名,流梧州。" 按思恭與皇太子弘撰《瑶山玉彩》,其書成於龍朔三年三月。其年不貢舉,所云洩進士問目,或即此年事,而進士因之落下歟?"〇按岑補云:"余按《語林》此節,採自《封氏聞見記》三,'權崇原'本作'權原崇'。又《元和姓纂》:'右史董思恭,范陽人。'《舊書》一九〇上:'董思恭者,蘇州吴人,所著篇詠,甚爲時人所重。初爲右史,知考功舉事,坐預洩問目,配流嶺表而死。'《元龜》一五二:'龍朔三年四月壬辰,右史董思恭以知考功貢舉事預賣策問受贓,帝令於朝堂斬之。百僚畢集……(叙責語甚詳,從略)思恭臨刑告變,免死,長流嶺表。'均稱'右史',與《聞見記》及《語林》八異。《元龜》一五八叙事甚詳,復有月日,則應是龍朔三年無疑,思恭焉能預賣兩年後(麟德二年爲龍朔三年之後二年)之策問?徐氏太未之思矣。抑徐所持者《通考》記龍朔三年不貢舉,然《登科記》唐人已經屢修,《通考》之説,未必盡信(參前永徽四年條)。抑又安知非洩策問而停貢舉,後人遂謂之不貢舉乎?若麟德二年之落下,當自有原因,不可混爲一談也。"

* 明經科:

* 劉壽。《補遺》册四,第 394 頁,載初元年(690)十二月廿五日《大唐故蘇州吴縣主簿劉府君(壽)墓誌銘并序》云:"君諱壽,東城人也……麟德二年,三經應舉,射策擢第,授常州博士。"

* 乾封元年丙寅(666)

正月戊辰朔,車駕至泰山。己巳,行封禪之禮。壬申,改麟德三年爲乾封元年。《舊書》本紀

辛卯,至曲阜。詔曰:"朕聞德契機神,盛烈光於後代;化成天地,元功被於庶物。魯大司寇宣尼父孔某,資大聖之材,屬衰

周之末，思欲屈己濟俗，弘道佐時。應聘周流，莫能見用，想乘桴以永嘆，因獲麟而興感。於是垂素王之雅則，正魯史之繁文，播鴻業於一時，昭景化於千祀。朕嗣膺寶曆，祗奉睿圖，憲章前王，規矩先聖，崇至公於海内，行大道於天下。遂得八表乂安，兩儀交泰，功成化洽，禮盛樂和。展采東巡，迴輿西土，塗經玆境，撫事興懷。駐蹕荒區，願爲師友，瞻望幽墓，思承格言。雖宴寢荒蕪，餘基尚在，靈廟虚寂，徽烈猶存。孟軻曰：'自生人以來，未有若孔子者也。'微禹之嘆既深，褒崇之道宜峻。可追贈太師。庶年代雖遠，式範令圖，景業惟新，儀型茂實。其廟宇制度卑陋，宜更加修造。仍令三品一人，以少牢致祭。褒聖侯德倫，既承胤緒，有異常流，其子孫並宜免賦役。主者施行。"《通鑑》、《贈太師孔宣公碑》陰。《舊書》云甲午至曲阜。按碑載此爲正月二十四曰詔，二十四日爲辛卯，當從《通鑑》。

進士：是年不言貢舉，蓋有貢舉而《登科記》脱佚也。

王上客，劉禹錫《王俊神道碑》："大父上客，高宗封岳，進士及第。"

魏知古。《舊書》本傳："深州陸渾人。性方直，早有才名。弱冠舉進士。"以開元三年卒、年六十九推之，是年二十歲。〇孟按：徐氏原於卷二十七《附考·進士科》"李玄義"下又著録"魏知古"，考云："皆進士，見杜牧《上高大夫書》。魏知古進士及第，又見《太平廣記》引《定命録》。"〔趙校：魏知古已見卷二乾封元年，詳《施補》。〕按施補云："按杜牧《上宣州高大夫書》云：'魏知古亦進士也，爲宰相，廢太平公主謀以坐玄宗。及卒也，宋開府哭之曰："叔向古之遺直，子産古之遺愛；兼而有者，其魏公乎。"'(《樊川文集》〔《四部叢刊》本〕卷十二)是即《舊唐書》卷九十八列傳之魏知古也。附考所録應删。"今删併。

*明經科：

*沈齊文，《千唐》[372]韋承慶撰垂拱四年(688)十月十七日《唐故右金吾衛胄曹參軍沈君(齊文)墓誌銘》(參見《彙編》[垂拱061])云："君諱齊文，字正人，吴興武康人也。……乾封元年，以國子明經擢第，補秘書省校書郎。"亦見張補。

＊蕭謙。《彙編》[開元 420]徐安貞撰開元二十三年(735)九月八日《唐故朝散大夫滁州别駕蕭府君(謙)墓誌銘并序》(古文獻室藏拓本)云:"公諱謙,字思仁,蘭陵人也。……年十六,國子明經擢第。……以開元十二年七月十四日寢疾而終,春秋七十有四。"則其十六歲時在乾封元年。亦見王補。

幽素科十二人:《記纂淵海》作"十三人"。

蘇瓌,見《册府元龜》、《唐會要》。

解琬,見《册府元龜》、《唐會要》。 《舊書》本傳:"魏州元城人。少應幽素舉,拜新政尉。"

苗神客,見《册府元龜》、《唐會要》。

格輔元,見《册府元龜》、《唐會要》。 《舊書·岑文本傳》:"格輔元,汴州浚儀人。"《新書》:"輔元父處仁。"

徐昭,見《册府元龜》、《唐會要》。

劉訥言,見《册府元龜》、《唐會要》。

崔谷神,見《册府元龜》、《唐會要》。

郭敬同,孫翌《孝子郭府君墓誌》:"嚴考敬同,皇幽素舉高第。"〔趙校:"孝"原誤"教",據《全唐文》卷三〇五改正。〕

王勃,《舊書·文苑傳》."王勃年未及冠,應幽素舉及第。" 按王勃《春思賦序》:"咸亨二年,余春秋二十有二。"則是年十七,故曰未及冠。《唐才子傳》:"王勃六歲善詞章。麟德初,劉祥道表其才,對策高第。"

＊劉令彝。《彙編》[開元 055]開元五年(717)八月五日《大唐故梓州長史河間劉公(彦之)墓誌并序》(周紹良藏拓本)云:"君諱彦之,字彦之,本沛國酇人也。……皇考令彝,舉幽素及第,補密州莒縣尉。"本年有幽素科,因附焉。

＊□□科:

＊李敬。《千唐》[645]開元十二年(724)十二月十一日《唐故莊州都督李府君(敬)志銘并序》(參見《彙編》[開元 210])云:"君諱敬,字守禮,隴西成紀人也,頃因官徙而爲雍州人焉。……十八應制,八科舉擢第,解褐鄜州洛川尉。"按李氏卒於開元十年(722),享年七十四,則其十八歲時爲

乾封元年。亦見張補。

＊岳牧舉：

＊明崇儼。陳補："《舊唐書》卷一九一《方伎·明崇儼傳》：'乾封初，應封岳舉，授黄安丞。'高宗於本年正月封禪泰山。"朱補云："又見《册府》卷八六七《總録部·方術》。《新書》本傳：'（明崇儼）乾封初，應岳牧舉，調黄安丞，以奇技自名。'按，《舊書·高宗紀》：'麟德三年春正月戊辰朔，車駕至泰山頓。……己巳，帝升山行封禪之禮。……壬申，御朝覲壇受朝賀，改麟德三年爲乾封元年。'據此，明崇儼當是應該年之制舉而及第授官；其言'岳牧舉'、'封岳舉'者，當是一科而傳抄致異。"

乾封二年丁卯(667)

十月，令天下諸州舉鴻儒碩學，博聞强記之士。《册府元龜》

進士五人：

＊蘇味道，原列卷二十七《附考·進士科》，徐氏考云："《舊書》本傳：'趙州欒城人。弱冠，本州舉進士。'" 孟按：《舊唐書》本傳載："神龍初，以親附張易之、昌宗，貶授郿州刺史。俄而復爲益州大都督府長史，未行而卒，年五十八，贈冀州刺史。"《新唐書》本傳同。按以神龍元年年五十八推之，其二十歲在是年。亦見陳補。又黄補以爲蘇味道卒於神龍三年(707)，推爲咸亨二年(671)登第。孟按：即以神龍三年卒、年五十八推之，其弱冠年當在總章二年(669)。今附本年。

＊程芝。胡補云："陸心源《唐文續拾》（中華書局1983年影印）卷二王汝《程司馬墓誌》云：'君諱芝，字靈秀，廣平人也。……十八秀才舉入東京，三張減價，二陸罕儔，聲振洛陽，名高賈誼，初授本州司户……春秋六十有三，遘疾卒於私第。'以先天元年卒，年六十三推之，其十八歲在高宗總章元年（本乾封三年，二月丙寅改元）。徐松云：'永徽後所謂秀才者，即進士科也。'"

＊明經科：

＊王行淹。《彙編》[垂拱021]垂拱二年(686)四月四日《大唐故高士王府君（行淹）墓誌銘并序》（周紹良藏拓本）云："君諱行淹，字通理，太

原人也。……以乾封二年明經高第,授文林郎。"亦見張補。

詞贍文華科。

直言極諫科。《雲麓漫鈔》列此二科於幽素之次,皆係乾封元年。 按二年有舉鴻儒碩學之詔,則詞贍文華必在此年,故與直言極諫並隸於此。

*孝通神明科:

*楊純。《千唐》[614]開元九年(721)十月十一日《唐故晋州霍邑縣令楊府君(純)墓誌銘并序》(參見《彙編》[開元124])云:"君諱純,字純,弘農人也。……乾封中,以孝通神明舉授密王府參軍。"按乾封凡三年,誌文言"乾封中",因附本年。亦見張補。

三年戊辰(668)

二月丙寅,改元爲總章元年。《舊書》本紀。 《新書》作"三月庚寅"。

三月,《舊書》作"二月癸未",《新書》作"三月丁巳"。詔曰:"皇太子弘近因釋菜,齒胄上庠,祗事先師,馳心近侍。仰崇山而景行,眷曩哲以勤懷,顯顔、曾之特高,揚仁義之雙美,請申褒贈,載甄芳烈。朕嘉其進德,冀以思齊,訓誘之方,莫斯爲尚。顔回可贈太子少保。"《册府元龜》。 按《舊書》本紀,贈顔回太子少師,曾參太子少保。

進士二十六人。

*明經科:

*騫思哲。《補遺》册五,第300頁,景雲元年(710)十一月二日《唐故撫州南城縣令上柱國騫府君(思哲)誌銘并序》云:"公諱思哲,字知人。……弱冠明經出身,解褐宋城縣尉。"按騫氏卒於景龍二年(708),享年六十。以弱冠歲推之,則其登第在本年。

總章二年己巳(669)

不貢舉。

三年庚午(670)

三月甲戌朔,大赦天下,改元爲咸亨元年。《舊書》本紀

五月丙戌,詔曰:"諸州縣孔子廟堂及學館,有破壞並先來未造者,遂使生徒無肄業之所,先師闕奠祭之儀。久致飄露,《册府元龜》作"零"。深非敬本。宜令所司,速事營造。"《舊書》本紀

改司成館復爲國子監。《唐會要》

進士五十四人:

宋守節,狀元。

杜審言,《唐才子傳》:"審言字必簡,京兆人,預之遠裔。咸亨元年宋守節榜進士,爲隰城尉。"《舊書·文苑傳》:"杜易簡從祖弟審言,進士舉。"

高瑾。《唐詩紀事》:"高瑾,高士廉之孫,登咸亨元年進士第。"○孟按:四庫本唐高正臣輯《高氏三宴詩集》卷上録有高瑾,注云:"渤海人,咸亨元年進士。"《四庫全書總目·高氏三宴詩集提要》云:"弓嗣初、高瑾、周彦暉並曰'咸寧進士',唐無咸寧號,高宗曾改元咸亨,'寧'字定係'亨'字之誤,兹並爲改正云。"

*明經科:

*鄭諶,《彙編》[開元412]楊宗撰開元二十三年(735)二月二十三日《唐故大中大夫使持節青州諸軍事青州刺史上柱國滎陽鄭公(諶)墓誌銘并序》(周紹良藏拓本,開封博物館藏石)云:"公諱諶,字叔信,滎陽開封人也。……弱冠國子明經高第,授潤州參軍。"按鄭氏卒於開元二十二年(734),享年八十四,則其弱冠歲在總章三年。亦見張補。

*王思齊。《千唐》[678]開元十五年(727)十月五日《大唐故朝議郎行蓬州宕渠縣令王府君(思奇)墓誌銘并序》(參見《彙編》[開元266])云:"君諱思齊,字思齊,其先太原人也……今爲冀州棗强人也。……咸亨元年,州辟孝廉擢第,調補宣州溧陽縣尉。"亦見王補。

咸亨二年辛未(671)

十月丙子,詔曰:"禮樂之用,其來尚矣。朕誕膺明命,克光

丕曆，思隆頌聲，以康至道。而曲臺闡訓，猶乖揖讓之容；大樂《登歌》，徒紀鏗鏘之韻。良以教虧綿蕝，學闕瞽宗，興言盛業，寤寐盈抱。然則幽誠所著，縱九皋而必聞；忠信所存，在十室而無棄。但慮習俎之彦，韞跡於閭閻；辨鐸之英，韜深於林藪。夫良玉無脛，求之斯來；真龍難睹，好之而至。其四方士庶及邱園棲隱，有能明習禮樂，詳定音律，於行無違，在藝可録者，宜令州縣，搜揚博訪，具以名聞。"《舊書》本紀、《册府元龜》、《唐大詔令集》。

不貢舉。按《唐詩紀事》："弓嗣初，咸亨二年第一人登第。""二年"疑四五年之訛。○孟按：詳本年所考，疑謂本年"不貢舉"者誤。

*進士科：

*弓嗣初。見上徐考，出《唐詩紀事》卷七。又四庫本唐高正臣輯《高氏三宴詩集》卷上録有弓嗣初，注云："咸亨進士一人。"按"一人"前似脱"第"字。《四庫全書總目・高氏三宴詩集提要》云："弓嗣初、高瑾、周彦暉並曰'咸寧進士'，唐無咸寧號，高宗曾改元咸亨，'寧'字定係'亨'字之誤，兹並爲改正云。"又《全唐詩》卷七十二小傳："弓嗣初，登咸亨二年進士，第一人。"

*明經科：

*許堅。《千唐》[361]垂拱三年(687)二月十五日《大唐故宣州參軍事許君(堅)墓誌并序》(參見《彙編》[垂拱034])云："君諱堅，字惟貞，高陽新城人也。……年廿五，本州明經舉，對策高第，授儒林郎。……以調露元年六月廿五日終於私館，春秋卅有三。"據此可推知其登第時間在本年。亦見羅補。

三年壬申(672)

不貢舉。

四年癸酉(673)

進士七十九人：

郭震,《新書》本傳:"郭元振名震,以字顯。"《舊書》:"魏州貴鄉人。"張説《郭元振行狀》:"十六入太學,與薛稷、趙彦昭同業。年十八,擢進士第,其年判入高等。"以開元元年卒、年五十八推之,當於是年及第。

李迥秀。《新書》:"迥秀及進士第。" 按迥秀於五年舉英材傑出科,年弱冠。前數年不貢舉,故附四年。

*明經科:

*崔韶,《千唐》[455]聖曆二年(699)一月廿八日《唐故前國子監大學生武騎尉崔君(韶)墓誌并序》(參見《彙編》[聖曆 012])云:"君諱韶,字子華,清河東武城人也。……總章元年,補國子監大學生。……屬咸亨之歲,炎冗成灾,凡在學□,散歸鄉第。膠庠肆業,日新之藝已優;州里推名,歲□之才斯顯。尋舉□□明經,射策高第。賓庭利用,既升科於太常;漸陸于飛,方矯翼於曾漢。豈謂蘭池始步,望千里而先窮;蕙畹初薰,在三春而早落。以上元元年二月廿六日遘疾,卒於京師道政里第,春秋廿有五。"崔氏卒於咸亨五年(八月改元上元)二月,在其擢第後未久,其登科時間當在本年。亦見陳補。

*馬懷素,原列本年"諸科"下,徐氏考云:"《舊書》本傳:'潤州丹徒人。'墓誌銘:'懷素字貞規。十五遍誦《詩》《禮》《騷》《雅》,能屬文,有史力。長史魚承曄特見器異,舉孝廉,引同載入洛。'按咸亨四年懷素年十五。《舊書》本傳言舉進士,墓誌不載,蓋即舉孝廉之誤也。今從墓誌。" 孟按:此言"舉考廉",實爲明經科,今移正。

*楊承福。《千唐》[553]寇溆撰景龍四年(710)二月廿八日《大唐故梓州銅山縣尉弘農楊府君(承福)墓記并序》(參見《彙編》[景龍 042])云:"君諱承福,字名遠,弘農華陰人也。……垂拱中,年弱冠,州舉孝廉,太常對策,拜文林郎。……以景龍三年十一月卅日終於洛陽毓財里,春秋五十七。"以景龍三年(709)年五十七推之,若言"垂拱中",則其年已三十餘,不當言"弱冠";其弱冠之年在咸亨三年(672),然《登科記》謂其年"不貢舉"。故附此俟考。亦見楊希義《輯釋》。

拔萃科:

郭震。《摭言》載震今年及第,明年登科。今從行狀。

諸科。

知貢舉：杜易簡。《舊書·文苑傳》："杜易簡，咸亨中爲考功員外郎。" 按《新書》，李敬玄恨杜易簡，爲吏部侍郎，召易簡爲考功員外郎屈之。敬玄爲吏部侍郎在咸亨三年，則易簡當於三年即爲考功矣。

五年甲戌(674)

八月，改咸亨五年爲上元元年。《舊書》本紀

詔五品以上各舉所知。《册府元龜》

十二月二十七日，《舊書》本紀作"壬寅"。天后上表曰："伏以聖緒，出自玄元，五千之文，實惟聖教。望請王公以下内外百官，皆習《老子道德經》。其明經咸令習讀，一準《孝經》、《論語》。所司臨時策試，請施行之。"《唐會要》。 《舊書》本紀作天后上意見十二條，請王公百寮皆習《老子》。考《后妃傳》，習《老子》爲十二條中第八事。○孟按：此下原據《通典》所録劉嶢上疏論選舉文，已移正至上元元年(760)，詳該年考。

進士五十七人，重試及第十一人：

＊周彦暉(周彦輝)，原作"周彦輝"，徐氏考云："《唐詩紀事》：'彦輝登咸亨五年進士。'" 孟按："彦輝"，汲古閣本《唐詩紀事》作"彦暉"。四庫本唐高正臣輯《高氏三宴詩集》卷上録有周彦暉詩，注云："咸亨五年進士。"按《四庫全書總目·高氏三宴詩集提要》云："弓嗣初、高瑾、周彦暉並曰'咸寧進士'，唐無咸寧號，高宗曾改元咸亨，'寧'字定係'亨'字之誤，兹並爲改正云。"又《全唐詩》卷七十二亦作周彦暉。

張守貞，《摭言》："咸亨五年，七世伯祖鸞臺鳳閣龍石白水公時任考功員外郎，下覆試十一人，内張守貞一人鄉貢。"

＊李撝。《補遺》册六。第319頁，上元三年(676)四月十二日《大唐故國子監□□李府君(撝)墓誌銘并序》云："君諱撝，字季□，隴西狄道人也。……咸亨五年，答策高第。

＊明經科：

＊王基。《千唐》[576]開元三年(715)三月二十日《大唐故通直郎守武榮州南安縣令王府君(基)墓誌銘并序》(參見《彙編》[開元 017])云:“君諱基,字□□,瑯琊郡人也。……弱冠明經擢第,補嵩州司法參軍。”按王氏卒於開元三年(715),享年六十一,則其弱冠歲在咸亨五年。亦見王補。

知貢舉:王方慶。《摭言》:“鸞臺鳳閣龍石白水公任考功員外郎。” 按《舊書·方慶傳》:“封石泉縣男,〔趙校:“石”原誤“白”,據《舊書》本傳改。〕遷鸞臺侍郎、同鳳閣鸞臺平章事,俄轉鳳閣侍郎。”則所謂鸞臺鳳閣者,即方慶也。“白水”爲“泉”字之訛,“龍”字衍文。傳雖不言爲郎中、員外事,而《高宗紀》永淳元年有吏部郎中王方慶,是咸亨時得爲員外郎也。

英材傑出科:

李迥秀,《舊書·李大亮傳》:“迥秀,大亮族孫也。弱冠應英材傑出舉,拜相州參軍。” 按《新書》,迥秀卒於代姚崇爲兵部尚書時,年五十,事在長安四年,則弱冠在咸亨五年。是年有詔舉所知,蓋即制科也。

＊王適,

＊賀蘭務温。《千唐》[616]李昇期撰開元九年(721)十月二十三日《唐故正議大夫使持節相州諸軍事守相州刺史上柱國河南賀蘭公(務温)墓誌銘并序》(參見《彙編》[開元 127]、《補遺》册 1 第 104 頁)云:“公諱務温,字茂弘,河南洛陽人也。……有不得已舉茂異,與太原王適、隴西李迥秀並對册高第,解褐授鄭州參軍,非所好也。尋授右領軍兵曹。”按此所謂“舉茂異”,當即“英材傑出科”,屬制科。亦見羅補。

上元二年乙亥(675)

正月,《唐會要》作“正月十四日”。敕明經加試《老子》策二條,《唐會要》作“三條”。進士加試帖三條。《册府元龜》。 按進士試帖,謂帖《老子》,是時尚無帖經之制。《新書·選舉志》言是年加試貢士《老子》策,明經二條,進士三條,則“試帖”當作“試策”矣。

八月二十七日,改崇賢館爲崇文館。《唐會要》。 按避章懷太子諱也。館在東宮左春坊南。

進士四十五人：

鄭益，狀元。

沈佺期，《唐才子傳》："沈佺期字雲卿，相州人。上元二年鄭益榜進士。"《舊書・文苑傳》："沈佺期，相州内黄人。進士舉。"

宋之問，《唐才子傳》："宋之問字延清，汾州人。上元二年進士。"

劉希夷，《唐才子傳》："劉希夷字廷芝，〔趙校：《唐才子傳》卷一作"延芝"，但《唐詩紀事》卷一三、《全詩》卷八二均作"庭芝"。〕穎川人。上元二年鄭益榜進士。時年二十五，射策有文名。" 按希夷，宋之問之甥。

梁載言，《書録解題》："梁載言，上元二年進士。"

張鷟，《舊書・張薦傳》："張鷟初登進士第，對策尤工。考功員外郎騫味道賞之曰：'如此生天下無雙矣。'又應下筆成章及才高位下、詞標文苑等科，凡應八舉，皆登甲科。"《太平廣記》引《朝野僉載》："鷟初舉進士，至懷州，夢慶雲覆其身。其年對策，考功員外郎騫味道以爲天下第一。"《桂林風土記》："張鷟字文成，深州陸渾人。弱冠應下筆成章。凡七應舉，四參選，皆中甲科。" 按《容齋續筆》引《登科記》云："上元二年進士四十五人，鷟名皆二十九。既以爲無雙，而不列高第。神龍元年，中才膺管樂科，於九人中爲第五。景雲二年，中賢良方正科，於二十人中爲第三。所謂制舉八中甲科，亦不然也。"〇孟按：《新唐書・張薦傳》作："祖鷟，字文成……調露初，登進士第。考功員外郎騫味道見所對，稱天下無雙。"

陳該，陳子昂《周故内供奉學士懷州河内縣尉陳該石人銘》："君諱該，字彦表，綿州顯武人。少好學，能屬文。上元元年，州貢進士，對策高第，釋褐授將仕郎。" 按元年鄉貢，是登第在二年，故三年得應詞殫文律科也。

附不疑，《通志・氏族略》上元登科有附不疑。 按上元改元在八月，則無元年貢舉，三年不貢舉，故知在此年。

＊魏慤。《千唐》[597]開元六年(718)十月廿四日《大唐故鄭州長史鉅鹿魏君(慤)墓誌銘并序》(參見《彙編》[開元 075])云："公諱慤，字處實，鉅鹿曲陽人。……三十而立，以秀才甲科，調補宣州當塗縣尉。……以大唐開元六年十月三日遘疾，終於官第，春秋七十有三。"可推知其三十歲在

上元二年。亦見張補。

別敕二人:按別敕,《摭言》謂即别頭,是不始於開元二十九年矣。"二"當作"四"。

錢令緒,

鄭人政,

王愷,

崔志恂。《摭言》:"别頭及第,始於上元二年錢令緒、鄭人政、王愷、崔志恂等四人。亦謂承優及第。"

續試三人。

*諸科:

*李景由。《補遺》册六,第426頁,開元二十六年(738)十一月十五日《唐故蒲州猗氏縣令隴西李府君(景由)墓誌銘并序》云:"公諱景由,字逆客,隴西成紀人也。……故年在總丱,應神童舉。高宗親自召見,因上便宜十餘事,兼誦詩雅。□動左右,聽者竦然。上顧中書令郝處俊等曰:今之甘羅、項槖也。殿□咸呼萬歲,賀聖主之得賢。由是起家,拜太子通事舍人。……以開元五年四月十三日,遘疾終於東都歸德里,春秋五十有四。"考《舊唐書·郝處俊傳》,郝處俊任中書令時在上元二年(675)前後。故李景由登神童第亦當在此時,今附本年。以年歲推之,李景由本年十二歲。

應制及第:

楊炯,楊炯《渾天賦序》:"顯慶五年,炯時年十一,待制弘文館。上元二年,始以應制舉補校書郎。"

*李至遠(李鵬)。《新唐書·李素立傳》:"孫至遠,始名鵬。……上元時制策高第,授明堂主簿。"因附本年。按陳補附於上元三年(676)。

知貢舉:騫味道。見上張鷟注。

三年丙子(676)

正月,策詞殫文律科。《册府元龜》

閏三月,令京官五品以上及諸州都督、刺史各舉所知一人。

《册府元龜》

十一月壬申，改上元三年曰儀鳳元年。《舊書》本紀

十二月，詔曰："山東、江左，人物甚衆，雖每充賓薦，而未盡英髦。或孝悌通神，遐邇推敬；或德行光俗，邦邑崇仰；或學綜九流，垂帷睹奥，或文高六藝，一作"義"。下筆成章；或備曉八音，洞該七曜；或射能穿札，力可翹關；或邱園秀異，志存棲隱；或將帥子孫，世稱勇烈。委巡撫大使，咸加採訪，佇申褒獎。亦有婆娑鄉曲，〔趙校："亦"原作"弈"，據《唐大詔令集》卷一〇二改。〕負材傲俗，爲譏議所斥，陷於跅弛之流者，亦宜選擇，具以名聞。"《册府元龜》、《唐大詔令集》。

不貢舉。張説《故宣威將軍楊君碑》："公諱令一，字令一，太州仙掌人。年十九，舉進士高第，授潞州參軍。"以聖曆元年卒、年四十一推之，及第在是年。《登科記》既有諸科，則言不貢舉者誤。

＊進士科：

＊楊令一。見上，從徐考。

＊明經科：

＊房逸，《彙編》[聖曆 020]聖曆二年(699)二月十七日《大周故貝州清河縣尉柱國房府君(逸)墓誌銘并序》(周紹良藏拓本)云："君諱逸，字文傑，魏郡清河人也。……上元三年，以明經舉，射策甲科，解褐補揚州海陵縣尉。"

＊韋希損，《彙編》[開元 095]韋璞玉撰開元八年(720)正月八日《大唐故朝議郎京兆府功曹上柱□(國)韋君(希損)墓誌銘并序》(周紹良藏拓本)云："君諱希損，字又損，京兆杜陵人也。……廿而冠，同先儒之經，起家國子生擢第，補梁州城固主簿。……享年六十有三，開元七年八月九日，傾於新昌里第之中堂。"以開元七年(719)年六十三推之，其二十歲在上元三年。亦見陳補。

＊孟立。《補遺》册二，第 473 頁，開元十五年(727)八月二十日《大唐故蘄州蘄春縣尉孟府君(孝立)墓誌銘并序》云："君諱□，字孝立，鄒人也。……弱冠以大學明經擢第，四十强而從仕，任蘄州蘄春縣尉。……以

開元十五年六月廿九日遘疾終於私第，春秋七十有一。”以弱冠年推之，其擢第當在本年。按王補據三秦出版社 1990 年《咸陽碑石》補墓主“諱立，字孝立”，今從之。

諸科四人。

詞彈文律科：

崔融，《册府元龜》、《唐會要》。《舊書》本傳：“崔融，齊州全節人。應八科舉擢第。”《新書》：“融字安成。”〇孟按：崔融《報三原李少府書》：“吾子泛交，直造余室，弱季愚者因此得聞。夕飽儒珍，朝充道味，南指有資於先覺，北面頓廓於初蒙。成人之美，君子之務也。遂令齊聲五對，嗣美一枝，名登甲乙之科，身預賢良之末，此非師資之效歟?”見《文苑英華》卷六八〇。

陳該。陳子昂《陳該石人銘》：“上元元年之明年，制敕天下文儒，司屬少卿楊若訥薦君應詞殫文律，對策高第。敕授茂州石泉縣主簿。”

文學優贍科：

馬懷素。《舊書》本傳：“應制舉，登文學優贍科。”墓誌銘：“公年甫弱冠，以文學優贍對策乙科，乃尉郿。無何，丁太夫人憂。服闋，授麟臺正字。京兆韋方直善飛白，以公既及冠禮，未嘗立字，遂大署飛白云‘懷素字貞規’。”以開元六年卒、年六十推之，咸亨四年年十五，舉孝廉。服闋後云既及冠，是應制舉時未及二十也。是年有制科，或文學優贍科亦在是年，故載於此。

□□科：

員半千，《舊書·文苑傳》：“上元初，應八科舉，授武陟尉。”按江鄰幾《雜志》：“白水縣堯山民掘得誌石，是員半千墓。云十八代祖凝自梁入魏，本姓劉，彭城人。以其雅正似伍員，遂賜姓員。”

陽嶠，《舊書·良吏傳》：“陽嶠河南洛陽人。儀鳳中應八科舉，授蔣陵尉。”

*裴守真，原作“裴守貞”，徐氏考云：“《舊書·孝友傳》：‘裴守貞，絳州稷山人，後魏冀州刺史叔業六世孫。父眘，貞觀中官至鄮令。守貞早孤，初舉進士。及應八科舉，累轉乾封郡屬。’按八科舉在是年，而不知其

科,俟考。" 孟按:"裴守貞",兩《唐書》本傳均作"裴守真";《金石録》卷二十六:"右《唐裴守真碑》云……";徐松於卷二十七《附考·進士科》亦著録作"裴守真",此誤,今據改。又,《新唐書》本傳作:"舉進士,六科連中。"

儀鳳二年丁丑(677)

十二月,詔:"京文武職事三品以上官,每年各舉所知。或才蘊廊廟,器均瑚璉,體王佐之嘉猷,資公輔之宏量;或奇謀異算,决勝千里;或投石拔距,勇冠三軍;或謇諤忠亮,志存匡弼;或繩違糾慝,不避權豪;或威惠仁明,堪居守牧之重;或公正廉直,足膺令長之任:咸宜搜訪,具録封進。朕當詳覽,量加獎擢。"《册府元龜》、《唐大詔令集》。

不貢舉。〇孟按:徐松已疑"不貢舉"誤,詳下考。

＊進士科:

＊李尚貞,《彙編》[開元 156]賈曾撰開元十年(722)十二月九日《唐故銀青光禄大夫博州刺史柱國李君(尚貞)墓誌銘并序》(北京圖書館藏拓本)云:"君諱尚貞,字崇道,趙郡房子人也。……弱冠,本州貢進士,策第,調補兖州平陸主簿。"按李氏卒於開元十年(722),享年七十五,則其弱冠歲在乾封二年(667)。

＊陳憲。《彙編》[開元 237]開元十四年(726)十一月十六日《唐銀青光禄大夫太子賓客岳陽縣開國伯食邑五百户陳公(憲)墓銘并序》(周紹良藏拓本)云:"公諱憲,字令將,平陽臨汾人。……年卅,鄉貢進士,對策上第,其年解褐滎澤主簿。……以開元十三年九月廿五日薨於東都審教里第,春秋七十八。"則其三十歲時在儀鳳二年。又參見下年"不貢舉"考。按黄補第三十二"陳憲"條云:"《東都冢墓遺文·陳憲墓誌》:'公諱憲,字令將,平陽臨沮人。年廿,鄉貢進士對策上第。''以開元十三年九月廿五日薨於東都……春秋七十八。'由享年回推,憲生於貞觀廿二年,登進士在乾封二年。(見岑仲勉《郎官石柱題名新考訂》頁 27)當補入乾封二年。"按乾封二年爲公元 667 年,早儀鳳二年(677)十載。其關鍵是陳憲"鄉貢進士對策上第"時爲"年卅"與"年廿"之區别。今檢《北京圖書館藏中國歷代石刻拓本

滙編》第二十二册第109頁《陳憲墓誌》[誌2125]、《隋唐五代墓誌滙編·洛陽卷》第九册第156頁《陳憲墓誌》之影印拓本,碑文隸書,其"年卅"之"卅",中間微泐,然字形尚存,其與同碑文中兩處"廿"字迥然不同。又檢《金石萃編》卷七十七録此誌亦作"年卅鄉貢進士,對策高第",故知作"年廿"者誤。

上封拜官一人:

*魏元忠(魏真宰)。朱補:"《舊書·魏元忠傳》:'魏元忠,宋州宋城人也。本名真宰,以避則天母號改焉。……儀鳳中,吐蕃頻犯塞,元忠赴洛上封事,言命將用兵之工拙,曰:……帝甚嘆異之,授秘書省正字,令直中書省,仗内供奉。'又見《新書》本傳,二傳并載其《上高宗封事》一文。按,儀鳳爲高宗年號,共五年;《記考》卷二據《文獻通考》著録科名,惟儀鳳二年下有'上封拜官一人',然未考得其人。據此,當是魏元忠。"

下筆成章科:按去冬下詔,應科舉在是年。

張鷟,見上注。

姚元崇,《舊書·姚崇傳》:"本名元崇,陝州硤石人。元崇爲孝敬挽郎,應下筆成章舉,授濮州司倉。"○孟按:《全唐文》卷二三○張説撰《故開府儀同三司上柱國贈揚州刺史大都督梁國公姚文貞公神道碑奉敕撰》:"弱冠補孝敬挽郎,又制舉高第。"又同上卷七五二杜牧《上宣州高大夫書》:"姚梁公元崇,登第下筆成章舉。"

韓思彦,《新書·韓思彦傳》:"萬年令李乾祐異其才,舉下筆成章科。"

王無競。《舊書·文苑傳》:"王無競有文學,初應下筆成章舉及第。解褐授趙州欒城縣尉。"孫逖《王無競墓誌》:"公諱無競,字仲烈,其先瑯琊人,因官家於東萊,弱冠,以應制擢第。"

*賢良方正科:

*張庭珪(張廷珪)。按《記考》卷二十七《附考·制科》著録"張廷珪",徐氏考云:"《舊書》本傳:'弱冠應制舉。'" 孟按:《補遺》册五,第30頁,徐浩撰天寶五載(746)二月十四日《唐故贈工部尚書張公(庭珪)墓誌銘并序》云:"公諱庭珪,字温玉,范陽方城人。……弱冠,制舉賢良射策第

二等。"按張氏卒於開元二十二年(734)八月十九日,享年七十七。以其弱冠歲推之,則其登制科在本年。今移正。又按:兩《唐書》本傳俱作"張廷珪",然《唐郎官石柱題名考》卷四、《唐會要》卷七十七、《書小史》卷十俱作"張庭珪"。今觀徐浩所撰墓誌,則知兩《唐書》誤。且兩《唐書》所記張氏之籍貫、封爵等亦皆有誤。

三年戊寅(678)

三月,《册府元龜》作"正月"。敕:"自今已後,《道德經》、《孝經》並爲上經,貢舉人並須兼通。其餘經及《論語》,任依常式。"《册府元龜》、《唐會要》。

四月戊申,改來年正月一日爲通乾。《舊書》本紀

十二月癸丑,詔停明年通乾之號。《新書》本紀

不貢舉。《陳憲墓誌銘》:"公諱憲,字令將,平陽臨汾人。年三十,鄉貢進士,對策上第。其年,解褐滎澤主簿。以開元十三年薨,春秋七十八。"以年推之,當是儀鳳二年鄉貢進士,次年上第。(孟按:陳補繫陳憲於乾封二年丁卯(667),考云:"《東都冢墓遺文》録《陳憲墓誌》云:'公諱憲,字令將,平陽臨沮人。……年廿,鄉貢進士對策上第,其年解褐滎澤主簿。'開元十三年卒,年七十八,本年爲二十歲。徐氏引作年三十及第,似誤。"余按《彙編》[開元237]周紹良藏拓本及《全唐文》卷九九五所録闕名撰《陳憲墓誌》並作"年卅,鄉貢進士對策上第",知徐氏所引不誤。) 又按《舊書·鄭惟忠傳》:"儀鳳中進士舉,授井陘尉。"是儀鳳中有進士。張九齡《徐堅神道碑》:"上元中,遭姜太夫人之喪。服闋,州辟秀才,其年登科。解巾補汾州參軍事。"是登第亦在儀鳳中。而此數年皆言不貢舉,恐《登科記》誤。

* 進士科:

* 元希古。《千唐》[586]開元五年(717)正月五日《大唐故朝議大夫使持節密州諸軍事守密州刺史上柱國元府君(希古)墓誌銘并序》(參見《彙編》[開元045])云:"君諱希古,字希古,河南洛陽人也。……以儀鳳三年秀才擢第,授定州鼓城、彭州唐昌縣尉。"按"儀鳳三年"羅補引作"儀鳳

二年”，誤。亦見楊希義《輯釋》。

＊明經科：

＊宋智亮。《彙編》[萬歲通天 007]據《芒洛冢墓遺文五編》卷四所録萬歲通天元年(696)五月二十六日《大周將仕郎宋氏(智亮)墓誌并序》云：“君諱智亮，字博，廣平曲周人也。……年叁拾玖，明經擢第，拜將仕郎。……春秋伍拾有叁，如意元年柒月拾捌日卒於澠池千秋里之第。”以如意元年(692)年五十三推之，其年三十九時在儀鳳三年。亦見羅補。

諸科一人：

＊崔泰之。《千唐》[630]崔沔撰開元十一年(723)十月五日《大唐故銀青光禄大夫守工部尚書贈荆州大都督清河郡開國公上柱國崔公(泰之)墓誌銘并序》(參見《彙編》[開元 174])云：“公諱泰之，字泰之，清河東武城人也。……文典以麗，雅善緣情；學精而博，尤探經濟。年十有二，遊昭文館對策高第。……春秋五十有七，以開元十一年六月七日寢疾，薨於京平康里第。”按其年十二時爲儀鳳三年。亦見羅補。

＊猛士舉：孟按：《記纂淵海》卷三十七《科舉部·武舉》：“婁師德以紅抹額，應勇士詔。”考《舊唐書》本傳云：“上元初，累補監察御史。屬吐蕃犯塞，募猛士以討之，師德抗表請爲猛士。高宗大悦，特假朝散大夫，從軍西討。”《新唐書》本傳云：“上元初，爲監察御史。會吐蕃盜邊，劉審禮戰没，師德奉使收敗亡于洮河，因使吐蕃。……後募猛士討吐蕃，乃自奮，戴紅抹額來應詔，高宗假朝散大夫，使從軍。”《通鑑》卷二〇二高宗儀鳳三年(678)九月：“丙寅，李敬玄將兵十八萬與吐蕃將論欽陵戰于青海之上……李敬玄之西征也，監察御史原武婁師德應猛士詔從軍。”注：“時詔募猛士以討吐蕃，師德應募從軍。”又《記考》卷二儀鳳二年(677)據《册府元龜》、《唐大詔令集》云：“十二月，詔：‘京文武職事三品以上官，每年各舉所知。……或奇謀異算，決勝千里；或投石拔距，勇冠三軍……咸宜搜訪，具録封進。朕當詳覽，量加擢獎。’”綜上所考，知師德於高宗儀鳳三年應“猛士”詔獲選。然師德應舉時已爲監察御史，其“應猛士詔從軍”與通常科舉性質不同，因録以備覽。

＊王敏。《彙編》[長安 065]長安四年(704)九月廿三日《大周故壯

武將軍行右鷹楊衛翊府右郎將王君(敏)墓誌□(銘)并序》(周紹良藏拓本,開封博物館藏石)云:"君諱敏,字元敏,其先太原晋陽人也,因官遂居於洛州永昌縣焉。……君良工善冶,翼子謀孫,感靈而效紫胎,齔歲而明黄石。言行出俗,勇决過人。巧便刀戟,尤工騎射。儀鳳三年,應舉及第,解褐以上騎都尉任左領軍衛長上旅帥。"觀此墓誌,王氏當爲武舉及第。以上年有"猛士舉"之詔,當屬同類,因繫於此。

* 應制及第:

* 魏靖。《彙編》[開元241]劉升撰開元十五年(727)正月廿四日《大唐故右金吾將軍魏公(靖)墓誌銘并序》(周紹良藏拓本)云:"公諱靖,字昭緒,鉅鹿曲陽人。……弱冠應制舉,授成武尉。……以開元十四年八月廿四日遘疾,終於邠州□定驛,春秋六十八。"則其弱冠之歲在儀鳳三年。王補入附考。

* 上書拜官:

* 裴懷古。《舊唐書》本傳:"裴懷古,壽州壽春人也。儀鳳中,詣闕上書,授下邽主簿。"

四年己卯(679)

六月辛亥,改儀鳳四年爲調露元年。《舊書》本紀

七月己卯朔,詔以今年冬至有事嵩岳。《舊書》本紀

是月,詔令諸州明揚仄陋。或孝弟純至,感於神明;或文武兼資,才堪將相;或學藝該博,業標儒首;或藻思宏麗,詞擅文宗;或洞曉音律,識均牙曠;或深明曆數,妙同京管者:咸令薦舉。《册府元龜》、《記纂淵海》引《登科記》。〇孟按:《全唐文》卷十三録此文題作《令雒州舉人詔》,首句爲"令雒州明揚仄陋",餘皆同。乃"諸"、"雒"形近致誤耳。又《晏元獻公類要》卷三十五亦引《登科記》云:"唐高宗調露元年,詔曰:'或深明曆數,妙同京管者咸令爲舉。'"

十月庚申,前詔封嵩山宜停。《舊書》本紀

十二月壬子,帝臨軒,引岳牧舉人問之曰:"兵書云天陣、地陣、人陣,各何謂也?"武陟尉員半千對曰:"臣觀載籍,多謂天陣,

星宿孤虚也;地陣,山川向背也;人陣,偏伍彌縫也。臣以爲不然。夫師出以義,有若時雨,得天之時,此天陣也。兵在足食,且耕且戰,得地之利,此地陣也。三軍使兵士如父子兄弟,《會要》作"士卒輕利,將帥和睦"。得人之利,此人陣也。三者去矣,將何以戰?"帝又問:"皇道、帝道、王道,何以區別?朕今可行何道?"長壽令蕭思問、越州參軍周彦昭以次應詔,帝皆稱善。

甲寅,御製問目以試之。《册府元龜》。《會要》載此事於永隆元年。按《舊書》本紀與《册府元龜》同,今從之。

不貢舉。

*明經科:

*李准。《補遺》册六,第30頁,李亘撰長壽三年(694)五月十三日《大周故成均監明經李君(准)墓誌銘并序》云:"君名准,字幼均,隴西成紀人也。……年十九,自成均生明經射策甲科。……以如意元年三月五日,卒於洛州温縣之私里,春秋卅三。"以如意元年(692)年三十三推之,其年十九時在本年。

*應制及第:

*梁璵。《千唐》[721]開元二十一年(733)二月十六日《大唐故亳州譙縣令梁府君(璵)之墓誌》(參見《彙編》[開元363])云:"公諱璵,字希杭,京兆長安人也。……逮乎冠稔,博通經史,諸所著述,衆挹清奇,制試雜文:《朝野多歡娱詩》、《君臣同德賦》及第。"按梁氏卒於開元二十年(732),享年七十三,則其二十歲在儀鳳四年。亦見陳補。

調露二年庚辰(680)

考功員外郎劉思立奏明經、進士二科並加帖經。又加《老子》、《孝經》,使兼通之。《通典》。　按此調露二年事,故列於改元永隆之前。　按此爲帖經之始。

八月乙丑,改調露二年爲永隆元年。《舊書》本紀

十二月,詔縣令、刺史、御史、員外郎、太子舍人、司儀郎、左

右史，文武五品以上清要、近侍及宿衛之官，並令舉所知一人。《册府元龜》

進士一人：按“一人”疑有誤。

蘇頲，《新書·蘇瓌傳》：“瓌子頲，字廷碩。”《舊書》：“頲少有俊才，一覽千言。弱冠舉進士。”《讀書志》：“蘇頲，武功人。調露二年進士。” 按蘇頲卒於開元十五年，年五十八，是年方十一歲，《讀書志》所載未知何據。〇孟按：《全唐文》卷七五二杜牧《上宣州高大夫書》：“蘇氏父子皆進士也。大許公爲相，於武后朝酷吏中不失其正，於中宗朝誅反賊鄭普思於韋后黨中。小許公佐元宗朝，號爲蘇宋。”

李福業，《唐詩紀事》：“李福業，調露二年登第。”

宋璟，《顔魯公集·廣平文貞公宋公神道碑銘》：“公諱璟，邢州南和人。年十六七時，或讀《易》，曠時不精。公遲而覽之，自亥及寅，精義必究。明年，進士高第。”以開元二十五年卒、年七十五推之，十六七當儀鳳三四年，皆不貢舉，則及第在此年矣。《舊書》本傳：“璟博學，工於文翰。弱冠舉進士。”〇孟按：《全唐文》卷七五二杜牧《上宣州高大夫書》：“宋開府璟，亦進士也，與姚唱和，致開元太平者。”

*馬懷素。陳補云：“《至順鎮江志》卷十九《科目》：‘馬懷素，調露二年進士第，又應制舉中文學博贍科。’《舊唐書》卷一百二《馬懷素傳》云：‘舉進士，又應制舉登文學優贍科。’與此合。《全唐文》卷九九五佚名《馬懷素墓誌銘》則云年十五後舉孝廉（明經），弱冠後‘以文學優贍對策乙科’。不言其進士及第事。徐氏據以録入咸亨四年及儀鳳元年，而疑本傳爲誤。今參元時方志，尚難遽疑《舊傳》爲誤。姑並存，俟考詳。” 孟按：天一閣[萬曆]《丹徒縣志》卷三《進士》亦載：“唐調露二年：馬懷素。”

岳牧舉：

員半千，《舊唐書·文苑傳》：“員半千，本名餘慶，晋州臨汾人。上元初，應八科舉，授武陟尉。又應岳牧舉。高宗御武成殿，召諸州舉人親問，半千越次而對，高宗甚嗟賞之。及對策，擢爲上第。”《册府元龜》：“永隆元年，岳牧舉，武陟尉員半千及第。”

殷楷。馮宿《殷公家廟碑》：“工部府君諱楷，字文絢。高宗朝四岳舉高第,釋褐拜雍州新豐尉。”按四岳舉即岳牧舉。

永隆二年辛巳(681)

三月丙午,皇太子親行釋奠禮。《舊書》本紀

八月,詔曰:“學者立身之本,文者經國之資,豈可假以虚名,必須徵其實效。如聞明經射策,不讀正經,鈔撮義條,纔有數卷。進士不尋史傳,惟誦舊策,共相模擬,本無實才。所司考試之日,曾不簡練,因循舊例,以分數爲限。至於不辨章句,未涉文詞者,以人數未充,皆聽及第。其中亦有明經學業該深者,惟許通六;進士文理華贍者,竟無甲科。銓綜藝能,遂無優劣。試官又加顔面,或容假手,更相屬請,莫憚糾繩。由是僥倖路開,文儒漸廢。興廉舉孝,因此失人;簡賢任能,無方可致。自今已後,考功試人,明經試帖,取十帖得六已上者。《會要》作“明經每經帖十得六已上者”。進士試雜文兩首。按雜文兩首,謂箴銘論表之類。開元間,始以賦居其一,或以詩居其一,亦有全用詩賦者,非定制也。雜文之專用詩賦,當在天寶之季。識文律者,然後並令試策。仍嚴加捉搦,必材藝灼然,合升高第者,並即依令。其明法並書、算貢舉人,亦量準此例,即爲常式。”《册府元龜》、《唐會要》、《唐大詔令集》。《舊書·文苑傳》:“劉憲父思立,高宗時遷考功員外郎,始奏請明經加帖,進士試雜文,自思立始也。”《唐語林》云:“劉思立以進士惟試時務策,恐復傷膚淺,請加試雜文兩道,並帖小經。”是因思立之奏,故下此詔。

九月乙丑,改永隆二年爲開耀元年。《舊書》本紀

進士一人:按“一人”疑有誤。

姜晞,《唐詩紀事》:“晞登永隆二年進士第。”

李乂,《舊書》本傳:“本名尚真。少與兄尚一、尚貞俱以文章見稱,舉進士。”蘇頲《李乂神道碑》:“公諱乂,字尚真,趙房子人。柏人侯曇裔孫,侍郎書勁十一世孫。曾祖彦博,祖惠明,父大智。公十一從學,極奥研幾。十二屬詞,含商咀徵,中書令薛元超謂人曰:‘此子必負海内盛名。’十九,

郡舉茂才策第。考功郎劉思立一見又如之。調補潞州壺關、婺州武義尉。"以開元四年卒、年六十推之,年十九當上元二年。其間數年不貢舉,而劉思立於是年知舉,蓋上元二年舉於州,是年方登第。《新書》本傳作"茂才異等,累調萬年尉"。○孟按:陳補於上元二年(675)進士科下著録李乂,考云:"《文苑英華》卷八九三蘇頲《唐紫微侍郎贈黄門監李乂神道碑》:'十一從學,極奥研幾;十二屬詞,含商咀徵,中書令薛元超謂人曰:"此子必負海内盛名。"十九郡舉茂才策第,考功郎劉思立一見又如之。'以開元四年卒,年六十推之,當於本年及第。徐氏以爲開耀元年劉思立下及第,'蓋上元二年舉於州,是年方登第。'今讀碑文,'十九'指策第,非指'舉於州',言'劉思立一見又如之',係接前薛語而言,未必指劉知舉時方及第。唐人應試,亦不限於一次,上元及第後,開耀再舉,亦屬可能。又頗疑碑云'享年六十'後有脱文,惜原碑不存,已無從定奪。在别無新證前,不應否定乂上元策第的記載。" 孟按:唐代科舉雖不限於一次,但進士不再舉,此爲通例。李乂若兩舉進士及第,則必有一誤。陳補可備一説,録此俟考。

＊梁璵。《千唐》[721]開元二十一年(733)二月十六日《大唐故亳州譙縣令梁府君(璵)之墓誌》(參見《彙編》[開元363])云:"公諱璵,字希杭,京兆長安人也。……逮乎冠稔,博通經史,諸所著述,衆挹清奇,制試雜文:《朝野多歡娯詩》、《君臣同德賦》及第。編在史館,對策不入甲科,還居學。間歲舉進士至省,鶯遷於喬,鴻漸於陸。"按梁氏卒於開元二十年(732),享年七十三,則其二十歲在儀鳳四年(679)。又其舉進士及第在永隆二年(681)。按張補録梁璵入附考類。

＊明經科:

＊崔日新。《補遺》册五,第25頁,蘇頲撰景龍二年(708)七月十六日《唐故司農寺主簿崔君(日新)墓誌銘并序》云:"君諱日新,字子昇,安平博陵人也。……弱冠明經高第,授鄭州中牟尉,轉渭南丞。……景龍二年太歲戊申七月辛卯朔五日乙未,卒於河南承義里之私第,享年卌有七。"以景龍二年年四十七推之,其弱冠歲在本年。

＊穿葉附枝舉:

＊臧懷亮。《記考》卷二十七《附考·制科》著録臧懷亮,徐氏考云:

“李邕《左羽林大將軍臧公神道碑》:‘公諱懷亮,字時明,東莞莒人。自左衛勳應穿葉附枝舉,登科。’又墓誌:‘弱冠應穿葉附枝舉,登科。’” 孟按:《全唐文》卷二六五李邕撰《羽林大將軍臧公墓誌銘》云:“公諱懷亮,字時明,莒人也。……弱冠應穿葉附枝舉擢第。……以開元十七年八月二十二日,薨於平康里之私第,時春秋六十有八。”又,《補遺》册五,第355頁,開元十八年(730)十月廿一日《大唐故冠軍大將軍左羽林大將軍上柱國東莞郡開國公臧府君(懷亮)墓誌并序》云:“公諱懷亮,字時明,東莞莒人也。……年廿,應穿葉附枝舉登科。……以開元十七年八月廿二日,薨於京師平康私第,春秋六十有八。”其二十歲時在本年。今移正。亦見王補

應制及第:

陳該。陳子昂《陳該石人銘》:“開耀元年制舉,太子舍人、司議郎、大府少卿元知讓應制薦君,於朝堂對策高第。敕授隆州蒼溪縣主簿。”

知貢舉:劉思立。《唐會要》:“調露二年四月,劉思立除考功員外郎。”蓋知次年之舉,故《唐語林》、《封氏聞見録》皆載於開耀元年。

開耀二年壬午(682)

二月癸未,改開耀二年爲永淳元年。《舊書》本紀

進士五十五人,《摭言》引作“五十一人”。重試及第十一人:

雍思泰,《摭言》:“開耀二年五十一人,内雍思泰一人鄉貢。”

劉知幾,《舊書·劉子玄傳》:“本名知幾,楚州刺史胤之族孫也。”《新書》:“父藏器。”《舊書》:“知幾少與兄知柔俱以詞學知名,弱冠舉進士。”按子玄卒在開元九年,年六十一,開耀元年年二十。惟其年進士一人,故載是耳。〇孟按:劉知幾《自叙》:“洎年登弱冠,射策入朝。”

* 韋湊,胡補云:“清劉于義等編纂《陝西通志》(臺灣商務印書館影印文淵閣《四庫全書》本)卷三十《選舉志》一《進士科》:‘韋湊,萬年人,永淳元年。’按《舊唐書》卷一〇一《韋湊傳》:‘韋湊,京兆萬年人。……永淳二年,解褐婺州參軍。’《新唐書》卷一一八《韋湊傳》:‘韋湊字彦宗,京兆萬

年人。永淳初，解褐婺州参軍。'永淳元年及第，二年解褐，正相吻合。"

＊劉穆。《彙編》[先天 007]據《芒洛冢墓遺文續編》下所録先天二年(713)十一月十二日《唐故石州刺史劉君(穆)墓誌銘并序》云："君諱穆，字穆之，河間鄚人也。……開耀二年，以鄉貢進士擢第。桂林一枝，譽流鄉曲；崑岑片玉，暉映廊廡。"亦見羅補。

＊明經科：

＊高憲，《彙編》[開元 264]高蓋撰開元十五年(727)閏九月十七日《先府君(高憲)玄堂刻石記》(周紹良藏拓本)云："先府君諱憲，字志平，族高氏，弱冠明經高第。……有唐開元十五年歲丁卯春正月十日，棄背於郡之官舍，享年六十有五。"則其弱冠之歲在開耀二年。亦見王補

＊崔諤之。《補遺》册六，第 390 頁，開元七年(719)十月廿二日《□□□□光禄大夫太府卿少府監贈□州都督上柱國趙國公崔府君(諤之)墓(下闕)》(墓主名據《舊唐書》卷一八五上補)云："□諱諤之，字□忠，清河東武城人也。……十二以孝廉筮仕。"按崔氏卒於開元七年(719)八月，享年四十九。則其年十二時在本年。

知貢舉：劉思立。《摭言》作"思玄"，蓋"思立"之誤。

永淳二年癸未(683)

三月，敕令應詔舉人並試策三道，即爲永例。《册府元龜》、《唐會要》。

七月庚申，詔以今年十月有事於嵩岳，仍令天下岳牧及京官五品以上各舉所知有孝行、儒學、文武之士。尋以帝不豫，改用來年正月行封禪之禮。《册府元龜》。《舊書》本紀："時天后自封岱之後，勸上封中岳，每下詔草儀注。即歲饑，邊事警急而止。至是，復行封中岳禮，上疾而止。"

十一月丙戌，詔來年正月封中岳者宜停。《册府元龜》

十二月己酉，詔改永淳二年爲弘道元年。是夕，帝崩於貞觀殿。《舊書》本紀

甲子，中宗即位，尊天后爲皇太后，政事咸取决焉。《通鑑》

進士五十五人：

元求仁，《摭言》："永淳二年五十五人，内元求仁一人鄉貢。"

＊嚴識玄。《補遺》册三，第 53 頁，張希迥撰開元六年(718)正月十四日《大唐故朝議大夫行兵部郎中上柱國馮翊嚴府君(識玄)墓誌銘并序》云："公諱識玄，字識玄，馮翊重泉人也。……永淳年，以鄉貢進士擢第，又應文藻流譽科擢第，授襄州安養縣尉。公宦不辭卑，禄以及養。而鍾粟未積，忽丁内憂。服滿，應奇才選，天下一人及第。公之美聲，朝野矚目。詞人秀彦，高山仰止。授公汴州浚儀縣尉。秩滿，復應拔萃選及第，授洛州武泰縣尉。"據此知嚴識玄約於永淳二年登進士第，又應制舉以文藻流譽科擢第。後又應制舉以"奇才"、"拔萃"擢第。按《摭言》謂本年求仁"一人鄉貢"似誤。又，王補録於永淳元年(682)。　孟按：開耀二年(682)二月癸未改元永淳。此《誌》稱"永淳年"者，當爲二年榜也。

＊明經科：

＊高懲。《千唐》[700]開元十八年(730)《唐故銀青光禄大夫行光禄少卿上柱國渤海郡開國公高府君(懲)墓誌銘并序》(參見《彙編・開元318》)云："公諱懲，字志肅，渤海蓨人也。……弱冠以太學明經擢第，調補豫州參軍。……開元十七年歲在荒落，遘疾薨於河南之尚賢里，春秋六十有六。"則其弱冠之歲在永淳二年。亦見陳補。

＊知貢舉：賈大隱。原作"劉廷奇"，徐氏注云："見《摭言》。"按陳補云："《登科記考》卷二録本年知貢舉者爲劉廷奇，係據《唐摭言》卷一：'永淳二年，劉廷奇下五十五人，内元求仁一人(鄉貢)。'按《郎官石柱題名新著録》録考外題名第三行爲'王方慶(中泐)、劉思立、賈大隱、邢文偉、劉(下泐)'今知劉思立任考外至開耀二年初；《舊唐書》卷二十三載永淳二年七月詔'考工(功)員外郎賈大隱'等詳定儀注，因知大隱繼思立任考外，當知本年貢舉，《摭言》有誤。題名末之'劉'字，岑仲勉先生以爲當即劉廷奇(亦作劉奇)，殆無疑問。廷奇似自嗣聖元年始任考外知貢舉，邢文偉任考外爲時恐甚暫。"今從陳補。

登科記考補正卷三

唐則天順聖皇后

嗣聖元年甲申(684)

正月甲申朔,改元嗣聖。《舊書》本紀。《通鑑》注:"此太子即位踰年所改之元也。"

二月,廢中宗爲廬陵王。立豫王旦爲皇帝,改元文明。《通鑑》

九月甲寅,改元光宅元年,大赦天下。制曰:"濟時之道,求賢是務。其官人及百姓等,或器標瑚璉,材堪棟幹,或在職清慎,或抱德幽棲,或武藝馳聲,或文藻流譽。宜令京官九品以上、諸州長官各舉一人,咸以名薦。務取得賢之實,無貽濫吹之譏。"《册府元龜》、《唐大詔令集》。

改國子監爲成均監。《唐會要》

策詞標文苑科問:"朕聞北辰端扆,貯衆彦以經邦;南面居尊,俟群材而緯俗。是知九官分職,薰風之詠載敷;八元匡朝,就日之規方遠。歷選列辟,遐考前修,並建明揚之躅,式廣旁求之義。故康衢扣角,授相越於齊班;海上牧羊,封侯超於漢秩。洎乎淳風陵替,雅道湮沈,仕必因基,官非材進。官雖備職,位匪得人。遂使七輔之材,銷聲於巖穴;六佐之彦,晦迹於邱園。寤寐以之,載勞虚佇。今欲革因循之弊,躡稽古之蹤,此志雖勤,其途未遂。爲是旌賁爽於前代,英雄寡於今晨。佇爾昌言,朕將親覽。"《文苑英華》原注:光宅元年。

是年,陳子昂上疏曰:"臣竊獨有私恨者,惟陛下之欲興崇大化,而不知國家太學之廢,積歲月久矣。學堂荒穢,略無人蹤,詩書禮樂,罕聞習者。陛下明詔,尚未及之,愚臣所以私恨也。臣聞天子立太學,所以聚天下賢英,爲政教之首。君臣上下之禮,於是興焉;揖讓尊俎之節,於此生焉。是以天子得賢臣,由此也。今則荒廢,失之於本而求之於末,豈可得哉!君子三年不爲禮,禮必壞;三年不爲樂,樂必隳。奈何天子之政而輕禮樂哉!陛下何不詔太子、胄子,使歸太學而習業乎?斯亦國家之大務也。"《册府元龜》

進士十六人:《摭言》:"光宅元年閏五月二十四日,劉廷奇重試一十六人,内康庭芝一人鄉貢。"是此年進士不止此數,重試及第者十六人也。

＊許且,狀元。原收入開耀二年(682)進士科,今移正於此,詳下。

＊陳子昂,原收入開耀二年(682)進士科,考云:"《唐才子傳》:'陳子昂字伯玉,梓州人。開耀二年許且榜進士。'按《永樂大典》引《潼川志》:'陳子昂,文明初舉進士。'又趙儋《故拾遺陳公旌德之碑》亦云子昂年二十四,文明元年進士,與《才子傳》異。考碑言射策高第在高宗崩之前,當以《才子傳》爲是。盧藏用《陳子昂别傳》:'年二十一,始東入咸京,遊太學。由是爲遠近所籍甚,以進士對策高第。'" 孟按:《唐才子傳校箋》卷一《陳子昂傳》:"開耀二年許旦榜進士。"箋云:"按子昂登第年有歧説。此云開耀二年(682),另一説爲文明元年(684)。《旌德碑》云:'年二十四,文明元年,進士射策高第。其年高宗崩於洛陽宫,靈駕將歸於乾陵,公乃獻書闕下。天后覽其書而壯之,召見金華殿,因言伯王大略,君臣明道,拜麟臺正字。由是海内詞人,靡然而風,乃謂司馬相如、揚子雲復起於岷峨之間矣。'按據《舊唐書》卷五《高宗紀》,高宗卒於永淳二年(683),'文明元年八月庚寅,葬於乾陵';又《通鑑》卷二〇二光宅元年(684),'五月丙申,高宗

靈駕西還'，皆與《旌德碑》所言合。《陳氏别傳》亦云：'以進士對策高第。屬唐高宗大帝崩於洛陽宫，靈駕將西歸，子昂乃獻書闕下。時皇上以太后居攝，覽其書而壯之，召見問狀。子昂貌寢寡援，然言王伯大略，君臣之際，甚慷慨焉。上壯其言而未深知也，乃敕曰："梓州陳子昂，地籍英靈，文稱偉曄。"拜麟臺正字。時洛中傳寫其書，市肆閭巷，吟諷相屬，乃至轉相貨鬻，飛馳遠邇。'兩《唐書》本傳所載亦略同，《舊傳》云：'舉進士。會高宗崩，靈駕將還長安，子昂詣闕上書，盛陳東都形勝，可以安置山陵，關中罕儉，靈駕西行不便。……則天召見奇其對，拜麟臺正字。'《新傳》云：'文明初，舉進士。時高宗崩，將遷梓宫長安，於是關中無歲，子昂盛言東都勝塏，可營山林。……武后奇其才，召見金華殿。子昂貌柔野，少威儀，而占對慷慨，擢麟臺正字。'子昂《麈尾賦》(《陳子昂集》卷一)自序亦謂：'甲申歲，天子在洛陽，余始解褐，守麟臺正字。'甲申即文明元年，亦即光宅元年。徐松《登科記考》卷二則仍據《才子傳》定子昂爲開耀二年進士第，並考云：'又趙儋《故拾遺陳公旌德之碑》亦云子昂年二十四，文明元年進士，與《才子傳》異。考碑言射策高第在高宗崩之前，當以《才子傳》爲是。'岑仲勉《陳子昂及其文集之事蹟》文(《輔仁學誌》第十四卷一、二合刊)主文明元年説，其駁徐氏説謂：'按《碑》言"文明元年進士"，與諫靈駕入京書自稱"梓州射洪縣草莽臣"及《麈尾賦》"甲申歲，天子在洛陽，余始解褐"合。《碑》繼云："其年，高宗崩於洛陽宫，靈駕將西歸於乾陵，公乃獻書闕下。""其年"是專指靈駕入京事，"高宗崩"一句，係靈駕句之引起，舊史常見此等叙法(參拙著《唐史餘瀋》)，非謂高宗文明元年乃崩，徐氏不善會其意也。'按岑氏説是，子昂之進士登第應是文明元年，《才子傳》作開耀二年非。"故移至本年。

康庭芝，見上。

鄭繇，《唐詩紀事》："繇，鄭州人。登嗣聖元年進士第。"

＊部貞鉉，《萬姓統譜》卷一〇四"唐"："部貞鉉，光宅登科。"亦見岑仲勉《元和姓纂四校記》卷九引《統譜》。

＊梁知微。原列卷二十七《附考・進士科》，徐氏考云："梁知微，嗣聖進士第，見《唐詩紀事》。"按《唐詩紀事》卷二十二梁知微條云："知微，嗣聖初登進士第。"嗣聖僅一年(684)，嗣聖初即元年也。又《唐詩紀・初唐》卷五十一："梁知微，嗣聖初登進士第。"今移正於本年。亦見施補。

諸科並上書拜官九人。

抱儒素科。《雲麓漫鈔》。　按是年改元赦制曰"或抱德幽棲",蓋即是科也。

韜鈐科:《雲麓漫鈔》。　按是年改元赦制曰"或武藝馳聲",蓋即是科也。

郭敬之。《舊書·郭子儀傳》:"父敬之。"顔真卿《郭公廟碑銘》:"敬之弱冠,以鄉邦之賦驟膺將帥之舉,四擢高第有聲。"　按敬之以天寶三年卒,年七十八,是年十八歲。所謂將帥舉,即登韜鈐科也。永昌元年亦有韜鈐科,敬之蓋聯登上第矣。

詞標文苑科:《文苑英華》注:"光宅元年。"《册府元龜》載垂拱四年十月。是年改元赦制有"文藻流譽",今從《英華》。○孟按:《太平御覽》卷六二九、《唐會要》卷七十六、高似孫《唐科名記》(《説郛》本)均作垂拱四年。陳補亦主"當從《元龜》等所説爲是"。此當存疑俟考。

房晋,見《册府元龜》、《唐會要》。

皇甫伯瓊,見《册府元龜》、《唐會要》。　按《文苑英華》作"皇甫瓊",引《登科記》作"皇甫伯瓊"。

王旦,見《册府元龜》、《唐會要》。

*嚴識玄。見上年進士科考。

知貢舉:劉廷奇(劉奇)。見上。○孟按:《元和姓纂》卷五東郡劉姓載:"……七代孫政會,生奇,吏部侍郎。"岑校云:"證聖元年奇爲此官,見《會要》七五。垂拱初奇官考外,見《舊唐》一八七下《顔杲卿傳》。石刻《家廟碑》及《魯公集》八均同,惟《摭言》一作'劉廷奇',《登科記考》三以作'廷奇'者爲是,有此多證不信而信《摭言》,多見其偏也。"

房晋對策曰:"惟德動天,大雲開其五色;惟賢濟俗,大運符其半千。是知廣厦將崇,必伫群材之用;巨川方濟,良資舟檝之功。俾作股肱,方之羽翼。自風姜御辨之始,樹以后王君公,雲鳥分司之初，承以大夫師長，莫不投竿入相，捨築稱師。五臣光就日之朝，八凱翊薰風之代，陰陽由其燮理，百姓用以平康。善佐必資於賢臣，輔國或伫於良佐。國家旁求俊乂，束帛之禮薦陳；物色異人，邱園之彦咸萃。登壇對楚，連城之寶不足稱；置館求燕，照乘之珍無以貴。多士邁隆周之日，得人光炎漢之朝。猶以爲官匪材升，仕因基進，顯革因循之弊，用追稽古之風。誠願察彼山苗之詞，求夫縱壑之論。材或可紀，超升於槐棘之班；德或可褒，擢任於公卿之位。開其上賞之路，頌以中和之詩，則淳于髡之進賢，一朝而見七士，許子將之舉德，少選而收二俊。自然詞人闊步，才子長鳴，公理息《昌言》之篇，節信罷《潛夫》之作。謹對。”《文苑英華》

皇甫伯瓊對策曰：“珠衡上列，聖人居曜魄之尊；玉理旁融，元后握乾坤之柄。膺寶曆而推五勝，皇綱居混沌之先；懸玉鏡而連三千，帝系出氛氲之上。莫不闢天關以統業，横地軸而開基，象列宿而環北辰，制諸侯而嚮南面。柱州巢氏之際，晦聲跡於龍圖；結繩鍊石之餘，摛景曜於龜象。未有巨川已濟，不資舟檝之功；大厦已成，不假棟梁之力。至於遶電流祉，既委任於三台；就日居尊，亦僉謀於四岳。道德爲富，魏文侯之式廬；禮義可尊，燕昭王之擁篲。孔明佐蜀，叶魚水以陳謀；仲父相齊，假鴻毛以康俗。洎嬴暉掩鏡，漢道亡珠，位以恩升，榮非德進。挂網羅者則黄鵠高飛，縻爵禄者則青鳬競至。自欽明撫運，憲章稽古，司光鳳紀，位映龍名。振鷺來儀，襲憲飈而鼓舞；白駒萃止，食場苗以縶維。所以繩準百王，牢籠萬代。

“伏惟聖母皇帝陛下，闢陰陽之二氣，獨化初皇；啟日月之三光，混成太極。靈袛翕忽，出震宫而齊巽围；雲雨氤氲，辨天垓而通地圻。慕崩沙之靈運，符閏石之休期。憂在進賢，道叶《採苓》之化；恩無不逮，德合《樛木》之風。掩媧后以稱尊，邁姬任而莅政。吹塵鈞璜之侣，接武於階墀；騎星弄電之夫，肩隨於廊廟。雖良駿充厩，逾懷買骨之謀；真龍在堂，更伫丹青之玩。應休璉之獨坐，鳥雀來庭；尹叔良之閑居，蠨蛸在户。傍加策問，親覽政途，詞麗汾川，聲侔沛邑。掩鵬圖而該魏網，漆園無控地之詞；飛鶴板而徵漢臣，九皋有聞天之譽。凡曰群生，孰不幸甚！臣中庸賤逸，下澤幽微，忝預明揚，謬承推擇。馳心日路，冀三捨以矜魂；累息天門，瞻九重而惕慮。謹對聞。"《文苑英華》

光宅二年乙酉(685)

正月丁未，改元垂拱元年。《舊書》本紀

三月丙辰，遷廬陵王哲於房州。《舊書》本紀

五月，詔内外文武九品以上及百姓，咸令自舉。《舊書》本紀。《文苑英華》載《求賢制》曰："鸞臺。朕聞璧月珠星，實爲麗天之像；蒼波翠岳，爰標紀地之形。是知正位辨方，體元建極，不憑群彦，孰贊皇猷？事總萬幾，心單億兆，恒靡遑於寢食，誠周惲於憂勤。伫賢良則終宵失寢，詢正道則竟日停餐，豈直未明求衣，昃晷忘食而已。比者屢垂旌帛，頻訪邱園，雖志切於旁求，然未逢於俊乂。待舟航而涉水，思羽翼而凌虚。今者更啟搜揚，庶得不遺草澤。其有文可以經邦國，武可以定邊疆，藴梁棟之弘才，堪將相之重任，無隔士庶，具以名聞。若舉得其人，必當擢以不次。如妄相推薦，亦置科繩。所冀多士襲於隆周，得人踰於盛漢。布告遐邇，知朕意焉。" 按此制年月不可考。景雲二年有文可以經邦國科，然鸞臺之稱自神龍元年已改，則非景雲詔書明矣。故載於此以俟考。

策進士問："欲使吏潔冰霜，俗忘貪鄙，家給人足，禮備樂和，庠序交興，農桑競勸。善師期於不陣，上將先於伐謀。未待干戈，遽清金庭之祲；無勞轉運，長銷玉塞之塵。利國安邊，伫聞良算。明言政要，朕將親覽。"第一道

問："朕聞運海摶扶，必籍垂天之羽；乘流擊汰，必伫飛雲之檝。是知席蘿黄屋，握鏡紫微，誠資獻替之功，必待弼諧之助。

所以軒轅撫運，遂感大風之祥；伊帝乘時，遽致秋雲之兆。朕雖慚古烈，而情切上皇，未校滋泉之占，猶虚傅野之夢。欲使歲星入仕，風伯來朝，河薦蕭、張之名，山降申、甫之佐，垂衣佇化，端拱仰成，多士溢於周朝，得人過於漢日。行何政道，可以至斯？思聞進善之言，以副求賢之旨。"第二道

問："朕聞明王闡化，化感人靈之心；聖后宣風，風移動植之性。遂使翔龍薦檢，鳴鳳司農，獸解觸邪，草能指佞。仰惟前烈，何德而臻此乎？朕遜聽遂初，載欽神化，每欲反斯欝薄，景彼上皇。欲使瑞篁司庖，仙蓂候月，遊四靈於翠苑，集五老於滎河。致此休徵，良由政感。佇聞啟沃，以副虚襟。"第三道

問："朕聞三微遞代，哲后所以承天；五運因循，明王由之革命。或金水而鱗次，應火木以還周。或寅子變正，天人之統斯辨，驪騵改色，昏旦之用有殊。兹乃涣汗圖書，昭彰曆數。受位出震，以迄於今，莫不母子相承，終始交際。然而都君土德，翻乃尚青；天乙水行，寧宜用白？深明要旨，其義何從？若以秦氏霸基，便有符於紫色，則魏人鼎足，豈復應於黄星？緬鏡前修，又以矛盾。張蒼之議，既頗反於公孫；賈傅之談，復遠乖於劉向。子大夫學包群玉，文擅鏘金，既聽南史之篇，方佇東堂之問。詳敷事實，靡得浮詞，商榷前儒，誰爲折衷。"第四道

問："朕以紫極暇景，青史散懷，眇尋開闢之源，遐覽帝王之道。或載紀遥邈，無其處而有其名；或墳籍喪亡，有其號而無其事。將求故實，以佇多聞。至如化被柱州，創基刑馬，兩代之事誰遠，五德之運何承？石樓之都，見匪均霜之地；窮桑之壤，元非測景之區。時將城彼偏方，惟一隅而獨王；輕兹中土，棄九洛而不營。大夏之時，化臻禁甲；隆周之日，道致韜戈。而七十一征，翻在鳳凰之運；五十二戰，更屬雲官之期。斯則偃伯之人，無聞於太古；摧鋒之弊，反息於中葉。澆淳之道，名實何乖！欲令歷選前聖，遠稽上德，採文質之令猷，求損益之折衷。何君可以爲

師範，何代可以取規繩？遲爾昌言，以沃虚想。”第五道。《文苑英華》。 按《文苑英華》載此爲賢良方正策。是時制舉策只三道，進士則五道，《英華》誤也，今改正。

進士二十二人，再取五人：此與《摭言》所載二十七人之數適合。《登科記》又載嗣聖二年進士十三人，重試三十六人，光宅二年進士五十九人。 按嗣聖二年、光宅二年，即垂拱元年也。《登科記》誤，今不取。是年雜文試題爲《九河銘》、《高松賦》，見下。

吴師道（吴道師、吴道古），狀元，見《玉芝堂談薈》。《文苑英華》注：“一作吴道古。”《摭言》：“吴師道等二十七人及第。敕批云：‘略觀其策，並未盡善。若依令式，及第者惟只一人；意欲廣收其才，通三者並許及第。’”〔趙校：《元和姓纂》卷三、《郎官考》卷八作“吴道師”。〕○孟按：今本《玉芝堂談薈》亦作“吴道古”。

顔元孫。《舊書·忠義傳》：“顔元孫，垂拱初登進士第。考功員外郎劉奇榜其詞策，文瑰俊拔，多士聳觀。”顔真卿《顔元孫神道碑》：“君諱元孫，字聿修，京兆長安人。舉進士。素未習《尚書》，六日而兼注必究。省試《九河銘》、《高松賦》。故事，舉人就試，朝官畢集。考功郎劉奇乃先標榜君《日銘賦》二首，既麗且新。時務五條，詞高理贍。惜其帖經通六，所以不〔趙校：原注：原缺。〕屈從常第，徒深悚怍。由是名動天下。” 按“劉奇”當作“劉廷奇”。

明經科：

張嘉貞，《舊書》本傳：“蒲州猗氏人。弱冠應五經舉。”以開元十七年卒、年六十四推之，是年二十歲。

李尚隱。《舊書·良吏傳》：“李尚隱，弱冠明經。”以開元二十八年年七十五推之，是年二十歲。

＊諸科：

＊賈黄中。《彙編》[開元077]開元六年（718）十月廿四日《大唐故廣府兵曹賈君（黄中）墓誌銘并序》（北京圖書館藏拓本）云：“君諱黄中，鄴郡人也。……弱冠以齋郎及第，調補連州司户。……粤以開元六年遇疾，至十月四日終於私第，時年五十三。”可推知其弱冠之歲在垂拱元年。“齋

郎及第"者,當屬應諸科舉及第。亦見陳補。又按,《記考》卷二十六所録之賈黄中(字娲民,滄州南皮人),與此人同姓名而不同時。

知貢舉:劉廷奇(劉奇)。見上。○孟按:參見上年知貢舉劉廷奇(劉奇)考。

吴師道對策曰:"臣聞棲培塿者,不睹嵩、泰之干雲;遊濘澇者,詎識滄溟之沃日。臣蒿萊弱質,衡泌鰥生,未識廣厦之居,安知太牢之味。不量蕞爾,輕從褎然,謬達天聰,兢惶聖問。粤惟皇家出震,累葉重輝,天人歸七百之期,宗祊聯億兆之慶。太宗以明一察道,括珠囊而總萬方。高宗以通三御宸,轉金鏡而清九服。用能肅清天步,夷坦帝途,垂莫大之鴻基,托非常之元聖。伏惟皇太后陛下,道超鍊石,化軼捫天,被子育之深仁,弘母儀之博愛。星階已正,尚雖休而勿休;宸極既安,猶損之而又損。方欲還淳返樸,振三古之頽風;緝正蒼生,降四海之昌運。拔幽滯,舉賢良,黜讒邪,進忠讜。故得鴻毬接軫,和宇宙之陰陽;龍武分曹,節風雨之春夏。禮樂備舉,學校如林,俗知廉讓之風,人悦農桑之勸。猶復旁求謏議,虚伫芻蕘。既屬對揚,敢陳庸瞽。誠願察洗幘布衣之士,任以台衡,擢委金讓玉之夫,居其令守,則俗忘貪鄙,吏潔冰霜矣。旌好學之流,賞力田之伍,則家罕貧惰,位列文儒矣。降通親之使,喻彼梟心,發和戎之官,收其鷄肋,則四夷左衽,顛倒來王,三邊元惡,謳謡仰化矣。自然籠羲駕昊,六五帝而四三皇;遠肅邇安,飛英聲而騰茂實,謹對。"第一道

"臣聞立極膺乾之君,當寧御坤之主,欲臻至道,將隆景化,莫不旁求俊彦,廣命英奇,疑庶績以安人,綏萬邦而撫俗。是故軒邱膺籙,委四監以垂衣;丹陵握圖,舉八元而光宅。於是齊桓擬之於飛翼,殷武興之以羹梅,克贊人謀,實宣神化。陛下功包邃古,道逸上皇,受授惟明,謀謨克序。弼輔之任,總風、力於前驅;燮理之司,列伊、周於後乘。振鷺翔鸞之客,畢湊天階;乘箕

降昴之英,咸趨日路。且猶虚心卜兆,托想旁求,冀山谷之無遺,庶賢良之畢萃。俯訪愚魯,敢述明揚。誠願發德音,下明詔,咨列岳,訪群公。舉爾所知,不遺於側陋;知人不易,無輕於慎擇。下僚必録,上賞頻需,則葉縣游龍,自九天而下降,燕郊駿馬,赴千金而遥集。漢未爲得,周豈能多,盡善盡美,於斯爲盛。謹對。"第二道

"臣聞化洽乾樞,景緯呈其靈貺;澤周坤絡,卉木效其禎祥。是以若霧非烟,必應文明之后;九莖三秀,允符光宅之君。陛下應期納籙,撫運登皇,孝道格於玄穹,仁心光於紫極。自臨萬域,輯御群方,靈瑞屢臻,休徵薦至。五蹄仁獸,樂君囿而來遊;六象威禽,拂帝梧而萃止。豈直銀黄玉紫,雉白馬丹,翻鄗上之二稃,拔江間之三脊。固亦巡河受檢,拜洛披圖,降五老於星躔,歸四神於雲路。盛矣美矣,巍乎焕乎！躪三五以騰徽,吞八九而高視。尚且崇謙讓之道,守沖撝之德,抑斯天瑞,訪此人謀。陛下雖不宰其成功,微臣亦不知其所謂。謹對。"第三道

"臣聞方圓既闢,帝王斯建,四遊將六氣交馳,五德與三微遞變。自攝提著紀,出震登皇,循水火而相承,用驪騵而繼作。雖復武功文德,揖讓干戈,御旒扆以高居,握圖籙而深視,莫不垂天人之統,順寅子之正。始終之際,何莫由斯。暨乎運偶都君,時云土德,道鍾天乙,數叶水行,子勝母而尚青,母生金而尚白。略言其美,斯窮奧旨。至若秦居閏位,紫實非正之符;魏得中區,黄標應星之紀。未有矛盾,允愜隨時。漢祖承天,人多異議,張蒼言水而黑畤方興,公孫據土而黄龍復應。逮二劉之父子,推五運之相沿,較彼前談,斯爲折衷。臣學非博古,識昧知新,輕陳管穴之窺,猥奉天人之問。慚惶靡地,悚越兼深。謹對。"第四道

"臣聞一剖爲三,始鴻濛於太易;九變於七,漸茫昧於無爲。既分清濁之儀,乃列君臣之位。則有天皇首出,瞰柱州而宅土;地皇革命,俯刑馬以開都。年匪異於萬八千,號稍殊於七十二。

既云木德，亦曰火行。開於天地之初，録自帝皇之紀。至若石樓遠界，窮桑延壤，非萬邦之土中，爲二代之天邑。斯乃時猶鷇飲，道尚鶉居，誰知風雨之均，能建皇王之宅。亦分長於九域，豈獨王於偏方。乃觀象垂衣，化穆羲、軒之代；翦商伐扈，人澆周、夏之年。而皇德方隆，未弭戰争之患；王道纔著，復存韜偃之日。是則懷柔伐叛，取亂侮亡，雖鍾大道之行，終佇勝殘之戰。是故劣於太古，非事優於中代。陛下選芳列辟，垂範千年，王化既平，能事斯畢。亦何必損益今辰之政，師謨往帝之規。撫和琴而促柱，御夷途而止轍，因循勿失，臣謂其宜。謹對。"第五道。《文苑英華》。

垂拱二年丙戌(686)

進士四人。

三年丁亥(687)

進士六十五人：

陳伯玉。狀元，見《玉芝堂談薈》。

＊明經科：

＊王豫。《千唐》[447]謝士良撰神功元年(697)十月廿二日《大周故右翊衛清廟臺齋郎天官常選王豫墓誌銘》(參見《彙編》[神功 007])云："王豫字安舒，琅邪臨沂人也。……洎廿一，門調宿衛，州舉孝廉，補清廟臺齋郎。……延載元年八月廿九日夜，卒於洛陽殖業里之旅舍，春秋廿有八。"又銘曰："小年擢秀，大成萎哲。"以延載元年(694)年二十八推之，其二十一歲在垂拱三年。

＊武舉：

＊趙潔。《千唐》[637]開元十二年(724)二月一日《大唐故錦州刺史趙府君(潔)墓誌文并序》(參見《彙編》[開元 189])："公諱潔，字思貞，天水人也。……公去垂拱中武舉及第，制授左羽林衛長上。"據誌文所言"垂拱

中”,姑附本年。亦見楊希義《輯釋》。

四年戊子(688)

進士二十四人:

＊劉處仁。成文版[萬曆]《金華府志》卷十八《科第·唐進士》:“垂拱戊子:劉處仁,金華人。”陳補亦據此著録。又,四庫本《浙江通志》卷一二三《選舉一·唐·進士》亦載:“天后垂拱:劉處仁,金華人。”按《寶刻叢編》卷十三據《諸道石刻録》著録“唐赤松岩字碑:唐進士劉處仁撰,垂拱四年六月立。”

明經科:

尹守貞,張説《四門助教尹先生墓誌銘》:“先生諱守貞,天水冀人。垂拱四年,以明經高第。”

＊崔孝昌,《彙編》[太極 003]太極元年(712)二月廿一日《唐故正議大夫行太子右贊善大夫判太子率更令上柱國清河崔府君(孝昌)墓誌銘并序》(周紹良藏拓本)云:“公諱孝昌,字慶之,清河東武城人也。……年甫十三,以門子補修文生。明經上第,解褐洛州參軍。……春秋卌三,以景雲二年八月卅日遘疾,終洛州永豐私第。”又銘曰:“弱冠登朝,嘉聲雲起。”知其登第在弱冠之年。以景雲二年(708)年四十三推之,其弱冠在垂拱四年。

＊司馬詮,《千唐》[707]張脩文撰開元十九年(731)十一月廿七日《大唐故薛王傅上柱國司馬府君(詮)墓誌銘并序》(參見《彙編》[開元335])云:“君諱詮,字元衡,河内温人也。……垂拱四年,以成均生明經擢第,解褐授湖州安吉縣尉。”亦見羅補。

＊何寂。《千唐》[770]裴汯撰開元二十六年(738)四月十一日《唐故河南府兵曹何府君(寂)墓誌銘并序》(參見《彙編》[開元 467])云:“公諱寂,蜀郡人也。……年弱冠,宿衛通經高第,調選補簡州平泉、邛州臨邛二簿。……廿六年春,終於洛陽惠和里私第,春秋七十。四月十一日,安厝於北邙之原。”則其弱冠之歲在垂拱四年。按楊希義《輯釋》繫何氏於永昌元年(689),未當。陳補以“春秋七十四”斷句,而繫於嗣聖元年(684)。王

補入本年。

諸科三十人：

裴耀卿，《新書》本傳："耀卿字焕之。"《舊書》本傳："贈户部尚書守真子也。少聰敏，數歲解屬文，童子舉。"孫逖《裴公德政頌》："耀卿，河東聞喜人。八歲神童擢第。"王維《裴僕射遺愛碑》："八歲神童舉，試《毛詩》、《尚書》、《論語》及第。"以天寶二載年六十三推之，應舉在是年。

*王訓。《彙編》[天寶 062]天寶四載(745)二月廿一日《□故桂陽郡臨武縣令王府君(訓)墓誌銘并序》(周紹良藏拓本，開封博物館藏石)云："公諱訓，字庭訓，先太原人。……垂拱四年，以神童擢第。"按王訓卒於天寶三載(744)七月，享年六十五，則其擢第時爲九歲。亦見羅補。

詞標文苑科：一曰"學綜古今科"。

陳該，陳子昂《陳該石人銘》："垂拱四年，又應制學綜古今，對策高第，敕授懷州河内縣尉。"

*王齊丘。《千唐》[543]路敬潛撰景龍三年(709)十月廿六日(原作"五月二十九日"，誤)《故右臺殿中侍御史王君(齊丘)墓誌銘并序》(參見《彙編》[景龍 029])云："君諱齊丘，字尚一，本太原人。……大周有制，察天下文儒，朝廷薦君，詞標文苑，對策高第，解褐越州會稽縣尉，尋爲右拾遺。時皇上龍飛在天，誕敷聲教，選衆而舉，俾康下人。……春秋五十有九，以景龍三年二月十三日終於凉府。"本年有"詞標文苑科"，王氏當於是年登第。按是年齊丘三十八歲。亦見羅補。

永昌元年己丑(689)

正月乙卯，改元。《舊書》本紀

六月，詔曰："鸞臺。上之臨下，道莫貴於求賢；臣之事君，功豈踰於進善。所以允凝庶績，式静群方，成大厦之凌雲，濟巨川之沃日。故周稱多士，著美風謡；漢號得人，垂芳竹素。歷觀前代，罔不由兹。朕雖宵分輟寢，日旰忘食，勉思政術，不憚劬勞，而九域之至廣，豈一人之獨化？必伫材能，共成羽翼。雖復群龍在位，振鷺充庭，仍恐屠釣或違，薖軸尚隱，未殫嚴穴之美，或委邱園之秀。所以屢迴旌帛，頻遣搜揚。推薦之道相尋，而虚佇之懷未愜，永言於此，寤寐以之。宜令文武官五品以上，各舉所知。其有抱梁棟之材，可以丹青神化；藴韜鈐之略，可以振耀天威；資道德之方，可以獎訓風俗；踐孝友之行，可以勸率生靈；抱儒素之業，可以師範國胄；蓄文藻之思，可以方駕詞人；守貞亮之節，可以直言無隱；履清白之操，可以守職不渝：凡此八科，實該三道。取人以器，求才務適。所司仍具爲限程，副朕意焉。主者施行。"《文苑英華》

策賢良方正科問："朕聞體國經野，取則於天文；設官分職，用力於人紀。名實相副，自古稱難，則哲之方，深所不易。朕以薄德，謬荷昌圖，思欲追逸軌於上皇，拯群生於季俗，澄源正本，式啟惟新。俾用才委能，靡失其序，以事效力，各得其長。至於考課之方，猶迷於去取；黜陟之義，尚惑於古今。未知何帝之法制可遵，何代之沿革可衷？此雖戔戔束帛，每賁於邱園；翹翹錯薪，未獲於英楚。並何方啟塞，以致於兹？佇爾深謀，朕將親覽。"第一道

問："朕聞軌物垂訓，必隨正於因生；開國承家，理崇光於敦本。故七葉貂珥，表金室之榮；十紀羽儀，峻班門之躅。保姓受氏，義先於睦親；翼子謀孫，事隆於長發。朕以寡昧，叨奉先靈，墜典咸新，遺章必睹。思欲甄明譜系，澄汰簪居，派别淄、澠，區分士庶。至如陳、田互出，虢、郭俱開。束晳改漢傳之宗，輔果易晉卿之號。巨君之姓，曾非馭鶴之苗；元海之家，諒非擾龍之族。永言紕謬，良用憮然。子大夫十室推英，三冬富學，允迪褎然之舉，宜揚鏘爾之詞。至若北郭、南宫，本因何義？三烏、五鹿，起自何人？公孫之由，司馬之姓，咸加辨析，且顯指歸。式副對揚，朕將親覽。"第二道。《文苑英華》。

進士神都六人，西京二人：按《摭言》以兩都貢舉始於永泰元年者誤。

＊甯原悌(甯愷、甯悌原),甯,一作"寧"。《輿地紀勝》卷一一九《廣南西路·欽州·人物》:"寧悌原,欽江人,少好學,入郎濟山讀書,登唐永昌第。元宗時兼修國史。"《明一統志》卷八十二《廉州府·人物·唐》:"寧悌原,欽江人,少好學,永昌中進士,累官至諫議大夫兼修國史。"天一閣藏[嘉靖]《欽州志》卷五《科貢·欽州·唐·進士》、卷八《人物》,《萬姓統譜》卷一〇九所録同上。日本藏[萬曆]《粵大記》卷四《科第·唐進士科》:"永昌元年:寧原悌,欽江人,諫議大夫,以讜直著聲。"同上卷十九:"寧原悌,欽江人。寧氏世爲合浦豪族,原悌即刺史純從孫也。純能以詩書禮儀教其族人。原悌少好學,武后永昌元年舉進士。以賢良策試於廷,時對策者千餘人,詔吏部尚書李景諶糊名校覆,以張説爲首。后覽對,置説乙科而擢張柬之第一,原悌第九。原悌出荒服,得上第,朝野咸嘆異之,授秘書省校書郎,累官至諫議大夫。"按《粵大記》卷十九所録有誤,張説與張柬之應制舉不在同年,科目亦不同:張説有《對詞標文苑科策》,張柬之有《對賢良方正策》。寧原悌"以賢良策試於廷",當與張柬之同年。而張説當繫於天授元年(690),見《唐才子傳校箋》卷一《張説傳》。可知寧原悌於永昌元年連登進士科及賢良方正科。又:《元和姓纂》卷九欽州甯氏:"師宗孫愷,諫議大夫,撰國史。"岑校云:"按《會要》六八,景雲元年有諫議大夫甯原悌,同書五〇,景雲二年下作'悌原'。唐人往往名字互用,愷、悌意義相關,應即此人。《廣州通志·列傳》三亦云:'是原悌本名愷,原悌當以字行。'《元龜》一六二,先天元年,諫議大夫甯悌原宣勞嶺南。"按《全唐文》卷二七八録有寧原悌《論時政疏》五篇及《上太子啟》。按胡補據《廣東通志》著録寧原悌於本年。今從《元和姓纂》以"甯"姓爲正。

＊元澹(元行沖)。原卷二十七《附考·進士科》録有"元行沖",徐氏考云:"《舊書》本傳:'河南人,後魏常山王素連之後也。舉進士。'" 孟按:《新唐書》本傳:"元澹字行沖,以字顯,後魏常山王素連之後。少孤,養於外祖司農卿韋機。及長,博學,尤通故訓。及進士第,累遷通事舍人。狄仁傑器之。……景雲中,授太常少卿。"故當正名爲澹。又四庫本《河南通志》卷四十五《選舉二·進士·唐》:"元澹,洛陽人,永昌二年第。弘文學士。"按史載以永昌元年十一月爲載初元年正月,"二年"當作"元年"。故移正於此。按胡補據《河南通志》著録於永昌二年庚寅(690)。

＊明經科：

＊高嶸。《彙編》[開元295]據《芒洛冢墓遺文續編》(下)所録魏承休撰開元十七年(729)十月十六日《大唐故右監門衛中郎將高府君(嶸)墓誌銘并序》云："君諱嶸，字若山，渤海人也。……君弱冠崇文生明經擢第，授荆州參軍。……春秋六十，以開元十七年五月廿七日遘疾，薨於河南府洛陽縣通遠坊之私第。"則其弱冠之歲在永昌元年。亦見陳補。

諸科一人。

賢良方正科：

張柬之，《舊書》本傳："進士擢第，累補青城丞。永昌元年，以賢良徵試。同時對策者千餘人，柬之獨爲當時第一。"《太平廣記》引《定命録》："張柬之任青城縣丞，已六十三矣。有善相者云，後當位極人臣，衆莫之信。後應制策被落，則天怪中第人少，令於所落人中更揀。有司奏：'一人策好，緣書寫不中程律，故退。'則天覽之，以爲奇才。召人問策中事，特異之，即上第，拜王屋縣尉。"《大唐新語》："永昌初，張柬之應制策，試畢，有傳柬之考入下課者，柬之嘆曰：'余之命也。'乃委歸襄陽。時中書舍人劉允濟重考，自下第升甲科，爲天下第一。"

＊甯原悌(甯愷、甯悌原)，詳上。

孔季詡，《舊書·文苑傳》："孔禎子季詡，〔趙校："子"原誤"字"，據《舊書·文苑傳》改。〕早知名。"《新書》："季詡字季和。永昌初擢制科，授秘書郎。"當亦賢良方正科也。○孟按：張説《孔補闕集序》："唐會稽孔季詡，字季和，識真之士也。弱冠制舉授校書郎，轉國子博士，年三十一卒于左補闕。祖紹安，中書舍人。考禎，絳州刺史。"見《文苑英華》卷七○一。

林元泰，《林氏續慶圖》："林孝寶，字宗珍。孝寶生文濟，字季悦。文濟生國都，字帝舉。國都生元泰，字履貞，永昌元年舉茂才，對策第三，拜内校文章博士，遷瀛州刺史。" 按茂才，當即"賢良方正，茂才異等"科也。

＊倪若水。羅補云："《尚書右丞倪子泉墓誌》：'字若水，中山藁城人也。曾未弱冠，聲已芬於河朔矣。應八道使舉，授秘書正字。'按是年六月詔曰：'其有抱梁棟之材，可以丹青神化；藴韜鈐之略，可以振耀天威；資道德之方，可以獎訓風俗；踐孝友之行，可以勸率生靈；抱儒素之業，可以

師範國胄；畜文藻之思，可以方駕詞人；守貞亮之節，可以直言無隱；履清白之操，可以守職不渝：凡此八科，實該三道'云云，若水誌所謂'八道使科'，蓋謂此也。天授三年，《德州蓨縣令蘇卿墓誌》，若水所撰，天授三年。至永昌改元，相距僅二年，而若水署銜正作'麟臺正字'（麟臺即秘閣，武后改名），可爲佐證。又誌稱名子泉，字若水，而《唐書》本傳作名若水，字子泉；蘇誌亦作若水。蓋當時以字行，誌失書其事，傳則誤名爲字耳。" 孟按：倪氏墓誌參見《補遺》册六，第391頁，開元七年(719)十一月六日《大唐故尚書右丞倪公(泉)墓誌銘并序》。

明堂大禮科：

趙叡沖，邵説《趙叡沖神道碑》云："天后時，應明堂大禮科。上異其對，授陝州陝縣尉。" 按武后享明堂在是年。○按陳補云："《登科記考》本年有明堂大禮科趙叡沖，係據邵説《趙叡沖神道碑》'天后時，應明堂大禮科'的記載，以爲'武后享明堂在是年'。檢《舊唐書》卷六《則天皇后紀》，武后自本年始，幾乎每年皆親享明堂。繫於本年實未允。"

*賀蘭務温。《千唐》[616]李昇期撰開元九年(721)十月二十三日《唐故正議大夫使持節相州諸軍事守相州刺史上柱國河南賀蘭公(務温)墓誌銘并序》(參見《彙編》[開元127]、《補遺》册一第104頁)云："公諱務温，字茂弘，河南洛陽人也。……載初中，應大禮舉，召問前殿，天子異其册，拜家令丞。"亦見羅補。

*上書拜官：

*來子珣。《舊唐書》本傳："來子珣，雍州長安人。永昌元年四月，以上書陳事，除左臺監察御史。……則天委之按制獄，多希旨，賜姓姓武氏，字家臣。"又見《新唐書·酷吏傳》。

張柬之對策曰："臣聞仲尼之作《春秋》也，法五始之要，正王道之端，微顯闡幽，昭隆大業。瀍、洛之功既備，範圍之理亦深。伏惟陛下，受天明命，統輯黎元，載黄屋，負黼扆，居紫宫之邃，坐明堂之上。順陽和以布政，攝三吏而論道，雍容高拱，金聲玉振。徵求無厭，誤及廝賤。微臣材朽學淺，誠不足以膺嚴旨，揚天休。

雖然，敢不盡芻蕘，罄狂瞽，悉心竭節，昧死上對。

“臣聞天者，群物之祖，王者受命於天，故則天而布列職。天生蒸人，樹之君長，以司牧之，自非聰明睿哲，齊聖廣深，不能使人樂其生，家安其業。陛下德自天縱，慈憫元元，既樂其生，且安其業。臣聞瑞者，上天所以申命人主也。故使麒麟遊於囿，鳳皇集於庭，慶雲出，神龍見。其餘草木烟露之祥，不可勝紀。陛下日慎一日，雖休勿休，故天申之以禎石，告之以神文。大矣哉！聖人之鴻業也。臣聞河圖、洛書之不至也久矣。孔子曰：‘鳳鳥不至，河不出圖，吾已矣夫。’師説曰：‘聖人自傷己有能致之資，而天不致也。’陛下有能致之資而天蘊者，所以扶助聖德，撫寧兆人也。臣觀今朝廷含章贍博之士，鯁言正議之臣，陛下誘而進之，並踐丹地，伏青規，顒顒昂昂，雲屬霧委，鸞騫鳳振，佩金鳴玉，曳珠紱，揚翠緌，充牣於階庭者矣。昔舜舉十六相，去四凶人，有大功二十，而爲天子。前史美之，稱曰盡善盡美。雖甚盛德，無以加此。陛下彰善去惡，昭德塞違，萬萬於虞舜。自托薄德，愚臣何足以望清光，而敢有議哉！

“制策曰：‘思欲追逸軌於上皇，拯群生於季俗，澄源正本，式啟惟新。’臣聞善言古者，必考之於今；善談今者，必求之於古。臣竊以當今之務而稽之往古，以往古之跡而比之當今，以爲三皇神聖，其臣不能及。故於闕見之。陛下刊列格，正爰書，修本業，著新誡，建總章以申嚴配，置法匭以濟窮冤，此前聖所不能爲，非群臣之所及也。今朝廷之政，上令下行，如身之使臂，臂之使手。百僚師師，罔不咸乂。此群臣之所能奉職也。《書》曰：‘元首明哉，股肱良哉，庶事康哉。’故臣以爲陛下有三皇之位，而能隆三皇之業也。臣以今之刺史，古之十二牧也。今之縣令，古之百里君也。有官聯焉，有社稷焉，可謂重矣。任非其材，其害亦重矣。昔周宣王欲訓其人，問於樊仲曰：‘吾欲訓人，諸侯誰可者？’仲曰：‘魯侯肅恭明神，敬事耆老，必咨於故實，問於遺訓。’乃立之。

晋之名臣亦言，舍人、洗馬，一時之高選，臺郎、御史，萬邦之俊哲。若出於宰牧，頌聲興矣。由此言之，則古牧州宰縣者，不易其人也，自非惠訓不倦，動簡天心者，未可委以五符之重，百里之寄。今則不然多矣，門資擢授，或以勳階莅職，莫計清濁，無選藝能。負違聖誡，安肯肅恭明神？輕理慢法，安肯敬事耆老？取捨自便，安能求之故實？舉錯縱欲，安能問之遺訓？異一時之高材，非萬邦之俊傑。欲是多其僕妾，廣其資産，齒角兩兼，足翼雙備，蹈瑕履穢，不顧廉耻，抵網觸羅，覆車相次。孔子曰：'既得之，患失之。苟患失之，無所不至矣。'故臣以爲陛下有三皇之人，無三皇之吏也。

"制策曰：'俾用才委能，靡失其序，以事效力，各得其長。至於考課之方，猶迷於去取；黜陟之義，尚惑於古今。未知何帝之法制可遵，何代之沿革斯衷？'臣聞皇王之制，殊條共貫，雖有改制之名，無不相因而立事。孔子曰：'殷因於夏禮，所損益可知也。周因於殷禮，所損益可知也。其或繼周者，雖百代可知也。'然則虞帝之三考黜陟，周王之六廉察士，雖有沿革，所取不殊，期於不濫而已。陛下取人之法甚明，考績之規甚著。臣以爲猶舟浮於水，車轉於陸，雖百王無易也。今邱園已賁，英楚雲集，啟塞之路，豈愚臣所能輕云也。謹對。"第一道

"臣聞保姓受氏，明乎典訓。或因地以賜姓，或因官而受氏。或官以代功，亦以官族。或所居之地，因以爲氏。諸侯之子稱爲公子，公子之子稱爲公孫，公孫之子乃以其王父字爲氏。後代因之，亦以爲姓。田、陳、虢、郭，以聲近而遂分；輔果、束晳，以避難而更改。王莽以田王爲氏，元海因漢甥立族。騷括分南北之號，充宗爲五鹿之先。應氏著書，具表三烏之始。司馬、司徒，是曰因官；公孫、叔孫，《春秋》備載。陛下盡六藝之英，窮百代之要，淑問揚天地，元情貫幽顯。黄竹清歌，詞窮五際；白雲高唱，文苞萬象。昔曹門二祖，道愧由庚；劉氏四葉，仁非解愠。豈若睿思

瓊敷,同雨露之霑漸;神機茗發,等曦望之照臨。起帝典而孤立,孕皇墳而獨秀。臣沐浴淳和,叨承至訓,名聞於聖聽,言奏於闕前。謹對。”第二道。《文苑英華》。

載初元年庚寅(690)

正月庚辰,改永昌元年十一月爲載初元年,依周正建子月爲正月。《舊書》本紀

二月辛酉,《册府元龜》、《唐會要》作“二月十四日”。太后策貢士於洛城殿。《册府元龜》、《唐會要》云數日方畢。貢士殿試自此始。《通鑑》

九月九日壬午,革唐命,改國號爲周,改元爲天授。《舊書》本紀

令史務滋等十人分道存撫天下。《舊書》本紀

＊十二月,策詞標文苑科問:“朕聞立極開基之主,經文緯武之君,莫不象法殊流,污隆異制。至於安人導俗,咸即運以垂芳;緝化宣風,各因時而播美。是以道孚繩木,爰膺九翼之年;圖秘龜龍,用啟六爻之代。窮桑御曆,狎威鳳以分司;軒后列位,因景雲而命職。徵汾陽之跡,則十政方凝;俯河濱之化,則四門攸闢。祥披玉斗,理九土以興功;祚徙金精,調五聲而作教。周崇六禮,仁義之道爲先;漢設三章,王霸之圖斯雜。皆所以牢籠八際,檃括三靈,齊四大以居尊,叶五神而稱正。且隨時之義,既不相沿,師古之言,又聞前誥。朕欽承先聖,對越上玄。當寧興懷,真切推溝之慮;凝旒結想,方深馭朽之情。思所以式展鴻猷,勉康庶績,而撫兹薄德,昧此永圖。爾等積學多聞,含章獨秀,未顯疇庸之德,宜申待扣之音。隨時之務何先,經國之圖何取?帝皇之道奚是,王霸之理奚非?佇聽良謨,朕將親覽。”第一道

＊問:“朕聞《禮》崇三典,方弘慎罰之規;《書》著五刑,不以深文爲義。朕母臨赤縣,子育黔黎。夏日貽憂,懼青牛之結氣;

秋荼軫念,慮丹筆之成冤。然以人尚挂於湯羅,情倍深於禹泣。頃者荆郊起祲,淮甸興祆,朕惟罪彼元凶,餘黨並從寬宥。今敬貞之輩,猶蘊狼心,不荷再生之恩,重構三藩之逆,還嬰巨釁,便犯嚴科。豈止殺之方,乖於折衷;將小慈之澤,爽彼大猷?子大夫等,學富三冬,才高十室,刑政之要,實所明閑。傾此虚襟,佇聞良説。"第二道

＊問:"朕聞仰觀乾象,房、心爲布政之宫;俯察坤元,河、洛建受圖之所。是以上稽珠緯,得風雨之和;下表圭躔,均遠近之節。定都考室,斯焉是崇。顧以庸虚,謬膺大寶。乾乾夕惕,每軫納隍之懷;栗栗宵興,恒勞馭朽之念。而昊穹眷命,靈貺屢彰,雲構既隆,天城斯畢。是用内省多愧,上答愈勤,將欲殷薦有常,嚴配不墜。光啟惟新之躅,申明祀典之方。順四時以布和風,考五物以作正氣。盛禮之要,猶慮未弘。爾等並積學基身,含章表質。或遠從賓薦,聲滿於州閭;或遐應搜揚,譽光於朝選。採皇王之奥旨,援周、漢之前蹤,蘊彼胸襟,咸應備曉。未知何代之政,參酌適中?何禮之規,施用爲切?務從必簡之道,式崇可久之基。試陳嘉謀,爾其揚榷。思擢太常之第,副朕求賢之懷。"第三道。《文苑英華》、《張燕公集》。　孟按:以上策問原列本卷垂拱四年(688)下,今據張説考移正,詳下考。

進士神都十二人,西京四人:

王珣,《新書》:"珣字伯玉,與兄璵、弟瑨以文學稱。天授初,珣及進士第。"

＊崔湜。原載卷四聖曆二年(699)進士科,徐氏考云:"《舊書·崔仁師傳》:'湜少以文詞知名,舉進士。'《太平廣記》引《翰林盛事》:'崔湜弱冠進士登科。不十年掌貢舉,遷兵部。'按湜以景龍三年爲宰相,年二十七,是年爲十七歲,疑登第在此數年。今載此年,俟考。"　孟按:考兩《唐書》及《通鑑》卷二一〇皆載崔湜卒於先天二年(713),卒年四十三。則其弱冠之歲在載初元年(690)。又《新唐書·崔仁師傳》:"湜執政時,年三十八。"

徐氏考誤。

諸科五人。

拔萃科：

顔惟貞，顔真卿《惟貞碑》："天授元年，糊名考試，判入高等。"

＊劉憲，

＊司馬鍠，

＊梁載言，

＊王適。《舊唐書·劉憲傳》："初，則天時，敕吏部糊名考選人判，以求才彦，憲與王適、司馬鍠、梁載言相次判入第二等。王適，幽州人，官至雍州司功。"

蓄文藻之思科：

彭景直。《册府元龜》

抱儒素之業科：

李文蔚（李文愿）。《册府元龜》。《唐會要》作"李文愿"。　按《册府元龜》載此兩科於永昌元年正月。考下詔在永昌元年六月，故移入此年。〇孟按：《唐會要》卷七十六同《元龜》，《太平御覽》卷六二九作永昌元年五月。

＊詞標文苑科：一曰"學綜古今科"。

＊張説。原收入垂拱四年（688），徐氏考云："《舊書》本傳：'弱冠應詔舉，對策乙第。'《新書》本傳：'武后策賢良方正，吏部尚書李景諶糊名較覆，説對第一，后署乙等。'《大唐新語》：'則天初革命，大搜遺逸，四方之士應制者向萬人。則天御雒陽城南門，親自臨試，張説對策爲天下第一。則天以近古以來未有甲科，乃屈爲第二等。其警句曰："昔三監玩常，有司既糾之以猛；今四罪咸服，陛下宜濟之以寬。"拜太子校書。仍令寫策本，於尚書省頒示朝集及蕃客等，以光大國得賢之美。'劉禹錫《韋處厚集序》：'天后朝，燕國張公説以詞標文苑徵。'《唐才子傳》：'張説字道濟，洛陽人。垂拱四年，舉學綜古今科，授太子校書。'《記纂淵海》引《登科記》：'永昌九年，應學綜古今科一人，張説第三等。考策日封進，令曰："洛陽人張説，文詞清典，藝能優裕。金門對策，已居高科之首；銀榜效官，且加一命之

秩。”’按諸書所引，或曰賢良方正，或曰詞標文苑，或曰學綜古今，實止一科也。説卒於開元十八年，年六十四，是年二十二，故曰弱冠。” 孟按：《唐才子傳校箋》卷一《張説傳》箋云：“張説制科登第，已有垂拱二年、四年、永昌元年三説。按張九齡所作《墓誌》云：‘初，天后稱制，舉郡國賢良，公時大知名，拔乎其萃者也。起家太子校書。’唐劉肅《大唐新語》卷八《文章》載：‘則天初革命，大搜遺逸，四方之士應制者向萬人。則天御雒陽城南門，親自臨試。張説對策爲天下第一，則天以近古以來，未有甲科，乃屈爲第二等……’《墓誌》云‘天后稱制’，《大唐新語》云‘則天初革命’，皆指永昌元年十一月‘始用周正’事，見《通鑑》卷二〇四，《通鑑》同卷並載天授元年(690)‘二月辛酉，太后策貢士於洛城殿，貢士殿試自此始’(此又見《通典》卷一五《選舉》三)，即指此事。則張説之制舉登第應在天授元年。又張説《對詞標文苑科策》(《全唐文》卷二二四。按《文苑英華》卷四七七收此文，題下注曰永昌元年，《郡齋讀書志》卷四《張燕公集》當據此謂‘永昌元年賢良方正第一’)，第二道策問中云：‘頃者荆郊起祲，淮甸興妖，朕惟罪彼元凶，餘黨並從寬宥。今敬真之輩猶蘊狼心，不荷再生之恩，重搆三藩之逆，還嬰巨釁，便犯嚴科。’按敬真係徐敬業弟，策問所云之事，可參《通鑑》卷二〇四永昌元年：‘徐敬業之敗也，弟敬真流綉州，逃歸，將奔突厥。過洛陽，洛州司馬弓嗣業、洛陽令張嗣明資遣之；至定州，爲吏所獲，嗣業縊死。嗣明、敬真多引海内知識，云有異圖，冀以免死；於是朝野之士爲所連引坐死者甚衆。嗣明誣内史張光輔，云征豫州日，私論圖讖、天文，陰懷兩端。八月甲申，光輔與敬真、嗣明等同誅，籍没其家。’敬真等之誅(即策問中所謂‘便犯嚴科’)既在永昌元年八月，該年八月至年底未有制舉，則第二年天授元年二月制舉中問及此事，實乃循理成章。陳祖言《張説年譜》亦主此説，並援引《墓誌》‘起家太子校書，迄於左丞相，官政四十有一’文，云‘載初元年(按載初元年即天授元年——引者)爲 690 年，開元十八年爲 730 年，前後正是四十一年，可見説制舉登科在載初元年’，説是。”

＊賢良方正科：

＊柳沖。陳補云：“乾隆《陜西通志》卷六五《科目》：‘天授元年賢良方正科：柳沖，虞鄉人，昭文館學士。’《舊唐書》卷一八九、《新唐書》卷一九

九本傳,皆言沖天授初爲司府寺主簿,時正合。沖當於及第復即拜職,史書失載科名。”

＊應制及第:

＊王珫。《補遺》册四,第399頁,長安三年(703)三月十一日《大周故檢校勝州都督左衛大將軍全節縣開國公上柱國王君(珫)墓誌銘并序》云:“君諱珫,字元□,其先太原晋陽人也,因官遂居於洛州洛陽縣焉。……垂拱二年,解褐以護軍任朔州北樓戍主。如意元年,改授渭州渭源鎮副。載初元年,應制舉及第,加上柱國,改授右武威衛絳川府左果毅都尉長上。”按張補録作“王侊”。

＊張説對策曰:“臣聞舜命昌言,漢徵極諫,嘗覽千古,賢哉二君。今陛下發德音,下明詔,選空巖穴,訪市輿臺,大哉邈乎,過之遠矣。臣以草莽之賤,謬當車乘之招,誠不足以庶幾王庭,充塞大問。伏讀聖旨,乃知天情之所在焉。臣聞昔者,鳥跡代繩,龜文演卦,水土遷王,時更萬祀,金木互興,人非一姓。暨乎三皇五帝氏往,夏商周漢氏作,或導人以禮樂,或驅俗以刑政,或革弊以敬忠,或沿風以文武。非師古之誥有殊,蓋隨時之義且異也。伏惟聖母神皇陛下,誕受鴻基,光膺駿命。粤若立極格天之業,論道布政之典,任賢克暴之功,出洛飛雲之瑞,此並藏緯玉册,敉休金版,鬱映於前古,揚光於後業者矣。至於創業垂統之則,弘猷永圖之義,重光三聖,載清六合,可不謂然乎!猶或惕慮推溝,勞謙馭朽,謝文明於薄德,想疇庸於清問。此陛下之至讓也,愚臣何足以知之。策曰‘適時之務何先,經國之圖何取’。臣聞古者,因人以立法,乘時以設教,以義制事,以禮制心。夫人者,理得則氣和,業安則心固,崇讓則不競,知耻則遠刑。若强人之所不能,雖令不勸;禁人之所必犯,雖罰必違。故曰政不欲煩,煩則數,數則政無定,人懷苟免之心。網不欲密,密則巧,巧則文多傷,下有非辜之懼。竊見今之俗吏,或匪正人。以刻爲明,以

苛爲察，以剥下爲利，以附上爲誠。綜核之詞，考課專於刀筆；撫字之宰，職務具於簿書。陛下日昃雖勤，守宰風化多闕。臣以爲將行美政，必先擇人。失政謂之虐人，失人謂之傷政，捨人爲政，雖勤何爲？伏願陛下，進經術之士，退掊克之吏，崇簡易之化，流愷悌之風。畫一成歌，此適時之務也；慎賢而用，此經國之圖也。苟能英才不棄，大化方隆，而猶曰朝謝垂衣，野非擊壤，則文、武之道，尚何言哉，堯、舜之君，徒虚語耳。策曰'帝皇之道奚是，王霸之理奚非'者。布在方策，臣聞之矣。聖人御歷，上淳而下信；帝者膺期，君明而臣哲。周用王道，教化一而人從；漢雜霸道，刑政嚴而俗僞。故親譽優於畏侮，文、景劣於成、康。謹對。"第一道

*"臣聞刑以助教，德以閑邪，先王慎於好生，大易誡於緩死。今陛下母臨黔首，子育蒼生，孚佑下人，克配上帝。然有東南小侵，荆蠻遠郊。雖聖德泣辜，上用防風之戮；天心罪己，仍勞淮甸之師。其有詿誤閭閻，脅從井邑，陛下愍孤孀於海淮，恤困窮於江漢，捨從寬宥，此陛下之恩也。而蕞爾餘孽，蠢兹頑凶，思弄兵於漢地之下，將構釁於戎狄之城。罪盈稔貫，禍得萌芽。此又陛下之明也。今陛下乃賜臣策曰'豈止殺之方，乖於折衷；將小慈之澤，爽彼大猷'，臣實見折衷大猷之規，不知小乖微爽之義也。策曰'刑政之要，實所明閑'。臣聞政同水火，刑譬陰陽。頃者三監亂常，有司既糾之以猛；於今四罪咸服，陛下宜濟之以寬。明肆赦之渥恩，安萬人之反側，布深仁於羅鳥，收至察於泉魚，豈不大哉，天下幸甚！且夫人者，甿也，暗而不可罔；庶者，衆也，愚而不可欺。是以刑在必澄，不在必慘；政在必信，不在必苛。故明王之理天下也，刑一則人畏而不干，政簡則俗齊而不僞。於是禍亂不作，灾害不生，君安於上，臣悦於下，百姓日用，不知其然。四海風動，惟帝之則，道暢鐘石，聲流舞詠。其行己也非他，所理者以此。刑政之要，庶幾一隅。謹對。"第二道

＊"伏惟陛下,則天法地,畏命重人,據河洛之規模,總風雨之交會。軒后魚圖之水,建邦設都;周公龜墨之地,考堂作室。靈祇降福,嘉祥薦祉,制同神造,力以子來。將以殷薦上帝,至德也;嚴配先王,至孝也。是以八風攸序,四時克諧,無得而稱,能事畢矣。猶復執勞謙之不已,懼盛德之未弘,訪末學之臣,詢稽古之政。斯事體大,臣何足言?然不敢不欽承,以竭涓滴耳。策曰'何代之政,參詳適中?何禮之親,施用爲切'。臣謹錯綜三五,明徵典墳,竊以緯武經文,布方策而非遠,英風顯號,流頌聲而可襲。未有反義背德,而至升平之政;棄古違今,以克永終之禄。莫不發號施令,法乾坤而動静;執契懸衡,順金木之刑德。是故青陽玄室,遵季孟而觀風;白輅朱旗,乘離兑而布政。養老用上庠之禮,教胄取《大學》之義,環水著辟雍之名,嚮陽表明堂之位。蓋所以享群瑞,朝諸侯,班正朔,調景緯,成簡易之業,崇久大之基也。皇王奥旨,庶此詳探,周、漢前蹤,固難守用。臣才智駑劣,草莽鯫生,至如軍國務廣,政刑理急,但至敬無文,信言不美。陛下欲聽其説,必觀於事;將逆其謀,先求諸道。危言抵禁,破膽寒心,伏惟聖主,稽留天聽。謹對。"第三道。 《文苑英華》、《張燕公集》。 孟按:以上對策隨張説而移正至本年。

天授二年辛卯(691)

進士十六人:〔趙校:"人"原誤"年",今改正。〕

＊鄧森,岑補云:"《千唐》景雲二年《中散大夫守荆州大都督府司馬鄧森(茂林)墓誌》:'天授二年,應舉及第。'《記考》三年下祇云'進士十六年'('年'當'人'訛),可補入。" 孟按:鄧森墓誌見《千唐》[561]王紹望撰景雲二年(711)二月七日《大唐故中散大夫守荆州大都□(督)□(大)司馬上柱國南陽鄧府君(森)墓誌銘并序》(參見《彙編》[景雲007],題作《大唐故中散大夫守荆州大都督府司馬上柱國南陽鄧府君(森)墓誌銘并序》),誌云:"公諱森,字茂林,南陽新野人也。……總章二年,任國子監學生;天

授二年，應舉□第。觀光入辟，先飛隱士之星；射策登科，遽擢太常之第。蒙授右臺監察御史裹行。”按鄧森卒於景龍四年(710)九月廿一日，享年六十六。則其本年爲四十七歲。亦見羅補。

＊薛稷。原列卷二十七《附考・進士科》，徐氏考云：“《舊書・薛收傳》：‘稷舉進士。’”按陳補云：“乾隆《山西通志》卷六五録其爲‘天授中進士’。《舊唐書》卷七三云‘稷舉進士’，《册府元龜》卷六四五云稷長壽三年制科，因知登進士第在天授正合，姑附本年。”

英才傑出，業奥大經科：

祝欽明。《文獻通典》引李巽巖家有《唐制舉科目圖》一卷。在天授中，祝欽明中英才傑出、業奥大經科。　按《新書・祝欽明傳》：“永淳、天授間，中英才傑出、業奥六經等科。”是“大”爲“六”字之訛。英才傑出與業奥六經，亦非一科也。附此俟考。

孝弟鯁直科。見《雲麓漫鈔》。

三年壬辰(692)

一月丁卯，太后引見存撫使所舉人，無問賢愚，悉加擢用。高者試鳳閣舍人、給事中，次試員外郎、侍御史、補闕、拾遺、校書郎。時人爲之語曰：“補闕連車載，拾遺平斗量。欋推侍御史，盌脱校書郎。”有舉人沈全交續之曰：“糊心存撫使，眯目聖神皇。”爲御史紀先知所擒，劾其誹謗朝政，請杖之朝堂，然後付法。太后笑曰：“但使卿輩不濫，何恤人言！宜釋其罪。”《通鑑》。　《考異》曰：“《統紀》，天授二年十月，十道舉人石艾縣令王山齡等六十人擢爲拾遺、補闕。懷州録事參軍霍獻可等二十四人爲御史。并州録事參軍徐昕等二十四人爲著作佐郎及評事。内黄尉崔宣道等二十三人爲衛佐。”

甲戌，補闕薛謙光上疏曰：“臣聞國以得賢爲寶，臣以舉士爲忠。是以子皮之讓國僑，鮑叔之推管仲，燕昭委兵於樂毅，苻堅托政於王猛。及子産受國人之謗，夷吾貪共賈之財，昭王賜輅馬以止讒，永固戮樊世以除譖，處猜嫌而益信，行間毁而無疑，此由識之至而察之深也。《舊書》作“此由默而識之，委而察之深也”。至若宰我見愚於仲尼，逢萌被知於文叔，韓信無聞於項氏，毛遂不齒於平原。此失事之故也。是以人主愛不肖之士則政乖，得賢良之佐則時泰。故堯資八元，而庶績其理；周任十亂，則天下和平。由是言之，則知士不可不察，而官不可妄授也。何者？比來舉薦，多不以才，假譽馳聲，互相推獎。希潤身之小計，忘臣子之大猷，非所以報國求賢，副陛下翹翹之望者也。

“臣竊窺古之取士，實異於今。先觀名行之源，考其鄉邑之譽，崇禮讓以勵己，明節義以標信，以敦樸爲先最，以雕蟲爲後科。故人崇勸讓之風，士去輕浮之行。希仕者必修貞確不拔之操，行難進易退之規，衆議已定其高下，郡將難誣於曲直。故計貢之賢愚，即州將之榮辱；穢行之彰露，亦鄉人之厚顏。是以李陵降而隴西慚，干木隱而西河美。名勝於利，故小人之道消；利勝於名，則貪暴之風扇。是知化俗之本，須擯輕浮。昔冀缺以禮讓升朝，則晋人知禮；文翁以儒術化俗，則蜀土崇儒。燕昭好馬，則駿馬來庭；葉公好龍，則真龍入室。由是言之，未有上之所好而下不從其化者也。

“自七國之季，雖雜縱横，而漢代求才，猶徵百行。是以禮節之士，敏德自修，閭里推高，然後爲府寺所辟。魏氏取人，尤愛放達。晋宋之後，衹重門資，將爲人求官之風，乖授職惟賢之義。有梁薦士，雅好屬詞。陳氏簡賢，特珍賦詠。故其俗以詩酒爲重，不以修身爲務。逮至隋室，餘風尚存。開皇中，李諤論之於文帝曰：‘魏之三祖，更好文詞，忽君人之大道，好雕蟲之小藝。連篇累牘，不出月露之形；積案盈箱，惟是風雲之狀。代俗以此相高，朝廷以兹擇士，故文筆日繁，其政日亂。’帝納李諤之策，由是下制，禁斷文筆之爲浮詞者。其年泗州刺史司馬幼之以表詞不典實得罪，於是風俗改勵，政化大行。煬帝嗣興，又變前法，置進士等科。於是後生之徒，復相仿效，因陋就寡，赴速邀時。緝綴小文，名之策學，不以指實爲本，而以虚浮爲貴。

“有唐纂曆，雖漸革於前非；陛下君臨，思察才於共理。樹本崇化，惟在旌賢。今之舉人，有乖事實。鄉議决小人之筆，行修無長者之論，策第喧競於州府，祈恩不勝於拜伏。或明制纔出，試遣搜揚，則馳驅府寺之門，出入王公之第。上啟陳詩，惟希咳唾之澤；摩頂至足，冀荷提携之恩。故俗號舉人，皆稱‘覓舉’，覓爲自求之意，未是人知之辭。察其行而度其材，則人品於此見矣。徇己之心切，則至公之理乖；貪仕之性彰，則廉潔之風薄。是知府命雖高，異叔度勤勤之讓；黄門已貴，無秦嘉耿耿之詞。縱不能抑己推賢，亦不肯待於三命。豈與夫白駒皎皎，不雜風塵，束帛戔戔，榮高物表，校量其廣狹也！是以耿介之士，羞自拔而致其辭；循常之人，捨其疏而取其附。故選司補授，喧然於禮闈；州貢賓王，争訟於階闥。謗議紛合，浸以成風。夫競榮者必有競利之心，謙遜者亦無貪賄之累。自非上智，焉能不移？在於中人，理由習俗。若重謹厚之士，則懷禄者必崇德以潔己；若開趨競之門，則邀仕者皆戚施而附會。附會則百姓罹其弊，潔己則兆庶蒙其福。故風化之漸，靡不由兹。今訪鄉閭之談，惟祇歸於里正。縱使名虧禮則，罪挂刑章，或冒籍以偷資，或邀勳而竊級，假其不義之賂，即是無犯鄉閭。豈得比郭有道之銓量，茅容望重，裴逸人之獎拔，夏統名高，語其優劣也！

“祇如才應經邦之流，惟令試策；武能制敵之例，只驗彎弧。若其文登清奇，便充甲第，藻思微減，便即告歸。以此取人，恐乖事實。何者？樂廣假筆於潘岳，靈運詞高於穆之，平津文劣於長卿，子建藻麗於荀彧。若以射策爲最，則潘、謝、曹、馬必居孫、樂之右；若使協贊機猷，則安仁、靈運亦無裨附之益。由此言之，不可一概而取也。至如武藝，則趙雲雖勇，資諸葛之指撝；周勃雖雄，乏陳平之智略。若使樊噲居蕭何之任，必失指縱之機；使蕭何入戲下之軍，亦無免主之效。鬬將長於摧鋒，謀將審於料事。是以文泉聚米，知隗囂之可圖；陳湯屈指，識烏孫之自解。八難之謀設，高祖追慚於酈生；九拒之計窮，公輸息心於代宋。謀將不長於弓矢，良相不資於射策。豈與夫元長自表，安飾詞鋒，曹植題章，虚飛麗藻，較量其可否也！

"伏願陛下，降明制，頒峻科，千里一賢，尚不爲少，僥倖冒進，須立隄防。斷浮虚之飾詞，收實用之良策，不取無稽之説，必求忠讜之言。文則試以效官，武則令其守禦。始既察言觀行，終亦循名責實，自然僥倖濫吹之伍，無所藏其妄庸。故晏嬰曰：'舉之以語，考之以事，寡其言而多其行，拙於文而工於事。'此取人得賢之道也。其有武藝超絶，文鋒挺秀，有效伎之偏用，無經國之大才，爲軍鋒之爪牙，作詞賦之標準，自可試凌雲之策，練穿札之工，承上命而賦《甘泉》，秉中軍而令赴敵。既有隨才之任，必無負乘之憂。臣謹按吴起臨戰，左右進劍，吴子曰：'夫提鼓揮桴，臨難決疑，此將事也。一劍之任，非將事也。'謹按諸葛亮臨戎，不親戎服，領蜀兵於渭南，宣王持勁卒不敢當。此豈弓矢之用也？謹按楊得意誦長卿之文，武帝曰：'恨不與此人同時。'及相如至，終於文園令。不以公卿之位處之者，蓋非其所任故也。

"謹按漢法，所舉之主，終身保任。揚雄之坐田儀，責其冒薦；成子之居魏相，酬於得賢。賞罰之令行，則請謁之心絶；退讓之義著，則貪競之路銷。自然朝廷無争禄之人，選司有撝謙之士。仍請寬立年限，容其察訪簡汰。堪用者試令職守，以觀能否；參驗行事，以别是非。不實免王丹之官，得人如翟璜之賞，自然見賢不隱，食禄不専。荀彧進鍾繇、郭嘉，劉陶薦李膺、朱穆，勢不云遠。有稱職者受薦賢之賞，濫舉者抵欺罔之罪，自然舉得才行，則君子之道長矣。"《通典》、《舊書·薛登傳》。《唐會要》據《通鑑》在此年。

四月，改元爲如意。《舊書》本紀

九月庚子，改元爲長壽。《舊書》本紀

進士：按是年《登科記》不載，蓋脱佚也。

＊敬守德。《彙編》[開元507]開元二十八年(740)二月十五日《唐故朝請大夫行晋州洪洞縣令敬公(守德)墓誌銘并序》(北京圖書館藏拓本)云:"公諱守德,其先平陽人也。……其後因官南徙,今爲河東人矣。……弱冠以進士出身,應撫字舉及第,授寧州羅川縣尉。……至開元廿八年歲次庚辰正月戊子朔十二日己亥,終於河南□從善里,時年六十有八。"以開元二十八年(740)年六十八推之,其弱冠之歲在天授三年。按《彙編》[開元098]與此誌文重出,其文載卒年爲開元八年,誤。又,王補録在咸亨三年(672),復録於長壽二年(693),皆未當。

＊明經科:

＊崔晙,

＊崔景晊,孟按:徐氏原繫崔氏兄弟於大足元年(701)明經科,考云:"李華《崔景晊神道碑》:'景晊,清河東武城人。年十七,與親兄晙一舉明經,同年擢第。'以天寶十二年卒、年六十九推之,是年十七歲。"按李華《唐贈太子少師崔公(景晊)神道碑》原文云:"景晊……開元三年終于官舍,春秋四十。……夫人滎陽鄭氏……天寶十二年,享齡六十九,終于崇賢里。"(見《全唐文》卷三一八)又李華《太子少師崔公(景晊)墓誌銘》:"景晊……終于官舍,春秋四十。"(見同上卷三二一)徐松以鄭氏之卒年、享年而推景晊登科之歲,大誤。今以景晊開元三年(715)卒、享年四十推之,是年十七歲。亦見陳補。

＊趙懷璡,《千唐》[906]至德二載(757)九月二十二日《唐□□大夫洛交郡長史上柱國趙府君(懷璡)墓誌銘并序》(參見《彙編》[至德001])云:"君諱懷璡,字懷璡。……始冠明經,授易州參軍。"按趙氏卒於天寶十五載(756)三月,享年八十四,則其始冠歲在天授三年。亦見王補。

＊敬昭道。《千唐》[655]開元十三年(725)十一月廿二日《唐故太子舍人敬府君(昭道)墓誌銘并序》(參見《彙編》[開元222])云:"公諱昭道,字皎,河南緱氏人也。……及乎弱冠,擢以孝廉,於是君子知其大成矣。……以開元十三年九月十四日終於德懋里私第,春秋五十有三。"則其弱冠歲在天授三年。亦見陳補。

＊武藝超倫:

＊公孫思觀。《千唐》[605]歐陽植撰開元八年(720)三月十九日《大唐故正議大夫使持節武州諸軍事行武州刺史上柱國公孫府君(思觀)墓誌》(參見《彙編》[開元100])云:"公諱思觀,其先遼西襄平人,家代因官,居於河洛。……長壽初祀,□欲搜揚,公以武藝超倫,其年擢第,敕授翊麾校尉行右金吾衛左司戈。二年,恩制加階,授致果副尉行本任。"按公孫氏卒於開元七年(719)十二月十一日,享年六十五。則其擢第時爲三十八歲。按楊希義《輯釋》録作"公孫思禮",又謂其擢第時爲三十四歲,誤。亦見陳補。

長壽二年癸巳(693)

二月,《通鑑》作"正月",《唐會要》作"三月"。令貢舉人習則天所撰《臣軌》,停通《老子道德經》。《册府元龜》

十月,左拾遺劉承慶上書曰:"伏見比年以來,天下諸州所貢物,至元日皆陳在御前。惟貢人獨於朝堂拜列。但孝廉秀異,國之英才,既隨方物,以充歲貢,宜同珍幣,列見王庭。豈得金帛羽毛升於玉陛之下,賢良文學棄彼金門之外?恐所謂貴財而賤義,重物而輕人,甚不副陛下好道之心,尊賢之意。伏請貢舉人至元日引見,列在方物之前,以備充庭之禮。"從之。《册府元龜》、《唐會要》。

進士十八人,減策及第二人:

＊王元,《千唐》[603]開元七年(719)九月五日《大唐故宣威將軍左驍尉河南府永嘉府折衝都尉上柱國王府君(元)墓誌銘并序》(參見《彙編》[開元090])云:"君諱元,字大禄,其先太原人,因官遷於河南府,今爲河南縣人也。……弱不好弄,彌敦志學。年廿三,丁洪杜府君憂,哀毁過禮,迄於終制,孝極天經,遂投筆從軍,荷戈應募,西登赤嶺,展戎算於疆場;東泛滄波,振英聲於絶域。昭陽茂秩,旌級疇庸,仄陋明揚,便應妙選。長壽二年擢第,受右監門衛右司戈、上柱國。"亦見王補。

＊趙夏日。《記考》卷二十七《附考・進士科》據《廣卓異記》引《登科記》著録有趙夏日。　孟按:《千唐》[712]開元二十年(732)六月十一日

《唐故郊王文學天水趙府君(夏日)墓誌銘》(參見《彙編》[開元344],題作《唐故郊王文學天水趙公墓誌銘并序》)云:“公諱夏日,其先天水人……今爲河南府河南縣人也。家世以秀才進士見用,六世于兹矣。公幼而聰慧,八歲善屬文,十八入大學,才名冠諸生,弱冠以進士擢第。歷宋城、朝邑兩縣尉。……以開元廿年六月十一日終於私第,春秋五十有九。”則其弱冠之歲在長壽二年。今移正。按張補謂夏日“應進士第在開元中”,未當。亦見陳補。

三年甲午(694)

四月,策臨難不顧,徇節寧邦科問:“若濟巨川,必憑舟楫之勢;將興大厦,實佇欒櫨之材。聖皇提象膺符,順天革命,變澆風於易簡,躋薄俗於醇醲。未明求衣,宵旰忘食,無遺負鼎,不棄芻蕘。聞逆耳之言,怡然啟齒;聽犯鱗之説,假以温顔。緬懷七聖之規,勞求五臣之俊。至如臨難不顧,知無不爲,獻替帷幄,匡過補闕,爰洎銜命之流,並應搜揚之指。子大夫博古强學,見賢思齊,一善或同,千載相遇。肇自漢魏,以及梁陳,若斯之人,布在方策。宜具陳年代,各叙徽猷,無憚米鹽,用旌多識。”第一道

問:“自周星攢耀,漢日通輝,象教聿興,苾蒭鬱起。眷兹和衆,因果爲先,伊此法門,棟梁攸屬。我皇光膺天授,托降閻浮,弘八解之要津,啟四禪之幽鍵,濟含生於彼岸,證圓果於中天。紺宇巍巍,緇徒翼翼,莫不譽高澄什,聲重安遠,振三翻於辨囿,悟兩諦於談筵。飛錫烟蒸,乘杯霧委,蘭艾因而或糅,玉石由是難甄。迹雖選於玄關,名乃編於白屋。若欲令沙汰,促以金科,將恐乖智海之宏規,匪提河之遺範。然則經行之所,在釋氏而含容;朱紫分區,談王化而期切。施張之術,去就何從?”第二道

問:“神農曰:‘金城千里,湯池百步,而無粟者弗能守也。’然則師出以律,咸資於糗糧;兵雖尚奇,必藉於流衍。皇周八紘有截,四海無虞,折衝樽俎之間,旋軍衽席之上。而吐蕃小醜,時擾

於沙場;默啜遺凶,偷生於玉塞。由是任以精卒,寄以邊陲,車徒置騎,實賴防禦。飛芻輓粟。轉餽之弊尤深;疆理屯田,播植之功難就。欲使人無憂於半菽,歲有積於如坻,强國富甿,佇聆良策。”第三道。《文苑英華》。

五月甲午,改元爲延載。《舊書》本紀、《新書》本紀。

不貢舉。

諸科二人。

臨難不顧,徇節寧邦科:

薛稷,見《册府元龜》。

寇泚,見《册府元龜》。〔趙校:“泚”原作“玼”,據岑仲勉《訂補》改正,詳後。〕○按岑補云:“《記考》三:長壽三年臨難不顧、徇節寧邦科‘寇玼(見《册府元龜》)’。按‘玼’乃‘泚’訛,《記考》四神龍三年賢良方正科‘寇玼’同。泚之事跡,可參《郎官考》户外及拙著《姓纂四校記》。”

＊王敏。《彙編》[長安065]長安四年(704)九月廿三日《大周故壯武將軍行右鷹楊衛翊府右郎將王君(敏)墓誌□(銘)并序》(周紹良藏拓本,開封博物館藏石)云:“君諱敏,字元敏,其先太原晋陽人也,因官遂居於洛州永昌縣焉。……天授二年九月九日恩制加階,授游擊將軍。延載元年,應舉試高第,授左衛白渠府長上折衝。”王氏先於儀鳳三年(678)應武舉(“猛士舉”)及第,且向任武職,此言“應舉試高第”者,疑當中“臨難不顧,徇節寧邦科”也。亦見王補。

＊知貢舉。按陳補云:“自垂拱二年至本年之十年間,《登科記考》皆未録知貢舉者姓名。《郎官石柱題名新著録》録考外題名第四行前半段爲:‘于惟謙、李秦授、李迥秀(中泐)。’今知李迥秀自證聖元年起知貢舉二年,則天壽及天壽前爲李秦授、于惟謙二人知舉,惟確年不詳。”録此俟考。

薛稷對策曰:“后克艱厥后,臣克艱厥臣。是群龍無首,虚己明庭之上;鼷鼠全身,深穴神邱之下。故有旁於一饋,不輟子高之耕;待以二旌,無過屠羊之肆。懔乎秋駕,既識爲君之難;蹋此春冰,未見爲臣之易。然而夢弼降佐,風起雲從,其天祐之,俊乂將至。〔趙校："至"原誤"制"，據中華書局影印宋明刊本《文苑英華》卷四七九改正。按本書引用《英華》所據本不同，故多異文。〕當今制賢以禄，制爵以庸，設言不違，式化厥訓。霸王騏驥，翼天驅而齊衡；社稷元龜，升帝竇而負兆。猶是幽芳在採，雲逸來羈，垂倒影之懸光，燭重泉之沈隱。故遠臣得離山草，比獻野芹，瞻望天臺，數跡對日。帝德廣運，六臣參其業；天道大明，五帝陳其序。猶黼黻之章五色，鼎鼐之飪五味，五靈之效禎祥，五音之和雅樂。若乃同義變力，古人中求，則紀信誑項以免君，王經刎頸以紓國。九卿居府，王脩從赴難之義；二國合圍，路中無返言之失。漢帝之憚汲黯，陳主之畏柳莊，社稷之臣，於是乎在。恪居爾位，勤不告勞，則蕭公堂堂，吴漢糾糾，馮豹伏於閣下，黄公宿於臺上。憂公奉國，可以不謂忠乎？《書》誡面從，《詩》詠司直，犯顏無隱，求福不回。周昌之比漢高，同乎桀、紂；劉毅之方晋武，類彼桓、靈。申屠剛之軔車，鍾離意之排閣，史魚是慕，直在其中。聖人謨議，君子謀道。張良之翼漢王，郭嘉之協魏主，宋武之得穆之，齊高之得褚彦，定策决勝，謀夫孔多。蓬矢桑弧，有志四海；飛旌插羽，道好二同。膠柱豈調絃之術，飲冰實將命之難。陸賈南行，責蠻夷之失禮；陳湯西討，誅單于之暴慢。終令趙佗貢職，郅支傳首，竹帛所載，斯其庶乎。謹對。"第一道

"竊惟善本無生，兹緣常寂。捨身捨智，涅槃之行可觀；不動不定，般若之名已立。蘭容聖質，剖碧玉而恒傳；寶相靈模，鏤紫金而尚在。運二儀而迴掌，巍乎寶力；極萬物之濡足，皇矣能仁。是以付受有歸，鬱興尊紀。知來之鑒，遠明於萬劫；祈聖之符，大啟於九部。始則江漢廣被，終以關河積學。由是明僧輩出，賢衆肩降。道行息心，顧澄什而服侶；戒梵禪結，視安遠而俯孩。雖葱嶺茄藍，涉流沙而西極，白木聚落，浮漲海而東馳，聖教之興，爲期爲感。原注：此句疑。但敬重堅固，有悲忍之大權；循習護持，有煩惱之深淺。物情以之勤切，俗慕由是懇到。苟求利養，

或滋貪濁，濫名竊服，行僞學非。魚目叨珍，遂入摩尼之寶；烏鵲借類，便假伽藍之翼。謂宜宥而勿罰，限其自新，卷跡緇林之遊，反服白衣之役，則憼原注：一作"惑"。愚受智，寬令四飛，辨是决嫌，浮食一變。九色揚翰，不謬於楚鷄；六管流聲，豈混於齊士。庶人無量，在釋典而維弘；出家有限，憑國經而必恪。維摩之入諸必原注：疑作"心"。藏，尚爲居士之身；菩薩之惠其神通，由持在家之誡。未虧平等，何妨原注：一作"方"。慎擇？謹對。"第二道

"持人之術，地著爲本；應敵之道，糗糧爲先。故李悝盡地力而創謀，本能强魏；衛鞅開阡陌而急戰，終以霸秦。當今三壤既平，九税有職，倉庾陳積，秷秸充仞。山川效止而咸叙，陰陽感化而致和。狡戎黠羌，不討之日久矣。天有星象，以分其區，地有山河，以致其險。素野遐曠，玄國寒凉。塞下三春，未辨重重之樹；河邊九月，〔趙校："月"原作"目"，據《英華》卷四七九改。〕已落青青之草。我后惻隱巖廊之下，垂拱衽席之上，聖智備天地，〔趙校："天"原作"元"，據《英華》卷四七九改。〕神武動山岳。悠然遠覽，白露凉秋，建日月朱鳥之旗，樹風雨蒼牛之艷。疑將帥良猛，謀慮深長，猶重息人，未修伐鬼。而犬羊無檢，時驚邊柝。定遠侯之功略，還出玉門；戍校尉之七營，更連金郡。麻奴小醜，敢懷凌斥之心；榆鬼殘祆，仍延晷刻之命。結山豪而嘯聚，驅穀馬而陸梁。百萬之師，糗糧易盡；空虚之地，轉餉難集。良可追蹤墾草，取彼大田，脩充國之舊圖，採威明之遠算。將軍素勵，爰興斷河之術；都尉垂强，畢盡通溝之利。舉農夫而休戰士，息轉輸而用耕牛。智效其謀，勇奮其力。資虜金之如粟，藉邊馬之如羊。賞士犒師，選騎館穀。或休垣罷障，城滅途殫。然後坐鳳皇之臺，驗麒麟之貢，王旅凱入，豈不休哉！清問徒訓，原注：疑。危言每竭，短才抒軸，景夕貽憂。謹對。"第三道。《文苑英華》。

登科記考補正卷四

唐則天順聖皇后

證聖元年乙未(695)

正月辛巳,改元。《舊書》本紀、《新書》本紀。

丙申夜,明堂灾。庚子,以明堂灾告廟。手詔曰:"朕君臨紫極,撫育蒼生,普該有識之流,爲啟無疆之福,神宫之後,式建尊容。頃緣内作,工徒宿火,誤燒麻主,遂涉明堂。朕昧旦憂勤,不遑寢食,慮虧至道,未副天心,内省厥躬,伏增寅畏。槐省、棘署,衆僚庶尹,宜竭迺誠,各揚其職。内作工匠,可即放還。刺史、縣令,風化之首,宜矜恤鰥寡,敦勸農桑,均平賦役,省察奸盗。里閈妖訛,尤當禁止。遠近冤訟,令早決斷。見禁囚徒,速爲處分。老病之色,征鎮之家,亦令州縣加意撫存。諸作非要切者,量事宜停。所司供進之物,並宜節減。其長才廣度、沈跡下僚,據德依仁、韜聲幽閉,懷輔佐之器、乏知己之容,宜令京官職事五品以下及刺史、上佐、縣令量各準狀薦舉。仍遣内外文武百官九品以上各上封事,極言正議,無有所隱。"《舊書》本紀、《文苑英華》。

策進士問:"卦分江使,圖演天文,文籍於是濫觴,書契以之抽緒。皇墳帝典,述紀言以聯鑣;五傳六經,紆禮樂而齊騖。斯並懸諸日月,焕乎文章。至如諸子相騰,小説奔競,有慚屑玉之化,無異雜鉛之實。請用於火,恐招博弈之譏;將扇其風,復爽芰夷之義。二塗交戰,一爲解環。《百兩》之篇。孰明其善?七分之術,孰著其能?誰求天下之書?誰決冢中之籙?識二簡者何子?觀四轍者何人?《京兆耆舊》之篇起於何代?《陳留神仙》之傳創自何人?誰先《孝子》之圖?誰首《逸人》之記?儻無談於雕棘,將有薦於拔茅。"《文苑英華》

策長才廣度,沈跡下僚科問:"四岳疇庸,羲和代掌其任;九官命職,稷禼不易其能。逢化運以康時,籍功深而成務。洎乎嬴、劉以降,曹、馬承流,罕爲官以擇人,直循資而就列。或十旬而登三事,或一日而致九遷,遂開趨競之門,莫守代工之美。國家網羅群彦,驅駕時英,其政洽於至和,其人淳於太古。今欲削漢、魏之遺法,復堯、禹之遠圖,能其事者永守其官,稱其職者不遷其任。增秩賜爵,用申勸善之規;金帛璽書,載表優賢之義。變通之理,尚或多端,用捨之途,佇聞良策"。《文苑英華》

九月甲寅,親祀南郊。改元爲天册萬歲。《舊書》本紀、《新書》本紀。

進士二十二人:《登科記》:"證聖元年,不貢舉。延載二年,進士二十二人。" 按證聖元年即延載二年,《登科記》誤。 按《文苑英華》載書史百家策問,當是此年試題。

賀知章,《舊書·文苑傳》:"賀知章,會稽永興人。舉進士。"《唐才子傳》:"賀知章字季真,證聖初擢進士,超拔群類科。○孟按:竇臮《述書賦》下注:"賀知章……進士及第。"

許南容,見《文苑英華》。

李令琛,見《文苑英華》。

孫嘉之,《舊書·文苑傳》:"孫逖父嘉之,天册年進士擢第。"孫逖《宋州司馬先府君墓誌銘》:"府君諱嘉之,魏郡武水人。垂拱、載初之際,始詣洛陽,獻書闕下,極論時政,言多抵忤,所如不合,遂投跡太學,托名常調。天册中,以進士擢第。與崔日用、蘇晋俱爲考功郎中李迥秀所標賞。"顔魯公《孫逖集序》:"父嘉之,以詞學登科。"○按岑補云:"《記考》四:證聖即天册萬歲元年進士孫嘉之,引《舊書·文苑傳》及孫逖《宋州司馬先府君墓誌銘》。余按《千唐》會昌元年《故汝州司馬孫審象墓誌》亦云:'曾祖府君諱嘉之,皇朝天册中,舉進士擢高第,久視中,應拔萃登甲科。'" 孟按:《彙編》[大中120]蔣伸撰大中十年(856)十月廿七日《唐故天平軍節度鄆曹濮等州觀察處置等使朝請大夫檢校禮部尚書使持節鄆州諸軍事兼鄆州刺史御史大夫上柱國賜紫金魚袋贈兵部尚書孫府君(景商)墓誌銘并序》(周紹良藏拓本)云:"公諱景商,字安詩,樂安人也。……曾王父諱嘉之,天册中,升進士、拔萃二科,有大名於天下,而官止宋州司馬。"

崔日用,見上。《舊書》本傳:"滑州靈昌人,進士舉。"崔祐甫《齊昭公集序》:"弱冠鄉貢進士擢第。"以開元十年年五十推之,是年二十三。

蘇晋。見上。《舊書·蘇迥傳》:"子晋,弱冠舉進士。"以開元二十二年年五十九推之,是年二十。

超拔群類科:

賀知章。《新書》、《唐才子傳》皆言知章以證聖年出舉進士,超拔群類科。證聖惟一年,是此年有是科。

長才廣度,沈跡下僚科:

張漪。《册府元龜》作"張河"。《文苑英華》作"張倚",注云:"《登科記》作漪。" 按漪爲柬之長子,見柬之傳及漪墓誌。《唐會要》亦作"漪"。○孟按:《太平御覽》卷六二九亦作"漪"。

上書拜官:

成敬奇。《太平廣記》引《御史臺記》:"成敬奇有俊才,天册中詣闕自陳,請日試文章三十道。則天命王勃試之,授校書郎。"

知貢舉:李迥秀。《舊書·李大亮傳》:"迥秀累轉考功員外郎。則天雅愛其才,甚寵待之,掌舉數年。

許南容對策曰:"夫皇王範物,經籍訓人,澆浮之説漸列,文質之規斯變。故九流異軫,百氏齊鑣,枝分葉布,千門萬户。雖復言有踳駁,理或叢殘,時招屑玉之譏,乍起雜鉛之議。妨工惑善,招惡塞諱。比夫群岳參差,各有蔽虧之勢;衆川浩蕩,俱資潤澤之功。且夫三代之道,未能無弊;六經之教,尚皆有失。其於子史,何獨尤之?若以失而便廢,則《書》、《禮》之法可捨短而從長,去泰而除惡。咸用於火,竊未爲得。各言其志,亦何傷乎?乃好尚不同,撰述各異,並流鉛槧,咸著蓬山。京房惟善於七分,張霸心明於《百兩》,荀勖决冢中之籙,陳農求天下之書。識二簡者廣微,觀四輸者周穆。《京兆耆舊》,光武創其篇;《陳留神仙》,阮蒼述其事。梁鴻作《逸人》之傳,劉向修《孝子》之圖。斯並賢者,傳之不朽。謹對。"《文苑英華》

李令琛對策曰:"日月經天,星辰助其明耀;江河紀地,畎澮資其廣深。俱麗於乾綱,同歸於坤軸。況乎六經既出,百子並騖,萬卷五車,《七略》、《四部》,組織仁義,琢磨道德。雖非全璧之珍,亦是連珠之寶。當有求書之官,遠探禹穴,近聞汲冢之文,具修蠹簡。或陰陽不謬,朱紫自分。仲任叢殘之譏,並非通論;稚川翡翠之喻,實得大方。豈重以芟夷,加之翦截?敢申直筆,以塞異端。則有《百兩》之篇,張霸所善;七分之術,京房獨精。陳農訪天下之書,荀勖决冢中之策。識二簡者束皙,觀四輸者穆王。《京兆耆舊》之篇,創於光武;《陳留神仙》之傳,起自阮蒼。劉向修《孝子》之圖,梁鴻首《逸人》之記。謹對。"《文苑英華》

孫嘉之對策曰:"自龍馬出河,爰分八卦;靈龜薦洛,乃見《九疇》。文字以興,典謨斯起,即有姬公秀出,制禮樂以匡周;宣父挺生,删《詩》、《書》而反魯。莫不憲章文、武,祖述唐、虞,開兆庶之心靈,啟群生之耳目。洎乎尼山落構,梁木興歌,大義云亡,諸子爰起。於是墨承諸廟,孟繫司徒,文子開教於五神,范蠡逞能於千樹。孫武絢其韜略,蒙叟混其鵬蜩。葛洪述内外之篇,劉安論黄白之秘。楊托思於全性,鄒鋭想於談天。商君既擅於刑書,尹文亦諒於名實。吕韋博識,載摛懸市之文;鬼谷多才,爰初飛箝之作。自兹以後,其流甚繁,雖云有異於微言,亦可觀於小道。或激揚仁義,或囊括政刑,或富國成家,或懲惡勸善。進既資於助國,退亦取於理身,實翰墨之泉源,信文章之隆藪。故馬遷修史,列之九流;班固叙書,著之《七略》。今欲議其删削,語以芟夷,便是絶學者之多聞,爽國家之廣略。學雖不敏,未敢從命。謹對。"《文苑英華》。 按今本脱名,據《永樂大典》引補。

張漪對策曰:"昔者明王之御天下也,奉若天道,建邦設都,樹之以后王,化之以師長。用人弗及私昵,建官惟在賢才。夫難知非獨在於今日,故曰'知人則哲,惟帝難之'。自生人以來,有國之主,莫不得賢則治,失賢則亂。此乃自然之義,百王不能易也。是知賢人君子,國之所急。《詩》曰'南山有臺,北山有萊。樂只君子,邦家之基',言人君得其賢臣,所以成其教化,廣其基業也。遐觀歷代聖王之求賢哲也,義匪一途,或精選以取之,或降訪以得之。有營之經載而始獲,有求之不日而便至,遲速之禮雖異,輔弼之職不殊。黄帝勞於夢想而感力牧,誠之至也;唐堯務於疇咨而致夔龍,訪之審也。至唐虞之黜陟幽明,三載就績,夏禹之顧眄空谷,七起成名,殷宗托夢於傅巖,姬文遊心於渭水,此六君者,可謂勤於求賢,而善於用人也。故能使元、凱就績,申、甫登朝,道濟五臣,功宣十亂。康良作誦,喜起成歌,人無險詖之情,代有雍熙之樂。《由庚》入詠,《天保》爲詩,下懷報主之心,上荷受天之禄。《書》曰'百僚師師,百工惟時,庶績其凝',此之謂也。斯並政符大道,理合至公,委質能臣之一德。所以天工可代,人爵攸宜,憑久化以濟寰瀛,藉深功而安宇宙。

"暨戰國之代,王道寖微,各伫英賢,或雜或霸。楚襄勞持金之聘,燕昭躬擁篲之禮,空聞僭號之議,未睹升平之業。雖桓公之有仲父,晋侯之獲趙文,委任責成,共登霸道,唯勤鬥争之理,不務淳和之績，而動乖王度，舉違帝典。故五尺童子，耻之不論。況所由齷齪，何其卑也！秦皇不仁，虐亂是極。儒生填於坑穽，《詩》、《書》滅於烟火。忠貞清白，以爲徒苦，諂佞邪媚，謂之至公。卒以覆亡，爲後代誡。實由遠賢近佞，使之然也。漢高祖雖不好儒，然亦任用英傑。登壇而禮韓信，輟洗而迎酈生，委蕭、曹以股肱，寄張、陳以社稷。至孝武之代，儒學漸該，採董仲舒之策，始令郡國貢舉。於是賢良方正之士，霧委雲集，其晁錯、公孫弘、匡衡、蕭望之輩，並繼踵而至。故當文、景之代，號爲得人。《詩》稱'濟濟多士，文王以寧'，漢所以寧者，亦士之力也。光武仗吴、鄧以立功，任賈、寇以起事，拔奇取異，决自於心。爰至顯宗中興，於兹爲盛。由此而兩漢之代數百年間，陟正黜邪，褒善貶惡。雖不襲唐、虞之法，亦去煩芟亂，幾乎大成矣。逮獻、靈之際，奸滑縱横，升必以財，進不由道。於是縉紳潔白之士，疾之若仇，乃曰'舉秀才，不知書。察孝廉，父别居。寒素清白濁如泥，高第良將怯如黽'。乃至懸爵而賣之，列價而争之。守正道者以爲陸沈，由斜徑者謂之知變，衣冠爲之失序，賢哲由是潛藏，遂使社稷喪亡，後嗣覆滅，悲夫！此《伐檀》所以興刺，《麥秀》所以勞歌，無他故焉，賢人不得進也。及乎當途啟運，典午開基，陳群制九品之條，劉毅興八損之難。故曹羲疾其闊遠，孫楚以爲鬼録。遂令權要歸於中正，威福去於天朝，臧否任情，品藻乖次。宋、齊之季，梁、隋之末，聘士求賢，罕聞稽古。棟橈鼎折，惟見陵夷。既同自《鄶》之譏，詎勞更僕之説。

"聖上覽百王之得失，立萬代之規模，大開舉爾之科，廣陳訓迪之典。用與不用，賢否各稱其能；材與不材，輪角並當其任。小人去位，疾之猶若寇仇；君子盈朝，求之恒如不及。故得百僚無濫，九有升平，不聞濡翼之譏，永絶爛頭之誚。仲長亡越級之論，賈生無調下之悲。今欲遠服堯、禹之蹤，近棄劉、曹之法，增秩令其永任，錫帛許其不遷，使官不易能，職遵代掌，雖優賢之義有所會通,而隨時之談或恐未可。何則?太古敦樸,務静人希。敦樸則易淳,人希則易理,故不勞而功可就。今聖明撫運,俗阜才多。俗阜則事煩,才多則理劇。必資明哲獨任,不以避嫌。但使委得其人,數遷何妨化理?如其用失其理,久任豈廢功虧?愚管所窺,以爲如此。大體期於不濫,所務在於得賢。苟違此途,未知其可。謹對。"《文苑英華》

天册萬歲二年丙申(696)

臘月甲申,封神岳,改元萬歲登封。《通鑑》

三月丁巳,新明堂成,改元萬歲通天。《通鑑》

策應封神岳舉賢良方正科問:"隆周御曆,多士如林,揚己露才,干時求進。寧知媒衒之醜,不顧廉耻之規。風馳景軼,雲集霧委,攘袂於選曹,盱衡於會府。吏員仍舊,人物實繁,優游窘於退飛,聲最疲於點額。量能受職,無闕以供;料官列位,擇才斯衆。欲令九流式叙,一藝不遺,佇聞芳話,弘兹盛烈。且夫署行議年,殷、姬取人之道;門調户選,魏、晋持衡之術。因宜適變,何者爲先?"第一道

問:"屠釣關柝之流,鳴鷄吠犬之伍,集於都邑,蓋八萬計。然則人無求備,物各異宜,十哲殊科,八能異術。咸資對策,則絳、灌之器或沈;必俟公求,則許、郭之才難遇。選賢取士,應有良規。"第二道

問:"至於衢室、總章,重屋、陽館,姬氏明堂之制,炎靈汶上之規,三雍、五室之名,清廟、容臺之目,〔趙校:"目"原誤"日",據《英華》卷四八一改正。〕蔡邕之論,袁準之談,庶幾繁省之儀,前賢是非之説,咸宜詳釋,以判群疑。"第三道。《文苑英華》。

重試崔沔策一道問:"不其才難於今,所嘆知人未易,自古病諸。以貌取言,既其不可;觀聲考度,又或非宜。故皇帝清問,有司藻核,公孫異之於天子,鼂錯褎然爲孝廉。賢才訓迪,其道弘

矣。多歷年所，兹率典常。國家謁報上玄，展禮中岳，降非常之制，求希代之寶。將以潤色雲封，增輝柴燎。龍門既陟，方縱鱗於巨壑；鴻干斯漸，忽垂翅於風路。良由夢石之木，猶參杞梓之行；冠玉之姿，尚忝琳琅之序。更令憲府，重摭詞林，承鳳綍之明威，俟龍泉之斷割。其何以搴秀長楚，審詞衆好，辨是與非，懲忿窒欲？聊耳陳事，冀獲嘉謀。至若柳莊黜殯，用事之差也；石建闕馬，爲字之失也。尋其後句，末韻或犯於前聲，覽以終篇，答難不倫於次序。一簡之内，貧富不侔；三道之中，妍媸頓别。取瑕則頗慚於卞氏，擢用則致嫌於葛龔。贈孟孫之言，膏肓莫愈；學嗣宗之默，長短何分？進退之禮奚宜，用捨之方安在？又旁求流議，紛披風謡，威勢壓於權衡，黷貨通於主守。不同吾黨，無嫌小子之詞；翻乃倩人，云竭老夫之思。始令行而詐起，終策出而奸生。何方可以静流競之來，何法可以杜訛謬之人？佇禆不逮，無惔話言。"《文苑英華》

進士二十七人：

鄭遂初，《唐詩紀事》："遂初萬歲通天年李迥秀下登第。"

韋虚心，孫逖《韋虚心神道碑》："公諱虚心，京兆杜陵人。越在童冠，升於膠序。國子博士范頤嘗與均禮，考功員外郎李迥秀擢以高第。" 按孫逖之父上年登第，此碑不言，故知非同年舉。

崔沔。見下。

南郊舉三人：按享明堂有明堂大禮科，此當曰南郊大禮科。《舊書》有言應大禮舉者，蓋即是科也。

蘇晋，《舊書·蘇珦傳》："晋應大禮舉，居上第。"

裴漼。《舊書》本傳："絳州聞喜人。父琰之，歷任倉部郎中，以老疾廢於家。漼色養劬勞，十數年不求仕進。父卒後，應大禮舉，拜陳留主簿。"○孟按：《新唐書》本傳作："漼侍疾十餘年，不肯仕。琰之没，始擢明經，調陳留主簿，遷監察御史。"

賢良方正科：

崔沔，李華《崔沔集序》:"舉賢良方正，對策第一。"《舊書・孝友傳》:"崔沔，京兆長安人。周隴州刺史士約玄孫，自博陵徙關中。父皚。沔事親至孝，博學有文詞。初應制舉，對策高第。俄被落第者所援，則天令所司重試，沔所對策又工於前，爲天下第一。由是大知名。"顔魯公《博陵崔孝公宅陋室銘記》:"公諱沔，字若沖，博陵安平人。年二十四，舉鄉貢進士。考功郎李迥秀器異之，曰:'王佐才也。'遂擢高第。其年舉賢良方正，對策數公，獨居其一，而兄渾亦在甲科。典試官梁載言、陳子昂嘆曰:'雖公孫、鼂郄不及也。'"《文苑英華》以崔沔對策爲神功元年。　按封神岳在丙申年，不應以次年方策應神岳舉人。且《陋室銘》明言對策爲二十四歲事，沔卒於開元二十七年，年六十七，推之丙申年，適二十四歲，是《文苑英華》誤，今改正。〇孟按:《彙編》[大曆060]李邕撰開元二十九年(741)十二月廿九日《有唐通議大夫守太子賓客贈尚書左僕射崔公(沔)墓誌》云:"公諱沔字若沖，博陵安平人也。……公廿四，鄉貢進士擢第，其年封中岳，詔牧伯舉賢良，公與兄故監察御史諱渾雙名居右，敕拜麟臺校書郎。……春秋六十有七，嗚呼！以開元廿七年十一月十七日薨於居守之内館。"所誌與魯公記文同，亦證《英華》之誤。

崔渾，見上。

蘇頲，《新書》本傳:"武后封嵩高，頲舉賢良方正異等，除左司禦率府胄曹參軍。"

＊倪若水。《補遺》册六，第391頁，開元七年(719)十一月六日《大唐故尚書右丞倪公(泉)墓誌銘并序》云:"公諱泉，字若水，中山藁城人也。……曾未弱冠，聲已□於河朔矣。應八道使舉射□(策)登科，授秘書正字。復以舉遷右驍衛兵曹參軍，俄轉洛州福昌縣丞。又應封岳舉，授雍州□□□丞，調補長安縣丞。"其"應封岳舉"，當在本年。亦見羅補。

文藝優長科:

韓琬。《册府元龜》。《舊書・韓思彦傳》:"子琬，字茂貞。舉茂才，名動里中。刺史行鄉飲餞之，主人揚觶曰:'孝於家，忠於國，今始充賦。請行無算爵。'儒林榮之。擢第，又舉文藝優長。"　按《會要》作"韓璘"，誤。

知貢舉:李迥秀。《大唐新語》:"李迥秀任考功員外，知貢舉。

有進士姓崔者,文章非佳,迥秀覽之良久,謂之曰:'第一清河崔郎,儀貌不惡,鬚眉如戟,精彩甚高。出身處可量,豈必要須進士。'再三慰諭而遣之,聞者大噱焉"。陳子昂《送著作郎崔融等從梁王東征詩序》云:"歲七月,軍出國門。時比部郎中唐奉一、考功員外郎李迥秀、著作佐郎崔融並參帷幕之賓,掌書記之任。"考《舊書》本紀,萬歲登封元年五月,李盡忠、孫萬榮攻陷營州。七月,命春官尚書梁王三思爲安撫大使。是李迥秀掌舉止於是年也。

崔沔對策曰:"昔者賢良方正之士,應務之際,沔雖固陋,嘗亟聞之。莫不修辭立誠,難進易退,言不苟合,道不苟容,捨之則藏,義然後取。安肯負媒衒之醜,棄廉耻之規!若此之類,其可多乎?至夫揚己露才,干時求進,盱衡攘袂以徇速者,斯皆小子趨附之徒,豈足以厠我周行,置於多士。屏而勿用,夫何疑哉?主上欽若庶官,明揚沈隱,是使群英霧委,多士景軼。而秉鈞當軸之雋,察言觀行之風,不能審樞機,定名實,懲魯儒之虚服,辨齊竽之濫吹。至令累最爲僞名交戰,謬功與實效相參。而謂滯才由乎少官,無位供乎有德。嗟乎!事大有謬,一至於此。明主昧旦丕顯,每嘆才難,而群士揚於王庭,反憂多士,君臣之同德,其若是乎?天子有司,談何容易。今懿網遐布,淳風殷流,家識廉隅,人知禮節。苟能上尊王制,下絶吏奸,閉請托之源,塞虚詐之路,使得懷才見用,以道周旋。無令椒蘭信芳,獨屈樵夫之手;騏驥雖駿,不貴屠者之門。則虚位待人,猶持固讓;懷寶深藏,何患不達。九流式叙,庶莫遠焉。一藝罔遺,諒其所也。沔又聞人能弘道,非道弘人,有濟治之臣,無不弊之法。往古雖載其陳迹,行用實在乎有司。觀夫署行議年,殷、姬令典;門調户選,魏、晋良圖。無非致遠之規,咸有理亂之兆,所以允釐百揆,銓綜百官。及讒虐官朝,則君子在野,貪佞竊柄,則以貨售才,典故雖存,而官政已紊。然則隨時變通,觀象因宜。近取諸身,一言斯蔽;遠

求於古,兩無適從。所以輕進狂言,猶冀或逢善聽。謹封。”第一道

“傳曰:‘文以足言,言以足志。言或可察,志隱於漠。’是知文者言之藻繪,志之筌蹄。有貞實者或忘藻繪,得魚兔者必棄筌蹄。則存言捨文,合於淳古,以言考德,必洞精微。故《書》云‘明試以言’,蓋用此道也。古之對策,其試言之流歟!昔姬氏既衰,先王道喪。秦政虐戾,亂彼天綱,廢古燒書,以愚黔首。窮兵騁詐,時無文焉。故絳、灌之徒,韓、彭之佐,雄姿雖茂,而道法不足。向使伊人,薄見方策,早聞師範,當亦略通大體,抑揚宏議。豈止决勝於境外,而不能專議於君前乎?故《抱朴子》曰‘古之試良將者,亦問以策’,即其義矣。國家樹萬世之基,遷九流之弊,墳索奥業洋溢於時,縉紳先生藴藉無缺。安有倜儻之傑,瑰瑋之才,承明主之清恩,逢人生之大慶,而不能抽其秘思,效其長策歟!然則謀而不行,信而不用者,抑可知也。今之考言取士者,必以綺飾爲工。視學論文者,闇於心而必升;曉政達幽者,失其類而咸退。千金之璧,以微瑕而毁之,百丈之材,睹小節而棄之,亦良可悲矣。誠理達而義舉者,勿以文害言,詞婉而論深者,勿以言害意,别可以包括群品,網羅衆途,察微知彰,以文用武矣。昔許子將、郭林宗徒以布衣之交,俯仰之際,而能拔奇旌異,因言揣心。況乎擅英博之姿,受明試之寄,享厚禄,居尊官,而不能撫踠足於吴阪,指潛璧於荆山。至使有公輔之才,而無許、郭之鑒者,斯則卿士之罪也,小子何足以知之。至如懷一異能,負一偏技,鳴梭抗履之彙,聲律鼎飪之儔,事雖易於縑緗,功不資於翰墨,則方以類聚,各有司存。謹對。”第二道

“我皇帝慈理廣運,文思稽古,紹興絶典,重光大壯。舍宫雲構,明庭天聳,列辟軌儀,群宫制度,可以即事而見,觀象而察。今猶遠訪先典,曲垂下問者,豈不欲揣其敏思,徵其博物。臣實菲薄,何足當之。昔哀公問儒,而仲尼請更僕,況此大體,其可率

爾言乎？雖敢略談之，然未臻其極也。若夫堯之衢室，舜之總章，夏之重屋，殷之陽館，皆所以取象天地，昭配陰陽，致孝於先，布政於下。曆運雖改，此道不移。八窗四達，上圓下方，度堂以筵，度室以几，周之制也。崑崙茅屋，周流璧水，漢之圖也。明堂、辟雍、靈臺，三雍也。大廟、青陽、總章、明堂，疑脱"玄堂"二字五室也。取其宗祀祖考，則曰宗廟；取其修飾禮物，則曰容臺。蔡邕之論，所以合異説；袁準之談，所以别衆事。歷代繁省，其儀不一；先賢是非，其書甚衆。非斯須之述所能盡，非造次之言所能精。自我皇創制之前，今臣定議之外，教明禮備，得繁省之中者，其姬宗乎。詞寡理舉，處是非之要者，其蔡氏乎。謹對。"第三道

又重試對策曰："夫鉛刀均鋒，劍之耻也；蹇驢齊足，驥之耻也；朗璞蒙垢，玉人之過也；鳴絲絶絃，伶官之罪也。借如承明旨，獻嘉猷，而愚智糾紛，臧否錯揉，斯亦士君子之所恨，豈獨爲政之憂哉！沔實陋才，良不足算。憑藉休慶，謬借旌拔，狂言雖立，鄙道未孚。藴雜薫蕕，沈蔽玉石，重參群彦之末，再承議賢之問。進思自勵，其何補歟？退欲鳴謙，其獲無咎。審詞衆好，儻或擇善而行；辨是與非，請思即事而對。

"策曰：'柳莊黜殯，用事之差也；石建闕馬，爲字之失也。'竊爲議人者貴知其心，論道者務存其意。心懼未信，則援古以自明；道隱未光，即托文而後顯。故事以明心爲本，字以顯道爲公。事有小差，而心術著矣；字有小失，而道數存焉。斯則夜光之瑕，明月之纇，固不可得而棄也。事與類相反，字與義相違，證乖而心不可弘，象毁而道不可見，一至於此，亦無取云。

"策曰：'尋其後句，末韻或犯於前聲；覽以終篇，答難不倫於次序。'竊謂明試以言，古之道也；徵言以策，今之制也。言有聲韻，蓋其浮飾，策之次序，固非典要。切問存於答難，次序豈效謀

謨;精義盡於對揚,聲韻何尋獻替。稽之於古,揣之於情,末韻或犯於前聲,其來久矣。答難不倫於次叙,爲病良深。

“策曰:‘一簡之内,貧富不侔;三道之中,妍媸頓别。取瑕則頗慚於卞氏,擢用則致嫌於葛龔。’竊謂萬有一失,聖人不免;捨過舉能,先師是訓。道不可以純備,才不可以周給,斷可知矣。是以國家稽通塞之跡,列甲乙之科,亦不可廢善以取瑕,疑於擢用矣。

“策曰:‘贈孟孫之言,膏肓莫愈;學嗣宗之默,長短何分?進退之禮奚宜,用捨之方安在?’仲尼有言,‘不在其位,不謀其政’,進退之禮,用捨之宜,允非小人之所及也。然則覽古昔之遺事,敢不薦其聞乎?竊謂日中必熭,操刀必割。懲奸以察,何俟贈言?致身於朝,不可以默。固當參刑禮以定枉直,體明智以辨情僞。見利不虧其分,見死不更其守。屬聰明不諱之時,居執憲繩違之任,何至持疑於果斷,逡巡於正色哉!

“策曰:‘旁求流議,紛披風謡,威勢壓於權衡,黷貨通於主守。不同吾黨,無嫌小子之詞;翻乃倩人,云竭老夫之思。始令行而詐起,終策出而奸生。’甚矣誠哉,不期所以然也。今所慮怙威黷貨者,其類猶存;假手借詞者,其人不遠。但能察其言象,揆而度之,精核問試,憂而柔之,則竊竇之名自分,濫吹之竽自遁矣。其道甚著,人焉廋哉!

“策曰:‘何方可以静流競之來,何法可以杜訛謬之人?’竊謂任良在主,弘道在人。以執事之明,遵大君之惠,敷明智以考往迹,揚清機以鑒群情,則知訛謬不興,流競永息。俯慚謏議,良非話言。謹對。”《文苑英華》

萬歲通天二年丁酉(697)

九月壬寅,改元爲神功。《舊書》本紀

是月,策絶倫科。《册府元龜》

進士二十七人：

璩抱朴，《通志・氏族略》，唐神功登科有璩抱朴。宋王應麟《姓氏急就篇》卷上："璩氏，唐《登科記》有璩抱朴。"

＊房承先。《補遺》册六，第 80 頁，楊拯撰天寶十載(751)十月廿四日《唐故朝議郎行東海郡録事參軍房府君(承先)吴夫人墓誌銘并序》云："公諱承先，字承先，清河人也。……年弱冠，以崇文生升第，解褐補東海郡録事參軍。……以開元有三年二月廿二日，不幸遇疾，終於豫章郡，春秋卅有八。"以開元三年(715)年三十八推之，其弱冠歲在本年。

諸科十人。

絶倫科：

蘇頲，見《册府元龜》、《唐會要》。

崔玄童，見《册府元龜》、《唐會要》。

袁仁敬，見《册府元龜》、《唐會要》。

何鳳，見《册府元龜》、《唐會要》。

＊孟温禮(孟兼禮)，原作"孟兼禮"，徐氏注云："見《册府元龜》、《唐會要》。"　孟按：《太平御覽》卷六二九、高似孫《唐科名記》(《説郛》本)俱作"孟温禮"。又《元和姓纂》卷九平昌安邱縣孟氏："珩十一代孫唐禮部尚書温"。岑校云："按孟温事迹，見勞格《讀書雜識》六，即《郎官柱》及《精舍碑》之孟温禮。《元龜》一五九，開元九年京兆尹孟温禮。同書一五二，開元十一年京兆尹孟温。同書一四四，開元十四年六月，光禄卿孟温祭風伯。同書二四，開元十九年河南尹孟温禮(《語林》五亦作'温禮')。同書八九九，太子賓客孟温禮除禮尚致仕。《全文》三〇九孫逖制，同州刺史、魯國公孟温可太子賓客。《千唐・司馬望誌》稱同州刺史孟温禮，以望之年歲核之，約開元二十年頃事。《萃編》七五《鄎國公主碑》(開元十三)著録光禄卿孟德，但《英華》及《文粹》均作孟禮。又《英華》四二四《南郊赦書》稱孟温禮。《制詔集》一一《授孟皡京兆尹制》云：'勉修先父之職，以繼緇衣之好。'可見此之温嘗爲京兆尹，而《長安志》九有京兆尹孟温禮宅，《兩京新記》三又稱'開元九年孟温禮爲京兆尹'，其爲同人無疑，今《姓纂》單作'温'，殆奪'禮'字耳。"胡補亦證作"温禮"。

洪子輿，見《册府元龜》、《唐會要》。○孟按："輿"，《册府元龜》卷六四五、高似孫《唐科名記》(《説郛》本)均作"輿"，《元和姓纂》卷一、《太平御覽》卷六二九均作"輿"，蓋皆"輿"之訛。參見《元和姓纂》卷一"毗陵洪姓"岑校。

盧從愿，見《册府元龜》、《唐會要》。 《唐詩紀事》載從愿字子龔，舉制科高第。《舊書》本傳："相州臨漳人，魏度支尚書昶六代孫。明經舉，授絳州夏縣尉。又應制舉，拜右拾遺。《明皇雜録》從愿從五舉，制策三等，授夏縣尉。"

趙不欺。見《册府元龜》、《唐會要》。

聖曆元年戊戌(698)

正月甲子朔冬至，改元。《通鑑》

三月，召廬陵王哲於房州。《舊書》本紀

九月丙子，廬陵王哲爲皇太子，依舊名顯。《舊書》本紀

策進士問："玄龜效祉，鼎命昭夏王之祚；赤烏呈祥，金德總商君之業。白魚躍而周道隆，丹雀來而秦德霸。殷因夏禮，損益可知；秦盛周衰，天人何昧？若水滅火起，殷、周之運匪人；若桀暴紂昏，廢興之期自我。然而龍門興於夏日，黿祅發於周年，灾祥兆於前成，荒敗興於後政。蕩蕩之德，何所加焉。佇爾揚名，爲余張目。"《文苑英華》

進士二十二人：《登科記》載萬歲通天三年不貢舉，神功二年不貢舉，聖曆元年進士二十二人。 按萬歲通天三年、神功二年即聖曆元年也。《登科記》誤。《文苑英華》載馮萬石對曆數策，疑是此年試題。

馮萬石，《廣卓異記》引《登科記》："馮萬石，聖曆元年進士及第。"

＊齊澣。《新唐書》卷一二八本傳："齊澣字洗心，定州義豐人。……聖曆初，及進士第，以拔萃調蒲州司法參軍。"亦見朱補。

＊明經科：

＊樊庭觀，《千唐》[638]宋務静撰開元十二年(724)五月二日《故京

兆府宣化府折衝攝右衛郎將横野軍副使樊公(庭觀)墓誌銘并序》(參見《彙編》[開元196])云:"君諱庭觀,字宏,南陽人也。……爰居弱冠之辰,遂以明經擢第。……開元十二紀正月廿六日,暴亡於軍城官舍,春秋卌有六。"可推知其弱冠之歲在聖曆元年。按張補録入附考類,楊希義《輯釋》繫於聖曆二年(699),皆未當。

*盧含。《千唐》[883]崔泉撰天寶十二載(753)十月六日《唐故東平郡壽張縣令盧公(含)墓誌銘并序》(參見《彙編》[天寶224])云:"公諱含,字子章,范陽人也。……弱冠孝廉擢秀。"按盧氏卒於開元十五年(727),享年四十九,則其弱冠歲在聖曆元年。按王補録作"盧合"。

諸科二人。

*應制及第:

*王侊。陳補云:"《芒洛冢墓遺文三編》載《檢校勝州都督王府君墓誌銘》:'君諱侊,字元獎,其先太原晉陽人也,因官遂居洛州洛陽縣焉。……如意元年改授渭州渭源鎮副,聖曆九年應制舉及第,加上柱國。'長安二年卒,年五十一。九年當爲元年之誤。" 孟按:考《芒洛冢墓遺文三編》原文,"聖曆"實爲"載初"之誤,(按原文年號之二字,爲則天稱周時之新造字"𡕀𠁈"。其字形之詮釋見《宣和書譜》卷一、清代葉昌熾撰《語石》卷一),《彙編》[長安031]即作"載初元年(690)"。然以誌文所叙前後年號及王氏之歷職考之,則與"聖曆"年相合。可姑從陳説而存疑俟考。

馮萬石對策曰:"臣聞天地草昧,洪鈞列五運之期;雲雷始屯,火德分一人之位。莫不時來命偶,人迪天將。白環昭虞后之功,元珪錫夏王之德。空桑負鼎,遇爲牲之君;渭水張羅,得非熊之相。伏惟陛下,化光坤載,道叶乾行,總五氣以發生,籠百王而亭育。粤若稽古,推曆數之存亡;感而遂通,酌天人之符命。明揚側陋,曲採芻詞,開闡大猷,旁求雅問。則天文幽遠,誠匪管窺;然人事昭彰,敢陳壅塞。原夫興亡有數,符命無差,遽啟丹書,俄迴白璧。君臣道合,則遐邇乂安;上下情乖,則邦家板蕩。水火革而天人順,暴亂行而桀紂亡。百六爲霖旱之灾,七九非湯堯之運。曆數斯在,惟德動天;禍福無門,惟人所召。故德者,五行之義也;人者,兩儀之心也。人心動而悔吝生,德義形而陰陽謝。必乘金運,則殷不及於期;果曆本行,則周不及於數。龍門黿祅之發,人與事並;白魚丹雀之符,德將時應。神道設教,金土之運匪他;人文化成,狂聖之來是我。蕩蕩之德,何敢不通;翼翼之心,奚施不可?天也人也,坦然克分;時乎命乎,昭文斯辨。臣優柔理道,杳同河漢,或躍文江,懼深冰谷。謹對。"《文苑英華》

二年己亥(699)

十月,鳳閣舍人韋嗣立上疏曰:"臣聞古先哲王立學官,掌教國子以六德、六行、六藝,三教備而人道畢矣。《禮記》曰:'化人成俗,必由學乎!'學之於人,其用蓋博。故立太學以教於國,設庠序以化於邑。王之諸子,卿大夫、士之子及國之俊選皆造焉。八歲入小學,十五入大學,春秋教以禮樂,冬夏教以《詩》《書》。是以教洽而化流,行成而不悖。自天子以至於庶人,未有不須學而成者也。國家自永淳以來,二十餘載,國學廢散,胄子衰缺。時輕儒學之官,莫存章句之選。貴門後進,競以僥倖升班;寒族常流,復因凌替弛業。考試之際,秀茂罕登,驅之臨人,何以從政?又垂拱之後,文明在辰,盛典鴻休,日書月至。因籍際會,入仕尤多。加以讒邪凶黨來俊臣之屬,妄執威權,恣行枉陷,正直之伍,死亡爲憂,道路以目,人無固志。罕有執不撓之懷,殉至公之節,偷安苟免,聊以卒歲。遂使綱領不正,請托公行,選舉之曹,彌長渝濫。隨班少經術之士,攝職多庸瑣之才。徒以猛暴相誇,罕能清惠自勖。使海內黔首,騷然不安;州縣官僚,貪鄙未息。而望事必循理,俗致康寧,不可得也。陛下誠能下明制,發德音,廣開庠序,大敦學校,三館生徒,即令追集,王公已下子弟,不容別求仕進,皆入國學,服膺訓典。崇飾館廟,尊尚儒師,盛陳奠菜之儀,弘敷講說之會,使仕庶觀聽,有所發揚,弘獎道德,於是乎在。則四海之内,靡然向風矣。《舊書・韋思謙傳》、《册府元龜》。

進士十六人。

*吉頊,原列卷二十七《附考・進士科》,徐氏考云:"《舊書・酷吏傳》:'吉頊,洛州人。進士舉。'按胡補云:"《河南通志》卷四五《選舉志》二《進士科》:'吉頊,洛陽人,聖曆二年第,天官侍郎。'"今移正。

*明經科:

*開休元,《千唐》[732]郭虚己撰開元二十一年(733)十一月九日《唐故朝散大夫國子司業上柱國開君(休元)墓誌并序》(參見《彙編》[開元390])云:"君諱休元,字長蒨,廣陵江都人也。……廿一,鄉貢明經擢第。……以開元廿一年五月七日遇疾,卒於西京永興里之私第,時年五十有五。"則其二十一歲時在聖曆二年。按羅補繫於聖曆三年,誤。王補入本年。

諸科一人。

*跡隱纏肆科:

*董守貞。《彙編》[開元160]開元十一年(723)二月一日《大唐故董府君(守貞)墓誌銘并序》(周紹良藏拓本,開封博物館藏石)云:"君諱守貞,字崇,隴西狄道人也。……聖曆年中,應跡隱纏肆科及第。"今附本年。亦見王補。

三年庚子(700)

五月癸丑,改元爲久視。《舊書》本紀

十月甲寅,復舊正朔,改一月爲正月,仍以爲歲首。正月依舊爲十一月。《舊書》本紀

進士二十人:

張紘,《唐詩紀事》:"紘登久視六年進士第。" 按久視無六年,"六"爲"元"之訛。獨孤及《張從師墓表》:"烈考浤,以碩學麗藻,名動京師,亦舉進士。自監察御史爲會稽令。"疑"浤"即"紘"之訛。"浤"又作"法"。

崔尚。《唐詩紀事》:"尚登久視六年進士第。" 按"六"亦"元"字之

訛。杜甫《壯遊詩》:"斯文崔魏徒。"注:"崔鄭州尚。"

經邦科:聖曆三年有此科,見《雲麓漫鈔》。

劉幽求。《舊書》本傳:"冀州武强人,聖曆年應制舉。" 按聖曆時制科之可見者惟此,幽求或以是科登第歟? ○孟按:《全唐文》卷七五二杜牧《上宣州高大夫書》:"劉幽求登制策科,與元宗徒步誅韋氏立睿宗者。"

*拔萃出類科:

*孫嘉之,原列本卷大足元年(701)拔萃科,徐氏考云:"孫逖〔趙校:原衍'其'字,據岑仲勉説删,見後《訂補》。〕撰父嘉之墓誌銘:'久視初,預拔萃,與邵炅、齊澣同升甲科。'按久視時無拔萃科,故附是年。"按岑補云:"余按前條引《孫審象誌》作'久視中'。" 孟按:嘉之、審象二誌均載嘉之"久視"登拔萃科(按聖曆三年五月癸丑改元久視,次年正月丁丑改元大足),徐氏以本年無拔萃科而附於大足元年,未當。或《登科記》失載。今仍從二誌移正至本年。下四人皆同。又按陳補亦主久視元年。

*邵炅,原列本卷大足元年(701)拔萃科,徐氏注:"見上。" 孟按:岑補云:"同年拔萃科邵炅下注云'見上',即爲孫逖所撰父嘉之誌也。余按《千唐》天寶七載《廣平郡太守恒王府長史寇洋墓誌》云:'弱冠應材稱棟梁舉,策居第一。又試拔萃出類科,與邵昇、齊澣同時超等。'則拔萃科之全名應爲'拔萃出類',拔萃乃其省稱。合觀嘉之墓誌,則洋亦與嘉之同年舉也,寇洋名可補入。復次孫逖文作'炅',《寇洋誌》作'昇'。考《元和姓纂》:'唐都官郎中邵昇,自安陽徙汝南,弟炅,考功員外。'昇、炅是昆弟,非同人。'炅'字在宋刻書本雖爲太宗諱,但洋誌近年出土,又無可疑,豈其中任有一誤歟? 抑昆弟同舉是科歟?《太平廣記》二五五引《御史臺記》:'唐邵景,安陽人,擢第。'《郎官考》一〇:'《廣記》"炅"作"景",係避太宗御名改。'然舉進士亦得曰'擢第'(《記考》二七即以爲進士第),不必其爲制科也,故邵昇名應並存。至材稱棟梁科,依《寇誌》叙法,應在久視或久視前,今《記考》三及四均未見,亦足補闕。特難定其年分耳。"

*邵昇,見上岑補。

*寇洋,見上岑補。

*齊澣。原列本卷大足元年(701)拔萃科,徐氏注:"見上。"又考云:

“《舊書·文苑傳》:‘齊澣,定州義豐人。弱冠時以制科登第。’按《新書》作聖曆初,誤。”今據上岑補移。

大足元年辛丑(701)

正月,改元。《舊書》本紀

十月辛酉,改元爲長安。《舊書》本紀、《新書》本紀。

策進士問:“有征無戰,道存制禦之機;惡殺好生,化含亭育之理。頃塞垣夕版,戰士晨炊,猶復城邑河源,北門未啟,樵蘇海畔,東郊不開。方議驅長轂而登隴,建高而指塞。天聲一振,相弔俱焚。夫春雪假陽,寒蓬易卷。今欲先驅誘諭,暫頓兵刑,書箭而下蕃臣,吹笳而還虜騎。眷言籌畫,兹理何疑。”第一道

問:“夫子述《孝經》,裁道德,輔天相地,樹之王化,穆乎人倫。既鈎命而合謨,亦契神而盡性。歷聽藏書,同爲代寶;永言五孝,不列六經。將設教之有旨,豈偏序之無法?北宫群彦,未始詳焉;東觀諸儒,不之辯也。且禮樂二本,古文漏失;《春秋》三傳,大議派分。而備六籍於蘭臺,懸九經於甲令。今欲登孝道爲七藝,亦未前聞;足經名爲十部,恐疑後進。思觀義窟,用定儒門。”第二道

問:“語人以倫,鳴鶴斯和;砥名礪節,異代同歸。子等温古知今,將施有政,前言往行,豈曰無聞。至於顯仁義以基德,標智信以習禮,觸目青史,比肩緗帙,思齊其事,各辯其人。既呈役於扣鐘,可徵賢於求燧。肖形天地,甄化陰陽,五常配於五行,六情同於六氣。爲所稟之各異,蓋因物而或遷。仍分情氣之題目,兼叙常行之方位。”第三道

問:“自昔帝王,必有制作,所以隆基天命,器辯神奸。至於或鑄昆吾,或遷郟、鄏,虞邱之説尚疑周、漢,楚子之問未詳輕重。通明舊史,幸爲指陳。亦有弗父勒名,仲山傳器,得於何代,顯自何功?魚游之旨安施,雉頌之文奚戒?兼言鼎鼐之異,及顯國家

之宜。”第四道。《張燕公集》。　按原題曰“試潞州進士”，蓋時在東都也。

進士二十七人：《登科記》：“大足元年進士二十七人，二年不貢舉。”　按大足無二年，《登科記》誤。

章仇嘉勉，《通志・氏族略》：“唐長安元年，右史知貢舉張説下進士章仇嘉勉。”孫愐曰：“漢有章弇，因避仇加仇字，爲章仇氏。《通鑑》百七十九。　按“嘉勉”本作“嘉勖”，《岑植德政碑》之句容縣尉章仇嘉勖，即其人。鄭漁仲避神宗諱改之。正如宋慶曆間元昊之伊州刺史賀從勖，熙寧時王珪撰《梁適墓誌》則謂之賀從勉也。至鄧名世《古今姓氏書辨證》作“章仇嘉昂”，又“勖”字之誤耳。

席豫。《舊書・文苑傳》：“豫，襄陽人，昌州刺史固七世孫。徙家河南。豫進士及第。”　按豫以是年登詞擅文場科，年十六，則登第不得復在其前，故附是年。○孟按：原卷二十七《附考・進士科》又著録“席豫”，徐氏考云：“《舊書・文苑傳》：‘豫進士及第。’”趙校：“席豫已見卷四大足元年，詳《施補》。”今删併。

*明經科：

*王悆。《千唐》[874]天寶十一載(752)八月廿八日《大唐故鉅鹿郡南和縣令□(王)府君(悆)墓誌銘并序》(參見《彙編》[天寶205])云：“公諱悆，字同光，琅耶臨沂人也。其先周靈王太子晋之後，晋以□□□□□爲庶人，時人號曰王家，子因以爲氏焉……年十八，舉孝廉，授相州堯城縣丞。”按王氏卒於天寶十一載七月八日，享年六十九，則其十八歲時在大足元年。亦見陳補。

諸科十人。

拔萃科：《册府元龜》：“大足元年，理選使孟詵試拔萃科。”按《舊書・孟詵傳》不載此事。

崔翹，《册府元龜》。《唐語林》：“大足元年置拔萃，始於崔翹。”

鄭少微，見《册府元龜》、《唐會要》。

裴寬。《舊書・裴漼傳》：“漼從祖弟寬，應拔萃舉。”

疾惡科：《雲麓漫鈔》載大足二年，誤。

馮萬石。《唐會要》。　按《册府元龜》作“馮石”，誤。

文擅詞場科：

王敬從，孫逖《太子右庶子王敬從神道碑》："大足中，舉文擅詞場。"

王易從，《舊書·王徽傳》："曾祖擇。從兄易從，天后朝登進士第。"孫逖《王敬從神道碑》："兄曰易從，公始以對策高第。"則易從同科。 按蘇頲《王易從神道碑》："二十升甲科，授亳州城父尉。倚廬於墓者六祀。辟授華州華陰縣尉。復策甲科。"蓋二十升甲科者，進士登第後，又與敬從同登制科也。

席豫。《新書》："席豫字建侯，長安中舉學兼流略、詞擅文場科，擢上第。時年十六。" 按"詞擅文場"當即是年之"文擅詞場"也。

知貢舉：張說。《舊書·張說傳》"長安初，修《三教珠英》畢，遷右内供奉，兼知考功貢舉事。"〇孟按：陳補以爲本年知貢舉爲沈佺期，張說知下年貢舉。考見下年知貢舉。

長安二年壬寅(702)

正月，初令天下諸州有練習武藝者，每年准明經、進士例舉送。《册府元龜》。《通鑑》作"正月乙酉，初設武舉"。 按《文苑英華》載詔曰："鸞臺。朕聞文武之道，憑經緯而開國；春秋之功，藉生殺而成歲。雖復車書混一，中黄之雄氣諒存；温煦方滋，太白之高星必應。事既不昧，理乃固然。朕自臨御天下，憂勞兆庶。宵衣佇旦，望調東户之風；旰食望眠，希緝南薰之化。故得中外褆福，遐邇乂安，控蟠桃於滋冘之墟，通細柳於炎洲之域。楚鋒越刃，俱鑠大農之冶；俠客雄兒，皆服鴻都之肆。今若循其至理，任彼無爲，則取夬之道有餘，止戈之義不足。況金方起暴，玉河未靖，偷安榆鬼之鄉，竊險麻奴之地。然而北鄙嚮化，已事和親之禮；而西璟負恩，不習用師之備。隨時之義，寧可自然？當土宇曠修，人物繁富，三門九地之秘，豈謝前規，白猿蒼兕之奇，何慚曩烈。或英謀冠代，雄略過人，總韓、白以先驅，掩孫、吴而得雋。或力能拔距，勇絶蒙輪，冒白刃其如歸，捨蒼璧而不顧。或跡隱鄽肆，身托村閭，行雖犯於流俗，器乃堪於拯難。或捷如迅電，走若追風，彎弧則七札洞開，奔陳則重圍自潰。並有思於制命，俱未遇於時須。可令文武内外官五品及七品已上，清官及外官刺史、都督等，於當管部内，即令具舉。且十室之邑，忠信尚存；三人同行，我師猶在。會須搜訪，不得稱無。薦若不虚，自從褒異之典；舉非其士，豈漏貶責之科。所司明爲條例，布告遠近，知朕意焉。”此詔年月無考，而所舉皆練習武藝之事，疑在是時。附此俟考。

進士二十一人：

張九齡，《舊書》本傳："曾祖君政，韶州别駕，因家於始興，今爲曲江人。父弘愈。"徐浩《張九齡神道碑》："九齡字子壽，一名博物。弱冠鄉試進士。考功郎沈佺期尤所激揚，一舉高第。時有下等，謗議上聞。中書令李公，當代詞宗，詔令重試。再拔其萃，擢秘書省校書郎。"《讀書志》："張九齡，曲江人。長安二年進士。"

徐秀（徐琇）。《顔魯公集·徐府君神道碑銘》："君諱秀，東海郯人。年十五，爲崇文生，應舉。考功員外郎沈佺期再試《東堂壁畫賦》，公援翰立成。沈公駭異之，遂擢高第。"○孟按：陳補於大足元年（701）進士科下著録"徐琇"，考云："《顔魯公文集》卷八《朝議大夫贈梁州都督上柱國徐府君神道碑銘》：'君諱秀，東海郯人也。……年十五爲崇文生，應舉。考功員外郎沈佺期再試《東堂壁畫賦》，公援翰立成。沈公駭異之，遂擢高第。'天寶十二載卒，年七十，其十五歲當在聖曆二年。徐松考沈佺期之仕歷，以爲當在久視後，其説是。碑云十五歲爲崇文生，非定指十五歲及第。但定在長安二年，亦誤。二年爲張説知舉，説詳後。徐氏既已考知沈佺期爲自通事舍人轉考功員外郎，而據《石淙詩》刻石知其久視元年夏爲通事舍人，就最接近的時間推測，當以大足元年知舉爲是。徐琇本年十七歲。又，顔碑作'徐秀'，考《元和姓纂》卷二、《新唐書·宰相世系表》皆作'琇'，今從之。"　孟按：參見本年知貢舉下考。

明經科：

龐履温，邵混之《元氏縣令龐君清德碑》："君姓龐氏，名履温，字若水，南安人也。長安二年，明經擢第，拜宣州參軍。"

＊周誠，《千唐》[772]開元二十七年（739）正月二十八日《大唐故朝議郎行監察御史周府君（誠）墓誌銘并序》（參見《彙編》[開元 483]）云："君諱誠，字子諒，分祖于周，汝南平輿之著姓也。……弱冠國學生，孝廉擢第，解褐補潤州金壇尉。"按周氏卒於開元二十五年（737），享年五十五，則

其弱冠之歲在長安二年。按張補録入附考類。亦見陳補。

＊李迪。《彙編》[天寶 115]天寶六載(747)十一月廿五日《趙郡李府君(迪)墓誌并序》(周紹良藏拓本,開封博物館藏石)云:“君諱迪,字安道,趙國人也。……廿孝廉擢第,卅解褐授官。”按李氏卒於天寶六載(747),享年六十五,則其二十歲在長安二年。亦見陳補。

襲黄科:《册府元龜》:“長安二年,襲黄科。”《雲麓漫鈔》作“大足二年”,蓋“大足”爲“長安”之訛。

馮克麾。《册府元龜》、《唐會要》。

＊諸科:

＊騫晏。《補遺》册二,第 23 頁,郞載撰天寶四載(745)二月十四日《唐故朝議郎行中部郡宜君縣令騫府君(晏)墓誌銘并序》云:“公諱晏,字承暉,其先閔子騫之裔也。……弱冠,以工甲令擢第,補洋州司法参軍。……以開元廿七載十二月十一日,終于滻川里之别業,春秋五十有七。”“甲令擢第”,即明法擢第。以開元二十七年(739)年五十七推之,其弱冠之歲在本年。

知貢舉:沈佺期。《舊書·文苑傳》:“沈佺期,長安中遷通事舍人,再轉考功員外郎。坐贓配流嶺表。” 按沈佺期有自考功員外授給事中詩,《文苑傳》誤。武后《夏日宴石淙詩》刻於久視元年,其時沈佺期已爲通事舍人。傳言“長安中”,亦誤。張説《四門助教尹守貞墓誌》:“自延載之後,條限賓薦。長安之初,大開貢舉,考功是年千五百餘人。召先生課核淑慝,時稱無滯矣。”○按陳補云:“按徐氏録本年爲沈佺期知舉,上一年爲張説知舉。友人陳祖言撰《張説年譜》(香港中文大學出版)考定本年爲張説知舉。主要證據是:《舊唐書》卷九七《張説傳》云:‘長安初,修《三教珠英》畢,遷右史、内供奉,兼知考功貢舉事。’徐氏據以定説爲元年知舉。然《三教珠英》撰成奏上,實在元年十一月十三日,見《唐會要》卷三六。元年初説方專意修書,無暇他顧,且成書後進官,預修諸人皆然,因知説爲二年知舉。沈佺期知舉之最接近時間,當在上一年,已如前述,是本年可定爲張説知舉。” 孟按：以預修《三教珠英》及歷官考察，定張説爲本年知舉似可成立，然尚有以下疑問需待解決：第一，《通志・氏族略》：“唐長安元年，右史知貢舉張説下進士章仇嘉勉。”第二，徐浩《張九齡神道碑》：“九齡字子壽，一名博物。弱冠鄉試進士。考功郎沈佺期尤所激揚，一舉高第。時有下等，謗議上聞。中書令李公，當代詞宗，詔令重試。再拔其萃，擢秘書省校書郎。”《讀書志》：“張九齡，曲江人。長安二年進士。”第三，沈佺期亦預修《三教珠英》，時任通事舍人之職，已如前考，則其由通事舍人轉爲考功員外郎，亦當與張説等人同時（參見《唐才子傳校箋》卷一《沈佺期傳》傅璇琮先生校箋），即在長安元年（701）十一月十三日之後，然《張九齡神道碑》既言“考功郎沈佺期”，《徐府君（秀）神道碑銘》亦言“考功員外郎沈佺期”。是定沈佺期爲大足元年（十月壬寅改元爲長安元年）知舉，非。予以爲張説與沈佺期知舉事可存疑俟考，暫仍徐考舊説。

三年癸卯（703）

進士三十一人：

王擇從。《舊書・王徽傳》：“曾祖擇從，大足三年登進士第。” 按大足三年即長安三年。鄧名世《古今姓氏書辨證》：“王擇從登第，又制舉升乙第，充麗正殿學士。”〇孟按：上引鄧名世《古今姓氏書辨證》原文作“擇從，大足三年登第，先天中又應賢良方正制舉，升乙第，充麗正殿學士。”

＊明經科：

＊慕容瑾，《彙編》[開元346]開元二十年（732）八月十四日《唐故河南府澠池縣丞慕容君（瑾）墓誌銘并序》（周紹良藏拓本）云：“君諱瑾，其先昌黎棘城人，始後魏都洛，徙於滎陽也。……年廿，明經擢第，解褐岐州參軍。”按慕容氏卒於開元二十年（732）七月四日，享年四十九，則二十歲時在長安三年。亦見張補。

＊李庭訓。《千唐》[857]杜鎮撰天寶九載（750）十一月十七日《故濟南郡禹城縣令李府君（庭訓）墓誌銘并序》（參見《彙編》[天寶167]）云：“公諱庭訓，字庭訓，隴西成紀人也。……公弱冠孝廉擢第，解褐申王府參

軍。”按李氏卒於開元二十一年(733),享年五十,則其弱冠之歲在長安三年。亦見陳補。

諸科四人。

上書拜官一人:

王元感。《唐會要》、《册府元龜》載長安三年三月,四門博士王元感表上《尚書糾謬》十卷、《春秋振滯》二十卷、《禮記繩愆》三十卷,並所注《孝經》、《史記》、《漢書》藁,請官給紙筆,寫上秘閣。制令弘文、崇文兩館學士及成均博士詳其可否。弘文館學士祝欽明,崇文館學士李憲、趙元亨,成均博士郭山惲,皆專守先儒章句,深譏元感掎摭舊義。元感隨方應答,竟不之屈。唯鳳閣舍人魏知古、司封郎中徐堅、左史劉知幾、右史張思敬雅好異聞,每爲元感申理其義。詔曰:“王元感質性温敏,博聞强記,手不釋卷,老而彌篤。掎前達之失,究先聖之旨,是謂儒宗,不可多得。可授太子司議郎。” 按《册府元龜》又載爲貞觀十六年十月事,今從《會要》。〇孟按:魏知古生於太宗貞觀二十一年(647),見《新唐書》卷一二六;徐堅、劉知幾皆生於高宗龍朔元年(661),見李華《慶王府司馬徐府君碑》及《舊唐書》卷一六二、《新唐書》卷一三二。《册府》作貞觀十六年(642)顯誤。

四年甲辰(704)

進士四十一人,續奏四人:

李温玉。《摭言》:“長安四年,崔湜下四十一人,李温玉稱蘇州鄉貢。”

知貢舉:崔湜。見《摭言》。

中宗大和大聖大昭孝皇帝

神龍元年乙巳(705)

正月壬午朔,改元。乙巳,太后傳位於皇太子。丙午,中宗即位。《通鑑》

二月甲寅，復國號曰唐。《通鑑》

令貢舉人停習《臣軌》，依舊習《老子》。《舊書》本紀。　《會要》作二月二日。　按《舊書》事在己未，二月辛亥朔，己未爲九日，《會要》誤。《通典》、《册府元龜》又誤作二年二月事。

詔九品以上及朝集使，極言朝政得失，兼舉賢良方正、直言極諫之士。《舊書》本紀、《册府元龜》。

五月丙午，制以鄒、魯之邑百户爲太師、隆道公《册府元龜》注云："則天封孔子爲隆道公。"宣尼采邑，收其租税，用供薦享。又授裔孫褒聖侯崇基朝散大夫，仍許子孫以相傳襲。《舊書》本紀、《册府元龜》。

是月，制令職官五品以上，各舉所知一人。《册府元龜》

九月壬午，親祀明堂，大赦天下。制内外文武三品以上官並縣令，京師清官九品以上，各舉孝弟廉讓一人。《舊書》本記、《唐大詔令集》。

十月十九日，改弘文館爲昭文館。《唐會要》。　按避孝敬諱也。

改成均監復爲國子監。《唐會要》

是年，始定進士科三場試。《摭言》

進士六十一人，重試及第十二人：吴曾《能改齋漫録》引《登科記》，神龍元年第五十四人有薛全之。　按"薛全之"即二年"薛令之"之訛。所云五十四人，亦恐未足爲據。

＊姚仲豫，狀元。　原列神龍二年(706)進士科狀元，徐氏考云："《淳熙三山志》、《玉芝堂談薈》皆載神龍元年。惟《三山志》注明丙午，則'元'爲'二'字之訛矣。"　今據胡補移正，詳下考。

＊褚璆，原列卷二十七《附考·進士科》，徐氏考云："《新書·褚遂良傳》：'遂良曾孫璆，字伯玉，擢進士第。'"按胡補云："清龔嘉儁等主修《杭州府志》(乾隆年刊印本)卷一〇七《選舉志》一《唐制科》引《唐登科記》云：'神龍二年才膺管樂科：褚璆，錢塘人。元年進士，禮部員外郎。'同卷《唐進士》云：'神龍元年乙巳姚仲豫榜：褚璆，見制科。《康熙志》列開元十三

年,《乾隆志》據《唐登科記》更正。'又《登科記考》神龍二年云:'姚仲豫,狀元。《淳熙三山志》、《玉芝堂談薈》皆載神龍元年。惟《三山志》注明丙午,則"元"爲"二"之訛矣。'按此説欠妥。《杭州府志》明言《乾隆志》據《唐登科記》注明元年乙巳,無可懷疑,況《三山志》、《談薈》亦載爲元年,則'丙午'爲'乙巳'之訛,非'元'爲'二'之訛也。"按胡補是,今移正。

*張思鼎,《千唐》[812]天寶三載(744)閏二月八日《大唐故朝散大夫使持節唐州諸軍事守唐州刺史張公(思鼎)墓誌銘并叙》(參見《彙編》[天寶 043])云:"君諱思鼎,字□□,河東桑泉人也。……神龍年,郡辟秀才,擢第調補潞州銅鞮縣尉。"按思鼎卒於天寶元年(742)二十六日,享年六十七。誌文言"神龍年",今附元年,是年思鼎三十歲。王補附二年。

*楊相如。孟按:《明一統志》卷四十九《南昌府·人物·唐》:"楊相如,南昌人。聰明博古,神龍初進士,補當塗尉。屢上書言事,改歷晋陵、陸渾。又上《君臣政要》三卷,明皇曰:'朕身之寶也。'拜右拾遺。開元末,復上書,語益切直,出爲懷州别駕。"《萬姓統譜》卷四十一所録文字與上略同。日本藏[萬曆]《新修南昌府志》卷十七《選舉·科第》:"神龍元年進士:楊相如,有傳,南昌人。"又同上卷十八《人物傳》文字與《統譜》略同。又見四庫本《江西通志》卷四十九。按《新唐書·藝文志三》著録"楊相如《君臣政理論》三卷"。按胡補據《全唐文》小傳及光緒《江西通志》録於本年。

*明經科:

*崔嘉祉,《千唐》[737]開元二十二年(734)四月六日《大唐尚輦直長崔公(嘉祉)墓誌銘》(參見《彙編》[開元 399])云:"崔公諱嘉祉,字嘉祉,博陵人也。……弱冠以明經選調,補濮州鄄城縣尉。"按崔氏卒於開元二十二年(734),享年四十九,則其弱冠之歲在神龍元年。亦見王補。

*裴光庭。孟按:徐氏原繫光庭於卷二十七《附考·明經科》,考云:"張九齡《裴公碑》:'光庭字連城,河東聞喜人。神龍初明經擢第。'"既言"神龍初",當繫於本年,今移正。亦見陳補。

諸科二十九人。

賢才科:見《雲麓漫鈔》。 《新書·盧藏用傳》:"姚崇持節靈武道,奏爲管記。還應縣令舉甲科。” 按姚崇自軍還都在神龍元年,縣令舉或即賢才科也。

嚴挺之,《舊書》本傳:“挺之少好學,舉進士。神龍元年,制舉擢第。” 按是年制科惟有賢才,則於此科擢第也。

＊房誕,《隋唐五代墓誌滙編・洛陽卷》第八册第101頁(參見《唐代墓誌彙編續集》[景龍002])景龍元年(707)十一月一日《唐故朝散大夫行洪州都督府豐城縣令上柱國公士譙郡清河房府君(誕)墓誌銘并序》:“君諱誕,字文絢,魏郡清河人也。……以乾封年授輕車都尉,解褐授宣德郎、行滄州胡蘇縣丞。……既而周運□□,唐祚再隆,賁帛旌賢,制舉及第。俄授洪州豐城縣令、上柱國,經考歸致仕。……以神龍三年八月十五日卒於建春里第,春秋七十有六。”按誌文所言“周運□□,唐祚再隆”,當指神龍元年(705)中宗復辟之事。房誕應制舉及第,當在是年。其年房氏爲七十四歲。

＊寇洋,詳下。

＊盧藏用。原列卷二十七《附考・制科》,徐氏考云:“盧藏用,《新書》本傳:‘應縣令舉甲科。’” 孟按:岑補云:“《寇洋誌》又云:‘神龍初,大徵儒秀精擇令長薦,與盧藏用等高第。’考《新書》一二三《藏用傳》亦云:‘姚元崇持節靈武道,奏爲管記。還應縣令舉甲科,爲濟陽令。神龍中……’今《記考》四神龍元、二年下都無此科,可補寇洋、盧藏用兩名(藏用,《記考》二七附制科内)。”亦見羅補。今移正。

＊手筆俊拔,超越流輩科:

＊席豫。原列卷五景雲三年(712)手筆俊拔、超越流輩科,徐氏考云:“《新書》本傳:‘豫以父喪罷。復舉手筆俊拔科,中之,補襄邑尉。’”按陳補云:“席豫,據《新傳》。按原文云:‘復舉手筆俊拔科,中之。補襄邑尉,奏事闕下,會節愍太子難……’節愍事在神龍三年,是席豫登科當在神龍元、二年間。”今附本年。

＊知貢舉:崔湜。原闕名,徐氏考云:“李華《崔沔集序》云:‘權貢舉時,得陸尚書景融、來揚州瑱、宋上黨遥、宋兵部鼎等,僉爲國器。’按沔登第在萬歲通天元年,歷陸渾主簿,秩滿擢左補闕。除殿中

侍御史，遷起居舍人。拜祠部員外郎，遷給事中。睿宗時，拜中書舍人。華序權貢舉於中書之前，蓋以祠部員外郎兼考功員外郎，故曰‘權’。考中宗朝惟此年知舉無人，或即沔歟？按陸景融、來瑱傳皆不言由科舉。又據《崔湜傳》，則是年知貢舉當是湜。”按陳補云：“本年知貢舉者，徐氏據李華《崔沔集序》，疑爲崔沔。又以爲崔湜，未能決定。按《文苑英華》卷七〇一録李華序云：‘推舉時聞（注：一作權貢舉時），得陸尚書景融、李揚州瑱、宋上黨遥、宋兵部鼎等，僉爲國器。’《顔魯公文集》（三長物齋刊本）卷五《崔孝公宅陋室銘記》云：‘俄而即真，兼都畿按察使……公之澄清中外也，以畿縣令長陸景融、劉體微、盧暉有異政，丞尉宋遥、皇甫翼、陳希烈、宋鼎……州掾李瑱、裴曠等，並以清白吏，疏而舉之。’指開元廿年左右時沔按察都畿吏治事，宋時李文已訛爲權貢舉事，徐氏復據誤本録之，未及深考。從現存史料看，本年當爲崔湜知舉。”今從之。

二年丙午（706）

二月，令舉天下鴻儒碩學之士。《册府元龜》

是年，改昭文館復爲修文館。《唐會要》。　《舊書》本紀以爲元年事，誤。

策問：“選賢舉能，秀造參用。今之所薦，誠爲得人。未聞含聲待扣，乃有不耕而穫。十室忠信，理亦難誣。若遂踐於清朝，仗何材而濟物？又二老歸周，見稱何德？八元佐舜，見述何功？滋泉以何術見稱？莘邑以何辭作相？雲臺畫象述其先，麟閣稱名標其道。”《文苑英華》。　按此疑係才高位下策問，附載俟考。

進士三十二人：

薛令之，《淳熙三山志》：“姚仲豫榜進士，字珍君，長溪人。終左補闕、太子侍讀。”《唐語林》：“薛令之，閩之長溪人。神龍二年趙彦昭下及第。”《唐摭言》、《唐詩紀事》。〇孟按：《太平廣記》卷四九四引《閩川名士傳》：“神龍二年，閩長溪人薛令之登第。”《輿地紀勝》卷一二八《福建路·福州·人物》：“唐薛令之，長溪人，神龍二年及第，仕至太子侍讀。”韓愈

《歐陽生哀辭并序》:“閩越之人舉進士繇詹始。”五百家注引嚴曰:“詹字行周,泉州晋江人,退之同年進士。此言閩人舉進士自詹始,及觀林藴《泉山銘叙》則閩川貞元以前未有文進者也,因廉使李郕公錡興啟庠序,請獨孤常州及爲記,中有辭云:‘縵胡之纓,化爲青襟。’其兄藻與友歐陽詹繼登正第,以其年考之,則藻之登第又在詹之前。然長溪薛令之以中宗神龍二年擢第,則又在藻之前矣。退之謂由詹始豈考之未詳耶。”

趙冬曦,《新書·儒學傳》:“趙冬曦,定州鼓城人。進士擢第。”〇孟按:《補遺》册四,第458頁,天寶十載(751)四月甲申《唐故國子祭酒趙君(冬曦)壙》云:“府君諱冬曦,字仲愛,博陵鼓城人也。……或曰,全其道,含其光,懷其寶,迷其邦,獨善乃可,用大則未也。由是始起,强爲著書。核王政之得失,陳理體之終始,凡十七篇。景龍中,河南黜陟使盧懷慎覽而欽嘆,特表上聞,天子嘉焉,虚己詳問。執政者黨同妒異,遂賞文辭而已。奏以進士試,對策甲科。是歲,調集有司,即授校書郎,旌異等也。”按誌言“景龍中”,誤。盧懷慎與馬懷素、源乾曜、李傑等人爲十道黜陟使(巡察使)事在神龍二年二月,見《資治通鑑》卷二〇八,又參見兩《唐書》《馬懷素傳》、《安金藏傳》,知“景龍”當爲“神龍”之誤。

＊趙安貞,原作“趙安定”,徐氏考云“《廣卓異紀》引《登科記》,趙不器父子八人皆進士及第,内冬曦、安定,神龍二年考功趙彦昭下兄弟二人及第。” 孟按:《廣卓異記》卷十九原文及《元和姓纂》、兩《唐書》俱作“趙安貞”,參見卷二十七《附考·進士科》趙鄰考。今改正。亦見陳補。

＊徐安貞(徐楚璧)。成文版[萬曆]《金華府志》卷十八《科第·唐進士》:“神龍丙午:徐安貞,蘭溪人。”又同上卷十五《人物》:“徐安貞,舊名楚璧,字子珍,本烏傷人,其地後屬長山縣,今爲蘭溪。善五言,嘗應制科,一歲三上,俱及第。神龍二年第進士。開元六年以武陟尉選入殿判正。”又見[光緒]《浙江通志》卷一二三《選舉一·唐·進士》。亦見陳補。按安貞一年三登制科事見兩《唐書》,參見本書卷二十七《附考·制科》。

＊明經科:

＊裴處琎,《千唐》[884]天寶十二載(753)十月六日《唐故高人哲士河東裴府君(處琎)墓誌銘并序》(參見《彙編》[天寶225])云:“君諱處琎,河東聞喜人也。……神龍載中,明經擢第。”亦見王補。

＊盧友度。《彙編》[天寶 045]鄭齊敷撰天寶三載(744)三月九日《唐故司農主簿范陽盧府君(友度)墓誌銘并序》(北京圖書館藏拓本,開封博物館藏石)云:"公諱友度,字友度,范陽人也。……弱冠知名,善屬文,舉孝廉擢第,拜德州安陵尉。……以天寶三載閏二月將既寢疾,終於道政里之私第,春秋五十有八。"則其弱冠之歲在神龍二年。亦見王補。

諸科三十九人。

才膺管樂科:《容齋續筆》引《登科記》作元年。 按《册府元龜》,二年二月方下詔,則不得爲元年明矣。《唐會要》亦作二年。

張大求,見《册府元龜》、《唐會要》。

巍啟心,見《册府元龜》、《唐會要》。杜甫《壯遊詩》"斯文崔魏徒"注:"魏豫州啟心。"

魏愔,見《册府元龜》、《唐會要》。

盧絢,見《册府元龜》、《唐會要》。

張鷟,見《册府元龜》、《唐會要》。 《順宗實録》:"張薦祖文成,博學工文詞,七登文學科。"《容齋續筆》引《登科記》,才膺管樂科,張鷟於九人中爲第五。

褚璆,見《册府元龜》、《唐會要》。 按璆爲遂良曾孫,見《新書》。

成廙業(咸廙業),見《册府元龜》、《唐會要》。〔趙校:《新書》卷五八、《御史臺題名考》作"咸廙業"〕。○孟按:"成",《太平御覽》卷六二九亦作"咸"。

郭璘,見《唐會要》。《册府元龜》作"郭隆"。

趙不爲。見《册府元龜》、《唐會要》。

才高位下科:

馮萬石,見《册府元龜》、《唐會要》。

晁良貞,見《册府元龜》、《唐會要》。

張敬,見《册府元龜》、《唐會要》。

張鷟。《大唐新語》:"張文成應下筆成章、才高位下、詞標文苑等三入科,俱登上第。轉洛陽尉。故有《詠燕詩》,其末章云:'變石身猶重,銜泥力尚微。從來赴甲第,兩起一雙飛。'時人無不諷詠。"

孝弟廉讓科：《雲麓漫鈔》：作"廉謹"。

郭思訓，《孝子郭府君墓誌》："公諱思訓，字逸，太原平陽人。解褐睦州建德縣主簿。應吏職清白舉及第，轉滄州洛陵縣丞。敕除温王府兵曹參軍事，轉太子典膳。應孝弟廉讓舉及第，敕授大理司直。"

郭思謨，孫翌《孝子郭思謨墓誌》："應孝讓舉，擢武功尉。"

＊趙陵陽。《補遺》册七，第380頁，開元二十五年(737)十一月十五日《大唐故監察御史天水趙府君(陵陽)墓誌銘并序》："君諱陵陽，字陵陽，其先天水上邽人也。……年十有九，孝廉充賦，一舉登科。……以今年四月九日遇暴疾終於洛陽尊賢里之私第，時年五十。"誌末云："開元廿五年歲在丁丑建。"以開元二十五年、年五十推之，其十九歲在神龍二年。誌言"孝廉"，疑即本年之"孝第廉讓科"，因附是科。

知貢舉：趙彦昭。見上。

馮萬石對策曰："昔者聖人之立極也，選衆舉能，列官分職，以通天地之德，以類亭毒之功。臣哉鄰哉，時用遠矣。主上重光纘曜，紹開中興，拜輶軒於受命之初，希俊賢於御極之日。兹乃羲、軒之志，堯、禹之心，勤求道要闕所望於清光哉。故鄧林有必至之才，崑山無藏價之寶，可不謂然乎？臣以妄庸，藝無兼採，謬從卑列，應此嘉薦，誠非鈍朽所能塞充。然天光震動，虚求俊逸，揚於王廷，亦僶俛矣。顧當參明試，獻嘉謀，竭謏聞，敷大體。言用身退，以酬萬一。豈所謂不耕而穫，邀名幸時而已哉！今見屬有司，恭承下問，懋陳常務，自謂無奇。若得飭躬召見，對揚天休，下學上達，舒憤竭情，則亦引諭陰陽，較明時政之要，感激狂直，甄摭授受之宜，效其涓埃，以增海岳耳。若遂踐清朝，濟時成務，其道甚大，惟變所適。俾聞後命，則藏器而動，顧以更僕，言何盡言。曲學鯫生，居今志古。若乃忠爲令德，功實佐時，披卷懷人，恨爲異代。雖慚非博物，敢不揚言。則夫西伯善養，夷、齊以讓國歸老；帝舜舉能，元、凱以通才授職。維師尚父，韜鈐乃適道之功；相時阿衡，鼎飪爲獻君之術。雲臺紀績，吴、鄧懿其元勳；麟閣圖功，衛、霍流其茂實。謹對。"《文苑英華》。　按今本脱名，據《永樂大典》引補。

三年丁未(707)

正月庚戌，以默啜寇邊，制募猛士武藝超絶者，各令自舉。《舊書》本紀

二月，令舉天下鴻儒博學之士。《册府元龜》。　按此與上年同，疑"神龍""景龍"相似而誤。

九月庚子，改元爲景龍。《舊書》本紀

策賢良方正科問："妙盡黄間，期於百發；術該玄女，寧無七縱。聲苟中律，不憚撞鐘之求；服必稱儒，何辭解衣之試。況今徵工意匠，搴秀談叢，梟鸞即是於分區，牛驥仁從於别皂。謂其凌厲顧盼，以雪陳琳之恥；何乃罔蔽遷延，不答馬卿之難？豈時英所病，共設於翟酺；將高尚在懷，不屈於周黨？薦舉之法，抑有多途，取捨之方，莫能折衷。何則？含光隱跡，不盗處士之名；介立寡徒，安獲知己之薦。舉逸之法，應有通規，取捨之言，非爲盡善。文武之道，方册所不墜；德怨之報，人情之大綱。射爲諸侯，杜預無穿札之力；士爲知己，崔洪有挽弓之悔。相圃澤宫，失之遠矣；子皮、鮑叔，夫何言哉！舉賢受賞，非才有罰，國柄所加，期乎必當。驗之從政，效無限斷之年；試以文才，智有遲速之别。知而不舉，聞譏竊位；舉而非人，寧當顯戮。臧孫之犯，既是虚刑；子文之辜，復當何典？内外齊舉，援親豈不致嫌；師錫具陳，行慶又誰爲首？凡此歧路，罔識攸從，遲冀如律，弘其利涉。"《文苑英華》

兵部策沈謀秘算科舉人問："《詩》稱有截，傳載無爲，必在得人，方致斯道。皇上心存玄默，政洽清虚，坐五室以調氣，舞兩階以柔遠。溥天之下，計日來庭。尚有戎羯餘塵，覦長城於塞北；

句驪舊壤,走都護於安東。棄招蹙國之譏,取有疲人之患。綏討之理,用捨何從?且夷狄異方,地俗殊等,借使斷山川之是利,較戰守之所長,嬴糧調兵,幾何克濟?選倫求將,何者爲謀?静聽嘉謀,將聞執事。"第一道

問:"安西迴途,磧北多寇,自開四鎮,於兹十年。及瓜戍人,白首無代,分閫節使,丹旐方歸。未悟恢邊之益,且疑事遠之弊。今赤曷既並於黄姓,默啜復覘於庭州,漢掖徒張,胡臂未斷。而内匱積穀,外非足兵,於何出踐更之師,奚使間穹廬之黨?息人静國,有策存乎?"第二道

問:"五嶺山深,三蜀地險。篁竹之下,時驚剽劫;瓜芋之壤,歲擾居人。若縱兵揚麾,則鳥散谿谷;及旋師返旆,則蝗聚津塗。窮之乃一切歸降,置之又無可反覆。安輯之術,敷陳其要。"第三道。《張燕公集》

進士四十八人:

李欽讓,《摭言》:"景龍元年,李欽讓稱定州鄉貢附學。"

*權澈(權徹)。原卷二十七《附考·進士科》著録有"權徹",徐氏考云:"獨孤及《權公神道碑》:'公諱徹,字幼明,隴西天水人。童子時,舅氏崔湜奇其文,嘗有何無忌之似。其鄉舉也,考功郎中蘇頲拔諸群萃之中。'"按陳補云:"獨孤及《毗陵集》卷八《唐故朝議大夫高平郡别駕權公神道碑銘》:'公諱徹,字幼明,隴西天水人也。……其鄉舉也,考功郎中蘇頲拔諸群萃之中。'據《山右石刻叢編》卷九、乾隆《鳳臺縣志》卷十九録其《琵琶泓石壁詩》刻石,署'朝議大夫高平郡别駕權澈詞',名當作'澈'。另詳下文。"今更名並移正。

*明經科:

*陳褘。《補遺》册三,第85頁,魏凌撰天寶九載(750)正月六日《唐故承議郎行臨海郡寧海縣令陳府君(褘)墓誌銘并序》云:"公諱褘,字争,南朝潁川人也。……弱冠以齋郎擢第,解褐任睦州參軍事。……享載六十一遘疾,以天寶七載六月廿一日終於寧海縣之公館。"以弱冠歲推之,其擢第當在本年。

諸科三人。

材堪經邦科：按此科與下賢良方正科，《唐會要》皆作神龍二年。今從《册府元龜》。

張九齡，《舊書》本傳："登進士第，應舉登乙科。"○孟按：《容齋續筆》卷十二"唐制舉科目"條："九齡於神龍二年中才堪經邦科。"

康元瓌。按元瓌爲康希銑之子，見顔真卿《康使君神道碑銘》。《册府元龜》。

賢良方正科：

蘇晋，見《册府元龜》。

宋務光，見《册府元龜》。按務光字子昂，一名烈，汾州西河人。見《舊書》本傳。

寇泚，見《册府元龜》。〔趙校："泚"原作"玭"，據岑仲勉説改正，詳後《訂補》。〕○孟按：岑補見本書卷三長壽三年(694)。

盧怡，見《册府元龜》。

吕恂，見《册府元龜》。

韓琬，《舊書・韓思彦傳》："琬舉文藝優長、賢良方正，連中，拜監察御史。"《大唐新語》："韓琬少負才華，長安中爲高郵主簿。使於都場，以州縣徒勞，率然題壁曰：'筋力盡於高郵，容色衰於主簿。豈言行之缺，而友朋之過歟?'景龍中，自亳州司户應制集於京，吏部員外薛欽緒考琬策入高等，謂琬曰：'今日非朋友之過歟?'"

蘇詵。《新書・蘇瓌傳》："頲弟詵，字延言。〔趙校：《新書》卷一二五作"延言"。〕舉賢良方正高等。" 按自頲舉賢良後，是年復有賢良方正科。兄弟相去不應甚遠，載此俟考。

草澤遺才科。

宰臣科。二科見《雲麓漫鈔》。

武藝超絶科：蕭穎士有《爲邵翼作上張兵部書》云："應武藝超絶舉某乙，謹上書侍郎公執事。"蓋即是年正月詔舉之事也。

＊江瓘。《彙編》[開元 392]開元二十一年(733)十一月廿二日《大唐故慶王府典軍江府君(瓘)墓誌并序》(北京圖書館藏拓本，開封博物館

藏石)云:"君諱璀,字思莊,濟陽金鄉人也。……始應制科武藝超絶舉及第。"按江氏卒於開元二十一年(733)七月二十一日,享年五十四。其應制舉及第時二十八歲。

* 知貢舉:蘇頲。按原徐松著録本年知貢舉爲馬懷素,考云:"《舊書》本傳:'轉禮部員外郎,與源乾曜、盧懷慎、李傑等充十道黜陟使。還,遷考功員外郎。時貴戚縱恣,請托公行,懷素無所阿順,典舉平允。擢拜中書舍人。'按十使巡察天下在神龍元年、二年,知舉爲趙彦昭,則懷素爲景龍元年知舉矣。"按陳補云:"徐《考》録本年爲馬懷素知貢舉,明年即景龍二年爲宋之問知舉,按《郎官石柱題名新著録》載考外題名第五行前半段爲'蘇頲、馬懷素、宋之問(中泐)。'前引《權徹碑》'考功郎中蘇頲',郎中爲員外郎之誤。《唐文粹》卷九一韓休《蘇頲文集序》云:'屬考功員外郎闕。時中書令李嶠執筆曰:"考功郎非蘇君不莫可。"遂拜考功員外郎。'李嶠自神龍二年七月守中書令,頲拜考外當在此後。《唐會要》卷六四載景龍二年五月,考功員外郎馬懷素、户部員外郎宋之問、國子主簿杜審言並爲修文館直學士。《元和姓纂》卷八云:'之問,户、考二員外。'《文苑英華》卷九七八之問《祭杜學士審言文》云:'維大唐景龍二年歲次戊申月日考功員外郎宋之問謹以清酌之奠敬祭於故修文館學士杜君之靈。'總上數證,可知懷素歷考外在蘇頲後,景龍二年五月尚在職,則該年爲懷素知舉無疑。蘇頲約在神龍二年七月後除考外,知神龍三年(九月改元景龍)舉。之問自户外除考外,接馬懷素,時在景龍二年五月後,孟冬十月審言卒前。應爲知景龍三年舉。"

蘇晋對策曰:"物以類升,方以類降,故小大趨捨,未始離乎類也。所謂同聲類相應,同氣相求,雲從龍,風從武,時其效歟!矧惟生人,懷五常,含好惡,自然之勢也,安可處非其類乎?斯固士君子砥行立名,伸首抗迹,思欲奮迅泥滓,凌邁雲漢,與鸞鳳爲伍矣。豈不能折其鋒,沮其目?誠謂類有聚,群有分,下流不可久居。且無其時,猶欲於進之若此,況乎師曠傾耳,卞氏拭目,將欲察異音,求奇彩,苟有留者,誰肯遷延於解衣之試哉!

"策曰:'薦舉之法,抑有多途,取捨之方,莫能折衷。何則?含光隱跡,不盗處士之名;介立寡徒,安獲知己之薦。舉逸之法,應有通規,取捨之言,非無盡善'者。〔趙校:前問目作"非爲盡善"。〕夫人洪原注:疑。然則淵其心,飾其狀,不可知以貌,不可窮以言。將爲辯者不可也,求乎其端,或有可知矣。夫天之巖乎其上者,施人以氣;地之坎乎其下者,成人以形。高下之間,不可逃者,形氣而已矣。氣之積者彰乎形,形之動者感乎物。彰於形,故可以象察;感於物,故可以類求。察其象,長短之材可量矣;求其類,邪正之氣可識矣。雖則含光隱跡,介立不群,終不能以形逃,不能以氣隱明矣。子曰:'視其所以,觀其所由,察其所安,人焉廋哉,人焉廋哉!'古聖王之觀人也,未嘗越於是。取捨之言,非不盡善也,但失懷詐飾僞,舉士有之。干禄者不盡善,舉人者不盡智,或以勢逼,或以利興。觀象察言,以難其識,附威藉利,諛媚其心。有於此者,則取捨之方,何所施矣!嗚呼,負舟登山,誠難事也。

"策曰:'文武之道,方册所不墜;德怨之報,人情之大綱。射爲諸侯,杜預無穿札之力;士爲知己,崔洪有挽弓之悔。相圃澤宫,失之遠矣;子皮、鮑叔,夫何有哉!'〔趙校:前問目作"夫何言哉"。〕夫射者,先王所以定人之心,和人之志,而亦以示其威儀耳。以爲諸侯分我茅土,育我黎蒸,撫有威衡,持秉生殺,當審心定知,敷德遵和。故爲其立飲射之法,以導達其志,不在穿札貫的矣。子曰:'射不主皮。'即其義也。則夫麗龜貫石者,將武夫之技耳,非不侮鰥寡,保其社稷之業。夫有大功者獲大賞,異哉當陽,誠無間然矣。古之君子,冠業而立於朝,則必有益於時矣。以爲益時者,莫先於進賢,苟得其人,則没齒無怨矣,又何可顧望默識乎?子曰:'定其交而後求。'夫古之人定其交者,將弘濟時務,克清世幾,恐夫道不吾行,才爲時棄。是用定其交,求其達,豈徒踢促存於情之所好哉！若以情之所好相求，則是便僻比周之人，豈得爲文雅君子乎？崔侯必不以挽弓爲悔。假使子皮薦國産，叔牙舉夷吾，終不能光興鄭邦，匡合齊社，亦未足以紛昭載籍矣。

“策曰：‘舉賢受賞，非才有罰，國柄所加，期乎必當。驗之從政，效無限斷之年；試以文才，智有遲速之别。知而不舉，聞譏竊位；舉非其人，寧當顯戮。臧孫之犯，既是虚刑；子文之辜，復當何典？内外齊舉，援親豈不致嫌；師錫具陳，行慶又誰爲首？’夫天之平分萬物，體不俱舉。有其才者童其首，揮其翼者兩其足，德不必備，才難盡善。其人善於政者，不必有其文；工於詞者，不必敏其事。《書》曰‘無求備於一人’，詳矣。先王均其曲直，任之事宜，物各有所長，工拙不相害矣。故《書》曰‘明試以言，車服以庸’，則堯試其人以官，備在方策矣。夫政有序，化有漸，時有險夷，功有顯隱。爲政者當責其歲晚，不可中道而廢也。施政立德，不過乎三年，人情大可見也。孔子曰：‘期月而化成。’《書》曰：‘三載考績。’何得無限斷之年歟？夫文者，貴其能書理論，宣道其業，非得意之實，乃無意之筌歟。夫傳曰：‘言以足志，文以足言。’又曰：‘非文無以自達。’苟欲考之文詞，求之遲速，則志有可得，在政斯亨，言之無文，用亦何害？且夫官爵者，至公之器也；薦賢者，至公之道也。君子持至公之道，守至公之器，進思盡忠，何可回隱復挽，薦嫌疑親仇之間哉。昔者先王之立制，進賢受上賞，蔽賢蒙顯戮。舉非其實，置其阿黨之誅；薦得其人，介以彙征之賞。行慶之典，不偏於師錫矣。時理則德存，世亂則道喪。難乎魯無君子，楚不足徵。使子文安居，臧氏無咎，痛哉政不難矣。不有仲尼，蔿賈之喻，千載之後何知其過焉。謹對。”《文苑英華》

景龍二年戊申(708)

進士四十人：

張諤。《唐詩紀事》:“諤登景龍中進士第。”

＊明經科:

＊丁韶。《千唐》[840]天寶七載(748)十月廿三日《唐故延王府户曹丁府君(韶)墓誌銘并序》(參見《彙編》[天寶 129])云:“公諱韶,字子韶,魯郡濟陽人也。……弱冠明經擢第,釋褐授隱太子廟丞。”按丁氏卒於天寶七載(748),享年六十,則其弱冠之歲在景龍二年。亦見王補。

諸科六人。

＊知貢舉:馬懷素。原徐松於本年知貢舉著録宋之問,考云:“《舊書·文苑傳》:‘宋之問,景龍中再轉考功員外郎。及典舉,引拔後進,多知名者。’宋之問《祭杜審言文》稱‘景龍二年考功員外郎宋之問’。〔趙校:原注:《文苑英華》九百七十八。〕今從陳補移馬懷素於本年,移宋之問於下年。見上年考。又《全唐文》卷九九五闕名撰《故銀青光禄大夫秘書監兼昭文館學士侍讀上柱國常山縣開國公贈潤州刺史馬公(懷素)墓誌銘》:“公諱懷素,字貞規。……遷禮部員外郎,與范陽盧懷慎、隴西李傑俱以清白嚴明分爲十道按察。以公詞學贍洽、精核文章,轉授考功員外郎、修文館直學士,遷中書舍人。”

三年己酉(709)

不貢舉。〇孟按:本年原有“諸科”,言“不貢舉”誤。又詳下考,疑《登科記》有脱誤。

＊進士科:

＊韋述,原列上年進士科下,徐氏考云:“《舊書》本傳:‘景龍中,述隨父至肥鄉任,舉進士,西入關。時述甚少,儀形眇小,考功員外郎宋之問曰:“韋學士童年,有何事業?”述對曰:“性好著書。述有所撰《唐春秋》三十卷,恨未終篇。至如詞策,仰待明試。”之問曰:“本求異才,果得遷、固。”是歲登科。’”按今已知宋之問爲本年知貢舉,故韋述亦移正至本年。詳下知貢舉考。

＊劉惟正。《補遺》册五,第 340 頁,開元十二年(724)二月十二日《大唐故徐州豐縣尉河間劉公(惟正)墓誌銘并序》云:“公諱惟正,字無惑,

河間饒陽人也。……始從小學,中游上庠,果射高墉之隼,克奮垂天之翼。故廿五徵秀才,逮乎卅服官政,乃尉徐之豐。……以開元十二年正月十二日,寢疾終於京兆府崇賢里之私第。考終厥命,春秋卌云。”可推知其二十五歲時在景龍三年。

＊明經科:

＊嚴仁,《補遺》册三,第 72 頁,張萬頃撰天寶元年(742)十二月一日《唐故絳州龍門縣尉嚴府君(仁)墓誌銘并序》云:“君諱仁,字明,餘杭郡人。……丱歲聞詩禮,弱冠窮精奥,以明經甲科爲郎,調補洪州達昌尉。……以天寶元年十月十七日遘疾終於河南福善里第,春秋五十三。”以弱冠歲推之,其登第當在本年。

＊張九皋。原列卷二十七《附考·明經科》,徐氏考云:“蕭昕《張九皋神道碑》:‘弱冠孝廉登科。’”按黄補云:“《登科記考》引蕭昕《張九皋墓誌(神道碑)》云:‘弱冠孝廉登科。’(頁 1095)按墓碑全稱爲《唐銀青光禄大夫嶺南五府節度經略採訪使中丞賜紫金魚袋殿中監南康縣開國伯贈揚州大都督長史張公神道碑》,見《文苑英華》卷八九九、《全唐文》卷三五五。碑録張九皋天寶十四載四月二十日卒於長安,年六十六。是則中宗景龍三年登第,天授元年生。當補入本年。

諸科八人:

＊盧自省,按羅補於景龍二年(708)諸科下著録盧自省,考云:“《永王府録事參軍盧自省墓誌》:‘字子慎,范陽涿人也。弱歲以明經及第。時吏部宋公,秉林宗之譽,器公之檣岸綿邈,重公之閥閲清華,以其子妻之。’按是年知貢舉爲考功員外郎宋之問,誌中‘吏部宋公’,即指之問。又據誌,自省以天寶十三年卒,年五十五,是年及第,才九歲,故曰‘弱歲’。童子科例,通一經及《孝經》、《論語》,誦文十通,故亦得稱明經。” 孟按:盧氏墓誌見《千唐》[897]房由撰天寶十三載(754)閏十一月十一日《大唐故永王府録事參軍盧府君(自省)墓誌銘并序》(參見《彙編》[天寶 256])。又按:盧自省本緣景龍二年知貢舉者爲宋之問而繫於該年,今知宋之問爲本年知貢舉,故盧自省亦隨移正至本年,時自省爲十歲。又,王補以“弱歲”爲弱冠之年而繫之於開元八年(720),誤。

＊張泚。《彙編》[天寶 084]天寶四載(745)十一月十九日《大唐故

吴郡常熟縣令上柱國張公(泚)墓誌銘并序》(北京圖書館藏拓本)云:"公諱泚,范陽方城人。……以爲經者訓人之本,或僻左丘明之傳;法者理道之先,故精志蕭何之律。弱冠舉明法高第。公獨道優等夷,褎爲衆首,慎量淺深之旨,問一反三;論叙輕重之科,舉十而九。起家拜南海郡參軍。"按張氏卒於天寶三載(744),享年五十五。則其弱冠歲在景龍三年。按張補録入附考類。王補入本年。

抱器懷能科:《唐會要》、《雲麓漫鈔》載於景龍二年,今從《册府元龜》。

夏侯銛。《册府元龜》作"侯銘",今從《會要》。〇孟按:作"夏侯銛"是。其名見《元和姓纂》卷五,原本誤入"南郭"氏,勞格已辨其非。岑校云:"《郎官柱》之度外、金外,均有夏侯銛。銛以景龍二年及第,見《會要》七六;開元二十一年官給事中,見《元龜》四六九。"

茂才異等科:《唐會要》、《雲麓漫鈔》載於景龍二年,今從《册府元龜》。《雲麓漫鈔》作"異行"。

王敬從,見《册府元龜》、《唐會要》。 孫逖《王敬從神道碑》作"景雲歲,辟茂才異等","雲"蓋"龍"之訛。

盧重玄,見《册府元龜》、《唐會要》。

*許景先。朱補:"《記考》卷二十七'附考·進士科'著録許景先,據引《舊唐書·文苑傳》。按,《新書》本傳:'景先由進士第釋褐夏陽尉。神龍初,東都造服慈閣,景先獻賦,李迥秀見其文,畏嘆曰:"是宜付太史!"擢左拾遺。以論事切直,外補滑州司士參軍。舉手筆俊拔、茂才異等連中,進揚州兵曹參軍,還爲左補闕。'又據《舊唐書·文苑傳》:許景先開元初即由給事中轉中書舍人、知制誥。其制舉連中當在神龍後、開元前。考《記考》在此期間,唯景龍三年有茂才異等科,景雲三年有手筆俊拔、超越流輩科,則景先之名,可補入此二科下(《記考》於韓琬舉文藝優長、賢良方正連中,列入天册萬歲二年及神龍三年相應科名下,即其例也)。"

文學優長科。

藏器晦跡科。《雲麓漫鈔》以此二科與抱器懷能、茂才異行同爲景龍二年科目。上二科既從《册府元龜》,故二科亦附此年。

*將帥科：

*王仁皎。原列卷二十七《附考·制科》，徐氏考云："張説《贈太尉益州大都督王公神道碑》：'公諱仁皎，字鳴鶴，太原祁人。初以翊衛調同州參軍，换晋州司兵。應將帥舉，授甘泉府果毅。'" 孟按：《新唐書》本傳："王仁皎字鳴鶴，玄宗廢后父也。景龍中，以將帥舉，授甘泉府果毅，遷左衛中郎將。"《舊唐書》本傳亦稱仁皎"景龍中，官至上果毅"。今據"景龍中"，移至本年。

*知貢舉：宋之問。按本年原缺知貢者，今據陳補增。見神龍三年(707)知貢舉考。 孟按：《新唐書·文藝中·宋之問傳》："景龍中，遷考功員外郎，諂事太平公主，故見用，及安樂公主權盛，復往諧結，故太平深疾之。中宗將用爲中書舍人，太平發其知貢舉時賕餉狼藉，下遷汴州長史，未行，改越州長史。"

四年庚戌(710)

四月二十八日，制曰："門下。朕聞古之教者，家有塾，黨有庠，術有序，國有學，蓋立訓之基也。故上務之則敦本，下由之則成俗。豈可使黌門殆絶，或乖其義；入室將廢，莫知其道乎？朕承百王之末，接千歲之統，虚心問政，早朝晏罷，勵精求古，忘寢與食。思所以奉前聖之典謨，矯兹深蔽；致後生於軌物，遵我大猷。去歲京畿不稔，倉廩未實，爰命樂群，暫停謀藝。遂令子音罔嗣，吾道空歸，居無濟濟之業，行有憧憧之嘆。雖日月以冀，而歲時迭往。今者逋迨嘗麥，且周於黎獻，永言釋菜，寧缺於生徒。每用惕然，良非所謂。其國子監學生等，麥熟後並宜追集，務盡師資。諸州牧宰，亦倍加導誘，先勤學校。必使俊造無濫，名實有歸。庶博士弟子，京邑由斯日就；鴻生鉅儒，海内爲之風化。有司可即詳下，稱朕意焉。主者施行。"《唐大詔令集》

六月壬午，中宗崩於神龍殿。皇后臨朝攝政，改元唐隆。《通鑑》

庚子夜，臨淄王隆基舉兵誅諸韋、武。甲辰，睿宗即位。《舊書》本紀、《通鑑》。

詔内外執事官五品以上，各舉所知一人。《册府元龜》

七月十九日，按是月庚戌朔，十九日爲戊辰，在改元前一日。故《文苑英華》、《詔令集》載此制皆作唐隆元年。制曰："朕克纘丕業，肇膺景命，憲章昔典，欽若前王。永言政途，庶幾沿革。猶恐學校多闕，賢俊罕登。庠序者風化之本，人倫之先。宜令州縣勸導，令知禮讓。每年貢明經、進士，不須限數，貴在得人。天下有奇才異行，沈伏不能自達，及官人有能極言時政得失者，並令本州具狀封進。鄉飲之禮，廢日已久，宜令諸州每年遵行鄉飲之禮。"《文苑英華》、《唐大詔令集》。

己巳，改元爲景雲。《舊書》本紀

十二月十一日，《詔令集》作先天元年十二月。　按先天十二月爲玄宗，《册府元龜》稱爲睿宗制，故從之。制曰："才生於代，必以經邦；官得其人，故能理物。朕恭膺大寶，慎擇庶僚，延佇時英，無忘終食。思欲蕭文咸採，葑菲不遺，而商山幽曠，渭濱寂寞。夫以貴耳賤目，殊通方之論；捨近謀遠，非應物之術。今四方選集，群才輻湊，操斧伐柯，求之不遠。其有能習三經通大義者，能綜一史知本末者，通三教宗旨究精微者，善六書文字辨聲象者，博雅度曲、〔趙校："曲"原誤"典"，據《詔令集》卷一〇二改。〕和平六律五音者，韜略孫吴、識天時人事者，暢於詞氣、聰於受領、善敷奏吐納者，咸令所司，博採明試，朕親覽焉。"《册府元龜》、《唐會要》、《唐大詔令集》。

進士五十二人：

*王翰（王瀚）。原列下年進士科，徐氏考云："《唐才子傳》：'王翰字子羽，并州人。景雲元年盧逸下進士及第。'唐人例以上年冬命次年知舉之人，故王翰實二年榜也。"　孟按：《唐才子傳校箋》卷一《王翰傳》箋云："按徐《考》不爲無理，《唐詩紀事》卷一中宗條確載景龍四年（按即景雲

元年,七月改元)正月五日唐君臣柏梁聯句,有考功員外郎武平一(其句云“萬邦考績臣所詳”)。《新唐書》卷一一九有《武平一傳》,載其在中宗景龍時仕履,謂景龍初任中書舍人,二年兼修文館直學士,遷考功員外郎(後玄宗立,貶蘇州參軍)。盧逸,兩《唐書》無傳,《新唐書》卷七三上《宰相世系表三上》,有盧逸,云‘給事中、荆府長史’其他未詳。又《唐語林》卷八累爲主司條載:‘神龍元年以來累爲主司者:房光庭:太極元年、開元元年。’神龍元年爲七〇五年,太極元年爲七一二年,開元元年爲七一三年。據此,則七一一年即景雲二年主貢舉者恰缺其名,故徐《考》據《才子傳》,以盧逸主景雲二年舉,乃移王翰爲該年進士登第。“又云:“今按《封氏聞見記》卷三《銓曹》有云:‘開元初,宋璟爲尚書,李乂、盧從愿爲侍郎,大革前弊,據闕留人,紀綱復振。時選人王翰頗攻篇什,而迹浮僞,乃竊定海内文士百有餘人,分作九等,高自標置,與張説、李邕並居第一,自餘皆被排斥。凌晨於吏部東街張之,甚於長名。觀者萬計,莫不切齒。從願潛查獲,欲奏處刑憲,爲勢門保持,乃止。’則王翰於進士登第後赴吏部選時,正宋璟爲吏部尚書,李乂、盧從愿爲吏部侍郎。據顔真卿所作《開府儀同三司行尚書右丞相上柱國贈太尉廣平文貞公宋公神道碑銘》(《顔魯公文集》卷四),宋璟曾兩任吏部尚書,一在唐隆元年(710):‘唐隆初拜吏部尚書、同中書門下三品。唐隆初即景雲元年也,是年六月甲申改元唐隆,七月己巳改元景雲,璟之拜命在丁巳,未改景雲之前,故曰唐隆初。’一在開元四年(715)。而李乂於景雲元年遷吏部侍郎,宋、李、盧同時典選當在景雲元年秋冬至景雲二年二月。唐代進士試例在二、三月間。王翰既在宋璟等典選時已爲吏部選人,則仍當爲景雲元年進士登第(詳參《唐代詩人叢考·王翰考》)。惟《封氏聞見記》云‘開元初’則誤,當爲‘景雲初’。”又《舊唐書·文苑中》作“王澣”。

知貢舉:武平一。《唐才子傳》載王翰景雲元年盧逸下進士。

按景雲改元於七月,所謂元年者,蓋二年之榜也。《唐詩紀事》,景龍四年正月五日移仗蓬萊宫,御大明殿,會吐蕃騎馬之戲,柏梁連句詩有考功員外郎武平一,則其年爲武平一知舉矣。《元和姓纂》:“武平一,考功員外郎。”

登科記考補正卷五

唐睿宗玄真大聖大興孝皇帝

景雲二年辛亥(711)

二月己亥,《唐會要》作三月八日。改修文館爲昭文館。《舊書》本紀

八月丁巳,皇太子釋奠於太學。詔曰:"庠序之典,教自元子;《禮經》之最,奠始先師。中古迄今,斯道無替。皇太子隆基,天資聖敬,日就文明,絃誦之業已高,元良之德斯茂。自外儲博望,主器承華,執經之問雖勤,用幣之儀未展。今仲丁獻吉,有事兩塾,備禮三尊,宜遵舊章,俾緝徽典。"《舊書》本紀、《唐大詔令集》。〇孟按:此言"《舊書》本紀"誤,當作"《册府元龜》(卷二六〇)"。

進士:《登科記》闕。

張秀明,《廣卓異記》:"《登科記》,張秀明景雲二年進士及第。"

＊王明從,孟按:原作"王朋從",誤。今據《舊唐書·王徽傳》改。下同。

王言從,《舊書·王徽傳》:"明從、言從,睿宗朝並以進士擢第。"

＊段同泰,詳下引席豫撰《劉敦行神道記》,當爲張嵩同年進士。惟記作"段同□",今據《元和姓纂》卷九岑校補。按同泰開元三年(715)官太常博士,後任禮部郎中、蘇州刺史。

＊張嵩。原卷二十七《附考・進士科》録有“張孝嵩”，徐氏考云：“《舊書・郭虔瓘傳》：‘張孝嵩身長七尺，偉姿儀，進士舉。’”〔趙校：“《舊書》卷一〇三作‘張嵩’。”〕　孟按：趙校是。《舊唐書・郭虔瓘傳》原文乃作：“其後，又以張嵩爲安西都護以代虔瓘。嵩身長七尺，偉姿儀，初進士舉。”又，《補遺》册六，第35頁，席豫撰開元八年(720)十一月廿三日《大唐故通議大夫沂州司馬清苑縣開國子劉府君(敦行)神道記》云：“景雲初，以尚書郎爲淮南道宣勞使，舉□□言、張嵩、段同□等四十餘人，皆天下英秀，時所推重，射策登科者過十道之半。”據此可知張嵩登第當在本年，今移正。

諸科五十六人。

文以經國科：

袁暉，見《册府元龜》、《唐會要》。

韓朝宗。見《册府元龜》、《唐會要》。　朝宗爲韓思復子，見《舊書》。王維《韓朝宗墓誌銘》：“朝宗本出昌黎，今爲京兆人。年若干，應文以經國舉，甲科”。　按誌，天寶九年卒，年六十五，則此年當二十六歲。

藏名負俗科：

李俊文。見《册府元龜》、《唐會要》。　按《會要》作“俊之”。

賢良方正科：

張鷟。見《容齋續筆》引《登科記》，張鷟於景雲二年中賢良方正科，於二十人中爲第三。

明三經通大義科。

抱一史知其本末科八人：

王楚玉。《玉海》：“景雲二年，王楚玉等八人以一史中第。”

通三教宗旨，究其精微科。《雲麓漫鈔》以此三科與文以經國、藏名負俗二科皆爲景雲二年科目。　按詔下於元年十二月，則當以此年考試，故《册府元龜》、《會要》亦載經國、藏名二科於此年也。

知貢舉：盧逸。見上。又見《唐語林》。

三年壬子(712)

正月己丑，改元爲太極。《舊書》本紀

制孔宣父祠廟,令本州修飾,取側近三十户以供灑掃。《舊書》本紀、《册府元龜》。

二月,皇太子將行釋奠之禮,因下令曰:"夫談講之務,貴於名理,所以解疑辯惑,鑿瞽開聾,使聽者聞所未聞,視者見所未見。爰自近代,此道漸微。問《禮》言《詩》,惟以篇章爲主;浮詞廣説,多以嘲謔爲能。遂使講座作俳優之場,學堂成調弄之室。嗇夫利口,可以驤首先鳴;太玄儁才,自當俛首垂翅。捨兹確實,競彼浮華,取悦無知,見嗤有識。假令曹、張重出,馬、鄭再生,終亦藏鋒匿鋭,閉關却掃者矣。寡人今既親行齒胄,躬詣講筵,思聞起沃之談,庶叶温文之德。其侍講所有合難釋嫌疑,不得别構虚言用相凌忽。如有違者,所司量事糾彈。"《册府元龜》

丁巳,《册府元龜》作"丁亥"。皇太子釋奠於國學。追贈顔回爲太子太師,曾參爲太子少保。按曾子已於總章元年贈太子少保,此當從《册府元龜》作"太子太保"。每年春秋釋奠,以四科弟子、曾參從祀,列於七十二賢之上。《舊書》本紀〔趙校:點校本《舊書·睿宗紀》據《禮儀志》改爲"二十二賢",志云指左丘明至賈逵等二十二人。〕

命文武官五品以上,各舉才堪軍將及邊州都督、刺史一人。《册府元龜》

五月辛巳,改元爲延和。《舊書》本紀

八月庚子,玄宗即位,尊睿宗爲太上皇。《通鑑》

甲辰,改元爲先天。《舊書》本紀

九月,宣勞使所舉諸科九人:文可以經邦、材可治國、《册府元龜》、《唐會要》作"文經邦國科"。 按《雲麓漫鈔》於景雲九(孟按:"九"當作"元"。)年並列文可以經邦與文以經國,是判然兩科。參考傳文,蓋文以經國爲前年之科,此年當是文可以經邦與材可治國二科也。諸科多亂,特正之如此。才堪刺史、賢良方正按《册府元龜》、《唐會要》無此二科。與道侔伊吕科各一人,藻思清華、興化變俗科各二人。按《册府元龜》、《唐會要》二科各一人。《容齋續筆》引《登科記》。

策文可以經邦科《文苑英華》作“文可以經邦國”。問:“三雄鼎立,四海瓜分,魏氏獨跨於中原,孫、劉割據於南土。五勝更襲,唯受命以當塗;四大居尊,咸仗義而稱帝。二十八宿,指躔次於何方?三十六郡,列封疆於何所?醇化懿綱,非無寬猛之規;愛國活人,自有弛張之度。皇皇祖考,並建鴻名;眇眇子孫,俱聞失德。爲功業之厚薄,而存亡之後先。至如獻納忠規,縱横武節,既自方於樂毅,或見比於張良,各有其人,詳諸史傳,所行事跡,咸請縷陳。”《文苑英華》

策道侔伊吕科。策問《文苑英華》失載。《容齋續筆》載其略曰:“興化致理,必俟得人;求賢審官,莫先任舉。欲遠循漢魏之規,〔趙校:“循”原作“遁”,據《容齋續筆》卷十二《唐制舉科目》改。〕復存州郡之選,慮牧守之明不能必鑒。次及越騎、佽飛,皆出畿内。欲均井田於要服,遵邱賦於革車,並安人重穀,編户農桑之事。”

十二月,詔曰:“將帥之任,軍國是重;禦侮干城,良才是急。頃武臣多闕,戎政莫修,聆鼓鼙以載懷,筮熊羆而未遇。古今一也,何代無人?南仲、方叔之儔,亦在用之而已。宜令京文武官及朝集使五品以上,各舉堪充將帥者一人。明揚幽側,無限年位,務求實用,以副予懷。”《册府元龜》、《唐大詔令集》。

進士三十七人。《玉芝堂談薈》引作“七十一人”。

＊明經科:

＊李橙,張補云:“《弘治保定郡志》卷十一:‘先天元年明經諸科二十七人,加試老子,舉三禮李橙。’”

＊孔齊參。《彙編》[天寶048]天寶三載(744)四月廿八日《唐故河東郡寶鼎縣令會稽孔府君(齊参)墓誌文并序》(北京圖書館藏拓本)云:“公諱齊参,字齊参。……弱冠孝廉擢第,解褐行宋州参卿事。……春秋五十有二,以天寶三載三月十一日蓋寢疾,七日而終於官舍。”則其弱冠歲在景雲三年。亦見王補。

諸科二十七人。

文可以經邦科：

韓休，見《册府元龜》、《唐會要》。《舊書》本傳："京兆長安人。父大智，官至洛州司功。"蘇頲《授韓休起居郎制》："甲科對策，嘗副求賢。"

＊獨孤通理，原作"獨孤楷"，徐氏考云："獨孤及《贈秘書監河南獨孤公靈表》：'公諱某，太極元年詔舉文可以經邦國者，宣勞使源乾曜以公充賦。時對策者數百人，公與滎陽鄭少微特冠科首。'考《唐宰相世系表》有潁川郡長史楷，蓋即及之父。" 按岑補云："《記考》五，景雲三年獨孤楷云：'考《唐宰相世系表》有潁州郡長史楷，蓋即及之父。'此誤也，辨見拙著《唐集質疑》（《集刊》九本一分二九頁）。" 孟按：岑著《唐集質疑·獨孤及繫年録》謂潁州郡長史、獨孤及父爲通理，非楷。今改正。

鄭少微，見上。《文苑英華》云少微第二人。

晁良貞，《文苑英華》

雍惟良（雍維良）。《文苑英華》〔趙校：《全文》卷五二四、《郎官考》卷二五"惟"作"維"。〕〇按陳補云："鄭少良、晁良貞、雍惟良，三人舉文可以經邦國科，徐《考》繫在三年。按《文苑英華》卷四七九録三人策，注云：'景雲二年。'《册府元龜》卷六四五《貢舉部·科目》亦載本年有文以經邦國科。徐氏據《獨孤公靈表》定在三年，證據尚不足。"

材可治國科。見上。《雲麓漫鈔》又作"經國治人科"。

材堪刺史科。《容齋續筆》引《登科記》有此科，《册府元龜》、《唐會要》皆不載。

賢良方正科：《容齋續筆》引《登科記》有此科，《册府元龜》、《唐會要》皆不載。

韓休，《舊書》本傳："休早有詞學。初應制舉，累授桃林丞。又舉賢良。玄宗時在春宫，親問國政。休對策，與校書郎趙冬曦並爲乙第。" 按是時玄宗雖即位，仍未聽政，故猶稱春宫，張九齡對策亦稱殿下也。休應文經邦國及賢良二科，趙冬曦亦得應藻思清華與賢良也。

王擇從，《舊書·王徽傳》："曾祖擇從，先天中又應賢良方正制舉，升乙第。"〇孟按：孫逖《太子右庶子王公（敬從）神道碑》："公諱敬從，字某，京兆人也。……公兄曰易從，故吏部侍郎；弟曰擇從，今京兆府士曹。咸以文學齊名當代。公始以對策高第，則易從同科；迨乎典校秘文，而擇從亦作其後。”

趙冬曦，見上。

＊李霞光。《彙編》[天寶 099]尹□源撰天寶五載(746)十二月《大唐故太子舍人李府君(霞光)墓誌銘并序》(北京圖書館藏拓本)云：“趙郡李□，字霞光。……太極歲，上在青宮，大搜髦士，公以賢良應詔，對策甲科。”亦見羅補。

藻思清華科：

趙冬曦，見《册府元龜》、《唐會要》。○孟按：《補遺》册四，第 458 頁，天寶十載(751)四月甲申《唐故國子祭酒趙君(冬曦)壙》云：“府君諱冬曦，字仲愛，博陵鼓城人也。……慈州刺史倪若水舉文藻絶倫，對策上中第，除右拾遺，遷監察御史。”按“文藻絶倫”，當即“藻思清華科”也。

＊楊仲昌(楊仲宣)。原作“楊仲宣”，徐氏考云：“席豫《楊府君碑》：‘公諱仲宣，字蔓，授河南府河陽縣尉。尋應藻思清華舉，今上親試，對策甲科。’按《容齋續筆》引《登科記》，藻思清華科二人。《新書》：‘楊仲昌字蔓，以通經爲修文生，累調不甚顯。以河陽尉對策，玄宗擢第一，授蒲州法曹參軍。’‘昌’與‘宣’未知孰是。”按傅璇琮等編撰《唐五代人物傳記資料綜合索引》“楊仲昌(蔓、曼卿)”注：“《登科》作楊仲宣。按席豫所作《唐故朝請大夫吏部郎中上柱國高都公楊府君碑銘》(《全唐文》卷二三五)謂：‘公諱仲宣，字蔓。’所載事蹟與新、舊《唐書》所記楊仲昌合，則爲一人。《登科》當即本此。席豫爲同時人，當可信，唯新、舊《唐書》、《郎考》等皆作仲昌，今仍作楊仲昌，而另立楊仲宣參見條。” 孟按：《千唐》開元二十四年(736)五月十七日《大唐故隆州刺史薛府君妻弘農楊夫人(祁麗)墓誌銘并序》(參見《彙編》[開元 431])撰者署“季弟禮部員外郎仲昌撰”，爲刑部尚書、魏國公楊元琰之子，與兩《唐書》所載同。又《舊唐書·禮儀傳五》亦載“開元二十二年正月……禮部員外郎楊仲昌”云云，是知即本年登第之“楊仲昌”。則席豫所撰碑銘作“仲宣”疑因傳抄之訛。

寄以宣風，則能興化變俗科：

郭璘之。見《册府元龜》、《唐會要》。《容齋續筆》引《登科記》，興化變俗科二人。而《册府元龜》、《唐會要》所載皆只郭璘之一人。考張説《常州刺史平貞昚神道碑》云:"北平陽道昕、河東裴知禮薦以經邦興化,徙雍州新豐縣尉。"疑"經邦"涉文經邦國而誤,"興化"即此興化變俗科也。

道侔伊吕科:

張九齡。見《册府元龜》、《唐會要》。　《舊書》本傳:"玄宗在東宫,舉天下文藻之士,親加策問。九齡對策高第。"徐浩《張九齡神道碑》:"應道侔伊吕科,對策第二等,遷左拾遺。"劉禹錫《韋處厚集序》云:"玄宗朝,曲江張公九齡以道侔伊吕徵。"

手筆俊拔,超越流輩科:見《册府元龜》。《雲麓漫鈔》"手筆"作"文章"。

*許景先,見本書卷四景龍三年(709)"文藝優長科"下許景先考。朱補云:"《新書·許景先傳》言許景先舉'手筆俊拔'登科,即景雲三年'手筆俊拔、超越流輩科'之省稱。"

*宋遥。《千唐》[836]宋鼎撰天寶七載(748)正月十一日《唐故上黨郡大都督府長史宋公(遥)墓誌銘并序》(參見《彙編》[天寶118])云:"公諱遥,字仲遠,廣平列人人也。……自國子進士補東萊郡録事參軍,舉超絶流輩,移密縣尉。……天寶六載二月五日終于上黨公舍,享齡六十有五。"據《記考》所録科目,其應制舉當在是年,年在三十。又王補録於開元二年(714)年,其考云:"按《舊唐書·魏知古傳》記知古在吏部尚書任上'擢用密縣尉宋遥'而知古任吏部尚書在先天二年至開元二年,故宋遥舉超絶流輩當在是年。"　孟按:宋遥由舉超絶流輩科而移密縣尉,嗣後魏知古"擢用密縣尉宋遥",以任職年計,宋遥舉超絶流輩亦當在本年。

懷能抱器科:

馮萬石。見《廣卓異記》引《登科記》。《雲麓漫鈔》作"懷才"。

知貢舉:房光庭。見《唐語林》。

鄭少微對策曰:"漢氏失德,魏圖爰啟;孫、劉建號,脣齒相依。咸能廓帝緒以定業,振皇綱而握紀。雖數有五勝,運鍾當途,而土無二王,終殊霸業。然則封疆畫界,俯稽於地理;瞻星揆景，仰焕於天文。東井發曜於梁岷，傍分蜀漢；南斗聯輝於吴會，遠接荆衡。詳魏土之分野，當畢昴之躔次，伊洛列山川之郡，曹公居四隩之中。毗陵在吴，華陽惟蜀，疆理所得，其在兹乎。至於開國基，行政令，咸垂統履順，永傳來葉，創業興緒，克昌後昆，終數代而一何倫比。雖鴻名休德，將崇貽厥之謀；而繼代守文，頗著聿脩之美。是以堂構始於祖考，功業由於厚薄；負荷因其子孫，存亡以之先後。至於忠規動俗，武節冠時，異代齊名，孔明自方於樂毅，死而可作，文若偶比於張良。懷獨見之明，既一謀於匡濟；行闇合之策，終不謝於孫吴。謹備諸前，庶幾萬一。謹對。"《文苑英華》

晁良貞對策曰："漢代崩離，三光分景；齊甿蕩析，九土殊方。權、備割據於岷、吴，瞞、丕簒圖於冀、兖。火行土德，則有攸歸；紫色蛙聲，豈無兼峙。策曰：'二十八宿，指躔次於何方？三十六郡，列封疆於何所？'至若畢昴爲大魏之郊，井絡應庸蜀之分，星紀直奎吴之野，婺女寄虚越之精，此其躔次也。至若常山、鉅鹿，孟德之設教；會稽、豫章，文臺之建國。考廣漢犍爲之地，實夜郎玄德之邦。星土之殊，於是乎在。策曰'醇化懿綱，非無寬猛之規；受國活人，自有弛張之度。皇皇祖考，並建鴻名；眇眇子孫，俱聞失德。爲功業之厚薄，而存亡之後先'者。且夫天命不謟，帝圖難僭，劉既備矣，當禪於人。此乃事本於玄符，何止功殊於厚薄。祚窮安樂，不亦宜乎！至於魏主以雄猜之姿，虎噬河朔；吴王以英威之略，鳳起江南。欺孤有言，貽譏於石勒；令圖發論，見稱於陸機。蜀滅於前，吴亡於後，物之理也，夫何足疑。策曰'至如獻納忠規，縱横武節，既自方於樂毅，或見比於張良。各有其人，詳諸史傳，所行事迹，咸請縷陳'者。山川出雲，賢豪擇木。英英文若，見比於留侯；桓桓孔明，自方於昌國。聞九錫而殊議，節表純臣；荷三顧而知恩，身歸奥主。命畢空器，不其惜哉！威

餘返旗，蓋亦奇矣。大者遠者，斯焉取斯。謹對。”《文苑英華》

雍惟良對策曰：“天命靡常，地變其主，三雄鼎據，分割乾坤。或利近江海，銀銅之湊；或邑居河洛，桑梓之餘。用能仗風雲，采松竹，開物成務，廣運靖人。至如仰緯星躔，傍分列郡，成都應乎井絡，建鄴開於斗牛。若乃發跡譙墟，圖光畢昴，竟能一紫宙之意，兆黄精之符。然而物運弛張，得失成敗，此關諸天意也，諒非人事也。豈功業之厚薄，何存亡之先後。長想前修，載述古跡。且爲人臣者，善指事之要，專切直之言。然則荀氏之比張良，沉機已迅；葛侯之方樂毅，希古自高。俱能明允克誠，興光大化，代收其器，人獻其謀，覿國以取肅軍容，退惡以力扶王室。其理甚博，厥美惟先。晝爲九州，時更七代，徒勤短思，有愧縷陳。謹對。”《文苑英華》

張九齡對策曰：“嗣魯王道堅所舉道侔伊吕科，徵仕郎、行秘書省校書郎張九齡伏覽睿問，大哉國體，九品流弊，嘗所懵焉。幸因對揚，庶言其可。古者諸侯貢士，司徒論士，必講禮觀能，鄉舉里選。故十五十八之歲，大學小學之節，誦習以時，教化以禮，則孝悌之行可知於鄉里，政事之業可升於國朝。先王務教，此其大者。及周既衰，斯文將喪，秦氏滅學，唯力是視，仁義大壞，俊造亦亡。漢高以馬上非禮，復修三代之事；魏武以軍中是務，權立九品之儀。後代因循，莫能改作。紛紛横調，滔滔皆是，天下公器，可謂傷心。伏惟殿下，神啟睿圖，天佐明德，物不終否則受之以泰，弊不遂極乃鼎之以新。滌瑕蕩穢，今其時也，伏願圖之。夫正其本者萬事理，勞於求者逸於用。豈有大明御寓，慮此假權之人；循良擇人，安得謝恩之義。是則外臺會府，真若漏於網中；濟理適時，復何殊於掌上者也。且有備無患，忘戰必危。是以振旅茇舍之儀，羽林、佽飛之衛，漢家徵選，咸出五陵，周制供王，不踰千里。此以均其遠近,會其中正。王者之制,豈虚乎哉!必開井賦於要服,俾裒益於畿甸,雖經始之規何施不可,而圖遠之業猶願勿遵。且將振九品之頹綱,維百姓之絶紐,使官有位次,賢有等差,才苟不侔,時所勿取。使夫能者代上帝之理,議者息高門之談,吏精其心,人享其利。流逋不日而來復,耕桑何憂乎不稔?動之斯應,綏之斯來。若惟作法於末途,非救敝之本意,盛德大業,孰與歸乎?九齡怖慄塵埃,棲棲非得言之地;慷慨禾莠,拳拳因獻策之時。何敢望焉,盡心而已。謹對。"第一道

"王道務德,不來不强臣;霸道尚功,不伏不偃甲。由此勞逸異數,得失可明。故曰務廣德者昌,務廣地者亡。是則漢武事胡,豈比重華之干羽;秦皇戍越,奚擬公劉之橐囊。雖古人有言,引之者有同於秦、漢;而王者大化,行之者必本於唐、虞。不亦然乎?此其開基之大者也。國家因已有之地,廣無私之仁,犬戎即叙,肅慎入貢。若力不能救,豈惟桓公之耻;征在其蘇,是必成湯之怨。然而《春秋》所貴,惟義所在,内諸侯而外夷狄,此明中國恐弊,不興異域之功,下人苟安,何惜救兵之舉。則知弔伐之義,隨時之道也。今頗凋弊,抑非其時。至如守塞則侯應之言爲得,斥地則蒙恬之弊可知,前事昭昭,足爲明戒者也。必欲繫單于之頸,裂匈奴之肩,奚霫背恩,受制於北虜,小人發憤,請議於東征。謹對。"第二道

"伏惟陛下,德盛問安,教存齒學。則孝悌之感元良之旨,詠《子衿》之詩,義存乎辭,真吾君之子也。天下幸甚。伏以化憑於勢,聲若順風之遠;或因於時,德甚置郵之速。則何草不偃,何心不應?而曰未能動俗,殿下之至謙也,尚何術之務而舍此乎!今又降意微言,徵諸墜典。至如黄帝斲木,蓋取諸意;文王演卦,乃言其象。雖成象之時不同,而得意之言一也。周公制《禮》,《夏正》得天,縱損益可知,而因循不改。去聖既遠,《禮經》殘缺,遺文苟存,群儒相揉。故喪服異制,諸家殊軌。故王肅之旨,約情

以斷，鄭玄之言，引經取决。吕氏因封侯之餘俗，採禮官之舊儀，故戴聖採十二紀之首爲十二月令，存周禮之典，其故匪他。仲尼以尊魯而取美於《頌》，穆公以尊周而見序於《書》，《左氏》以艷富稱誣，《穀梁》以文清爲婉。范寧序事，其義則詳。《樂書》因秦而遂亡，空有河間之制；夾氏在傳而不見，唯餘班固之説。謹對。"第三道。《文苑英華》。

唐玄宗至道大聖大明孝皇帝

先天二年癸丑(713)

六月，詔曰："致化之道，必於求賢；得人之要，在於徵實。頃雖屢存賁帛，無輟翹車，而駿骨空珍，真龍罕覯。豈才之難遇，將舉或未精。且人匪易知，取不求備，瑰琦失於俗譽，韜晦嗟於後時。宜其博詢州里，明揚幽側，使管庫無遺，薖軸咸舉。其諸州有抱器懷才、不求聞達者，命所在長官訪名奏聞。武勇者具言謀略，文學者指陳藝業。務求實用，以副予懷。"《册府元龜》、《唐大詔令集》。

七月壬申，命益州長史畢搆宣撫劍南及山南道，少府監齊景胄宣撫關内及河東道，太子右庶子陸餘慶宣撫河北道，宗正少卿韋璆宣撫江南及淮南道，光禄少卿杜元逞宣撫隴右道，廣州都督周利貞宣撫嶺南道。制曰："昔者明王之御天下也，内有公卿，允釐庶績，外有侯伯，司牧群黎。猶懼至道未孚，淳風或替，故有巡狩之典，黜陟幽明，行人之官，省方察俗。用能遐邇咸乂，情僞無遺，於變時雍，率其道也。朕祇膺嗣德，恭守帝圖。上禀過度之謨，下憑庶士之力，竭精思理，兩載於兹，冀逮小康，漸臻至化。而區宇遐曠，風教未同，負扆長懷，責深在己。近者奸回搆釁，禍起蕭墻，宗社降靈，應時殲殄。今又恭承聖訓，總統大猷，率彼百官,齊茲七政。恐食廪不實,禮節未興,吏靡息於貪殘,人或滯於幽枉。永言於此,明發疚懷。今卜征未習,時邁仍遠,宜分命輶軒,慰撫黎庶。畢構等並操履公清,識見明允,茂績彰於歷試,嘉譽滿於周行。宜膺行李,載光原隰。所至之處,申諭朕心,並令屏絶浮華,敦崇仁厚,務修孝悌,勤事農桑。耆老鰥惸、婦人家口不自存者,咸加恤問。德舉言揚,惟賢是急。若有良材異等,藏器下僚,哲人奇士,隱淪屠釣,審知才行灼然者,各以名聞。凡百牧宰,洎乎吏人,咸悉朕心,各敬迺事,勤則不匱,仁遠乎哉。勉以勗之,以副朕心。"《册府元龜》、《唐大詔令集》。

十一月四日,敕:"立政之本,惟賢是切。朕祇膺天曆,殷鑒遠圖,揚於王庭,生此王國,朕之所望久矣。豈徵辟爲事,未極於巖藪;而高尚絶塵,見遺於草澤?將何以舉逸而勸,賁然來思?且才之或偏,器罔求備。故非臧文之智則尚其言,收典逆之奇則捐其行,過而能改,仁遠乎哉。天下諸州有懷才隱逸,跅弛不調及失職冤人等,並令諸道檢察使博訪,具以名聞。副朕饑渴之懷,庶廣搜揚之義。"《唐大詔令集》。 按此敕蘇頲所草。

十二月庚寅朔,改元爲開元。《舊書》本紀

進士七十一人,重奏六人:《文苑英華》載《耤田賦》云:"上皇傳璽之二載,聖主龍飛之四年。 按玄宗於景龍四年爲皇太子,先天元年受禪,則耤田在此年,《耤田賦》爲此年試題。○孟按:本年試題當爲《出師賦》、《長安早春詩》。考見下程南鋭名下陳補。又陳補云:"徐《考》録本年進士李蒙,試《耤田賦》,依據爲闕名《耤田賦》有'上皇傳璽之二載,聖主龍飛之四年'云云。按本年試題已如上考,《獨異志》卷上載李蒙爲開元五年進士,别無反證。即以徐氏所舉二句,亦當爲開元三年後事,何況此賦是否爲省試之作尚無他證。當删去。"

*常無名,狀元。原列上年進士科狀元,徐氏考云:"《唐才子傳》以開元元年爲常無名榜。考常衮《叔父故禮部員外郎墓誌銘》云:'諱無名,河内温人。既冠,進士擢第。其年拔萃登科。'按拔萃科即此年之手筆俊

拔、超越流輩科也。是進士擢第在此年。無名卒於天寶三年，年五十六歲。是年二十四歲，故曰既冠。”　孟按：陳補：“《玉芝堂談薈》卷二：‘開元元年進士七十一人，狀元常無名。’所記進士人數與《通考》合。另詳下。”

＊張子容，原列上年進士科，徐氏考云：“《唐才子傳》：‘張子容，襄陽人。開元元年常無名榜進士。’《唐詩紀事》云：‘張子容，先天二年進士第。’按先天二年即開元元年，今從常無名改在是年。孟浩然有《送張子容赴進士舉詩》云：‘夕曛山照滅，送客出柴門。惆悵野中别，殷勤歧路言。茂林余偃息，喬木爾飛翻。無使谷風誚，須令友道存。’”　孟按：陳補：“《唐才子傳》卷一云爲‘開元元年常無名榜進士’，《唐詩紀事》卷二三亦云‘子容乃先天二年進士第’。另詳下。”

＊王灣，原列上年進士科，徐氏考云：“《唐才子傳》：‘王灣，常無名榜進士。’《唐詩紀事》云：‘王灣登先天進士第。’”　孟按：陳補：“按，就上列記載言，三人皆當爲本年進士。徐氏因誤訂無名元年舉制科，遂强連餘二人皆提前一年，實未允。馬茂元先生《唐詩札叢》有考，可參看。”

＊程南鋭，陳補：“明嘉靖刊《涪田程氏宗譜》卷二：‘南鋭，睿宗先天二年考功裴庭昭下擢進士第（注：《出師賦》，又《擬洞簫賦》，《長安早春詩》，狀頭李日用），再登宏詞科，授萬年尉。’此段訛誤較多，先天爲玄宗年號，裴庭昭當爲房光庭之誤，狀頭李日用與他書不合，當爲輾轉傳誤。《文苑英華》卷六四有趙子卿、趙自（明刻本誤作“伯”）勵、梁獻作《出師賦》，當即本年試。《文苑英華》卷一八一《省試二》有佚名、張子容《長安早春》詩，亦即本年試。”

＊趙子卿，陳補：“詳上。《元和姓纂》卷七：‘兵部員外趙子卿，長安人。’《全唐文》卷四〇一：‘子卿，開元時人。’”

＊趙自勵，陳補：“詳上。《全唐文》卷四〇一：‘自勵，開元時登進士第。’其《出師賦序》云：‘先天年獫狁孔熾，動摇邊陲。’指先天元年奚、契丹入侵幽州事。”

＊梁獻，陳補：“詳上。郎官柱倉部員外郎題名有獻名，其前第二人爲吴太玄，據《唐摭言》卷六引王泠然上張説書，爲開元十一年任倉外（參《張説年譜》），知獻約爲此後二三年間任。《全唐文》卷二八二云：‘獻，先天時官倉部員外郎。’誤。”

＊李日用，陳補："詳上。狀頭誤，但亦可能爲本年進士。"

＊昔安仁。孟按：元洪景修編《新編古今姓氏遥華韻》癸集卷七："昔安仁，唐先天年登進士科。"按《元和姓纂》卷十："開元昔安仁生豐，大理評事，汝州人。"宋代王應麟撰《姓氏急救篇》卷上："昔氏漢有烏傷令昔登，唐有《登科記》昔安仁、昔豐。"

＊明經科：

＊崔衆甫。《千唐》[935]崔祐甫撰大曆十三年(778)四月八日《有唐朝散大夫行秘書省著作佐郎嗣安平縣開國男崔公(衆甫)墓誌銘并序》(參見《彙編》[大曆059])云："公諱衆甫，字真孫，博陵安平人。……年十有五，嗣祖爵安平男。踰年，明經擢第。"按崔氏卒於寶應元年(762)，享年六十五，則其十六歲時在本年。亦見朱補。

＊手筆俊拔，超越流輩科：孟按徐考本年無此科，杜昱以下七人，原列上年此科，兹據陳補移正。按陳補於常無名名下考云："《文苑英華》卷九四二常衮《叔公故禮部員外郎墓誌銘》：'賓客諱無名……既冠進士擢第，其年拔萃登科。'"又於邢巨名下考云："《唐會要》卷七六：'先天二年，手筆俊拔超越流輩科，杜昱、張子漸、張秀明、常無名、趙居貞、賈登、邢巨及第。'《册府元龜》卷六四五附先天元年。檢《容齋續筆》卷十二引《登科記》録先天元年九月詔宣勞使所舉諸科九人，並無本科。更參以《常無名墓誌》，可確知《元龜》所記有誤。"按以下考釋文字仍本徐考及趙校。

＊杜昱，見《册府元龜》、《唐會要》。

＊張子漸，見《册府元龜》、《唐會要》。《册府元龜》作"子斷"，誤。

＊張秀明，見《册府元龜》、《唐會要》。

＊常無名，見《册府元龜》、《唐會要》。

＊趙居貞，見《册府元龜》、《唐會要》。〔趙校：原作"居正"，當是避宋諱，據《舊書》卷一五一、《新書》卷二〇〇改。〕

＊賈登，見《册府元龜》、《唐會要》。

＊邢巨。見《册府元龜》、《唐會要》。　邢巨，揚州人，見《舊書·文苑·賀知章傳》。

知貢舉：房光庭。見《唐語林》。

＊趙子卿《出師賦》并序曰："古之王者出師，有征無戰。然則兵革之事，聖人是興，蓋所以威不軌而昭文德也。帝乃一作庸。欽若堯、禹，承天運行，鮮卑在圖，夜郎無外，而旄頭賊醜，忘道弄邊，河浸海寒，障路幽朔。皇赫斯怒，親師用征。摇星纛神，召募雄合，白羽森月，朱旗爛空。俾夫翕東海之焱波，掃北荒之沙雪。國用長策，人忘暫勞。聊勝詠歌，取思而賦。賦曰：莫高匪天兮生我聖人，聰明運用兮不測惟神。恩澤洪融，覆幬彌淳，噴窮陸，霈無垠，珍怪烟委而波屬，蠻夷烏狎而蟲馴。粤若鬼方兮獫狁孔狡，固陰沍寒兮陵我河津。於是按玉劍而憑怒，耀金戈而雷震。禡蚩尤，誓勾陳，會白帝，騎蒼鱗。天動地應，羅羽衛而煌煌；風咆雲鬥，作笳鼓之殷殷。别有哮悍之旅，毅勇之賓，爰自幽并而投石（按《全唐文》作"召"），走巴楚而來臻。鐵馬金甲，虹旌電輪，鳴弦者飛雁由其殞越，揮戈者白日所以逡巡。國體兵勢，殊容共身，既出師於鄠杜，亦獵虜於新秦。野氣蒼茫而助殺，軍聲慷慨以合仁，奮威則鯨鯢忉讐，流詠則梟獍懷親。大荒摇落，知單于之魄死；層冰泮涣，感天子之情春。昆彙雜種，於何不臣，寧直誇（按《全唐文》作"跨"）胡而北省，亦當撫揉於叢榛。海岱攸類，匪兵是遵，固將歷三五而高視，豈與夫費百萬於同勤。"《文苑英華》卷六四

＊趙自（按明刊本誤作"伯"）勵《出師賦》并序曰："先天年即是元年，獫狁孔熾，動摇邊陲，是以我國家有事於沙漠也。徵甲選徒，星馳雲集，楚劍霜利，吴鈎月懸，將以驅日逐之首，斬天驕之族。蓋使烽埤無火，亭障息肩，大矣哉！自古出師，未有若斯之盛者。藉雖不敏，敢述賦云：赫哉帝唐，葉殷累聖，光明乾道，洗清邦政。德所以和懷四夷，教所以平章百姓，用能盡奄有於天下，得樂推於群黎。鳳符以謳歌而適，龍曆以揖讓而躋，既神化之無外，何鬼方之獨迷！若乃皇赫斯怒，元戎是出，其制敵也以威，其用師也以律。雕戈電舉，鐵騎風疾，霜明鋒刃，夕曜曜以衝

星;火色旌旗,晝炎炎以彗日。橫行有同於十(按《全唐文》作"千")里,止步不過於六七。桓桓大將,黄石老之兵符;赳赳武夫,白猿公之劍術。謀無再陳,其來若神,攻則必取,諒資於武。既作氣以鼓行,受脤者實在乎國英。雖假靈於廟筭,决勝者亦關於天斷。固將以拒十角之倡狂,豈止掃一隅之陵亂,然後作寰宇之清謐,成皇王之壯觀。別有其儀不忒,詩書是則。鱗翮初就,將騰躍於風波;冠劍未從,尚棲遑一作遲。於翰墨。願高闕之氣殄,佇燕然之銘勒。優哉悠哉,小臣高歌於帝德。"《文苑英華》卷六四

*梁獻《出師賦》:"聖人乘時兮里社鳴,聖人御宇兮天下平;百姓日用而不盡,四方風動而化行;外鎮武將,内羅群英,既居尊以體道,思順文而偃兵。何朔塞之醜類,尚居邊而屢驚。皇赫斯怒,授鉞四七,告曆登壇,選時習吉,流紫泥之明誥,開黄石之秘術。旌旗翩翻而簪雲,刀劍燦爛而含日;望玄塞而徐邁,度青門而迴出。天子乃整師旅,振威德,班列品類,巾拂靮勒,雜沓參差,駢闐逼側。隱隱軫軫,鏘鏘翼翼,鋭兵含氣,武士作色,後殿未出於朝庭,前驅已羅乎郊國。大哉聖主,乘時而撫,内修恩德,于以廣文;外整兵戈,于以克武。設魚麗,布鵝鸛,良將勁卒,威武剛斷。欲使凶渠斬首,豺狼懾竄,一勞而逸,永清疆畔。爾其有征無戰,縑緗所陳,兵不可恃,惟道是親。昔周君有敵,雖戎衣一解,而夏禹將戰,反修德七旬。前君尚以行化而感迷悛,況我皇上聖德通神。別有窮途下客,流落羈棲,書劍不用,山川幾迷,失路空嘆,亨衢未躋。幸逢明聖,觸類歸正,既懷投筆之用,希遇封侯之聘。"《文苑英華》卷六四

*闕名《長安早春詩》曰:"杳靄三春色,先從帝里芳。折楊猶恨短,測景已忻長。鶯和紅樓樂,花連紫禁香。躍魚驚太液,佳氣接温湯。風送飛珂響,塵蒙翠輦光。熙熙晴煦遠,徒欲奉堯觴。"《文苑英華》卷一八一

＊張子容《長安早春詩》曰:“開國移東井,城池對北辰。咸歌太平日,共樂建寅春。雪盡黄山樹,冰開黑水津。草迎金埒馬,花伴玉樓人。鴻漸看無數,鶯遷聽欲頻。何當桂枝擢,還及柳條新。”《文苑英華》卷一八一。　孟按:以上詩賦皆爲新增補,考見上。原所録闕名及李蒙《耤田賦》删去。

開元二年甲寅(714)

正月壬午,制求直諫言弘益政理者。〔趙校:“諫”下《舊紀》點校本據《册府》補“昌”字,是。〕《舊書》本紀、《新書》本紀。

四月己巳,敕曰:“淮海唯揚,是稱谿險,山川重複,水陸殷湊。去歲田收,稍乖豐稔,念兹人庶,頗致饑乏。朕爲人父母,深用惕然。近聞雨澤應節,秔稻有望。目前之困,餬口猶切,思從蠲省,用救荒弊。宜令給事中楊虚受往江東道安撫存問。不急之務,一切除減;觀察疾苦,量宜處置;刑獄冤滯,委使詳理。百姓間有偉才異行,藏鱗戢羽,隱淪屠釣,棲遲閭閻;官人内有貪冒苟得,背公徇私,循默自守,養望充位者:還日各以名聞。所至之州,具令宣布,求瘼恤隱,稱朕意焉。”《册府元龜》、《唐大詔令集》。　按此敕蘇頲草。

五月,《册府元龜》作四月。詔曰:“古之學者,始入小學見小節,入大學見大節,知父子長幼之序,君臣上下之位。然後師逸功倍,化人成俗,莫不繇之。子不云乎,‘遠而有光者飾也,近而愈明者學也’,故道行於上,禄在其中。所謂貴於速成,不惟於遲達。自頃州里所薦,公卿之緒,門人衆矣,孰嗣子音?國胄顒然,未臻吾道。至使鑽仰之地,寂寥厥風,貴於責實,務欲求仕。將去聖滋遠,尚沿澆薄;爲敦儒未弘,不行勸沮?朕承百王之末,居四海之尊,惟懷永圖,思革前弊。何以發後生之智慮,垂先王之法則?朕甚懼之,敢忘於是。天下有業擅專門,學優重席,□堪師授者,所在具以名聞。自今以後,貢舉人等,宜加勗勉,須獲實

才。如有義疏未詳,習讀未遍,輒充舉送,以希僥倖,所由官並置彝憲。有司更申明條例,稱朕意焉。"《唐大詔令集》

六月甲子,制曰:"其有茂才異等,拔萃超群,緣無紹介,久不聞達者,咸令自舉,朕當親問。其應宣撫使名聞,舉人試第四等,須准舊例,別有優獎。"《册府元龜》

策哲人奇士,隱淪屠釣科問:"朕聞理國莫尚乎任賢,命官必資乎選衆。堯、舜以聲而以度,考核良難;殷、周取德而取言,徵求匪易。朕所以載懷經術之彦,〔趙校:"彦"原作"度",據《英華》卷四八三改。〕夕遺其寢;虚佇藝能之士,朝忘其饑。子大夫光我弓旌,膺斯揚擇。爲政作法,豈無前範,安人濟時,亦有令躅。宜叙立身之志,各言從官之才。至如七輔、八元,施何綱紀?十臣、四老,正何得失?並陳事跡,兼言名氏。朝會古禮,登享舊章,九儀式辨其賜,六贄各明所執。雍畤起於何年?亳社並於何代?天士、地士,此何所封?諸布、諸嚴,彼何所主?又穆邦家而濟生死,三聖之教何長?利動植而益黎元,五材之術何要?工商兩業,在俗何先?文武二柄,適時何急?凡此數科,不獲雙美,必存者均乎存信,所去者同乎去食。朕將親覽,爾等明言。"《文苑英華》

進士十七人:《永樂大典》賦字韻注云:"開元二年,王邱員外知貢舉,始有八字韻脚。是年試《旗賦》,以'風日雲野,軍國清肅'爲韻。" 按雜文之用賦,初無定韻,用八韻自此年始,見《能改齋漫録》引僞蜀馮鑑《文體指要》。

李昂,《唐才子傳》:"李昂,開元二年王立下狀元及第。"據《永樂大典》"王立"爲"王邱"之訛。

孫逖,狀元,見《玉芝堂談薈》。 按新、舊《書》皆不言逖進士及第,或以《才子傳》有"第一人及第"之語,誤爲狀元也。俟考。

＊于休烈。原列卷二十七《附考·進士科》,徐氏考云:"《舊書》本傳:'河南人也。高祖志寧,貞觀中任左僕射。父默成,沛縣令。休烈自幼

好學，善屬文，與會稽賀朝、萬齊融、延陵包融爲文詞之友，齊名一時。舉進士。'"　孟按：《新唐書·于志寧傳》："曾孫休烈。休烈機鑒融敏，善文章，與會稽賀朝、萬齊融、延陵包融齊名。開元初第進士，又擢制科，歷秘書省正字。"故移正至本年。朱補以爲當移至先天二年(713)，按先天二年十二月改元爲開元，其言開元初者，當爲開元二年也。

明經科：

權自挹，《權文公集·權自挹墓誌銘》："公諱自挹，天水人。年十四，太學明經上第。"以大曆五年卒、年七十推之，及第在是年。

*鄭欽説，原列卷二十七《附考·明經科》，徐氏考云："《新書·儒學傳》：'欽説，開元初由新津丞請試五經擢第，授鞏縣尉。'"今按《記考》通例移至本年。

*裴稹，原列卷二十七《附考·明經科》，徐氏考云："裴朏《故朝議郎行尚書祠部員外郎裴君墓誌》：'稹字道安，河東聞喜人。開元初舉孝廉高第。'"今按《記考》通例移至本年。按稹卒於開元二十八年(740)十二月，享年四十，則其登第時爲十四歲。亦見陳補。

*柳真召。《彙編》[乾元013]乾元二年(759)十二月廿九日《唐故朝議郎行忻州司馬柳君(真召)墓誌銘并序》(北京圖書館藏拓本)云："君諱真召，字真召，其先河東人也。……公甫年弱冠，孝廉擢第，贍文藻，韜策略。……以乾元二年十二月廿三日終於公館，春秋六十有五。"則其弱冠歲在開元二年。亦見陳補。

諸科十二人。

賢良方正，能直言極諫科：見《册府元龜》、《唐會要》、《雲麓漫鈔》。　《續通鑑長編》："仁宗慶曆六年，監察御史唐詢奏云：'唐開元二年設直言極諫科。'"

梁昇卿，見《册府元龜》、《唐會要》。

袁楚客，見《册府元龜》、《唐會要》。

王翰，《唐才子傳》："王翰舉直言極諫，又舉超拔群類科。"〇孟按：《新唐書·文藝中·王翰傳》："復舉直言極諫，調昌樂尉，又舉超拔群類。"

席豫。《新書·本傳》："俄舉賢良方正異等，爲陽翟尉。"異等，疑兼舉良材異等,俟考。

哲人奇士,隱淪屠釣科:《文苑英華》作賢良方正科,注云:“《登科記》作‘哲人奇士,隱淪釣科’。”當從之。隱淪,《册府元龜》、《唐會要》作“逸倫”。

孫逖,見《册府元龜》、《唐會要》。《舊書·文苑傳》:“孫逖,潞州涉縣人。曾祖仲將,祖希莊,父嘉之。逖開元初應哲人奇士舉,授山陰尉。”《唐才子傳》:“孫逖,博州人。幼而有文,屬思警敏,援筆成篇。開元二年,舉手筆俊拔,哲人奇士、隱淪屠釣及文藻宏麗等科,第一人及第。玄宗引見,擢左拾遺、集賢殿修撰。”顔魯公《孫逖集序》:“公諱逖,河南鞏人。其先自樂安武水寓於涉而徙焉。年十五時,相國齊公崔日用試《土火鑪賦》,齊公駭之,約以忘年之契。年未弱冠而三擅甲科。吏部侍郎王邱試《竹簾賦》,降階約拜,以殊禮待之。相國燕公張説覽其策而心醉。”“吏部侍郎”當作“考功員外”。按王泠然《論薦書》,王邱於開元九年掌選,是此時未爲侍郎。又按《竹簾賦》,今《文苑英華》作“簾賦”。

李玄成,見《文苑英華》。

沈諒。見《文苑英華》。

手筆俊拔科:見上《舊書·文苑傳》。又有超拔群類,蓋與此爲一科,猶先天元年之手筆俊拔、超越流輩也。“群類”亦作“群流”。

孫逖,《唐才子傳》:“孫逖,開元二年舉手筆俊特科。”

王翰,見上。

張秀明。《廣卓異記》引《登科記》:“張秀明,景雲三年超拔群流科,開元二年重試及第。”

懷能抱器科:

馮萬石。《廣卓異記》引《登科記》:“馮萬石,景雲三年懷能抱器科,開元二年重考及第。”

良材異等科:

邵潤之,《册府元龜》作“張閏之”,今從《唐會要》。

崔翹。見《册府元龜》、《唐會要》。

＊文藻宏麗科：

＊王敬從。孫逖撰《太子右庶子王公(敬從)神道碑》:“公諱敬從,字某,京兆人也。……大足中舉文擅詞場,景龍歲辟茂才異等,開元初徵文藻宏麗,公三對策,詔皆爲甲科。”按敬從之登“文擅詞場”、“茂才異等”二科,徐氏已分别繫於卷四大足元年(701)與景龍三年(709),然其於“開元初徵文藻宏麗”登甲科則失收,今補。亦見陳補。

＊應制及第：

＊史青。《詩話總龜》前集卷十一《雅什門》據《零陵總記》:“史青,零陵人。其先名籍秦隨。幼而聰敏,博聞强記。開元初,上表自薦:‘臣聞曹子建七步成章,臣愚以爲七步太多。若賜召試,五步之内,可塞明詔。’明皇試以《除夜》、《上元觀燈》、《竹火籠》等詩,惟《除夜》最佳,云:‘今歲今宵盡,明年明日催。寒隨一夜去,春逐五更來。氣色空中改,容顔暗裹摧。風光人不覺,已入後園梅。’明皇稱賞,授左監門衛將軍。”《輿地紀勝》卷五十六《荆湖南路·永州·人物》:“唐史青,零陵人。上書自薦乞五步成詩,遂應詔作《除夜》詩云:‘今歲今宵盡,明年明日催。寒隨一夜去,春逐五更來。’”又見宋劉應李輯《新編事文類聚翰墨全書》後丙集卷三《氏族門》、元刊本《新編排韻增廣事類氏族大全》卷六(按“史青”誤作“史育”)、《明一統志》卷六十五、明弘治《永州府志》卷四、《萬姓統譜》卷七十四、《姓氏譜纂》卷三、《全唐詩》卷一一五小傳。

知貢舉:王邱。《舊書》本傳:“開元初,累遷考功員外郎。先是,考功舉人請托大行,取士頗濫,每年至數百人。邱一切核其實材,登科者竟滿百人。議者以爲自則天以後凡數十年,無如邱者。其後席豫、嚴挺之爲其次焉。”

李昂《旗賦》曰:“遐國華之容衛,諒兹旗之多工。文成日月,影滅霜空。乍逶迤而挂霧,忽摇曳以張風。排迴驚鳥,飛天斷鴻。至若混羽旗以横野,則睹之者目駭;雜金鼓而特設,則見之者氣雄。爾其誓將臨邊,興師授律,擁豹騎而長往,〔趙校:“豹”原作“抱”,據《英華》卷六四改。〕指龍山而衝出。月陣聯雲,星旄闘日。

迴五翎以革面，挫三庭而屈膝。匪旗之佐彼軍容，則何以沙場清謐。明明我君，四海無塵。立徽號，建洪勳。爲旗削蚩尤之跡，畫蛟龍之文。信俟疑功於巢、燧，諒比德於姜、雲。奄有天下，體國經野，覽兹旗之財成，故可得而言者。儼孤峙以摽衆，列廣形而助寡。隨時卷舒，任用行捨。不務功以伐謀，良有足而稱也。徒觀其進退繽紛，旖旎三軍；可仰可則，光輝一國。轥示迷於指南，何登車而逐北。塞斷連營，幸偶時清。對岌岌之臺殿，間悠悠之旆旌。陵紫霄而風掃，逗碧落以雲縈。擺帝樓之晴樹，弄天門之曉旌。高則可仰，犯乃不傾。每低昂以自守，常居滿而望盈。時亨《大畜》，於何不育。永端容於太階，沐皇風之清肅。"《文苑英華》

孫逖對策曰："伏惟陛下，文明有赫，元聖廣運。勸激極乎宇宙，察微窮乎物象。至如選衆任能之術，《禮經》享物之要，三聖五材之短長，文武工商之用捨，斯並獨斷聖慮，懸衡睿謀，百辟端委而顒若，庶績不言而潛運矣。猶以爲立政圖大，試言務重，弗躬弗親，庶人不信。降清問於窮昊，儼神威於咫尺。斯亦堯咨舜吁，同德比義。臣愚敢不拜手稽首，對揚天子之休命。

"制策曰'子大夫光我弓旌，膺斯揚擇。爲政作法，豈無前範，安人濟時，亦有令躅。宜叙立身之志，各言從官之才'者。臣聞邦有道，貧且賤焉，耻也。今神化陰隲，要道光備，設序塾以教於鄉，立膠庠以訓於國，制爲禄秩，以勸其從，則含生稟靈者，孰不刻意於仁義，飭躬於聞達。所謂堯舜之代，比屋可封也。臣以一介，行能無取，思勉進以追群，顧觀光而知愧。嘗亦自强不息，有聞而行，馳顔、閔之極摯，伏周、孔之軌躅。學古庶乎叶道，慎行期乎潤身。非有志於干禄，苟求仁於寡過。立身之志，允或在兹；從官之才，則愚豈敢。何則？仲尼有言曰：'如有所譽，其有所試。必也臨事，難乎預謀。'昔孔明之自比管、樂，時人未許；仲由因之以師旅,夫子哂之。祗奉睿問,懼深殞越,其敢覼冒,輕議天工。陛下若不棄菅蒯,無遺蕴藻,考片言而察所以,效一官而視所由,安敢廋哉。取則不遠,知人則哲。陛下光膺於聖君,揚己自媒,微臣敢辭於醜行。

"制策曰'七輔、八元,施何綱紀?十臣、四老,正何得失?並陳事跡,兼言名氏'者。《書》曰:'惟后非賢不乂,惟賢非后不食。'故君明臣忠,予違汝弼,時聞間出,代有其人。昔者黄帝之首出庶物也,時則有若七輔,股肱舟楫。虞舜之賓於四門也,時則有若八元,忠肅恭懿。周文之心德同濟,始用十臣;漢儲之羽翼已成,初聞四老。陳其事跡,斯亦庶乎;言其名氏,固可量也。七輔則風、牧共貫,八元則伯、仲同歸,論十臣之倫,則太顛、閎夭,稽四老之類,則綺季、園公。昔剡子之叙古官,勞於傾蓋;魯公之問儒行,疲於更僕。況實繁有衆,急景不留,聊舉凡以見意,豈遽數而周物。

"制策曰'夫朝會古禮,祭享舊章,九儀式辨其賜,六贄各明所執。雍畤起自何年?亳社立於何代?天士、地士,此何所封?諸布、諸嚴,彼何所主'者。傳曰:'朝有著定,會有表儀。'《書》曰:'享多儀,儀不及物,曰不享。'〔趙校:按《洛誥》,應作"惟曰不享"。〕斯蓋曲爲之防,事爲之制。經禮三百,儀禮三千,載在祀典,藏之史册。九儀謂一命受職,再命受服,三命受位,四命受器,五命賜則,六命賜官,七命賜國,八命作牧,九命作伯。六贄謂孤執皮幣,卿執羔,大夫執雁,士執雉,庶人執鶩,工商執鷄。雍畤起於秦年,亳社立於周代。天士、地士者,漢武之寵方士,將軍始受其封。諸布、諸嚴者,班史之記小祠,先儒不詳所以。

"制策曰'穆邦家而濟生死,三聖之教何長?利動植而益黎元,五材之用何要?工商兩業,在俗何先?文武二柄,適時何急'者。夫人生而静,天之性也;感物而動,情之欲也。天稟其性而不能節,聖人能爲之節而不能絶。故務恬樸,貴清净,同術於湯之益謙,合志於堯之克讓,此道教所長也。若乃不殺伐,證因果,包太空以爲言,化群有而歸寂,此釋教所長也。皆能懲窒嗜欲,静鎮紛躁,王侯得之,以貞天下。至於辨貴賤,立君臣,示之以好惡,因之以誅賞,使禮樂刑政燦然可觀,則爲善不同,其味相反,係風捕影,蕩而無適。故知孔氏之立教,乃爲邦之所急也。傳曰:'天生五材,廢一不可。'斷之於陰陽,效之於氣物,示休咎以垂誡,因興衰以運行。若可廢,則乾坤之道其或息矣。然土爰稼穡,居中履正,應我皇之休運,弼大化以阜成,利動植而益黎元,先金火而踰水木。必不得已,斯其一隅。又國有六職,實載工商;時之二柄,莫先文武。同惟阿之相去,何是非之足徵。然舜命共工之職,周有《考功》之記,車服器械,斯焉取斯。豈與夫乘時射利,滯財居逐者,若兹之瑣瑣焉。文德者,政之所專也;武威者,文之所助也。然則士農之末,作巧賢於鬻貨;升平之歲,經國先於定功。臣學昧稽古,思迷政途,謀適不作,空愧繞朝之策,道之所行,猶委仲尼之命。謹對。"《文苑英華》

李玄成對策曰:"臣聞大聖有國,將興至理,總庶官以匡化,覽群議以登賢。所以奉若天紀,作爲人極。觀堯、舜之興,則四岳僉舉,九載陟明,考核之端立矣。鑒殷、周之策,則三駕訪德,六廉察事,徵求之道行矣。非睿哲明慮,深體化源,亦安能董正理官,推仗賢傑者也?今陛下纘興聖業,昭布天光,舉良弼以謀至道,綜群材以康庶績。故乃岳生維翰,星降士師,嘉猷日聞,正言彌啟,肅然在位,燦然盈朝矣。且猶郡邑公選,巖穴敷求,遺寢載懷,比歲臨問,佇經術以佐職,想藝能以建官。則古之坐明堂,議衢室,安可以儔清問之深也。固將卓立化首,廓開政先,豈唯昭明恒訓,踐循常軌而已。臣素微經藝之術,謬忝弓旌之召,誠不足以登進王庭,恭承明策。至若爲政作法之要,安人濟時之體,臣雖愚陋,竊有志焉。

“臣聞政務利人，法期濟物，布法由道，行政在官。官必其才，則人沐於化；法必於正，則物賴其安。故庇人以和，所以興其義；率人以禮，所以致其淳。賦之必均，所以綏其業；役之必度，所以務其時；卹其轉死，所以保其命；薄其收入，所以全其生。此皆安人之畫，濟時之要，總其大趣，存其至心，而臣節無隱者爾。故王者安人則審政，興政則任官，任官必良則爲政皆善，善政溥洽則庶人用康，德之本也。是以深居而情鑒萬里，高拱而明照八極，其在任人之術歟！

“夫至公克守於明謙，臣節必存乎無隱。况王心虚鏡，容光必察，詢其立身之志，考其從官之才，臣之愚衷，具以上達。若蒙飭躬召入，程器收用，使得履文石以獻議，瞻法座以陳誠，序安人之大訓，言濟時之良政，抗恒節以忠主，申遠圖以戴君，臣之宿心永願畢矣。立政之志，實在於斯；從官之才，安敢自必。

“蓋無善不應，有開必先。七輔立於先朝，充四目以鑒遠；八元翼於舜日，播五典以弘風。或理曆茂時，天道以叙；或辨方寧亂，地紀用章。或内平外成，樹稼而蒸人乃粒；或忠肅恭懿，敷教而理訓克從。言其紀綱，較然明著。十臣佐命，周道蔚興；四老爲賓，漢儲底定。文武以濟，靈臺光偃伯之期；羽翼既成，寵子罷奪宗之計。匡正得失，格言斯在。風后、力牧，膺七輔之召；伯奮、仲戡，居八元之列；周公、吕尚，爲十臣之宗；園公、綺里，参四老之目。八元盡高辛之裔，十臣有文王之子。事跡斯辨，名氏可徵矣。

“夫朝會者，所以正君臣之位；祭享者，所以盡誠敬之極。故物稱其禮，舉之表儀，功被於人，施之祀典。蓋辨其位序而不多其玉帛，先其敬意而不繁其罇俎，明王道之制也。自道遠聖逝，侈及嬴、劉，薦弊興利，視金逞罰。祭非真鬼，妖望其祥，瞻古語事，斯謬甚矣。《周官》大宗伯之職，以九儀之命，正邦國之位。一命受職，再命受服，三命受位，四命受器，五命賜則，六命賜官，七命賜國,八命作牧,九命作伯。蓋以懋功訓德,審官乂人也。又以禽作六贄,以等諸臣,孤執皮幣,卿執羔,大夫執雁,士執雉,庶人執鶩,工商執鷄。蓋象事以明等威,以示禮也。秦脩雍祠,而古有雍畤焉。周祭亳社,宜社有屬亭焉。孝武祈仙,封於欒大,將以通天地之道也。故天士、地士,懸以五利之名焉。漢氏廣祭,主於小祠,將以期純嘏之集也。故諸布、諸嚴,設於群望之祭焉。

"夫谷神不死,道宗於玄默。至覺而生,釋歸於清净。書於聖典,固在儒流。然練神虚心,釋道以空慧爲法,可以濟於生死矣。興政致理,周、孔以禮義爲訓,可以穆於邦家矣。教之攸設,儒則爲長。天生五材,利溥群物。火炎水潤,動植以滋,刳木範金,黎甿攸濟。稟於玄象,土德厚載而居多;施於物宜,五行廢一而不可。工以繕器,商以通財,財則聚人,器則周用。疾其浮侈,商以政而當遏;資於器械,工在俗而爲先。聖人規天地以成文,象震曜以興武,文次九序,武標七德,利用開物,禁暴夷凶。二柄所資,百代無易,兩參王政,互爲國經。若寰海晏如,則武備都偃;干戈日振,則文教式衰。自有偏廢之辰,皆無必去之道。理曠者不可以言極,道深者不可以意明。乾象照臨,聖模廣運,臣材非秀茂,學非敏博,對越天旨,誠無足觀。謹對。"《文苑英華》

沈諒對策曰:"臣聞時雨作解,靡物不滋;春雷發聲,群蟄潛覺。間者明詔咨九牧,闢四門,光燭巖藪,恩覃側陋。葵藿仰惠以納景,山川有開而出雲,使草茅微臣,幽賤朽質,辱旌賁,陳芻蕘,瞻璚臺之穆然,預烟闕而伏對。此臣之鴻造也,敢不瀝陳哉!

"臣聞堯之光宅也,以親九族,以命百官。舜之登庸也,以察萬人,以齊七政。大禹拜咎繇、伯益,惟其昌言,武王問黄帝、顓頊,存乎至道。此四君者,文思睿哲,恭儉高明,仁以創制,慎乎體國,思借力以任重,簡遠闕以安人。故選賢以居位,闕事而後爵。則考績以庸，取人必才，賦納獻可，聲度言狀，庶存兹矣。伏惟陛下，豐功厚利，資始萬物以統天；執契含元，富有八方而纂聖。家道以正，庶績咸寧，師師滿雲火之庭，濟濟盛龍光之列。尚紓神睠，更睟天儀，思仁壽之登域，緬前王以作鏡。雖軒轅之徇齊藏用，重華之好問察言，未足以扶轂大明，驂乘元聖。臣聞之游大海者難爲水，窺聖門者難爲言。陛下侔造化而作法，尊道德以垂範，敬宗廟以示孝，愛臣子以興仁，懷蠻夷以廣德，抑禎祥以崇理。禮經大備，四海共職而朝宗；樂物至和，百獸來庭而率舞。至於爲政安人之躅，則微臣何足以知之！其餘備父母之體以立身，欽聖人之化以從官之問，則願竭其愚。臣惟忠孝可以從官，奉陛下之法以自理，守陛下之職以自安，以之居處則莊，以之戰陣則勇。是陛下軼堯、舜之上，愚臣忝比屋之封。臣雖不才，則亦有志矣。

“昔者風后、力牧，仲容、庭堅，相與謀謨於有熊之朝，弼違於納麓之運，講信而脩睦，肆直而惠和。垂衣裳，作舟楫，分州土，叙星辰，其紀綱也如此。其後閎、散、周、召，園、黄、綺季，鎬京得之爲心膂，漢儲得之爲羽翼。終能牧野清明，惠皇不廢，其救失也如彼。

“夫國有五服，朝聘申其貢；禮有五經，享祠肅其首。職方品其遠邇，宗伯辨其瑞玉。乃開封壝，是設方明，錫之以鞶絡衮裳，執之以圭璧羔鴈。秦之立雍畤也，將以褅其自出。周之居亳社也，亦以戒於不臧。臣又聞先王之制禮法也，以勞定國。汏哉漢武，曾是黷神，採少君以端信欒道之貞，列帳甲乙，樹紅頭，望嶧山，祈石室。天士、地士，不殆於昏淫；諸布、諸嚴，何憚於風雨乎？

“聖策以三教立言，歷代彌勤，成軌制以化時，較醇醨而景俗。此聖君合懸解之旨，而小臣慚默識之明。然臣亦嘗聞之矣，夫禮者始諸飲食，盛於冠昏。分而爲陰陽，轉而爲太一。失之者死,得之者生。二氏包虚無而含寂滅,長性靈而已,宜去於斯。傳曰:'仁義禮智,以信爲主;貌言視聽,以心爲正。'則士德優矣。若乃神農之肇皇業,揉木爲耒,弦木篇弧。黄帝之開帝功,致天下之人,聚天下之貨,器以成務,稼惟人天,利以通財,阜國周用。苟能全人,天可違乎?故臣願抑商而進工也。

"大哉武之爲功,赫矣師之所處。象震曜而舉,垂雲雷以揚,宣威而山河蕩容,訓誓而烟塵動色。可以定禍亂,可以翦暴强。頃者牝鷄之晨,陛下潛龍或躍,提白蛇之劍,揭翠鳳之旗,入於北軍,兵皆袒左。氛祲殄滅,日月光華,此神武之壯觀也。謹對。"《文苑英華》

三年乙卯(715)

十月,詔曰:"有懷才抱器,沈淪草澤,不能自達者,具以名聞。"《册府元龜》

進士二十一人:

李誠。獨孤及《頓邱李公墓誌》:"公諱誠,字元成,魏郡頓邱人。年十六,户部尚書姚珽以賢良薦,比之終、賈。開元三年舉進士,十年舉茂才,十七年舉文學,皆射策取甲科。"又曰:"開元中,蠻夷來格,天下無事,搢紳聞達之路惟文章。先公以俊造文賦皆第一,京師人傳寫策藁,相示以爲式。"以天寶七年卒、年五十三推之,是年二十舉進士。

*明經科:

*崔傑。《彙編》[大曆 070]蕭倫撰大曆十三年(778)十月十二日《唐故信王府士曹崔君(傑)墓誌銘并序》(周紹良藏拓本,河南千唐誌齋藏石)云:"公諱傑,字傑,其先清河人也。……十四,以五經擢第。"按崔氏卒於天寶十一載(752),享年五十一,則其十四歲時在開元三年。亦見羅補。

諸科:

武雲坦。賈餗《揚州華林寺大悲禪師碑銘》:"師諱雲坦,姓武氏,則天太后之族孫。父宣,官至洛陽令。師生而神雋,七歲舉童子及第。年二十,歷太子通事舍人。”以元和十一年卒、年一百八歲推之,是年七歲。

＊知貢舉:楊滔。按本年知貢舉原缺,陳補云:“本年及明年知貢舉皆缺人。《郎官石柱題名新著録》載考外題名第五行後半段爲:‘房光庭、王光庭、王丘、楊滔、邵(下泐)’。岑仲勉先生以爲缺名的邵某即邵炅,《朝野僉載》卷四載其開元四年卒於考功任上,是炅當知明年貢舉。本年疑即楊滔知。《朝野僉載》卷二云:‘陽滔爲中書舍人’,當爲同人。傳附《舊唐書》卷六二《楊恭仁傳》。”

四年丙辰(716)

七月六日,制曰:“朕每置旌告善,仄席翹賢,恐閭閻有愁苦之聲,草澤無明□之士。吏或慢法,官或非才,因之致理,且未爲得。其何以廉敗政,恤冤刑,問煢嫠,招茂異,寬賦斂,節吏徭,使天下爲無爲,事無事也?頃分連率,則曰使臣,將求人瘼,克宣朕命。諸道按察使揚州都督宋璟、益州長史韋抗、蒲州刺史程行諶、汴州刺史倪若水、魏州刺史楊茂謙、靈州都督强循、潤州刺史李濬、荆州長史任昭理、秦州都督楊虚受、梁州都督張守潔,並邁迹垂憲,偉才通識,有其直方,無所迴避。宜令各巡本管内,人有清介獨立,可以標映士林,或文理兼優,可以潤益邦政者,百姓中文儒異等,道極專門,或武力超倫,聲侔敵國者,並精訪,具以名聞。”《唐大詔令集》

進士十六人:《文苑英華》載《丹甑賦》有薛邕、史翽,蓋二人以此賦登第也。　按翽與李蒙同溺曲江死,見《太平廣記》引《定命録》,其事在五年。則翽之登科非三年即此年矣。今載於此俟考。　按《丹甑賦》以“周有豐年”爲韻。

范崇凱,狀元,見《玉芝堂談薈》。

薛邕,見《文苑英華》。

史翽,見《文苑英華》。

＊李朏,《彙編》[天寶271]陽浚撰天寶十四載(755)十一月十一日

《唐故朝散大夫太子左贊善大夫隴西李府君(朏)墓誌銘并序》(周紹良藏拓本)云:“公諱朏,字朏,隴西成紀人也。……弱冠進士擢第,吏曹考判,又登甲科。”按李氏卒於天寶十三載(754),享年五十八,則其弱冠之歲在開元四年。 按王補作“李昢”。

*張均。《唐才子傳》卷五《張説傳》:“子均,開元四年進士,亦以詩鳴。”元釋圓至《箋注唐賢三體詩法》(明廣陵錢元卿刻本)卷十四:“張均,開元四年進士。”亦見羅補。

*知貢舉:邵炅。本年知貢舉原缺,今據陳補增。見上年知貢舉考。

薛邕《丹甑賦》曰:“神物昭見,聖人是則。五位時序兮,萬邦以寧;百祥薦臻兮,一人之德。鼓茲靈器,呈我王國。有物有憑,匪雕匪刻。察其狀而玄妙,相其儀而不忒。諒幽贊而克成,矧徽猶之允塞。是知奇制可久,嘉名不朽。類君子之心,以虛而受;同玉人之德,終善且有。既應盛而自滿,不假於盤瓶;亦詎炊而自熟,何勞於薪槱。擬神鼎之有用,掩欹器而無咎。豈以塵見范丹之空,賂爲紀國之醜者矣。且夫清明在躬,符瑞由衷,誠之必感,感而遂通。獻白環於重華,克明睿哲;錫玄珪於文命,告厥成功。此唐堯之表貺,蓋王母之欽風。曷若自然挺出,爲瑞斯崇,其應不昧,其用無窮。莫因埏埴,寧俟磨礱,以彰我君聖,以報我年豐而已哉!客有賦而歌曰:‘玄德日用兮,象帝之先。丹甑時見兮,神物光妍。中含虛兮體道,上應規兮法天。染人無所施其彩飾,陶人無所效其貞堅。以享以孝兮,可以饙饎。多稌多黍兮,尸茲豐年。’”《文苑英華》

史翽《丹甑賦》曰:“皇矣上帝,臨下有則。玄德升聞,榮問充塞。三光明而品物昭報,四氣序而黎人不忒。雖休勿休,惟静惟默。偉夫自然之丹甑,方作瑞於明德。應皇運而無疆,報時豐於有國。其業可大,其功可久。既申命以自天,類有孚而盈缶。循環外映，爰假象以爲名；濩落内虚，信當無而入有。明夫既耨既穫，表此不稂不莠。將有開而必先，固兹器之可守。天應靈貺，人期至豐。不汲而滿，將寳鼎而齊列；不炊而沸，與温泉而比崇。異鈞陶之有作，符造化之爲功。千箱以之而發詠，萬姓無嗟乎屢空。且夫人爲國本，食乃人天。朝有代耕之秩，野多擊壤之賢。豈不以休徵畢至，瑞應無邊。正色期呈，以明於聖感；天資可尚，是表其豐年。影亭亭於瑞日，光泛泛於祥烟。九功咸序，八政攸先。超三皇而軼五帝，尚何足夫比肩。"《文苑英華》

五年丁巳(717)

二月，詔有嘉遁幽棲，養高不仕者，州牧各以名薦。《舊書》本紀、《册府元龜》。

九月，詔曰："古有賓獻之禮，登於天府，揚於王庭。重學尊儒，興賢造士，故能美風俗，成教化，蓋先王之所繇焉。朕以寡德，欽若前政，思與大夫群士，復臻於理。故他日訪道，有時忘食；乙夜觀書，宵分不寐。悟專經之義篤，知學史之文繁，永懷覃思，有足尚者。不有褒崇，孰云獎勸！其諸州鄉貢明經、進士見訖，宜令引就國子監謁先師。學官爲之開講，質問疑義。仍令所司，優厚設食。兩館及監内得解舉人，亦准此。其日，朝請官五品以上及朝集使並往觀禮，即爲常式。《易》曰：'學以聚之，問以辨之。'《詩》云：'如切如磋，如琢如磨。'此朕所望於賢才矣。"《册府元龜》、《唐會要》、《唐大詔令集》、《摭言》。　按《會要》注云："謁先師自此始也。"

進士二十五人：《文苑英華辨證》引《唐登科記》，開元五年試《止水賦》。考《文苑英華》，《止水賦》以"清審洞澈涵容"爲韻。

劉清，見《文苑英華》。又注云，《登科記》無劉清名。

劉廷玉，

劉嶷，《文苑英華辨證》引《唐登科記》，劉廷玉第十三人及第，劉嶷第十七人及第。

＊王泠然(王冷然)，原作“王冷然”，趙校：“本書或亦作‘王泠然’，蓋所引書‘冷’‘泠’錯出，未知孰是，今仍之。”徐氏考云：“《唐才子傳》：‘王冷然，山東人。開元五年裴耀卿下進士，授將仕郎，守太子校書郎。’《文苑英華》注引《登科記》，王冷然十九名。《摭言》載王冷然上張燕公書云：‘今長安裴耀卿於開元五年掌天下舉，擢僕高第，以才相知。’又與御史高昌宇書云：‘僕之怪君甚久矣。不憶往日任宋城縣尉乎？先天年中，僕雖幼小，未閑聲律，輒參舉選。公既明試，量擬點額。僕之枉落，豈肯緘口？一年在長安，一年在洛下，一年坐家園。去年冬十月得送，今年春三月及第。往者雖蒙公不送，今日亦自致青雲。天下進士有數，自河以北，惟僕而已。’” 孟按：“王泠然”原作“王冷然”，今據《千唐》[796]天寶元年(742)正月《唐故右威衛兵曹參軍王府君墓誌銘并序》及《國秀集》目録、《唐摭言》卷六《公薦》條上張説書、《唐詩紀事》卷二十等改。又上述《墓誌》云：“公諱泠然，字仲清，太原人也。……七歲見稱於鄉黨，廿則賓於王庭，以秀才擢第，授東宫校書郎，滿秩，移右威衛兵曹參軍。……以開元十二年十二月十八日不禄於位，享年卅有三。”知其於開元五年登第時爲二十六歲。

＊李蒙。原列先天二年(713)進士科，徐氏注云見“《文苑英華》”。陳補據《獨異志》卷上録入本年。另詳先天二年考。徐氏所録闕名及李蒙《耤田賦》並删。

明經科：

徐浩。《舊書》本傳：“字季海，越州人。父嶠，官至洛州刺史。浩少舉明經。”張式《徐浩神道碑》：“年十五，究經術，首科升第。”以建中三年年八十推之，是年年十五。

諸科。是年《登科記》不載諸科。《册府元龜》云：“開元五年，敕蒲州童子吴豸之薄綴小篇，兼記古事，不稍優異，無申獎勸。宜賜其父絹十匹，令更學習，便有成就。”是未嘗舉童子科也。

博學宏詞科：按博學宏詞置於開元十九年，則此猶制科也。

李蒙。《獨異志》：“開元五年春，司天奏玄象有謫見，其灾甚重。玄宗震驚，問曰：‘何祥？’對曰：‘當有名士三十人同日冤死，今新及第進士正應其數。'其年及第李蒙者,貴主家婿,上不得已言其事,密戒主曰:'每有大遊宴,汝愛婿可閉留其家。'主居昭國里,時大合樂,音曲遠暢。曲江漲水,聯舟數十艘,進士畢集。蒙聞之,乃踰垣走赴,群衆愜望。方登舟移就池中,暴風忽起,畫舸平沈,聲妓、篙工不知紀極,三十進士無一生者。"按王泠然於開元九年平判入等,則進士無一生者,其説未可信。且李蒙《耤田賦》見《文苑英華》,當是開元元年及第。《太平廣記》兩引《定命録》,皆以蒙爲宏詞及第,當從之。 《廣異記》云:"隴西李捎雲,范陽盧若虚女婿也。性誕率輕肆,好縱酒聚飲。其妻一夜夢捕捎雲等輩十數人,雜以娼妓,悉被髮肉袒,以長索繫之,連驅而去。號泣顧其妻别。驚覺,泪沾枕席,因爲説之。而捎雲亦夢之,正相符會。因大畏懼惡,遂棄斷葷血,持《金剛經》,數請僧齋,三年無他。後以夢滋不驗,稍自縱怠。因會中友人逼以酒炙,捎雲素無檢,遂縱酒肉如初。明年上巳,與李蒙、裴士南、梁褒等十餘人泛舟曲江中,盛選長安名娼,大縱歌妓。酒正酣,舟覆,盡皆溺死。"《定命録》云:"李蒙宏詞及第,注華陰縣尉。授官相賀,於曲江舟上宴會諸公,令李蒙作序。日晚序成,史翩先起,於蒙手取序看,裴世南等十餘人又争起看序。其船偏,遂覆没,李蒙、士南等並被没溺而死。" 按史翩、裴士南、梁褒、李捎雲不言是李蒙同年,故不載。

文史兼優科:按四年七月制,當作"文理兼優"。

李昇期,見《册府元龜》、《唐會要》。

康子元,見《册府元龜》、《唐會要》。

達奚珣。見《册府元龜》、《唐會要》。《摭言》載張楚與達奚侍郎書云:"尋應制舉,同赴洛陽。是時春寒,正值雨雪,俱乘款段,莫不艱辛。朝則齊鑣,夜還連榻,行邁靡靡,中心摇摇。及次新鄉,同爲口號,公先曰:'太行松雪,映出青天。'僕答曰:'淇水烟波,半含春色。'向將百對,盡在一時,發則須酬,遲更有罰。並無可屈,斯可爲歡。"又曰:"初到都下,同止客坊,早已酸寒,復加屯躓。屬公家竪逃逸,竊藏無遺。賴僕儔裝未空,同爨斯在,殆過時月,以盡有無。巷雖如窮,坐客常滿,還復嘲謔,頗展歡娱。公詠僕以衣袖障塵,僕詠公以漿粥和酒。復有憨嫗,提携破筐,頻來掃除,共爲笑弄。"蓋即達奚珣應舉事也。書云:"公授鄭縣,歸迎板輿,僕已罷官,時爲貧士。"是張楚未得中第。

文儒異等科：

崔偘，見《册府元龜》、《唐會要》。

褚廷誨，見《册府元龜》、《唐會要》。

殷踐猷。顔魯公《殷踐猷墓碣銘》："踐猷字伯起，陳郡長平人。年十三，日誦《左傳》二十五紙，讀《稽聖傳》一遍，亦誦之。博覽群言，尤精《史記》、《漢書》、百家氏族之説。開元初，舉文儒異等，授秘書省學士。"《新書》韋述同傳。〔趙校：應作"《舊書》韋述同傳"。《新書》殷踐猷在《儒學傳》，不與韋述同傳。〕

知貢舉：裴耀卿。見《唐語林》。　蘇頲有《授裴耀卿檢校考功員外郎制》云："敕朝散大夫、行河南府士曹參軍裴耀卿，士行絶密，文詞典麗。時人許其清秀，職事推其綜核。惟才是舉，方憑止水之明；在位斯聞，佇考觀光之彦。可檢校考功員外郎。"

劉清《止水賦》曰："觀乎太古之初，乾坤定列，有坎方一德之大，成江河四瀆之别。注仙海以環流，度星橋而靡竭。立體清静，舒光朗澈。觀五行以獨舉，潤萬物而齊悦。豈以善下之故，長應流行；抑亦能遇坎則止，以竭爲平。居荒野而不動，合寒虚而自清。晝則烟雲亂出，夜則星象羅生。若乃湖稱青草，澤若雲夢，淺深瀠渟，表裏寒洞。當朱陽之夏晚，遇白露之秋仲，紫闕之鴻雁飛來，緑浦之蓮舟風送。既能止而利物，所以歸之者衆。亦有鳳凰之沼，明月之潭，每澄流於庭院，常不注於東南。蒙寮寀之玩洽，渾琴酌而相參。以遊以賞，如液如涵。若英賢之取則，類貞咸之是湛。届夫玉宇初晴，風飇載寢，籠碧天而似鏡，展紅霞而若錦。納衆影而不遺，比群情而特甚。〔趙校："特甚"原作"正"，據《英華》卷三二改補。〕用使至人觀之而心察，智者樂之而情審，遠士愛而欲臨，高節聞而願飲。復乃養龜鶴，藏魚龍，怪石積，明珠重。虚以受物，謙而克從。有一人兮充賦，每咨嘆於澗松。飾清顔而自肅，希止水而今逢。則知無美惡以畢鑒，〔趙校：

"以"原作"心",據《英華》卷三二改。〕豈徒取乎矯容。"《文苑英華》

王泠然《止水賦》曰:"嘗聞神心保正,天道害盈。漏巵添而復出,欹器備而還傾。豈若兹水,居然可名。既混之而不濁,又澄之而不清。時止則止,時行則行。峻隄防則其源見塞,開汲引則其道能亨。安波不動,與物無争。如方圓之得性,何寵辱之能驚。故爲國者取象於止水,使其政公平;爲身者亦同於止水,使其心至明。至察可尚,柔謙何稟。思遠道則一葦能航,守貧居則一瓢可飲。接下流則卑以自牧,鑒群物則寬而能審。誠用之而捨之,在去泰而去甚。水之爲得也長,水之爲功也衆。散成雲雨,畜作潭洞。浮芥則傲吏措杯,種瓜則幽人抱甕。無朝夕之出納,有飛沈之狎弄。徒觀其深虚見底,咫尺宜探,千流並入,〔趙校:"流"原作"人",據《英華》卷三二改。〕萬象皆涵。摇樹影於青岸,落山光於碧潭。其仁可以濟物,其義可以激貪。既而壅之不流,蒙則未決。照春物而畫屏相似,映晴空而明鏡無别。雨來而圓點亂生,風静而長波自滅。任天時以開閉,隨王澤而盈絶。受涓滴而逾深,處冰壺而更澈。書云,視水責影,能見形容;視人行事,能知吉凶。政煩則人擾,水濁則魚喁。夫子欲精神而不惑,俾榮利無繫於心胸。比浮雲之於我,觀止水而爲容。兀兮若枯木坐望,澹兮若虚舟見逢。正道未遠,斯言可從。儻不違於射鮒,希有便於登龍。"《文苑英華》

六年戊午(718)

二月,詔曰:"我國家敦古,質斵浮艷。禮樂《詩》《書》,是弘文德;綺羅珠翠,深革弊風。必使情見於詞,不用言浮於行。比來選人試判,舉人對策,剖析案牘,敷陳奏議,多不切事宜,廣張華飾。何大雅之不足,而小能之是衒?自今以後,不得更然。"《册府元龜》

進士三十二人。

＊明經科：

＊寇釗，《千唐》[634]開元十一年(723)十月廿七日《大唐故前鄉貢明經上谷寇君(釗)墓誌銘并序》(參見《彙編》[開元 182])云："寇釗字尼丘，上谷昌平人也。……年十八，郡舉孝廉，射策甲科。於時同歲數十人，君爲其首。……春秋廿三，以開元十一年十月廿七日終於洛陽審教里之私第。"可推知其年十八時在開元六年。亦見羅補。

＊盧同。原列卷二十七《附考·明經科》，徐氏考云："梁肅《舒州望江縣丞盧公墓誌》：'范陽盧君諱同，弱冠舉孝廉。'" 孟按：《全唐文》卷五二一梁肅撰《舒州望江縣丞盧公墓誌銘》原文曰："范陽盧君諱同，字某。……弱冠舉孝廉，授舒州望江縣丞享年四十有四，天寶元年月日終于尉氏私館。"以天寶元年(742)卒、年四十四推之，其弱冠之年在是年，故移正。亦見陳補。

博學通藝科：《册府元龜》作"通議"，今從《唐會要》。

鄭少微，見《册府元龜》、《唐會要》。

蕭識。見《册府元龜》、《唐會要》。

超拔群類科：

馮萬石，見《廣卓異記》引《登科記》。

席豫。《新書》本傳："開元初，觀察使薦豫賢，復舉超拔群類科。"

知貢舉：裴耀卿。見《唐語林》。 王維《裴僕射齊州遺愛碑》："河南府士曹參軍、考功員外郎。公府屈廊廟之才，曹無留事；仙郎明黜陟之法，野無遺賢。"

登科記考補正卷六

唐玄宗至道大聖大明孝皇帝

開元七年己未(719)

三月一日,敕:"《孝經》、《尚書》有古文本孔、鄭注,其中旨趣,頗多踳駁。精義妙理,若無所歸,作業用心,復何所適?宜令諸儒並訪後進達解者,質定奏聞。"《册府元龜》、《唐會要》。

其月六日,詔曰:"《孝經》者,德教所先。自頃已來,獨宗鄭氏,孔氏遺旨,今則無聞。又子夏《易傳》,近無習者。輔嗣注《老子》,亦甚甄明,諸家所傳,互有得失。獨據一説,能無短長?其令儒官詳定所長,令明經者習讀。若將理等,亦可並行。其習《易》者,帖子夏《易傳》,共爲一部。亦詳其可否奏聞。"《册府元龜》、《唐會要》。

四月七日左庶子劉子玄上《孝經注議》曰:"謹按今俗所行《孝經》,題曰鄭氏注,爰自近古,皆云鄭即康成。而魏晋之朝,無有此説。至晋穆帝永和十一年及孝武帝太元元年,再聚群臣,共論經義。有荀昶者,撰集《孝經》諸説,始以鄭氏爲宗。自齊梁以來,多有異論。陸澄以爲非玄所注,請不藏於秘省。王儉不依其請,遂得見傳於時。魏齊則立於學官,著在律令。蓋由膚俗無識,故致斯訛舛。

“然則《孝經》非玄所注,其驗十有二條。據鄭君自序云:‘遭黨錮之事難逃,注《禮》。黨錮事解,注古文《尚書》、《毛詩》、《論語》。爲袁譚所逼,來至元城,乃注《周易》。’都無注《孝經》之文,其驗一也。鄭玄卒後,其弟子追論師所著述及應對,時人謂之《鄭志》,其言鄭所注者,惟有《毛詩》、《三禮》、《尚書》、《周易》,都不言鄭注《孝經》,其驗二也。又《鄭志》目録記鄭之所注,五經之外有《中候》、《書傳》、《七政論》、《乾象曆》、《六藝論》、《毛詩譜》、《答臨碩難禮》、《駁許慎異義》、《發墨守》、《箴膏肓》及《答甄子然》等書。寸紙片札,莫不悉載,若有《孝經》之注,無容匿而不言,其驗三也。鄭之弟子,分授門徒,各述師言,更相問答,編録其語,謂之《鄭志》。唯載《詩》、《書》、《禮》、《易》、《論語》,其言不及《孝經》,其驗四也。趙商作《鄭先生碑銘》,具稱其所注箋駁論,亦不言注《孝經》。晋《中經簿》,《周易》、《尚書》、《尚書中候》、《尚書大傳》、《毛詩》、《周禮》、《儀禮》、《禮記》、《論語》凡九書,皆云鄭氏注,名玄。至於《孝經》,則稱鄭氏解,無“名玄”二字,其驗五也。《春秋緯》、《演孔圖》云,康成注《三禮》、《詩》、《易》、《尚書》、《論語》,其《春秋》、《孝經》别有評論。宋均於《詩譜》一作“緯”。序云‘我先師北海鄭司農’,則均是玄之傳業弟子也,師所著述,無容不知。而云《春秋》、《孝經》惟有評論,非玄之所著,於此特明,其驗六也。宋均《孝經緯》注引鄭《六藝論》叙《孝經》云‘玄又爲之注,司農論如是,而均無聞焉。有義無辭,令余昏惑’。舉鄭之語,而云無聞,其驗七也。宋均《春秋緯》注云玄爲《春秋》、《孝經》略説,則非注之謂,所言玄又爲之注者,汎辭耳,非事實。序《春秋》亦云玄又爲之注也,寧可復責以實注《春秋》乎?其驗八也。後漢史書存於世者,有謝承、薛瑩、司馬彪、袁山松等,俱爲鄭玄傳者,載其所注,皆無《孝經》,其驗九也。王肅《孝經》傳首有司馬宣王之奏,並奉詔令諸儒注述《孝經》,以肅説爲長。若先有鄭注,亦應言及,而都不言鄭,其驗十也。王肅著書，發揚鄭短，凡有小失，皆在聖證。若《孝經》此注亦出鄭氏，被肅攻擊最應煩多，而肅無言，其驗十一也。魏晋朝賢辨論時事，鄭氏諸注無不撮引，未有一言引《孝經》之注，其驗十二也。凡此證驗，易爲考核。而世之學者，不覺其非，乘彼謬説，競相推舉，諸解不立學官，此注獨行於世。觀夫言語鄙陋，義理乖疏，固不可以示彼後來，傳諸不朽。

“至如古文《孝經》孔傳本，出孔氏壁中，語甚詳正，無俟商榷。而曠代亡逸，不復流行。至隋開皇十四年，秘書學士王孝逸於京市陳人處置得一本，送與著作郎王劭，以示河間劉炫，仍令校定。而此書更無兼本，難可依憑。炫輒以所見率意刊改，因著《古文孝經稽疑》一篇。劭以爲此書經文盡在，傳義甚美，而歷代未嘗置於學官，良可惜也。然則孔、鄭二家，雲泥致隔。今綸音發問，校其短長，愚謂行孔廢鄭，於義爲允。

“又今俗所行《老子》是河上公注，其序云‘河上公者，漢文帝時人，結草庵於河曲，乃以爲號。所注《老子》授文帝，因沖空上天’。此乃不經之鄙言，流俗之虚語。按《漢書·藝文志》，注《老子》者三家，河上所釋無聞焉爾。豈非注者欲神其事，故假造其説耶？其言鄙陋，其理乖訛，雖使纔别朱紫，粗分菽麥，亦皆嗤其過謬，而況有識者乎？豈如王弼，英才俊識，賾微索隱，考其所注，義旨爲優。必黜河上公，升王輔嗣，在於學者，實得其宜。

“又按《漢書·藝文志》，《易》有十三家，而無子夏作傳者。至梁阮氏《七録》，始有《子夏易》六卷。或云韓嬰作，或云丁寬作。然據《漢書·藝文志》，韓《易》有二篇，丁《易》有八篇，求其符合，則事殊隳刺者矣。以東魯伏膺，文學與子游齊列，西河告老，名行將夫子連蹤，歲越千齡，時經百代，其所著述，沈翳不行。豈非後來，假憑先哲，亦猶石崇謬稱阮籍，鄭璞濫名周寶。必欲行用，深以爲疑。”

“子玄又上言曰：“臣才雖下劣，而學實優長，竊自不遜，以爲古已來未之有也。嘗以鄭氏《孝經》、河上公《老子》二書，訛舛不足流行，孔、王兩家，實堪師授。每懷此意，其願莫從。見去月十當作"一"。日敕，令所司詳定四書得失，具狀聞奏。臣等草議，請行孔、王二書，牒禮部訖。但今庸儒淺識，聞見不周，可與共成，難與慮始。蓋孔父有言曰：'行夏之時，乘殷之輅，服周之冕。'此則今古循環，愚智往復，豈前者必是，而後者獨非乎？是以《老篇》、《莊子》興於晉代，《公羊》、《穀梁》寢於魏日，《春秋左氏》因元凱而方著，《尚書》孔傳至光伯而始行。斯皆尚好不同，晚乃覺悟，承習既久，近輒弛張。伏維開元皇帝陛下，嘗以九重餘隙，窮覽文藝，百氏詳觀，游心經典。爰降綸綍，俯逮芻蕘，臣輒以愚識上符睿旨。伏望明恩，曲垂照察。如將爲允，請即班行，不可使隨流腐儒參論其義。"《册府元龜》、《唐會要》。

景寅，中書門下奏曰："劉子玄奏，注《孝經》請廢鄭依孔，注《老子》請停河上公行王，《易傳》非子夏所造者。子玄博識，誠則純儒，全非衆家，亦則未可。且《孝經》鄭義，行已多時，《老子》河注，用亦云久，並子夏《易傳》，文不折於片言。望並付所司，令諸儒與子玄對質定詳。〔趙校：原脱"詳"字，據下文所引補。〕必須理勝義成，不得飾詞争辨。論定聞奏。"

是時尚書禮部奏議曰："臣得國子博士司馬貞等議稱，今文《孝經》是漢河間王所得顔芝本，劉向以此本參較古人，省煩除惑，定爲此一十八章。其注相承云是鄭玄所作，而《鄭志》及目録等不載，故往賢共疑焉。惟荀昶、范煜以爲鄭注，故昶集解《孝經》，具載此注，而其序云以鄭爲主。是先達博選，以此注爲優。且其注縱非鄭氏所作，而義旨敷暢，頗將爲得。其數處小非穩實，亦未爽經傳。

"其古文二十二章，元出孔壁。先是安國作傳，後遭巫蠱，代未之行。荀昶集注之時，尚有《孔傳》，中朝遂亡其本。近儒欲崇古學，妄作此傳，假稱孔氏，輒穿鑿改更。又僞作《閨門》一章，劉炫詭隨，妄稱其善。且閨門之義，近俗之語，非宣尼之正説。按其文云‘閨門之内，具禮矣乎？嚴親嚴兄，妻子臣妾，繇百姓徒役’之句，是比妻子徒役，文句凡鄙，不合經典。又分《庶人》章從‘故自天子’已下别爲一章，乃加‘子曰’二字。然故者，連上之詞，既爲章首，不合言故。是古人既亡，後人妄開此等數章，以應二十二章之數。非但經文不真，抑且傳文淺僞。又注‘因天之時，就地之利’，其略曰‘脱衣就功，暴其肌體，朝暮從事，露髮塗足。少而習之，其心安焉’。此語雖旁出諸子，而引之爲注，何言之鄙俚乎？與鄭玄所云‘分别五土，視其高下，高田宜黍稷，下田宜稻麥’，優劣懸殊，曾何等級！今議者欲取近儒詭説，殘經缺傳，而廢鄭注，理實未可。望請准令式，《孝經》鄭注與孔傳依舊俱行。

“又得議稱，《老子道德》者是爲玄言，注家雖多，罕窮厥旨。河上蓋憑虚立號，漢史實無其人。然其注以養神爲宗，以無爲爲體，其詞近，其理宏，小足以修身潔誠，大可以寧人安國。故顧歡曰，河上公雖曰注書，即文立教，皆没略遠體，指明近用。斯可謂知言矣。王輔嗣雅善玄談，頗採道要，窮神明乎橐籥，守静默於玄牝，其理暢，其旨微，在於玄學，頗謂所長。至若近人立教，修身弘道，則河上爲得。今望請王、河二注令學者俱行。

“又得議稱，謹按劉向《七略》有子夏《易傳》，但此書不行已久，今所存者多失真本。又荀勗《中經簿》云，子夏傳四卷，或云丁寬所作，是先達疑非子夏矣。又《隋書·經籍志》云，子夏傳殘缺，梁時六卷，今兩一作“三”。卷。是知其書錯謬多矣。王儉《七志》引劉向《七略》云，《易傳》子夏、韓氏，而載薛虞記。又今秘庫有子夏傳，薛虞記，其傳文質略，指輒非遠，無益後學，不可將帖正經。

“伏奉今年三月十當作“六”。日敕，曰‘《孝經》者，德教所先。自則天以來，獨宗鄭氏，孔氏遺旨，今則無聞。又子夏《易傳》，近無習者。輔嗣注者,亦甚甄明,諸家所傳,互有得失。獨據一説,能無短長?令儒官詳定所長,令明經者依習。若將理等,亦可兼行。其習《易》者,兼帖子夏《易傳》。詳其可否奏聞'者。又奉四月九日敕曰'太子左庶子劉子玄奏,《孝經》注請廢鄭依孔,《老子》注請停河上公行王輔嗣,《易傳》非子夏所造者'。付臣所司,令諸儒與子玄對質定詳,必須理勝義成,不得飾詞争辨者。臣等國子博士司馬貞、太學博士郄嘗通等十人對如前。"子玄請依諸儒爲定。《册府元龜》、《唐會要》。

五月五日,詔曰:"朕以全經道喪,大義久乖,淳感之性浸微,流遁之原未息。是用旁求廢簡,遠及缺文,欲使發揮異説,同歸要道,永惟一致之用,以開百行之端。間者諸儒所傳,頗乖通義,敦孔學者冀鄭門之息滅,尚今文者指古傳爲誣僞。豈朝廷並列書府,以廣儒術之心乎?況孔、鄭大宗,固多殊趣,諸生會議,會無所申,而推求小疵,其細已甚。聚衆之訛,人無則焉。其河、鄭二家,可令仍舊行用。王、孔所注,傳習者希,宜存繼絶之典,頗加獎飾。子夏傳逸篇既廣,前令帖《易》者停。"《册府元龜》、《唐會要》、《唐大詔令集》。

是月,敕曰:"諸投匭獻書上策人,其中或有懷才抱器者,不能自達,宜令理匭使料簡,隨事探賾,仍加考試。如有可採,具狀奏聞。"《册府元龜》

九月甲子,《唐會要》作"四日"。改昭文館依舊爲弘文館。《舊書》本紀

十一月乙丑,以貢舉人將謁先師,敕皇太子瑛及諸子行齒胄禮。

庚午,敕曰:"皇太子今月二十四日行齒胄禮,所以崇儒重道,尚德弘風,宜有錫賚,以成光寵。其在陪位,定等差與賜。"乙亥,皇太子入國學,行齒胄禮。謁先聖,太子初獻,其亞獻、終獻並以胄子充。右常侍褚無量開講《孝經》並《禮記·文王世子

篇》。初詔侍中宋璟亞獻，中書侍郎蘇頲終獻。及臨享，帝思齒胄之義，乃改焉。《册府元龜》

十二月，詔曰："儒道有百王之政，元良乃萬國之貞。屬太學舉賢，賓庭貢士，當其遏講，故行齒奠。所以弘風闡教，尚德尊賢，宜有頒錫，以成光寵。陪位官一品，宜賜五十匹；二品、三品，四十匹；五品，三十匹；六品、七品，二十匹；八品、九品，十五匹。緣行禮及别職掌者，各遞加一等。六品以下，五匹爲等；三品以上，十匹爲等。座主加二等，學生賜物三匹。得舉者及諸方貢人，各賜五匹。"《唐大詔令集》

策文詞雅麗科問："朕聞至道雖微，不言而化，皇天陰騭，相叶其彝。信寒暑而生成，施雲雨而沐潤。垂範作訓，樹君育人，時有澆淳，教垂繁略。成湯既聖，禹道云亡，《桑扈》、《谷風》，屢動詩人之刺，塞門、反坫，時貽宣父之嫌。我國家振彼頹綱，開兹盛業，朕以不德，襲號乘時。而皇極之道未敷，謨明之軌尚闕。思弘厥理，其義安從？至如視聽貌言，恒若時若，會極歸極，作哲作乂。一以貫之，何方而可？夫禮以飾情，情疏則禮略；樂以通感，感至則神和。理内爲同，脩外爲異，同異之用，有昧其功。人俗未融，伫明斯要。又《四時》、《武德》，制自何君？《五行》、《文始》，本之誰代？《昭德》、《盛德》，莫辨所尊；《昭容》、《禮容》，未詳所出。悉情以對，用釋余疑。"《文苑英華》

進士二十五人：《文苑英華辨證》引《唐登科記》，開元七年試《北斗城賦》，以"池塘生春草"爲韻。

崔鎮，《文苑英華》作"崔損"，引《登科記》作"崔鎮"。

＊苗晉卿，原列卷二十七《附考・進士科》，徐氏考云："《舊書》本傳：'祖夔，父殆庶。晉卿幼好學，善屬文，進士擢第。'王維《苗晉卿德政碑》：'年若干，秀才擢第。'"按陳補云："乾隆《山西通志》卷六五載晉卿爲本年進士。"今移正。

＊杜鈒。《補遺》册四，第 55 頁，□乘撰大曆四年(769)十月廿七日

《大唐故右領軍衛倉曹參軍杜府君（鈒）墓誌銘并序》云："府君諱鈒，字釗。……府君生則聰悟，幼而穎拔。開元七年，進士擢第，解褐授襄陵縣尉。"

明經科：

盧濤。盧杞《先府君墓誌》："濤字混成。年十九，明經擢第。"以天寶十二年卒、年五十三推之，及第在此年。

諸科八人。

文詞雅麗科：

邢巨，見《册府元龜》、《唐會要》。《文苑英華》不注名次，按當是第一人。孫逖《授邢巨監察御史制》："邢巨器能通敏，詞藻清新。"

苗晋卿，見《册府元龜》、《唐會要》。《文苑英華》注云第二人。李華《苗晋卿墓誌銘》："晋卿字元輔，上黨壺關人。成童好學，弱冠工文，二登甲科，三入高等。"〇孟按：王維《魏郡太守河北採訪處置使上黨苗公（晋卿）德政碑》："年若干，秀才擢第，應制舉第若干等。"

褚思光，見《册府元龜》、《唐會要》。

趙良器，見《册府元龜》、《唐會要》。

張楚，《文苑英華》注云第五人。

孟萬石，《文苑英華》注云第六人。

孫翃（孫珝），《文苑英華》注云第七人。〔趙校：《英華》卷四八五作"孫珝"。〕

彭殷賢。《文苑英華》

超拔群類科：

張秀明。見《廣卓異記》引《登科記》。

知貢舉：李納。見《唐語林》。

崔鎮《北斗城賦》曰："昔炎漢之開國，宅咸秦而設規，闡都邑之壯麗，紛製作而多儀。像蓬島以疏岳，擬天河而鑿池。館倚南山，擻雲霞而上出；城侔北斗，仰星漢而曾披。何爽鳩之代謝，驗驪騵之運虧。是以作之者不處,居之者不爲。祚我神唐,丹青焜煌,峻址雲矗,曾譙錦章。羃頳壤以迭形,凝皓粉以飛光。門結黄金之石,檐施白璧之墻。堞盤紆於曲檻,池徑復於圓塘。城勢逶迤,若臺岑之隱映;樓形宛轉,似崑崙之相望。接千門之宫闕,通八達之康莊。既而鑾駕西巡,嚴扃晨啟,羽衛咸集,聲明克陳。登睥睨以清夜,聽畢逋而候春。儼雄戟以耀武,振鵷行而拱辰。夕沈烟雲之色,曉流車馬之塵。引祥輝之爛漫,吐佳氣而輪囷。於是歲發青道,池隍煦早,堞霧縈林,岸風柔草。暖懸竇以彌藹,飾崇隅之增好。映春水之澄澄,納朝陽之杲杲。惟壯勢之峥嶸,達洪規而鎮京。望浮雲之黑水,對翔鳳之丹楹。配宗子之永固,等皇家之不傾。俯賓庭而贊義,終自惡其輕生。"《文苑英華》

邢巨對策曰:"臣聞太宗文皇帝之御天下也,廣直言之路,開納善之門,近臣盡規,庶人畢議,可謂至矣。今皇天眷命陛下,紹復先業,齊心法宫之中,冕旒正殿之上,詳考秀異,詢及芻蕘。若乃敷皇極以作則,弘禮樂以垂訓,彝倫攸序,群德畢舉,斯太宗之盛事也,豈前王訪九疇之要、貞三極之本能望清光哉!天文昭回,萬物盡睹,臣謬以黄綬之末,預聞赤墀之議,〔趙校:"聞"原作"開",據《英華》卷四八四改。〕將何以塞厚問,揚天休。

"臣聞諸仲尼曰:'大道之行,與三代之英,某未之逮也,而有志焉。'自上皇不歸,大道悠久,聖人順天地之性,究變化之元,雖損益以文質,或沿襲以忠敬。至於飾禮容以昭賁,崇樂舞以立象,樹君牧人,茂時育物,其致一也。夫務本於道,則浮競可以鎮静;習俗於變,即純一或以僞遷。故輕樂見誚於《國風》,昧禮貽訓於聖典,蓋有由焉。唐興百有餘載,高祖以神武定鼎,紐天綱於八紘;太宗以睿聖握符,纂天光於三象。蕩亡隋之頹靡,弘聖唐之簡易,盛德大業,與三代同風。伏惟陛下,誕受天休,光膺景命,粤若昭德殷薦之禮,感和通神之教,敬事眷聖之微,順時布德之典,將以登格皇穹,鴻業也,啟迪王命,大猷也,風雨時若,休徵也,人俗康寧,至教也。五輝叶訓,八方順軌,堯舜之盛,無以加焉,成康之道,復何足數。而猶曰皇道未敷,謨明尚闕,發天章於聖藻,採至言於輿誦,陛下之謙讓也,愚臣何足以知之。

"制策曰'至如視聽貌言,恒若時若,會極歸極,作哲作乂。一以貫之,何方而可'者。臣聞王政之端,本於性也;至化之極,歸於理也。能盡其性而合乎理則休徵至,不盡其性而悖乎理則咎徵至。故聖人法天以立性,畏命以作則,見天道之在五行,人事應之,彰彰類矣。自非統性命之理,求天人之端,孰能從言以作乂,因事以求哲,暘順而會其極,蒙恒而返其通? 適於數,故雖以五事明,宗其極,則可以一理貫。臣又聞聖心鏡物,必採於至妙;大道虛象,垂契於理先。然即繼聖業者其道同,遵王度者其化一。陛下體周武之盛德,訪唐堯之遺事,龜圖靈文,天光垂象。伏願沐時雨於動植,散祥風於涵泳,則大中之道,何以尚茲?

"制策曰:'夫禮以飾情,情疏則禮略;樂以通感,感至則神和。理内爲同,脩外爲異,同異之用,有昧其功。人俗未融,伫明斯義。《四時》、《武德》,制自何君?《五行》、《文始》,本之誰代?《昭德》、《盛德》,莫辨所尊;《昭容》、《禮容》,未詳所出。'臣聞禮樂,其所由來尚矣。先王所以美教化,厚人倫,以致太平也。必將以考其理,求其端,故揖讓之教末,而安上存乎至簡,舞詠之功淺,而移風歸乎至易。夫辨升降,彰采服,此禮之所以飾情也。登金石,翔景瑞,此樂之所以通感也。故感發於内,樂由衷以致和;情見乎表,禮自外以爲異。雖清濁之質考性則殊,而教化之端在理斯一。況今懿綱被遐裔,至道冠生靈,和理日躋,同乎大順,非禮樂之化,其孰能至此乎! 夫崇德垂範,此同異之用也;教齊化密,此人俗之融也。至於武德之盛,武之業也;文德之盛,順之至也。神道設教,制四時於炎曆;德徽可崇,增五行於橫序。尊二德於清廟,表二容於盛禮。聖問昭闕,與天道以元亨;狂言

鄙淺,仰天文而知愧。謹對。"《文苑英華》

苗晋卿對策曰:"陛下頃與三事大夫議於朝,以計天下,有奇才異行,含光而不揚其輝,詔諸侯咸舉之。臣實至愚,不通大識,循才審行,不副高求。臣聞《論語》曰:'天何言哉,四時行焉,百物生焉。'《孝經》曰:'王者則天之明,因地之利,以理天下。'是以其教不肅而成,其政不嚴而理。所謂天地設位,聖人成能,而保大定功,勳業蓋時也。逮金石斯緬,步驟不同,時有澆淳,教隨繁略。《桑扈》、《谷風》之刺,三歸、八佾之嫌,人用僭忒,一至於此。孔子曰:'上失其道,人散久矣。'傳曰:'國家之弊,恒必由之。'陛下嗣守丕緒,茂昭大德,能使百官承式,萬邦作乂。所謂孕虞育夏,甄殷陶周,革弊移風,自前代未有也。陛下乃賜臣策曰'皇極之道未敷,謨明之規尚闕'者,豈不以採芻蕘之義,誠考試之端,不宰其功,俯垂下問,實陛下謙德也,微臣何足以知之。

"制策曰'至若視聽貌言,恒若時若,會極歸極,作哲作乂。一以貫之,何方而可'者。臣聞劉歆以爲伏羲氏繼天而王,受河圖,則而畫之,《八卦》是也。禹理洪水,天賜洛書,法而陳之,《洪範》是也。故河圖、洛書相爲經緯,《八卦》、《九疇》相爲表裏,聖人行道,各保其真。若人有乖方,數必徵於錯逆;政惟協雅,理必應於調和。考之咎徵,粲然著矣。陛下隨陽澤以著恩,慎嚴霜以肅威,鷹隼未擊,罻羅不施,草木未零,山林不伐,足可使垂景星而降甘露,騰休氣而涌醴泉。臣以爲一以貫之,其道久矣。

"制策曰'禮以飾情,情疏則禮略;樂以通感,感至則神和。理内爲同,脩外爲異,同異之用,有昧其功。人俗未融,伫明斯要'者。臣聞六經之道同歸,禮樂之用爲急。孔子曰:'安上理人,莫善於禮。移風易俗,莫善於樂。'董仲舒對策曰:'王者欲有所爲,宜求其端於天。天道大者在於陰陽,陽之爲德,陰之爲刑。王者承天意以從事,故務德教而省刑罰。'陛下脩先王之好生,存大《易》之緩死，頃者省囹圄，去桎梏，此則脩省刑罰之謂也。臣聞樂以理内爲同，禮以脩外爲異。同則和親，異則畏敬。和親則無怨，畏敬則不争。二者並行，合爲一體。揖讓而理天下者，禮樂之謂也。適時之要，斯並存焉。

"制策曰'《四時》、《武德》，制自何君？《五行》、《文始》，本之誰代？《昭德》、《盛德》，莫辨所尊；《昭容》、《禮容》，未詳所出。悉情以對，用釋余疑'者。臣以爲斯並漢主之樂，載於班氏之書，必使究其明徵，考其敏博，既勞更僕，何易盡言。雖敢略而陳之，尚未臻其極也。臣聞《易》曰：'先王以作樂崇德，殷薦上帝，以配祖考。'古者制宗廟，太祝迎神於廟門，其義也。《四時》、《武德》者，漢文所作，以示天下之安和也。而《武德》奏於高廟焉。《五行》舞者，本之周舞也。秦始皇二十五年，更爲《五行》也。漢高祖六年，更名曰《文始》，以示不相襲也。《昭德》、《盛德》，孝景、孝宣之所以尊宗廟。《昭容》、《禮容》，《武德》、《文始》、《五行》之舞也。謹對。"《文苑英華》

張楚對策曰："臣聞昔在上皇之撫運也，政寬事明，法簡心一。仰察天道，中順人情，至於不言，混然而化。故上玄所以眷命，罔違於德；下人安定厥居，俾獲其利。暑往寒來以信之，雲行雨施以從之。於是乎疫疾不生，禎祥洊至，巍巍蕩蕩，蓋無德而稱焉。

"自大道既隱，淳原且散，或救弊以忠敬，亦隨時而損益。成、康已往，頌聲不作，俗薄禮廢，政荒人亡。故其《詩》曰：'交交桑扈，率場啄粟。習習谷風，以陰以雨。'此則刺上不能行政者也。仲尼生周末，傷道不行，乃删《詩》、《書》，定禮、樂，立君臣上下之節，明奢儉揖讓之序。尚不敢救當代變於陪臣，而稱曰'邦君樹塞門，管氏亦樹塞門。邦君爲兩君之好，有反坫，管氏亦有反坫。管氏而知禮，孰不知禮'者矣。自茲厥後，頽波浸流，有聖哲之君，〔趙校：《英華》卷四八五原文如此。按文義疑當作“不有聖哲之君”。〕聰明之后，豈能振彼凋弊，張其紀綱？不有我唐興建鴻業，乂寧黔首，則掃地將盡，求野多遺。

“陛下統皇綱，纂休運，德澤汪濊，仁風洋溢。不寶遠物則遠人格，所寶惟賢則邇人安。勸農桑，恤刑獄，不奪三時之務，且惜十家之産，左右伊、吕，郡縣龔、黄。是以驅俗於雍熙，納人於軌物者也。豈不徵賢良，論政要，所以達四聰也。臨前殿，察群言，所以收九術也。梓匠舒幕，所以禮賢也。凌人散冰，所以救渴也。臣竊以自古求賢之盛，未若今日者矣。

“賜臣制策曰‘皇極之道未敷，謨明之軌尚闕。思弘厥理，其義安從’者。臣實見可久可大之規，非有未敷尚闕之事。此陛下讓之至也，愚臣焉敢奉承之。〔趙校：《英華》卷四八五無“承”字。〕若乃考前古之庶徵，究禮樂之同異，辨皇王之制度，詳宗廟之禮儀，此則陛下懸鏡九流，常覽百氏，索隱探異，鈎深致遠，已在聖斷，豈有躊而疑者歟！今下問愚臣，遠議其事，陛下豈不欲廣於明試，察臣微才。臣幸對揚，敢不悉情以對。

“制策曰‘視聽貌言，恒若時若，會極歸極，作哲作乂。一以貫之，何方而可’者。臣聞王者立極，必本於天，天事著於上，人事應於下。昔者禹平水土，天告成功，錫之以《洪範》《九疇》，彝倫攸叙。又皇天降其極，皇，大，極，中也，言王者能行大中之道，則陰陽和，風雨時，百穀用成，俊乂用章也。夫是則視曰明，聽曰聰，貌曰恭，言曰從。則無恒若之生，自去咎徵之應矣。今天瑞降，地靈集，所有動作，光乎化先，則一以貫之，道斯不遠矣。

“制策曰‘禮以飾情，情疏則禮略；樂以通感，感至則神和。理内爲同，脩外爲異，同異之用，有昧其功。人俗未融，伫明斯要’者。臣聞夫禮由陰作，樂與陽來，樂與天地同和，禮與天地同節。誠能感神動物，安上移風。或以理内爲同，或以脩外爲異。率由和敬，靡不從之者乎？施之人俗，靡不盡善者乎？

“制策曰‘《四時》、《武德》，制自何君？《五行》、《文始》，本之誰代？《昭德》、《盛德》，莫辨所尊；《昭容》、《禮容》，未詳所出’者。臣聞嬴政失御，漢皇乘極，文、景致刑措之美，武、宣當雄富之盛。故有《四時》、《武德》之樂，《五行》、《文始》之舞。《昭德》、《盛德》因之而尊，《昭容》、《禮容》自茲而備。臣才識愚劣，學業虚淺，猥當聖問，茫然有失。謹對。”《文苑英華》

孟萬石對策曰：“臣嘗黽勉讀書，夙夜匪懈。觀前代之事，稽王者之風，欲樹文明，必招俊乂。所以平章百姓，昭暢萬人，負黼扆而海宇清，垂衣裳而天下理。今陛下朝盈多士，野無遺賢，猶復發德音，下明制，張雲羅以掩俊，設天綱以頓奇，片善不遺，有能皆進。故得飛飛丹鳳，棲翼於帝梧；皎皎白駒，連食於場藿。縱夷、齊、巢、許，咸届於兹。臣既庸妄，豈敢當此。且聲非入異，譽不出凡，文律未明，才用無取，謬參推擇，濫赴搜揚，安敢避直飾詞，向華乖實。但丹誠有厲，至敬無文，敢竭鄙聞，用當明試。然將涓滴以足海，用纖埃以增岳，雖寡攸助，誰能默哉。

“臣聞建國興邦，必以黎元爲本；康時訓代，必以政術爲先。軌謨雖異，理化皆一。昔者太上之君，崇道以致化，立德以養物。人必欲壽，敦禮教而不傷；人必欲富，薄賦斂而不困；人必欲逸，則省力而不勞；人不欲危，即扶持而使固。不强人之所惡，不禁人之所欲，故能無爲而理，不言而化。及至中古，行仁履義，克己厲身，拯溺於人，博施於物，即能陰陽不錯，風雨以時，疾疫必除，妖孽莫起。洎乎末代，政令不作，刑法聿脩，奢侈是崇，禮樂非雅，時無美善之説，俗有奸邪之釁。豈不由君失其道，臣非其人，澆薄浸興，淳樸離散者也？今陛下出號施令，罔有不臧；齊物正人，各得其所。然猶綜核古今，稽謀政教，視先王之得失，崇今日之高明。以此天聰，尚云不德，巍巍至化，謙尊而光，非臣愚昧，所能涯際。

“制策曰‘皇極之道未敷，謨明之軌尚闕。思弘厥理，其義安從’者。臣以爲皇極將立，莫先擇俊。得人則政和，非人則政失。人賢化遠，豈不謬哉。至如因能任官，量賢受禄，即百僚濟濟，萬姓安安。去無用之言，除無用之器，即情實斯得，謬説不繁。使人以時，謹身節用，即倉廩儲積，黎庶完豐。進有德而退無良，即庶位允釐，庶官不曠。尊有功之子，棄無功之人，即營事者不惜其身，制作者能竭其力。罰必當罪，即奸回自除；賞必中賢，則人臣自勸。夫是則海内行大中之道，天下有幸甚之言，何憂夫皇極之道未敷者也。若乃列張輔佐，建立官司，詢忠直之言，開進諫之路，用能獻可替否，補過弼違，外藏主之非，内正君之失。今陛下乃順時而動，非道不行，事無不嘉，人欲何説。故獻納之職，諫諍之詞，但可略言，莫知所議。大哉至德，實冠古今。且朝無佞臣，縱朱雲重生，安能折檻！人不妄從，雖辛毗不死，曷聞牽裾？天子聖明，是故群臣無事，亦何憂文軌之闕哉！

“制策曰‘視聽貌言，恒若時若，會極歸極，作哲作乂。一以貫之，何方而可’者。臣聞王者法乾理物，觀象裁規，敬順天時，恭行月令，恒若時若，罔有咎徵矣。尊《九疇》之儀，脩八政之規，事不失儀，動不違制，出處語默，皆歸於仁，依乎中庸，遠棄偏黨，垂至道於萬國，寄良政於百官，直道而行，不可則止，會極歸極，作哲作乂，不日而致矣。視聽貌言，無從而失也。

“制策曰‘禮以飾情，情疏則禮略；樂以通感，感至則神和。理内爲同，脩外爲異，同異之用，有昧其功。人俗未融，伫明斯要’者。臣聞化難將美，人各有心，不違制節，必有放縱。故先王作典禮以防之，興雅樂以感之，用能移風易俗，安上理人矣。今陛下行宗廟之禮，故能配天地之神；履直言之議，故能立上下之敬；聽宫商之變，故能分善惡之俗。損鄭衛之音，奏《簫韶》之樂，正疏略之弊，敦揖讓之儀，州郡大行，朝廷式序，同異斯達，内外罔差。既合盡美之端，何問不才之子。若罄愚而説，則陛下無有昧之咨;若駐筆而述,則陛下鍾伫明之訪。實迷遊海,何足知之。臣聞大樂與天地同和,大禮與天地同節。既列同異之因,將分内外之殊。皇王是尊,古今所重,俱爲時用,其功一焉。

"制策曰'《四時》、《武德》,制自何君?《五行》、《文始》,本之誰代'者。臣聞《四時》、《武德》,制之以周王;《五行》、《文始》,本之於漢帝。

"制策曰'《昭德》、《盛德》,莫辨所尊;《昭容》、《禮容》,未詳所出'者。臣聞《昭德》、《盛德》,實有攸尊之道;《昭容》、《禮容》,出於劉氏之代。昔者魯哀公問儒行,宣尼有更僕之勞;孔文訪鳥官,郯子生傾蓋之倦。然且富學滄海,猶黽勉於一隅;況乎道謝桂林,豈對揚於庶事。徒周遊於文苑,終展轉於迷津。謹對。"《文苑英華》

孫翃對策曰:"臣聞登衡霍者,嗟培塿之微;泛漲海者,鄙潢污之陋。臣草茅孤賤,才無足取,屬絲綸明揚,州間選辟,謬得接武群彦,比肩時英。而文物昭回,宸顔咫尺,退思愚劣,甚不稱聖朝求賢之意也。揆拙競顔,心愧失守,將何以充塞大問,對揚天休。聞之於師,請言其略。

"制策曰:'皇極之道未敷,謨明之軌尚闕。思弘厥理,其義安從?'伏惟皇帝陛下,開元立極,地平天成,祖述堯舜,憲章文武。夔龍成事,陰陽以和,聖德動天,無遠不屆。麟鳳在郊藪,河洛出圖書。弓旌累降,徵搜是急,日昃視朝,文武並進。既盡美矣,無德而稱。猶且罪己爲心,在予興嘆,此陛下之至讓也,小臣何足以當哉。然抃舞德音,忝列明試,敢不瀝肝膽獻所聞乎!臣恭惟政理之間,傳諸長者之口,以先朝之事一二明之。

"昔貞觀、永徽之間,恭默而天下理,家給而人足,時和而歲豐。外户不扃,牛羊被野;太倉之粟,陳陳相因;中府之錢,貫朽莫校。然而戎車屢駕,不無事矣。於是度遼之師,鬼方之討,賀蘭之戰，高昌之伐，而軍人無損，帑藏如初。國家富有海内百餘年，士庶之多，如曩時之兼倍，征戍之役，當今日之無何。豈往得而今失，將政繁而俗變，其故何哉？良有以也。議者以爲賦斂厚，徭役繁，風俗奢，利息倍。今若息其宫室，愛人節用，省無事之官，罷不急之務，三年政成，臣竊遲之。愚心曉然，謂在此矣。

"制策曰'視聽貌言，恒若時若，會極歸極，作哲作乂。一以貫之，何方而可'者。伏惟陛下，躬神武之姿，廣聰明之德，思弘至道，厲精爲政。反支通奏，甲夜觀書，勵神聰於《九疇》，留睿情於百氏。臣聞智小不可謀大，綆短難於汲深。窺聖謀之莫測，謂宸衷之不凡。致遠恐疑，不其難乎！夫視者明也，審邪正於曲直；聽者聰也，察善惡與是非；貌者容止，可觀儼恪之所謂；言者詞令，斯在榮辱之所由。乂時暘若，肅時雨若，察休咎之闞會，歸於皇建；惟睿哲之作聖，繫彼道樞。故曰'無反無側，王道正直。無黨無偏，王道平平'。一以貫之，此其義也。

"制策曰'禮以飾情，情疏則禮略；樂以通感，感至則神和。理内爲同，脩外爲異，同異之用，有昧其功。人俗未融，伫明斯要'者。夫大禮與天地同節，大樂與天地同和。豈惟明尊卑，辨等列，動天地，感鬼神而已哉！豈不繫於鐘鼓，諒無徵於玉帛。樂自外作，必假器以明儀；禮由中起，故備物以飾容。蓋有國之典章，生人之冕服。均五材之並用，廢一不可；類三者之何先，無宜去食。故孔子曰：'安上理人，莫善於禮；移風易俗。莫善於樂。'去同即異，離之則多傷；相須而成，兼之則雙美。一彼一此，何後何先。

"制策曰：'《四時》、《武德》，制自何君？《五行》、《文始》，本之誰代？《昭德》、《盛德》，莫辨所尊；《昭容》、《禮容》，未詳所出。悉情以對，用釋余疑。'臣聞暴秦失政，皇漢創業，爰作樂以尊先，聿釋享以追孝。《四時》、《武德》，用之於高祖，所以恢武功也。《文始》、《五行》，陳之於文廟，所以昭文德也。蓋舞以盡意，歌以頌德。制自炎漢之君，本乎孝武之代。《昭德》、《盛德》，郊廟之樂也。《昭容》、《禮容》，質文之辨也。臣學不師古，才非敏贍，慚瑣瑣之陋，無足言哉。仰蒼蒼之高，茫然自失。謹對。”《文苑英華》

彭殷賢對策曰：“臣聞孔子云：‘大道之行，與三代之英，某未之逮也，而有志焉。’又顔回對孔子云：‘回願得明王聖主而輔相之，此二者皆傷，不可得而見也。’況臣生淳風大道之運，屬聖主立政之秋，不能有所建明，以佐大化，此微臣夙心愧耻，竊有慚焉。日者聖敕頒宣，遠覃幽隱，振廢滯，收介特，本州徵臣，充賦於王庭。陛下温顔，屢賜晏見，司饔行食，群事頒冰，亦可謂厚德矣。自顧性識愚駑，智術微淺，既蒙清問，敢不具素所聞乎！臣聞伏羲、神農氏往，黄帝、堯、舜氏作，莫不體道以育物，立德以興化，用闡無爲之教，以弘不宰之功，齊飲啄於鷇居，絶往來於犬吠。豈不以我清净而人自正，我無欲而人自樸乎？迨乎政及三王，君臨萬國，亦承奉天地，燮贊陰陽，順四時之氣，理五行之叙，總仁義以安庶類，先博愛以悦群生。使人遷善遠惡，而不知其所以然也。觀夫三王之爲君也，謹其所好惡而已，故君好之則人爲之，上行之則下效之。莫不清心以率物，正身以御下。九女序列於内，三公分職於外，度數有恒，徭役不作。其取人賦也薄，而役人力也寡；其育物也廣，而興利也厚。故征伐有道，《大明》詠其功；什一而税，《大田》歌其事。所以家給人足，而理安興矣。《易》曰：‘聖人久於其道，而天下化成。’其斯之謂乎！

“爰及末俗，政漸澆僞，而禮樂彌煩，奸盗滋起。桀、紂昏亂於上，幽、厲縱逸於下。崇臺榭之峻，恐其不高也；廣宫室之居，恐其不大也；聚淫美之色，恐其不多也；窮聲音之巧，恐其不樂也。其斂人財也厚，而使人力也衆，其害物也博，而興利也寡。其後興役無常，《桑柔》病而嘆之，故其詩曰：‘自西徂東，靡所定處。'蓋言其役之甚也。徵發無度,下人勞病,《南山》疾而刺之,故其詩曰:'赫赫師尹,不平謂何。'蓋言其政之亂也。自兹厥後,强凌弱,衆暴寡,千官樹奸於朝廷,百賈窮僞於市邑,財力匱竭,寇攘不止。《大東》又刺之曰:'大東小東,杼軸其空。'言小大俱盡也。又云:'東人之子,職勞不來。西人之子,粲粲衣服。'孰有爲人上者不平若此,而可久安天下哉!此則上失其道,政逐多門,故天下敗而不之覺。乃至所以爲夏者,轉而爲殷也;所以爲周者,轉而爲秦也。《詩》云:'高岸爲谷,深谷爲陵。三代之後,〔趙校:《左傳》昭公三十二年此句作"三后之姓"。〕於今爲庶。'此史墨所載,社稷無常奉,君臣無常位,自古以言。

"及秦始皇平定六國,隋煬帝富有四海,不務廉耻,唯存戰伐。内造阿房,繼以驪山之作;外征林邑,重以遼東之戍。鑿馳道則隱以金椎,通鴻溝則樹以柳杞。役及閭左,人不聊生;曲泛龍舟,聲多哀思。傾天下之賦,不足以周其事;殫帑藏之財,不足以盈其欲。是以衆怨難犯,人自爲戰。所以陳勝、吴廣奮梃以撻之,王充、李密揚聲以逼之,釁起郊壘而禍生左右。望夷宫中,不免閻樂之難;江都城内,卒死裴通之手。故《易》曰:'天之所助者信也,人之所助者順也。'此二君者,動而之險,〔趙校:《英華》卷四八四作"動爲之際"。〕不由信順,失天人之所助,能無及此乎?然則合大中之道者如彼,失皇極之用者如此,古之興敗,備在典謨。

"迨隋室道消,數鍾百六,衣冠禮樂,埽地無餘,賢人君子,稽天並浸。此乃大人利見之日,聖主驅除之時。我太宗志在救焚,心存拯溺,因兹感激,投袂而起,車及於平陽之郊,劍及於盟津之會。既而戡剪多難,克清中夏,建非常之功,定不拔之業。洎位登九五,富有萬國,制禮以示其讓,作樂以興其和,兼愛以厚其仁,節用以崇其義。非先王之服不敢服,非先王之言不敢道,言必本於風雅,行務去乎枝葉。明刑賞,嚴號令,賞當其功則勞臣勸勉,罰當其罪則奸人畏懼。名器不妄假,必俟其能;爵禄不虚授,必先有德。是以四海之内,靡然向風。我太宗以至道之心爲天下也,所征無不克,所向無不成,孝弟通於神明,易簡合於天地。如此則天地德之,鬼神佑之,使風雨以序,灾害不作,萬國莫不懽心,四夷莫不咸賴。良由不僭不濫,無怠無荒,所以享國久長,多歷年數。

"陛下秉天然之姿,定不伐之略,披肝膽以决大計,殄宫闈之氛祲,除詐僞之昏狡,日月載廓,宗社以安。深思禍亂之原,乃皇天所以開聖人也。自南面臨天下,九年於兹,封候無警,干戈再戢。置鼓以招諫,設木以待賢,故得近臣盡規,遠人獻政。出宫女則使心不亂,屬大旱則引咎自責,蓋禹、湯之罪己,實堯、舜之用心。《詩》云:'一人有慶,兆民賴之。'其斯之謂歟! 深合太宗之宏略,遠符貞觀之故事。

"賜愚臣制策云'朕以不德,襲號乘時,而皇極之道未敷,謨明之規尚闕'者。微臣何以識陛下之深遠,而輒欲議之。或恐日月有遺照,聖智所不及,略陳其愚,伏惟陛下留聽。臣聞《書》云:'惟先格王正厥事。'言灾害之起,事有不正者也。去歲水旱不時,咎徵屢作,匈奴侵軼,邊將氣沮。天其或者正訓我也,欲令陛下知爵禄之虚授,冗散之職多歟? 將闕樂蕩志歟? 服制失度歟? 〔趙校:《英華》卷四八四無"將"字、"制"字,亦不注"闕"字。〕何皇極之不建,遂至於此也。臣聞省官不如省事,省事不如清心。誠能克己復禮,正身率物,表有功而彰明德,闕復古而貴能變,禁異服,革慢聲,遠便佞,近忠讜,齗齗之士必擢於廟堂,九九之術不遺於管庫,可謂虚其心而衆象應,正其本而萬事理焉。《書》曰:'天既付命正厥德。'言正德以順天也。若捨此道,是不知其所從矣。

"制策曰'視聽貌言,恒若時若,會極歸極,作哲作乂。一以貫之,何方而可'者。臣聞《易》曰:'崇高莫大乎富貴,備物致用,立成器以爲天下利,莫大乎聖人。'古之王者,享聖人之資,乘大寶之位,北辰居正,南面而理,亦可謂富貴乎? 當須存至公之行,立大中之道，覆燾同於天地，通明合乎日月，志遠邇之化，存易簡之功。庶徵順序，五紀和叶，百穀用成，六畜遂字者，無不由焉。傳曰：'皇建其極。'其斯之謂矣。若貌之不恭，是謂不肅，厥罰雨，其極惡若，得其道則攸好德以應之。言之不從，是謂不乂，厥罰暘，其極憂若，得其道則康寧以應之。視之不明，是謂不哲，厥罰燠，其極疾若，得其道則壽以應之。聽之不聰，是謂不謀，厥罰寒，其極貧若，得其道則富以應之。思之不睿，是謂不聖，厥罰風，其極凶短折若，得其道則考終命以應之。皇之不極，是謂不建，厥罰陰，其極弱。故經曰：'嚮用五福，威用六極。'斯之謂矣。臣聞貌言視聽，以心爲主。故有正心者必有正德，正德臨人，猶樹直表而望影之曲也，得乎？《大雅》云：'儀刑文王，萬邦作孚。'此之謂矣。有邪心者有枉行，枉行臨人，猶樹曲表而望影之直也，得乎？孔子云：'《詩》三百，一言以蔽之，曰思無邪。'蓋戒此也。故王者脩身以道，脩道以仁。仁也者，親親爲大；義也者，尊賢爲大。是以君子先正身而後及於天下。如此則六沴不作，五福相生，貽厥孫謀，永無極矣。

"制策曰'夫禮以飾情，情疏則禮略；樂以通感，感至則神和。理内爲同，脩外爲異，同異之用，有昧其功。人俗未融，伫明斯要'者。臣聞撥亂反正之主，繼體守文之君，撫馭之道雖殊，禮樂之用爲急。自土鼓蕢桴之後，始自無聲；污尊杯飲之初，彰乎有用。既而莫不曲諧九變，信合四時。是知大樂與天地同和，大禮與天地同節。移風易俗，義切於鐘鼓；安上理人，事寢乎揖攘。既而祀歷三王，時更七國，經籍道息，颺宣榭之烟埃，儒生數窮，赴秦坑而歇滅。迨乎斷蛇立極，乘牛設位，紀綿蕝之儀，鳴鼓舞之節，必欲樂宣湓灃，禮釋回邪，取其不肅而成，必在既富而教。我唐功高邃古，德邁往聖，坐宣室而訪道，登明堂以思政。六樂爲馭，利則不争，五禮有經，思而無犯。思聞同異，下訪芻蕘。臣聞古之明君之御天下也，身坐九重，心遍四海，禮以導其志，樂以防其淫。樂以理内爲同,禮以脩外爲異。禮樂之不悖,内外之相親,可以感於神明,通於天地矣。《詩》云'肅雍和鳴,先祖是聽。'夫肅肅,敬也;雍雍,和也。既敬且和,何事不行?其斯之謂矣。

"制策曰'《四時》、《武德》,制自何君?《五行》、《文始》,本之誰代?《昭德》、《盛德》,莫辨所尊;《昭容》、《禮容》,未詳所出。悉情以對,用釋余疑'者。臣聞皇王御寓,步驟相仍,莫不作樂以饗其德,立謚以明其行。此五帝之常道,百王之所不易也。且《咸池》、《六英》,《韶護》兩聽,盡善盡美,竊無間然。自秦失盛位,漢雜霸道,文、景相襲,刑措不用。武、宣承統,華夷再清,樂舞告功,可略言也。《武德》舞者,高祖作之,定禍亂也。《四時》舞者,孝武作之,示和平也。《五行》者,本周曲也。《文始》者,本舜舞也。孝景採《武德》爲《昭德》,以尊太宗也。孝宣採《昭德》爲《盛德》,以尊武帝也。《昭容》、《禮容》,猶古《韶》、《夏》,紹之於漢祖,備之於《樂志》矣。臣材非多士,不遊六合之間;夢異趙君,忽睹九天之上。啟處無地,戰汗不寧,況承謏問,敢以輕議。謹對。"《文苑英華》

登科記考補正卷七

唐玄宗至道大聖大明孝皇帝

開元八年庚申(720)

三月,詔曰:"顔生等十哲,宜爲坐像從祀。曾參大孝,德冠同列,特爲像坐於十哲之次。"因畫七十子及二十二賢於廟堂壁,以顔回亞聖,親爲製贊,以書於石。乃命當朝名士分爲之贊,題其壁焉。《册府元龜》。 按李陽冰有上元二年《縉雲孔子廟記》云:"换夫子之容貌,增侍立者九人。"《集古録》以爲獨顔回配坐,而閔損等九人爲立像。其時已有此詔,不知何以不用也。 按宋熊禾《三山郡泮五賢祠記》言開元八年始塑十哲,是此言坐像者皆塑像也,曾子當亦是塑像。禾但言十哲,誤。

七月,國子司業李元瓘"瓘"《通典》作"璀"。上言:"三禮、三傳及《毛詩》、《尚書》、《周易》等,並聖賢微旨。生徒教業,必事資經遠,則斯道不墜。今明經所習,務在出身,咸以《禮記》文少,人皆諳讀。《周禮》經邦之軌則,《儀禮》莊敬之楷模,《公羊》、《穀梁》歷代崇習。今兩監及州縣以獨學無友,四經殆絶。既事資訓誘,不可因循。其學生望請各量配作業,並貢人參試之日,習《周禮》、《儀禮》、《公羊》、《穀梁》,並請帖十通五,許其入第。以此開勸,即望四海均習,九經該備。"從之。《通典》、《册府元龜》、《唐會要》。

十一月，詔貢舉人謁先師開講，仍令朝集使及京官觀禮。《册府元龜》

進士五十七人：

苗含液。苗延嗣次子含液，開元八年登第，見《五百家》韓注。〇孟按：《千唐》[1128]苗恪撰大中九年(855)閏四月廿五日《唐故朝議郎守殿中少監兼通事舍人知館事上柱國賜紫金魚袋苗公(弘本)墓誌銘》(參見《彙編》[大中 093])云："公諱弘本，字天錫。……曾大父延嗣，登制舉科，官至中書舍人、桂管採訪使。大父諱含液，進士策名，官至尚書祠部員外郎。"

*明經科：

*寇鈞。《彙編》[開元 250]寇洋撰開元十五年(727)二月廿九日《大唐故孝廉上谷寇君墓誌銘并序》(北京圖書館藏拓本)云："寇鈞，字子平，小字弄璋，上谷昌平人也。……年登弱冠，以明經擢第。懃學損心，便嬰氣疾，以大唐開元十一年五月三日卒於京兆府延康里之私第，春秋廿三。"則其弱冠歲在開元八年。亦見王補。

知貢舉：李納。見《唐語林》。

九年辛酉(721)

正月，詔曰："武有七德，所以安人禁暴；臣稱三傑，所以戰勝攻取。蜀乃一方之主，尚得孔明；齊爲九合之君，斯繇管仲。況宇宙至廣，人物至多，豈乏英賢，無聞韜略。蓋用與不用，知與不知。今邊境未清，統邊須將。頃林胡暫擾，柳城非捷；北虜忽驚，西軍莫振。罪繇失律，過在無謀。曹劌不言，寧知登軾之效；毛遂緘口，豈彰處囊之奇。長想古人，是思擢士。雖霑簪紱，猶晦跡於下流；或蘊智謀，尚沈名於大澤。不加精訪，何以甄收！其兩京、中都及天下諸州官人百姓，有智合孫、吴，可以運籌決勝，有勇齊賁、育，可以斬將搴旗，或坐鎮行軍，足擬萬人之敵，或臨戎却寇，堪爲一堡之雄，各聽自舉，務通其實。仍令州府，具以名進,所司遣立限期,隨表赴集。朕當親試,不次用之。其有身充見在諸軍統押者,但録所能奏聞,未須赴集。"《册府元龜》、《唐大詔令集》。

五月壬戌,有司引應制舉人見。敕曰:"興化立理,急於雋賢,呈才效用,屬在文武。朕恭默思道,寤寐勞求,長想幽仄,屢申徵賁。今邊隅未静,師旅時興,屬聽鼓鼙,載懷屠釣。廣求百夫之特,以作四方之守。總夫戎政,爰詔武臣;弘我風教,諒惟儒林。卿等或謀慮深遠,或學藝該通,來應旌招,深副虚佇。並宜朝堂坐食訖,且歸私第,即當有試期也。"《册府元龜》

乙亥,親試應制舉人於含元殿,命有司置食。敕曰:"卿等知藴韜略,學綜古今,喬木將遷,虚鐘待扣。既膺旁求之辟,佇聞明試之言。各整爾能,對揚所問。古有三道,朕今減其二策,近無甲科,朕將存其上第。務收賢雋,用寧軍國。並宜即存,緩詳思之。"《册府元龜》。《舊書》本紀載於四月甲戌。按四月無甲戌,誤。

策知合孫吴,可以運籌決勝科問:"朕聞武以保大定功,刑以禁邪止殺。軒轅三皇之聖,莫能去兵;陶唐五帝之聰,時猶振旅。故知體國經野,宜有弔伐;居安慮危,可無預備?朕纂承丕業,虔守大寶,因祖宗之既康,恐文武之將墜,兢兢戒懼,翼翼憂勤。而德教誕敷,烽燧尚警,三邊每勞於征伐,百姓不歌於耕鑿。言念于役,深軫於懷,所以日旰忘餐,中宵輟寐。思謀臣以制敵,折衝於樽俎;索名將以守邊,降伏其戎寇。行何法也,得致斯人哉!子等藏器待時,呈才應命,盡陳古今之事,備詳攻守之策。至時賢著述,往彦勳庸,兵法有五十三家,宜分其四種。〔趙校:下文張仲宣對策"宜"作"且"。〕漢臣有二十八將,自比夫幾人?景略可逮於孔明,張遼得齊於關羽?斛律光、賀若弼,近代之用誰優?我李勣與李靖,先朝之光誰最?又邛南一方之地,磧西萬里之域,將棄之以促境,寧守之以勞人?鎮凉州至於流沙,〔趙校:原作"梁州"。按之地望,以作"凉州"爲是,下文張仲宣對策正作"凉州",今據改。〕

軍隴坂至於積石，險阻要害，予疑汝明。秦中歲役於防水，若爲釐革？代北年疲於禦塞，奚所變通？薊門屯田，何術以休其弊？柳城梗澀，何籌以繫其虜？凡此邊廷，今爲重鎮，何經何見，何履何歷？若兵不獲已，用何奇謀，貞我師旅，使有征無戰？必文可來之，施何異政，柔彼夷狄，使懷惠畏威？咸述爾能，直言其事，當有升壇之拜，佇伸推轂之寵。"《文苑英華》

十一月庚午冬至，大赦天下。王泠然《上張燕公書》曰："去年赦書云：草澤卑位之間，恐遺賢俊。宜令兵部即作牒目，徵名奏聞。"疑即是年赦文。

進士三十八人：

＊王維，狀元。原列本卷開元十九年(731)進士科，徐氏考云："《舊書・文苑傳》：'王維父處廉。維開元九年進士擢第。'按'九'上脱'十'字。《唐才子傳》：'王維字摩詰，太原人。開元十九年狀元及第。'《集異記》：'王維右丞，年未弱冠，文章得名。性閑音律，妙能琵琶，遊歷諸貴之間，尤爲岐王之所眷重。時進士張九皋聲稱籍甚，客有出入公主之門者爲其地。公主以詞牒京兆試官，令以九皋爲解頭。維方將應舉，言于岐王，仍求庇借。岐王曰："貴主之强，不可力争，吾爲子畫焉。子之舊詩清越者，可録十篇；琵琶新聲之怨切者，可度一曲。後五日至吾。"維即依命，如期而至。岐王謂曰："子以文士，請謁貴主，何門可見哉。子能如吾之教乎？"維曰："謹奉命。"岐王乃出錦綉衣服，鮮華奇異，遣維衣之。仍令賫琵琶，同至公主之第。岐王入曰："承貴主出内，故攜酒樂奉宴。"即令張筵，諸伶旅進。維妙年潔白，風姿都美，立於行。公主顧之，謂岐王曰："斯何人哉？"答曰："知音者也。"即令獨奏新曲，調聲哀切，滿坐動容。公主自詢曰："此曲何名？"維起曰："號《鬱輪袍》。"公主大奇之。岐王因曰："此生非止音律，至於詞學，無出其右。"公主尤異之，則曰："子有所爲文乎？"維則出獻懷中詩卷呈公主。公主既讀，驚駭曰："此皆兒所誦習，常謂古人佳作，乃子之爲乎？"因令更衣，升之客右。維風流藴藉，語言諧戲，大爲諸貴之欽矚。岐王因曰："若令京兆府今年得此生爲解頭，誠爲國華矣。"公主乃曰："何不遣其應舉？"岐王曰："此生不得首薦，義不就試。然已承貴主論托張九皋

矣。"公主笑曰:"何預兒事,本爲他人所托。"顧謂維曰:"子誠取,當爲子力致焉。"維起謙謝。公主則召試官至第,遣官婢傳教。維遂作解頭,而一舉登第矣。'" 孟按:《唐才子傳校箋》卷二《王維傳》箋云:"關於維登第之年,《歷代名畫記》卷一〇云:'年十九,進士擢第。'《極玄集》卷上云:'開元九年(721)進士。'《舊傳》云:'維開元九年進士擢第。'《新傳》云:'開元初,擢進士,調大樂丞。'按,《賦得清如玉壺冰》詩題下注語稱維年十九赴京兆府試,則其就試吏部(後改禮部)與登第,最早亦只有在二十歲之時(唐時府州試例於每年秋七月舉行,吏部試則於正月舉行),故張説非是。《才子傳》稱維'開元十九年狀元及第',亦誤,説見後。維開元九年登第後,授太樂丞,尋'坐累爲濟州司倉參軍'(《新傳》)。至於維遭貶之原因,《集異記》云:'及爲太樂丞,爲伶人舞黄師子,坐出官。黄師子者,非一人不舞也。'唐太常寺有太樂署,置令一人(從七品下),丞一人(從八品下),令掌邦國祭祀享宴所用樂舞,丞爲之貳。則署中'伶人舞黄師子',負有責任者當非止丞一人。《舊唐書》卷一〇二《劉子玄傳》云:'(開元)九年,長子貺爲太樂令,犯事配流。'太樂令劉貺之'犯事配流',恐與伶人舞黄師子有關。由此可見,維之出爲濟州司倉參軍,約在開元九年。《宿鄭州》云:'朝與周人辭,暮投鄭人宿。……宛洛望不見,秋霖晦平陸。……此去欲何言,窮邊徇微禄。'詩即維赴濟州(今山東茌平西南)途中所作,時爲秋日。維《裴僕射濟州遺愛碑》云:'公名耀卿,字涣之。……出爲此州刺史……行之一年,郡乃大理。……維也不才,嘗備官屬,公之行事,豈不然乎?維實知之,維能言之。'謂己嘗爲濟州刺史裴耀卿之官屬。史載開元十二年(724)耀卿始爲濟州刺史,孫逖《唐濟州刺史裴公德政頌》(《文苑英華》卷七七五)云:'初,公以甲子歲(開元十二年)秋八月,莅於是邦。'可見十二年維仍在濟州爲司倉參軍,並可證《才子傳》關於維開元十九年擢進士之記載非是。"另參見清趙殿成《王右丞集箋注》附《右丞年譜》、今人陳貽焮《王維生平事跡初探》(收入《唐詩論叢》)、陳鐵民《王維年譜》(《文史》十六輯),亦皆主九年之説。今移正。

*薛據,原列本卷開元十九年(731)進士科,徐氏考云:"《唐才子傳》:'薛據,荆南人。開元十九年王維榜進士。'《舊書·薛播傳》:'初播伯父元曖終於隰城丞。其妻濟南林氏,丹陽太守洋之妹,有母儀令德,博涉

五經,善屬文。元暧卒後,其子彦輔、彦國、彦偉、彦雲及播兄據、摠,並早孤幼,悉爲林氏所訓導,咸致文學之名。開元、天寶中二十年間,彦輔、據等七人並舉進士,連中科名,衣冠榮之。'”　孟按:王維登第之年,已見上考。則薛據既係王維榜,亦當移正。又按胡補亦繫王維、薛據於本年。

＊寇堮。岑補云:“考《千唐》開元十四年《進士寇堮墓誌》云:‘廿五擢第,卅而終。’堮卒十四年,是開元九年第進士也,可補入。”　孟按:《寇堮墓誌》原文曰:“大唐開元十四年正月癸未,前國子進士上谷寇堮卒。堮字子齊,代二千石宋州之次子。幼孝謹,美容儀,學如不及,文而有禮。廿五擢第,卅而終。”參見《彙編》[開元226]。

知合孫吴,可以運籌决勝科:

楊若虚,見《文苑英華》。

張仲宣,見《文苑英華》。

馬季龍。《舊書·馬燧傳》:“父季龍,嘗舉明孫吴。”〇孟按:韓愈《唐故贈絳州刺史馬府君(彙)行狀》:“季龍爲嵐州刺史贈司空。”五百家注引孫曰:“季龍舉孫吴倜儻善兵法科。”

＊明經科:

＊寇鐈。《彙編》[天寶025]張越撰天寶二年(743)季春之六日《唐故河南府告成縣主簿上谷縣開國子寇公(鐈)墓誌銘并序》(北京圖書館藏拓本)云:“公諱鐈,字子美。……弱冠以孝廉及第。”按寇氏卒於天寶二年(743),享年四十二,則其弱冠之歲在開元九年。按王補據《輯繩》録作“寇鎬”。

拔萃科:

李昂,見《文苑英華》。

暢諸,見《文苑英華》。

王泠然。見《文苑英華》。　王泠然《論薦書》曰:“今尚書右丞王邱於開元九年掌天下選,授僕清資,以智見許。”

知貢舉:員嘉静。《唐語林》載李納知舉盡於十年。考《册府元龜》,開元八年,考功員外郎李納以舉人不實貶沁州司馬。時北軍勳臣葛福順有子舉明經,帝聞之,故試其子,墻面不知所對,由是坐貶。是《語林》誤也。開元八年有考功員外郎員嘉静,見《舊書·張嘉貞傳》,當是李納既貶,嘉静代之耳。

楊若虛對策曰:"臣沐清化,忝紆黄綬。屬陛下聽鼓鼙之音,載懷將率;恤邊鄙之聳,思輯軍容。臣竊嘆三隅未寧,爲日久矣。不以庸菲,謬膺推薦,恭承大問,俯蹐玉陛,咫尺天休,以抒情素。臣聞古先哲王,鮮不征伐。禁暴止亂,咸以爲人,思患預防,實爲善政。伏惟陛下,允恭克讓,虞守四表,俊乂咸理,以孚於人。猶衈彼勤勞,求兹政道,實天下幸甚。臣聞事適於務則理有成,法宜於時則功可建。是以廣採輿誦,詢於芻言,不以人廢言,不以欲違衆。故計濟事立,利倍功大,完軍保勝,道泰人安。雖三邊未清,而百姓不弊。

"臣聞或多難以啟其疆土,或無難以喪其守宇。天其啟此邊難,以警陛下,勤於政理,以致和平,因定荒亂之宜,以爲子孫之業也?不然者,豈聖明之時,屢有斯寇。今若以明視遠,以聰聽德,欽崇天意,允釐庶績,制以官刑,儆於有位,愛敬立於親長,始終協於家邦,崇禮以致賢,修德以來遠,言合於道,雖賤必行,議乖於政,雖貴必罰,謀得其要,必申瓜衍之賞,刑當其理,不貽戮僕之愆,則在庭之官,足以致化。臣聞燕昭立館,以報强仇;越踐自勤,竟雪深耻。景略用而秦道霸,孔明起而蜀業成。豈明明之朝不如區區之國!其珠玉無足,愛之必至;賢良思用,求之必來。惟陛下知與不知,用與不用。苟得其任,何憂制敵降戎而已哉。必資聽之不濫,擇之無失,審甄其操履,明試以言,謀之以八徵,求之以五聽,穰苴進於晏子,韓信用自蕭何。是以君人勞於求才,逸於任使,舍人求勝,臣以爲難。

"臣聞自古用兵,成敗相半,賢者得其大,愚者得其小,莫不同用於法焉。至於戰勝攻取,無出三事,類文校義,分爲四種,記之金策,且於玉韜。〔趙校:"且",《英華》卷四七八作"具"。〕漢臣以之撥亂輔時，上應列宿，振威耀武，咸得其才。以臣之愚，何以堪此。然守終持滿，竊仰鄧禹之能；勍敵神謀，〔趙校："神"，《英華》卷四七八作"伸"。〕頗懷馮異之略。至隱若敵國，思其奉上之故，亦採於一善，未致其全。

"若景略比於孔明，功當術淺；張遼比於關羽，壯劣情優。斛律光著破虜之功，賀若弼有平陳之績。論其功戰，〔趙校："功"，《英華》卷四七八作"攻"。〕則可齊肩；語其才難，〔趙校："難"，《英華》卷四七八作"雄"。〕此或先駕。彼亡隋之任士，内用寵戚，外階朋黨，忠言死於逆耳，國命出於讒言，政以賄易，功以財成。雁門之圍，兵士以微而不賞；浪河之敗，許公以親而不誅。天下分崩，人受塗炭。是以李勣與李靖爲國家用，因亡隋之臣致有周之業。靖則克勝其任，匈奴於是破亡；勣則能達其謀，高麗以之終滅。謀功比事，勣可同年；以功取人，靖以居上。

"臣聞惇德允元，柔遠能邇，王者無外，守在四夷。張綱棄兵，竟和南國；充國不戰，亦定西夷。若李牧以居邊，魏尚而爲牧，遠和邇鎮，固障持邊。遠和則不勞，邇鎮則居逸，是謂釋遠謀近，逸而有終。然後明其伍候，守其交禮，謹其走集，誠以不虞，足以輯和士庶，羈縻夷狄。何必棄南邛之戍，捨磧西之地，隳先朝之業，致將來之誚焉。〔趙校："焉"原作"爲"，屬下爲句，據《英華》卷四七八改。〕蹙國挫威，臣所不取。臣又聞華夏者國之心腹，邊陲者國之支體，若心腹充盈，則支體無害。古既守之不損，今禦之而何失？古以之足，今以之虛，非古今有殊理，實授非其任。然東自榆林，西至蒲海，限之以亭塞，隔之以山河，啟玉關、金徽之險，有臨洮、墨鷄之阸，飛狐、白石，爰在并、汾，木狹、土門，出於幽、薊。李靖距頡利於峽口，終絶南侵；李傑敗王師於榆關，遂貽東難。險阻不異，成敗乃殊，以是言之，非才莫可。今若漸收塞上之士，申晁錯之謀，安輯雲中之人，曉嚴尤之術，保以邑落，守以城池，求賢良以爲守，習農桑以爲教，敵至則收其積聚，使野無所遺，賊去則伺其虚危，使兵不失利，則秦川歲減於冬戍，代北不懼於秋犯。

“臣見薊門屯田，防軍寇之乘，攻守餘暇，務耕耘之積，省兩河之粟，資三軍之費。但使役之無擾，何憂兵以致弊？軍既未息，此安可停！臣聞取亂侮亡，《書》之明義，固險而守，國之恒政。若柳城之寇，不虐於邊人，鴻臚之賓，未絶於來使，則養士卒以待其衰也。必若虐暴邊隅，須申致寇之略；如其毒痡於下，方興問罪之師。任之以智能，申之以謀策，明賞必罰，教人以信。山林水澤之陣，識以權宜；父子兄弟之軍，赴湯蹈火。然後揚兵耀武，示之以威，則師旅以貞，夷狄柔服，惠懷無戰，其在於兹。若但行以秋霜之嚴，而無時雨之澤，不計而動，離怨在心，驅以合敵，貪以取敗，既輕有生之命，求幸白刃之中，使天威挫衄者，臣竊恨焉。《易》曰：‘差之毫釐，繆以千里。’此之謂也。

“臣以不才，展效州郡，每懷報國，屢上微言。神龍二年進狀，論沙場喪敗；開元四載投匭，言降户得失；鑾駕西幸，又於河中府上表，並進《柔遠論》一首。而才微理拙，不蒙顧問。制問曰何經何歷，敢不盡言。臣識淺才微，罔知攸據。至若升壇之拜，推轂之寵，豈可一策所能及。愚臣暗昧，不足以當之。俯伏惶恐，若履冰谷。謹對。”《文苑英華》。　按《舊書》本紀：“開元九年正月丙辰，改蒲州爲河中府，置中都。”而本紀是春，唯載幸新豐，不言幸河中，疑史有奪誤。

張仲宣對策曰：“臣聞玉弩垂芒，耀明威於紫緯；金方戒序，凝殺氣於丹霄。然則負扆登樞，規七衡而立辟；垂旒御辨，法四選以詳刑。是故黄運披圖，静妖氛於涿鹿；丹陵啟業，耀佳兵於洞庭。伏惟陛下，陟上帝之耿命，順下人之樂推，總不測之謂神，包混成而爲道。然後運天地日月以臨之，洩雷雨水火以育之，宣道德仁義以綏之，張禮樂刑政以肅之。然則宿離無忒，天清也；

海外無波,地平也;左學上庠,文明也;保大定功,武威也。由是東西沈潛,朔南浹洽,草木咸若,昆蟲無夭。猶且日慎一日,雖休勿休。俯徇謙光,循《易》象之明義;降詢得失,追漢策之高蹤。所以廣訪芻蕘,旁求道路。臣戎旃賤伍,樗散陋容,策蹇以忘疲,勵弱而知倦,猥兹庸菲,充賦闕庭,奉詔慚惶,啟處無地。所冀齊庭設炬,九九之術先收;燕館初開,先尊郭隗而已。敢緣斯議,庶竭丹誠。

"制策曰:'思謀臣以制敵,折衝於樽俎;索名將以持邊,降伏於戎寇。行何法也,得致斯人哉!'臣聞晋謀元帥,漢召材官,必資悦禮之英,咸選良家之子。誠請秋風授律,吉日拜將,收不疑之十計,問子明之五策,賞必以功,罰必以信,則良將斯至矣,大功可舉矣。

"制策曰:'兵法有五十三家,且分其四種。'臣聞習手足,便器械,積虞關,具攻守,伎巧之兵也。權德刑,隨斗繫,因五勝,解鬼神,陰陽之兵也。雷動風舉,後發先至,離合向背,而應變無常,形會之兵也。守正而用奇,詳形而計戰,兼伎巧,包陰陽,權宜之兵也。然後憤之以仁義,信之以賞罰,以我直而權其曲,以我智而薄其愚,以我和而制其離,以我治而乘其亂。故雖孫、吴再生,亦不知爲敵人計矣。

"制策曰:'漢臣有二十八將,自比夫幾人?'臣聞漢有二十八將者,上應二十八宿也。或以文雅光國,鄧禹有决勝之奇;或以武能威人,吴漢有綏邊之略;功論樹下,馮異之績彌彰;冰結河中,王霸之誠尤著。臣以卑賤,夙無器業,竊循運合聖恩,不次得參賢俊之末,〔趙校:"次"字據《英華》卷四七八補。〕安敢自强而比哉。清問猥及,臣當萬死。

"制策曰:'景略可逮於孔明,張遼得齊於關羽?斛律光、賀若弼,近代之用誰優?'臣聞景略之功也,孔明之績也,張遼之謀也,關羽之烈也,斛律光之勇也,賀若弼之略也,廣論之則耀靈不駐,略談之又書不盡言。景略之佐秦堅,纔騁如熊之捷;孔明之匡蜀主,克著卧龍之名。張遼運籌之方,可以歸之於先軌;關羽搴旗之效,可以論之於後塵。賀若弼之破陳軍,功先諸將;斛律光之扶齊國,名劣衆人。以次而言,斷可知矣。

"制策曰我李勣與李靖之功誰最者。臣聞李勣者,智也,仁也,勇也,嚴也,躬教可以圖始,心教可以保衆。自伐三韓,克清九族,所以東夷之人不敢西向也。至於李靖者,安可同年而語哉! 大征北狄,詎見絶其餘氛;授鉞南蠻,寧見殄其遺寇。所以蠻胡滑夏,邊鄙亟聳者,良由此也。

"制策曰:'邛南一方之地,磧西萬里之域,將棄之以促境,寧守之以勞人? 鎮涼州至於流沙,軍隴坂至於積石,險阻要害,予疑汝明。秦中歲役於防水,若爲鳌革? 代北年疲於禦塞,奚所變通? 薊門屯田,何術以休其弊? 柳城梗澀,何策以繫其虜? 凡此邊庭,今爲重鎮,何經何見,何履何歷?'臣聞畹邦憬裔,既崇於弔伐;昧谷遐方,實資於鎮撫。薇亦柔止,猶聞遣戍之詩;瓜時在期,尚起踐要之役。今欲明守邊之術,開斥地之制,緬維經算,俯訪芻蕘,謏聞鄙術,何足以觀之。夫先王馭道也,必專其邊守,疆以戎索,恃吾有以備,懷其所以來,招攜以禮,懷遠以德。今丸山在境,猶發度遼之師;葱河卷祲,仍開拜井之屯。勞人遠役,其何以哉? 若乃務廣其土,以疲其人,宿兵於無用之地,勞師於不禦之俗,聖王之道,未足前聞。

"制策曰:'若兵不獲已,用何良謀,貞我師旅,使有征無戰? 必文可來之,施何異政,柔彼夷狄,使懷惠畏威?'臣聞季梁在隨,楚朝罷議;仲尼居衛,晋國折謀。語曰'死諸葛走生仲達'。陛下誠然,德音發於帷幄,清風翔於無外,大啟爵命,以示四方,拔將選才,各盡其用,急善同於饑渴,用人疾於應響,杜邪佞之門,廢鄭、衛之樂,混清六合,實由乎此。雖西有不羈之寇,北有不賓之虜,征之則勞師,待之則無益。故班固曰:'有其田不可耕而食,得其人不可臣而藩。’‘來則懲而禦之,去則備而守之。’蓋懷惠畏威也。但以日暮途遠,汲深綆短,文不逮意,書何盡言。謹對。”《文苑英華》

李昂《曆生失度判》曰:“鳳皇司曆,象原注:疑。謀托算,象生有數,感而遂通。邈探渾元,是知玄妙,眇睹雲物,必在精微。情至紛擾則他想交亂,形質濁穢則寄鑒不明,焉可以見天地之心,窮鬼神之狀。幽變未測,孰辯端倪。相彼曆生,跡參日御,臺觀是忝,泉蒙未豁。唐都不作,糟粕誰傳;趙達何追,菁華莫繼。失秒忽之度,曷以敬授人時?若歸奇於扐,履端於始,則毫釐不爽,黍累無愆。如或未精,法將焉捨。”《文苑英華》

暢諸《曆生失度判》曰:“瞻乎曆生,跡編太史。按黄鐘之妙算,玉管非工;察緹幕之微灰,銅儀罕究。今者三元奥術,尚懵履端之明;六律幽源,未達歸餘之數。失之黍忽,糾以簡孚,誠櫝龜之見毁,豈書馬而致誤。不堪敬授,將亂甲乙。頗異《太初》之差,宜正羲和之罪。”此篇今本《文苑英華》闕名,兹據《永樂大典》載舊本《文苑英華》補。

王泠然《曆生失度判》:“律吕之本,今古攸尚。周行殷曆,孔子於是興嗟;漢襲秦正,劉歆以之條奏。莫不考於經傳,稽之氣象。惟彼曆生,稱明算法。理須銅壺曉唱,則聽鷄鳴;玉斗夜迴,方看蟻轉。何得輕於秒忽,失以毫釐!裨竈多言,豈知天道;羲和廢職,幾亂人時。遂令太史罷占,疇人廢業。陸佐公之漏刻,莫見新成;張平子之渾儀,但聞虚設。既失推蓂之典,何逃置棘之刑。”《文苑英華》

十年壬戌(722)

帝御雒城門試文章,及第二十人。考功、户部郎中蘇晋,刑部員外郎席懷,“懷”疑“豫”之訛。侍御史陳希烈於化城院考。《記纂淵海》。 按“文章”或即文藻宏麗科。

六月辛丑，上訓注《孝經》，頒於天下。《舊書》本紀

御製《孝經注》序曰：“朕聞上古，其風樸略，雖因心之孝已萌，而資敬之禮猶簡。及乎仁義既有，親譽益著。聖人知孝之可以教人也，故因嚴以教敬，因親以教愛。於是以順移忠之道昭矣，立身揚名之義彰矣。子曰：‘吾志在《春秋》，行在《孝經》。’是知孝者德之本歟！經曰：‘昔者明王之以孝理天下也，不敢遺小國之臣，而況於公侯伯子男乎？’朕常三復斯言，景行先哲。雖無德教加於百姓，庶幾廣愛形於四海。

“嗟乎！夫子没而微言絶，異端起而大義乖。況泯絶於秦，得之者皆煨燼之末；濫觴於漢，傳之者皆糟粕之餘。故魯史《春秋》，學開五傳；《國風》、《雅》、《頌》，分爲四詩。去聖逾遠，源流益別。近觀《孝經》舊注，踳駁尤甚。至於跡相祖述，殆且百家；業擅專門，猶將十室。希升堂者必自開户牖，攀逸駕者必騁殊軌轍，是以道隱小成，言隱浮僞。且傳以通經爲義，義以必當爲主，至當歸一，精義無二，安得不翦其繁蕪而撮其樞要也。韋昭、王肅，先儒之領袖；虞翻、劉邵，抑又次焉。劉炫明安國之本，陸澄譏康成之注，在理或當，何必求人。今故特舉六家之異同，會五經之旨趣，約文敷暢，義則昭然，分注錯經，理亦條貫。寫之琬琰，庶有補於將來。且夫子談經，志取垂訓，雖五孝之用則別，而百行之源不殊。是以一章之中，凡有數句，一句之内，意有兼明。具載則文繁，略之又義闕。今存於疏，用廣發揮。”石刻拓本邢疏。

按明皇《孝經》凡再注，邢疏以此序屬於開元十年，今從之。

進士三十三人：

苗含澤。苗延嗣長子含澤，開元十年登第，見《五百家》韓注。

明經科：

白鍠，白居易《故鞏縣令白府君事狀》：“公諱鍠，字確鍾，年十七明經及第。”以大曆八年卒、年六十八推之，及第在是年。 按鍠即居易之

祖。○孟按:《記考》卷二十七《附考・明經科》又著録“白鍠”,徐氏考云:“《舊書・白居易傳》:‘鍠生季庚。自鍠至季庚,世敦儒業,皆以明經出身。’”〔趙校:白鍠已見卷七開元十年,詳《施補》。〕按施補云:“按白鍠爲白居易之祖。白居易《故鞏縣令白府君事狀》云:‘公諱鍠……年十七,明經及第……選授河南府鞏縣令……大曆八年五月三日,遇疾殁於長安,春秋六十八……公有子五人,長子諱季庚,襄州别駕,事具後狀……元和六年十月八日,孫居易等始發護靈櫬,遷葬於下邽縣北義津鄉北原……’。(《白氏長慶集》[《四部叢刊》本]卷二十九)又《襄州别駕府君事狀》云:‘公諱季庚……鞏縣府君之長子。天寶末,明經出身,解褐授蕭山縣尉……又除檢校大理少卿,兼襄州别駕。貞元十年五月二十八日終於襄陽官舍,享年六十六。其年權窆於襄陽縣東津鄉南原。至元和六年十月八日嗣子居易等遷護於下邽縣義津鄉北原。從鞏縣府君宅兆而合祔焉。’(同上)《舊唐書》卷一六六《白居易傳》云:‘……鍠生季庚……自鍠至季庚,皆以明經出身。季庚生居易……’。《登科記考》先後所録之兩白鍠,實即一人,當删去卷二十七附考所録者。”按其説是,今從之。

＊崔泌。《彙編》[天寶 053]天寶三載(744)八月三十日《故夜郎郡夜郎縣尉清河崔府君(泌)墓誌銘并序》(周紹良藏拓本)云:“公諱泌,清河東武城人也。……載廿七,辟孝廉擢第。……春秋卌八,以天寶二載三月十一日終於南川郡三溪縣公館。”則其二十七歲時在開元十年。

茂才異等科:

李誠。是年茂才甲科,見上獨孤及《頓邱李公墓誌》。　按《通典》云開元二十四年以後復有秀才舉,則此茂才非秀才,蓋茂才異等科。

文藻宏麗科:

孫逖,《舊書・文苑傳》:“孫逖開元十年應制,登文藻宏麗科。”

常無名。《常無名墓誌》:“開元十年,舉文藻宏麗。遂上陳皇王之盛,下借周漢之論。稽以《洪範》《九疇》,天人之統,灾變之異,高言體大,久而可驗,如賈生之論漢也。與孫逖同入第二等。”

知貢舉:員嘉静。按“静”或作“靖”。《元和姓纂》云:“唐吏部郎中員嘉靖,華陰人。”

十一年癸亥(723)

正月庚辰,幸并州。癸巳,敕曰:"其有沈淪草澤,抱德棲遲,及武德功臣子孫並元從子孫才堪文武,未有官者,並委府縣搜揚,具以名薦。"《舊書》本紀、《册府元龜》。

十一月戊寅,親祀南郊,大赦天下。制曰:"每搜羅賢俊,旌賁邱園,猶慮跡藏名山,安卑守位,瞻言及此,寤寐思焉。其諸色人中,有懷才抱器,未經薦舉《册府元龜》作"不求聞達"。〔趙校:按作"不求聞達"者爲《詔令集》。〕者,委所在長官審訪,擇其名録奏。"《册府元龜》、《唐大詔令集》。

進士三十一人:《詞學指南》,開元十一年進士試《黄龍頌》。

＊源少良,狀元。孟按:徐氏據《唐才子傳》卷一《崔顥傳》列少良爲本年知貢舉,又考云:"《玉芝堂談薈》以源少良爲是年狀元,誤也。"按《唐才子傳校箋》册五《崔顥傳》陶敏補箋云:"'《直齋書録解題》卷一九詩集類著録崔顥集,云'開元十年進士'。徐松《登科記考》則據《才子傳》而繫於開元十一年(723),並定此年知貢舉者爲源少良。……從現有材料,尚未能確定源少良究以開元十年抑十一年知貢舉。按《玉芝堂談薈》卷二:'開元……十一年,進士三十一人,狀元源少良。'《寰宇訪碑録》卷三:'天竺山監察御史源少良等題名,正書,天寶六載正月。浙江錢塘。'丁敬《武林金石記》卷八、阮元《兩浙金石志》卷二著録同。少良既天寶六載方官御史,斷無於二十餘年前以考功員外郎知貢舉之可能。知《談薈》所載不誤,而《才子傳》之'源少良下'實乃'源少良榜'之訛。本書(孟按:指《唐才子傳》)《陶翰傳》亦將'崔明允榜'誤爲'崔明允下',可參該傳補箋。崔顥爲開元十一年源少良同榜進士,似可無疑。"陳尚君《〈登科記考〉正補》開元十一年癸亥(723)考云:"源少良《玉芝堂談薈》以爲本年狀元,徐氏據《唐才子傳》定爲本年知舉者。按郎官柱勳外有少良題名,岑仲勉先生考爲天寶時任。勞格《郎官考》卷八天寶六載杭州摩崖,有'監察御史源少良'。其間相隔已三十年。應以本年及第爲是。" 孟按:此説是。元釋圓至《箋注唐賢三體詩法》(明廣陵錢元卿刻本)卷十:"崔顥,汴州人。開元十一年

源少良榜進士,累官至司勛員外,天寶十三年卒。"可證《談薈》之不誤。

崔顥。《唐才子傳》:"崔顥,汴州人。開元十一年源少良下及進士第。"〇孟按:"下"當作"榜",見上考。又兩《唐書》本傳皆僅言顥"擢進士第"。

*明經科:

*張倜。《千唐》[925]李繄撰大曆六年(771)八月十九日《唐故相州成安縣主簿張府君(倜)墓誌并序》(參見《彙編》[大曆 027])云:"府君諱倜,字不器,清河人也。……其年十四,以明經擢第,自孝廉郎解褐相州成安主簿。"按張氏卒於天寶十載(751),享年四十二,則其十四歲時爲開元十一年。亦見羅補。

知貢舉。〇孟按:徐氏原列源少良爲本年知貢舉,而少良實爲本年進士科狀元,已見上考。本年知貢舉者俟考。

十二年甲子(724)

二月,詔曰:"朕君臨宇内,子育黎元,豈以黄屋爲尊,實以蒼生爲念。何嘗不日旰忘食,未明求衣。雖身在九重,而情存六合,恐至道猶鬱,大化未孚。昨因展義河東,祈穀脽上,肆覲群后,親問高年,舉滯賑窮,旌善黜惡,緝其墜典,酌於古訓。今省方告至,禋祀云畢,思人庶官,務崇簡易。緣路州縣,有表薦官僚及上書獻頌者,中書門下審覆奏聞,量加進賞。"《册府元龜》

閏十二月辛酉,文武百官吏部尚書裴漼等上請封東岳。甲子,侍中臣源乾曜、中書令臣張説等再三上言。時儒生墨客獻賦頌者數百計,帝不得已而從之。丁卯下詔,以開元十三年十一月十日式遵故實,有事泰山。《册府元龜》

進士二十一人:

*賈季陽,狀元。原列爲本年知貢舉者,徐氏考云:"按《玉芝堂談薈》記唐代狀元,每以知貢舉誤爲狀頭。此年以賈季陽爲狀元,知亦爲知貢舉之誤矣。故據以載之,復駁正如此。"胡補云:"按徐説非是。唐姚合

《極玄集》卷上云:'祖詠,開元十三年進士。'又明高棅《唐詩品彙·詩人爵里詳節》云:'祖詠,洛陽人。開元十三年進士。'與《玉芝堂談薈》所載賈季陽爲開元十二年狀元互不矛盾,是《談薈》不誤。姚合唐人,所記應屬可信。是賈季陽應由本年知貢舉移至本年進士科下爲狀元,而杜綰、祖詠應移正於開元十三年進士科下。又誤祖詠登進士第爲開元十二年者,始自陳振孫。其《直齋書録解題》卷十九云:'詠,開元十二年進士。'襲誤者,除《唐才子傳》外,如《全唐詩》卷一三一《祖詠小傳》:'祖詠,洛陽人。登開元十二年進士第,與王維友善。'"又陳補云:"《玉芝堂談薈》卷二作本年狀元,徐氏改爲知舉者,實毫無根據。杜綰、祖詠當爲次年進士,詳下考,則季陽仍得爲本年狀頭。"今移正。

*蔡希周。《嘉定鎮江志》卷十八《人物》:"蔡希周,曲阿人,開元十二年舉進士登第,官監察御史。希寂,希周弟,登進士第,終渭南縣尉。"按希周名見殷璠《丹陽集》、《御史臺精舍題名考》卷三、《新唐書·藝文志四》。希寂見本書卷二十七《附考·進士科》。

*明經科:

*司馬望。《千唐》[912]鄭齊冉撰顯聖元年(761)六月十九日《大燕故朝議郎前行大理寺丞司馬府君(望)墓誌銘并序》(參見《彙編》[顯聖001])云:"公諱望,字□卿,河内温人也。……父鍠,兵、吏、中書三侍郎,贈衛尉卿,謚曰穆,公即穆公第四子也。……公弱冠専經,以孝廉擢第。"按司馬君卒於顯聖元年(761),享年五十七,則其弱冠歲在開元十二年。按"顯聖"爲史朝義年號(761—763)。又,《千唐》[629]開元十一年(723)二月十三日《大唐故中書侍郎贈衛尉卿河内司馬府君(鍠)妻范陽郡君盧氏墓誌銘并序》(參見《彙編》[開元165])載司馬望其時"遊於國庠",與上吻合。按陳補誤録作"馬望"。

將帥科:

裴敦復,見《册府元龜》、《唐會要》。

房自謙,見《册府元龜》、《唐會要》。　按《張燕公集》有《舉洛州臨武縣主簿陳光乘、夔州歸州鎮將勤思齊、前申州參軍戴師倩等狀》云:"準七月二十二日制,内外文武職事五品以上官,有奇材異略、堪任將帥者,封狀進内。"疑即設將帥科時事。

＊崔澤。《千唐》[735]開元二十二年(734)正月二十八日《大唐將帥舉文武及第前振威副尉守右武衛蒲州永安府左果毅都尉崔澤夫人張氏墓誌銘并序》(參見《彙編》[開元 395]),知崔澤曾應制科將帥舉及第,因附是年。亦見陳補。

＊上書拜官:

＊房琯。《舊唐書》本傳:"開元十二年,玄宗將封岱岳,琯撰《封禪書》一篇及箋啟以獻。中書令張説奇其才,奏授秘書省校書郎。"

知貢舉。〇原著録爲賈季陽,誤,見上考。陳補云:"明正德十年刻《崔顥詩集》目録下注:'開元十二年姚重晟下進士。'故録出以備參。"

十三年乙丑(725)

四月癸酉,令朝集使各舉所部孝弟文武,集於泰山之下。《舊書》本紀

十一月己丑日南至,封禪泰山。《册府元龜》。　儲光羲《秋庭貽馬九詩》:"伊昔好觀國,自鄉西入秦。往復萬餘里,相逢皆衆人。大君幸東岳,世哲扈時巡。予亦從此去,閑居清洛濱。"又有《滎陽馬氏二子詩》:"聖君封太岳,十月建行旃。"皆謂此年封泰山也。

封東岳禮畢,幸孔子宅,親設奠祭。詔曰:"孔宣父誕聖自天,垂範百代,作王者之師表,開生人之耳目。朕增封岱岳,迴鑾泗濱,思闕里之風,想雩壇之詠,逖矣遺烈,慨然永懷。式遵祀典,用申誠敬。宜令禮部尚書蘇頲以太牢致祭,仍令州縣以時祀享。復近墓五户,長供掃除。《册府元龜》

進士:《登科記》闕。〇孟按:徐氏原於卷八開元二十五年(737)進士科目下考云:"《文苑英華》有《花萼樓賦》。高蓋賦序云:'有司盛稱此樓,並命賦之。'王諲賦云:'於兹百有二十載。'按唐有天下至此歲百二十年,是《花萼樓賦》爲此年試題。又按《文苑英華辨證》云:'今《文苑·花萼樓賦》,以"花萼樓賦一首并序"'爲韻,皆押八韻。《登科記》作花萼樓賦并序,以題爲韻。'"今移正至本年,詳下高蓋等人考。

＊杜綰,狀元。原列開元十二年進士科,詳下祖詠考。

＊祖詠，原列開元十二年進士科，徐氏考云："《唐才子傳》：'祖詠，洛陽人。開元十二年杜綰榜進士。'《唐詩紀事》：'有司試《終南山望餘雪詩》，詠賦云"終南陰嶺秀，積雪浮雲端。林表明霽色，城中增暮寒"，四句即納於有司。或詰之，詠曰："意盡。"'"參見上年胡補。又陳補云："姚合《極玄集》祖詠下注：'開元十三年進士。'元釋圓至《箋注唐賢絶句三體詩法》卷十四云：'祖永，開元十三年杜綰榜進士。'《唐才子傳》卷一作十二年，疑'二'爲'三'之誤。" 孟按：《新唐書・藝文志四》僅言祖詠"開元進士第"。《直齋書録解題》卷十九載祖詠"開元十二年進士"，或爲《才子傳》所本。明高棅《唐詩品彙》卷首，顧應祥《唐詩類鈔》卷首，李攀龍選、袁宏道校《唐詩訓解》（日本舊刻本，1618 年）卷首，《盛唐詩紀》卷首俱作"開元十三年進士"。又《南部新書》卷乙："祖詠試《雪霽望終南詩》，限六十字。至四句，納。主司詰之，對曰：'意盡。'"當爲《紀事》所本。

丁仙芝（丁仙之），儲光羲《貽丁主簿仙芝别詩》注云："丁侯前舉，予次年舉。"又云："同年舉而丁侯先第。" 按光羲於十四年及第，則仙芝在此年也。《永樂大典》引《嘉定鎮江志》："丁仙芝，曲阿人。進士第，餘杭尉。"○孟按：《千唐》[1206]丁仙之撰序、萬楚撰銘《唐故隨州司法參軍陸府君（廣成）墓誌銘并序》（參見《彙編》[殘志 064]）題下署："前國子進士丁仙之撰。"按萬楚登開元進士第，見本書卷二十七《附考》。則"仙之"與"仙芝"當爲一人。按楊希義《輯釋》亦疑爲一人。

＊高蓋，孟按：自高蓋以下五人，原列《記考》卷八開元二十五年（737）進士科，今移正至本年，詳下考。徐注："見《文苑英華》。" 孟按：《彙編》[開元 264]開元十五年（727）閏九月十七日《先府君（高憲）玄堂刻石記》（周紹良藏拓本）云："先府君諱憲，字志平，族高氏。"又題下署云："嗣子前鄉貢進士蓋述。"知蓋擢第當在開元十五年之前。玆可爲以下陳補提供有力之證據。按高蓋及其父憲名皆見於《新唐書・宰相世系表》，蓋於天寶十一載（752）任河南縣尉（見《千唐》[855]），後官禮部郎中（見《新唐書・宰相世系表》）。

＊王譕，徐注："見《文苑英華》。"

＊張甫，徐注："見《文苑英華》。"

＊陶舉，徐注："見《文苑英華》。"

＊敬括。徐注:“見《文苑英華》。《舊書》本傳:‘河東人。少以文詞稱,鄉舉進士。’《新書·敬晦傳》:‘括字叔弓。’”陳補云:“《文苑英華》卷四九收高蓋、王諲、張甫、陶舉、敬括《花萼樓賦》,皆以‘花萼樓賦一首并序’爲韻,爲同年試。《玉海》卷一六四引《登科記》:‘開元十三年進士試《花萼樓賦》。’徐氏僅據王賦‘百有二十載’語繫於廿五年,非是。《全唐文》卷三九五高蓋等三人傳作二十三年進士,未詳孰據,疑誤。汲古閣本《唐詩紀事》卷十九録敬括《省試七月流火》詩,或亦本年試。”

＊諸科:

＊劉晏。原列本卷開元九年(721)諸科下,徐氏考云:“《舊書》本傳:‘字士安,曹州南華人。年七歲,舉神童,授秘書省正字。’以建中元年年六十六推之,是歲七歲。” 孟按:《新唐書》本傳:“劉晏字士安,曹州南華人。玄宗封泰山,晏始八歲,獻頌行在,帝奇其幼,命宰相張説試之,説曰:‘國瑞也。’即授太子正字。公卿邀請旁午,號神童,名震一時。天寶中,累調夏令,未嘗督賦,而輸無逋期。舉賢良方正,補温令,所至有惠利可記,民皆刻石以傳。……建中元年七月,詔中人賜晏死,年六十五。”以建中元年(780)年六十五推之,晏八歲當在開元十一年(723)。唐鄭棨《開天傳信記》載:“……感登岱告成之事,上猶惕勵不已,爲讓者數四焉。是時,劉晏年八歲,獻《東封書》,上覽而奇之,命宰相出題,就中書試驗。張説、源乾曜等咸寵薦。上以晏間生妙秀,引宴於内殿,縱六宫觀看。貴妃坐晏於膝上,親爲畫眉總草髻。宫中人投果遺花者不可勝數也。尋拜晏秘書省正字。”宋代(舊題)吕祖謙輯《東萊先生分門詩律武庫》卷二《幼敏門》“遺花投果”條:“唐劉晏八歲以神童爲秘書正字。”又劉應李輯《新編事文類聚翰墨全書》辛集卷九《科舉門》“國瑞”條亦載:“唐劉晏八歲獻頌,帝奇其幼,命宰相張説試之,曰:‘國瑞也。’即授太子正字。”是皆主八歲説。然七歲、八歲之説皆有可疑,其與“玄宗封泰山”之事皆不合。徵之史籍,玄宗此數年間唯開元十三年(725)有封岱之舉,見於兩《唐書·玄宗本紀》及《資治通鑑》卷二一二“玄宗開元十三年”,且張説亦隨駕前往。如《舊唐書·玄宗本紀上》:“開元十三年十一月……封泰山神爲天齊王,禮秩加三公一等,近山十里,禁其採樵。賜酺七日。侍中源乾曜爲尚書左丞相兼侍中,中書令張説爲尚書右丞相兼中書令。甲午,發岱岳。”《資治通鑑》卷二一

二玄宗開元十三年十一月:"張説多引兩省吏及以所親攝官登山。禮畢推恩,往往加階超入五品而不及百官。"綜上所考,劉晏爲"神童"事當在玄宗封岱之時無疑。唐鄭處誨《明皇雜録》卷上:"玄宗御勤政樓,大張樂,羅列百伎。……時劉晏以神童爲秘書正字,年方十歲,形狀獰劣,而聰悟過人。"以建中元年年六十五推之,晏於開元十三年(725)爲十歲,處誨所記近之。

拔萃科:

馮萬石。《廣卓異記》引《登科記》:"開元十三年,馮萬石考判入等。"

*知貢舉:趙冬曦。孟按:原闕,徐氏考云:《舊書・李懷遠傳》:'子彭年,開元中歷考功員外郎,知舉。'疑當在是時。"陳補開元十三年乙丑(725)考云:"本年知貢舉缺人。按《唐會要》卷六四載開元十三年四月考功員外郎趙冬曦爲集賢院直學士。知本年爲冬曦知舉。"今從陳説補冬曦名。

*高蓋《花萼樓賦》:有序。"開元中歲,天子築宮於長安東郛,有以眷夫代邸之義。舊者中宮起樓,臨瞰於外,乃以花萼相輝爲名,蓋所以敦友悌之義也。銀榜天題,金扉御闕,俯盡一國,旁分萬里,崇崇乎實帝城之壯觀也。是時海内賓薦之士,咸遊仙署,馳神累日,以待問於有司。有司盛稱兹樓,並命賦之。小子庸蔽,敢同頌美,詞曰:

*"惟唐六代,盛德被於幽遐。彌玄都暨丹穴,掩扶海與流沙,莫不推福祚之攸永,極威靈之所加。敦本既同夫羲軒之日,睦親又比乎棠棣之花。裂土苴茅以表慶,錫圭分瑞以聯華。信可以受無窮之祉,而保乂我皇家者哉。

*"乃命有司,濬池隍,繕城郭。將崇大壯之義,載考方中之作。繚垣墻周乎舊宮,設井幹而爲新閣。既準既繩,以揆以度。望馳道而通禁林,走建章而抵長樂。攢畫栱以交映,列綺窗以相薄。金鋪摇吹以玲瓏,珠綴含烟而錯落。飾以粉繪,塗之丹雘。

飛梁迴繞於虹光，藻井倒垂乎蓮蕚。信神明之保護，亦列仙之憑托。於是乘輿，乃登夫翠輦而建華旒，鈎陳警道兮環衛周。命期門使按蹕，將有事乎娱遊。六龍驤首以啟路，八駿騰光而夾輈。且肅肅以穆穆，幸夫花蕚之樓。然後層軒四敞，聖情周顧。遥窺函谷之雲，近識昆池之樹。緑野初霽，分渭北之川原；青門洞開，覽山東之貢賦。亦以崇友悌之德，勸農桑之務。豈止唯臨鄠杜之郊，〔趙校："杜"原作"社"，據《英華》卷四九改。〕空指邯鄲之路而已哉。且壯麗難匹，光華匪一。憑禁掖以孤明，隱垂楊而半出。赫旴旴以宏敞，肅隱隱而寧謐。非匠氏之奇工，梓人之妙術，孰能至於是哉。

＊"歲如何？其歲之首，花蕚樓兮，對仙酒。願比華封兮，祝我聖君千萬壽。歲如何？其歲始正，花蕚樓兮，開御營。願同吉甫兮，頌我聖君億載聲。蓋聖人去有欲，反無名，深宫皓素，高居穆清。觀群材之樂業，朝諸侯而嚮明。即知華夷欣慶，冠帶混並。均五氣之善，叶三光之精。嗟乎！時難再得，歲不我與。跡已混於沈滯，心未齊於出處。此小子之所以瞻梁棟以自非，仰雲霄而失序。"《文苑英華》

＊王諲《花蕚樓賦》曰："我唐有國，壍炎海而苑絶漠，〔趙校："漠"原作"漢"，據《英華》卷四九改。〕封日域而提流沙。生堯舜而開統，誕文景而承家。於兹百有二十載，開元皇帝馭極。居藩符五馬之兆，在天豈一龍能加。愛弟則淮南之仙術，名王則臨淄之才華。朝有土階之約，宫靡瑶臺之奢。飾舊館而納景，建飛觀而臨霞。長公子之自簿，塞主人之相誇。非徒擬花蕚之麗，蓋取諸棠棣之華。請循其始，仍舊而作。珍林自生，靈池不鑿。下池塘之烟霧，植掖垣之花蕚。鳧鷖翕習而來止，樓臺蹇産而相錯。雨日而雲起澄潭，霽夕而月懸高閣。歸梁國於上苑，通代邸於平樂。洞複道而爲臨幸，矗曾城而作垠堮。

*“於是于城之陬，建此飛樓。横邐迤而十丈，上崚嶒而三休。仰接天漢，俯瞰皇州。百鄽之所迴合，九逵之所夷猶。總萬象之多少，極二曜之環周。爲棟宇之殊觀，實崇高之寡仇。蓋術者之不陋，亦帝王之所遊。規模制度，去奢維素。方面曲折，匠石所務。浮欄鬱律而却偃，飛甍参差而前注。連磴道而内屬，曳軒窗之横鶩。龍獸撫柱而相驚，虹蜺亘薄而齊布。塗椒蘭以爲馥，銜明月而爲炷。榜題仲將之手，頌登文考之賦。

*“六合清朗，天地静謐。明主垂裳，賢臣屈膝。龍輿親覽，珠旗曉出。言羽衛以清帳，敕太史之擇日點。翠幕而夾道，列雲影而竟術。萬國争馳而駢會，千官畢扈而咸秩。宫闕超遥其若浮，郡國森羅以如一。廣宴頒太官之膳，鴻霈寬司寇之律。獻春之望，嚴更羅守。月上南山，燈連北斗。魚啟鑰於樓上，龍銜燭於帳口。帝城縱觀而駕肩，王官望瞻而仰首。鼓吹更落，琴笙夜久。清歌齊升而切漢，妙舞連軒而垂手。張廣樂以建和，示至樂於群有。

*“天子偃伯天下，高臨穆清。理國以道，與代作程。不純儉以愆德，不徇奢而害盈。建宫而豐其屋，則遵求舊；作室而節其用，則示閑情。其孝友也，署爲‘花萼’之號；其勤人也，則榜以‘務本’之名。何聖人之啟意，物與道而相並。秦作阿房，而窮侈靡；漢宫未央，以自尊榮。由是展禮樂，開塾序，太學時薦，列國奉舉。擇仙郎爲清選之官，闢星臺爲明試之所。顧無智士之知難，〔趙校："士"原作"上"，據《英華》卷四九改。〕而勞能者之虚佇。"《文苑英華》

*張甫《花萼樓賦》曰："粤若帝業，盛惟皇家。宅秦都雍，枕梁通巴。開别館以對赫，〔趙校："别"原作"列"，據《英華》卷四九改。〕飾離宫而再華。叙温恭之深愛，沐棠棣之榮花。當其代邸初搆，華池方鑿。鴻雁新來，潛龍未躍。盤石利建，維城固作。授車東

華之門,飛蓋西園之樂。升降五位,周環四托。維梓維匠,爰謀爰度。建采樓,規層閣。欒櫨□翼以攢鬬,枝撑杈牙而相搏。凌兢雲垂,嶪岌星錯。風恬氣隱,雨霽烟廓。中坐平望,數香街之往來;馮檻下觀,盡天京之郊郭。厲丹鳳,陵白鶴。浮網玲瓏,流光灼爍。陰移翠仗,影碧潭之清泠;日上金題,照錦林之花蕚。

＊"帝曰惟休,順豫而遊。躋攀初極,眺覽還周。登萬樂或歌或舞,列千品乃公乃侯。莫不傾赤縣,竭神州,士女都集,衣冠盡留,悉觀聖旨,共仰皇猷。掩宫扉則聞簫聲之下漢,卷珠箔則睹天人之在樓。至若乃趣,是求室喻。政有光於聽覽,事無妨於農賦。邈以迥出,花容玉質。綺樓紛映,類仙臺之下空;天光照臨,若秦樓之上日。列衆窗以啟扉,疏重門而夾室。紅塵晝斂則數之疑千,緑雲暮屯則望之如一。理孝光大,敦敬則友。撫安戎狄,調六合以爲家;敦睦友于,冠百王而爲首。化猷方行,土無不併。演禹、湯之仁惠,灑唐、虞之頌聲。士庶從而言曰:'觀其壯則知至尊之攸處,察其功則知萬人之是與,欽其號則知昆弟之相穆,見其儀則知君臣之有序。'此聖情方在於玄邈,豈小人之賦能舉。"《文苑英華》

＊陶舉《花蕚樓賦》曰:"粤若稽古,大哉皇家。叶聰明於六聖,敦孝友於四遐。睦親親以相及,樂韡韡以同華。漢后龍宫,建邸園之水樹;梁王雁沼,通禁掖之烟花。仍峻隅以立制,葺重樓之可嘉。嘉其謂何?感物而作。取諸棠棣,目以花蕚。既揆日而爰謀,亦占星而是度。奢必去泰,儉而匪薄。素壁照曜以霜皜,丹柱翕赩而霞錯。迭欒櫨之夭矯,繞軒檻之周流。雖麗蕚之不足,實規模而寡仇。秦皇祈年之觀,漢武井幹之樓,在縱驕而彼得,豈興奇而我儔。

＊"若乃百寮望幸,一人流眗,君御下而觀風,臣登高而獻賦,信布澤而昭德,豈徒樂而是務。術徑且千,鄽閈如一。察近

遠而皆盡,指纖微而匪失。前卷珠簾,後却疏牖。分渭北之川光,別終南之峰首。千門迥霽,百陌微明。翠幄凝烟,暖青軒以靄映;紅荷浸水,嬌緑浦以縈盈。咨謀景暇,遊務晨并。爰居爰處,載笑載語。萬人是察,九族惟叙。猶側聽於輿言,或敢揚於君舉。"《文苑英華》

＊敬括《花萼樓賦》曰:"大哉神武,四三皇而作主;赫矣勛華,一六合而爲家。莫不北荒於窮髮,西極於流沙。故得殊方效祥,則黄銀紫玉;禁苑呈瑞,則芝草仙花。彼成、康與文、景,又安足以道耶。美夫一人有作,庶品咸若。以爲不壯不麗,無以彰至尊;是用上棟下宇,將以信景鑠。〔趙校:"鑠",《英華》卷四九作"禄"。〕於是建百堵之崇墉,起九重之層閣。上鬱律兮中窈窕,靈煌煌兮神漠漠。形直舉而孤標,勢將飛而不却。俯蘭叢之長坂,對旗亭之延郭。鑾輿屢降,豈寫望於桂巖;金榜遄開,遂興名於花萼。懿哉鴻紛以口寵,夫何佳氣之蕭索。

＊"洎夫冰開御溝,春滿皇洲,青氣始霽,旭日初浮。皇帝乃被法服,登兹樓,羅綵仗,駐鳴騶。開綉户之銀鏁,卷珠簾之玉鈎。冠蓋穆然而仰敬,晬容端拱而倚旒。將欲居北辰而觀萬國,嚮南面而朝諸侯。豈徒爰居爰處,以遨以遊而已哉!

＊"邈邈陵雲,崇崇作固。虹梁蝴蟉而霞艴,皓壁皛晃而月素。亘以迴路,近對東郭之門;周以繚垣,遥接上林之樹。流雲衝牖而中斷,〔趙校:"衝"原作"衡",據《英華》卷四九改。〕飛鳥拂檐而斜度。賁育之捷,猶愕眙而不能躋;揚馬之才,斯侍從而爲之賦。

＊"若乃雷雨作解,乾坤得一,澤布三春,歡逢五日。陳簪笏之濟濟,耀威儀之秩秩,皇帝乃臻夫此樓也。若其旁倚鳳城,却瞻龍首。帟幕夥以分布,車徒紛以相輮。奉常陳百戲之樂,太官進千鍾之酒。巍巍天子,南面山壽。德洽蒼生,樂乎大有。別有失路營營,棲遲此情,時哉未遇,命也難并。參歲賦兮徒延佇,懷

明君兮變芳序。思入仕以盡忠,悵良時而誰與。儻仙郎之高鑒,冀夫鵷鷺而爲侶。"《文苑英華》 孟按:以上諸賦原列開元二十五年(737),今移正至本年,詳上考。

十四年丙寅(726)

六月,敕曰:"朕聞以道得人者謂之儒,切問近思者謂之學。故以陽禮教讓則下不争,以陰禮教親則遠無怨。豈非習無不利,教所繇生者乎?朕以厚儒林,闢書殿,討論《易》象,研核道源,冀淳風大行,華胥非遠。而承平日久,趨競歲積,謂儒士爲冗列,視之若遺,謂吏職爲要津,求如不及。頃亦開獻書之路,觀揚己之人,闕下之奏徒盈,席上之珍蓋寡。豈弘獎之義或有未孚,將敦本之人隱而未見?天下官人百姓,有精於經史,道德可尊,工於著述,文質兼美者,宜令本司、本州長官指陳藝業,録狀奏聞。其吏部選人,亦令所由銓擇,各以名薦。朕當明試,用觀其能。若行業可甄,待以不次。如妄有褒進,必加明罰。"《册府元龜》、《唐大詔令集》。

七月癸巳,上御雒城南門樓,親試岳牧舉人及東封獻賦頌人,命太官置食,賜有差。《册府元龜》

八月六日,太子賓客元行沖等撰《禮記義疏》五十卷成,奏上之。先是,右衛長史魏光乘上言:"今《禮記》章句踳駁,故太師魏徵更編次改注,堪立學傳授。"上遽令行沖集學者撰《義疏》,將立學官。行沖於是引國子博士范行恭、四門助教施敬本檢討刊削。及疏成,右丞相張説駁奏曰:"今之《禮記》,是前漢戴德、戴聖所編,歷代傳習已尚,千年著爲經教,不可刊削。至魏之孫炎,始改舊本,以類相比,有同抄書。先儒所引,竟不行用。貞觀中,魏徵因孫炎所修,更加鳌改,兼爲之注。雖加賞賜,其書竟亦不行。今行沖等奉敕撰疏,勒成一部,欲與先儒義章句隔絶。若欲行用,竊恐未可。"上然其奏,遂留其書,貯於内府,竟不得立學。行

沖怨諸儒排己，退而著論以自釋也。《唐會要》

八月十四日，上讀《洪範》至"無偏無頗"，而聲不協韻，因改"頗"爲"陂"。詔曰："典謨既作，雖曰不刊，文字或訛，豈必相襲。朕臨政之暇，乙夜觀書，匪徒閲於微言，實欲暢於精理。每讀《尚書·洪範》至'無偏無頗，遵王之義'，三復兹句，常有所疑。據其下文，並皆協韻，惟'頗'一字，實即不倫。又《周易·泰卦》中'無平不陂'，《釋文》云'陂有頗音'。陂之與頗，訓詁無别，爲陂則文亦會意，爲頗則聲不成文。應由煨燼之餘，編簡墜缺，傳授之際，差舛相沿。原始要終，須有刊革。朕雖先覺，兼訪諸儒，龜以爲然，終非獨斷。其《尚書·洪範》'無頗'字，宜改爲'陂'，庶使先儒之義去彼膏肓，後學之徒正其魚魯。仍令宣示國學。"《唐會要》。　《册府元龜》以爲天寶四載詔。　按《新書·藝文志》與《唐會要》同，今從之。此詔爲孫逖所草。

十月，詔曰："朕夢想賢才，咨謀列岳，遂因封祀，發詔搜揚。昨所臨御道場，親加策問，不稱所薦，其數則多。乃聞膏粱之人，遞相招致，邱園之俊，罕見褎升，豈朕勞求之意也。宜令都督、刺史，審更訪擇，具以名薦。"《册府元龜》

是年，通事舍人王嵒疏請撰《禮記》，削去舊文，而以今事編之。詔付集賢院學士詳議。右丞相張説奏曰："《禮記》漢朝所編，遂爲歷代不刊之典。今去聖久遠，恐難改易。今之五禮儀注，貞觀、顯慶兩度所修，前後頗有不同。其中或未折衷，望與學士等更討論古今，删改行用。"制從之。《唐會要》。　按其書至開元二十九年始成，即《開元禮》也。

進士三十一人：《詞學指南》："開元十四年進士試《考功箴》。"

嚴廸，狀元。

儲光羲，《唐才子傳》："儲光羲，兖州人。開元十四年嚴廸榜進士。"儲光羲《貽丁主簿仙芝别詩》注："予後及第，又應制授官。"　按《新書·藝文志》："儲光羲開元進士第。又詔中書試文章，歷監察御史。"則所謂應制授官者，即中書試文章也。

崔國輔，《唐才子傳》："崔國輔，山陰人。開元十四年嚴廸榜進士。"按《杜集》有《奉留贈集賢院崔于二學士詩》，崔即國輔也。〇孟按：《郡齋讀書志》卷四上謂儲光羲"開元十四年進士"。《直齋書録解題》卷十九謂儲光羲"與崔國輔、綦毋潛皆同年進士"；然於《崔國輔集》下又謂崔國輔"開元十三年進士"，誤。

綦毋潛，《唐才子傳》："綦毋潛字孝通，荆南人。開元十四年嚴廸榜進士，授宜壽尉。"

＊左光胤。《千唐》[809]張楚金撰天寶二年(743)十二月七日《唐故朝請郎行河南府河清縣主簿左府君(光胤)墓誌銘并序》(參見《彙編》[天寶 037])云："君諱光胤，字子明，其先魯人也。……初以國子進士擢第，是歲復以岳牧舉策高第，制授濮州鄄城主簿。"光胤卒於天寶二年(743)十一月，春秋四十七，是年爲三十歲。参本年賢良方正科徐松注，知其擢第在本年。按陳補繫於開元二十五年(737)，並謂"岳牧舉當即本年之牧宰科"，誤。按誌載光胤以"制授濮州鄄城主簿"後，"未幾，丁太夫人憂……禮俯外除，遂以常調補曹州濟陰尉。無何，丁府君憂……服滿，拜秘書省正字。……秩滿，拜河南府河清主簿，摘發稽滯，鈎考奸夥，甚稱厥職，翕然有聲"。知其授官後在世至少十年以上。若以開元二十五年計，僅在世六年，則與事不合。

賢良方正科：《文苑英華》載《神岳舉賢良方正策》。玄宗於十三年東封，十四年試岳牧舉人，則神岳舉當在此年。

袁映，見《文苑英華》。

尹暢，見《文苑英華》。

孫逖，《新書》本傳："又舉賢良方正。玄宗御洛城門引見，命户部郎中蘇晋等第，其文異等。"

＊左光胤，見上。

＊宗杞。《千唐》[743]開元二十三年(735)三月四日《唐故吏部常選譙郡夏侯□(畛)墓誌銘并序》(參見《彙編》[開元 414])撰者署名云："東封應制及第宗杞撰。"(《彙編》作"宋杞")按玄宗曾於開元十三年十一月東封

泰山,十四年"七月癸巳,上御雒城南門樓,親試岳牧舉人及東封獻賦頌人"(見上引《册府元龜》)。則宗氏"東封應制及第"當在是年。亦見王補。

＊才堪將帥科:

＊開承簡。《彙編》[開元 389]郭虚己撰開元二十一年(733)十一月九日《唐故宣州溧陽縣令贈秘書丞上柱國開府君(承簡)墓誌并序》(周紹良藏拓本)云:"公諱承簡,字混成,廣陵江都人也。……去開元十四年,國子博士范行恭舉公才堪將率。時中書令燕公以兵權事重,尤難其選,乃於數千人中,得一二賢俊,公居其首,天下以爲美談。惜乎!官未授而卒,時年六十有六。有其才而無其命,哀哉!即以其年二月十六日,權殯於洛陽感德里之平原。"知承簡爲是年才堪將帥科之敕頭。

知貢舉:嚴挺之。見《唐語林》。顧況《監察御史儲公集序》:"開元十四年,嚴黄門知考功,以魯國儲公進士高第,與崔國輔員外、綦毋潛著作同時。其明年擢第,常建少府、王龍標昌齡,此數人皆當時之秀。"

袁映對策曰:《文苑英華》注:策問闕。"臣聞天矜於人,人所必從。按句有誤字。〔趙校:《英華》卷四八一作"人必所從"。〕臣謬黷吹萬,僻生草莽,幸陶無爲之風,得守忠蹇之節。常願拜手宸極,敷獻乃誠,危言匪躬,少答亭育。昔仲尼稱'鳳鳥不至,河不出圖',蓋傷衰周之運,不見聖明之代也。臣今輿誦芻言,肅祇眷命,陪聖蹕於神岳,奉金策於玉宸,賡歌清泰,〔趙校:"清泰",《英華》卷四八一作"泰清"。〕咫尺旒扆。是天縱聰明,而超於孔丘,〔趙校:"聰明"原作"瑟願","丘"原作"某",據《英華》卷四八一改。〕不圖幸之至於斯也。況周頒禹膳,列坐堯衢,此優賢之至也。愚臣何足以充塞,敢不布其腹心,竭盡聞見。

"臣伏惟皇穹有成,命聖唐受之,崇高配天,高大配地,天地合德,而陛下大明於其中。有以覲高祖之耿光,有以恢太宗之鴻烈。樂成於郊祀而昭升上帝,禮備於脽上而敷問後祇,於是柴於岱宗，望於秩首，三光全而五行序，八荒協而萬國諧，皇靈丕應，象物昭格，無疆惟休，能事畢矣。況陰陽變理則賢相盡規，風俗敦龐則良牧宣政，百揆時叙，庶物咸亨。誠已鬱映華胥，邁績堯舜，豈夷吾所記七十二之涼德可望清光哉！而猶恭默思道，勵精圖政，帝闕崢嶸而下臨，天問昭回而盡睹。乃賜臣策曰'延想無爲之理，聿修太和之化，匪曰能致，將與圖之'。所以謀廣聰明，詢於仄陋，使君子道長，俊乂用彰，陛下執謙之至也。天下幸甚，天下幸甚，愚臣無得而稱焉。

"制策曰'夫原疾而授藥者，良醫也。因時而救弊者，權政也。今塞垣猶守，府兵云耗，閑人輕去，冗食難歸'者。臣聞先王之理，布在方策，乘時司契，其道深乎。陛下窺鑒萬化之原，〔趙校："鑒"，《英華》卷四八一作"覽"。〕獨運安危之兆，執大象，鼓洪爐，知微其神，〔趙校：'微"原作"惟"，據《英華》卷四八一改。〕惟睿作聖。九門嘗藥，致蒼生於福壽；七政齊衡，得玄珠於利見。雖講信修睦，寰區大同，而安不忘危，故塞垣仍守。雖道德齊禮，黔庶康濟，而寬以厚載，故閑人或浮。臣又聞之，兵戈者威不軌而昭文德也，兆庶者忘帝功而畏苛政也。邊鄙備預，誰能去軍？參決違方，時聞失業。總寰瀛而觀偃伯，則三邊之戍役不足多也；據天下而覽兆人，則萬一之逋逃不足怪也。況國家皇極作乂，七政有倫，增新軍以保釐，革浮惰而綏輯，何憂乎府兵之耗，何有乎冗食不歸？雖休勿休，惟陛下之深慮也。

"制策曰：'膏粱無耻於僥幸，蓬蓽未敦於退讓。選舉殷湊，官員不給。效職者或禄仕而養資，試言者多浮華而背實。'當今士食舊德，農服先疇。結綬登朝，咸遵揖讓；被褐在野，盡歸廉潔。臣實睹還淳反素之風，不知無耻未敦之事。尊謙俯問，臣何敢奉！欽若帝唐之有天下也，久於其德，人文化成。敦《詩》、《書》，悦禮樂，濟濟多士，開元以寧。日者十銓分鏡，群材焯叙，觀行考言，責名徵實。克黜浮薄，登延俊秀，大革宿弊，其命維新，則推讓之風行，尸素之源滅。其肯養資禄仕，以速官謗！若使會府持衡，守而勿失，將恐詠彼空谷，嘆此才難。豈有員不給官，殷煩乎選士；言而背實，浮華於舉才！臣雖庸愚，有以知其不然也。

"制策曰'豈風之不臧？何草之難偃也！澄源正本，厥路何由？聞乎古者，井田有助，公私取給。諸侯貢士，賞罰存焉。改轍欲從，迷津尚伫'者。臣聞人無恒德，實從上教，草順風而靡偃，水隨器而方圓。陛下神謀玄行，德如天覆，驅今之代，歸於壽域。深源固本，政事惟醇，俗既分於土宜，人亦同於上好。又何取乎井田古制，力助前規，賞罰於歲貢之士，增削於諸侯之地，若斯而已哉。夫五帝不沿樂，三王不襲禮，非故相反，蓋取隨時。泥以從鈞，車難改轍。臣誠庸妄，不識大體，竊願陛下，神而化之，使人宜之，正如當今之代也。

"策曰'文質再復，忠敬何適於時？齊魯一變，親賢何近於道'者。大哉聖問，臣敢颺之。臣聞文質再而復，正朔三而改。殷因於夏，周因於殷，人原注：疑。德齊莊，夏尚忠厚。殷人質也，周人文也，文質雖變，忠敬咸宜。不敬則禮節遂乖，不忠則弼諧斯替。匡朝闡化，適時惟一。然則敬自外飾，忠由内淳，必也奚先，請同去食。若乃親親而尊尊者，〔趙校："者"字據《英華》卷四八一補。〕其有周公之餘化乎？舉賢而尚忠者，其有太公之遺風乎？孔子曰：'齊一變至於魯，魯一變至於道。'魯由舊章，斯焉殆庶。

"制策曰'擇何典而淳俗，採何法而安人？何功而天地和平，何德而黎元富壽'者。臣聞諸玄元皇帝曰：'我無欲而人樸。'大哉至道，不可多言。伏願陛下，克修聖祖，恢維化綱，崇象帝之風，反皇人之始，俗已淳矣，人斯安矣。三事允理，六府孔脩，則地平天成矣。輕徭薄賦，慎罰措刑，則既富且壽矣。豈臣庸鯫，克堪預焉。伏以垂政立範，因時變通，布陳前載，簡在帝聰。今乃下問愚鄙，徵其辨述，豈不欲觀其末學，收其微才。臣狂妄斐然,非相如、子雲之流也。幸屬千齡大慶,五載脩封,遂得獻頌皇衢,參陪鑾扆。慚考言之無取,念天獎而何階。忠比魏臣,空思捧日;夢非秦后,謬至鈞天。跼影天庭,若臨冰谷。謹對。"《文苑英華》

尹暢對策曰:《文苑英華》注:原失問。"臣聞非才難,遭時難。況躬忝觀光之舉,不俟媒揚之地,儼身天闕,用感良辰。伏惟陛下,建初立元,創業垂統,夷凶靖難,聖敬日躋,格上下而無憂内治,光四表而誼德昭振。故能荷天之休,福應尤盛,殷薦嚴配,升中告成,十數年間而功業大備。豈非徇齊之德,神化所致哉!雖少康復夏,宣王興周,比之當今,萬分不及。而猶賜臣策曰'常恐上塵五聖之耿光,下辱萬方之瞻戴,日昃觀政,夜分思理'者,可謂無念增德,勿休熙載,履衆美而不足,躬聖明而流謙。而臣愚葑菲,誤自充賦,雖言及之,將可以承奉清問,對揚天休乎?

"然臣聞立德之謂道,體道之謂仁,固無宏逸,安敢訛濫。是以古之善爲士者,必將微妙玄通,登獨重於偏才迂誕而已。如此則黄帝之功濟生人,素王之道遵先聖,離朱、喫詬,奚得議其淺深,夷、齊、尹、惠,抑可語其同異。何者?食薇絶粟,終慚淑媛之言;醜夏歸殷,卒致成湯之業。寓言莊叟,良未足徵;側訊蒙矜,誠將異爾。無貪至理,寧副虚懷。若乃喜怒哀樂之四端,貌言視聽思之五事,雖擴充之在我,諒休咎之關天。殷臣格言,已貫之於皇極;鄒子戲論,亦頗存於昭應。詎兹辨志,方用沃心。

"伏惟陛下,事天明,事地察,無文咸秩,群望畢舉。故祈殷汾脽,〔趙校:"殷",《英華》卷四八三作"穀"。〕薦寶鼎於宗廟;燔柴岱嶺,靄飛烟於雲日。神歆效其如答,靈貺昭而必聞。雖飄風乍起,會不終朝,大雨時行,旁霑數郡,亦未聞偃拔包襄之甚也。

"陛下憂勤,夕惕若厲,信禹、湯之罪己,寔堯、舜之用心。蓋天灾流行,國家代有,屠龍牲馬,亦何以爲?《書》稱'安人則惠',

《易》翼原注:疑。‘損上益下’,〔趙校:“翼”原作“異”,據《英華》卷四八三改。〕謂宜開倉廩以賙給,選牧宰以寵綏,散利薄征,息役弛捨。〔趙校:“弛”,《英華》卷四八三作“施”。〕禳沴之道,何莫由斯! 傳曰‘德勝不祥,義厭不惠’,謂此物也。雖歸諸天道,亦以人事。故周官六職,水旱則宗伯是司;漢宰三公,灾眚則丞相是主。不然何以昭燮贊之術,開勸戒之端哉? 大體若兹,詳徵何有。

“臣聞夫大理之後,有易亂之人者,安寧無故,驕心起也。大亂之後,有易理之人者,創艾避灾,思樂生也。當今海服清晏,太平無虞,衆且曲折,萬事纖妙,文理至詳,不可復加矣。陛下享已成之功,居崇高之位,入有後庭聲色之務,出有苑囿遊觀之樂。志得無滿乎,欲得無極乎? 古語曰‘行百里者半於九十’,言末路之難也。此言雖微,可以喻大。是以聖人,乾乾日惕,莫敢或遑,雖休勿休,盡善盡美。伏願陛下,慎終如始,以成德政,使鴻圖盛烈,作唐龍光,不騫不虧,永永無極,此適時務之所當先也。

“臣又聞善爲政者,在能其事,能其事而不知所以少其吏者,則竭而不足。臣竊惟今國家所使分威權、御黎庶、幹府庫、理刑獄者,皆天下良吏也。而其俸禄各有差等,以勸其徒。百官以理,萬人以察,天下幸甚。然而都内冗散,叨假名器者,不可勝數。或倡優雜伎之伍,弁射夷貊之流,紆紫懷金,出入周衛。漿酒藿肉,乘堅策肥者,奉一人猶聞不給,今官此輩,何所取資? 狐鼠既托於城社,粟帛載殫於倉庫,非所謂侍御僕從罔非正人,爵勿及惡,德惟其賢者矣。此救弊之所急也。臣草莽諸生,地卑識淺,陛下誘而進之,訪以時政,將承汝弼,安敢面從! 輕陳末議,伏深殞越。謹對。”《文苑英華》

十五年丁卯(727)

正月戊寅,制草澤有文武高才,令詣闕自舉。《舊書》本紀。《册府元龜》作二月。

五月,詔中書門下引文武舉人就中策試。於是藍田縣尉蕭諒、右衛胄曹梁涉、邠州柱國子張玘等對策稍優,録奏。帝謂源乾曜、杜暹、李元紘等曰:"朕宵衣旰食,側席求賢,所以每念搜揚者,恐草澤遺才,無繇自達。至如畿尉、衛佐,未經推擇,更與褐衣爭進,非朕本意。"繇是唯以張玘爲下第放選,餘悉罷之。《册府元龜》

九月庚辰,帝御雒城南門,親試沈淪草澤、詣闕自舉文武人等。《册府元龜》

進士十九人:《詞學指南》:"開元十五年進士,試《積翠宮甘露頌》。"○陳補:"《文苑英華》卷四六收杜頠(明刻本誤作杜顔)、王昌齡《灞橋賦》,皆'以水雲暉暎車騎繁雜爲韻'。二人皆本年進士,因知此賦爲本年試題。"

李嶷,狀元。

王昌齡,《唐才子傳》:"王昌齡字少伯,太原人。開元十五年李嶷榜進士,授汜水尉。"○孟按:《全唐文》卷五二八顧況《監察御史儲公集序》:"開元十四年,嚴黄門知考功,以魯國儲公進士高第,與崔國輔員外、綦毋潛著作同時。其明年擢第,常建少府、王龍標昌齡。"又《舊唐書・文苑下》本傳:"王昌齡者,進士登第,補秘書省校書郎。又以博學宏詞登科,再遷汜水縣尉。"又見《新唐書・文藝下》本傳。

常建,《唐才子傳》:"常建,長安人。開元十五年,與王昌齡同榜登科。"

杜頠。開元十五年,同王昌齡登第。

* 明經科:

* 皇甫□,原列卷二十七《附考・明經科》,徐氏考云:"梁肅《鄭州新鄭縣尉皇甫君墓誌》:'君諱某,弱冠以明經登科。'"按陳補云:"《文苑英華》卷九六〇梁肅《鄭州新鄭縣尉安定皇甫君墓誌銘》:'君諱某……尚書左丞侁之愛弟……弱冠以明經登第,始長安丞。'興元元年卒,年七十七,本年爲二十歲。" 孟按:誌文,此皇甫某爲侁之弟,攸之父,其名俟考。

* 崔夐。《千唐》[910]裴穎撰乾元二年(759)七月十八日《大唐宣義

郎行左衛騎曹參軍攝監察御史賜緋魚袋四鎮節度判官崔君(夐)墓誌銘》(參見《彙編》[乾元010])云:"清河崔君諱夐,字光遠。……年貳拾柒,明經擢第,調補澤州晋城縣尉。"按崔氏卒於乾元二年(759),享年五十九,則其二十七歲時在開元十五年。按楊希義《輯釋》繫於開元十六年(728),未當。亦見陳補。

諸科三人。

武足安邊科:

鄭昉,見《册府元龜》、《唐會要》。

樊衡,見《册府元龜》、《唐會要》。　陳岵《上中書權舍人書》:"嚴考功之納樊衡也,以爲取衡難得,衡無後悔;黜衡易失,衡有遺恨。故開一人之數以容之。人到於今,不謂衡忝一第,而謂嚴得主司求人之義也。"又崔顥有《薦樊衡書》。

*管元惠。《補遺》册三,第11頁,蘇預撰天寶元年(742)二月十五日《唐故中大夫福州刺史管府君(元惠)神道碑并序》云:"公諱元惠,字元惠,平昌人也。……始,門蔭爲衛官,尋調左金吾長上。一舉武可安邊,再舉武可戢兵,累踐甲科,仍安下位。"元惠卒於開元二十六年(738),春秋七十四。今所知天寶前唯本年有"武足安邊科",因附是年。

高才沈淪,草澤自舉科:

鄧景山,見《册府元龜》、《唐會要》。　《舊書·鄧景山傳》:"景山,曹州人。文史見稱。"

樊詠(泳),《舊書·樊澤傳》:"父詠,開元中舉草澤,授試大理評事。"韓愈《樊宗師墓誌》作"泳"。○孟按:《補遺》册四,第73頁,于邵撰貞元九年(793)十月三日《大唐故太原府祁縣尉黔中道採訪判官贈尚書兵部侍郎南陽樊公(泳)墓誌銘并序》云:"公諱泳,字泳。……開元中,有詔徵天下賢良方正,公應辟觀光,對揚清問。時與故相國王公縉、太原尹鄧公□□(景山)同登甲科,授濮州鄄城縣尉。"知"詠"爲"泳"之訛。

王縉。《舊書》本傳:"字夏卿,河中人。少好學,與兄維早以文翰著名,連應草澤及文詞清麗舉。"

知貢舉:嚴挺之。見《唐語林》。

＊王昌齡《灞橋賦》曰："聖人以美利利天下，作舟車，禹乃開鑿百川紓餘。舟不可以無水，水不可以通輿，遂各麗於所得，非其安而不居。横浮梁於極浦，會有跡於通墟。借如經綸淮海，陶鼓仁義，藏用於密，動物以智，每因宜以制模，則永代而取寄。伊津梁之不設，信要荒之莫致；思未濟於中流，視安危之如戲。故可取於古今，豈徒閲千乘與萬騎。惟梁於灞，惟灞於源，當秦地之衝口，束東衢之走轅。拖偃蹇以横曳，若長虹之未翻；隘騰逐而水激，忽須臾而聽繁。雖曰其繁，潰而不雜，懷璧拔一作杖。劍，披離屯合。當遊役之嗷嗷，自洪波之納納。客有居於東陵者，接行埃之餘氛，薄暮垂釣，平明去耘。傍連古木，遠帶清濆，昏曉一望，還如陣雲。乃臨川而嘆曰：亡周霸秦，舉目遺址，前車覆軌，不變流水。嘆往事之誠非，得兹橋之信美；皇風不競，佳氣常依。既東幸而清道，每西臨以駐旗，連袂挾轂，烟闐雨飛未見暉字，官韻。嗟乎此橋，且悦明盛。徒結網於川隅，視雲霞之暉暎。聊倚柱以嘆息，敢書橋以承命。"《文苑英華》卷四十六

＊杜頠《灞橋賦》曰："溶溶玄灞兮，經秦川之有餘；裹裹紅橋兮代造（原作"伐造兮"，據《全唐文》校改）舟之厥初。飛梁默以霞起，綵柱曄其星舒。九陌咸湊，三條所如，連山迭翠而西轉，群樹分形而北疏。電透孤棹，雷奔衆車。白日南登，望長安之如綺；黄烟東睇，見咸陽之爲墟。杲杲初霽，蕭蕭晚吹，登隱者之翹車，度將軍之獵騎。日既上巳，禊于洪源，晚其遊宴，咸出國門。七葉衣冠，憧憧而遥度；五侯車馬，奕奕而騰軒。鐘鼓既列，絲竹亦繁，秦聲嘔哇，楚舞叢雜。帷帟紛其霧委，羅紈靄以雷沓，掉輕舸之悠悠，順清流之納納。時憑倚以觀眺，喜烟花之環合。爾其居人出祖連騎，將分望曲淑之清路。視遠天之無雲，紫沙兮皓晃，緑樹兮氛氲，莫不際此地而舉征袂，遥相望兮愴離群。明月生岑，凉風度水，聽皐雁之悽慘，對苔蘋之靃靡。或披襟以延伫，獨掩涕而無已。上臨烟碕，霞石相輝，過客對兮澹忘歸。下近巖

徑，林巒隱暎，漁人去兮恣誦詠。獨遊子而俟時，倦塵衣以嗟命。”《文苑英華》卷四十六。　孟按：以上二賦據前考補。

十六年戊辰(728)

十二月二十四日，國子祭酒楊瑒奏：“竊見今之舉明經者，主司不詳其述作之意，曲求其文句之難。每至帖試，必取年頭月尾，孤經絶句。且今之明經，習《左傳》者十無二三，若此久行，臣恐《左氏》之學廢無日矣。臣望請自今已後考試者，盡帖平文，以存大典。又《周禮》、《儀禮》及《公羊》、《穀梁》，殆將廢絶。若無甄異，恐後代便棄。望請能通《周》、《儀禮》、《公羊》、《穀梁》者，亦量加優獎。”於是下制，明經習《左氏》及通《周禮》等四經者出身，免任散官。遂著於式。《舊書・楊瑒傳》、《册府元龜》、《唐會要》。

進士二十人：

虞咸，狀元。

賀蘭進明。《唐才子傳》：“賀蘭進明，開元十六年虞咸榜進士及第。”《唐詩紀事》同。

拔萃科：

馮萬石。《廣卓異記》引《登科記》：“開元十六年，馮萬石又考判入等。”

＊諸科：

＊員俶，原列卷五開元四年(716)“上書拜官”下，徐氏考云：“《新書・藝文志》：‘開元四年，京兆府童子員俶進《太玄幽贊》十卷。召試及第，授散官文學，直弘文館。’”　孟按：其以京兆府童子而“召試及第”，當屬童子科。又“開元四年”亦誤，詳下。

＊李泌。《新唐書》卷一三九《李泌傳》：“李泌，字長源，魏八柱國弼六世孫，徙居京兆。七歲知爲文。開元十六年，悉召能言佛、道、孔子者，相答南禁中。有員俶者，九歲升坐，詞下注射，坐人皆屈。帝異之，曰：‘半千孫，固當然。’因問曰：‘童子豈有類若者？’俶跪奏：‘臣舅子李泌。’帝即

馳召之。泌既至,帝方與燕國公張説觀弈,因使説試其能。説請賦'方圓動静',泌逡巡曰:'願聞其略。'説因曰:'方若棋局,圓若棋子,動若棋生,静若棋死。'泌即答曰:'方若行義,圓若用智,動若騁材,静若得意。'説因賀帝得奇童。"按兩《唐書》載泌卒於貞元五年三月,享年六十八,則其本年爲七歲。四庫本《陝西通志》卷三十《選舉一・諸科・唐》於"童子科"下著録:"李泌,京兆人,舉奇童。"

知貢舉:嚴挺之。《舊書》本傳:"開元中爲考功員外郎,典舉二年,大稱平允,登科者頓減二分之一。" 按挺之凡三知舉,見《唐語林》。本傳"二年"爲"三年"之誤也。〇孟按:《舊唐書・嚴挺之傳》原文:"開元中爲考功員外郎,典舉二年,大稱平允,登科者頓減二分之一。遷考功郎中,特敕又令知考功貢舉事,稍遷給事中。"已載挺之三掌貢舉,不誤也。

十七年己巳(729)

三月,國子祭酒楊瑒上言曰:"太學者,教人務禮樂,敦《詩》、《書》也。古制,卿大夫子弟及諸侯歲貢小學之異者,咸造焉。故曰十五入大學,學先聖禮樂,而知朝廷君臣之序。班以品類,分以師長,三德以訓之,四教以睦之。人既知勸,且務通經,學成業著,然後爵命加焉。以之效職,則知禮節,以之莅人,使識廉讓,則《棫樸》之詠興也。

"伏聞承前之例,監司《新書》作"二監"。每年應舉者嘗有千數。簡試取其尤精,上者不過二三百人。省司重試,《新書》作"考功覆校以第"。但經明行修,即與擢第,不限其數。自數年以來,省司《新書》作"考功"。定限,天下明經、進士及第,每年不過百人,兩監惟得一二十人。若常以此數而取,臣恐三千學徒虛費官廩,兩監博士濫糜天禄。臣竊見流外入仕,諸色出身,每歲尚二千餘人,方於明經、進士,多十餘倍。則是服勤道業之士,不及胥吏浮虛之徒,以其效官,豈識於先王之禮義?國家大啟庠序,廣置教道,厚之以政始,訓之以士先,豈徒然哉,將有以也。陛下設學校,務以勸進之;有司爲限約,務以黜退之。臣之微誠,實所未曉。

"臣伏見承前以來制舉,遁迹邱園、孝悌力田者,或試時務策一道,或通一經,粗明文義,即放出身,亦有與官者。此國家恐其遺才。至於明經、進士,服道日久,請益無倦,經策既廣,文辭極難。監司課試,十已退其八九;考功及第,十又不收其一二。若長以爲限,恐儒風漸墜,小道將興。若以出身人多,應須諸色都減,豈在獨抑明經、進士也!"玄宗甚然之。《新書·楊瑒傳》、《册府元龜》、《唐會要》。

十一月,謁五陵,大赦天下。制曰:"朕深維復樸,將致無常,在理難□,玄風未暢。不有時習,焉能化成?自今以後,每至三元日,宜令崇玄館學士講《道德經》,群公百辟咸就觀禮。庶使軒冕之士,盡弘南郭之風;寰海之内,咸爲大庭之俗。其崇玄學士補置,猶近於經術,或未精通。又屬初崇聖號,親行典册,宜弘勸獎,以示恩惠。至舉口試及帖並策,各減一條。三年業成,然依常式。"《唐大詔令集》

進士二十六人:

王正卿,狀元。

樊系。《太平廣記》引《定命録》:"員外郎樊系未應舉前一年,嘗夢及第。榜出,王正卿爲榜頭,一榜二十六人,明年方舉,登科之後,果是王正卿爲首,人數亦同。" 按開元中惟此二年進士二十六人,而無狀元姓名,故載此俟考。

諸科一作"一"誤。人:

蕭同和,

＊蕭同節。原作"蕭同□",徐氏考云:"《廣卓異記》引《登科記》:'開元十七年,荆州解童子蕭同和並弟同□俱及第。'" 孟按:四庫本《廣卓異記》"同□"作"同節",今補其名。

上書拜官五人：

李鎮，《新書·藝文志》："李鎮注《史記》一百三十卷。開元十七年上，授門下典儀。"

韓佑，《新書·藝文志》："韓佑《續古今人表》十卷。開元十七年上，授太常寺太祝。"

辛之諤，《新書·藝文志》："開元十七年，辛之諤上《叙訓》二卷，授長社尉。"

卜長福，《新書·藝文志》："開元十七年，卜長福上《續文選》三十卷，授富陽尉。"

裴傑。《新書·藝文志》："裴傑，河南人。開元十七年上《史漢異義》三卷，授臨濮尉。"

才高未達，沈跡下僚科：

吴鞏，見《册府元龜》、《唐會要》。

薛僅。徐季鴝《屯留令薛僅善政碑》："開元二十年，有敕將幸太原，重巡潞藩。上顧侍中裴光庭，先擇才能，俾宿儲供。公以左拾遺膺是選也。公名僅，字沖用，會有制命舉才高未達、沈跡下僚，宏詞博識、至公從政者，上御紫宸殿，親試親考，入拜獻替之司。"蓋於是年登科也。

* 應制及第：孟按：具體科目未詳，疑爲"文學優擅科"，見下。

* 李誠。獨孤及撰《唐故朝散大夫中書舍人秘書少監頓邱李公(誠)墓誌》："公諱誠，字元成，頓邱人也。……開元三年舉進士，十年舉茂才，十七年舉文學，皆射策取甲科。"按其舉進士、茂才，徐松已據此誌録入該年，唯"十七年舉文學"失收，今據補。亦見陳補。

* 知貢舉：趙不爲。孟按：徐考本年闕。陳補云："按《郎官石柱題名新著録》考外題名第六行：'員嘉静(中泐)、嚴挺之、趙不□、劉日政、裴敦復、李彭年(下泐)'。今知開元九年、十年爲員嘉静知舉，中泐部分，僅趙冬曦可確定。嚴挺之知十五、十六年，裴敦復知十九、二十年，可知十七、十八年爲趙、劉二人分掌。勞格《郎官石柱題名考》卷十考外有趙不疑，岑仲勉先生《新考訂》謂趙不□與趙不疑時序可相接，但石刻末一字似非'疑'字。按《陝西金石志》卷十二《王同人

墓誌》署'朝散大夫行考功員外郎趙不爲撰',同人卒於開元十六年,次年葬。是郎官柱所缺一字應即'爲'字,時間恰好相合。岑先生所疑,於此可獲得證定。"

十八年庚午(730)

六月庚申,命左右丞相、尚書及中書門下五品已上官,舉才堪邊任及刺史者。《舊書》本紀

進士二十六人:是年試《冰壺賦》,以"清如玉壺冰,何慚宿昔意"爲韻。○孟按陳補於開元十八年補録李光朝、楊諫二人,考云:"《玉海》卷四:開元'十八年進士試《新渾儀賦》。'《文苑英華》卷十八録李光朝、楊諫《新渾儀賦》。明刊本缺諫名,兹從勞格《讀全唐文札記》及中華書局新編目録補。諫舉開元廿二年博學宏詞科,見徐《考》。李賦序提及'開元天寶聖神文武皇帝',據《唐會要》卷一,爲天寶元年所上尊號,頗可疑。徐氏謂本年試《冰壺賦》,未舉證,疑誤。"按李賦序與《玉海》所記年代不合,暫録此俟考。

*崔明允,狀元。 孟按:徐氏據《唐才子傳》卷二《陶翰傳》列明允爲本年知貢舉。趙校云:"崔明允又見卷九天寶元年文詞秀逸科。本年知貢舉疑爲進士登第之誤。"陳補云:"趙校謂明允又舉天寶元年文詞秀逸科,因'疑爲進士登第之誤'。此點勞格《郎官考》卷二十已指出。如前考,本年爲劉日政知舉,則明允爲今年榜首可無疑。"《唐才子傳校箋》册五《陶翰傳》陶敏補箋:"按,《金石萃編》卷八六:《慶唐觀金籙齋頌》,'朝議郎、左拾遺内供奉博陵崔明允纂',天寶二年十月建。知天寶元年崔明允制科及第後方授從八品上之拾遺,徐松(孟按:當爲"趙守儼")所疑甚是。蓋'崔明允下'乃'崔明允榜'之誤,與《崔顥傳》誤同。"

陶翰,《唐才子傳》:"陶翰,潤州人。開元十八年崔明允下進士及第。次年,中博學宏詞。"顧況《禮部員外郎陶氏集序》:"唐詞臣姓陶氏,諱翰,開元十八年進士上第。天寶文明載,登宏詞、拔萃兩科。" 按翰以《冰壺賦》得名。

崔損,見《文苑英華》。

＊薛摠(薛總)。原作"薛總",徐氏考云:"元暉第二子,開元十八年登第。見《五百家》韓注。" 孟按:"薛總",據《舊唐書·薛播傳》當作"薛摠",今據改。

＊明經科:

＊張翃。《千唐》[939]張士源撰建中元年(780)二月十四日《唐故郴州刺史贈持節都督洪州諸軍事洪州刺史張府君(翃)墓誌銘并序》(參見《彙編》[建中 001])云:"公諱翃,字逸翰,安定人也。……廿二,國子明經上第,解褐補郟城尉。……大曆十三年九月廿九日薨於公館,享年七十。"則其二十二歲時在開元十八年。亦見羅補。

拔萃科:

張秀明。《廣卓異記》引《登科記》:"秀明開元十八年考判入等。"○孟按:今見康熙本《廣卓異記》卷十九"七登科選"條原文作:"右按《登科記》:張秀明景雲二年進士及第,三年拔超群流科,開元二年重考及第,七年超拔群類科,八年吏部考入等,十九年又判入等,二十三年宰牧科,凡七登科選。"言開元八年,而不言"十八年",未審徐氏所見版本。俟考。

＊知貢舉:劉日政。詳上。

陶翰《冰壺賦》曰:"惟冰也有堅凝之貞,惟壺也有虛受之明。謝周流之弱質,托鎔鑄以成名。直方任器,規圓愜情。對光輝而比色,固擊扣而馳聲。冰假壺以爲用,壺含冰而轉清。及夫歡呈朝晏之餘,瑞表經綸之初,尤荀吴之失對,陷王霸之後車。既遇賞以爲樂,乃獲成於所如。但觀夫推移在道,澄澈如玉,時見瑩而則明,或將摧而不曲。故曰冰貴於水,器尊者壺。國因時而必用,軍每挈而何虞。若乃周將酬客,魯欲藏冰,揖籍父其何忌,顧申豐而可憑。是以用之者廣,須之者多。遇薛鼓而擊,誦《豳》詩而何。至時冰銷滴潤,壺罄成酣,乃挾纊以荷德,豈知漏而興慚。昔者趙衰從徑,魏主其逐。雖有餒而仍攜,顧無麋而未宿。每覽餘軌,當思踐跡。志未吐於平生,容已衰於疇昔。儻開冰之可

薦，庶投壺而無斁。況霜空且寒，晚景仍墜。雖杼軸而不輟，猶髣髴而無記。將投皎潔之姿，願假含容之意。”《文苑英華》

崔損《冰壺賦》曰：“炯乎太陽之精，玉有真質，冰則貞清。我君子象諸，温如皎如。正其色兮，匪真不克；峻其節兮，匪貞不居。爾其製盤盂，訪結緣，瞻白虹之氣，詠生芻之束。乃賦於他山，攻此良玉，剡之成器，錯以成壺。信以旁達，忠不掩瑜。以虚而受，用當其無。及乎嚴律閉，陰氣升，氛霧結，河海凝，沙驚雁塞，雪滿崤陵。於是天景初夕，玉壺始冰。臨象筵而孤映，對金鏡而相澄。爾其淋漓未泮，温潤而瑳，纖光不隱，毫末不過。豈爾瑕之可匿，玷之可磨。不然珉之衆矣，貴玉者何？心之潔矣，飲冰則那。莊氏寓論，宣父式談，夜光奪魄，明月懷慚。豈比夫立概生操，激清勵貪。伊至人之比德，同貞士之司南。夫以物象所鑒，精明所蓄，霜華晨清，月影寒宿，故覽之者魂竦，憑之者慮惕。迨北風之已壯，幸西陸之未覿，客有撫而嘆曰：‘猗歟！吾無是易。’且漏巵無當兮嘆諸古，大圭不琢兮聞諸昔。曷若兹器之可佳，諒君子之弘益。然後宣其烈，贊其意，抽毫命簡，賦冰壺之盛事。”《文苑英華》

十九年辛未(731)

三月丙申，初令兩京及天下諸州各置太公尚父廟一所，以張良配享。春秋二時，取仲月上戊日祭諸州。賓貢武舉人，準明經、進士，行鄉飲酒禮。《舊書》本紀

六月，敕諸州貢舉，皆於本貫籍分信明者。然依例，不得於所附貫便求申送。如有此色，所由州縣即便催科，不得遞兼容許。《唐會要》

進士二十三人：○孟按：本年原著録王維、薛據，皆已移正至本卷開元九年(721)。詳該年考。又，《仲冬時令賦》(以題爲韻)、《洛出書》詩當爲本年宏詞或稍前之進士試題，詳下考。其作品亦附

本年。

＊蕭昕，詳下。

＊郭邕，詳下。孟按：《彙編》[大曆 019]郭湜撰大曆四年(769)《大唐故濮州雷澤縣令太原郭府君(邕)墓誌銘并序》云："我亡令兄……諱邕字熙朝，太原人也。……四登列位，三拜甲科，初以超資授江寧，後以常調署開封、河東、雷澤三邑，卒爲奸臣所陷，貶於臨賀郡。以天寶九年，終于客舍。"

＊張欽敬，詳下。陳補："《全唐文》卷四〇一：'欽敬，開元時擢進士第。'

＊叔孫玄觀。陳補云："開元間官大理司直，見《元和姓纂四校記》卷十。按《文苑英華》卷二三收叔孫玄觀、蕭昕、張欽敬三人《仲冬時令賦》，皆'以題爲韻'，同書卷一八三《詩・省試四》收蕭昕、郭邕、張欽敬、叔孫玄觀《洛出書》。是三人皆與蕭昕爲同年應試者。今知蕭昕本年舉博學宏詞科，此前曾舉進士，天寶初復舉宏詞。此一賦一詩當爲本年宏詞或稍前之進士試題。昕舉進士年代不詳，故附繫本年。參《文史》二十二輯張忱石先生《全唐詩無世次作者事跡考索》。"

明經科：

張誠，白居易《贈尚書工部侍郎張公神道碑銘》："公諱誠，字老萊，吴郡人。年十八，以通中經中第。"以大曆三年卒、年五十五推之，及第在是年。通經，當是明經科也。按"誠"一作"諴"。〇孟按：張補"年份待考之進士"據《永樂大典》卷二三六八引《蘇州府志》又著録吴郡進士"張誠"，並謂："張誠見《記考》卷七，爲開元十九年明經，此云進士，《記考》失載，其及第亦約在開元間。"余按二人時代相近，又皆吴人，似爲一人，故當以白居易文爲是。

＊盧沇。《彙編》[永貞 002]盧潔撰永貞元年(805)十月廿日《唐故朝散大夫豪郢二州刺史上柱國盧府君(沇)夫人隴西李氏墓誌銘并序》(北京圖書館藏拓本)云："府君諱沇，字子衡，范陽人。……弱冠孝廉登科，調補杭州富陽縣尉。"按盧氏卒於大曆九年(774)，享年六十三，則其弱冠之歲在開元十九年。亦見王補。

諸科二人。

上書拜官一人：

馮中庸。《新書·藝文志》："馮中庸，開元十九年上《政録》十卷，授汜水尉。"

博學宏詞科：按唐之博學宏詞科，歲舉之。閻氏若璩以王應麟弟兄所應之博學宏詞即昌黎所應之詞科，誤也。

蕭昕，《册府元龜》、《唐會要》皆作是年鄭昉及第。《唐語林》云："開元十九年置宏詞，始於鄭昕。"《舊書·蕭昕傳》："少補崇文，進士。開元十九年，首舉博學宏詞，授陽武主簿。天寶初，復舉宏辭，授壽安尉。"按"鄭昉"爲"蕭昕"之訛。○《唐才子傳校箋》卷二《陶翰傳》箋云："鄭昉，兩《唐書》無傳，僅《舊唐書》卷四八《食貨志》上載：'及安禄山反於范陽，兩京倉庫盈溢而不可名。楊國忠設計，稱不可耗正庫之物，乃使御史崔衆於河東納錢度僧尼道士，旬日間得錢百萬。玄宗幸巴蜀，鄭昉使劍南，請於江陵稅鹽麻以資國，官置吏以督之。'此已是天寶末，鄭昉已仕於朝。徐松《登科記考》卷七開元十五年據《册府元龜》、《唐會要》，載鄭昉爲此年諸科武足安邊科登第。又《唐郎官石柱題名考》卷三吏部郎中、卷一一户部郎中、卷一八倉部員外郎、卷二六主客員外郎，皆有鄭昉名。唐開元、天寶間當有鄭昉其人，但是否與陶翰同爲開元十九年宏詞登科，尚未能確定，徐《考》以'鄭昉'爲'蕭昕'之形訛，似可從。" 孟按：《册府元龜》卷六五○《貢舉部·應舉》亦載："蕭昕，河南人，少補崇文進士，開元十九年首舉博學宏詞，授陽武主簿。"

＊鄭昉，見上。陳補云："徐氏引《册府元龜》、《唐會要》、《唐語林》皆謂昉本年舉宏詞，但未列他證，即以爲蕭昕之訛，頗武斷。昉於十五年舉武足安邊科，時代亦合。今仍補出。" 孟按：《太平御覽》卷六二九亦載："（開元）十九年博學宏詞科：鄭昉、陶翰及第。"

陶翰，見《册府元龜》、《唐會要》。《書録解題》："陶翰，開元十八年進士。次年宏詞。"○孟按：高似孫《唐科名記》："博學宏詞科，十九年，陶翰。"見《説郛》本。

＊郭邕，

＊張欽敬，

＊叔孫玄觀。以上三人見本年進士科考。

拔萃科：

張秀明。《廣卓異記》引《登科記》，張秀明開元十九年考判入等。

知貢舉：裴敦復。見《唐語林》

＊叔孫玄觀《仲冬時令賦》曰："乾知大始，變化惟衆，白日貞輝，以著乎運行，素月虧盈，以紀乎孟仲。陰既往而陽受，暑既驟而寒送。影長而土圭可測，氣肅而玉律潛中。若乃摇落既謝，戚戚無悰，霜雪凝凌以戒節，天地閉塞而成冬。羲和在兹，敬授人時。周之正則，建子爲首。冬之夜，則問如何其北斗闌干，乘招摇而直子；玄堂在座，則疑群后以聽詞。冬之日可愛，聞乎魯史；一之日觱發，著乎《豳詩》。其神玄冥，玉疑掩在冰，其器閎掩，事官有司。植玄珪以絓疑櫝，乘玄輅以載旗。順物以終，乃安其性，因宜制節，用必克正。使夫有爲，而天下御正，無事而天下分定。先王以之狩田，孝子以之温凊，萬人以之休息，群辟以之殷聘。一以明國家之盛，再以昭誦事之令。夫惟敗度起功，逆時興務，重其徭役，急彼征賦；動衆不隨其物宜，馭人不以其寬裕，灾異必降，申一作甲。巳之氣乘一作乖，癘疾必行；哭泣之哀聚，則知邦國興否。噫，時令之可懼。"《文苑英華》卷二十三

＊蕭昕《仲冬時令賦》曰："歲杪星窮，時臨月仲，玄冥氣肅，黄鐘律中，北陸陰凝，西城物衆。覲四郊而息老，朝萬國而來貢。於是我皇乃親帥百辟，觀隙三農，整六軍以耀武，肆大閲於仲冬。然後乃即太廟，建玄旗，事神率禮，撫俗觀詩。斥聲色以不御，守和平而自持。山澤從宜，候飛霜而校獵；川源有秩，因涸凍而沉祠。謹門閭而守法，慎蓋藏以應期。斬木陽崖，采《周官》於是月；藏冰陰室，詠《豳詩》於此時。然後受計郡國，大頒錫命，祭必先賢，室惟行慶。駕鐵驪以軌物，居玄堂而布政，因宜制變，必酌

於古，文授時鄉，方乃行乎夏令。爾其謀猷克臧，備物必具，飭王政之禮，戒土功之務。天地既貞，陰陽乃裕。苟愆伏之必節，豈雪霜之是遇。故當北辰正而衆星拱，東海深而百川赴；既一人而作哲，惟四方之所注。撫空懷以自憐，愧揚雄之作賦。”《文苑英華》卷二十三

＊張欽敬《仲冬時令賦》曰：“粤若大君，光宅海内，文思開帝王之洪緒，振皇紀之綱維。敷化布和，設明堂以聽政，發祥儲祉，坐宣室而受釐。有典有則，念兹在兹。負扆恭己，凝旒肅祇，享會必依乎是月，寒暑不易乎斯時。若乃睦以神人，施乎政令，鋪惠澤以流渥，鼓薰風而入詠。日月惟朗，星辰克正。調曆數之璿衡，叶乾坤之寶命。況乎陽氣告始，《豳歌》御冬，惟時是恤，維政之雍。穆玄堂以敷化，感黄冠以勞農，命魯史之登臺，式書雲物；審周官之有祀，時命秩宗。於是恒憲聿修，舊章遐布，飭蓋藏之是密，警門閭而必固。一以永寧，各知攸措，滌器物之疏奄，釐冰池之凝冱。休力役，省征賦，養國中之鰥寡，罷官守之尸素。是使風雨丕疑順，曾不爽於豐年；霜露以時，諒匪僭於歲暮。撫三五之遐軌，案道德之平裕，方見與羲農而比崇，豈直等成周之景祚而已。顧慚眇質，叨承選衆，神仙作尉，非漢氏之稱梅；孝友承家，愧詩人之歌仲。謬昌言於聖德，豈緣情而有中。《文苑英華》卷二十三

＊蕭昕《洛出書詩》曰：“海内昔凋瘵，天綱斯浡潏。龜靈啟聖圖，龍馬負書出。大哉明德盛，遠矣彝倫秩。地敷作乂功，人免爲魚恤。既彰千國理，豈止百川溢。永賴至於今，疇庸未云畢。”《文苑英華》卷一八三

＊郭邕《洛出書詩》曰：“德合天貺呈，龍飛聖人作。光宅被寰區，圖書薦河洛。象登四氣順，文闢九疇錯。氤氳瑞彩浮，左右靈儀廓。微造功不宰，神行利攸博。一見皇家慶，方知禹功薄。”《文苑英華》卷一八三

＊張欽敬《洛出書詩》曰："浮空九洛水，瑞聖千年質。奇象八卦分，圖書九疇出。含微卜筮遠，抱數陰陽密。中得天地心，傍探鬼神吉。昔聞夏禹代，今獻唐堯日。謬此叙彝倫，寰宇賀清謐。"《文苑英華》卷一八三

＊叔孫玄觀《洛出書詩》曰："清洛含温溜，玄龜薦寶書。波開緑字出，瑞應紫宸居。物著群靈首，文成列卦初。美珍翔閣鳳，慶邁躍舟魚。俾乂惟何遠，休皇復在諸。東都主人意，歌頌望乘輿。"《文苑英華》卷一八三

二十年壬申(732)

九月乙巳，中書令蕭嵩等奏上《開元新禮》一百五十卷，制所司行用之。《舊書》本紀

十月壬午，如潞州。《新書》本紀

丙戌，命巡幸所至，有賢才未聞達者，舉之。《舊書》本紀

十二月十四日敕："昔在玄聖，强著玄言，權輿真宗，啟迪來裔。遺文誠在，精義頗乖。撮其指歸，雖蜀嚴而猶病，摘其章句，自河公而或略。其餘浸微，固不足數。則我玄元妙旨，豈其將墜！朕誠寡薄，嘗感斯文。猥承有後之慶，恐失無爲之理。每因清宴，輒叩玄關，隨所意得，遂爲箋注。豈成一家之説，但備遺闕之文。令兹絶筆，是詢於衆。公卿臣庶，道、釋二門，有能起予類於卜商，鍼疾同於《左氏》，瀫於納善，朕所虚懷。苟副斯言，必加厚賞。且如諛神自聖，幸非此流，懸市相矜，亦云小道。既其不諱，咸可直言，勿爲來者所嗤，以重朕之不德。"《御注道德經碑》

進士二十四人：

鮮于向，《顔魯公集·鮮于公神道碑銘》："公諱向，字仲通，以字行，漁陽人。年二十餘，尚未知書，太常切責之。縣南有離堆山斗入嘉陵江，形勝峻極。公乃慷慨發憤，屏棄人事，勵精爲學。至以鍼鈎其瞼，使不得睡。開元二十年，年近四十，舉鄉貢進士高第。"又曰："公負不羈之才，懷

當世之志,方及知命,始擢一第。”以天寶十四載卒、年六十二推之,是年正三十九,故曰年近四十也。○孟按:原卷二十七《附考·進士科》又著録“鮮于向”,徐氏考云:“顔真卿《鮮于氏離堆記》:‘君諱向,字仲通,以字行,漁陽人。以進士高第驟登臺省。’又見韓雲卿《鮮于氏里門碑》。”〔趙校:鮮于向已見卷七開元二十年,詳《施補》。〕按施補云:“卷七頁三十三據《顔魯公集·鮮于公神道碑銘》定鮮于向於開元二十年登進士第。卷二十七頁七附考又據顔真卿《鮮于氏離堆記》録鮮于向。考顔集《中散大夫京兆尹漢陽郡太守贈太子少保鮮于公神道碑銘》云:‘公諱向,字仲通,以字行,漁陽人也。……(新政)縣南有離堆山,斗入嘉陵江,形勝峻絶,公乃慷慨發憤,屏棄人事,鑿石構室以居焉。勵精爲學……開元二十年、年近四十,舉鄉貢進士高第。’(《顔魯公集》〔《四部叢刊》本〕卷六)《鮮于氏離堆記》云:‘閬州之東百餘里有縣曰新政,新政之南數千步有山曰離堆,斗入嘉陵江,直上數百尺……東面有石堂焉,即故京兆尹鮮于君之所開鑿也……君諱向,字仲通,以字行,漁陽人……弱冠以任俠自喜,尚未知名,乃慷慨發憤,於焉卜築。養蒙學文,忘寢與食……無何以進士高第,驟登臺省。’(同上卷十三)卷七及卷二十七附考所録兩鮮于向,實即一人,附考所録應删。”今删併。

＊談戭(譚戭)。按徐松原於卷二十七《附考·進士科》據《嘉定鎮江志》著録“談戭,曲阿人,進士第,長洲尉。”胡補云:“《至順鎮江志》卷十九《科目》:‘譚戭,開元二十年登進士第。’”當爲一人,今移正。

上書拜官四人:

高希嶠,《新書·藝文志》:“高希嶠注《晋書》一百三十卷,開元二十年上,授清池主簿。”

陳庭玉,《新書·藝文志》:“開元二十年,陳庭玉上《老子疏》,授校書郎。”

柳縱,《新書·藝文志》:“開元二十年,柳縱上《注莊子》,授章懷太子廟丞。”

帥夜光。《新書·藝文志》:“帥夜光,幽州人。開元二十年,上《三玄異義》三十卷,授校書郎。”《元和姓纂》:“帥夜光上《三玄異義》,集賢院試三玄策十道及第,詔直國子監。”

知貢舉:裴敦復。見《唐語林》。

＊武舉:孟按:唐制,武舉屬兵部主試,因附於禮部知貢舉後。

＊馬元瑒。《補遺》册七,第50頁,安逖撰天寶二年(743)十一月十一日《大唐故左武衛中候馬府君(元瑒)墓誌銘并序》:"公諱元瑒,字元瑒,扶風人也。……弱冠,資門蔭補左衛翊衛。嘗謂雕蟲小伎,弈葉不爲;正鵠大侯,省括期中。又應平射舉擢第,解褐右衛左執戟。秩滿,遷左衛右司戈。未幾,换左武衛中候。典歷凡三任,考績共一紀。……豈圖長策未振,短運俄侵而已哉。嗚呼!以天寶叶洽歲夷則月乙卯日,遘疾云亡於長安城西之别舍,享年五十有五。"按其卒年爲天寶二年(743)五月十七日,以"典歷凡三任,考績共一紀"推之,其擢第當在本年四十四歲時。

登科記考補正卷八

唐玄宗至道大聖大明孝皇帝

開元二十一年癸酉(733)

正月一日,《舊書》本紀作"庚子朔"。敕:"天地以大德生群有,聖人以大寶守萬物。古者受命之君,謂之承天之序,明有所□,夫豈徒然。若道無欽崇,命不永保,帝實臨汝,人曷戴君。朕所以□其庶乎合於仁覆之意也。夫宓犧、神農,黄帝、堯、舜,或誅而不怒,或教而不誅。彼亦何爲,獨臻於此! 朕自有天下,二紀及兹,雖未能畫衣以□,亦未曾□人於□。而政猶踳駁,俗尚澆醨,當是爲理之心未返於本耳。凡人豈不仁於父母兄弟,不欲於飲食衣服乎? 而卒被無孝友之名,不温飽之困,其故何哉? 蓋未聞義方,不識善道。或任小智而爲詐,或見小利而□□。得致遠則窮,繼之以暴,已而身受戮辱,家不相保。愚妄之徒,類多自陷。獄訟之弊□□□□□□□悲乎,亦在教之不明也。蓋刑罰者,不獲已而用之。天下黔黎,皆朕赤子,以誠告示,其或知歸。何必用威,然後致理。先務仁恕,寧不懷之。且如五常循行,豈須深識,六親和睦,何待丁寧。自宜勉之,以副所望。刑厝不用,道在於文。

"獻歲之吉,迎氣伊始,敬順天常,無違月令。所由長吏,可舉舊章。諸有傴伏孕育之物,蠢動生□之類,愼無殺伐,□□夭傷。九土異宜,三農在候。聚衆興役,妨時害功,特宜禁止,以助春事。至若家有征鎮,□□孤煢,物向陽和,此獨憂悴,良可憫也。亦令所由,隨事優恤。

"蓋不體仁無以爲長,不知道無以用心。故道者衆妙之門,而心者萬事之統。得其要會,義可以兼濟於人;失其指歸,生不能自全於己。故我玄元皇帝著《道德》五千文,明乎真宗,致於妙用。而有位者未之講習,不務清静,欲全□爲之政教,何從而至於太和者耶。百辟卿士,特須詳讀,勉存進道之誠,更圖前席之議。至如計校小利,綜緝□□□□□□□□無化,俾蒼生登於仁壽之下,還於淳樸,豈遠乎哉,行之可至。其《老子》宜令士庶家藏一本,仍勸令習讀,使知旨要。每年貢舉人,量減《尚書》、《論語》一兩條策,准數加《老子》策,俾敦崇道本,附益化源。朕推誠與人,有此教誡,必驗行事,豈垂空言。今之此敕,亦宜家置一本,每須三省,以識朕懷。"《邢州龍興觀道德經臺》。○孟按:此文爲張九齡所草,見《全唐文》卷二八四。

三月,詔曰:"博學、多才、道術、醫藥舉人等,先令所司表薦,兼自聞達。敕限以滿,須加考試。博學、多才舉人,限今來四月内集。道術、醫藥舉人,限閏三月内集。其博學科,試明三經、兩史已上帖,試稍通者。多才科,試經國商略大策三道,並試雜文三道,取其詞氣高者。道術、醫藥舉,取藝業優長、試練有效者。宜令所由依節限處分。"《册府元龜》

五月,敕:"諸州縣學生二十五已下,八品、九品子弟若庶人,並年二十一已下,通一經已上,未及一經而精神聰悟、有文詞史學者,每年銓量,舉送所司簡試,聽入四門學,充俊士。即諸州貢人省試下第,情願入學者聽。國子監所管學生,尚書省補。州縣學生,州縣長官補。州縣學生,取郭下縣人替。諸州縣學生,習本業之外,仍令兼習吉凶禮。公私有禮事,令示儀式,餘皆不得

輒使。諸百姓立私學,其欲寄州縣學授業者,亦聽。"《摭言》

進士二十五人:《玉芝堂談薈》作二十四人。

徐徵,狀元。《玉芝堂談薈》作開元二十年狀元。〇孟按:《唐才子傳校箋》卷二《劉長卿傳》箋云:"徐徵,兩《唐書》無傳,僅《新唐書》卷七五下《宰相世系表五下》列其名,注云:'少監',或曾任秘書少監。《玉芝堂談薈》所載唐歷年狀元姓名,亦間有錯訛,未足爲信據。"姑仍其舊,以俟詳考。

＊劉眘虚,孟按:《唐才子傳》卷一《劉眘虚傳》謂之"開元十一年徐徵榜進士"。然同上卷二《劉長卿傳》則謂長卿"開元二十一年徐徵榜及第"。故《記考》録徐徵於是年(録長卿於是年誤,詳《附考·進士科》劉長卿條)。又開元十一年進士科狀元當爲源少良,考詳該條。眘虚名亦附此俟考。

房安禹,《前定録》:"房安禹,開元二十一年進士及第。官止南陽令。"

元德秀,《舊書·文苑傳》:"元德秀,河南人,字紫芝。開元二十一年登進士第。德秀少孤貧,事母以孝聞。開元中從鄉賦,歲遊京師。不忍離親。每行則自負板輿,與母詣長安。登第後母亡,廬於墓所。" 按德秀卒於天寶十三年,年五十九,則登第時年三十八。李華《元魯山墓碣銘》:"公諱德秀,延州使君之子。延州即世之後,昆弟凋落,慈親羸老,無大無小。仰給於公。及應府貢,如京師,不忍離親,躬負安輿,往復千里。以才行第一,進士登科。" 按《雲溪友議》以元公明經入仕,誤。

王端,《新書·王紹傳》:"父端,第進士,有名天寶間。"權德輿《王端神道碑》:"端,太原人。舉進士、宏詞,連中甲科。"又云:"自開元、天寶間,仕進者以文講業,無他蹊徑。公與河南元德秀、天水閻仲璵同歲中正鵠。"〇孟按:《全唐文》卷五〇六權德輿撰《唐故尚書工部員外郎贈禮部尚書王公(端)改葬墓誌銘并序》亦云:"尚書諱端字某,太原人。……以文學策名舉進士、宏詞,連得雋於春官。"

＊閻伯璵(閻仲璵)。原作"閻仲璵",徐氏注云:"見上。"〔趙校:"按岑仲勉《元和姓纂四校記》以爲'仲璵'乃'伯璵'之誤。"〕 孟按:《元和

姓纂》卷五廣平閻姓著録:"懿道生伯璵,刑部侍郎。"岑校云:"伯璵,玄宗時爲翰林,見《會要》五七。《尉遲迥碑》,開元二十六年立,稱前華州鄭縣尉閻伯璵撰。《唐語林》一,伯璵自袁州刺史改撫州,到職一年,代宗徵拜户侍,未至卒,與此作刑侍異。《載之集》一七《王端神道碑》:'公與河南元德秀、天水閻伯璵同歲中正鵠。'(《叢刊》本)《登科記考》八定爲開元二十一年,但引'伯璵'作'仲璵',想見本誤也。梁肅《閻氏誌》:'銀青光禄大夫、尚書刑部侍郎伯璵之女。'《語林》之'户侍'殆誤。《丙寅稿崔湛誌》,撰人稱起居舍人、翰林院待制閻伯璵。"今改正。

＊明經科:

＊鄭洵。《補遺》册七,第61頁,鄭深撰大曆五年(770)四月廿二日《唐故監察御史貶岳州沅江縣尉滎陽鄭府君(洵)墓誌銘并序》:"唐大曆四年三月廿七日,前監察御史、貶岳州沅江縣尉滎陽鄭府君諱洵,春秋五十三,卒于巴陵之官舍。……公弱冠孝廉登□,以才望參華州軍事。後秩滿隨調,判入高等,拜奉常協律。"又同上第63頁,柳識撰大曆十三年(778)正月《唐故朝議郎行監察御史上柱國鄭府君(洵)墓誌銘并序》:"府君諱洵,字洵,滎陽人也。……弱冠精三禮,明經擢第。而猶屏居林藪,以進藝業。天寶十一年,判超等,補華陰郡參軍,衆舉知鄭縣尉事。王城宇下,事若京劇。應務適時,彼難我易。監察御史李華雅有才望,知君文學政術,邀充河東道點驍騎使判官。何必使優,貴以才舉。秩滿,應科目超絶入上等,授奉常寺協律郎。……以大曆四年三月既望,寢疾終于岳州官舍,時年五十六。"按,二誌所記洵享年有異,鄭深所撰雖在前,然其詳實不若柳識,故當從後者。今以洵大曆四年(769)卒、年五十六推之,其弱冠歲在開元二十一年(733)。又按鄭洵,兩《唐書》無傳。獨孤及有《鄭縣劉少府兄宅月夜登臺宴集序》(《全唐文》卷三八七),作於天寶末,與宴有"參軍滎陽鄭洵",當即其人。又劉長卿有《巡去岳陽却歸鄂州使院留别鄭洵侍御侍御先曾謫居此州》亦即其人(《劉長卿詩編年箋注》謂此詩作于大曆七年或八年,顯誤)。

多才科:

李史魚。《册府元龜》。梁肅《李史魚墓誌銘》:"公諱史魚,趙郡平棘人也。開元中,以多才應詔,解褐授秘書省正字。時海内和平,士有不由文學而進,談者所耻。〔趙校:“談”原誤“讀”,據《英華》卷九四四改。〕公以盛名冠甲科,群輩仰之如鴻鵠軒在霄際矣。”史魚上元二年卒,年五十六,時年二十八。

*知貢舉:李彭年。按本年知貢舉姓名原闕,徐氏考云:“是年知貢舉無可考。按《舊書·文苑傳》:‘席豫,開元中累官至考功員外郎。典舉得士,爲時所稱。’疑即在是時,俟考。”按陳補云:“本年知舉者缺人。據前十七年郎官柱題名,當爲李彭年。”

二十二年甲戌(734)

四月,詔曰:“風化之本,其在庠序。去秋不熟,生徒暫令就舍。講習之地,安可久閑。其兩監生在外者,即宜赴學。”《册府元龜》

進士二十九人:據顔魯公《孫逖集序》,“九”當是“七”字之訛。是年試《梓材賦》、《武庫詩》,見留元剛《顔魯公年譜》。按《文苑英華》,《梓材賦》以“理材爲器,如政之術”爲韻。〇孟按《彙編》[天寶124]張階撰序、韓液撰銘天寶七載(748)七月丁酉《唐故河南府洛陽縣尉頓丘李公(琚)墓誌銘并序》(周紹良藏拓本)云:“洎開元廿二載,尚書考功郎孫公,天下詞伯,嘖以《武庫詩》備題,候群子之去就。”

李琚,狀元。〇孟按上引《李琚墓誌》:“公諱琚,字公珮。……洎開元廿二載……以鄉貢進士擢第。是冬也,朝廷命天官舉博學宏詞,超絶流輩,利將以大厭詳延之望,而會府高張英詞,必叩長鳴者千計,中俊者六人,公其褎然,益動時聽。明年,授公秘書省校書郎……則予與公泉今洛陽尉韓液,皆同年擢桂之客,同舍校文之郎。”可知李琚、張階、韓液三人同年登進士第,又同年登博學宏詞科,又同授秘書省校書郎之職。

*張階,見上。按徐考原列入開元二十三年(735)進士科,考云:“《文苑英華辨證》引《登科記》作‘張鍇’。”又云:“按柳芳、李粤、張階、張南容不知的年,附此俟考。”按岑補已據上引墓誌指出“張階、韓液皆此年進士”,是故開元二十三年之張階當移正至本年。

*韓液,見上。

閻防,《唐才子傳》:“閻防,河中人。開元二十二年李琚榜及第。”

張茂之,李華《三賢論》:“南陽張茂之季豐,守道而能斷。”據李華《蕭穎士文集序》,當在此年。

顔真卿,殷亮《顔魯公行狀》:“公姓顔,名真卿,字清臣,小名羡門子,别號應方,京兆長安人。年弱冠,開元二十二年進士及第,登甲科。”《舊書·真卿傳》:“開元中舉進士,登甲科。”令狐峘《顔真卿墓誌銘》:“弱冠進士出身。”留元剛《顔魯公年譜》:“公年二十六,考功員外郎孫逖下進士及第。”

杜鴻漸,《舊書》本傳:“故相暹之族子。祖慎行,益州長史。父鵬舉,官至王友。鴻漸敏悟好學,舉進士。”

＊郗純,一作郤昂。原作“郤昂”,徐氏注:“見《文苑英華》。” 按朱補云:“《記考》卷八開元二十二年進士科下著録郤昂,據引《文苑英華》録郤昂該年試文《梓材賦》;卷二七‘附考·進士科’、‘制科’著録‘郗純’,據引《舊書·郗士美傳》:‘(士美)父純,字高卿,爲李邕、張九齡等知遇,尤以詞學見推,與顔真卿、蕭穎士、李華皆相友善。舉進士,繼以書判制策,三中高第。’按岑仲勉《元和姓纂四校記》、郁賢皓《李白叢考》,均確證唐人多稱郗純爲郗昂,蓋因避文宗諱而改;郤通郗,郗純、郤昂亦是一人也。《附考·進士科》之郗純可删,開元二十二年之郤昂可依兩《唐書》例,正作郗純,使與《附考·制科》之郗純統一,而於名下出注:‘一作郤昂。’”今改正。下同。

魏縝,見《文苑英華》。

梁洽,見《文苑英華》。

王澄,見《文苑英華》。

＊申堂構。原徐松於卷二十七《附考·進士科》據《嘉定鎮江志》著録:“申堂構,丹徒人,進士第,武進尉。” 按胡補云:“《至順鎮江志》卷十九:‘申堂構,開元二十二年進士第。’”

博學宏詞科:是年試《公孫弘開東閣賦》,以“風勢聲理,暢休實久”爲韻,見《文苑英華》。

＊李琚,原列是年本科王昌齡下,徐氏考云:“《廣卓異記》引《登科

記》:‘李琚,開元二十二年進士,狀元及第,當年宏詞頭登科。’按言‘宏詞頭’,則琚爲第一人。而《文苑英華》列於王昌齡之下,俟考。” 孟按:據前引《李琚墓誌》稱“中俊者六人,公其褎然”,則琚爲“宏詞頭登科”無疑,《英華》誤也。王補亦言及之,唯誤録“琚”作“璩”。今移正。

王昌齡,《舊書·文苑傳》:“王昌齡,進士登第,又以博學宏詞登科。”《書録解題》:“王昌齡,開元二十二年選宏詞,超絶群類。”○孟按:徐考原於開元十九年(731)博學宏詞科下亦録有王昌齡,考云:“《唐才子傳》:‘王昌齡,又中宏詞,遷校書郎。’”《唐才子傳校箋》卷二《王昌齡傳》箋云:“《直齋書録解題》卷一九詩集類上,於《王江寧集》下云:‘(開元)二十二年選宏詞超絶群類,爲汜水尉。’……徐松《登科記考》卷八於開元二十二年(734)博學宏詞科下列王昌齡,所據即爲《直齋書録解題》,而卷七開元十九年(731)又列王昌齡爲博學宏詞登科,其所注根據則爲《才子傳》‘王昌齡又中宏辭,遷校書郎’文,實則《才子傳》此處所記誤,前已考述,且亦未注明開元十九年,徐《考》亦誤。”又同上書册五《王昌齡傳》陶敏補箋:“按《曲石精廬藏唐墓誌》五九《李琚誌》:‘洎開元廿二載……以鄉貢進士擢第。是冬也,朝廷命天官舉博學宏詞超絶流輩科……’知開元二十二年冬有是科之設,《登科記考》卷七開元十九年列王昌齡博學宏詞登科,似誤。”今故删彼而存此。

楊諫,見《文苑英華》。

*張階,孟按:見上引《李琚墓誌》。

韓液。見《文苑英華》。○孟按:見上引《李琚墓誌》。

*宗室異能科:

*李麟。《舊唐書》本傳:“麟以父任補職,累授京兆府户曹。開元二十二年,舉宗室異能,轉殿中侍御史。”《新唐書》本傳:“麟好學,善文辭。以父蔭補京兆府户曹參軍,舉宗室異能,轉殿中侍御史。”王應麟《玉海》卷一一五《選舉·科舉二》:“舉宗室異能:李麟,舉宗室異能,轉殿中侍御史。”

*上書拜官:

*徐闓。《新唐書·藝文志三》著録《博聞奇要》二十卷,注:“開元武

功縣人徐闓上，詔試文章，留集賢院校理。"《玉海》卷五十五引《集賢注記》："志雜家《博聞奇要》二十卷，開元武功縣人徐闓上，詔試文，留集賢校理。（《注記》云：開元二十一年十二月上。）"則其應詔試授官當在次年。按陳補據《職官分紀》卷十五引韋述《集賢記注》録入開元二十一年，似未妥。

知貢舉：孫逖。《唐語林》 《舊書·文苑傳》："孫逖，開元二十一年入爲考功員外郎、集賢修撰。逖選貢士二年，多得俊才。初年則杜鴻漸至宰輔，顔真卿爲尚書。後年拔李華、蕭穎士、趙曄登上第。逖謂人曰：'此三人便堪掌綸誥。'二十四年，拜逖中書舍人。"顔魯公《孫逖集序》："公典考功時，精核進士，雖權要不能逼。所獎擢者二十七人，數年間宏詞、判等入甲第者一十六人，授校書郎者九人。其餘咸著名當世，已而多至顯官。明年典舉，亦如之，故言第者必稱孫公。"又曰："真卿昔觀光乎天府，實荷公之獎擢。"〇孟按：又見上引《張階墓誌》。

郗純《梓材賦》曰："匠人度有山之梓，相文木之理。既因性而是度，又從繩而可擬。故輪桷適任，棟梁資始。陰陽之體叶時，隱括之形中軌。飾其象乃圖之以鳥獸，諧其音必均之以宫徵。苟可擇於棫樸，亦何殫夫杞梓。徒觀其破擁腫，斵瑰材，攢節迸集，斜文洞開。蜀柹落而雨足交灑，郢斤運而風聲颷來。伐之丁丁，免蹙狸之斑首；斲之橐橐，碎空穴之青苔。巧無匪制，庸無所施，因心則達，觸物能爲。初會方以成矩，乍投圓而折規。削斲同功，準量成類。方資剖劂之力，乃作馨香之器。厥若選德以序，辨官以位，誠當正直而無頗，亦何患乎綱紀之紊墜。小既以此，大無不如。文公立號以化俗，康叔省功以慎儲。仁義有常，剛柔貴識其虚實；寬猛相濟，勤苦務知其疾徐。教在洽人，毖於出令。亦猶代大匠斲，罕或不傷其性。俾夫來者，式遵前聖。且修短得喪，亦奚其爲政。森彼灌木，工則度之。有倫有要，念兹在兹。展矣君子，如何勿思。思不越，乃心逸。於人也明其采

章，於木也須其丹漆。瞻濟濟之榛楛，懿彬彬之文質。雖非班、扁之奇妙，敢獻斲輪之良術。”《文苑英華》

魏績《梓材賦》曰：“昔成王纂位，周公輔理。命爾康叔，尹兹殷士。既因命以申勸，欲善終而令始。述文武之所修，陳藝術之攸起。播英聲於典訓，揚芬烈於國史。則知上之化下，如梓之材。遵繩墨以運思，受鈐模於簡能。其度木也，伫林衡之畢選；其取制也，仰倕和之所開。於是既勤樸斲，惟所云爲。奚兹服用，靡尚精奇。信其有益，取於無私。工必止其淫巧，物欲稱其事宜。去雕鏤，所以昭代俗之反素；塗丹雘，所以知禮義之攸施。擬古呈功，觀象制器。或因事以立法，亦憑質而托類。臨時通軌，開物以利。乃作誥於聖人，俾流戒於在位。凡教在始，而法在初。莫不念乎梓匠，慎爾攸居。苟方圓之失理，是風化之蔑如。故王者削殷跡，述周令，汲汲賢良，孜孜善政。招延俊造，以輔明盛。偉夫立德垂訓，名言在兹。凡百斧藻，各共乃司。勿謂幽昧，神其聽之。自然片善無遺，群材靡失，輪桷兼採，棟梁並出。實有補於大厦，方見用於王室。擅高、曾之規矩，騰《雅》、《頌》之洋溢。闡無疆之淑懿，成不朽之政術。”《文苑英華》

梁洽《梓材賦》曰：“立政施教，能簡則理；爲器擇才，唯良是視。政有孚而可大，器自斲而稱美。學古入官，斯可已矣。故周公設誡，取鑒梓材。百工飾化以物作，萬勢曲成而象開。柏之可伐而取諸新甫，松之可斷而美於徂徠。何備用之徵要，信崇功而大哉。觀夫良匠掄木，知無不爲。盡力以獻藝，因材而合規。勤樸斲而去夫濫竄，尚儉素而昭於軌儀。智者相物，後人述器，得成風之妙，窮運斤之利。或經緯乎陰陽，亦法象乎天地。上棟下宇，資丹雘之餘飾；從有之無，通舟車乎遠致。嘉兹義之可分，而發昭乎在位。是尋是尺，其樫其梠。每從繩而則正，巽投刃而皆虚。觀梓匠之斲矣，吾是知爲政之所如。材之既度，可施於政。若意匠以合則，必《由庚》而在詠。俟其偉而，念兹在兹。政有善人則不欺,山有木工則度之。材有常質,政則匪一。每呈器而受用,亦相待而陳術。〔趙校:"相待",《英華》卷六九作"相時"。〕夫如是,諧利貞,保元吉。信前賢之濟代,豈小人之能悉。"《文苑英華》

王澄《梓材賦》曰:"猗嗟! 掄才者杼必將,有以掄者動不妄。施材者用之爲美,塗其丹雘之色,契乃斵雕之理。成乎器用,孰不勤止。則知能者軌物,其利溥哉! 達於道,必獲乎象;酌於事,實在乎材。材罔不奇,戒乎不知。應時可重,匪飾胡爲。須度長而絜大,諒方矩而圓規。役是司者,勉矣厥宜。亦猶德必輔人,材不假器,人失德而奚取,器非材而奚利。材濫則過於杍人,德乖則失乎爾位。其有取非輪桷,性實散樗,以不材而見棄,思人用其焉如。豈比山有之亦修短惟準,工度也而削理有餘,既罕節而抱直,成大厦之厥居者哉! 夫如是則工以理材爲難,國以教人爲聖。聖體材而存道,材象道而成政。弘之在人,慎乃出令。藏器俟時,人罔物思。達乎至極,欽哉有司。惟試可矣,以材校之。守而勿失,其德秩秩。以人觀材,以材觀實。非獨陳伊、周之弘義,將以翊我唐之政術。儻小材之不遺,願雕奐於玆日。"《文苑英華》

王昌齡《公孫弘開東閣賦》曰:"《易》窮則變,變則乃通。二氣相感,〔趙校:"二氣"原作"一氣",據《英華》卷六九改。〕萬物初蒙。拆於陽甲,化於陰風。彼君臣有際會,屠釣無終窮。其未遇也,如獸之檻,如禽之籠。其合德也,起阿衡於莘塍,獲太師於渭翁。睹公孫之發跡,知漢帝之尊崇。陻厄則異,〔趙校:"厄"原作"危",據《英華》卷六九改。〕元亨則同。火有炎光,木有根柢。寒者斯附,暑者蒙蔽。苟得其所,亦爲大惠。動必有獲,自然之勢。抑折節以下人,亦開國而來詣。衣布被以簿己,散金帛以賙濟。近乎仁者之心,與裘馬而俱弊。以光招賢之策,不失終身之計。故能多士爰處,僉謀是行。拓南蠻之徼,增朔方之城。大啟侯國,載揚天聲。與夫蚩蚩以致誚,孰若兢兢而立名。僭上則差,偪下則鄙。

反坫誰咎，豚肩陋矣。或儉奢而得中，即達人之至理。嗟服勤以抗節，在庶幾乎君子。璞玉在山，白虹在上。精靈不隱，物理相暢。君任下以不疑，臣薦賢以咎睨。失之者喪，得之者王。況乎左右股肱，舉爾無妄。道有興廢，人亦焉廋。屈之則否，伸之則休。不正其名，亦去其實。賓閣既關，擁門自佚。使賢醜錯雜而不分，登駑駘於招士之室。喟然宣父，悲之已久。儻相府之可依，銘盛德於不朽。"《文苑英華》

李琚《公孫弘開東閣賦》曰："客有海上浴德，淄川養蒙。業因才進，位以經通。當漢皇之有道，登股肱於此公。順天招物，德盛聲崇。接士於衡門之下，起閣於相府之東。陽榮納日，陰户生風。爾其建高規，起崇制，檐宇深静，垣墻閉衛。取木非南澗之才，延賓乃北山之滯。訪善不日，馴道以歲。其選器也，則收用而棄瑕；其進德也，則取材而遠勢。故能克遐厥聲，休績莫京。宴私則布衣韋帶，自公惟脱粟菜羹。服之而德以廉恥，食之而心以和平。豈粱肉夏屋，而賓實之名哉。則知厚内者德先，薄外者事理。身正則遠怨，心邪則近耻。固惡盈而守沖，誠見足而知止。太常居甲第之日，丞相作封侯之始。是以作漢名相，惠音流暢。誠前哲之用心，豈後賢之觖望。及夫人殁政絶，閣廢道休，俾馬厩之是宅，奚人德之不修。言念於此，我心其瘳。故知道劣者事微，徇名者失實。奚量才之遠近，寧比跡於勞逸。"《文苑英華》

楊諫《公孫弘開東閣賦》曰："君立相以道崇，相輔仁而協同。庶緝多士，允釐百工。始於其家，且有招賢之義；刑於四海，大啟尚賢之風。猗乎哉！漢武照臨之秋，孫弘輔弼之歲，能好善以逮下，不恃貴而怙勢。子興視夜，届賓閣而猶開；鶯鳴在春，知賢路之不蔽。道有行止，時有興廢。雖盛明則多士，乃知人則下第。遇風雨而不易，將安樂以無替。善乎立身，誰爲之繼。夫拔茅者利其彙征，開閣者求其友生。茅思同茹，友貴同榮。故秩秩執初筵之禮，丁丁諧伐木之聲。在貴則勿遺乎賤，於舊而孰能無情。

況閣可以備時之燥濕，相可以爲君之聽視。賢是斯來，賓是攸止。升降出入，温柔之始。脱粟布被，雖逢汲黯之嗤；下薦上聞，竟遇漢皇之美。況親仁而又崇此，亦存乎下理。動不爲妄，德風遐暢。善固有由，仁聲允休。豈比夫漢臣崇奢，後堂空羅夫妓樂；齊相爲隘，累年不易其狐裘者哉！惟其人心，酌乎故實。德不遐棄，敬之終吉。然後知掃門者亦孔之醜，望塵者未離乎咎。當效平津而延賓，知可大而可久。"《文苑英華》

韓液《公孫弘開東閣賦》曰："千載之下，凛然清風。才生於代，道積厥躬。洎十五而達，爲百夫之雄。時然後遇，否極斯通。賤不憂貧，牧豕之心在；貴而好我，招賢之道崇。招賢伊何，東閣不閉。常虚懷以應物，每趨風以接袂。屈己於士，德必不孤。應以同聲，冥而合契。爰符禮以爲食，不倨賢而恃勢。故門多長者之轍，奄有輝光；座必非常之人，亘以年歲。豈徒開閣於假日之中，抑亦留心於接應之際。道不虚行，有聞無聲。方積善以志其大，匪飾非以外其情。故人得盛大之譽，館得招賢之名。欣其托身之先，美其投足之始。名以才著，高因下起。槐市居尊，柏臺是履。多士拭目，群英傾耳。猶尚德以尊賢，將興化以致治。豈比夫鄭驛迎而爲賢，陳榻解而稱美。然以匪階而遷，任道而暢。自家刑國，封侯作相。不出十年之中，獨立群賢之上。欽若前哲，惟德之休。其儀棣棣，其政優優。知足則止，辭榮而歸順；好賢不倦，垂範而空留。且資以時須，賢爲代出。得之者則政舉，失之者則政佚。安得不開閣以崇敬，祛繁華而摭實。誰其嗣之，代何不有。惟秉鈞與當軸，宜欽風而善誘。庶斯道之不虧，信昭彰而可久。"《文苑英華》

二十三年乙亥(735)

正月乙亥，藉田禮畢，大赦天下。詔曰："每渴賢良，無忘鑒昧，頃雖虚佇，未副旁求。其或才有王霸之略，學究天人之際，知勇堪將帥之選，政能當牧宰之舉者，五品已上清官及軍將、都督、刺史各舉一人。孝弟力田，鄉閭推挹者，本州刺史長官各以名聞。"《舊書》本紀、《册府元龜》、《唐大詔令集》。

十月，詔曰："文學政事，必在考言；孝悌力田，必須審行。頃從一概，何謂四科？其孝悌力田舉人，宜各自疏比來事跡爲鄉閭所委者，朕當案覆，必有處分。"《册府元龜》

進士二十七人：

＊賈季鄰，狀元。孟按：徐氏原作"賈至"，考云："李華《三賢論》：'長樂賈至幼鄰，名重當時。'"按《唐才子傳校箋》卷三《賈至傳》箋云："徐《考》卷八開元二十三年(735)於進士科李頎下引《唐才子傳》：'李頎，東川人，開元二十三年賈幼鄰榜進士及第。'並據此定賈至爲開元二十三年進士狀元。今查《才子傳》卷二李頎傳原文，乃作'賈季鄰'，非'賈幼鄰'。又《新唐書》卷七五下《宰相世系表五下》，有賈季鄰，長安主簿，其兄季良，奉天尉，其父名玄暐。亦大致在玄宗時。則賈季鄰乃另有其人，非賈至，徐《考》誤。"又：《唐詩鼓吹》卷四："李頎，東川人。開元中賈季鄰榜進士，調新鄉尉。"可證《唐才子傳》原文之不誤。

李頎，《唐才子傳》："李頎，東川人。開元二十三年賈季(孟按：原作"幼"，今據上文改)鄰榜進士及第，調新鄉縣尉。"　《文苑英華辨證》引《登科記》作"李欣"。

蕭穎士，《舊書·韋述傳》："蕭穎士者，聰儁過人，富詞學，有名於時。賈曾、席豫、張垍、韋述皆引爲談客。開元二十三年登進士第，考功員外郎孫逖稱之於朝。"李華《蕭穎士文集序》："蘭陵蕭君穎士，七歲能誦數經，背碑覆局。十歲以文章知名，十五譽高天下，十九進士擢第。"又《三賢論》："蕭茂挺父爲宫丞得罪，清河張惟一時佐廉使，按成之。茂挺初登科，自洛還莒縣，邀使車，發辭乞哀。惟一涕下，即日舍之。"按蕭穎士爲梁武帝十世孫，其世系詳見《因話録》。　《摭言》："蕭穎士，開元二十三年及第，恃才傲物，敻無與比。常自攜一壺，逐勝郊野。偶憩於逆旅，獨酌獨吟。會風雨暴至，有紫衣老父，領一小僮避雨於此。穎士見其散冗，頗肆陵侮。逡巡風定雨霽，車馬卒至，老父上馬呵殿而去。穎士倉忙覘之，左右曰：

‘吏部王尚書邱。’穎士常造門，未之一面，極所驚愕。明日，具長箋造門謝，尚書命引至廡下，坐而責之。且曰：‘所恨與子非親屬，當庭訓之耳。’復曰：‘子負文學之名，倨忽如此，止於一第乎？’後穎士終於揚州功曹。”《太平廣記》引《明皇雜録》同。〇孟按：蕭穎士《登臨河賦序》云：“舅於予有教授之恩，隻辭片字皆資訓誘。既而射策桂林，校書芸閣，道爲知己遇，名爲海内稱，舅氏之力也。”

李華，《舊書·文苑傳》：“字遐叔，趙郡人，開元二十三年進士擢第。”又曰：“蕭穎士字茂挺，與華同年登進士第。” 按華《寄趙七侍御詩》注云：“華與趙七侍御曄、故蕭十功曹皆苦貧，同年三人登科。”〇孟按：獨孤及《檢校尚書吏部員外郎趙郡李公（華）中集序》：“公名華，字遐叔，趙郡人。……開元二十三年舉進士，天寶二年舉博學宏詞，皆爲科首。”按徐氏於卷九天寶二年(743)博學宏詞科李華名下引此文，而此處闕如，蓋因“科首”與狀元相抵牾也。

趙驊（趙曄），《舊書·忠義傳》：“趙曄字雲卿，鄧州穰人，其先自天水徙焉。貞觀中主客郎中德言曾孫也。父敬。曄志學，善屬文，開元中舉進士，連擢科第。”《新書·趙宗儒傳》：“父曄，字雲卿，少嗜學，履尚清鯁。開元中擢進士第。”李華《三賢論》：“天水趙曄雲卿，才美行純。”〔趙校：大字“驊”原作“曄”。按唐史“曄”“驊”錯出，《舊書》卷一六七、《新書》卷一五一均作“驊”。《趙益誌》題“祠部郎中趙驊文”，可證作“驊”爲是，今據改。參岑仲勉《姓纂四校記》卷七。〕

李粤，李華《三賢論》：“趙郡李粤伯高，含大雅之素。”《文苑英華辨證》引《登科記》作“李伉”。按李粤爲元德秀門人，見《新書·元德秀傳》。

張南容，

楊拯（楊極），李華《楊騎曹集序》：“弘農楊君諱拯（孟按：《英華》、《全文》並作“極”），字齊物，舉進士。時刑部侍郎樂安孫公逖以文章之冠爲考功員外郎，精試群材，君以南陽張茂之、京兆杜鴻漸、瑯琊顔真卿、蘭陵蕭穎士、河東柳芳、天水趙曄、頓邱李琚、趙郡李粤、李頎、南陽張階、常山閻防、范陽張南容、高平郗昂等連年高第，華亦與焉。” 按柳芳、李粤、張階、張南容不知的年，附此俟考。〇孟按：柳芳已據岑補移至開元二十九年；張階已移至上年。

張暈,《唐詩紀事》:"暈,開元進士,蕭穎士同年生也。" 按蕭穎士有《張暈下第歸江東詩》云:"俱飛仍失路。"蓋謂制科落第。○孟按:原卷二十七《附考·進士科》又著録"張暈",徐氏注云:"曲阿人,進士第,校書郎。以上見《嘉定鎮江志》。"趙校:"張暈已見卷八開元二十三年,詳《施補》。"按施補云:"考《全唐詩》第三函第二册蕭穎士卷有《送張翬下第歸江東詩》,題下注云:'翬一作暈。'(按汲古閣本《唐詩紀事》卷二十七作張暈)蕭穎士於開元二十三年登進士第(見《新唐書》卷二〇二《蕭穎士傳》),其所送之張翬(或張暈)與《唐詩紀事》及《嘉定鎮江志》所載之張暈,時代籍貫相合,當即一人。張暈既見於開元二十三年下,則附考所録應删。"今删併。

*鄒象先,岑補云:"《唐詩紀事》二二,鄒象先尉臨涣,蕭穎士自京邑無成東歸,以象先同年生也,作詩贈之。今卷八開元二十三年下(即穎士登第之年)失載。" 孟按:《唐詩紀事》卷二十二"鄒象先"條載:"象先尉臨涣,蕭穎士自京邑無成東歸,以象先同年生也,作詩贈之。來年,蕭補正字,象先寄詩重述前事云:'六月度關雲,三峰玩山翠。尔時黄綬屈,别後青雲致。'蕭答云:'桂枝常共擢,茅茨冀同薦。一命何阻脩,載馳各州縣。壯圖悲歲月,明代耻貧賤。回首無津梁,祇令二毛變。'"

*朱□(武强縣尉)。《千唐》[899]宇文暹撰序、包何撰銘天寶十三載(754)閏十一月十一日《大唐故信都郡武强縣尉朱府君墓誌》(參見《彙編》[天寶 254])云:"有大才無貴仕,當青春而不□□□□□□□□□□□□□□ □□□佐曰會稽人也。……年卅,國子進士擢第,以才舉也。……天寶十三載七月□日寢疾,遂終於睦仁里之私第,春秋卌九。"可知其三十歲時在開元二十三年。按張補據《千唐》之著録作"朱佐日",非。陳補亦作"朱□"。

王霸科:

劉璀,見《唐會要》。

杜綰。見《唐會要》。

智謀將帥科:

張重光,見《册府元龜》、《唐會要》。

崔圓，見《册府元龜》、《唐會要》。　《新書》本傳："字有裕。"《舊書》本傳："清河東武城人，後魏左僕射亮之後。父景晊。圓少孤貧，志尚閎博，好讀兵書，有經濟宇宙之心。開元中，詔搜訪遺逸，圓以鈐謀射策甲科，授執戟。"《太平廣記》引《定命録》："崔圓微時，欲舉進士，於縣見市令李含章，云：'君合武出身，官更不停，直至宰相。'開元二十三年，應將帥舉科，又於河南府充鄉貢進士。其日正於福唐觀試，遇敕下，便於試場中喚將拜執戟，參謀河西軍事。應制時，與越州剡縣尉竇公衡同場並坐，親見其事。"李華《崔公頌德碑》："揚於王庭，甲科入仕。"○孟按：李華《唐贈太子少師崔公（景晊）神道碑》："嗣子圓，以文學早知名，射策上第。"

＊季廣琛（李廣琛）。原作"李廣琛"，徐氏注："見《册府元龜》。"趙校："岑仲勉云當作'季廣琛'，見《姓纂四校記》卷八。"按《元和姓纂》卷八壽春季氏著録："大曆右常侍季廣琛。"岑校云："《舊書》一〇，乾元元年五月，以荆州長史季廣琛赴河南討賊，八月，自青徐等五州節度使兼許州刺史，九月，又爲九節度之一，二年四月，貶宣州刺史（'宣'疑'温'訛），上元二年正月，自温州刺史爲宣州刺史、浙江西道節度。又同書一一，大曆九年十月，自前宣州刺史爲右散騎常侍，亦附見一〇七《永王傳》。《會要》七六，開元二十三年智謀將帥科，李廣琛及第，《元龜》六四五同，惟《御覽》六二九正作'季'。哥舒翰鎮西凉時，廣琛爲瓜州刺史，見《酉陽雜俎》。廣琛亦見《廣記》三〇三引《廣異記》。《十七史商榷》七三：'荆州長史季廣琛。"季"當作"李"，二年同，《新紀》於乾元元年九節度討安慶緒亦作"季"，恐非。'王氏之誤，《舊書校勘記》五已辨之。"

牧宰科：

張秀明，《廣卓異記》引《登科記》："開元二十三年，張秀明牧宰科。"

崔國輔。《新書·藝文志》："國輔應縣令舉，授許昌令。"縣令舉，疑即此牧宰舉也。　李軫《泗州刺史李君神道碑》云："今夫人，清河人也。弟國輔，秀才擢第，制舉登科。"

知貢舉：孫逖。《唐語林》。　蕭穎士《贈韋司業書》："曩時與孫考功無里閈交遊之知，親朋推薦之分，勢懸望阻，聲塵不接。躡無情之路，迴必斷之明，懷恩下隔於至公，而見遇盡關於薄技。則是僕詞策之知己，非心期之知己。"

二十四年丙子(736)

三月十二日,《舊書》本紀作三月乙未。以考功員外郎李昂爲舉人所訟,乃下詔曰:"每歲舉人,求士之本。專典其事,寧不重歟!頃年以來,惟考功郎所職掌,位輕事重,名實不倫。欲盡委長官,又銓選猥積。但六官之列,體國是同,況宗伯掌禮,宜主賓薦。自今已後,每年諸色舉人及齋郎等簡試,並於禮部集。既衆務煩雜,仍委侍郎專知。"《册府元龜》、《唐會要》、《唐大詔令集》。 按此詔張九齡所草。 《大唐新語》、《摭言》並云:"俊秀等科,比皆考功主之。開元二十四年,李昂員外性剛急,不容物。以舉人皆飾名求稱,摇蕩主司,談毁失實,竊病之,而將革焉。集貢士與之約曰:'文之美惡,悉知之矣。考校取舍,存乎至公。如有請托於時,求聲于人者,當首落之。'既而昂外舅常與進士李權鄰居相善。乃舉權於昂。昂怒,集貢士召權,庭數之。權謝曰:'人或猥知,竊聞於左右,非敢求也。'昂因曰:'觀衆君子之文,信美矣。然古人有言,瑜不掩瑕,忠也。其有詞或不典,將與衆詳之,若何?'皆曰:'惟公之命。'既出,權謂衆曰:'向之斯言,其意屬我也。吾誠不第决也,又何藉焉。'乃陰求昂瑕以待之。異日會論,昂果斥權章句之疵以辱之。權拱手前曰:'夫禮尚往來,來而不往非禮也。鄙文不臧,既得而聞矣。而執事皆有雅什,嘗聞於道路,愚將切磋,可乎?'昂怒而應曰:'有何不可?'權曰:'耳臨清渭洗,心向白雲閑。豈執事之詞乎?'昂曰:'然。'權曰:'昔唐堯衰髦,厭倦天下,將禪於許由。由惡聞,故洗耳。今天子春秋鼎盛,不揖讓於足下,而洗耳何哉?'是時國家寧謐,百僚畏法令,兢兢然莫敢蹉跌。昂聞惶駭,蹶起,不知所酬。乃訴於執政,謂權風狂不遜,遂下權吏。初昂以强愎,不受屬請,是有請求者,莫不允從。由是廷議以省郎位輕,不足以臨多士,乃使禮部侍郎掌焉。憲司以權言不可窮竟,乃寢罷之。"○孟按:《新唐書》卷四十四《選舉志》上:"(開元)二十四年,考功員外郎李昂爲舉人詆呵,帝以員外郎望輕,遂移貢舉於禮部,以侍郎主之。禮部選士自此始。"

九月二十日,禮部以貢舉請别置印。《唐會要》

十月,禮部侍郎姚奕請進士帖《左氏傳》、《周禮》、《儀禮》,通五與及第。《唐會要》

進士二十人:

崔亘,《唐詩紀事》:"崔亘,開元二十四年進士。"

張巡。《韓文考異》引樊注:"張巡,開元二十四年進士。"〇孟按:原卷二十七《附考·進士科》又著録"張巡",徐氏考云:"《舊書·忠義傳》:'張巡,蒲州河東人。舉進士。三以書判拔萃入等。'"實爲一人,今删併。又,《全唐文》卷七五二杜牧《上宣州高大夫書》:"張巡亦進士也,凡三入判等。"《新唐書·忠義中·張巡傳》亦載:"開元末,擢進士第。"

明經科:

鄭寵。獨孤及《滎陽鄭公墓誌銘》:"公諱寵,字若驚,滎陽開封人。二十舉明經高第。"以永泰元年卒、年四十九計之,二十歲在此年。

諸科七人。

拔萃科:

顔真卿,留元剛《魯公年譜》:"開元二十四年,公年二十八,平判入等,授朝散郎、秘書省著作局校書郎。" 按《文苑英華》有顔真卿《三命判》,當即此年所試。

盧先之,見《文苑英華》。

馬抚。見《文苑英華》。〔趙校:《全文》卷四〇一作"馬侊"。〕

知貢舉:李昂。《玉海》引《登科記》作"李昂"。 《唐會要》:"開元八年七月,王邱爲吏部侍郎,擢山陰尉孫逖、桃林尉張鏡微、湖城丞張晋明〔趙校:"湖城丞張晋明",今《會要》卷七五作"湖城尉張普明"。〕、進士王冷然〔趙校:通行本《會要》"冷"作"泠"。〕、李昂等,不數年登禮闈,掌綸誥焉。"

顔真卿《三命判》曰:"侑食以樂,執恭展禮,以辨等威,以明貴賤。乙以筮仕,策名清朝。從大夫之後,既登三命;循先人之祭,有事十倫。已而鏗鏘具舉,和平不爽,苾芬承祀,胡考之寧。

舉特且叶於《禮經》,加牢永虧於祀典。人告其僭,罔知攸伏。”《文苑英華》

盧先之《三命判》曰:“《易》陳殷薦,《書》列禋宗,於昭考祀,作樂崇德。況春冰風泮,河濆有獺祭之魚;秋葉霜凋,山林有豺祭之獸。微物尚爾,生靈伊何。且國有十倫,仕登三命,尊卑式序,威儀孔昭。車服以庸,祀享寧僭,矧惟舉禮,無乃用心。凡舉特牲者,克從其祀;少牢者,實符於班。失或歸於訟人,禮不黷於君子。爲之過矣,其在兹乎。”《文苑英華》

馬挽《三命判》曰:“聖人成能,設位待仕;君子修業,考行入官。等威有倫,名器不假。乙爵登寵命,位列周行。舉善有存乎禮物,敬享無虧於豐殺。既感霜露,不忘豺獺。是以用禴,於焉展牲。信以大夫之禮,能行孝子之志。緣祀而加誠,不違於舊典;或入妄告,固未適於時宜。雖二簋之可享,豈少牢之爲僭。此其禮也,固無尤矣。”《文苑英華》

二十五年丁丑(737)

正月,《唐會要》作二月。詔曰:“致理興化,必在得賢;强識博聞,可以從政。且今之明經、進士,則古之孝廉、秀才,近日以來,殊乖本意。進士以聲韻爲學,多昧古今;明經以帖誦爲功,罕窮旨趣。安得爲敦本復古,經明行修?以此登科,非選士取賢之道也。其明經自今以後,每經宜帖十,取通五已上,免舊試一帖。仍案問大義十條,《唐語林》作“停墨策,試口義”。取通六已上,免試經策一條。《通典》作“十條”。令答時務策三道,取粗有文理者與及第。其進士宜停小經,准明經例,帖大經十,帖取通四已上。《唐語林》作“改帖大經,加《論語》”。然後准例試雜文及策,考通與及第。其明經中,有明五經以上,試無不通者;進士中,兼有精通一史,能試策十條,得六已上者:委所司奏聽進止。其應試進士等,唱第訖,具所試雜文及策,送中書門下詳覆。其所問明經大義,日仍須對同舉人考試。庶能否共知,取捨無愧,有功者達,可不勉與。"《册府元龜》、《唐會要》。　按《册府元龜》注云:"此詔因侍郎姚奕奏也。"

二月,敕應諸州貢士,上州歲貢三人,中州二人,下州一人。必有才行,不限其數。所宜貢之人,解送之日,行鄉飲禮,牲用少牢,以官物充。《摭言》、《記纂淵海》引《登科記》。

進士二十七人:○孟按:原徐考據《文苑英華》定本年試題爲《花萼樓賦》,並據録高蓋、王諲、張甫、陶舉、敬括爲本年進士及其賦作,實誤。今已移正至本書卷七開元十三年(725),詳該年考。

邵軫。按《摭言》,李華與趙曄、蕭穎士、邵軫未冠遊太學,李、趙、蕭三人同年,與開元二十三年及第。邵十六司倉後二年擢第。

＊明經科:

＊蔡直方。《補遺》册六,第456頁,大曆四年(769)十二月二日《唐故左金吾衛兵曹參軍蔡府君(直方)墓誌銘并序》云:"公諱直方,濟陽人也。……弱冠明經擢第,授杭州鹽官縣尉。"按蔡氏卒於大曆四年(769),享年五十二。則其弱冠時在本年。亦見王補。

諸科三人。

＊賢良科:

＊杜楚賓。陳補云:"《全唐文》卷三七四小傳云:'楚賓,應賢良科擢第,官雷鄉令。'録其《雷鄉縣白石鹿記》,末署:'開元丁丑二月朔七日應賢良舉雷鄉令杜楚賓記。'"

知貢舉:禮部侍郎姚奕。《唐語林》。　《玉海》:"開元二十五年丁丑,始命侍郎姚奕典舉。"《舊書·姚崇傳》:"少子奕,少而修謹,開元末爲禮部侍郎。"

二十六年戊寅(738)

正月丁丑,據《會要》,是正月八日。親迎春於東郊畢,制曰:"古者鄉有序,黨有塾,將以弘長儒教,誘進學徒,化人成俗,率由於是。斯道久廢,朕用憫焉。宜令天下州縣,每一鄉之内,里别各置學,仍擇師資,令其教授。其諸州鄉貢明經、進士,每年引見訖,並令就國子監謁見先師,所司設食,學官等爲之開講,質問疑義。按《舊紀》作"明經加口試",蓋即謂質問疑義也。且公侯之允,皆稟義方,學《禮》聞《詩》,不應失墜。容其徼幸,是長慢遊。如聞近來弘文、崇文學生,緣是貴胄子孫,多有不專經業,便與及第,深謂不然。自今以後,宜一依令式考試。朕之爵位,惟待賢能。雖選士命官,則有常調,而安卑遁迹,尚慮遺才。其内外八品以下官,及草澤間有學業精博,蔚爲儒首,文詞雅麗,通於政術,爲衆所推者,各委本州、本司長官精加訪擇,具以聞奏。"《册府元龜》、《唐大詔令集》。

壬辰,敕曰:"孝悌力田,風化之本,苟有其實,未必求名。比來將此同舉人考試詞策,便與及第,以爲常科。是開僥倖之門,殊乖敦勸之意。自今已後,不得更然。其有孝悌聞於郡邑,力田推於鄉里,兩事兼著,狀迹殊尤者,委所由長官,時以名薦。朕當别有處分,更不須隨考試例申送。"《册府元龜》、《唐會要》、《唐大詔令集》。

八月甲申,親試文詞雅麗舉人,命有司置食。敕曰:"古者求士,必擇其才,考之以文,施於有政。自非體要,何用甄明。頃年以來,亦嘗親試,對策者衆,而登科者少。蓋繇宿搆之詞不與所問相對,所以然也。卿等博達古今,聿膺推薦。朕之所問,皆有節目,宜指事而對,勿措遊詞。並宜坐食,食訖就試。"有郭納、姚子彦等二十四人升第,皆量資授官。《册府元龜》

進士二十三人:《詞學指南》:"開元二十六年,西京進士試《擬孔融薦禰衡表》。" 又按崔曙試《明堂火珠詩》及第,則《明堂火珠》爲是年試題。

崔曙,《書録解題》:"崔曙,開元二十六年進士狀頭。"〇孟按:《封氏聞見記》卷四《明堂》云:"開元中,改明堂爲聽政殿,頗毁撤,而宏觀不改。

頂上金火珠迥出空外，望之赫然。省司試舉人，作《明堂火珠詩》，進士崔曙詩最清拔，其詩曰：‘正位開重屋，陵空大火珠。夜來雙月滿，曙後一星孤。天净光微滅，烟生望若無。還知聖明代，國寶在神都。’”《太平廣記》卷一九八《崔曙》條引《明皇雜録》云：“唐崔曙應進士舉，作《明堂火珠詩》，續有佳句曰：‘夜來雙月滿，曙後一星孤。’其言深爲工文士推服。”　按崔曙《明堂火珠》詩又見《文苑英華》卷一八六《省試七》；《唐詩類苑》卷一八七録此詩題作“《奉試明堂火珠》”。

＊鄭相如。原列本年明經科，徐氏考云：“《前定録》云：‘開元二十五年，鄭虔爲廣文博士。有鄭相如者，年五十餘，自隴右來應明經。明年春，相如明經及第。’按《太平廣記》又引‘鄭相如，滄州人，進士及第。’‘進士’蓋‘明經’之訛。”　孟按：《太平廣記》卷一四八引《前定録》作“明經及第”，同書卷八十二引《廣異記》作“進士及第”（今本《廣異記》同）。又《新唐書·鄭虔傳》亦載：“有鄭相如者，自滄州來，師事虔。……是年進士及第，調信安尉。”今從後者。

諸科二十一人。

文詞雅麗科：

郭納，見《册府元龜》。

姚子彦，見《册府元龜》。　獨孤及《故秘書監姚公墓誌》：“姚公諱子彦，字伯英，其先馮翊蓮勺人，徙家河東。公力行博學，温故知新，錯綜六藝，以作詞賦。初舉進士，又舉詞藻，皆升甲科。”

馮萬石，《廣卓異記》引《登科記》：“開元二十六年，萬石登文詞壯麗科。”　按“壯”當“雅”之訛。

＊王縉，原卷六開元七年（719）“文詞雅麗科”録有王縉，徐氏考云：“《唐詩紀事》：‘縉字夏卿，河中人。與兄維俱以名聞。舉草澤文詞清麗科，上第。’按‘清麗’當即‘雅麗’之訛。”又原卷二十七《附考·制科》又録王縉，徐氏考云：“《唐詩紀事》：‘縉登文詞清麗科。’王維《薦弟表》：‘縉之判策，屢登甲科。’按《舊書》本傳，縉應草澤科在文詞清麗之先，草澤科見開元十五年。”朱補云：“按，卷六及‘附考’皆據引《唐詩紀事》，以其舉文詞清麗科而著録，是重出也；‘附考’按語顯又不允其登文詞清麗科在草澤

前,故此二處著録皆不允當。今考開元二十六年下復有文詞清(雅)麗科,在開元十五年之草澤科後,則王縉應文詞清(雅)麗科當在是年。卷六及‘附考’著録之王縉可删去,而移正於卷八開元二十六年文詞雅麗科下。”今從之。

*孫造。岑補云:“《記考》……開元二十六年引《册府元龜》云:‘八月甲申,親試文詞雅麗舉人……有郭納、姚子彦等二十四人升第,皆量資授官。’徐氏因於文詞雅麗科著郭納。考《千唐》貞元十八年《宣議郎京兆府藍田縣尉孫嬰墓誌》云:‘父造,天寶初應文詞清麗舉,與郭納同登甲科。’清麗、雅麗,所差一字,開元、天寶,紀年亦異,今《記考》九天寶初無此科名,則《孫誌》未可必信,惟孫造(逖弟)與郭納同舉,則其名可附補此年下也。”按羅補據孫誌並繫郭納、孫造於天寶元年“文詞秀逸科”下。

知貢舉:禮部侍郎姚奕。按奕再知舉,見《唐語林》。惟《語林》誤數自二十四年始,今正。

崔曙《明堂火珠詩》曰:“正位開重屋,中天出火珠。夜來雙月合,曙後一星孤。天净光難滅,雲生望欲無。還將聖明代,國寶在京都。”《唐詩紀事》:“曙以是詩得名。明年卒,惟一女名‘星星’,始悟其讖也。曙開元二十六年登進士第。”

二十七年己卯(739)

正月,制令諸州刺史舉德行尤異,不求聞達者,特乘傳赴京。《册府元龜》二月己巳,加尊號,大赦天下。制曰:“草澤間有殊才異行,文堪經國,爲衆所推,如不求聞達者,所由長官以禮徵送。”《舊書》本紀、《册府元龜》、《唐大詔令集》。　按此詔孫逖所草。

八月甲申,制曰:“弘我王化,在乎儒術。能發揮此道,啟迪含靈,則生人以來,未有如夫子者也。所謂自天攸縱,將聖多能,德配乾坤,身揭日月。故能立天下之大本,成天下之大經,美政教,移風俗,君君臣臣,父父子子,人到於今受其賜,不其猗歟。嗚戲!楚田莫封,魯公不用,俾夫大聖,纔列陪臣,棲皇旅人,固可知矣。年祀浸遠,光靈益彰,雖代有褒稱,而未爲崇峻。不副於實,人其謂何?朕以薄德,祗膺寳命,思闡文明,廣被華夏。時則異於今古,情每重於師資。既行其教,合旌厥德。爰申盛禮,載表徽猷。夫子既曰先聖,可追謚爲文宣王,宜令三公,持節册命。其文宣王陵並舊宅廟,量加人灑掃,用展誠敬。其後嗣褒聖侯,宜改爲文宣公。至如辨方正位,著自《禮經》,苟不合度,何以示則?昔緣周公南面,夫子西坐,今位既有殊,坐豈仍舊。宜補其墜典,作兹成式。自今以後,兩京國子監及天下諸州,夫子南面坐,十哲等東西列侍。且門人三千,則見今稱十哲,包夫衆美,實越等夷。暢元聖之風軌,發人倫之耳目,並宜褒贈,以寵賢明。顔子淵既云亞聖,須優其秩,可贈兖公;閔子騫贈費侯;冉伯牛贈鄆侯;仲弓贈薛侯;冉子有贈徐侯;仲子路贈衛侯;宰子我贈齊侯;端木子貢贈黎侯;言子游贈吴侯;卜子夏贈魏侯。又夫子格言,參也稱魯,雖居七十之數,不載四科之目。允稽先旨,俾循舊位,庶乎禮得其序,人焉式瞻。宗洙泗之丕烈,重膠庠之雅範。布告中外,咸使知聞。"《册府元龜》

己丑,追贈曾參等六十七人皆爲伯。制曰:"道可褒崇,豈限今古,則追贈之典,旌德存焉。夫子弟子十哲之外,曾參等六十七人,同升孔門,博習儒術。子之四教,爾實行之,親奉微言,式揚大義。是稱達者,不其盛歟。欽若古風,載崇元聖,至於十哲,亦被寵章。而子輿之倫,未有稱謂。宜亞四科之士,以疏五等之封,俾與先師,咸膺盛禮。"《册府元龜》

進士二十四人:〇孟按:《蓂莢賦》(以'呈瑞聖朝'爲韻)、《美玉詩》爲本年進士科試題,詳下考。

*李岑,狀元。按徐松原據《文苑英華》卷一八〇收其《玄元皇帝應見賀聖祚無疆》詩而繫於天寳四載(745)進士科。今據《浯田程氏宗譜》移至本年,詳下。又參見天寳四載考。陳補云:"徐《考》作天寳四載進士,非是。……《全唐詩》卷二五八作'天寳中宋州刺史',升遷似亦不致如此之

速。肅宗末在宣州東峰亭賦詩，見《全唐詩》卷二五二；又任工部員外郎，見《文苑英華》卷三九二賈至制，時代均合。”

＊程諫（程元諫），陳補云：“程元諫：《浯田程氏宗譜》卷二載六十五世：‘諱元諫祖，字仲幾，開元二十七年侍郎崔翹下擢進士第（注：《蓂莢賦》、《美玉詩》，狀頭李岑），再遷藍田尉，累遷著作郎、大理司直、越騎都尉、汾州巡官，入爲衛尉卿、京兆少尹，終於密州刺史。’《全唐文》卷三七四小傳、弘治《徽州府志》卷六（作程諫）大致相同，疑即出宗譜。《文苑英華》卷八八收其《蓂莢賦》，注：‘以呈瑞聖朝爲韻。’吕諲所作同。”　孟按：《文苑英華》作“程諫”。又，《萬姓統譜》卷五十三亦載：“程諫，字仲幾，休寧人。靈洗七世孫。開元二十七年進士，再選藍田尉，累遷著作郎、大理司直、汾州巡官，入爲衛尉卿、京兆尹，終密州刺史。”又《容齋續筆》卷十三“試賦用韻”條：“唐以賦取士，而韻數多寡、平側次叙，元無定格。……有四韻者，《蓂莢賦》以‘呈瑞聖朝’……爲韻是也。”是知《蓂莢賦》曾充作試題，亦證《浯田程氏宗譜》當有所本。明代程敏政《篁墩文集》卷十二《辨祁譜書新安太守元譚以下世次絶與陳留譜不同及書忠壯公二十二子可疑》：“南金有二子：元皓、元諫，皆與陳留譜不合。唐《登科記》止作程諫，亦無所謂元諫。唐試進士《蓂莢賦》，刻諫公之文尚存。”

＊吕諲，原列卷九天寶元年（742）進士科，徐氏考云：“《舊書・良吏傳》：‘吕諲，蒲州河東人。里人程楚賓家富於財，諲娶其女。楚賓及其子震皆重其才，厚與資給，遂遊京師。天寶初，進士及第。’”參見上程元諫考。陳補云：“《舊唐書》本傳作天寶初進士，疑誤。”　孟按：《新唐書》本傳作：“開元末，入京師，第進士。”可證上考不誤。今移正。

＊南巨川。陳補云：“《文苑英華》卷一八六收其《美玉》詩。《舊唐書》卷十《肅宗紀》載其至德二載爲給事中。”　孟按：《彙編》[元和 048]南卓撰元和六年（811）十一月六日《唐故潁川陳君夫人魯郡南氏墓誌銘并序》云：“曾祖皇盛王府録事參軍諱琰，大父皇給事中諱巨川，烈考皇漢州刺史諱纘。”巨川，即其人也。

諸科五人。

知貢舉：禮部侍郎崔翹。見《唐語林》

＊程諫《蓂莢賦》曰："堯階蓂莢兮，實稱休禎，蓋歷代而難值，至我后而斯呈。植之以前墀左城，映之而鏤檻丹楹；激薰風而葉轉，迎太陽而心傾。日往月來，深符大小之數；時和曆應，因見天地之情。觀乎榮謝以月德爲常，卷舒以日數成類，隨初吉以增茂，暄然自春；度既望以漸零，倏然如寄。體盈虛而方同得道，任消息而匪殊有智。金波桂樹，遠合象於凋榮；炎漢芝房，近方慚於祥瑞。彼朱草與莛蒲，曷於兹而擬議。則知聖作物睹，物興由聖，聖於赫而克著。元亨物效，祥而天莫之令然。而蓂之爲應也博，蓂之爲瑞也昭。替睿主則太平在邇，測陰靈則時變不遥。初也則日益一日，終也則宵盡一宵。弱質浹金莖之露，輕姿散玉户之飈。或曰麟在郊而合圖諜，鳳來儀以聽蕭韶；雖咸見而可貴，於列跡而斯超。豈如蒙賁著惣，集於厚地，焜燿於皇朝。"《文苑英華》卷八十八

＊吕諲《蓂莢賦》曰："聖人法天兮無物不成，皇天輔聖兮有覞必呈。蓂莢之嘉瑞，爰乃應乎休禎；稟神疑靈以擢質，因堯階而得名。抽莖蓴蓴，布葉英英，二八而落，三五而盈。陰德自然，仰蟾蜍而知晦；太陽常近，與葵藿而同傾。爾乃丕體其祥，博考其義。以厚上天之德，以表皇王之瑞。其國亂也，則植之猶難；其國理也，則生之孔易。惟我后之欽若，亦合符而受賜。承榮金殿，旁沾三露之滋；每奉玉階，上蔭五雲之施。豈無萱草以悦其性，豈無靈芝以彰其盛。芝擢其秀，既以紛綸於策書；萱樹於堂，曷能彌縫於明聖。未若蓂莢，生於皇朝，與夫髦士，來應兮招。受成於天，諒多聞於國瑞；托其得地，且有異於山苗。竊預談於皇道，庶有望於遷喬。"《文苑英華》卷八十八。　孟按：以上二賦據前考補。

＊南巨川《美玉詩》曰："抱玉將何適，良工正在斯。有瑕寧自掩，匪石幸君知。雕琢嗟成器，緇磷志不移。饰罇光宴賞，入

佩奉威儀。象德曾留譽,如虹竊可奇。終希逢善價,還得桂林枝。"《文苑英華》卷一八六。 孟按:此據上考新補。

二十八年庚辰(740)

五月帝謂宰臣曰:"朕在藩邸,有宅在積善里東南隅,宜於此地置玄元皇帝廟及崇玄學。"《册府元龜》。 按《唐會要》,於玄元皇帝廟置崇玄學。

進士十五人。

明經科:

蕭直,獨孤及《故給事中蕭公墓誌銘》:"公諱直,字正仲。十歲能屬文,工書。十三游上庠。十七舉明經上第,名冠太學。"誌言卒在丁酉,年四十六。 按誌文有"廣德元年,一歲三遷。永泰元年,拜太子左庶子。大曆三年,授給事中"之語。大曆後丁酉爲元和十二年,其距廣德已五十五年,蓋"丁酉"爲"己酉"之誤。己酉爲大曆四年,三年爲給事中,次年卒,故稱曰"故給事中"也。以己酉計之,十七歲當在是年。

*獨孤季膺。《補遺》册六,第103頁,黎迥撰貞元三年(787)六月廿八日《大唐故潤州司馬獨孤公(季膺)墓誌銘并序》云:"公諱季膺,字季膺,本隴西李氏。……弱冠鄉貢明經擢第,解褐濮陽郡臨濮縣尉。"按獨孤氏卒於貞元三年(787)二月,享年六十七。以弱冠歲推之,其擢第之時當在開元二十八年。又同上第142頁,崔師中撰大和二年(828)五月六日《唐故潤州司馬賜緋魚袋獨孤府君(季膺)墓誌銘并序》云:"公諱季膺,本姓李,隴西成紀人也。……明二經,釋褐鄭州中牟縣尉。"王補據《輯繩》亦録於本年。

諸科五人。

知貢舉:禮部侍郎崔翹。見《唐語林》。

二十九年辛巳(741)

正月丁酉,按《會要》,爲正月十五日。詔曰:"三皇之時,兆庶淳樸,蓋繇其上,以道化人。自兹厥後,爲政各異。我烈祖玄元皇帝,禀大賢之德,蘊至道之精,乃著五千文,用矯時弊。可以理國家,超夫象繫之表,出彼明言之外。朕有處分,令家習此書,庶乎人用向方,政成不宰。慮兹下士,未達微言,是以重有發明,俾之開悟。期弱喪而知復,宏善貸於無窮。兩京及諸州各置玄元皇帝廟一所,每年依道法齋醮。兼置崇玄學,於當州縣學士數内,均融量置,按《册府元龜》云:"京師各百人,諸州無常員,習《老》、《莊》、《文》、《列》,謂之四子,蔭第與國子監同。"令習《道德經》及《莊子》、《文子》、《列子》。待習業成後,每年隨貢舉人例送至省,準明經考試,通者準及第人處分。按《册府元龜》云:"京師置崇玄館,諸州置道學生徒有差,謂之道舉。舉送課試與明經同。"置助教一人,按《會要》作置博士一員。委所由州長官於諸色人内精加訪擇補授,仍稍加優獎。"《舊書》本紀、《册府元龜》、《唐會要》。

又詔曰:"朕所求才,待之若渴,既旌於巖穴,亦賁於邱園。片善必收,冀無遺逸。然士人藏器,衆何以知?豈若父子之間,自相推薦。昔祁奚之舉祁午,謝安之任謝玄,良史書之,咸以爲美。賢彦之士,何代無人,寧恨嫌疑,致有拘忌。其内外官有親伯叔及兄弟,并子姪中灼然有才術異能,風標節行,通閑政理,據資歷堪充刺史、縣令者,各任以名薦。其卑官所舉人,聽於所由長官處通狀,一時録奏。其考試通人任用之後,如後有虧犯典憲,名實不相副者,所舉之人與其同罰。如政績著聞,終始廉謹,爲衆所知者,其所舉人與其同賞。"《册府元龜》

五月庚戌,帝夢玄元皇帝告以休期,命有司圖畫真容,分布天下。乃下詔曰:"大道混成,乃先於天地;聖人立教,用敷於宗極。故能發揮妙本,宏濟生靈,使秉志者悟往,迷方者知復。以此救物,故無棄人。其孰當之?粤若我烈祖玄元皇帝矣。朕纂承寶業,重闡元猷,自臨御以來,罔不夙夜滌慮凝想,齊心服禮,謁於尊容,未明而畢事,將三十載矣。蓋爲天下蒼生,以祈多福。不謂微誠上達,宗祖垂鑒。頃因假寐,或夢真容,既覺之後,昭焉以瞻,殊相自然,與夢相協。誠爲密降仙府,永鎮人寰。告我以無疆之休,德音在聽;表我以非常之慶,靈貺有期。乃昊穹幽贊,宗社儲休,豈朕虚薄,能致兹事。若便寢之,乃乖祇敬。宜令所司,即寫真容,分送諸道採訪使,令當州道轉送開元觀安置。所在道士等,皆具威儀法事迎候,象到七日夜設齋行禮。仍各賜錫用,充齋慶之費。自今已後,常令講習《道德經》,以暢微旨。所置道學,須倍加敦勸,使有成益。是知真理深遠,弘之在人,不有激揚,何以勵俗!諸色人等,有明《道德經》及《莊》、《列》、《文子》等,委所由長官訪擇,具以名聞。朕當親試,别加甄獎。"《册府元龜》

九月壬申,御興慶門,親試明《道德經》及《莊》、《文》、《列子》舉人。問策曰:"朕聽政之暇,嘗讀《道德經》、《文》、《列》、《莊子》,其書文約而義精,詞高而旨遠,可以理國,可以保身。朕敦崇其教,以左右人也。子大夫能從事於此,甚用嘉之。夫古今異宜,文質相變,若在宥而不理,外物而不爲,行邃古之化,非御今之道。適時之術,陳其所宜。"又:"禮樂刑政,所以經邦國;聖智仁義,所以序人倫。使之廢絶,未知其旨。《道德經》曰'絶學無憂',則乖進德修業之教;《列子·力命》曰'汝奚功於物',又違懲惡勸善之文。二旨孰非,何優何劣?《文子》曰'金積折廉,璧襲無贏',宜申其義。《莊子》曰'恬與和,交相養',明徵其言,使一理混同,二教兼舉,成不易之則,副虚伫之懷。"《舊書》本紀、《册府元龜》、《唐大詔令集》。

是月,起居舍人王邱撰成《大唐開元禮》一百五十卷,集賢學士蕭嵩上之,頒所司行用焉。《唐會要》

十一月九日,侍郎韋陟奏:"掌舉官親族,皆本司郎官考試,事在嫌疑,請移送考功試,侍郎覆定。"從之。《玉海》。 按别頭試已見上元二年。○孟按:《唐會要》卷五十八引韋陟奏云:"準舊例,掌舉官親族皆於本司差郎中一人考試,有及第者尚書覆定,然後附奏。臣本司今闕尚書，縱差郎官，是臣麾下，事在嫌疑，所望釐革。伏望天恩許臣移送吏部差考功員外郎試揀，侍郎覆定，任所在聞奏。即望浮議止息。”

進士十三人：

武殷，《前定録》：“武殷者，鄴郡人，於肅宗改名紹之明年擢第。”按肅宗爲太子，於開元二十八年更名紹，則武殷擢第當在此年。

周萬，開元末登第，見《唐詩紀事》。

李揆，《舊書》本傳：“字端卿，隴西成紀人，秦府學士、給事中玄道孫，秘書監、贈吏部尚書成裕之子。少聰敏好學，善屬文。開元末舉進士。”

柳芳。《新書·柳登傳》：“父芳，字仲敷，開元末擢進士第。”〇孟按：徐氏原於開元二十三年(735)進士科列有柳芳，考云：“柳芳，李華《三賢論》：‘河東柳芳仲敷，該練故事。’《太平廣記》引《定命録》云：‘柳芳嘗應進士舉，累歲不及第。詣朝士宴，坐客八九人，皆朱紱，亦有畿、赤官。芳最居坐末，又衣服粗故，客咸輕焉。有善相者，衆情屬目，獨謂芳曰：“柳子合無兄弟姊妹，無莊田資産，孑然一身，羈旅辛苦甚多。後二年當及第，後禄位不歇。一座之客，壽命官禄皆不如君。”諸客都不之信。後二年，果及第，歷校書郎，畿尉、丞，遊索於梁、宋間。遇太常博士有闕，工部侍郎韋述知其才，通明譜第，又識古今儀注，遂舉之宰輔。恩敕除太常博士。時同座客亡者六七人矣。’”按岑仲勉《訂補》云：“《記考》廿三年下進士柳芳。按柳芳是附存俟考，具見前引，顧一附不容再附，今《記考》同卷又於開元二十九年進士著録柳芳，云：‘《新書·柳登傳》，父芳，字仲敷，開元末擢進士第。’進士不再舉，芳擢第之年既未碻知，則宜留廿九年之條，删去廿三年之重見也。”今從岑説。

明經科：

朱巨川。李紓《朱巨川神道碑》：“巨川字德源，嘉興人。年二十，明經擢第。”以建中四年卒、年五十九推之，擢第在是年。

諸科四人。

上書拜官二人：

是光乂，《新書·藝文志》：“開元末，是光乂自秘書省正字上《十九部書語類》十卷，授集賢院修撰。後賜姓齊。”

苑咸。《新書·藝文志》:"咸,京兆人。開元末上書,拜司經校書。"

明四子科:《舊書》本紀作"明四子人",《唐大詔令集》作"四子舉人"。 李白有《送于十八應四子舉落第還嵩山詩》。

姚子彦,見《册府元龜》。獨孤及《姚子彦墓誌》:"開元二十九年,詔立黄老學,親問奥義。對策者五百餘人,公與今相國河南元公載及廣平宋少貞等十人,以條奏精辨,才冠列等。"《舊書》本紀作"姚子産",誤。

元載,見《册府元龜》。《舊書》本傳:"載,鳳翔岐山人。家本寒微。父景昇,任員外官,不理産業。載母攜載適景昇,冒姓元氏。載自幼嗜學,好屬文,性敏惠,博覽子史,尤學道書。家貧,徒步隨鄉賦,累上不升第。天寶初,玄宗崇奉道教,下詔求明《莊》、《老》、《文》、《列》四子之學者,載策入高科。"

靳能,見《册府元龜》。

宋少貞,見上。

馮子華。王起《馮宿神道碑》:"先府君諱子華。天寶中,明皇以四子列學官,時與計偕,一鳴上策。"

知貢舉:禮部侍郎崔翹。見《唐語林》。 按《舊書》本紀,是年十月,遣大理卿崔翹等往諸道黜陟官吏。蓋以知舉後改官也。

登科記考補正卷九

唐玄宗至道大聖大明孝皇帝

天寶元年壬午(742)

正月丁未朔,改元,大赦天下。詔曰:"國之急務,莫若求才。頃者雖屢搜揚士庶,尚慮遺逸,更宜精訪,以副虚懷。其前資官及白身人中,有儒學博通及文詞秀逸,《舊書》本紀"逸"作"英"。或有軍謀越衆,或武藝絶倫者,委所在長官,具以名薦。"《册府元龜》、《唐大詔令集》。

四月戊寅,按《會要》,爲四月三日。詔曰:"化之原者曰道,道之用者爲德,其義至大,非聖人孰能章之。昔有周季年,代與道喪,我烈祖玄元皇帝,乃發明妙本,汲引生靈,遂著玄經五千言,用救時弊。義高象繫,理貫希夷,非百代之能儔,豈六經之所擬。承前習業人等,以其卷數非多,列在小經之目。微言奥旨,稱謂殊乖。自今已後,天下應舉,除崇玄學生外,自餘所試《道德經》宜並停,仍令所司更詳擇一小經代之。其《道經》爲上經,《德經》爲下經,庶乎道尊德貴,是崇是奉。凡在遐邇,知朕意焉。"《册府元龜》

其年,加《爾雅》以代《道德經》。《唐會要》

五月,中書門下奏:"兩京及諸郡崇玄學生等,伏準開元二十九年正月制，前件人合習《道德》、《南華》、《通玄》、《沖虚》等四經。又準天寶元年二月制，改《庚桑子》爲《洞靈真經》。準諸條，補崇玄學亦令誦讀。伏準後制，合通五經。其《洞靈真經》，人間少本，臣近令諸觀尋訪，道士全無習者。本既未廣，業實難成。並《通玄》、《沖虚》二經，亦恐文字不定。玄教方闡，學者宜精，其《洞靈》等三經，望付所司，各寫十本，校定訖，付諸道採訪使頒行。其貢舉司及兩京崇玄學生，亦望各付一本。今冬崇玄學人，望且準開元二十九年正月制考試。其《洞靈真經》，請待業成後準式。"從之。《册府元龜》、《唐會要》。

六月，制曰："大道先於兩儀，天地生於萬物。是以聖哲之後，咸竭其誠。今後應緣國家致命表疏簿書，及所試制策文章，一事已上，語指道教之詞，及天地乾坤之字者，並一切半闕。宜宣示中外。"《册府元龜》

九月庚申，御花萼樓試文武舉人，命有司供食。《册府元龜》

十月，應文詞秀逸舉人崔明允等二十人，儒學博通劉𢗋等八人，軍謀越衆令狐朝等七人並科目，各依資授官。《册府元龜》。岑參《宿關西客舍寄東山嚴許二山人詩》云："時天寶初七月初三日，在内學見有高道舉徵。"是此年有道舉。

是年，禮部侍郎韋陟奏請，有堪秀才舉者，令官長特薦。其常年舉送者並停。《通典》："開元二十四年以後，復有秀才舉。其時進士漸難，而秀才本科無帖及雜文之限，反易於進士。主司以其科廢久，不欲收奬，應者多落之。三十年來無及第者。至天寶初，禮部侍郎韋陟始有此奏。"

進士二十三人：

王閱，天寶元年進士，狀元及第。見《廣卓異記》引《登科記》。

柳載（柳渾），柳宗元《柳渾行狀》："載字元輿，開元中舉汝州進士，計偕百數，公爲之冠。禮部侍郎韋陟異而目之，一舉上第。"韓注曰："天寶元年，禮部侍郎韋陟知貢舉，柳載中第十四人。載後改名渾。"《舊書・柳渾傳》:“天寶初舉進士。”

趙涓,《舊書》本傳:“冀州人。幼有文學,天寶初舉進士。”

于益,《新書·于休烈傳》:“子益,天寶初及進士第。”

＊崔珪璋,《千唐》[972]李道古撰貞元十三年(797)八月十七日《唐故嗣曹王(李皋)妃清河崔氏(無生忍)墓誌銘并序》(參見《彙編》[貞元094])云:“妃諱無生忍,字無生忍,古先受氏,其太公之後乎?清名右祖,善地封君,海岳擁休,忠賢濟美,肆群龍接彩。朋龜東靈,葳蕤篆圖,舄弈今古,自東萊徙清河,廿九代至守道不仕知隱,卅代至尚書工部員外郎珪璋,天寶初進士及第,文華籍甚,鷹揚河朔。妃即工部第八女也。”按張補録入附考類。亦見楊希義《輯釋》。

＊李□(名未詳,李符彩長兄之子),《千唐》[801]王端撰天寶元年(742)七月十九日《大唐故右金吾衛胄曹參軍隴西李府君(符彩)墓誌銘并序》(參見《彙編》[天寶012])云:“公諱符彩,字粲,隴西成紀人也。……長兄早□,敬事□□□□□□□□年秀發,公每撫之流涕曰:祖德不墜,非爾而誰?見爾成名,□死無恨。故遠邇稱其慈也。及公既歿,二生明而蒙以秀才上第。”按李符彩卒於開元二十九年(741)冬,誌文作於天寶元年秋七月,則其兄之子登進士第當在天寶元年。

＊李華(字華),《彙編》[天寶171]竇公衡撰天寶九載(750)十二月七日《□□故前東京國子監大學進士上騎都尉李府君(華)墓誌銘并序》(北京圖書館藏拓本,開封博物館藏石)云:“公諱華,字華,渤海蓨人也。……天寶春,階名太學,小宗伯韋公曰:君之才,類能以達。當時所譽,稱到於今。”按誌文所言“小宗伯韋公”,當指禮部侍郎韋陟,本年知貢舉。此條亦見朱補。

＊許登。孟按:《岑參集校注》卷一:《送許子擢第歸江寧拜親因寄王大昌齡》詩云:“君家臨秦淮,傍對石頭城。十年自勤學,一鼓遊上京。青春登甲科,動地聞香名。”其詩作于天寶元年六月。知“許子”於是年擢第。又同上卷三有《送許拾遺恩歸江寧拜親》,杜甫亦有同賦之作《送許八拾遺歸江寧覲省甫昔時嘗客遊此縣於許生處乞瓦棺寺維摩圖樣志諸篇末》(《杜詩詳注》卷六),可見“許八”、“許拾遺”皆指“許子”。按《全唐文》卷三六六賈至《授韋少遊祠部員外郎等制》云:“敕:左補闕直宏文館韋少遊,修

詞懿文,終温且惠;守右監門衛胄曹參軍許登,振藻揚采,穆如清風,並藏器於身,陳力就列。南官郎位,是登題柱之才;左禁陳諫,方求折檻之直。少遊可檢校祠部員外郎,登可右拾遺。"知"許子"即許登。此條參見陶敏《全唐詩人名考證》[2031C]、[2033C]。按胡補據光緒《江寧府志》及《江南通志》作"許恩",今不取。

明經科:

郭揆,《顔魯公集·郭君神道碑銘》:"君諱揆,字良宰,太原人。年十七,崇文生,明經及第。侍郎韋陟揚言於朝,稱其稽古之力,許其青冥之價。"以天寶八載卒、年二十四推之,及第在是年。

*歸崇敬,原列卷二十七《附考·明經科》,徐氏考云:"《舊書》本傳:'字正禮,蘇州吴縣人。曾祖奥,祖樂,父待聘。崇敬少勤學,以經業擢第。'"按陳補云:"《册府元龜》卷五九七:'歸崇敬,字正禮,蘇州吴人。天寶初以經業擢第,獲授四門助教。'"今依《記考》體例移正。

*賈至。孟按:徐氏原列賈至於天寶十載(751)明經科,考云:"《唐才子傳》、《讀書志》皆云天寶十年賈至明經擢第。按賈至已於開元二十三年進士及第,此以進士又應明經也。"按徐《考》卷八開元二十三年(735)進士科之"賈至(幼鄰)",實爲"賈季鄰"之誤,已删正,見該年。又《唐才子傳校箋》卷三《賈至傳》箋云:"考至有《虙子賤碑頌》(《全唐文》卷三六八),中云:'天寶初,至始以校書郎尉於單父,想先生行事,徵其頌聲。'則天寶初已仕爲單父尉,此前又任校書郎之職。《全唐文》同卷並載其《微子廟碑記》文,云:'皇帝二十有一載,予作吏於宋。'皇帝指玄宗。'二十有一載',應爲開元二十年(732)。按賈至生於開元六年(詳見後),則開元二十年僅十五歲,當未能有作吏之事。據《虙子賤碑頌》之'天寶初'云云,此《微子廟碑記》之'二十有一載'當爲'三十有一載',亦即天寶元年(742)。又據《新唐書》卷三八《地理志》二,單父(今山東省單縣)屬宋州。'作吏於宋',亦即爲單父縣尉,時在天寶初。至又有《虎牢關銘》云:'天寶七載,至自宋都,西經洛陽,歇鞍登兹,懷古欽然。'則天寶七載(748)賈至亦曾由宋州西行。此皆可爲天寶十載前至已入仕之證。由唐代科舉而言,已入仕者仍可應制舉,但未能應進士或明經,進士、明經登第後再經吏部試合格,方可授予官職,稱釋褐。晁《志》與《才子傳》謂至於天寶十載擢明經第,不確,

‘十載’當作元年。”

諸科四人。

文詞秀逸科二十人：

崔明允，見《册府元龜》。

顔真卿。見《册府元龜》。　殷亮《顔魯公行狀》：“天寶元年秋，扶風郡太守崔琇舉博學文詞秀逸。玄宗御勤政樓策試上第。以其年授京兆醴泉縣尉。”令狐峘《顔真卿墓誌銘》：“天寶初，制策甲科，作尉醴泉。”按留元剛《顔魯公年譜》，是年魯公年三十四。

儒學博通科八人：

劉崐。《册府元龜》

軍謀越衆科七人：

＊令狐潮。原作“令狐朝”，徐氏注云“《册府元龜》”。　孟按：《册府元龜》卷六五〇原文作“令狐潮”，徐氏誤。亦見陳補。

賢良方正科：

蕭立。獨孤及《故殿中侍御史蕭府君文章集録序》：“侍御諱立，南蘭陵人也。天寶元年，詔徵賢良方正，以備多士。公時年十七，射策甲科。”按此，則是年有賢良方正科矣。〔趙校：正文大字原作“蕭正”。按上引獨孤及序見《英華》卷七〇一，作“蕭立”，《嘉定鎮江志》卷十八小傳同《英華》，今從改。〕

＊博學宏詞科：

＊蕭昕。《舊唐書》本傳：“少補崇文，進士。開元十九年，首舉博學宏詞，授陽武縣主簿。天寶初，復舉宏辭，授壽安尉。”《册府元龜》卷六五〇《貢舉部·應舉》同上。《新唐書》本傳亦載昕“再中博學宏辭科，調壽安尉”。按徐松於本書卷七開元十九年(731)博學宏詞科下據引《舊唐書》本傳，又於《凡例》中言“蕭昕兩舉宏詞”，然未著録後者，今據補。亦見陳補。

＊應制及第：詳下文似當爲“堪任縣令科”。

＊盧全貞。《補遺》册六，第441頁，天寶十載(751)十月廿四日《唐故朝議郎平原郡長河縣令盧府君(全貞)墓誌銘并序》云：“公諱全貞，字子

正,范陽涿人也。……天寶元載,制求令長,周親内舉。時對揚清問,簡在聖心。廷拜平原郡長河縣令。"

知貢舉:禮部侍郎韋陟。《舊書·韋陟傳》:"爲禮部侍郎,好接後輩,尤鑒於文。雖詞人後生,靡不諳練。曩者主司取與,皆以一場之善登其科目,不盡其才。陟先責舊文,仍令舉人自通所工詩筆,先試一日,知其所長,然後依常式考核。片善無遺,美聲盈路。" 按孫逖《授韋陟吏部侍郎達奚珣中散大夫禮部侍郎制》云:"冢卿宗伯,均國和人,乃立其貳,非才莫可。正議大夫、行尚書禮部侍郎、權知吏部侍郎、上柱國、彭城縣開國男韋陟,明斷一堅、純鋼百鍊。中書舍人、權知禮部侍郎、上騎都尉達奚珣,忠公淑慎,白圭三復。各推邦直,皆擅詞雄,峻節彌高,清標不雜。頃膺時事之委,深得選賢之稱。如有所試,已副於僉諧;必也正名,宜光於並拜。陟可吏部侍郎;珣可中散大夫、守禮部侍郎。勳、封各如故。"是韋陟與達奚珣先後爲禮部侍郎。達奚珣二年知舉,知是年爲韋陟矣。

二年癸未(743)

正月丙辰,兩京崇玄學改爲崇玄館。《舊書》本紀

三月,詔:"《禮記·月令篇》,宜冠衆篇之首,餘舊次之。"《唐會要》

十六日,制:"崇玄生試及帖策各減一條。三年業成,始依常式。"《册府元龜》、《唐會要》。

五月,以重注《孝經》頒天下。詔曰:"化人成俗,率由於德本;移忠教敬,實在於《孝經》。朕思暢微言,以理天下,先爲注釋,尋亦頒行。猶恐至賾難明,群疑未盡,近更探討,因而筆削。兼爲叙述,以究源流。將發明於大順,庶開悟於來學。宜付所司,頒示中外。"《册府元龜》

是時海内晏平,選人萬計,委有司考核書判,詔重其事,兼命他司考之,務求其實。吏部侍郎宋遥,與苗晋卿苟媚朝廷,又無廉潔之操,取舍渝濫,甚爲當時所醜。有張奭者,御史中丞倚之

子,不辯菽麥,假手爲判,時升甲科。會下第者嘗爲薊令,以其事白於范陽節度使安禄山。禄山思寵崇盛,謁請無時,因具奏之。帝乃大集登科人,御花萼樓親試,升第者十無一二焉。奭手持試紙,竟日不下一字,時謂之“曳白”。帝大怒,貶遥爲武當郡大守,晋卿爲安康郡太守,又貶倚爲淮陽郡太守。詔曰:“庭闈之間,不能訓子,選調之際,乃以托人。”時士子皆以爲戲笑,或托於詩賦諷刺。考判官禮部郎中裴朏、起居舍人張烜、監察御史宋昱、左拾遺孟朝,〔趙校:岑仲勉云:應作“孟匡朝”,《册府》避宋諱省“匡”字。見後《訂補》。〕皆貶官嶺外。《册府元龜》

進士二十六人:

劉單,狀元。《元和姓纂》有禮部侍郎劉單,岐山人,當即此人。《舊書·楊炎傳》:“元載自作相,嘗選擢朝士有文學才望者一人,厚遇之,將以代己。初引禮部郎中劉單,單卒;引吏部侍郎薛邕。”恐《姓纂》作“侍郎”誤。

邱爲(丘爲),《唐才子傳》:“邱爲,嘉興人。初累舉不第,歸山讀書數年。天寶初,劉單榜進士,王維甚稱許之。”○孟按:“邱爲”當即“丘爲”,“邱”“丘”諸書互見。今通行本皆作“丘”,然《元和姓纂》卷五作“邱”。《永樂大典》卷二三六八引《蘇州府志》於唐進士科“天寶十年,侍郎李麟”下録有“丘爲”,注云:“亦云天寶中,未詳年數。”疑誤。

孟彦深,《唐詩紀事》:“彦深字士源,登天寶二年第。”《甘澤謡》有前進士孟彦深。

張謂,《唐詩紀事》:“謂登天寶二年進士第。”

喬琳,《舊書》本傳:“琳,太原人。天寶初舉進士。” 按《前定録》,喬琳以天寶元年冬自太原赴舉,擢進士登第。

衛庭訓。《太平廣記》引《集異記》:“衛庭訓,河南人,累舉不第。天寶初,遇華原梓潼神曰:‘來歲合成名。’至京,明年果成名。釋褐授涇陽縣主簿。”

明經科:

楊暄。《太平廣記》引《明皇雜録》:“楊國忠之子暄,舉明經。禮部侍郎達奚珣考之,不及格,將黜落,懼國忠而未敢定。時駕在華清宫,珣子撫爲會昌尉,珣遽召使,以書報撫,令候國忠,具言其狀。撫既至國忠私第,五鼓初起,列火滿門,將欲趨朝。國忠方乘馬,撫因趨入,謁於燭下。國忠謂其子必在選中,意色甚歡。撫乃白曰:‘奉大人命,相君之子試不中,然不敢黜退。’國忠却立,大呼曰:‘我兒何慮不富貴,豈藉一名爲鼠輩所賣耶?’不顧,乘馬而去。撫惶駭,遽奔告於珣曰:‘國忠恃勢倨貴,使人之慘舒出於咄嗟,奈何以校其曲直。’因致暄於上第。” 按《雜録》言暄爲户部侍郎,珣纔自禮部侍郎轉吏部侍郎,故附於第一榜。

博學宏詞科:

李華。獨孤及《趙郡李公中集序》:“公名華,開元二十三年舉進士,天寶二年舉博學宏詞,皆爲科首。”

*高道不仕舉:

*樊端。陳補云:“《職官分紀》卷十五引韋述《集賢記注》:‘天寶二年,樊端應高道不仕試,拜家丞令,同正直集賢院,暴卒院中。’”

知貢舉:禮部侍郎達奚珣。《唐語林》作中書舍人,蓋以中書舍人守禮部侍郎也。

三載甲申(744)

正月丙申朔,改年爲載。《舊書》本紀

七月,詔曰:“朕欽惟載籍,討論墳典,以爲先王令範,莫越於唐虞,上古遺書,實稱於訓誥。雖百篇奥義,前代或亡,而六體奇文,舊規猶在。但以古先所制,有異於當今,傳寫浸訛,轉疑於後學。永言刊革,必在從宜。《尚書》應是古體文字,並依今字繕寫施行。永念典謨,無乖於古訓,庶遵簡易,有益於將來。其舊本仍藏之書府。”《册府元龜》、《唐會要》。

十二月甲寅,《新書》作“癸丑”。親祀九宫貴神於東郊。禮畢,大赦天下。制曰:“自古聖人,皆以孝理,五常之本,百行莫先。

移於國而爲忠，事於長而爲順，永言孝道，實在弘人。自今以後，令天下家藏《孝經》一本，精勤誦習。鄉學之中，倍增教授，郡縣官長，明申勸課。百姓間有孝勤過人，鄉閭欽伏者，所由長官具以名薦。朕惟熙庶績，博訪逸人，豈惟振拔滯淹，以期於大用，亦欲褒崇高尚，將敦於薄俗。虚佇之懷，兼在於此。其有高蹈不仕，遁跡邱園，遠近知聞，未經應薦舉者，委所在長官以禮徵送。"《舊書》本紀、《唐大詔令集》。　此制孫逖所草。

進士二十九人：

趙岳，狀元。

岑參，《唐才子傳》："岑參，南陽人，文本之後。天寶三年，趙岳榜第二人及第。"杜確《岑嘉州集序》："天寶三載，進士高第。"○孟按《唐才子傳校箋》卷三《岑參傳》箋云："杜《序》載：'　天寶三載進士高第，解褐授右内率府兵曹參軍。'《郡齋讀書志》、《直齋書録解題》亦稱'天寶三年（載）進士'，即以杜《序》爲據。而明徐應秋《玉芝堂談薈》卷二'歷代狀元'條記：'天寶三年進士二十九人，狀元羊襲古。'（《文獻通考》卷二九《選舉考》'唐登科記總目'亦載：'（天寶）三載進士二十九人。'與《談薈》相符。）《談薈》與《才子傳》所記天寶三載狀元不同，二説必有一誤（徐松《登科記考》卷九謂《談薈》'三'字恐'五'字之訛）。岑參《初授官題高冠草堂》詩（《全唐詩》卷二〇〇）云：'三十始一命。'依天寶三載（744）及第授官之説，向上推其生年爲開元三年（715）。然與岑參《秋夕讀書幽興獻兵部李侍郎》詩（《全唐詩》卷二〇一，作於廣德元年，即763年秋，詩有'年紀蹉跎四十强'之句）印證，四十九歲而稱'四十强'，難通。疑杜《序》'三'字爲'五'字之訛，晁、陳皆沿襲此誤。岑參當於天寶五載（746）趙岳榜及第、首官，其年三十歲，據此推算，其生年爲開元五年（717）。"同上書册五《岑參傳》陳尚君補箋："箋據岑參《初授官題高冠草堂》詩中'三十始一命'之句，推其生年，以爲生於開元五年（717），及第年則疑爲天寶五年（746），以合三十之數。今按日本文化廳藏唐寫本《新撰類林鈔》卷四，傳爲日僧空海書，有岑參此詩，作'四十始一命'，是其文尚有異説。且古人詩中所述年壽，凡'三十'、'四十'云云，皆取其約數，並非確歲。且唐人及第後，尚須至吏部銓選，方始授官,唐人且有登第多年而未得授官者。故'初授官'與及第未必即同年之事。箋據詩推生年,僅能得其大約之年,復據以疑登第之'三年'爲'五年'之誤,似未妥。"

楊賁,《唐詩紀事》,賁登天寶三年第。

＊喬潭。原列於卷九天寶十三載(754)進士科,徐氏考云:"《摭言》:'喬潭,天寶十三年及第,任陸渾尉。時元魯山客死是邑,潭減俸,禮葬之,復卹其孤。'李華《三賢論》云:'潭,昂之孫,有古人風。'"　孟按:喬潭《霜鐘賦序》云:"南陽豐山有九鐘焉,霜降則鳴,斯氣感而應也。潭忝預少宗伯達奚公特達之遇,擢秀才甲科。庶幾人間有是譽處,然南陽即公隱居之舊地也,故爲《霜鐘賦》以廣知音。"(《全唐文》卷四五一)則喬潭於達奚珣下擢第。考達奚珣於天寶二年(743)至天寶五載(746)四年連知貢舉。喬潭有《會昌主簿廳壁記》云:"會昌,行在也,新邑作焉。主簿,糾曹也,我公吏焉。……潭忝以詞賦見知春官,欽惟教忠,即簿領之能事,敢序施政,有門人之直詞。乙酉歲抄志於南軒之東壁。"(同上)"乙酉歲"爲天寶四載(745),乃喬潭登第後任會昌主簿時所作。由此可知,《摭言》所載"天寶十三年",實爲天寶三載之誤。又,元德秀卒於天寶十三載,見於兩《唐書》及李華《元魯山墓碣銘》,其時喬潭任陸渾尉,而非及第年。今移正。按胡補録於天寶四載,未當。

知貢舉:禮部侍郎達奚珣。見《唐語林》。

四載乙酉(745)

五月,引見諸州高蹈不仕舉人。詔曰:"君子之道,所以正心志,全貞吉也。逸人之舉,所以勵天下,激浮躁也。朕欽崇先訓,以道化人,思致棲真之士,用光咸在之列。是以頻降旌帛,冀空巖藪,虛懷式佇,明發不忘。卿等來膺辟命,遠至城闕。周文多士,既叶於旁求;虞舜疇咨,亦在於僉議。爰命臺省,詢於道業。或善行無跡,名實難窺;或大器晚成,春秋尚富。津涯未測,輪桷何施?事且隔於行藏,道遂分於出處。其馬曾、《唐大詔令集》作"馬尚曾"。常廣心、賀蘭迪等三人,宜待後處分。崔從一、王允貽、《唐大詔令集》作“王元贍”。韓宣、胡祭、《唐大詔令集》作“胡賁”。趙元獎等五人,年鬢既高,稍宜優異,宜各賜緑衣一副,物二十段。餘並賜物十段。不奪隱淪之志,以成高尚之美。並宜坐食,食訖好去,仍依前給公乘。”還郡數日,曾爲左拾遺,廣心、迪並爲金吾衛兵曹。《册府元龜》

七月乙卯,詔曰:“王者天其祖,學者父其師,義有尊崇,情歸孝敬。況我玄宗道要,無名象先,猶龍莫測。昔嘗問禮,烹鮮有論,歷代攸尊,永爲重玄,衆教之父者也。朕纘承聖緒,祇服玄言,乙夜觀書,將求於道。雖理歸絶學,信無取於筌蹄;然垂代作程,義必存乎文字。俾之大順,亦合《禮經》。其墳集中有載玄元皇帝、南華等真人,猶稱舊號者,並宜改正。其餘編録經義等書,亦宜以《道德經》列諸經之首,其《南華經》等不須編在子書。仍即令集賢院審詳改定,應舊號並科目訖,具付宣所司,仍頒示中外。”《册府元龜》

九月一日,銀青光禄大夫、國子祭酒、上柱國李齊古表上《石臺孝經》曰:“臣齊古言。臣聞《孝經》者,天經地義之極,至德要道之源,在六籍之上,爲百行之本。自文宣既殁,後賢所注,雖事有發揮,而理成乖舛。伏惟開元天寶聖文神武皇帝陛下,敦穆孝理,躬親筆削。以無方之聖,討正舊經;以不測之神,改作新注。朗然如日月之照,邈矣合天地之德。使家藏其本,人習斯文,普天之下,罔不欣戴。仍以太學王化所先,《孝經》聖理之本,分命璧沼,特建石臺,義展睿詞,書題御翰,以垂百代之則,故得萬國之歡。今刊勒既終,功績斯著。天文炳焕,開七耀之光輝;聖札飛騰,奪五雲之氣色。烟花相照,龍鳳沓起,實可配南山之壽,增北極之尊。百寮是瞻,四方取則。豈比《周官》之禮,空懸象魏;孔氏之書,但藏屋壁。臣之何幸,躬睹盛事。遇陛下興其五孝,忝守國庠,率胄子歌其六德,敢揚文教,不勝忭躍之至。謹打《石臺孝經》本分爲上下兩卷,謹於光順門奉獻兩本以聞。臣齊古誠惶誠恐,頓首頓首,死罪死罪。謹言。”敕曰:“孝者德之本,教之所由生也。故親自訓注,垂範將來。今石臺畢功,亦卿之善職。覽所進本,深嘉用心。”石刻拓本

進士二十五人:

＊崔祐甫。原卷二十七《附考·進士科》著録有崔祐甫,徐氏考云:“《舊書·崔祐甫傳》:‘字貽孫,舉進士。’顔真卿《崔沔宅陋室銘記》:‘長子成甫,進士,校書郎。祐甫以進士高第,累登臺省。’”　孟按:《彙編》[建中004]邵説撰建中元年(780)十一月廿四日《有唐中書侍郎同中書門下平章事常山縣開國子贈太傅博陵崔公(祐甫)墓誌銘并序》(周紹良藏拓本,開封博物館藏石)云:“公諱祐甫,字貽孫。……年廿五,鄉貢進士高第。……以建中元年歲次庚申六月一日薨於京師静恭里第,春秋六十。”則其二十五歲時在天寶四載。今移正。亦見朱補。

＊明經科:

＊陳諸。《彙編》[貞元064]貞元十一年(795)四月十二日《唐故朝散大夫河南府户□(曹)□(參)□(軍)陳府君(諸)墓誌銘并序》(周紹良藏拓本)云:“公諱諸,字諸,潁川人也。……年八歲,弘文館明經擢第,起家補太子通事舍人。”按陳氏卒於貞元十年(794)九月二十二日,享年五十七,則其八歲時在天寶四載。誌載“弘文館明經擢第”,然年僅八歲似當爲童子舉。亦見羅補。

＊博學宏詞科:孟按:《玄元皇帝賀聖祚無疆》詩爲本年試題,詳下。

＊殷寅,原列本年進士科,徐氏注云:“見《文苑英華》。”又考云:“《新書·王紹傳》:‘紹父端,與柳芳、陸據、殷寅友善。據言端之莊,芳之辨,寅之介,可以名世。’”陳補云:“徐《考》録殷寅、李岑、趙鐸爲本年進士,證據僅爲推測《玄元皇帝賀聖祚無疆》詩爲本年試題,殊勉强。李岑爲開元二十七年進士,已見前考。趙鐸,《全唐詩》卷八七一注:‘鐸一作驊。’頗疑即趙驊之誤。《舊唐書》卷一八七驊‘開元中舉進士,連擢科第。’徐氏定驊爲開元二十三年進士。《舊唐書》卷一〇二殷寅‘應宏詞舉,爲永寧尉。’綜上諸證,大致可肯定《玄元皇帝……》詩爲宏詞試而非進士試題。”　孟按:

《全唐文》卷三四四顔真卿撰《曹州司法參軍秘書省麗正殿二學士殷君(踐猷)墓碣銘》云:踐猷子"寅,聰達有精識,能繼先父之業,有大名於天下。舉宏詞,太子校書,永寧尉。"《舊唐書·韋述傳》附:"(殷)踐猷,申州刺史仲容從子,明《班史》,通於族姓。子寅,有至性,早孤,事母以孝聞。應宏詞舉,爲永寧尉。"《新唐書·儒學中·殷踐猷傳》:"少子寅,舉宏辭,爲太子校書,出爲永寧尉。"皆未載其登進士第之事。

＊李岑,原列本年進士科,徐氏注云:"見《文苑英華》。"　孟按:李岑開元二十七年(739)擢進士第,見前考。又,《文苑英華》卷三九二載賈至草《授李岑工部員外郎制》:"敕:京兆府兵曹參軍李岑敏而好學,出言有章,累登甲乙之科,嘗居匡輔之任。""累登甲乙之科",當謂其舉進士,又舉宏詞也。

＊趙驊。原作"趙鐸",列於本年進士科,徐氏注云:"見《文苑英華》。"陳補云"頗疑即趙驊之誤"。　孟按:陳補所疑甚是。《舊書·忠義傳》言趙曄"開元中舉進士,連擢科第",已見開元二十三年進士科考;又檢《唐詩類苑》卷四十三《帝王部》録《玄元皇帝應見賀聖祚無疆》詩三首,作者分别爲:殷寅、李岑、趙驊。知趙驊當爲本年登宏詞科。《英華》誤。下附其詩作者名亦隨改。

高蹈不仕科:

馬曾,見《文苑英華》。

常廣心,見《册府元龜》。

賀蘭迪。見《册府元龜》。

知貢舉:禮部侍郎達奚珣。見《唐語林》。　《石臺孝經》刻於天寶四載九月,其後列銜有中大夫、行禮部侍郎、上輕車都尉臣達奚珣,是其年知舉也。

殷寅《玄元皇帝應見賀聖祚無疆詩》曰:"應曆生周日,修詞表漢年。復兹秦嶺上,更似霍山前。昔贊神功起,今符聖祚延。已題金簡字,仍訪玉堂仙。睿祖光元始,曾孫體又玄。言因六夢接,慶叶九靈傳。北闕心超矣,南山壽固然。無由同拜慶,竊忭

賀陶甄。"《文苑英華》

李岑《玄元皇帝應見賀聖祚無疆詩》曰:"皇綱歸有道,帝系祖玄元。運表南山祚,神通北極尊。大同齊日月,興廢應乾坤。聖后趨庭禮,宗臣稽首言。千官欣賜睹,萬國賀深恩。錫宴雲天接,飛聲雷地喧。祥雲飛紫閣,喜氣繞皇軒。未預承天命,空勤望帝門。"《文苑英華》

趙驊《玄元皇帝應見賀聖祚無疆詩》曰:"聖主今司契,神功格上玄。豈惟求傅野,更在叶鈞天。留夢西山下,焚香北闕前。道光尊聖日,福應集靈年。咫尺真容近,巍峩大象懸。觴從百寮獻,形爲萬方傳。聲教惟皇矣,英威固邈然。慚無美周頌,徒上祝堯篇。"《文苑英華》。 按《册府元龜》:"天寶四載二月甲午,崇玄館學士、門下侍郎陳希烈奏曰:'伏見太清宫道士蕭從一云,今日五更,欲於殿上焚香。行至三清門,忽有一片紫雲從空下,兼有異常音樂。忽然如夢,身心驚駭。見空中有異人,兼仙童玉女,謂從者曰:"我是玄元皇帝,可報吾孫,汝是上界真人,今侍吾左右。吾實使天匠就助,成就訖,長衛護汝,受命無疆,灾害自除,天下安樂。"言訖隨雲氣便入殿門。謹按諸道士、學生,皆稱今日凌晨,於三清門外見道士蕭從一鞠躬唱喏三四聲,有紫雲及音樂,移時不散。伏惟陛下,虔誠奉道,福佑所歸。置玉石真容,侍聖祖左右,仙樂下度,天匠助成。紫雲徘徊,移時不散。空中有語,所報非常,言聖壽之延長,億萬載之無極。伏望宣付史館。'帝手詔答之。"故知爲此年試題。

五載丙戌(746)

正月二十三日,詔曰:"《禮記》垂訓,篇目攸殊,或未盡於通體,是有乖於大義。借如堯命四子,所授惟時;周分六官,曾不繫月。先王行令,蓋取於斯。苟分至之可言,何弦望之是舉?其《禮記·月令》,宜改爲'時令'。"《册府元龜》、《唐會要》。

集賢院學士、尚書左僕射、兼右相、吏部尚書、修國史、上柱國、晋國公李林甫等，上《注解删定禮記月令表》曰："臣聞昔在唐虞，則曆象日月，敬授人時。降及虞舜，則璿樞玉衡，以齊七政。夏后則更置《小正》，周公則别爲《時訓》，斯皆《月令》之宗旨也。逮夫吕氏，纂集舊儀，定以孟春，日在營室。有拘恒檢，無適變通，不知氣逐閏移，節隨斗建。洎乎月朔差異，日星見殊，乃令雩祀愆期，百工作沴。事資革弊，允屬更宜。昭代敬天勤民，順時設教，是以有皇極之敷言，親降聖謨，重有删定。乃依杓建，爰準攝提。舉正於中，匪乖期於積閏；履端於始，不爽候於上元。節氣由是合宜，刑政以之咸序。遂使金木各得其性，水火無相奪倫，蓋所謂順乎天而應乎人者也。乃命集賢院學士、尚書左僕射、兼右相、吏部尚書李林甫，門下侍郎陳希烈，中書侍郎徐安貞，直學士、起居舍人劉光謙，宣城□司馬齊光乂，河南府倉曹參軍陸善經，修撰官、家令寺丞、兼知太史監事史元晏，待制官、安定郡别駕梁令瓚等爲之注解。臣等虔奉綸旨，極思何有，愧無演暢之能，謬承載筆之寄。義深罕測，學淺無能，莫副天心，空塵聖意。謹上。"石刻拓本

二月二十四日，詔曰："道爲理本，孝實天經。將闡教以化人，必深究於微旨。朕親承聖訓，覃思玄宗。頃改《道德經》載字爲哉，仍隸屬上句，及乎廷議，衆以爲然。遂錯綜真銓，因成注解。又《孝經》舊疏，雖粗發明，幽賾無遺，未能該備。今更敷暢，以廣闕文。且妙本逾玄，微言久絶，或怡然獨得，或參以諸家。庶宏聖哲之規，用叶君親之義。仍令集賢院具寫，送付所司，頒示中外。"《册府元龜》、《唐會要》。　按《孝經注》已於天寶二年重修，此修者《孝經疏》也。

進士二十一人：

羊襲吉。《玉芝堂談薈》於六年楊護之前，載三年狀元羊襲吉。按三年狀元爲趙岳，則"三"字恐"五"字之訛，附此俟考。

知貢舉：禮部侍郎達奚珣。見《唐語林》。

六載丁亥(747)

正月戊子,南郊禮畢,《册府元龜》作"丁亥,南郊"。 按《舊書》本紀:"丁亥,親享太廟。戊子,親祀圜丘。"今從之。大赦天下。制曰:"選賢推能,嘗慮不廣。三府之辟,則惟採於大名;四科之薦,蓋不通於小學。今承平日久,仕進多端,必欲遠賁弓旌,載空巖穴,片善必録,末技無遺。天下諸色人中,通明一藝已上,各任薦舉。仍委所在郡縣長官,精加試練,灼然超絶流輩,遠近所推者,具名送省。仍委尚書及左右丞諸司,委御史中丞更加對試。務取名實相副者,一時奏聞。"《册府元龜》。 元結《喻友》云:"天寶丁亥中,詔徵天下士人有一藝者,皆得詣京師就選。相國晋公林甫,以草野之士猥多,恐漏泄當時之機議,於朝廷曰:'舉人多卑賤愚瞶,不識禮度,恐有諢言,污濁聖聽。'於是奏待制者,悉令尚書長官考試,御史中丞監之,試如常吏。已而布衣之士無有第者,遂表賀人主,以爲野無遺賢。"○《文獻通考》卷二十九《選舉二·舉士》引上文,馬端臨按云:"温公《通鑑》載此事於天寶六載,然以唐《登科記》考之,是年進士二十三人,風雅古調科一人,不知何以言無一人及第也。"《佩文韻府》卷二十之四"風雅古調科"注云:"唐《登科記》:天寶六載進士二十三人,風雅古調科一人。"

進士二十三人:《玉芝堂談薈》作二十二人。《雲麓漫鈔》:"天寶六年,楊護榜試《罔兩賦》。" 按《文苑英華》,《罔兩賦》以"道德希夷仁美"爲韻。

楊護,狀元。見《唐才子傳》、《玉芝堂談薈》。

李澥,見《文苑英華》。 穆員《刑部郎中李府君墓誌銘》:"府君諱澥,字堅水。〔趙校:《新表》卷七二下作"堅冰"。〕天寶中擢進士,調太子校書。" 按澥又見《述書賦》注。

石鎮,見《文苑英華》。 按鎮於是年登科,故天寶四載撰《奉國寺上座龕瑩記》,其結銜但稱"河南府鄉貢進士"也。

蔣至,見《文苑英華》。

包佶,《新書·劉晏傳》:"包佶,潤州延陵人。父融。"《唐才子傳》:

"包佶字幼正,天寶六年楊護榜進士。"《書録解題》:"包佶,天寶六載進士,兄何後一年。"○孟按:《千唐》[1033]張賈撰大和二年(828)二月十六日《國子祭酒致仕包府君(陳)墓誌銘并序》(参見《彙編》[大和 011])云:"君諱陳,字□□。大父融,藴江山之秀,以文藻知名。開元末,相國曲江公將所賞異,引爲集賢殿學士、大理司直,贈秘書監。考諱佶,天寶中,以弱冠之年,升進士甲科。"明朱警編《唐百家詩》(明嘉靖刊本)於《唐包秘監詩集》下注云:"天寶六年禮部侍郎李巖下及第。"

孫鎣,見《文苑英華》。○孟按:《唐詩類苑》卷一四六載劉長卿《送孫鎣京監擢第歸蜀覲省》詩云:"適賀一枝新,旋驚萬里分。禮闈稱獨步,太學許能文。征馬望春草,行人看暮雲。遥知倚門處,江樹正氛氲。"亦見《全唐詩》卷一四八。

劉蕃。《唐詩紀事》,蕃登天寶六年進士第。

諸科一人:

*蕭季江。《補遺》第三册,第 130 頁,韓章撰貞元十一年(795)八月十二日《唐故朝散大夫行太子洗馬上柱國蕭公(季江)墓誌銘并序》云:"公諱季江,字季江,其先蘭陵人也。……弱冠以道舉出身。"按蕭氏卒於貞元十一年七月二日,享年六十八。以其弱冠年推之,其以道舉及第當在本年。

風雅古調科:

薛據。見《册府元龜》、《唐會要》。 《唐才子傳》:"薛據,天寶六年中風雅古調科第一人。"

知貢舉:禮部侍郎李巖。見《唐語林》。

李澥《罔兩賦》曰:"夫物有形而必累,影隨形以相保。窮希微而歸真,信罔兩之合道。豈其取捨,焉得醜好。諒不由其運行,實禀之於玄造。原夫不皦不昧,無失無得。寧在陽而必遷,曷處陰而自默。罔言成象,合莊叟之深衷;責影辨疑,異田巴之見惑。豈徒飾詞比事,所以尊道貴德。增於物或有知其長短,察於人孰可分其黑白。搏之則微,聽之則希。將去彼而取此,由虚往而實歸。明引喻,混是非。用之於身,豈疾走可息;行之於國,則至道之肥。原闕四字。故往無思。吾有影而何患,吾有色而可遺。同焉皆得,没而不衰。尋邊鄙契之於罔象,鑄扃鐍合之於希夷。夫焉則豈止持操自保,納虚爲鄰。復歸無物,夫何有云。匪勞逸之足眩,曷行藏之是親。任皇人之化跡,通天地之不仁。況我國家,道周寥廓,德及純粹。撝僞歸真,絶聖棄智。漢陰抱甕而匿影,赤水遺珠而有愧。罔兩難明,慌惚無累。徒以知人藏化,見德思義。儻微陰之所及,幸餘光兮不我秘。"《文苑英華》

石鎮《罔兩賦》曰:"粤若窮理盡性,在宗載考。觀窮玄元,訏謨天造。憫鷦鷯之爲得,處一枝而屬厭。詞罔兩而格言,詳萬籟於至道。道之爲體也,無思無慮,惟静惟默。黄帝得之而升於雲天,維斗得之而運於辰極。下空洞之路,理必諧於襄野;登隱坌之邱,義無虧於建德。爾其問影責實,稽謀惟微。審行止之常分,固怨菑而用希。陰與夜兮吾所隱,火與日兮吾所依。若有待而持操,誠不協於天機。且夫步日者足,憐蚿者夔。雖鳧鶴而異禀,將斷續而則悲。苟安時以處順,惟我心之則夷。如莫邪之或躍,必歐冶之見遺。客有感之而嘆曰:'大塊勞我,聖人不仁。天地無私於覆載,陰陽吻合於陶鈞。動之則矯,置之則親。汎然無跡,瞠然絶塵。時既來而不再,物亦煦而知春。夫如是則何患無位不作,守道安貧而已哉!'於是罔兩,卑陬改容,逡巡徐避。養澹泊,懷簡易。鄙白龍之遇制,嗤文豹之有累。寓百骸於神理,休四海之光被。在埏埴於洪鑪,得修身之明義。"《文苑英華》

蔣至《罔兩賦》曰:"揖傲吏以逍遥,啟真經於探討。則知辨彫萬物,富有三寶。假影外之微陰,喻域中之大道。惟彼罔兩,同夫糾纆。邈矣難名,混兮不測。離婁目眩而方見,桑宏心計而寧識。其出也與影俱遊,其入也與陰相息。乃謂影曰,子於我兮何力,我於子兮何德。將詰之於心,請對之於臆。殊途兮同歸,孰是兮孰非。進豈得苟,退殊所希。緊我有待,俾爾相依。在波瀾而比目,升雲漢而聯飛。胡乃折責其持操,而欲論乎等威者哉。且夫出入隨日,行藏任時。儀刑長短,取象毫釐。雖曩華而今槁,豈變態而殊姿。語默無滯,類達人之舒卷;視聽無及,符至道之希夷。原夫以陰托影,以影輔人,行則無跡,居必同塵。不樂葆太,寧悲賤貧。茹藜被褐非所恥,腰金鳴玉非所珍。誰泣楊朱之路,誰迷宣父之津。誠滑疑於至理,不忝闕於天真。則知於物有憑,處身如寄。和光遠害是其道,先人後己是其義。鑒之者雖臨水而罕窺,畏之者將奔走而奚避。欲明有象之無象,有愧知音之意。"《文苑英華》

包佶《罔兩賦》曰:"罔兩謂形,豈伊天造。試一商榷,此焉探討。謂之小入乎無間,謂之大達於蒼昊。雖則名參於異物,抑亦齊理於至道。今將議其旨,窮其色。爲涅而不緇,爲繫而不食。或托之於鱗介,或生之於羽翼。謂子有回日之役,謂子有戴山之力。向若執盈似虛,太白若黑。黽黽有難名之稱,乘乘有可尚之德。苟不然者,人將奚則。彼逐者影,動每相依。既不可逼,又不可違。凌青冥而對舉,投汗漫而雙飛。鑒秋葉而逾静,臨夕陽而暫微。彼何事而相托,此何心而所希。罔兩曰,我形子影,我應子追。我憑子之狀,子假我之威。寧論立兮與坐,夫何操而不持。似都捐於視聽,宛冥合於希夷。未識形爲影之主,影亦形之賓。詎可責之於動息,又何怒之於因循,使惡跡者止其足,厭影者蔭其身。子之意兮焉適,惟此求而得仁。更憶班固,麗藻漆園。清真述幽通於前烈,繼逍遥於後塵。沈吟染翰,願慕書紳。於是稽乎古,陳乎義。常未得其一端,固多慚於明試。"《文苑英華》

孫鎣《罔兩賦》曰:"南華真人,立玄古,恣探討。折罔兩之喻,明希夷之道。將欲侔三光之懸,爲百代之寶。其始也,若乃天清氣明,長雲如掃。呈纖微之虚質,揚大陽之杲杲。莫不以影爲典,以形爲則。動静委任,濃纖合德。欣禦寇之輕盈,耻壽凌之匍匐。遇夫明也，有似夫亨通；遇夫陰也，何異於否塞。罔兩責於影曰：'子實傷躁，吾之甚微。謂爲無也，雖微而必有；謂其有也，雖可名曰希。吾將捨子而去，子復何所歸？'影乃假詞而諭曰：'夫鴻鈞造物，其道大夷。至精者不思而玄得，懵昏者役慮而不知。則吾之與爾，皆形之陰也，焉得以自頤。亦何以捨天地之大德，承日月之無私。幸文明之宣照，故纖毫而不遺。'罔兩於是欣然而應曰：'此乃邇其身，居其神。静躁匪肅，吉凶由人。雖讒搆不能以相間，安繩墨之竟爾相因。翳夫行高道潔，煦然慈仁。規行矩步，和光同塵。志存禮義，上奉君親。是以吾以與爾，俱得其真。無終食之見捨，罔不孤之有鄰。〔趙校："罔"下，《英華》卷九〇注"疑作同"。〕豈比夫共體嚚頑，本枝險詖。隨誇競以馳騁，靡道德之浸漬。務呫囁之委曲，疲趑趄之巧僞。騰浮薄而爲名，竟顛蹶以俱累。豈與盛明之光燭，希薦能而比義。'"《文苑英華》

七載戊子(748)

五月壬午，受册徽號，大赦天下。詔曰："古者鄉有塾，黨有序，所以明尊卑之儀，正長幼之序。風化之道，義在於兹，先置鄉學，務令敦勸。如聞郡縣之間，不時訓誘；閭巷之内，多虧禮節。致使言詞鄙褻，少長相陵，有玷清猷，何成雅俗。自今已後，宜令郡縣長官，申明條式，切加訓導。如有禮儀興行及綱紀不立者，委採訪使明爲褒貶，具狀聞奏。道教之設，淳化之原，必在弘闡，以敦風俗。須列四經之科，將冠九流之首。雖及門求道，頗有其人，而睹奥窮微，罕聞達者。豈專精難就，爲獎勸未弘？天下諸色人中，有通明《道德經》及《南華》等四經，任於所在自舉，各委長官，考試申送。"《舊書》本紀、《册府元龜》、《唐大詔令集》。

進士二十四人：

楊譽，狀元。

包何，《唐才子傳》："包何字幼嗣，潤州延陵人，包融之子也。與弟佶俱以詩鳴，時稱‘二包’。天寶七年，楊譽榜及第。”

李嘉祐，《唐才子傳》：“李嘉祐字從一，趙州人。天寶七年楊譽榜進士。”《極玄集》：“李嘉祐，袁州人。天寶七年進士。”

權皋，《舊書·權德輿傳》：“父皋，字士繇，少以進士補貝州臨清尉。”李華《權皋墓表》：“既冠，進士及第。”以大曆元年卒、年四十二計之，是年二十四，故曰既冠也。《權文公集·王妣楊夫人墓誌》云：“天寶四年，先太保貞孝公既孤，夫人慈仁訓育，以文行紹纘，繇進士第授臨清尉。”

郭珍岑，沈亞之《旌故平盧軍節士文》：“郭旴家平盧軍，父珍岑，天寶七年及第。以舉進士，與權皋著作同上第。”

李栖筠。《新書》本傳：“字貞一。族子華，每稱有王佐才。華固請舉進士，俄擢高第。”權德輿《贊皇文獻公文集序》：“德輿先公與公天寶中修詞射策，爲同門生。” 按栖筠即吉甫之父。 按《黄石公祠碑》題趙郡李卓撰，碑陰有大曆八年齊嵩記云：“所題趙郡李卓，即今臺長栖筠。”是栖筠未第時名卓也。○孟按：權德輿所撰《贊皇文獻公文集序》稱栖筠“舉秀才第一”，與《唐才子傳》異，徐氏不取。

知貢舉：禮部侍郎李巖。見《唐語林》。

八載己丑(749)

進士二十人。

*明經科：

*盧憕，《千唐》[865]天寶十載(751)十一月十一日《唐故孝廉范陽盧公(憕)墓誌銘并序》(參見《彙編》[天寶194])云：“君諱憕，字平仲，涿郡范陽人也。……年廿一，以明經擢第。……以天寶十載十月廿九日終於東京德懋里第，春秋廿三。”可知其明經擢第時在天寶八載。亦見羅補。

*李佐。原列本書卷二十七《附考·明經科》，徐氏考云：“穆員《京兆少尹李公墓誌》：‘佐字公輔，弱冠擢明經。’” 按陳補云：“《文苑英華》卷九四四穆員《京兆少尹李公墓誌》：‘諱佐，字公輔……弱冠擢明經，調婺州武義縣尉。’以貞元六年卒，年六十一推之，本年爲二十歲。”今移正。

有道科：

高適。《唐詩紀事》:“高適字達夫。”《舊書》本傳:“高適者,渤海蓨人。父從文,位終韶州長史。適少濩落,不事生業。家貧,客於梁宋,以求丐取給。天寶中,海内事干進者,注意文詞。適年過五十,始留意詩什,數年之間,體格漸變,以氣質自高。每吟一篇,已爲好事者稱誦。宋州刺史張九皋深奇之,薦舉有道科。”《讀書志》:“高適又字仲武,渤海人。天寶八年舉有道科,中第。”〇孟按:《新唐書》本傳:“高適字達夫,滄州渤海人。少落魄,不治生事。客梁、宋間,宋州刺史張九皋奇之,舉有道科中第,調封丘尉。”

拔萃科:

王閲。《廣卓異記》引《登科記》:“閲天寶元年狀元,八年拔萃頭登科。”

知貢舉:禮部侍郎李巖。見《唐語林》。《封氏聞見録》:“天寶初,達奚珣、李巖相次知貢舉,進士文名高而帖落者,時或試詩放過,謂之‘贖帖’。”

九載庚寅(750)

正月丁巳,詔以十一月封華岳。《新書》本紀

三月辛亥,西岳廟災。時久旱,制停封西岳。《舊書》本紀

七月己亥,國子監置廣文館,徙生徒爲進士業者。《舊書》本紀。《摭言》云:“天寶九年七月,詔於國子監别置廣文館,以舉常修進士業者。斯亦救生徒之離散也。”

進士二十一人:

沈仲昌,《唐詩紀事》:“仲昌登天寶九年進士第。”

賈邕。《唐詩紀事》:“邕天寶九年李暐侍郎下登第。”蕭穎士《江有歸舟詩序》:“後進而余師者,自賈邕、盧冀之後,比歲舉進士登科。”

*明經科:

*崔千里。《千唐》[983]崔恕撰貞元十九年(803)十月廿日《唐故登仕郎常州司士參軍襲武城縣開國伯崔府君(千里)墓誌銘并序》(參見《彙編》[貞元125])云:“先考諱千里,字廣源,清河東武城人也。……年十

六,以國子監明經備身。……及參選日,侍郎劉公晏賞書判之能,署華州參軍。”又銘曰:“未登弱冠,通明數經,敦詩閲禮,遂成令名。”按崔氏卒於貞元十二年(796),享年六十二,則其十六歲時在天寶九載。按楊希義《輯釋》繫於天寶八載(749),未當。王補亦入本年。

*上書拜官:

*先朝,詳下。

*薛須。陳補:“《職官分紀》卷十五引韋述《集賢記注》:‘天寶九年,先朝以白衣上書,試經及第,拜右威衛倉曹、集賢待制。是歲,薛須以白衣上書,試經及第,拜右驍衛胄曹、集賢待制。’”

知貢舉:禮部侍郎李暐。見上。 《唐語林》作中書舍人李韋,《唐詩紀事》又作崔暐。《封氏聞見録》:“李右相在廟堂,進士王如泚者妻公女,〔趙校:《唐語林》卷一無“女”字。依下文文義,當從《語林》。〕以伎術供奉。玄宗欲與改官,拜謝而請曰:‘臣女婿王如泚,見應進士舉,伏望聖恩回换,與一及第。’上許之,付禮部宜與及第。侍郎李暐以詔詣執政,右相曰:‘如泚文章堪及第否?’暐曰:‘與亦得,不與亦得。’右相曰:‘若爾,未可與之。明經、進士,國家取才之地,若聖恩優異,差可與官。今以及第與之,將何以觀?’林甫即自聞奏取旨。如泚賓朋宴賀,車馬盈門,忽中書下牒禮部:‘王如泚可依例考試。’聞者愕然失措矣。”

十載辛卯(751)

正月壬辰,朝獻太清宫。癸巳,朝饗太廟。甲午,有事於南郊,合祭天地。禮畢,大赦天下。制曰:“朕搜羅賢俊,旌賁邱園,猶慮遁跡藏名,安卑守位。瞻言及此,寤寐思焉。其諸色人中,有懷才抱器,未經薦舉者,委所在長官,審加訪擇,具名録奏。”《舊書》本紀、《册府元龜》。

九月辛卯,御勤政樓試懷才抱器舉人,命有司供食。有舉人私懷文策,坐殿三舉,並貶所保之官。《册府元龜》

丙申,舉人並下第。敕曰:“朕祗應寶曆,叚鑒遠圖,慮草澤之遺賢,降弓旌於慮辟。是以三紀於兹,群材輻湊,或一言可紀,必適輪轅;一善有經,每加獎進。庶六合之内,靡然同風,四科之門,咸能一貫。何兹意之緬邈,而增修之寂寥。今者舉人,深乖宿望。朕之所問,必正經史,卿等所答,咸皆少通,所問多否。以獨鑒未周,必資僉議,爰命朝賢三事,精加詳擇。咸以爲闕於聚學,莫可登科。至於每歲秀才,有司考試,帖經問策,兼以雜文,假如及第,在階選序。今之將舉,待以榮班,各非異才,孰可超獎?懇鑿經傳,且未精勤,俯拾青紫,豈宜倖覬。其懷才抱器舉人,並放更習學,即好去。其有不對策羅嘉茂,既是白丁,宜於劍南效力。全不答所問崔慎惑、劉灣等,勒爲本郡充學生之數,勿許東西。其所舉官,各量貶殿,以示懲誡。"《册府元龜》

進士二十人:《永樂大典》引《蘇州府志》:"天寶十載,侍郎李麟知舉,試《豹鳥賦》、《湘靈鼓瑟詩》。" 按《文苑英華》,《豹鳥賦》以兩遍用四聲爲韻。

李巨卿,狀元。

錢起,《唐才子傳》:"錢起字仲文,吴興人。天寶十年李巨卿榜及第。"《舊書·錢徽傳》:"父起,天寶十載登進士第。起能五言詩,初從鄉薦,寄家江湖,常於客舍月夜獨吟,遽聞人吟於庭曰:'曲終人不見,江上數峰青。'起愕然,攝衣視之,無所見矣。以爲鬼怪,而志其一十字。起就試之年,李暐所試《湘靈鼓瑟詩》題中有青字,起即以鬼謡十字爲落句。暐深嘉之,稱爲絶唱。是歲登第。" 按李暐當作李麟。 《困學紀聞》:"錢起名在第六,《豹鳥賦》。"〇孟按:《唐才子傳校箋》卷四《錢起傳》箋云:"按錢起之登第年尚有可疑。《舊唐書·錢徽傳》載于天寶十載(751),又云是年知貢舉者爲李暐。《詩話總龜》卷四八《鬼神》門載此事作李時,《唐詩紀事》卷三十作崔暐,皆不同。按《唐語林》卷八《累爲主司》條載:'李巖三:天寶六載、七載、八載。李麟再:天寶十載、十一載。'中缺九年之考官。《唐詩紀事》卷二七《賈邕》條:'邕,天寶九年李暐侍郎下登第。'知天寶九載主文者爲李暐。李暐,兩《唐書》無傳,其事又見《通鑑》卷二一六,天寶十載正月,'丁酉,命李林甫遥領朔方節度使,以户部侍郎李暐知留後事';

又據《全唐文》卷三八玄宗《册凉王張妃文》,李暐於天寶九載四月尚在中書舍人、權知禮部侍郎任。蓋暐于天寶九載春以中書舍人權知禮部侍郎典貢舉,下半年改户部侍郎,十載正月爲朔方節度留後,禮部侍郎則有李麟繼任,並典十載、十一載貢舉。《舊唐書·錢徽傳》、《郡齋讀書志》(卷四上别集類上)皆謂起之座主爲李暐,《詩話總龜》作李時,蓋名誤,《唐詩紀事》作崔暐,蓋姓誤。而其登第年當從李暐作天寶九載。"又云:"徐松《登科記考》卷九仍據舊説作天寶十載,並採《永樂大典》引《蘇州府志》:'天寶十載,侍郎李麟知舉,試《豹鳥賦》、《湘靈鼓瑟》詩。'又引《困學紀聞》文:'錢起名在第六,《豹鳥賦》。'今錢起所作即有《豹鳥賦》、《湘靈鼓瑟》詩,而此又爲天寶十載進士試之詩賦題。據此,則起又當爲天寶十載進士登第。兩説並存,俟考。"今考姚合《極玄集》:"錢起,字仲文,吴興人。天寶十載進士。"諸書所載當以此爲最早,作"十年"是。

謝良輔,《唐詩紀事》:"謝良輔登天寶十一年進士第。" 按《文苑英華》,《豹鳥賦》有錢起、謝良輔,當從之。

魏璀,見《文苑英華》。

陳季,見《文苑英華》。

莊若訥,見《文苑英華》。

王邕,見《文苑英華》。

*孫翊仁,胡補:"《全唐文》卷四〇七《孫翊仁小傳》:'翊仁,天寶十年進士。'"

*房寬,胡補:"《全唐文》卷四〇七《房寬小傳》:'寬,天寶十年進士。'"

*李徵,原列本卷天寶十五載(756)進士科,徐氏考云:"李景亮《人虎傳》:'隴西李徵,皇族子,家於虢。略弱冠,從州府貢焉。天寶十五載春,於尚書右丞楊元榜下登進士第。後數年,調補江南尉。後化爲虎。與陳郡袁傪同登進士第。'按楊元當從《宣室志》作楊浚,右丞當作左丞。"孟按:《太平廣記》卷四二七引《宣室志》作"天寶十載春於尚書右丞楊没(浚)榜下登進士第"。按是年知禮部貢舉者爲兵部侍郎李麟,作"尚書右丞楊元榜"誤。又詳下"袁傪"考。

＊袁傪。原列本卷天寶十五載(756)進士科,徐考見上“李徵”條。孟按:《太平廣記》卷四二七引《宣室志》“李徵”條謂“陳郡袁傪以監察御史奉詔使嶺南……傪昔與(李)徵同登進士第”。考《太平廣記》卷四九六引《國史補》“袁傪”條:“袁傪之破袁晁,擒其僞公卿數十人。州縣大具桎梏,謂必生致闕下。傪曰:‘此惡百姓,何足煩人?’乃遣笞臀逐之。”《舊唐書》卷十一《代宗紀》:寶應元年(762)八月,“台州賊袁晁陷台州,連陷浙東州縣”。寶應二年(763)三月“丁未,袁傪破袁晁之衆於浙東”。四月“庚辰,河南副元帥李光弼奏生擒袁晁,浙東州縣盡平”。《舊唐書》卷一五二《王棲曜傳》:“廣德中,草寇袁晁起亂台州,連結郡縣,積衆二十萬,盡有浙江之地。御史中丞袁傪東討,奏棲曜與李長爲偏將,聯日十餘戰,生擒袁晁,收復郡邑十六。”《千唐》[915],韋應物撰永泰元年(765)十二月九日《大唐故東平郡鉅野縣令頓丘李府君(璀)墓誌銘并序》(參見《彙編》[永泰003]):“公諱璀……有二女……幼適御史中丞袁傪。”按誌文作於永泰元年(765)十二月。據上考知,袁傪於寶應元年、二年間即以御史中丞討袁晁。若以天寶十五載登進士第,則不六、七年而爲御史中丞之職,進官似不當如此之速。今從《宣室志》移正至本年。

明經科:

賈耽。鄭餘慶《左僕射賈耽神道碑》:“公諱耽,字敦詩,天寶十載明經高第。”○孟按:原卷二十七《附考・明經科》又著録“賈躭”,徐考引《舊書》本傳:“字敦詩,滄州南皮人。以兩經登第。”〔趙校:已見卷九天寶十載,詳《施補》。〕又《新唐書・賈耽傳》亦載:“賈耽字敦詩,滄州南皮人。天寶中舉明經,補臨清尉。”是爲一人,今删併。

博通墳典科:

歸崇敬。柳宗元《四門助教廳壁記》:“歸崇敬,天寶中舉博通墳典科,對策第一。”《蘇州府志》列於是年。

才可宰百里科:

顔允臧,《顔魯公集・顔允臧神道碑銘》:“君諱允臧,字季寧,京兆長安人。天寶十載制舉縣令,對策及第。”

歸崇敬,《新書》本傳:“崇敬舉博通墳典科,對策第一,遷四門博士。

有詔舉才可宰百里者,復策高等。"〇孟按:《舊唐書》本傳作:"天寶末,對策高第,授左拾遺,改秘書郎。"

＊程俊。《千唐》[952]王顏撰貞元六年(790)十月廿八日《唐齊州豐齊縣令程府君(俊)墓誌銘并序》(參見《彙編》[貞元 030])云:"公諱俊,字㟧□,姓程氏,帝顓頊之後。……補太廟齋郎,解褐恒州參軍。刺史張公願居上不寬,惟公□任,遷青州司户。會天寶九年冬,詔下□□□□縣令。時張移密州,公膺首舉。明年春,□□□□□策試稱旨,制授齊州豐齊縣令。"亦見羅補。

上書拜官一人:

杜甫。《新書》本傳:"天寶十三載,玄宗朝獻太清宫,饗廟及郊,甫奏賦三篇。帝奇之,使待詔集賢院,命宰相試文章。"黄鶴曰:"《舊書·玄宗紀》,十載正月乙酉朔,壬辰,朝獻太清宫。癸巳,朝饗太廟。甲午,有事於南郊。《朝饗太廟賦》曰:'壬辰既格於道祖,乘輿即以是日致齋於九室,有事於南郊。'賦曰:'二之日,朝廟之禮既畢。'與《舊書》甲子俱合。則爲十載獻賦明矣。" 按黄説是也,今從之。

知貢舉:兵部侍郎李麟。《唐語林》作中書舍人。　按《舊書》本傳云:"天寶七載,遷兵部侍郎。同列楊國忠專權,不悦麟同職,宰臣奏補以本官權知禮部貢舉。俄而國忠爲御史大夫,麟復本官。十一載,遷銀青光禄大夫、國子祭酒。"是知舉時不爲中書舍人明矣。

錢起《豹舄賦》曰:"麗哉豹舄,文彩彬彬。豹則雕虎齊價,舄與君子同身。故得飛聲入楚,見賜留秦。曩者胡爲,隱霧而不下;今則何幸,對雪而迎賓。蓋因虞者之獲,成於匠者之手。苟當時以爲用,雖殺身而何有。於以理之,美且無度。既居下以禦濕,亦迎前而啟路。花映香塵,光生玉步。借使登朝廷,列臺閣,規矩不改,會同自若。投其跡必陟鴛鷺之行,取其文不改犬羊之鞟。詩人歌其事,《春秋》美其名。捨則止,用則行。逗迴齊飛,遥分鄴令之術;入朝曳響,近雜尚書之聲。彼糾糾葛屨,珊珊珠履,一則固窮,一則僭起。制度首出,憲章俱美。嘗試談論,其兹舄而已。士或覽之而言曰,象以齒而焚,龜以骨而斃。況之豹也,憑巖穴以逞欲,以爪牙而自衛。而有用於人,竟以皮而戾。一朝寢處,成此新偉。夫斑文散焕,毳毛蒙密。映鶴氅以迎暉,臨翠被以曜質。於斯時也,不可談悉。亦有刻意,未參卑秩。東郭之曳履長穿,王生之結襪何日。思蔚然而一變,歌豹舄以自畢。"《文苑英華》

＊又錢起《豹舄賦》曰:"豹可爲兮鬱矣其文,材賈害兮用之楚君。用之則那,爲舄几几。雖工興其飾,亦天鍾厥美,奢以則之,衆目所視異哉?惟雜爾巧,有詭其制也。青葱掩其真,赤繶慚其麗,動容而彩射金屋,舉趾而聲傳玉砌。諒服玩之惟奇,知侈靡之無藝。徵夫至理也,匪威儀不忒,匪古訓是則;甚葛屨之失禮,同鷸冠之敗德。何役智以宣驕,乃自躬而刑國。噫!先王立極,念兹在兹;服有常度,行無越思。何爾舄之豹飾,雜珠綺與文狸;若昭其泰,無乃簡彝!是舄也,君子嘆之。觀乎異狀,斑然復周,蹙霞起,焕爾文質。當其踐履,知我者謂我惡居下流,不知我者謂我親承玉趾。則知物有所歸,天之冥數。惟豹作舄,殺身思遇,惜其有美而來,亦以禦寒之故。雖雨雪而盈尺,俾陽和而在步,不然者寧踐於斯路?客有感而言,其文也何麗!其用也何薄!當思步武之間,徒異犬羊之鞟。飾被已慚於翡翠,爲裘更於狐貉。别南山之霧,以奉進趨;同鄴縣之鳧,願翔廖廓。"《文苑英華》卷一一三。 孟按:《英華》並列錢起《豹舄賦》兩篇,適合題下注"以兩遍用四聲爲韻"之意,徐松僅録前篇,今補録後篇。

謝良輔《豹舄賦》曰:"惟兹舄兮稱珍,受異質而彬彬。其文也合變於君子,其用也見美於詩人。伊昔大匠未知,含章可久。棲山隱霧,或群或友。且申威以肅口,寧畏險而挺走。豈知獻狀於繚者之身,入用於屨人之手。敏手既至,光華增媚。兩美必合,一朝成器。信常功之嘉猷,爲盡飾之美利。苟賞善之在我,甘殺身而不懟。曲直裁成,威儀可睹。若向也獸,而今也舄。諸侯所重，楚子之翠被有光；王者攸宜，周官之赤繶無斁。左之右之，乍合乍離。每唯命以進退，將有翼於威儀。擇地而行，豈慮泥塗之辱；有道則至，尚懷文彩之奇。故尚書之曳履，聲則有旨；中郎之倒屣，義亦爲美。雖惜原注：疑。足以同方，豈能文而可紀。則知隨時應物，順人合度。克通夫莫往莫來，實恠於規行矩步。滯阜鄉之自惜，飛鄴縣之可慕。願賓上國之階墀，冀吾君之一顧。夫材俟時而進用，時俟材以求索。彼微獸之有章，亦飾躬而制作。慕公孫之几几，耻滑稽以文錯。幸参鵷鷺之行，無雜犬羊之鞟。若然者，則荷夫天衢之亨，對斯文而不怍。"《文苑英華》

錢起《湘靈鼓瑟詩》曰："善鼓雲和瑟，常聞帝子靈。馮夷空自舞，楚客不堪聽。苦調淒金石，清音入杳冥。蒼梧來怨慕，白芷動芳馨。流水傳湘浦，悲風過洞庭。曲終人不見，江上數峰青。"《文苑英華》

魏璀《湘靈鼓瑟詩》："瑶瑟多哀怨，朱絃且莫聽。扁舟三楚客，藂竹二妃靈。淅瀝聞餘響，依稀欲辨形。柱間寒水碧，曲裏暮山青。良馬悲銜草，游魚思繞萍。知音若相遇，終不滯南溟。"《文苑英華》

陳季《湘靈鼓瑟詩》曰："神女泛瑶瑟，古祠嚴野亭。楚雲來泱漭，湘水助清泠。妙旨微幽契，繁聲入杳冥。一彈新月白，數曲暮山青。調苦荆人怨，時遥帝子靈。遺音如可賞，試奏爲君聽。"《文苑英華》

莊若訥《湘靈鼓瑟詩》曰："帝子鳴金瑟，餘聲自抑揚。悲風絲上斷，流水曲中長。出没游魚聽，逶迤彩鳳翔。微音時扣徵，雅韻乍含商。神理誠難測，幽情詎可量。至今聞古調，應恨滯三湘。"《文苑英華》

王邕《湘靈鼓瑟詩》曰："寳瑟和琴韻，靈妃應樂章。依稀聞促柱，髣髴夢新妝。波外聲初發，風前曲正長。凄清和萬籟，斷

續繞三湘。轉覺雲山迴，空懷杜若芳。誰能傳此意，雅會在宫商。"《文苑英華》

十一載壬辰(752)

七月，舉人帖及口試，並宜對衆考定，便唱通否。《册府元龜》、《唐會要》。

十二月，敕："禮部舉人，比來試人，頗非允當。帖經首尾，不出前後，復取者也之乎，頗相類之處下帖。爲弊已久，須有釐革。禮部起今每帖，前後各出一行，相類之處，並不須帖。"是載，禮部侍郎楊浚始開爲三行。原注：不得帖斷絶疑似之言也。明經所試一大經及《孝經》、《論語》、《爾雅》帖各有差。帖既通而口問之。經問十義，得六者爲通。問通而後試策，凡三條，三試皆通者爲第。進士所試一大經及《爾雅》，原注：舊制帖一小經並注。開元二十五年，改帖大經，其《爾雅》亦並帖注也。帖既通而後試文、試賦各一篇。文通而後試策，凡五條。三試皆通者爲第。原注：經策全通爲甲。策通四，帖通四以上爲乙。策通三，帖通三以下；及策雖全通，而帖經文不通四；或帖經雖通四以上，而策不通四：皆爲不第。明法試律、令各十帖，試策共十條。原注：律七條，令三條。全通爲甲，通八以上爲乙，自七以下爲不第。書者試《説文》、《字林》凡十帖，原注：《説文》六帖，《字林》四帖。口試無嘗限，皆通者爲第。算者試《九章》、《海島》、《孫子》、《五曹》、《張邱建》、《夏侯陽》、《周髀》、《五經》、《綴術》、《緝古》帖各有差，原注：《九章》九帖，《五經》等七部各一帖，《綴術》六帖，《緝古》四帖。兼試問大義，皆通者爲第。凡衆科，有能兼學，則加超獎，不在常限。"《册府元龜》。《封氏聞見録》："天寶十一年，楊國忠初知選事，進士孫季卿曾謁國忠，言禮部帖經之弊。舉人有實才者，帖經既落，不得試文。若先試雜文，然後帖經，則無遺才矣。國忠然之。無何，有敕進士先試帖經，仍前後開一行。是歲收人有倍常歲。"

進士二十六人：

薛播。《舊書》本傳："河中寶鼎人，中書舍人文思曾孫也。父元暉，什邡令。播天寶中舉進士。"播天寶十一年登第，見《五百家》韓注。　岑參《送薛播擢第歸河東詩》曰："歸去新戰勝，盛名人共聞。鄉連渭川樹，家近條山雲。夫子能好學，聖朝全用文。弟兄負世譽，詞賦超人群。雨氣醒别酒，城陰低暮曛。遥知出關後，更有一終軍。"

知貢舉：禮部侍郎李麟。見《唐語林》。　按《舊書》本紀，十一月丙午，兵部侍郎、兼御史中丞楊國忠兼領劍南節度使。蓋李麟復本官在此時，而楊浚代爲禮部侍郎，故十二月有楊浚奏也。

十二載癸巳(753)

六月八日，禮部奏，以貢舉人帖經既前後出一行，加至帖通六與過。《唐會要》

七月壬子，詔天下舉人《舊書》本紀作"齊人。"不得充鄉試，《舊書》本紀作"鄉貢"。皆須補國子學生及郡縣學生，然後聽舉。《舊書》本紀作"貢舉"。四門俊士停。《舊書》本紀、《册府元龜》。

進士五十六人：

楊儇，狀元。《五芝堂談薈》作"楊衆"，蓋字形相近致訛。

鮑防，《舊書》本傳："幼孤貧，篤志好學屬文，天寶末舉進士。"《唐才子傳》："鮑防字子慎，天寶十二年楊儇榜進士，襄陽人也。"穆員《鮑防碑》有"唐尚書東海宣公姓鮑，諱防，字子慎，河南洛陽人。舉進士高第"。以貞元六年卒、年六十九計之，是年三十二。

皇甫曾，《唐才子傳》："皇甫曾字孝常，冉之弟也。天寶十二年楊儇榜進士。"《唐詩紀事》："皇甫曾，天寶中兄弟踵登進士第。"獨孤及《故左補闕皇甫冉集序》："君母弟殿中侍御史曾，字孝常，與君同稟學詩之訓，君有誨誘之助焉。既而麗藻競爽，盛名相亞。"〇孟按：《新唐書·文藝中·皇甫冉傳》："與弟曾皆善詩，天寶中踵登進士。"

張繼，《唐才子傳》："張繼字懿孫，襄州人。天寶十二年，禮部侍郎楊浚下及第。與皇甫冉有髫年之故，契逾昆弟，早振詞名。"《唐詩紀事》引高仲武云："張繼員外，累代詞伯，積襲弓箕，其於爲文，不雕不飾。及爾登第,秀發當時。"

李清,《唐詩紀事》:"清,天寶十二年進士。"

長孫鑄,《唐詩紀事》:"鑄,天寶十二年楊浚舍人下及第。"

劉太沖,《唐詩紀事》:"太沖,天寶十二年楊浚舍人下登第。"

＊鄭愕,《唐詩紀事》卷二十七《鄭愕傳》:"天寶十二年楊浚舍人下登第。"亦見施補。

＊劉舟,詳下。

＊殷少野,以上二人原載本卷天寶十五載(756)進士科,徐氏考云:"以上二人,《唐詩紀事》皆作天寶十六年楊浚舍人下登第。按天寶無十六年,六字誤,附載此年。"然汲古閣本《唐詩紀事》俱作"十二年",今移正。亦見陳補。

＊鄔載,原列本卷天寶十三載(754)進士科,徐氏考云:"鄔載,《唐詩紀事》:'天寶十三年楊浚侍郎下登第。'按錢起有《送鄔三落第還鄉詩》。"孟按:汲古閣本《唐詩紀事》作"十二年",今據改。

＊房由(房白),原本卷天寶十三載(754)進士科著録有"房白",徐氏考云:"《唐詩紀事》:'房白,天寶十三年楊浚侍郎下登第。'" 孟按:"十三年",汲古閣本作"十二年"。又《千唐》[897]天寶十三載(754)閏十一月十一日《大唐故永王府録事參軍盧府君(自省)墓誌銘并序》(參見《彙編》[天寶256])題下署:"前國子進士房由撰。"陳補已疑"房白"當作"房由",並謂上引墓誌撰者房由與房白"似即一人"。又按《唐尚書省郎官石柱題名考》卷十二《户部員外郎》載:"房由,又度中、祠外。"考曰:"戴叔倫有《襄州遇房評事由》詩(王荆公《唐百家詩選》七)。郎士元有《送彭偃房由赴朝因寄錢大郎中李十七舍人》詩(《文苑英華》二百七十二)。"《新唐書·宰相世系表》録河南房氏:"由,度支郎中。"則"房白"當爲"房由"之誤。今移正並正名。

＊王崇俊。《補遺》册七,第67頁,徐釗撰貞元九年(793)七月廿六日《唐故鄜坊節度都營田使兼後軍兵馬使軍前討擊使同節度副使雲麾將軍試鴻臚卿兼試殿中監太原縣開國子食邑五百户上柱國王府君(崇俊)墓誌銘并序》:"唐貞元八年七月七日,太原王君諱崇俊,春秋六十九,終於鄜

州中部縣玉華川北剛之私第。……年卅,鄉賦薦用。歷官任職,頗有功勳。”以貞元八年(792)享年六十九推之,其三十歲在天寶十二載。

＊明經科:

＊林披。原列本年進士科,徐氏考云:林蘊《睦州刺史府君神道碑》:‘曾大父瀛州刺史元泰,生大父饒州郡太守萬寵,饒州生府君贈睦州刺史。府君諱披,字茂則。年十有五,自寫六經百家子史千餘卷。年二十,以經業擢第,授臨汀郡曹掾。’《永樂大典》載《臨汀志》引《林氏續慶圖》,林披二十以明經擢第。《林氏續慶圖》:‘字茂彦,萬寵次子。天寶十一年擢第。’《閩川名士傳》:‘披一作丕,莆田人。’” 孟按:據上所引文字,知林披爲明經擢第。又《新唐書·儒學下·林蘊傳》亦謂“蘊世通經”,蘊,披子。而徐松列披於進士科下,誤。今移正。

＊知貢舉:禮部侍郎陽浚(楊浚、楊俊、楊涣)。原作“楊浚”,徐氏考云:“見《唐語林》。按諸書所引,楊或作陽,浚或作俊,又作涣,皆非。李華《三賢論》:‘禮部侍郎楊浚掌貢舉,問蕭穎士求人,海内以爲德選。’”〔趙校:岑仲勉以爲作“陽”是,以下十三至十五載同。詳後《訂補》。〕 孟按:岑補云:“……曲石藏《唐故朝散大夫太子左贊善大夫隴西李府君(咄)墓誌銘并序》,咄卒天寶十三載十二月,以翌年十一月葬,撰人題‘禮部侍郎集賢院學士陽浚撰’。是作‘陽’者不誤。徐氏唯知信《三賢論》,殊不知傳刻之訛,固不限於某書也。下文十三至十五載同誤。”按岑補所引墓誌又見《彙編》[天寶 271](周紹良藏拓本),惟“咄”作“朏”。

十三載甲午(754)

二月乙亥,《新書》作甲戌。御興慶殿受徽號。禮畢,大赦天下。制曰:“自臨御以來四十餘年,棫樸延想,寤寐求賢,林藪無遺,旌招不絶。猶慮升平已久,學業增多,至於徵求,或遺僻陋。其博通墳典,洞曉玄經,清白著聞,詞藻宏麗,軍謀出衆,武藝絶倫者,任於所在自舉。仍委郡縣長官精加詮擇,必取才實相副者奏聞。且厚其風俗,五教之旨,聿興賁於邱園,十翼之風斯在。

其士庶間衆推孝弟,累代義居,高尚確然,隱遁巖穴者,委採訪使博訪聞薦。"《舊書》本紀、《册府元龜》、《唐大詔令集》。

七月二十七日,敕:"如聞嶺南州縣,近來頗習文儒。自今以後,其嶺南五府管内,白身有詞藻可稱者,每至選補時,任令應諸色鄉貢舉,仍委去使准式考試。有堪及第者,具狀聞奏。如有願赴京者,亦聽。"《册府元龜》

十月,《唐會要》作十月一日。御含元殿,《舊書》本紀、《楊綰傳》皆作御勤政樓。親試博通墳典,洞曉玄經,詞藻宏麗,軍謀出衆等舉人。命有司供食,既暮而罷。其詞藻宏麗科,問策外更詩律賦各一首。制舉試詩賦,自此始也。時登科甲者三人,太子正字楊綰最爲所稱。乙第者凡三十餘人。《册府元龜》

策洞曉玄經科曰問:"大象無體,玄功陰隲,雖稟生之類萬殊,而含道之原一致。是以至人垂訓,將以微言,〔趙校:"微言"《英華》卷四七七作"利物"。〕演爲真宗,貽厥後學,包括六藝,周流八表。或因事以立言,或寓言以詮意。至如交樂於天,交食於地,不相與爲事,不期與爲謀,善無所私,惡無所棄,施之於教,何以勸勉?經曰:'不争善勝,不言善應。''正直如繩,平易如水。'常務斯道,易往不臻。又曰:'善建不拔,善抱不脱,子孫以祭祀不輟。'斯言信矣。昔放勳欽明,光宅天下,人歌擊壤,政叶雍熙。可謂善乎建抱,善乎拔脱。〔趙校:下"善"字下,《英華》卷四七七注"集作免"。〕宜其帝緒蕃遠,貽厥孫謀,綿綿瓜瓞,邁德垂裕。何丹朱之不嗣,而祭祀輟乎?又,天無二日,民無二主。若以天下觀,天下豈有二君乎?夫君爲元首,臣爲股肱,君無賢臣,誰與共理?粤若舜舉八元,致垂拱之化;漢用三傑,成霸王之業。夏、殷之末,任佞去賢,宗社淪亡,爲無匡輔。經稱不尚賢者,其旨何哉?聖人立教,專氣致柔。故刑不欲勞,往不欲竭,深根固蒂,可以常存。則有朝穆肆任,勞逸過度,促齡損性,却以爲然。又有惟静惟清,守真守樸。二經之説,何取則焉?又聞善攝生者,動與吉會,武不措爪，兵難容刃。單豹巖居水飲，身代俱損，壽永色孺，不免噬搏。何衛生之不異，而利害之頓殊？子既洞曉玄經，探微索隱，矛盾若此，何以會明？側席虚心，佇聞啟沃。"《文苑英華》

十六日，道舉停習《道德經》，加《周易》，宜以來載爲始。《册府元龜》、《唐會要》。

進士三十五人：

楊紘，狀元。《玉芝堂談薈》作"楊肱"。

韓翃，《唐才子傳》："韓翃字君平，南陽人。天寶十三載楊紘榜進士。"許堯佐《柳氏傳》云："天寶中，昌黎韓翃有詩名。禮部侍郎楊度擢翃上第。"按"度"即"浚"之訛。〇孟按：《極玄集》卷下已載翃"天寶十三載進士"，《郡齋讀書志》卷四上别集類上、《直齋書録解題》卷十九詩集類上所録同。

元結，《舊書》本傳："後魏常山王遵十五代孫。曾祖仁基，字惟固，從太宗征遼東，襲常山公。祖亨，字利貞。父延祖。結少不羈，十七乃折節向學，事元德秀。"《唐才子傳》："元結字次山，武昌人，魯山令元紫芝族弟也。天寶十三載進士。禮部侍郎楊浚見其文曰：'一第慁子耳。'遂擢高品，後舉制科。"元結自撰《文編序》云："天寶十二年，漫叟以進士獲薦，名在禮部。會有司考校舊文，作《文編》納於有司。當時叟方年少，侍郎楊公見《文編》嘆曰：'以上第污元子耳。'明年，有司於都堂策問群士，叟竟在上第。"結又有《别王佐卿序》："癸卯歲，元結次山年四十五。"癸卯爲寶應二年，是天寶十二年年三十五，故曰年少也。

尹徵，

劉太真，蕭穎士《江有歸舟詩序》云："門弟子有尹徵之學，劉太真之文，首其選焉。今兹春，連茹甲乙，淑問休闡，爲時之冠。浹旬有詔，俾徵典校秘書，且馳傳壠首，領元戎書記之事。四牡騑騑，薄言旋歸。而太真元昆，前已甲科，未始間歲，翩其連舉。夏五月，迴棹京洛，告歸江表。"按太真兄太沖，於十二年登第。云"未始間歲"，是太真登第在十三年矣。尹徵蓋亦是年登第。裴度《劉太真神道碑銘》："太真字仲適，族彭城。公十有五而志於學，弱冠以行義修潔，詞藻瑰異，名聲藉甚於諸公間。天寶中，與伯氏太沖迭升太常第，議者榮之。"《舊書》本傳："宣州人，少師事詞人蕭穎士。天寶末，舉進士。"○孟按：天一閣[萬曆]《丹徒縣志》卷三《人物》："太真登天寶十五年進士。"與《舊唐書》本傳合，録此俟考。

＊吕渭。原卷二十七《附考・進士科》著録吕渭。徐氏考云："吕渭，《舊書》本傳：'字君載，河中人。父延之，越州刺史、浙江東道節度使。渭舉進士。'按世傳洞賓吕巖即吕渭之後，見《蒙齋筆談》。" 孟按：《補遺》册四，第 81 頁，吕温撰貞元十六年(800)十二月八日《唐故通議大夫使持節都督潭州諸軍事守潭州刺史兼御史大夫中丞充湖南都團練觀察處置等使(下闕)魚袋贈陝州大都督東平吕府君(渭)墓誌銘并序》云："吾先府君諱渭，字君載，其先炎帝之胤也。……公弱冠舉進士高第。……以(貞元)十六年七月一日薨於鎮，享年六十有六。"以其弱冠歲推之，其登第當在本年。今移正。亦見王補。

＊明經科：

＊竇寓，《千唐》[938]大曆十四年(779)八月廿三日《唐故河南府洛陽縣尉竇公(寓)墓誌》(參見《彙編》[大曆 080])云："公諱寓，扶風平陵人。……弱冠明經擢第，調補秘書省正字。"按竇氏卒於大曆十四年七月二十九日，享年四十五，則其弱冠歲在天寶十三載。亦見陳補。

＊薛迅。《千唐》[975]杜密撰貞元十七年(801)十一月十二日《唐故河南府密縣丞河東薛府君(迅)墓誌銘并叙》(參見《彙編》[貞元 105])云："公諱迅，字迅，河東汾陰人也。……天寶十三載，州舉孝廉，弱冠擢第。……有司旌於甲科，授許州許昌尉。"按薛氏卒於貞元十七年(801)七月二十二日，享年七十九。其天寶十三載時年三十二，故言"弱冠"不當。亦見楊希義《輯釋》。

諸科一人。

詞藻宏麗科：

楊綰。見《册府元龜》、《唐會要》。 《舊書》本傳"字公權，華州華陰人。祖温玉，父侃。綰生聰惠，年四歲，處群從之中，敏識過人。嘗夜宴親賓，各舉坐中物，以四聲呼之。諸賓未言，綰應聲指鐵燈樹曰：'燈盞柄曲。'衆咸異之。及長，好學不倦，博通經史，九流七略，無不該覽。尤工文詞,藻思清贍,而宗尚玄理,沈静寡欲。舉進士,調補太子正字。天寶十三載,玄宗試博通墳典、洞曉玄經、詞藻宏麗、軍謀出衆等舉人,取詞藻宏麗。時登科者三人,綰爲之首”。　按《舊書·元結傳》:“結舉進士,復舉制科。會天下亂,沈浮人間。”是結登制科在是年。綰首登詞藻宏麗科,或結亦其一也。○孟按:《新唐書·楊綰傳》:“第進士,補太子正字。舉詞藻宏麗科,玄宗已試,又加詩、賦各一篇,綰爲冠,由是擢右拾遺。制舉加詩、賦,繇綰始。”

洞曉玄經科:

獨孤及,《唐才子傳》:“獨孤及,洛陽人。天寶十三年,舉洞曉玄經科”。梁肅《獨孤及行狀》:“天寶十三年載,應詔至京師。時玄宗以道莅天下,故黄老教列於學官。公以洞曉玄經對策高第,解褐拜華陰尉。”○孟按:徐氏此處引《唐才子傳》云云,誤。當作:《唐才子傳》謂獨孤及“天寶末,以道舉高第”。《郡齋讀書志》卷四上謂獨孤及“洛陽人,天寶十三年,舉洞曉玄經科”。余又按:崔祐甫撰《故常州刺史獨孤公(及)神道碑銘并序》:“獨孤常州諱及,字至之,河南洛陽人。……天寶末,以洞曉元經對策上第,詔拜華陰縣尉。”又見《新唐書》本傳。《全唐詩》卷二〇六李嘉祐有《送獨孤拾遺先輩赴上都》詩,蓋送獨孤及也。

*蕭季江,《補遺》第三册,第130頁,韓章撰貞元十一年(795)八月十二日《唐故朝散大夫行太子洗馬上柱國蕭公(季江)墓誌銘并序》云:“公諱季江,字季江,其先蘭陵人也。……天寶十三載,屬玄宗思弘治化,徵召賢良,親自臨軒,用加策試。公時應洞曉玄經舉,與獨孤郎聲動寰中,名高朝右。雖古之晁錯、公孫弘之射策,又何踰焉。信爲盛矣!”按“獨孤郎”指獨孤及。

*李舟。原卷二十七《附考·諸科》著録“李□”,徐氏考云:“李□,梁肅《處州刺史李公墓誌》:‘公諱某,隴西成紀人,字曰公受。生而聰邁,以黄老學一舉登第。’”按胡補云:“《新唐書》卷七二上《宰相世系表二上》‘隴西李氏’云:‘舟字公受,虔州刺史,隴西縣男。’是‘李□’應補正爲‘李舟’。”　孟按:《全唐文》卷四四三李舟小傳亦云:“舟字公受,水部員外郎岑之子,以尚書郎奉使,出爲虔州刺史。”蓋“處”、“虔”二字行形近易訛,參見岑仲勉《讀全唐文札記》。按陳冠明補云:“《李公墓誌》稱:‘享年四十有

八，以某年月日遘疾捐館。'年月不詳。《文苑英華》卷九八二梁肅《祭李處州文》曰：'年月日，淮南節度掌書記殿中侍御史内供奉梁肅謹以清酌之奠，敬祭於故處州刺史隴西李公之靈。'則李舟卒時，梁肅正爲淮南節度掌書記。又按《文苑英華》卷九四四崔元翰《右補闕翰林學士梁君墓誌》云：'相國蘭陵蕭公薦之，擢授右拾遺，修史。以太夫人羸老，有沉痼之疾，辭不應召。其後，淮南節度使吏部尚書京兆杜公表爲殿中侍御史内供奉管書記之任。貞元五年，以監察御史徵。''相國蘭陵蕭公'爲蕭復，建中四年(783)十月至興元元年(784)十一月在相位。其薦梁肅亦在此時。淮南節度使杜公即杜亞，興元元年十二月至貞元五年(789)十二月在淮南節度使任。梁肅之母既有'沉痼之疾'，必不久於人世，但其應辟在服闋之後。《梁君墓誌》所説'其後'，亦含有此意。如此，則梁肅應杜亞之辟大概在大概在貞元二年或稍後，從而可確定李舟之卒年亦在此時。假定李舟卒在貞元二年，則其登第之年應是天寶十三載。《文苑英華》卷九七二梁肅《朝散大夫使持節常州諸軍事守常州刺史賜紫金魚袋獨孤及行狀》曰：'天寶十三載，應詔至京師。時玄宗以道莅天下，故黄老教列於學官，公以洞曉玄經對策高第。'《登科記考》卷九天寶十三載據此入録。'洞曉玄經科'僅天寶十三載有，之前與之後並無此科，故李舟以黄老學登第亦在天寶十三載殆無疑義，應予移正。"　孟按：以李舟約卒於貞元二年(786)，年四十八推之，本年約十六歲。故此説雖屬推測，然亦爲合理。

軍謀出衆科：

胡□。《太平廣記》引《定命録》："御史裴周使幽州日，見參謀姓胡，云是易州人，不記名。項有刀痕，問之，對曰：'某昔爲番官，曾事特進李嶠。嶠奬某聰明，每有詩什，皆令收掌。常熟視謂之曰："汝甚聰明，然命薄，少官禄，年至六十以上，方有兩政。三十有重厄，不知得過否爾。後轗軻，不得覓身名。"'胡至三十，忽遇張佺北征，便隨人軍。軍敗，賊刃頸不斷，於積尸中卧經一宿，乃得活。自此已後，每憶李公之言，更不敢覓官，於寺中洒掃。展轉至六十，因至鹽州，於刺史郭某家爲客。有日者見之，謂刺史曰：'此人有官禄，今合舉薦，前十月當得官。'刺史曰：'此邊遠下州，某無公望，豈敢輒薦舉人。'俄屬有恩赦，令天下刺史各舉一人。其年五月，郭舉此人有兵謀。至十月，策問及第，得東宫衛佐官，仍參謀范陽軍事。” 按李嶠爲特進在景龍三年，參謀能掌詩什，必已弱冠。左右積至此年，得有六十餘。是年有赦制，又於十月御試，參謀以兵謀及第，必應軍謀出衆科也。故據以載入。

* 知貢舉：禮部侍郎陽浚。原作“楊浚”，徐氏考云：“見《唐語林》。” 孟按：見本卷天寶十二載(753)禮部侍郎陽浚考。

獨孤及對策曰：“臣聞道之爲物，無名無形。蓋聖人酌而用之，推而弘之，取其精以脩身，用其粗以頓物，從本降跡，散樸爲器。於是有可道之道，忘言之言。其大略雖以沖寂爲宗，虚極爲體，然妙用無眹，故不可致詰。今陛下詰其體，探其宗，豈不欲因言演教，其教遺有。夫長風吹而衆竅號，則大無不動，細無不應。況陛下用爲大道，以鼓群有。臣則吹萬之一音也，敢不唱於衆竅之末。

“臣謹按，天有施，地有利。用天之施，以處其和，謂之交樂。分地之利，以養其正，謂之交食。夫相與生於有爲，有爲生於有事，有事則謀名存矣。善惡生於公私，公私生於用用，則棄名立矣。然聖人有爲不爲焉，有事無事焉，有謀不謀焉，有善無善焉，有惡無惡焉。泯善惡於一致，合同異於萬殊，别妙門可存，教父斯立。

“臣又按《道德經》云：‘天罔恢恢，疏而不失。’常有司殺者殺之，此不争善勝之應也。文宣王稱‘天何言哉，四時行焉，百物生焉。’此不言善應之驗也。《周書》云：‘無偏無黨，王道蕩蕩。’此正直如繩之效也。經又云：‘居善地，心善泉，與善仁，言善信。’此平易如水之證也。

“陛下亘其言，揭其道，以爲天下式，四十有二載矣。且復推功外名，不有不恃，考言詢事，若沖若缺。詔臣等日常務斯道，曷往不臻。臣鯫生也，焉知其辨。雖然，有一於此，願陛下守而勿失，與神爲一，使神不遠於人，人不遠於天，天人合併，如影響交應,〔趙校:"影"原作"應",據《英華》卷四七七改。〕則甚夷之道,焉往而不臻。

"夫有國者,必善建皇極,善抱至道。道之不存,傾其宗、遷其社之謂拔,桀放南巢,受死牧野是也。極之不建,失其器、亡其國之謂脱,太康去洛汭,幽王敗驪山,厲王流彘是也。至如堯知天曆在躬,故以至公官天下,天下戴之而不辭。知丹朱不肖,又以至公禪天下,天下去之而不怨,可謂邁德矣。其後裔更霸迭王,重之以御龍、唐杜之代禄,可謂垂裕矣。陛下興廢繼絶,立五帝祠,即春秋備其祭典,亦可謂祭祀不輟矣。方之拔脱,臣謂不同。

"經曰:'不尚賢,使民不争。'大哉聖人之知微知彰乎。夫尚賢者,國家之所當先。然古先聖人曰:'雖求賢審官,其用未始不無爲也。'而聖人能無爲於求賢,不能使無爲無跡存,則有爲者尚之以爲利。於是有飾智以驚愚,脩身以明污。其漸起於一時之名,其弊存乎千載之後。不尚賢者,非謂廢股肱之任,絶臣輔之力也。蓋欲因時致功,功成則遺而遺之;因義立事,事遂則有而無之。無之則跡滅,跡滅則争息,争息則於爲無爲,於事無事。雖八元以翼唐弼虞,三傑之戡秦滅項,其無爲無事一也。

"若夫齊天地,冥萬物,莫大於全真。專氣致柔,全真之本也。惟清惟静,全真之中也。各然其所然,各可其所可,全真之末也。設教者三,合其一以貫之。雖逍遥與道養殊途,然性静與力命同轍。苟因其合而較其分,則子産不得不勞於刑政,朝穆不得不逸於肆任。若矯其肆任之性,以徇刑政之端,是續鳬截鶴,虧其全矣。故聖人以大猷御六氣之辨,以大方合二經之旨。明應變無方,立言不一。學者宜忘言以究其體統,不可執言以滯其筌蹄。經不云乎,'返者道之動,惟動而當静'。静可以取則,權足以合義,義無反經。

"凡養生者,以本爲精,以物爲粗。閉其外,慎其内。跡不踐凶危之境，故兵不能容其刃；心不居凴暴之地，故武安得措其爪。苟守其精而遺其粗，故得於内而喪其外。外内無以持其分，則衛生之經悖矣。謂之不異，臣竊異之。

"至如希微大體，徼妙玄鍵，陛下得黄帝之遺珠久矣，雖廣成無所陳其至精，傳説無所用其舟楫。〔趙校："傳説"疑當作"傅説"。〕啟沃之問，豈臣及之。有黷睿謀，懼隕越於下。謹對。"《文苑英華》

十四載乙未(755)

二月十日，弘文學生自今以後，宜依國子監學生例帖試。明經、進士帖經並減半，雜文及策皆須粗通。仍永爲常式。《册府元龜》、《唐會要》。

四月初，敕："國子監諸生等，既非舉時，又屬暑月，在於館學漸炎蒸。其欲有歸私第及還鄉貫習讀者，並聽，仍委本司長官具名申牒。所由任至舉時赴監。東京監亦准此。"《册府元龜》

十月甲午，頒《御注老子》並《義疏》於天下。《舊書》本紀

十一月甲子，安禄山反於范陽。《通鑑》

十二月丁酉，禄山陷東京。《舊書》本紀。 《太平廣記》引《定命録》："天寶十四年，王諸應舉，欲入京，於越州沈七處卜得純乾卦，下四位動變觀卦。沈云：'公今應舉得此卦，觀國之光，利用賓於王，本是嘉兆。然爻動群陰成陽，下成乾卦，上變至四，又不至五，五是君位，未得利見大人。恐公此行不至京而迴。'果至東京，屬安禄山反，奔走却歸江東。"

進士二十四人：

常衮，《舊書》本傳："京兆人，父無爲。衮天寶末舉進士。" 按于邵《與常衮書》云："相公當時，裒然居天下第一。"是常衮爲狀元。十三載爲楊紘榜，十五載爲盧庚榜，故知常衮在是年。

于邵，《舊書》本傳："字相門，〔趙校：《新書》卷七二下作"字德門"。〕其先家於代，今爲京兆萬年人。曾祖筠，户部尚書。邵天寶末進士登科。"于邵

《與郭令公書》云:“令公先府君刺舉於渭,〔趙校:“刺舉”原作“刺史”,據《英華》卷六七〇改。〕家世出牧於岷,二境相接,數年修好,睦爲弟兄,契以金石,則令公之所聞見也。初以專經遜業,常假籍於渭之渚。於時使君又特以禮送,問以時務,許以大名,爲之下榻,教之改業,復歸以報命,先人從而誨焉。天寶中,忝以進士及第。其年判入超絶科,授校書。”又《與常相公書》云:“昔常陪相公鄉里之舉,時應神州甲乙之選。其餘馳逸足,揮勁翮,修容峩峩,來以干進者,蓋千百數,在公堂預鹿鳴之宴猶不可得,況會府鶯遷之地者乎?相公當時,裒然居天下第一,愚實不佞,忝從斯列。六子登科,又厠其數。凡我連茹,世論以榮,皆因依相公,用白粉黛。嗚呼!同時之人,零落向盡,彭楊李賀,冥冥何之。今相公宰平天下,而鄙夫拘束邊外,獨不得一親顔色,更露腹心。”

*李□。《全唐文》卷四二八于邵《送陳留李少府歸上都序》:“天寶中,以公持刈楚之柄,言采其華,將拔其俗,蓋良馬逐逐,在公之伯仲乎?忝嘗齊衡,永以爲好。迨兹二紀,相逢蜀遊,不虞斯來,復與前合。況總括六藝,又擢一枝,青春之年,黄綬標映……可以直上人之望也。”此李少府當與于邵爲同年,後又擢制科,其名未詳。

*明經科:

*李彙。《千唐》[995]韋謨撰元和三年(808)七月廿九日《有唐故撫州法曹參軍員外置隴西李府君(彙)墓誌銘并序》(參見《彙編》[元和 025])云:“公諱彙,字伯揆,隴西郡人也。……年纔弱冠,明經甲科,解褐授恒王府參軍。”按李氏卒於貞元二十一年(805),享年七十,則其弱冠歲在天寶十四載。按楊希義《輯釋》繫於天寶十五載,未當。

拔萃科:

于邵。《舊書》本傳:“登進士科,書判超絶,授崇文館校書郎。”

*知貢舉:禮部侍郎陽浚。原作“楊浚”,徐氏考云:“《册府元龜》:‘天寶十四載三月,給事中裴士淹、禮部侍郎楊浚、太常少卿姚子彦往河南、河北、江淮宣慰。’是放榜畢奉使也。” 孟按:見本卷天寶十二載(753)禮部侍郎陽浚考。

十五載丙申(756)

六月甲午,上御勤政樓,下制親征。乙未,出延秋門。《通鑑》

禄山陷京師。《新書》本紀

七月甲子,上至普安郡,詔以太子亨充天下兵馬元帥。其有文武奇才,隱在山藪,宜加辟命,量命奬擢。《通鑑》、《册府元龜》。

八月甲子,肅宗即位於靈武,尊玄宗爲上皇天帝。大赦天下,改元至德。詔曰:"其有直言極諫,才堪牧宰,文詞博達,武藝絶倫,孝弟力田,沈淪草澤,委所在長官聞奏。詣闕自陳者亦聽。"《册府元龜》、《通鑑》。

進士三十三人:《文苑英華》載皇甫冉《東郊迎春詩》,當是此年試題。

盧庚(盧庾),狀元。〔趙校:《唐五代人物索引》二一一頁注一云,《全文》三七五有"盧庾",亦玄宗時人,與此盧庚或同是一人。庚、庾未知孰是。〕○孟按:韋應物大曆中遊淮陽時有《寄盧庾》詩;又明代廣陵錢元卿刻本《箋注唐賢三體詩法》卷十六:"郎士元,字君胄,中山人,天寶十五載盧庾榜進士。"陳補云:"《文苑英華》卷八六有盧庾《梓潼神鼎賦》。尚待石刻證定之。"

郎士元,《唐才子傳》:"郎士元字君胄,中山人。天寶十五載盧庚榜進士。"○孟按:《極玄集》卷上:"郎士元,字君胄,天寶十五年進士。"《直齋書録解題》卷十九、《郡齋讀書志》卷十七並載郎士元"天寶十五載進士"。又明嘉靖刊本朱警編《唐百家詩》於《郎士元詩集》卷首注云:"天寶十五年侍郎楊浚下及第。"

皇甫冉,《唐才子傳》:"皇甫冉字茂政,安定人。天寶十五載盧庚榜進士。"高適《皇甫冉集序》:"皇甫冉補闕自擢桂禮闈,遂爲高格。"獨孤及《故左補闕皇甫冉集序》:"君十歲能屬文,十五歲而老成。伯父秘書少監彬尤器之,自是令聞休暢,舉進士第。"○孟按:徐氏所引高適《皇甫冉集序》云云,實乃高仲武《中興間氣集》評皇甫冉語。高適卒於代宗永泰元年(765),皇甫冉卒於大曆五年(770),且文中言冉"芳蘭早凋"云云,則作高適顯誤。又《郡齋讀書志》卷十七著録："《皇甫冉詩》二卷。右唐皇甫冉茂政也。丹陽人。天寶十五年進士。"《輿地紀勝》卷七《兩浙西路・鎮江府・人物》："皇甫冉，天寶十五年登進士第。"

令狐峘，天寶末，進士第，見《唐詩紀事》。　《順宗實録》："峘，國子祭酒德棻玄孫。"○孟按：《新唐書・令狐德棻傳》："峘，德棻五世孫。天寶末，及進士第。"

闞播，《舊書》本傳："字務元，衛州汲人。天寶末舉進士。"

封演。《新書・藝文志》："封演，天寶末進士第。"　按演作《聞見録》云："余初擢第，太學諸人共書余姓名於舊紀末。"

明經科：

陸康，《前定録》："劉邈之，天寶中調授岐州陳倉尉。從母弟吴郡陸康自江南來，適有魏山人琮能知人，指康曰：'明年當成名，歷官十餘政。'明年，康明經及第。"　按有"逆胡陷兩京，玄宗幸蜀"之語，康蓋於十五年及第。

柳□，《演公塔銘》："天師俗姓柳，法號明演，累代家於相州湯陰縣。天寶季，擢明經第。寶應中，調補濮州臨濮尉。"

＊柳鎮，原列卷二十七《附考・明經科》，徐氏考云："柳宗元《先侍御史府君神道表》：'諱鎮，天寶末經術高第。'"　孟按：今以《記考》通例移正。亦見陳補。

＊白季庚，原列卷二十七《附考・明經科》，徐氏考云："白居易《襄州别駕府君事狀》：'公諱季庚，天寶末明經出身。'按即居易之父。"　孟按：今以《記考》通例移正。亦見陳補。

＊盧岳，原列卷二十七《附考・明經科》，徐氏考云："穆員《陝虢觀察使盧公墓誌》：'岳字周翰，天寶末擢明經。'"〔趙校："新表作'盧岳'。"〕孟按：今以《記考》通例移正。亦見陳補。

＊崔衍，原列卷二十七《附考・明經科》，徐氏考云："《新書・崔衍傳》："衍天寶末擢明經。"　孟按：今以《記考》通例移正。亦見陳補。又，宋劉應李輯《新編事文類聚翰墨全書》後集甲上卷《州郡門・保定路・人物》："崔衍，擢明經，官至觀察大夫。"

＊王求古。《補遺》册七，第 405 頁，貞元十五年(799)十月十五日

《唐故符寶郎王府君(求古)墓誌銘并叙》:"公諱求古,字求古,太原人也。……天寶末載,明經擢第,解褐授恒王府參軍。"亦見王補。

＊賢良方正,能直言極諫科:

＊蔣鎮,原列卷二十七《附考·制科》,徐氏考云:"《舊書》本傳:'常州義興人,尚書左丞洌之子。天寶末,舉賢良。'"　孟按:以本書體例,當移正至本年。

＊獨孤愐。《補遺》册三,第241頁,獨孤霖撰咸通二年(861)二月二十八日《唐故兖海觀察支使朝散大夫檢校秘書省著作郎兼侍御史河南獨孤府君(驤)墓誌銘》云:"君諱驤,字希龍,臨川八世孫也。曾祖諱道濟,蔡州長史,贈秘書少監。王父諱愐,尚書右司郎中,贈工部尚書。……尚書天寶末制策登□"按誌文未載其所登科目,因附此科。

＊上封拜官:

＊杜亞。《舊唐書》本傳:"杜亞,字次公,自云京兆人也。少頗涉學,善言物理及歷代成敗之事。至德初,於靈武獻封章,言政事,授校書郎。"

＊知貢舉:禮部侍郎陽浚。原作"楊浚",徐氏考云:"見《唐語林》。《唐摭言》:'天寶十二載,禮部侍郎楊浚四榜共放一百五十人,後除左丞。'按自十二載至此歲,四榜共一百三十八人,是《登科記》傳寫有奪誤。皇甫冉有《上禮部楊侍郎詩》:'郢匠掄材日,轅輪必盡呈。敢言當一幹,徒欲隸諸生。末學慚鄒魯,深仁録弟兄。餘波知可挹,弱植更求榮。績愧他年敗,功期此日成。方因舊桃李,猶冀載飛鳴。道淺猶懷分,時移但自驚。關門驚暮節,林壑廢春畊。十里嵩峰近,千秋潁水清。烟花迷戍谷,墟落接陽城。渺默思鄉夢,遲迴知己情。勞歌終此曲,還是苦辛行。'"　孟按:見本卷天寶十二載(753)禮部侍郎陽浚考。

皇甫冉《東郊迎春詩》曰:"曉見蒼龍駕,東郊春已迎。綵雲天仗合,玄象太階平。佳氣山川秀,和風政令行。鈎陳霜騎肅,御道雨師清。律向韶陽變,人隨草木榮。遥觀上林苑,今日遇遷鶯。"《文苑英華》

登科記考補正卷十

唐肅宗文明武德大聖大宣孝皇帝

至德二載丁酉(757)

正月,上皇下詔曰:"天下有至孝友悌,行著鄉閭,堪旌表者,郡縣長官采聽聞奏。"《舊書》本紀

四月八日,制曰:"敕:朕聞惟理亂在庶官,是以先王旁求俊彦,〔趙校:原脱"是"字,據《詔令集》卷一〇三補。〕思皇多士,以倡九牧,阜成兆人。頃者奸臣執權,專利冒寵,惟正直是醜,惟邪佞是比。壅塞賢路,罔蔽天聰,使忠臣不得盡其謀,才士不得展其用。廢三載之黜陟,寢九德之推擇,多有老於郎署,滯於邱園,吏稱無人,才不給位。朕以薄質,嗣守大寶,寇戎未殄,王業惟艱,兢兢乾乾,日慎一日。緬維堯舜求賢之意,周公吐握之義,思欲廣進髦乂,輔寧邦家,實賴公卿大夫,弘我視聽。《易》曰'方以類聚',語曰'舉爾所知',凡宰相王臣,宜加搜擇。其常參官及郡縣長吏、上佐等,皆從歷試而踐通榮,如各知其密行異能、博學深識、才堪濟代、術可利人、名不彰聞、位不充量、湮淪屠釣、流落風波者,一善可録,便宜公舉。遠則裁表附驛,近則進狀奏聞,勿避親仇,無限儕伍。其有獨負奇才,未逢知己,即仰投匭,並所在陳狀自論,長官登時與奏。夫惟薦士,非止一舉,永爲恒典,有即登

聞。昔荀桓子立翟之功,士伯受瓜衍之邑,柳下惠賢而不舉,臧文仲被竊位之名,《春秋》書之,千載不朽。凡百在位,可不勉歟!宜宣示中外,令知朕意。"《文苑英華》、《唐大詔令集》、《賈至集》。

九月癸卯,廣平王收西京。《舊書》本紀

十月壬戌,廣平王入東京。癸亥,上自鳳翔還京。《舊書》本紀

十二月丙午,上皇至自蜀。戊午,上御丹鳳門大赦。制曰:"百姓中孝弟力田、不求聞達者,委採訪使聞奏。其文經邦國,學究天人,博於經史,工於詞賦,善於著述,精於法理,軍謀制勝,武藝絶倫,並任於所在自舉。委郡守銓擇奏聞,不限人數。"《舊書》本紀、《册府元龜》、《唐大詔令集》。

進士二十二人,江淮六人,成都府十六人,江東七人:《册府元龜》云:"至德元年以後,依前鄉貢。"

嚴維,《唐才子傳》:"嚴維字正文,越州人。至德二年,江淮選補使、侍郎崔渙下,以詞藻宏麗進士及第。"〇孟按:《直齋書録解題》卷十九:嚴維"至德二載辭藻宏麗科"。又《才子傳》"江淮選補使、侍郎崔渙下"之語未當,疑維爲李希言下進士,説見《唐才子傳校箋》册五《嚴維傳》陶敏補箋。

顧況,《唐才子傳》:"顧況字逋翁,蘇州人。至德二年,天子幸蜀,江東侍郎李希言下進士。"〇孟按:《全唐文》卷五二九顧況《送宣歙李衙推八郎使東都序》:"天寶末,安禄山反,天子去蜀,多士奔吴爲人海。帝命乃祖掌乎春官,介珪建侯,統江表四十餘郡,雷行蟄動。時況搖筆獲登龍門,斷乎禮部,訖乎吏部,陳謀沃論五十載,感恩懷故。今復得子,蓋天贊予不奪前好。"序中稱"乃祖掌乎春官"者,當指李希言。岑仲勉《唐人行第録》:"又,李八:《全文》五二九顧況《送宣歙李衙推八郎使東都序》,名未詳。據序,其祖當安、史之亂,節度江南。"是也。考《舊唐書·永王璘傳》,天寶十五載(756)十二月,李希言爲"吴郡採訪使";同書《元載傳》,肅宗即位時,希言爲"蘇州刺史、江東採訪使";《資治通鑑》卷二一九至德元年(756),希言爲"吴郡太守兼江南東路採訪使"。又《新唐書·宰相世系表二上》:

“(李)希言,禮部侍郎”;希言子“紓,吏部侍郎”;紓子“僑”。僑或即“李衙推八郎。”又《郡齋讀書志》卷四上、《直齋書録解題》卷十九亦皆言顧況爲至德二載進士。按天一閣[正德]《姑蘇志》卷五《科第表上》唐進士科於“至德二年”著録顧況,然注云:“《登科記》無,疑作别科。”[崇禎]《吴縣志》卷三十三《選舉·進士》同。疑後世所傳之《登科記》有誤,録此俟考。

戴孚,顧況《戴氏廣異記序》:“譙郡戴君孚,幽賾最深,至德初,況始與同登一科。君自校書終饒州録事參軍。”

王察。《舊書·王徽傳》:“祖察,至德二年登進士第。”

*辭藻宏麗科:

*嚴維。孟按:《直齋書録解題》卷十九:嚴維“至德二載辭藻宏麗科”。《唐才子傳》卷三所記維“以辭藻宏麗進士及第”,不確。

知貢舉:禮部員外郎薛邕,《摭言》:“至德二年,駕臨岐山,右補闕兼禮部員外邕下二十一人。”按“二十一人”即《登科記》“二十二人”之異文,是二十二人鳳翔所放也。門下侍郎崔涣,《舊書》本紀:“京師陷賊,車駕倉皇幸。七月庚午,次巴西郡,太守崔涣奉迎,即日以涣爲門下侍郎、同中書門下平章事。八月,上皇遣韋見素、房琯、崔涣等奉册書赴靈武。十一月,詔宰相崔涣巡撫江南,補授官吏。”故於江淮知舉也。○孟按:《舊唐書·崔涣傳》:“肅宗靈武即位。八月,與左相韋見素、同平章事房琯、崔圓同齎册赴行在。時未復京師,舉選路絶,詔涣充江淮宣諭選補使,以收遺逸。惑於聽受,爲下吏所鬻,濫進者非一,以不稱職聞。乃罷知政事。”又《資治通鑑》卷二一九至德元年(756)十一月,“上命崔涣宣慰江南,兼知選舉”。禮部侍郎裴士淹,見《唐語林》。疑此玄宗在蜀知舉。禮部侍郎李希言。見上,蓋江東知舉。《舊書·李紓傳》:“紓,禮部侍郎李希言之子。”是希言爲禮部侍郎也。　孟按:參見本年顧況考。

三載戊戌(758)

二月丁未,改至德三載爲乾元元年。《舊書》本紀

今後醫卜入仕者,同明法例處分。《舊書》本紀

四月甲寅，郊祀事畢。翌日御丹鳳門，大赦天下。詔曰："草澤及卑位之間，有不求聞達、未經推薦者，有一藝已上，恐遺俊乂，令兵部、吏部作徵召條目奏聞。國子監學生、明經、明法，帖策、口試各十，並通四已上，進士通三，與及第。鄉貢明經準常式，州縣學生放歸營農。待賊平之後，任從常式。"《舊書》本紀、《册府元龜》、《唐大詔令集》。

十月甲辰，帝御宣政殿册成王爲皇太子，大赦天下。詔曰："爲政之要，求賢是急。比令中外薦舉，多非實才，所以詢事考言，登科蓋寡。猶慮巖穴之内，尚有沈淪，宜令所在州縣更加搜擇。其懷才抱器，隱遁邱園，並以禮徵送。如或不赴，具以名聞。凡與前詔科目相當，一切委内外文武五品已上官，有所知者，不限人數，任各薦聞。如自舉者，亦聽於所在投狀。有堪任用，不限常資。"《册府元龜》、《唐大詔令集》。　《玉堂閒話》："唐肅宗之代，急於賢良，下詔搜山林草澤，有懷才抱德及匡時霸國者，皆可爵而任之。有徵君自靈武衣草衣，躡芒屩，詣於國門。肅宗聞之，喜曰：'果有賢才應募矣。'遂召對，訪時事得失，卒無一辭。但再三瞻望聖顔而奏曰：'微臣有所見，陛下知之乎？'帝曰：'不知。'奏曰：'臣見陛下聖顔，瘦於在靈武時。'帝曰：'宵旰所勞，以至於是。'侍臣有匿笑不禁者。及退，更無他言。帝知其妄人也，恐閉將來賢路，僶俛除授一邑宰。"

進士二十三人：

蘇端，《杜甫集·雨過蘇端》，錢箋以爲至德二載作，引卞圜曰："端時白衣。《唐科名記》，端明春始及第。"則及第當在是年。

柳伉。《困學紀聞》引《登科記》，伉乾元元年進士。按即疏請斬程元振者。

知貢舉：禮部侍郎裴士淹。見《唐語林》。

乾元二年己亥(759)

四月，《册府元龜》作"三月"，誤。詔京文武五品已上正員清資官,各舉賢良方正、直言極諫一人,任自封進。《舊書》本紀、《册府元龜》。

五月丁亥,上御宣政殿試文經邦國等四科舉人。《舊書》本紀

進士二十五人:《玉芝堂談薈》作十七人。

*賴棐。《明一統志》卷五十八《贛州府·人物·唐》:"賴棐,雩都人。七歲能文,弱冠通九經百氏。乾元中舉進士,拜崇文館校書郎。"天一閣藏[嘉靖]《贛州府志》卷九《選舉·進士》:"雩都,唐:賴棐,忱甫。七歲能文,弱冠通九經百氏。登乾元二年進士,拜崇文館校書郎,不就。大曆初,邑令李景陽謂耆舊曰:'昔龐統里號冠蓋,鄭玄閭稱道德,方知古人夫復何愧?'即其所居號秘書坊,又爲秘書樓表之。"又《萬姓統譜》卷九十七:"賴棐,字忱甫,雩都人。七歲能文,弱冠通九經,乾元中舉進士,拜崇文館校書郎,不就,退居田里,人稱其居曰秘書里。"明代李日華《姓氏譜纂》卷四:"賴棐,字忱甫,雩都人。弱冠通九經,登進士,不仕,人稱其居曰秘書里。"賴棐登乾元進士甲科,又見清稿本《江右先賢録·賢良》及《江西通志》卷九十四引《豫章書》。按賴棐名見《元和姓纂》卷八,稱"唐秘書郎",岑校即引《統譜》證之。

應制及第:

姚南仲。《舊書》本傳:"華州下邽人。乾元初登制科高等。" 按制科當即文經邦國等四科也。〇孟按:《全唐文》卷五〇〇權德輿《故中散大夫守尚書右僕射上柱國賜紫金魚袋贈太子太保姚公(南仲)神道碑銘并序》:"公諱南仲,字某,吴興武康人也。……公抗行厲操,清方廉儉,以規爲瑱,以禮爲輿,以多文爲富,以不貪爲寶。潔如大圭,鏗若黄鐘,宏毅以任重,温貞而能斷。自射策筮仕至於綏吉禄、啟手足,繇是道也。其初應制條對理道,授太子校書。"

上書拜官一人:

沈浩。《册府元龜》:"沈浩隱居四明山。肅宗乾元二年,進《廣孝經》十卷,授秘書郎、集賢殿待詔,仍賜緑袍、牙笏。"〇孟按:《新唐書·藝文志一》:"徐浩《廣孝經》十卷。乾元二年上,授秘書郎。"《乾道四明志》卷二云:"徐浩,唐乾元二年嘗進《廣孝經》十卷,授校書郎。非徐季海也。"皆

誤,當從《册府元龜》作“沈浩”。

知貢舉:禮部侍郎李揆。《宣室志》:“唐丞相李揆,乾元初爲中書舍人。嘗一日退朝歸,見一白狐在庭中擣練石上,命侍童逐之,已亡見矣。時有客於揆門者,因語其事,客曰:‘此詳符也,某敢賀。’至明日,果遷禮部侍郎。”《舊書·李揆傳》:“拜中書舍人,兼禮部侍郎。揆嘗以主司取士多不考實,徒峻其隄防,索其書策,殊未知藝不至者,居文史之囿,亦不能擿其詞藻,深昧求賢之意也。及其試進士文章日,於庭中設五經、諸史及《切韻》本於床,而引貢士謂之曰:‘大國選士,但務得才,經籍在此,請恣尋檢。’由是數日之間美聲上聞。未及畢事,遷中書侍郎、同平章事。” 按本紀,三月乙未以禮部侍郎李揆爲中書侍郎。○孟按:《新唐書》本傳:“俄兼禮部侍郎。揆病取士不考實,徒露搜索禁所挾,而迂學陋生,葄枕圖史,且不能自措于詞。乃大陳書廷中,進諸儒約曰:‘上選士,第務得才,可盡所欲言。’由是人人稱美。未卒事,拜中書侍郎、同中書門下平章事。”

三年庚子(760)

閏四月乙卯,以星文變異,上御丹鳳門,大赦天下,改乾元爲上元。詔曰:“王者稽古設教,擇賢以理,廣徵巖穴,用副薪櫄。宜令中外五品已上文武正從員官,各舉賢良方正、直言極諫各一人。武藝文才俱堪濟理者,亦任狀舉。其或文乏詞策,武非騎射,但權謀可以集事,材力可以臨戎,方圓可收,亦任通舉。並限制到一月内奏畢。”《舊書》本紀、《册府元龜》、《唐大詔令集》。

＊是年有劉嶢者《通鑑》作“劉曉”。上疏曰:“國家以禮部爲孝秀之門,考文章於甲乙,故天下響應,驅驅於才藝,《通鑑》作“文藝”,後同。不矜於德行。夫德行者,可以化人成俗;才藝者,可以約法立名。故有朝登甲科,而夕陷刑辟,制法守度,使之然也。陛下焉得不改而張之?至如日誦萬言,何關理體?文成七步,未足化人。昔子張學干禄,仲尼曰:‘言寡尤,行寡悔,禄在其中矣。’又曰:‘行有餘力,則以學文。’今捨其本而循其末。況古之

作文,必諧風雅;今之末學,不近典謨。勞心於草木《通鑑》作"卉木"。之間,極筆於烟雲《通鑑》作"烟霞"。之際,以此成俗,斯大謬也。昔之採詩,以觀風俗。詠《卷耳》則忠臣喜,誦《蓼莪》而孝子悲。温良敦厚,《詩》教也,豈主於淫文哉。夫人之愛名,猶水之就下,上有所好,下必甚焉。陛下若以德行爲先,才藝爲末,必敦德勵行,以佇甲科。酆舒俊才,没而不齒,陳實長者,拔而用之,則多士雷奔,四方風動。風動於下,聖理於上,豈有不變者歟!"《通典》。　孟按:此段文字原録於本書卷二高宗咸亨五年(即上元元年,674),徐松云:"按是時貢舉未歸禮部,而言禮部爲孝秀之門,恐誤。《通鑑》引亦作'禮部取士'。"按《資治通鑑》卷二〇二"高宗紀下"上元元年(674)亦節録此文,題作"劉曉"。考《晏元獻公類要》(《四庫全書存目叢書》本)卷三十一:"《登科記》:唐肅宗上元元年,劉嶢上疏曰:'昔者採詩以觀風俗,詠《卷耳》則忠臣喜,誦《蓼莪》則孝子悲。温柔敦厚,詩教也,豈主於屈文哉!'"知唐人《登科記》採此疏入於本年。而《通典》、《通鑑》並誤作高宗上元元年。《全唐文》卷四三三録劉嶢此文題作《取士先德行而後才藝疏》,又小傳云:"嶢,肅宗時人。"是。則疏言"禮部爲孝秀之門"、"禮部取士"云云,不誤也。今移正。

進士二十六人:

*魏顥(魏萬)。原作"魏萬",徐氏考云:"魏顥《李翰林集序》云:'顥始名萬,次名炎。萬之日,不遠命駕江東訪白。遊天台,還廣陵見之,謂余:"爾後必大著名於天下,〔趙校:王琦注本李集所附魏序,"大著"作"著大"。〕無忘老夫與明月奴。"因盡出其文,命顥爲集。顥今登第,豈符言耶?解攜明年,四海大盜。'按四海大盜,當謂禄山,則登第在天寶十三年。而《唐詩紀事》云萬上元初登第,當必有據,今從之。"　孟按:原卷九天寶十三載(754)進士科著録魏顥,徐氏考云:"魏顥,顥作《李太白集序》題前進士魏顥。序云:'顥今登第。'又云:'解攜明年,四海大盜。'蓋於是年登第。"朱補云:"天寶十三載之魏顥與乾元三年之魏萬是同一人。詳其注文,當是先據魏顥所作《李太白集序》而於天寶十三載下著録其名,後復見《唐詩紀事》所載,遂於乾元三年又重作著録,但又未及删去原先之著録

(此事與卷十大曆四年博學宏詞科下崔淙按語矛盾略同,可參岑仲勉《登科記考訂補》)。考唐進士無再第事,《記考》乾元三年魏萬下既已載兩可證據,並從《唐詩紀事》所載,則卷九天寶十三載下魏顥可删。又考徐松所引《李翰林集序》原文文意,其言'四海大盜',是表明'解攜明年'之時,'解攜'云者,顥與李白分别之意;其言'顥今登第',是承上李白勉語而發,'今'者,當係作《李翰林集序》之時。序文云:'經亂離,白章句蕩盡,上元末,顥於絳偶然得之。沉吟累年,一字不下。今日懷舊,援筆成序。'據此,序文作於上元末年後,而魏顥之登第當在此前不久。《唐詩紀事》作'上元初'正與序言相合。徐松未詳察序文原意,誤以其登第亦在解攜之天寶十三載,則不僅天寶十三載之魏顥可删,乾元三年魏萬名下所引序文亦可删去。又據《唐詩紀事》卷二二:'萬後名顥,上元初登第。'則登第時已改名顥,乾元三年魏萬亦當更作魏顥。"今删併,且更名。

＊明經科:

＊閻士熊。《千唐》[953]喬融撰貞元六年(790)十一月十日《唐故宋州宋城縣尉河南閻公(士熊)墓誌銘并序》(參見《彙編》[貞元032])云:"公諱士熊,茂族承家,河南縣人也。……公弱冠明經出身,解褐綏州大斌縣丞。……以貞元六年六月九日終疾于官舍,年五十。"則其弱冠歲在乾元三年。亦見陳補。按張補録入附考類;楊希義《輯釋》繫於上元二年(761),均未當。

才兼文武科:

王翃。《舊書》本傳:"太原晋陽人。"《新書》:"翃字宏肱。翃少治兵家,天寶中授翃衛尉,羽林軍宿衛。擢才兼文武科。" 按是年有制舉武藝文才、俱堪濟理,則才兼文武科當在是年。

知貢舉:中書舍人姚子彦。見《唐語林》。

上元二年辛丑(761)

九月壬寅,去上元號,稱元年,以十一月爲歲首月,以斗所建辰爲名。《新書》本紀

進士二十九人:《文苑英華》有《迎春東郊詩》,當是此年試題。

張濯,《唐詩紀事》:"濯上元進士第。"

王綽。《文苑英華》

知貢舉:中書舍人姚子彦。見《唐語林》。

張濯《迎春東郊詩》曰:"顓頊時初謝,句芒令復陳。飛灰將應節,賓日已知春。考曆明《三統》,迎祥受萬人。衣冠宵執玉,壇墠曉清塵。肅穆來東道,回環拱北辰。仗前花待發,旂處柳凝新。雲斂黄山際,冰開素滻濱。聖朝多慶賞,希爲薦沈淪。"《文苑英華》

王綽《迎春東郊詩》曰:"玉管潛移律,東郊始報春。鑾輿膺寶運,天仗出佳辰。睿澤光時輩,恩輝及物新。虬螭動旌旆,烟景入城闉。御柳初含色,龍池漸啟津。誰憐在陰者,得與蟄蟲伸。"《文苑英華》

寶應元年壬寅(762)

建卯月辛亥,南郊,大赦天下。詔曰:"文武不墜,道弘於人,務在搜揚,俾其展效。其諸道人中有詞學高深、兼通政理、軍謀制勝、明習韜鈐者,委所在刺史揀擇,奏聞舉薦。京官四品已上正員文武官,任各舉一人。"《册府元龜》、《唐大詔令集》。

建巳月甲寅,上皇崩。甲子,制改元,復以建寅爲正月,月數皆如其舊。丁卯,上崩。己巳,代宗即位。《通鑑》

五月丁酉,大赦天下。制曰:"其有明於政理,博綜典墳,文可經邦,謀能制勝及孝弟力田,諸州刺史並宜搜揚聞薦。投匭者不須勘以停處姓名。務招直言,以副朕意。"《册府元龜》、《唐大詔令集》。

七月,詔曰:"推薦之道,必務於至公;賞罰之間,亦資於不濫。其諸色舉人等,須有處分,令薦所知。實伫才能,用施政理,自宜慎擇,以副虚懷。古者效官,三歲考績,善惡既著,褒貶斯

存。舉之得人,必受旌能之賞;舉之失選,亦加懲過之罰。賞罰之典,期於必行,凡百具僚,宜知朕意。"《唐大詔令集》

停貢舉。

*上書拜官:

*羅珦。《全唐文》卷五〇六權德輿撰《唐故太中大夫守太子賓客上柱國襄陽縣開國男賜紫金魚袋羅公(珦)墓誌銘并序》:"公諱珦,其先會稽人。……寶應初,上書言事,廷命太祝。"《新唐書·巡吏·羅珦傳》:"羅珦,越州會稽人。寶應初,詣闕上書,授太常寺太祝。"

唐代宗睿文孝武皇帝

寶應二年癸卯(763)

五月丙寅,尚書省試應制舉人,命左右丞、侍郎對試,賜舉人食如舊儀。《舊書》本紀、《册府元龜》。

六月二十日,禮部侍郎楊綰按楊綰時爲太常少卿,言禮部侍郎,傳誤。上疏條奏貢舉之弊曰:"國之選士,必藉賢良。蓋取孝友純備,言行敦實,居常育德,動不違仁,體忠信之資,履謙恭之操,藏器則未嘗自伐,虚心而所應必誠。夫如是,故能率己從政,化人鎮俗者也。自叔葉澆詐,兹道浸微,争尚文辭,互相矜衒。馬卿浮薄,竟不周於任用;趙壹虚誕,終取擯於鄉閭。自時厥後,其道彌盛。不思實行,皆徇空名,敗俗傷教,備載前史。古人比文章於《鄭》、《衛》,蓋有由也。

"近煬帝始置進士之科,當時猶試策而已。至高朝,劉思立爲考功員外郎,又奏進士加雜文,明經加帖經,從此積弊,寖轉成俗。幼能就學,皆誦當代之詩;長而博文,不越諸家之集。遞相黨與,用致虚聲。六經則未嘗開卷,三史則皆同挂壁,況復徵以孔門之道,責其君子之儒者哉!祖習既深,奔競爲務,矜藝者曾無愧色,勇進者但欲凌人,以毁讟爲常談,以向背爲己任。投刺干謁,驅馳於要津;露才揚己,喧騰於當代。古之賢良方正,豈有如此者乎?朝之公卿,以此待士;家之長老,以此垂訓。欲其返淳樸,懷禮讓,守忠信,識廉隅,何可得也!譬之於水,其流已濁,若不澄本,何當復清?方今聖德御天,再寧寰宇,四海之内,喁喁向化,皆延頸舉踵,思聖朝之理也。不以此時而理之,則太平之政又乖矣。

"凡國之大柄,莫先擇士,自古哲后,皆側席待賢。今之取人,令投牒自應,非經國之體也。望請依古制,縣令察孝廉,審知在鄉閭有孝悌及信義廉耻之行,加以經業,才堪策試者,以孝廉爲名,薦之於州。刺史當以禮待之,試其所通之學,其通者送名於省。自縣至省,不得令舉人輒自陳牒。比來有到狀、保辯、識牒等,一切並停。其所習經,取《左傳》、《公羊》、《穀梁》、《禮記》、《周禮》、《儀禮》、《尚書》、《毛詩》、《周易》,任通一經,務取深達奥旨,通諸家之義。試日差諸司官有儒學者對問,每問經義十條,問畢對策三道。其策皆問古今理體及當時要務,取堪行用者。其經義並策全通爲上第,望付吏部,便與官。其經義通八,策通二爲中第,與出身。下第者罷歸。其明經比試帖經,殊非古義,皆誦帖括,冀圖僥倖。並近有道舉,亦非理國之體,望請與明經、進士並停。其國子監舉人,亦請準此。如有行業不著,所由妄相推薦,請量加貶黜。所冀數年之間,人倫一變,既歸實學,當識大猷。居家者必修德業,從政者皆知廉耻,澆競自止,敦龐自勸。教人之本,實在兹焉。事若施行,即别立條例。"

詔左右丞,諸司侍郎,御史大夫、中丞,給,舍,同議奏聞。給事中李廙、給事中李栖筠、尚書左丞賈至、京兆尹兼御史大夫嚴武所奏議狀與綰同。尚書左丞至議曰:"禮部奏,每歲貢人依鄉舉里選,敕令議者。謹按夏之政尚忠,殷之政尚敬,周之政尚文。然則文與忠敬,皆統人之行也。且謚號述行,美極於文,文興則忠敬存焉。是故前代以文取士，本文行也，由詞以觀行則及詞也。宣父稱顔子不遷怒，不貳過，謂之好學。至乎修《春秋》，則游、夏之徒不能措一辭，不亦明乎？

“間者禮部取人，有乖斯義。《易》曰：‘觀乎人文，以化成天下。’《關雎》之義曰：‘先王以是經夫婦，成孝敬，厚人倫，美教化，移風俗。’蓋王政之所由廢興也，故延陵聽《詩》，知諸侯之存亡。今試學者，以帖字爲精通，而不窮旨義，豈能知遷怒、貳過之道乎？考文者，以聲病爲是非，而唯擇浮艷，豈能知移風易俗、化天下之事乎？是以上失其源，而下襲其流，乘流波蕩，不知所止，先王之道，莫能行也。夫先王之道消，則小人之道長；小人之道長，則亂臣賊子由是生焉。臣弑其君，子弑其父，非一朝一夕之故，其所由來者漸矣。漸者何？謂忠信之陵頽，耻尚之失所，末學之馳騁，儒道之不舉，四者皆由取士之失也。

“夫一國之士，繫一人之本，謂之風。贊揚其風，繫卿大夫也，卿大夫何嘗不出於士乎？今取士試之小道，而不以遠者大者，使干禄之徒，趨馳末術，是誘導之差也。夫以蝸蚓之餌，雜垂滄海，而望吞舟之魚至，不亦難乎？所以食垂餌者皆小魚，就科目者皆小藝。四人之業，士最關於風化。近代趨仕，靡然同風，致使禄山一呼，而四海震蕩，思明再亂，而十年不復。向使禮讓之道弘，仁義之風著，則忠臣孝子比屋可封，逆節不得而萌也，人心不得而摇也。

“且夏有天下四百載，禹之道喪而殷始興焉。殷有天下六百祀，湯之法棄而周始興焉。周有天下八百年，文、武之政廢而秦始併焉。觀三代之選士任賢，皆考實行，故能風俗淳一，運祚長遠。秦坑儒生，二代而亡。漢興，雜三代之政，弘四科之舉，西京是振經術之學，東京終持名節之行。至有外戚竊位，强臣擅權，弱主孤立，母后專政，而社稷不隕，終彼四百，豈非學行扇化於鄉里哉！自魏至隋，僅四百載，三光分景，九州阻域，竊號僭位，德義不脩。是以子孫速顛,享國咸促。國家革魏、晋、梁、隋之弊,承夏、殷、周、漢之業,四隩既宅,九州攸同,覆燾亭育,合德天地。安有捨皇王舉士之道,從亂代取人之術?此公卿大夫之辱也。楊綰所奏,實爲正論。

"然自典午覆敗,中原板蕩,戎狄亂華,衣冠遷徙,南北分裂,人多僑處。聖朝一平區宇,尚復因循,版圖則張,閭井未設,士居鄉土,百無一二。因緣官族,所在耕鑿,地望繫數百年之外,而身皆東西南北之人焉。今欲止依古制,鄉舉里選,猶恐取士之未盡也。請兼廣學校,以弘訓誘。今兩京有太學,州縣有小學,兵革一動,生徒流離。儒臣師氏,禄廪尚無,貢士不稱行實,胄子何嘗講習?獨禮部每歲擢甲乙之第,謂弘獎勸,不其謬歟!衹足長浮薄之風,啟僥倖之路矣。其國子博士等,望加員數,厚其禄秩,選通儒碩生間居其職。十道大郡,量置太學館,令博士出外,兼領郡官,召置生徒,依乎故事。保桑梓者,鄉里舉焉;在流寓者,庠序推焉。朝而行之,夕見其利。如此則青青不復興刺,擾擾由其歸本矣。人倫之始,王化之先,不是過也。謹議。"議者然之。

宰臣等奏,以舉人舊業以成,難於速改,其今歲舉人,望且許依舊,來歲即依新格。敕旨每州每歲察孝廉,取在鄉閭有孝弟廉耻之行薦焉,委有司以禮待之。試其所通之學,五經之内精通一經,兼能對策,達於理體者,並量行業授官。其明經、進士並停,道舉亦宜准此。禮部即具條例奏聞。《舊書·楊綰傳》、《文苑傳》、《册府元龜》、《唐會要》、《賈至集》。　按宋張方平《選格論》云:"唐代宗時,楊綰以貢舉滋弊,建議請廢明經、進士之科,而復鄉舉里選之法。詔下其議,在廷之臣多同於綰,遂行其制。後近臣淺滯者或論其不便,上不能持,旋以復舊。"

七月壬子,改元廣德,大赦天下。制曰:"河北、河南,有懷才抱器、安貞一作"貧"。守節、素在一作"養素"。邱園不仕、爲衆所知者,委所在長官具名聞薦。諸色人中有孝弟力田,經術通博,文詞雅麗,政理優長,本州各以名薦。"《册府元龜》、《唐大詔令集》。

二十六日,《通鑑》作"戊辰"。禮部侍郎楊綰奏貢舉條目曰:"孝廉舉人,請各令精通一經,其取《左氏傳》、《公羊》、《穀梁》、《禮記》、《周禮》、《儀禮》、《毛詩》、《尚書》、《周易》,任通一經。每經問義二十條,皆須旁通諸義,深識微言。試格策三道,問古今理體及當今時務,取堪行用者。仍每日問一道,頻三日畢。經義及策全通爲上第,其上第者望付吏部,便與官。其間義每十條通七,策通二爲中第,與出身。下第者罷之。《論語》、《孝經》皆聖人深旨,《孟子》亦儒門之達者,其學官望兼習此三者,共爲一經。其試如上。先取在家有孝義廉耻謙恭之行,好學不倦,精通經義,並堪對策者,縣令徵於鄉里,送名與州。刺史與曹官對試,以其通者送省。既是貢士,刺史、縣令不得以部人待之,加其禮數,隨朝集使以十月二十五日到省。其鄉飲酒及至上都朝見,並謁先師,並依舊式。又以寇難之故,衣冠多去故鄉,所居必聞,才行斯在,望許所在州縣且舉所諳知者。秀才舉人,準舊格惟試方略策五條,望令精通五經,每經準孝廉例問義二十條,對策五道,每日試一道。全通爲上第,上第者送名中書門下,超與處分。問義十條通七,策通四爲中第,中第者送禮部,與官。下者罷之。又國子監舉人,亦請每歲本業博士推擇才行,送名與祭酒,依鄉貢例試,通者送省。舉人自縣至州,皆不得輒自陳牒。比來有到狀、保辨、識牒等,請並停。明法舉人,望付刑部考試。孝弟力田,但能熟讀一經,言音典切,即令所司舉送。試通使與出身。其今年舉人,或舊業既成,理難速改,或遠州所送,身已在途,事須收奬,不可中廢。其今秋舉人中,有情願依舊舉業者亦聽。今年之後,一依新敕。"

疏入,帝以廢進士科問翰林學士,對曰:"進士行來已久,遽廢之恐失人業。"敕旨:"進士、明經,置來日久,今頓令改業,恐難其人。諸色舉人,宜與舊法兼行。"《册府元龜》、《唐會要》。

是日,敕弘文、崇文兩館生,皆以資蔭補充。所習經業,務須精熟,楷書字體,皆得正樣。通者與出身,不通者罷之。《册府元龜》、《唐會要》。

十月,吐蕃犯京畿。丙子,駕幸陝州。庚寅,《新書》作"癸巳"。郭子儀收京城。《舊書》本紀

十二月,詔曰:"理道同歸,求賢是急,非人不乂,辟士是勤。招以弓車,設其壇席,且優蒲軸,如待神明。朕臨御多方,誕敷至化,慮遺巖穴,載佇雲津。知白珩之非寶,降玄纁於下體。一自鳴鑾關外,駐蹕陝郊,每念明揚,深勞寤寐。聽正言以蘇國疾,思碩德以定人訛。而猶高士鴻冥,幽人豹隱,將朕之不德,而禮或有遺? 望千旄之忠告,仰少微以嘆息,眇然惕勵,顧覽山河,藿食薇歌,往而不返,永懷賢者,朕甚恧焉。今將意達巢居,誠通卜兆,一麾必起,四皓爰來,敦其素風,成我王道。宜令行在側近府州長官,搜舉遺逸,其有懷才抱器,高蹈不仕,精加訪擇,必以名薦。仍須以禮資遣,送赴行在,賁於邱園,待以郎署。務令申勸,悉朕意焉。"《册府元龜》

丁亥,車駕發陝郡還京。《舊書》本紀

進士二十七人:《日中有王字賦》,以題爲韻次用,見《文苑英華》,是此年試題。

洪源,狀元。

古之奇,《唐才子傳》:"寶應二年及第。"〇孟按:《唐才子傳》卷三《古之奇傳》原文作:"之奇,寶應二年禮部侍郎洪源下及第,與耿湋同時。"與同書耿緯傳語(見下引)相抵牾,誤。又《永樂大典》卷一〇八八九引作:"辛文房《唐才子傳》:之奇,寶應二年禮部侍郎洪源考不及第。"亦誤。《唐詩紀事》卷二十八"古之奇"條云:"之奇,登寶應進士第。"按代宗寶應凡二年,元年停貢舉,故之奇登第當在是年。

耿緯,《唐才子傳》作"湋"。《書録解題》注云:"'湋',《登科記》一作'緯'。"《唐才子傳》:"耿湋,河東人。寶應二年洪源榜進士,與古之奇爲莫

逆之交。"〔趙校:按耿爲大曆十才子之一,《新書》卷二〇三《盧綸傳》亦作"湋"。〕〇孟按:姚合《極玄集》:"耿湋,或作緯,寶應二年進士,官至左拾遺。"《直齋書録解題》同。然《唐詩紀事》卷三十、《郡齋讀書志》卷十七則謂寶應元年登第。按寶應元年停貢舉,故後者誤。又《唐詩類苑》卷一八七載耿緯《省試驪珠詩》云:"是日重泉下,言探徑寸珠。龍鱗今不逆,魚目也應珠。掌上星初滿,盤中月正孤。酬恩光莫及,照乘色難逾。欲問投人否,先論按劍無。儻憐希代價,敢對此冰壺。"《全唐詩》卷二六九同。頗疑此詩爲本年所試,然無他據,録此俟考。

杜黄裳,《舊書》本傳:"登進士第,宏詞科。"《柳宗元集》注:"杜黄裳字遵素,京兆杜陵人。寶應二年中進士第。" 按《卓異記》載座主見門生知舉,有蕭昕、杜黄裳,是黄裳爲昕門生。

高郢,《舊書》本傳:"郢字公楚,其先渤海蓨人。九歲通《春秋》,能屬文。父伯祥。郢舉進士第。"〇孟按:《新唐書》本傳:"寶應初,及進士第。"

鄭錫,《唐詩紀事》:"錫登寶應進士第。"

喬琛。《文苑英華》作"喬琮",注云:《登科記》作"喬琛"。

諸科:《登科記》闕。

王淇。杜牧《竇烈女傳》:"王淇年十一歲能念五經,舉童子及第。"以大和元年年七十五推之,及第在是年。

拔萃科:

李邧,韓愈《李邧墓誌銘》:"以朝邑員外尉選,魯公真卿第其所試文爲上等。"五百家注引樊注:"顔真卿爲吏部侍郎。" 按魯公於寶應二年三月改吏部侍郎,八月除江陵尹,充荆南節度觀察處置使,則李邧拔萃在是年。 按邧即李漢之父。

敬寬。寶應朝,擢書判拔萃科。按寶應止二年一科,蓋與李邧同年,對被替請選判。 按牛聳□、王治並對此判。〇孟按:徐考未注出處,似本《全唐文》卷四三五敬寬小傳,其《對被替請選判》亦見載。又,寬名見《元和姓纂》及兩《唐書》。

知貢舉:禮部侍郎蕭昕。見《唐語林》。 《舊書》、《新書》本傳云,遷中書舍人,歷禮部侍郎,兼楊府司馬佐軍,仍舊入拜本官。

《白香山詩集》有《與諸同年賀座主侍郎新拜太常同宴李尚書亭子詩》，注云："座主於蕭尚書下及第。"《容齋五筆》云："考《登科記》，樂天以貞元十六年庚辰中書舍人高郢下第四人登科，郢以寶應二年癸卯禮部侍郎蕭昕下第九人登科，迨郢拜太常時，幾四十年矣。昕自癸卯放進士之後，二十四年丁卯，又以禮部尚書再知貢舉，可謂壽俊。"

鄭錫《日中有王字賦》曰："至陽之精，内含文明。成命宥密，神化陰隲。倬元聖而緯天，爍靈符之在日。人文變見，玄象貞吉。焕爾殊容，昭然異質。三陽並列，契乾體以成三；一氣貫中，表聖人之得一。當是時也，河清海晏，時和歲豐，車書混合，華夷會同。皇帝乃率百吏，禋六宗，登臺視朔，候律占風。祀夕月於禮神之館，拜朝日於祈年之宫。霽氛霧，掃烟虹，地涯静，天宇空。陰魄既没，大明在東。吐象成字，昭文有融。法科斗以爲體，並踆烏以處中。馮相未覿，疇人發蒙。此乃聖人合契，至化玄通。不然者，何爲曜靈啟瑞，明彼於有截；垂光燭地，運行而無窮？至人以不宰成能，日月以無私可久。偶聖則呈祥，逢昏則顯咎。貞觀契無爲之功，休祥應無疆之壽。没於地，我則取誡於明夷；登乎天，我則呈形於大有。其初見也，昭昭彰彰，流晶曜芒，若神龍負圖兮，呈八卦於羲皇。其少登也，發色騰光，乍見乍藏，狀靈龜銜書兮，錫九疇於夏王。蔽虧若木，隱映扶桑。曈曨五雲之表，輝焕重輪之旁。臨紫宸兮千門洞照，出黄道兮八極增光。惟德化成，惟王正位。兄其日兮姊其月，父事天兮母事地。罄六合以爲王，統三才而制字。道不藏寶，神開奥秘。王在日兮垂文，日在天兮重懿。豈徒色映合璧，光連抱珥，三舍迴魯陽之戈，再中美漢文之志。皇上以爲命不于常，惟德是據，灾逐祥啟，福隨禍著。知微知彰，一喜一懼。因嘉瑞以增德，合元符而降祚。客有上國觀光，金門獻賦，睹日中有字之感，成天下至公之務。傾心太陽，企踵雲路。願回光以暫燭，庶千載之一遇。"《文苑英

華》

喬琛《日中有王字賦》曰："至尊者王，至明者日。處其位兮無二，配其德兮惟一。制服以象，必圖之而並臨；視朝以時，方候之而俱出。懿夫日實也，厥生於東；王往也，厥居於中。其呈祥以下燭，必布德而上通。然則日中之有王字者，豈不以昭宸聰，彰國風，焕乎黄道，赫矣蒼穹，表皇綱之不紊，延聖祚於無窮者哉！且天垂三光，日當其首；人執六藝，書列於後。此神功之所成，彼人力而何有。況乎烏爲烏矣，無慚蒼頡之能；日匪扇焉，寧假右軍之手。稽圖緯與載籍，信可大而可久。豈比夫龜麟龍鳳，徒在乎宫沼郊藪。適足以勞於史臣，未可以齊乎不朽。夫運行不已者，天地之常；臨照無私者，日月之光。美之則配於太昊，惡之則比夫夏王。是以逆其時則休亦成咎，順其道則否亦爲臧。故昔王者，莫不觀天文兮順陰陽，授人時兮正紀綱，而人用康，而邦其昌。如此者，厥鑒不遠，實歸美乎我皇。信所謂承天之序兮，襲於休祥者也。是知君能則天，天必呈瑞。明海内之四目，瞻日中之一字。士有仰止雲路，苦心詞賦，戰欲酣兮日將暮。儻魯陽之修戈可借，冀和仲之餘暉可駐。願傾葵藿之心，希成桃李之樹。"《文苑英華》

廣德二年甲辰(764)

五月庚申，《會要》作"二十四日"。罷歲貢孝悌力田、童子等科。《舊書》本紀。　《册府元龜》云："五月，罷歲貢孝悌力田及童子科，從禮部侍郎楊綰奏也。綰以孝悌之行，宜有實狀，童子越衆，不在常科，同之歲貢，恐成僥倖之路。"《唐會要》："孝悌力田科，其每歲宜停。童子，每歲貢者亦停。童子仍限十歲以下者。"

七月丙午，敕曰："古者設大學，教胄子，所以延俊造，揚王庭。雖年穀不登，兵甲或動，而俎豆之事，未嘗廢焉。頃年以來，戎車屢駕，天下轉輸，公私匱竭。帶甲之士，所務贏糧，鼓篋之徒,未能仰給。繇是諸生輟講,絃誦蔑聞,宣父有言,是吾憂也。投戈息馬,論道尊儒,用弘庠序之風,俾有簞瓢之樂。宜令所司,量追集賢學士,精加選擇,使在館習業。仍委度支,准給厨米。敦兹儒術,庶有大成。甲科高懸,好學者中,敷求茂異,稱朕意焉。"《册府元龜》、《唐大詔令集》。

進士十三人又十二人:

楊栖梧,狀元。

蘇涣,《唐才子傳》:"蘇涣,廣德二年楊栖梧榜進士。本不平者,往來剽盗,善用白弩。巴賓商人苦之,稱曰白跖。後自知非,折節從學,遂成名。" 按《杜集》有《贈蘇侍御涣詩》。〇孟按:高仲武《中興間氣集》卷上蘇涣小傳:"涣本不平者,善放白弩,巴中號曰白跖。賨人患之,以比莊蹻。後自知非,變節從學,鄉賦擢第,累遷至御史。"《南部新書》卷八亦載:"蘇涣本不平者,善放白弩,巴中號爲弩跖,賨人患之。比壯年後,自知非,變節從學,鄉舉擢第,累遷至侍御史。"

＊李汲。《千唐》[963]貞元十二年(796)十一月廿二日《故越州大都督府餘姚縣令李府君(汲)墓誌銘并序》(參見《彙編》[貞元 072])云:"公諱汲,字寡言,趙郡人也。……其嗜學也,不循章句;其脩詞也,不尚浮華。發言吐志,皆以安國濟人爲務,故射策之科,三升異等;理人之職,四著令名。其嘉績昭彰,焕然可紀。廣德初,國家廣延賢儁,待以不次之位,公乃買符西上,獻策金門。郄詵得桂於東堂,漢主擢弘爲上第,乃自釋褐超遷楚州録事參軍。"按李汲卒於貞元十年(794)五月二十日,享年五十九。按誌文所叙,汲廣德初登科當爲進士科,後又兩應制舉。又按寶應二年(763)七月改元廣德,誌文言"廣德初"者,當爲次年榜也。是年汲二十九歲。亦見陳補。

＊明經科:

＊楊寧。原卷二十七《附考·明經科》著録"楊寧",徐氏考云:"虞卿之父,擢明經,見《新書》。" 孟按:《千唐》[1011]錢徽撰元和十二年(817)八月十五日《唐故朝議大夫守國子祭酒致仕上騎都尉賜紫金魚袋贈右散騎常侍楊府君(寧)墓誌銘并序》(參見《彙編》[元和 105])云:"公諱寧,字

庶玄,弘農華陰人也。……既冠,擢明經上第,釋褐衣授亳州臨涣縣主簿。”按楊氏卒於元和十二年(817),享年七十四,則其既冠之歲在廣德二年。今移正。按張補以爲楊寧既冠之歲在代宗寶應二年(763),似未當。亦見陳補。《唐代墓誌彙編續集》[咸通 008]據《洛陽出土歷代墓誌輯繩》録鄭薰撰咸通二年(861)十一月二十日《唐故銀青光禄大夫檢校户部尚書使持節鄆州諸軍事守鄆州刺史充天平軍節度鄆曹濮等州觀察處置等使御史大夫上柱國弘農郡開國公食邑二千户弘農楊公(漢公)墓誌銘并序》:“公諱漢公,字用乂,弘農華陰人也。……烈考諱寧,皇國子祭酒,贈太尉,始用經學入仕,嘗遊陽諫議,城之門,執弟子禮,潔白端介,爲諸儒所稱。”

*知貢舉:禮部侍郎楊綰。原作“禮部侍郎蕭昕”。徐氏考云:“按《賈至集》有《授禮部侍郎蕭昕守秘書監製》,又有《授楊綰禮部侍郎制》。其《楊綰制》云‘鯨鯢初懸’,謂是年正月李懷仙斬史朝義首來獻也。蓋昕知舉後遷秘書監,綰代爲小宗伯。” 孟按:嚴耕望《唐僕尚丞郎表》卷十六《輯考五下·禮侍》“蕭昕”條云:“蕭昕,由中書舍人遷禮侍,知廣德元年春貢舉,放榜。其始事蓋上年冬,事畢不久,徙秘書監。”又考云:“《舊》傳:‘遷中書舍人……累遷秘書監。代宗幸陝,昕出武關詣行在,轉國子祭酒。’《新傳》:‘歷中書舍人,禮部侍郎。代宗幸陝,’下與《舊》傳同。《全唐文》三七六賈至《授蕭昕秘書監制》,原官爲行禮部侍郎。合而觀之,則由中書遷禮侍,又遷秘書監也。《容齋五筆》七引《登科記》:‘高郢以寶應二年癸卯禮部侍郎蕭昕下第九人登科。’《摭言》八‘遭遇’條:‘(蕭)昕寶應二年一榜。’《語林》八‘累爲主司’條:‘蕭昕再,寶應二年、貞元三年。’據《語林》八‘進士科’條,此年當以禮侍知舉,與《登科記》合。又按代宗以廣德元年十月幸陝,徙秘監事在前;參楊綰事,又當在六月以前。蓋廣德元年春榜後,不久即徙秘書監。徐《考》一〇,廣德二年仍書昕知貢舉,誤。”又同上“楊綰”條云:“廣德元年三月至六月二十壬辰間,由太常少卿遷禮侍,知二年春貢舉,放榜。其年五月二十四庚申至九月二十五己未間,遷左丞。九月二十五己未,蓋又受詔以左丞知明年即永泰元年春西京貢舉,放榜。”又考云:“《舊》傳:‘遷中書舍人、兼修國史。……再遷禮部侍郎,上疏條奏貢舉之弊。……尚書左丞賈至……議狀與

縮同。……再遷吏部侍郎。'《新》傳略同。禮侍、吏侍間有左丞一遷，詳左丞卷。又《全唐文》三六六賈至《授楊綰禮部侍郎制》:'太常少卿、兼修國史楊綰……可守禮部侍郎，仍修國史。'是禮侍前官亦可考也。綰遷禮侍既由賈至草制。按至傳，爲中舍，寶應二年(即廣德元年)遷右丞，則此制不能遲過寶應二年也。《會要》七六'孝廉舉'條:'寶應二年六月二十日，禮部侍郎楊綰奏請每歲舉人依鄉舉里選，察秀才孝廉。……七月二十六日，禮部侍郎奏貢舉條目。'《册府》四六〇，年月同。《通鑑》書此事於同年六月癸酉(一日)、七月戊辰(二十七日)。《新》四四《選舉志》、《封氏聞見記》三'貢舉'條、《語林》八'唐初明經取通兩經'條亦均云，寶應二年，楊綰爲禮部侍郎，奏請行鄉舉里選之制。則綰遷禮侍必在寶應二年即廣德元年六月以前。然此年春蕭昕尚知貢舉，則綰遷禮侍又當在三月以後。又《通鑑》廣德二年五月'庚申，禮部侍郎楊綰奏歲貢孝弟力田無實狀及童子科皆僥倖，悉罷之。'《册府》六四〇，同年五月。則遷左丞在五月庚申以後。又觀下賈至條引《舊紀》同年九月己未書事，則綰由禮侍遷左丞，同時至由左丞轉禮侍，皆當在二年五月至九月間。如此，則廣德二年春知貢舉者必楊綰;徐《考》一〇作蕭昕，誤。"

永泰元年乙巳(765)

正月癸巳朔，大赦天下，改廣德三年爲永泰元年。制曰:"孝弟力田、懷才抱器、遺逸未經薦達者，各委州府聞奏。親當策試，量能敘用。"《舊書》本紀、《册府元龜》、《唐大詔令集》。 按孝弟力田科，前年所停者歲貢也，制舉不在此限。

始置兩都貢舉，禮部侍郎官號皆以知兩都爲名。每歲兩地別放及第。《册府元龜》。 時賈至以時艱歲歉，舉人赴省者衆，權奏兩都分理，亦見《册府元龜》。《舊書》本紀於上年九月云:"尚書左丞楊綰知東京選，禮部侍郎賈至知東都舉。兩都分舉選，自至始也。" 按去年九月即知今年之舉，故《册府元龜》載於永泰元年，今從之。本紀之文，奪誤殊甚，當作"禮部侍郎楊綰知東都舉，尚書右丞賈至知上都舉，兩都分舉自此始也",選"字衍文。○孟按:置兩都分舉,實始於永昌元年(689),詳該年考。

進士二十七人:按自兩都分置貢舉,惟永泰二年言兩都共若干人,其餘不言者,缺東都之數,只載上都也。大曆三年高拯詩可證。《詞學指南》:"廣德三年進士試《轅門箴》。"

*皇甫徹,狀元。孟按:《補遺》册四,第232頁,劉玄章撰咸通六年(865)《唐故朝議郎使持節撫州諸軍事守撫州刺史柱國皇甫公(煒)墓誌銘并序》云:"公姓皇甫氏,安定朝那人也。……皇朝齊州刺史諱胤,公之曾大父也。齊州生蜀州刺史諱徹,永泰初登進士科,首冠群彦。由尚書郎出蜀郡守。文學政事,爲時表儀。"據此知是年狀元爲皇甫徹。

蕭遘,《玉芝堂談薈》於寶應之後、大曆之前有狀元蕭遘,不知其年,附此俟考。 按此與咸通五年簫遘同名。○孟按:本年狀元爲皇甫徹,已見上考,然是年貢士分上都試與東都試,或有兩狀元亦有可能,故蕭遘之名仍存。

徐申,《舊書》本傳:"京兆人,擢進士第。"《權文公集·徐申墓誌銘》:"申字維降,東海郯人。永泰初,當著作賈常侍至操柄儀曹,搴士林之菁華,舉進士上第。"李翺《徐申行狀》:"公東海郯人。永泰元年,寄籍京兆府,舉進士。"

*盧虔。原列卷二十七《附考·進士科》,徐氏考云:"《舊書·盧從史傳》:'父虔,少孤,好學,舉進士。'"按華忱之《孟郊年譜》録:"《山西通志》卷九二《山右金石記》四引王思誠《河津縣總圖記》:'永泰初,舉進士高第。仕至銀青光禄大夫工部尚書。幼讀書於龍門。'"今移正。亦見胡補、陳補。

*知貢舉:上都,尚書左丞楊綰。原作"尚書右丞賈至",徐氏考云:"《舊書》本紀此年二月有禮部侍郎賈至。按《楊綰傳》作'尚書左丞賈至',而本紀大曆三年言'右丞賈至爲兵部侍郎','左'即'右'之訛也。賈至於大曆三年始遷官,紀言禮部侍郎,蓋因上年之紀致誤。《杜集》有《别唐十五誡因寄禮部賈侍郎至詩》。"東都,禮部侍郎賈至。原作"禮部侍郎楊綰"徐氏考云:"《賈至集·授楊綰禮

部侍郎制》云:‘門下:鯨鯢初懸,理化未洽,思敦馳騖之俗,必弘廉退之風。太常少卿、兼修國史楊綰,質稟天和,才優大雅,理能自暢,學不爲人。自委身於周行,孤立於中道,喜愠莫形於顔色,外物無得而親疏。聲問日高,志致彌遠,固足以抑揚雅俗,弘獎素風。宜貳職於南宫,仍屬詞於東觀,俾難進之夫增氣,干仕之子知慚。斲雕澄源,朕志斯在。可守禮部侍郎,仍修國史,餘如故。施行。’蓋於廣德二年放榜後代蕭昕。” 孟按:參見上年知貢舉禮部侍郎楊綰考。又,嚴耕望《唐僕尚丞郎表》卷十六《輯考五下・禮侍》“賈至”條云:“賈至,廣德二年五月二十四日庚申至九月二十五日己未間,由左丞轉禮侍。奏請兩都試舉人。九月二十五己未,以本官知明年即永泰元年春東都貢舉,放榜。東都貢舉自此始。又知大曆元年春西京貢舉,放榜。是年遷右丞。”又考云:“《舊傳》:‘寶應二年,爲尚書左丞。……廣德二年,轉禮部侍郎。是歲,至以時艱歲歉,舉人赴省者,奏請兩都試舉人,自至始也。永泰元年,加集賢院待制。大曆初,改兵部侍郎。五年,轉京兆尹、兼御史大夫。卒。’《新傳》同,惟省廣德、永泰年,《新》四四《選舉志》亦云,廣德二年至爲侍郎,建言兩都試舉人。與《舊傳》同。《册府》六四〇:‘永泰元年始置兩都貢舉,禮部侍郎官號皆以知兩都爲名。’蓋廣德二年定制,始實行乃在明年即永泰元年春也。均不誤。據前引《通鑑》,廣德二年五月庚申,楊綰尚在禮侍任。則至遷任必在此後。又《舊紀》,同年九月己未,‘尚書左丞楊綰知東京選,禮部侍郎賈至知東都舉。兩都分舉選自此始也。’(《會要》七六:‘永泰元年七月,以京師米貴,遂分兩京集舉人。’豈至始發議在七月耶?今姑從《紀》。)徐《考》一〇引此文,加按語云:‘本紀之文奪誤殊甚,當作“禮部侍郎楊綰知東都舉,尚書右丞賈至知上都舉,兩都分舉,自此始也。”選字衍文。’耕望按:上‘選’字當作‘舉’,下‘選’字衍文,蓋可信。其餘所改皆謬誤。何者?《紀》文二人書銜各與本傳及其他材料合,絶無問題。又唐人常‘京’‘都’對舉。《舊紀》此條,京在上,都在下,次序甚合。綰地位聲望較至素高,且兩都分試舉人之議爲至所發,則以西京推綰,而自主東都,最爲合理。故吾謂此文只改‘東京選’爲‘西京舉’,又删下一‘選’字。徐氏紛紜改竄,誤也。是則至遷禮侍在五月庚申至九月己未之間必矣。又《舊紀》,永泰元年三月壬辰朔,詔裴冕等十三人集賢院待詔,有賈至,銜爲'禮部侍郎'。檢《通鑑》永泰元年紀及《會要》二六'待制官'條,至銜與《紀》同。《全唐文》四八代宗《授裴冕等集賢待制敕》,至銜亦同。則在知舉放榜後也。又徐《考》一〇引《乾𦠆子》:'河東裴樞……永泰二年賈至侍郎知舉,樞一舉而登第。'是又知大曆元年春貢舉也。是年冬,薛邕已遷禮侍知二年春貢舉,則至卸禮侍不能遲過元年冬。據兩傳,似由禮侍遷兵侍。實則先遷右丞,二年七月見在右丞任,三年正月始换兵侍;兩傳省書耳。詳右丞卷。綜觀本卷楊綰、賈至兩條及左丞、右丞兩卷,至以廣德元年由中書舍人遷左丞,二年五月至九月間轉禮侍,永泰元年以本官待詔集賢殿,大曆元年遷右丞,三年正月换兵侍;官歷年序斑斑可考。而徐《考》既改《舊紀》廣德二年九月己未條至銜'禮侍'爲'右丞'(見前),又疑《舊紀》永泰元年三月至銜'禮侍'及《楊綰傳》至銜'左丞'並爲'右丞'之訛,其所依據惟《舊紀》大曆三年右丞賈至爲兵侍一條耳。是不但未讀《册府》、《會要》、《通鑑》、《新・選舉志》、《集賢待詔制》、《李季卿墓誌》及《捓先塋記》(《全唐文》四五八),且未檢賈至本傳;惟據《舊紀》、《楊綰傳》,見其前後官銜不同,即盡改'左丞''禮侍'以從最後'右丞'之名,失考殊甚。"

二年丙午(766)

正月乙酉,詔曰:"理道同歸,師氏爲上,化人成俗,必務於學。俊造之士,皆從此途,國之貴遊,罔不受業。修文行忠信之教,敦祗庸孝友之德,盡其師道,乃謂成人。然後揚於王庭,考一作"敷"。以政事,徵之以禮,任之以官,置於周行,莫匪邦彦。樂得賢也,其在兹乎? 朕志求理道,一作"承理體"。尤重儒術,先王設教,敢不底一作"虔"。行。頃以戎狄多虞,急於經略,大學空設,諸生蓋寡。弦誦之地,寂寥無聲;函丈之間,殆將不掃。上庠及此,甚用憫焉。令寓縣乂寧,文武並備,方投戈而講藝,俾釋菜以行禮。使四科咸進,六藝復興,神人以和,風化浸美。日用此道，將無間然。其諸道節度、觀察、都防禦使等，朕之腹心，久鎮方面。眷其子弟，爲奉義方，脩德立身，是資藝業。又恐干戈之後，學校尚微，僻居遠方，無所諮禀。山東寡問，質疑必就於馬融；關西盛名，尊儒乃稱於楊震。負經來學，當一作"宜"。集京師。並宰相朝官及神策六軍諸將子弟，欲得習學者，自今以後，並令補國子學生。欲其業重籯金，器成琢玉，日新厥德，代不乏賢。其中身雖有官，欲附學讀書亦聽。其學官，委中書門下即簡擇行業堪爲師範者充。學生員數多少，所習經業考試等，並所供糧料，及緣學館破壞，要量事修理，各委本司條件聞奏。務須詳悉，稱朕意焉。"《舊書》本紀、《册府元龜》、《唐大詔令集》。 《通鑑》："自安史之亂，國子監室堂頹壞，軍士多借居之。祭酒蕭昕上言，學校不可遂廢。是年正月，敕復補國子學生。"

二月丁亥朔，釋奠於國學。賜宰臣百官飧錢五百貫於國學食。《舊書》本紀。 《通鑑》："命宰相帥常參官，魚朝恩帥六軍諸將往聽講。子弟皆服朱紫爲諸生"

辛卯，命有司修國子監。《通鑑》

八月丁亥，國子監釋奠，復用牲牢。上元二年，詔諸祠獻熟，至是魚朝恩請復舊制。《舊書》本紀。 《通鑑》："魚朝恩執《易》升高座講'鼎覆餗'，以譏宰相。"

十一月甲子，日長至，大赦天下。改永泰二年爲大曆元年。制曰："周徵俊造，漢辟賢良，垂之典謨，永代作則。天下有安貧樂道、孝弟力田、未經薦用者，委所在長官具以名聞奏，朕當親自策試，量才叙用。"《舊書》本紀、《册府元龜》、《唐大詔令集》。

進士兩都共二十六人：

裴樞，《乾䉛子》："河東裴樞字環中，季父耀卿，唐玄宗朝位至丞相。親姨夫中書舍人薛邕，時有知貢舉之耗，元日因來謁樞親，乃曰：'幾姊有處分親故中舉人否？'其親指樞，邕整容端手板對曰：'三十六郎自是公共積選之才，不待處分矣。伏恐別有子弟。'樞即應聲曰：'娭子失言。'因舉洒瀝地，誓曰：'薛姨夫知舉，樞當絶跡匿形，不履人世。'其親决責，令拜謝邕，樞竟不屈。永泰二年，賈至侍郎知舉，樞一舉而登選。後大曆二年，薛邕方知舉。"

何士幹，柳宗元《故嶺南鹽鐵院李侍御墓誌》："妻廬江何氏，季父曰士幹。"韓注："士幹，永泰二年及進士第，累爲藩鎮。"

吕牧，見柳宗元《先友記》，韓注："永泰二年中進士第。"

竇叔向，《唐才子傳》："叔向字遺直，扶風平陵人，有卓絶之行。登第於大曆初。"〇孟按：《唐才子傳校箋》卷四《竇叔向傳》箋云："《才子傳》未言叔向何年登第，徐松《登科記考》卷一〇據傳文'登第於大曆初'一語，定爲永泰二年（是年十一月改元大曆），似欠深考。按崔峒有《贈竇十九》詩（《全唐詩》卷二四九），注云：'時公車待詔長安。'詩云：'幸得漢皇容直諫，憐君未遇覺人非。'蓋是時崔峒已任諫職，而叔向猶爲舉子。峒永泰元年秋冬尚在江東遊歷，赴朝任職，當在大曆元年以後，故知叔向登第，必不在大曆元年也。"但無新證説明竇叔向登第之確年，故暫仍徐説。

鄭雲逵。《舊書》本傳："滎陽人。大曆初舉進士。"

知貢舉：上都，尚書右丞賈至。見上。

大曆二年丁未(767)

十月癸卯，上御紫宸殿，策試茂才異行、安貧樂道、孝悌力田、高蹈不仕等四科舉人。《舊書》本紀、《册府元龜》。

進士二十人：《文苑英華》載武少儀《射隼高墉賦》，以"君子藏器待時"爲韻，當是此年試題。〇陳補云："《文苑英華》卷一八〇《省試》録張叔良、崔琮、李竦《長至日上公獻壽》詩。崔、李皆本年進士，叔良亦當爲本年舉。徐《考》本年僅録賦題，可據以補詩題。"孟按：陳補是。代宗永泰二年(766)十一月甲子，日長至，大赦天下，改元爲大曆元年（見上年徐考引《舊書》本紀、《册府元龜》、《唐大詔令集》）；則本年試貢士以"日長至"爲題，正合時宜。

＊張叔良，原列本卷廣德二年(764)進士科，徐氏考云："《唐詩紀事》：'張叔良，廣德二年第。'"今據《文苑英華》移正，説詳上。

崔琮,《唐詩紀事》:"琮登大曆二年進士第。"

李竦,《唐詩紀事》:"竦登大曆二年進士第。"

敬騫,見《文苑英華》。

武少儀,韓愈《上巳日燕太學聽彈琴詩序》有"司業武公少儀",五百家注引韓注:"少儀,大曆二年登第。"

李覿,柳宗元《先友記》:"覿,隴西人。"韓注:"大曆二年覿舉進士第。"

宇文邈,柳宗元《先友記》:"邈,河南人。"韓注:"大曆二年進士。"

賈弇,柳宗元《先友記》:"弇,長樂人。"韓注:"大曆二年中進士第。"

＊崔程,《彙編》[貞元 096]陸復禮撰貞元十五(799)年八月甲申(十三日)《唐故河南府河南縣主簿崔公(程)墓誌銘并序》(周紹良藏拓本)云:"公諱程,字孝武,清河東武城人也。……弱冠,鄉舉進士擢第,解褐授秘書省正字。"按崔氏卒於貞元十四年(798),享年五十一,則其弱冠歲在大曆二年。亦見陳補。又,《彙編》[元和 129]鄭群撰元和十四年(819)五月景申(十九日)《鄭氏季妹(崔珏)墓誌銘并序》(周紹良藏拓本)云:"我叔父(崔)府君諱程,進士擢第,官至河南主簿。"

＊王顏。胡補:"《山西通志》卷六五《科目》:'大曆二年進士:王顏,臨晋人,虢州刺史。'"陳補:"《金石萃編》卷一〇四王顏《追樹十八代祖晋司空河東太守猗氏侯太原王公神道碑》:'孱孫顏由進士官[郃陽令],除洛陽令,[移典杭]州,入大理少卿,拜御史中丞,出虢州刺史。'可與地方志參閲。岑仲勉先生《貞石證史·王顏所説太原王氏》考其生平甚詳。《萃編》録文多誤,亦據以補校。" 孟按:《山西通志》卷一三八《人物三十八·文苑三·蒲州府·唐》:"王顏,臨晋人,晋河東太守司空卓之裔,唐慈州文城縣令景祚之孫,彬州彬縣丞簡真之仲子,登大曆二年進士,補太子校書,轉河東猗氏尉,同州郃陽縣令,再轉洛陽令,移典杭州,入大理少卿,拜御史中丞,出虢州刺史。顏好古,博極群書,洞心氏族……於中條山創建道静院,自虢州棄官栖息其中。李商隱嘗題其院内遺真云:'紫府丹成化鶴群,青松手植變龍文。壺中别有仙家日,嶺上猶多隱士雲。獨坐遺芳成故事,褰帷舊貌似元君。自憐築室靈山下,徒望朝嵐與夕曛。'蓋實録也。按李

商隱集,上引詩題作《題道靖院院在中條山故王顏中丞所置虢州刺史捨官居此今寫真存焉》。"《全唐文》卷五四五王顏小傳云:"顏,太原人。第進士。貞元中累官大理少卿、拜御史中丞,出爲虢州刺史。"按王顏於貞元六年(790)至八年(792)在杭州刺史任,貞元十三年(797)至十七年(801)在虢州刺史任,考見郁賢皓《唐刺史考全編》卷四一四《江南東道·杭州(餘杭郡)》、卷五十八《河南道·虢州(弘農郡)》。《山西通志》所載皆與史合,且更詳盡,知其當有所本,今據補。

諸科一人。

明經科:

馮伉。《舊書·儒學傳》:"馮伉本魏州元城人。父玠,後家於京兆。伉少有經學,大曆初登五經秀才科,授秘書郎。"按五經秀才,即五經登第也。

茂才異行科: 孟按:本年登科十人。見下引《廣卓異記》。

韋夏卿,

韋正卿,《舊書·韋夏卿傳》:"夏卿苦學,大曆中與弟正卿俱應制舉,同時策入高等。"《南部新書》:"韋夏卿與弟正卿同日登制科,皆曰:今日盛事,全歸二難之手。"吕温《韋夏卿碑》:"釋褐太子正字,與仲弟正卿以賢良偕徵,策入異等。鴻冥雙舉,當代榮之。"〇孟按:《廣卓異記》卷十九《兄弟二人制舉同年登科(韋夏卿)》條云:"右按《登科記》:大曆年中,宣政殿試茂異,登科十人,韋夏卿、弟正卿俱登科入高等。"

杜確,柳宗元《爲韋夏卿祭杜確文》云:"大曆之歲,詔徵茂才。時忝同科,俱起草萊。懷策既陳,綸言焕開。考第居甲,自天昭回。"韓注:"大曆二年,夏卿與弟正卿及確同舉賢良方正高第。"按是年無賢良方正科,蓋即茂才異行科。

高郢,《舊書》本傳:"應制舉,登茂才異行科,授華陰尉。"

*莊若訥,詳下。按若訥於天寶十載(751)登進士第,見前。

*李彝,陳補:"《文苑英華》卷七二一任華《送李彝宰新都序》:'宗室後進有以學術辭藻著稱者,彝也。……以書歷抵二相國論安邊術,由是召試西掖。凡數十百人,彝與莊若訥、高郢同入高等。……執政以彝大人在

蜀，故授新都以榮之。'高郢本年舉茂才異行科。" 孟按：徐《考》於卷十二貞元四年(788)賢良方正、直言極諫科下亦稱引任華《送李彝宰新都序》，然與《册府元龜》、《唐會要》所記科目及高郢事皆不合，又未著録莊若訥，故未當。今皆附本年。

＊蕭季江。《補遺》第三册，第130頁，韓章撰貞元十一年(795)八月十二日《唐故朝散大夫行太子洗馬上柱國蕭公(季江)墓誌銘并序》云："公諱季江，字季江，其先蘭陵人也。……大曆二年，復應茂才異行舉，策入高第，制授長安縣尉。"

樂道安貧科：

楊膺。《册府元龜》、《唐會要》。

知貢舉：上都，禮部侍郎薛邕。《摭言》："大曆二年，右補闕薛邕拜禮部侍郎，聯翩四榜，共放八十人。"

敬騫《射隼高墉賦》曰："養形玄豹兮，以隱霧而成文。振羽飛蛾兮，因附火而自焚。彼紛然之落隼，識昧此而喪群。誠不知高非小者所處，静爲躁者之君。苟失度而接原注：疑。適，將受斃而何云。且夫長墉崇崇，矗若雲峙，飛隼翄翄，倏隨風止。曾不料其微陋，焉更知其休否。故疾惡之夫，善射之子，操騂角之弓，調白羽之矢，縱穿楊之妙，呈落雁之美。量遠近於目端，審高下於規裹，紛洞胷而達腋，果裂嗉而破觜。原夫剛鏃初架，勁弦正張，引彎彎之月影，迸的的之星光。鏟毛羽之振迅，挫容貌之昂藏。審必中而後發，固焉用而不臧。若也處身順理，投跡知常，時決起而無滯，或怒飛而有方。烟雲足以遐賞，翳薈足以來翔。必絶捐軀之患，豈貽在彀之殃。是則素有雋志，往無不利，藏器者人，獲隼者器。矢應弦而上激，禽應矢而横墜。微隼諒比於小人，高墉亦方於重位。苟不戒於游處，曾何兔於顛躓。士有五善斯在，載櫜有待。麗龜之知未忘，貫隼之誠勿改。幸文武之不墜，希葑菲之必采。則知發失有期，獲禽俟時。想大《易》之靈

文,微言可頤;按"頤"或"賾"之訛。稽高墉之玄象,壯立空持。既是則而是效,永念兹而在兹。"《文苑英華》

武少儀《射隼高墉賦》曰:"羽族紛紛,彼飛隼兮,獨勁捷而莫群。心耿介以騰踴,毳斑斕而被文。擊每依於素節,翔亦致乎青雲。匪全身以自變,〔趙校:"變"下,《英華》卷一三六注"一作愛"。〕寧有齒而見焚。貫失落庭,既垂名於孔宣父;搏鳩陷網,又伏罪於信陵君。今也何時,輕乎所履。伊廣甸不遊,乃高墉爰止。信非位乎是蹈,宜買害而譽死。吾嘗問術於列禦寇,學藝於熊渠子。爾或捨諸,吾斯過矣。我矢惟良,我弓未藏,度中而發,於何不臧。矧專精而致用,奚得失之難量哉! 於是正色斂容,凝心定志,睆手引滿,目注神萃。驚弦駭括,將辟易以翻飛;裂臆洞胸,已披離而迸墜。觀彼隼之貽戚,諒吾人之會意。故君子周而不比,用則擇地。無苟進以躡高位,無躁求以享厚利。智昧於是,安往而免夫顛躓。然則懷貪怙力者怨所聚,材小任崇者覆可待。故聖人明象象以立言,懸日月而不改。或有人兮脩其詞,遇其時,三復射隼之兆,載欣射隼之期。幸寸長而罔貴,冀一聞而在斯。"《文苑英華》

* 張叔良《長至日上公獻壽詩》曰:"鳳闕晴鐘度一作動,鷄人曉漏長。九重初起鑰,三事盡一作正。稱觴。日至龍顏近,天旋聖曆昌。休光連雪净,瑞氣雜爐香。化被君臣洽,恩沾士庶康。不因稽舊典,誰得記一作紀。朝章。"《文苑英華》卷一八〇

* 李竦《長至日上公獻壽詩》曰:"候曉金門闢,乘時玉曆長。羽儀瞻上宰,雲物麗初陽。漢禮方傳珮,堯年正捧觴。日行臨觀闕,帝錫洽珪璋。盛美超三代,洪休降百祥。自憐朝不坐,空此詠無疆。"《文苑英華》卷一八〇。 孟按:原佚名,據中華書局本目録及《唐詩紀事》卷三十二補。

* 崔琮《長至日上公獻壽詩》曰:"應律三微一作陽。首,朝天

萬國同。斗邊看子月，臺上候祥風。五夜鐘初曉，千門日正融。玉階文物盛，仙仗虎《雜詠》作武，唐諱虎字貔雄。率舞皆群辟，稱觴即上公。南山爲聖壽，長對未央宫。"《文苑英華》卷一八〇。 孟按：原署"李踈"，誤。據中華書局本目録及《唐詩紀事》卷三十二改正。以上三詩爲新增補，説詳上。

三年戊申(768)

四月二十五日，復置童子科舉。每歲，本貫申送禮部，同明經考試。取十歲以下，習一經，兼《論語》、《孝經》，每卷誦文十科，全通者與官。通七已上者與出身。仍每年冬，本貫申送禮部，同明經舉人例，考試訖聞奏。《册府元龜》

七月，增置崇玄生員滿一百。《唐會要》

進士十九人：

高拯。《唐詩紀事》："拯大曆三年進士，試官薛邕也。"又云："拯《及第後贈試官》云：'公子求賢未識真，欲將毛遂比常倫。當時不及三千客，今日何如十九人？'" 按此爲上都及第。

*明經科：

*殷彪。《補遺》册七，第101頁，鄭佾撰寶曆二年(763)六月廿五日《唐故朝散大夫使持節明州諸軍事守明州刺史上柱國陳郡殷府君（文穆）墓誌銘并序》："公□□，字文穆，其先陳郡人也。……始弱冠，明經擢第，釋褐授亳州參軍。耽書不倦，通聖人微旨，研究《周易》，再登□科……授楚州録事參軍。……以寶曆元年九月七日遘疾而終，春秋七十有七。"按以寶曆元年(825)卒、年七十七推之，其二十歲當在大曆三年(768)。誌文脱其名，今據郁賢皓《唐刺史考全編》卷二〇三《山南東道·金州》"長慶元年(821)"條補。

諸科三人。

知貢舉：上都，禮部侍郎薛邕。見上。

四年己酉(769)

進士二十六人:

齊映,狀元。《舊書》本傳:"瀛州高陽人。父杞,試太常少卿、兼檢校工部郎中。映登進士第,應博學宏詞。"五百家韓注樊氏曰:"《登科記》,齊映大曆五年進士第。" 按言五年誤,《玉芝堂談薈》亦作四年。《太平廣記》引《逸史》:"齊相映應進士舉,至省訪消息,歇禮部南院。遇雨未食,傍徨不知所之。徐步墻下,有一老人,白衣策杖,二小奴從,揖齊公曰:'日已高,公應未飧。某居處不遠,能暫往否?'映愧謝,相隨至門外,老人曰:'某先去,留一奴引郎君。'躍上白驢如飛。齊公乃行至西市北,入一静坊新宅,門曲嚴潔。良久,老人復出,侍婢十餘,皆有所執。至中堂坐,華潔侈盛。良久,因鋪設於樓,酒饌豐異。逡巡入報,有送錢百千者,老人曰:'此是酒肆所入,某以一丸藥作一瓮酒。'及晚請去,老人曰:'郎君有奇表,要作宰相耶,白日上升耶?'齊公思之良久,云:'宰相。'老人笑曰:'明年必及第,此官一定。'贈帛數十匹,云:'慎不得言於人,有暇即一來。'齊公拜謝,自後數往,皆有䘏賚。至春,果及第。同年見其車服修整,乘醉詰之,不覺盡言。偕二十餘人期約俱詣就謁,老人聞之甚悔,至則以廢疾托辭不見,各奉一縑。獨召公入,責之曰:'爾何乃輕泄也!比者升仙之事亦得,今不果矣。'公哀謝,負罪出門去。旬日復來,宅已貨訖,不知所詣。"

李益,《舊書》本傳:"肅宗朝宰相揆之族子,登進士第。"《唐才子傳》:"李益字君虞,隴西姑臧人。大曆四年齊映榜進士。"蔣防《霍小玉傳》:"大曆中,隴西李益年二十,以進士擢第。其明年拔萃。"○孟按:《郡齋讀書志》卷十七、《直齋書録解題》卷十九並言益大曆四年進士。又韓愈《送幽州李端公序》,五百家注於題下引韓曰:"端公名益,宰相揆之族子,大曆四年登第。"

冷朝陽,《唐才子傳》:"朝陽,金陵人。大曆年齊映榜進士及第。不待調官,言歸省覲,自狀元以下一時名士大夫及詩人李嘉祐、李端、韓翃、錢起等大會,賦詩攀餞。"《唐詩紀事》載李嘉祐《送朝陽登第歸江寧》云:"高第由佳句,諸生似者稀。長安帶酒别,建業候潮歸。稚子歡迎棹,鄰人爲掃扉。含情過舊浦,鷗鳥亦依依。"又錢起《送朝陽擢第後歸金陵覲省詩》云:“萊子晝歸今始好,潘園景色夏偏濃。夕陽流水吟詩去,明月青山出竹逢。兄弟相親初讓果,鄉人争賀舊登龍。佳期少别俄千里,雲樹愁看過幾重。”○孟按:《全唐文》卷四二八于邵《送冷秀才東歸序》云:“昔忝鄉(按,原作‘泰卿’,據《英華》改)賦,多與太學英達爲之遊,二十年間,學者逃難,石渠遂閉,鼓篋無聞。近三四年,復與士合,每歲以故事選實而流頌聲。則江寧冷侯,由此擢秀。”亦爲同時送行之作。

鄭儋,韓愈《河東節度觀察使鄭公神道碑》:“公諱儋,明《左氏春秋》,以進士選爲太原(孟按:“原”,原誤作“常”,據韓集卷二十六改)參軍事。”五百家注引樊曰:“大曆四年登第。”

賈全。弇之弟,見柳宗元《先友記》。韓注:“全,大曆四年進士。”

諸科二人。

博學宏詞科:《文苑英華》,大曆四年試宏博《五星同色賦》,以“昊天有成命”爲韻。

張叔良,見《文苑英華》。

崔淙,見《文苑英華》。　按崔琮已見前,則“淙”當作“琮”。〔趙校:岑仲勉云,此句當删,詳《訂補》。〕按吕温作《崔淙行狀》但言明經上第,則進士及第者名琮,與淙爲二人。　《吕温集》有《博陵崔公行狀》,《文苑英華》子目作《崔淙行狀》。淙字君濟,出博陵第二房,見《世系表》。　按吕云:“始以經明上第,調佐夏陽。次以詞麗甲科,超尉王屋。”○孟按:岑補云:“……由後列兩按語,則徐氏明認此爲崔淙,且與崔琮是兩人,何以第一按語又謂‘淙當作琮’?疑本是初見,後來未及删去也。崔名淙,《金石録》與《寶刻類編》均同,説見拙著《貞石證史》韋縱條下(《集刊》八本四分五六〇頁)。”

*姚遜,詳下。

*林益。《文苑英華》卷八收張叔良、崔淙、姚遜、林益《五星同色賦》,爲本年試宏博賦。徐《考》録張、崔二人。蓋姚、林二人賦用韻不同,或非同時之作。然考林益,天寶間丹陽太守洋子,曾官河陽丞,見《元和姓纂》卷五。其時代與張、林相當,故録以俟考。

知貢舉:上都,禮部侍郎薛邕。見《唐語林》。東都,權知留守張延賞。按《舊書·齊映傳》言映於東都舉進士及宏詞,時張延賞爲河南尹、東都留守。又任華《餞李玕序》言宗伯張公。蓋留守兼知舉,非特蔣涣爲然,實始於延賞也。延賞於大曆二年拜河南尹,五年正月始充東都留守,而杜鴻漸於三年八月代王縉爲東都留守,以疾未之任。延賞本傳於是年言權知留守,是矣,今從之。

張叔良《五星同色賦》曰:"聖人守公器,膺大寶,下順乎黔黎,上法乎玄造。天且不言而親於德,星有同色兮應以道。日月既運,欃槍必掃。近接唐堯,遠徵太昊。惠化已敷於萬國,降精何慚於五老。若乃二儀覆載,七曜迴旋,運行有準,次舍有躔。或以璧合,或以珠聯。更水火之啟閉,遭金木而推遷。且鎮也者,配萬物以時應,周四序以功全。德位居中,混儀之人事著矣;色黄主土,國家之王氣在焉。故歲以春而布令,辰以冬而候宣。熒惑奉炎於夏日,太白御煞於秋天。皆青白各爾,赤黑自然。忽與土而同色,瑞我皇之應乾。逖覽傳記,遐徵休咎。陰數六,陽數九。上蒼降精,玄象所守。事須合於往契,政必由乎厥后。二儀交泰兮,自古同休;五星輝彩兮,當今信有。天下歡洽,百姓殷阜。況運昌兮屬乎羲軒,矧歲稔兮逢乎申酉。且夫據大號,實鴻名,既資乎日角,亦禀乎星精。然後徵符瑞,叶休禎。天雖高兮,取則不遠;象既設兮,其應甚明。觀五曜之同質,審四序之有成。則知聖能法天,天能瑞聖,君臣合作,遠近相慶。德邁乎古今,道洽乎歌詠。信五星之一色,乃昊天之眷命。"《文苑英華》

崔淙《五星同色賦》曰:"大儀設象,下土是保。作炯戒於人主,垂吉凶於穹昊。咎厥失政,休厥有道。盈縮之分足推,進退之心可考。或主德而有功必祐,或主法而有罪必討。爲天之佐兮融融,作乾之緯兮杲杲。若乃從横天宇,經紀星躔,光芒井口,煜耀斗邊,乍聚乍散,或離或連。分道則熒熒米散,周流乃點點珠圓。其動也直,其静也專。道濁則失位,時清則色妍。豈比夫二使獨能承命，七紀徒爲麗天者也！今我后運乾之符，握坤之紐，表正萬方，肇康九有。啟土繼聖，乃人和而歲阜；順時立政，故天長而地久。所以有倫有次，不淫不守。光光兮作邦之孚，崇崇兮作聖不朽。故我后修五禮，偃五兵，君臣一德，歌舞以行。斯倉斯廩，如坻如京。玉衡正，太階平。遂使金也、水也，不能知白而守黑；木也、火也，不能全曜而自貞。乃並用而丕變，與黄中而同明。東爲四方之首，胡不與歲而同色？水爲五行之長，胡不助神以同榮？繄土也，是我皇之休運，乃昊天而有成。且玉燭常明，霜天若鏡，鄰月魄而璀燦，落天津而隱映。朝臨日道，助我后夙興之勤思；暮入天樞，表聖皇夜寐之勤政。有以見日月之貞觀，有以見天地之寶命。暫逢急景之時，更作重暉之詠。"《文苑英華》

＊姚遜《五星同色賦》(以"天下和平，君臣合德"爲韻)曰："至道無偏陰陽，至理象緯不愆，爰或五星同色，四序調年。非天莫能輔聖，非聖奚能動天。列位有恒，皆向北辰爲拱；偶運則聚，寧惟東井見傳。觀天文之元吉，由人文而化宣。爾其歲星配眷，維德斯專。五常仁也，五事貌焉，彼若仁無虧夫貌，則終日乾乾。熒惑紀於朱夏，禮貴知於言雅。受制之月，每獨入於太微；休咎之時，則先標於分野。發號不乖於火德，庶積其凝於天下。太白出處，衆星異科：西則陰星以夕見，東則啟明以曉過。係金爲主，用義方多，政洽則義當，政失則言訛。蓋秋令之不逆，俾金氣而能和辰象，韜精，用晦而明，智克存，而聽審。冬令順而水清，或奎婁而春見，或角亢而秋呈。既度數而有準，知乾化之升平。中央稱鎮，應土而分。昔則各主方色，今則同色垂文。特感無爲而理，實彰有道之君。稽乎漢志，抑有前聞。堯舜爲主，伊吕作臣，時惟尚質，俗似還淳。六氣氤氲，風不鳴于樹；三光朗麗，雨必降于旬。豈惟七步而見祉，蓋亦四夷以來賓。感而遂通，休徵薦荅。諒朝廷之嘉瑞，表君臣之道合，豈比夫河在天而虚横，斗建

月而空匝。宿離不忒，實禎于國，使七政之以齊，何五行之相克。既垂象以昭泰，可仰觀而取則。因明試而賦斯，敬頌聖人之火德。"《文苑英華》卷八

＊林益《五星同色賦》(以"天下偃兵，無爲而理"爲韻)曰："惟聖御極兮惟德動天，神超繫表兮功軼帝先。和氣鬱以交暢，休風裕乎上玄，耀貞明於日月，紛輕靄於雲烟。九星不改而仰止，五緯相次而燦然。若乃歲位在木，辰見於水，熒惑表火正之中，太白應金方之紀。鎮實土德，黄爲中美。惟我皇之至聖，信體元以合理；萬國同風，三光叶晷。巖廊有謐，垂衣之化炳焉；蠻夷自清，戢戈之日久矣。帝有孚而昭應，天何言而效祉，登觀臺以書於宣夜，徵瑞典載叶於聖期。仰三辰之焜燿，表六合之雍熙。惟皇王之同德，彰福應之允滋。可以對越郊廟，紛被歌詩，瞻彼景瑞，候其禕而作"候其緯而"，張衡《東京賦》。昭回於天，垂象於下，迴列躔次，遥通分野。或表異於歲登，乃呈休於王者。觀五行之秀氣，與一月而齊明；同色已傳於堯曆，聚井更弭於漢兵。足使皇圖有耀，史牒增榮。天凝兮瑞彩，聖稟兮休符，映天津乍疑於流火，寫漢浦更類於沉珠。煌煌則燿衡碧落，歷歷則光含白榆；惟列宿之自拱，倬前古之所無。夜何時兮其未返，天之迴原作"逈"，據《全唐文》校改兮光已遠，隨斜漢而影移，落堯城之更晚。星兮懸倚蓋而垂休，伯也知靈臺之已偃。聖上事無事，爲無爲，精流緯象，繇入熊羆。猶下弓旌之詔，俾收巖穴之奇。夫或不敏，備謳歌於聖代，與帝力之何如。"《文苑英華》卷八。　孟按：上二賦據前考新補，僅録以備考。

五年庚戌(770)

六月己未，彗星始滅，赦天下。制曰："文武官及前資六品已下，並草澤中有碩德一作"學"。專門、茂才異等、智謀經武、諷諫主文者，仰所在州府觀察、牧宰精求表薦。如所由搜揚未盡，遺

逸林閭者，即宜詣闕自舉。親當策試，量能擢用。”《舊唐》本紀、《册府元龜》、《唐大詔令集》。

進士二十六人：《玉芝堂談薈》作二十七人。

＊李摶（李搏），原作“李搏”，注：“狀元。”〔趙校云：“《佚存叢書》本《唐才子傳》作‘摶’，不作‘搏’。《唐詩紀事》卷六一、《全文》（孟按：當作《全詩》）卷六六七有李搏，爲乾符進士，時代不合。疑作‘摶’是。”〕今從趙校，以李摶爲正。

李端，《唐才子傳》：“李端，趙州人，嘉祐之姪也。大曆五年李摶（原作“搏”，據上文改）榜進士及第，授秘書省校書郎。”《極玄集》：“李端字正己，大曆五年進士。”端之父震，大理丞，見《舊書·李虞仲傳》。

顧少連，《舊書》本傳：“舉進士，擢上第。以拔萃補登封主簿。”杜黄裳《顧少連神道碑》：“少連字夷仲，吴郡人也。每躬率耕稼，勵精墳典，齒列上庠，升堂睹奥。時小宗伯薛公邕深所嘆異，以爲東南之美盡在，廊廟之器不孤。擢進士甲科。”《永樂大典》引《蘇州府志》：“顧少連，西京試及第。”〇孟按：《新唐書》本傳亦載：“顧少連字夷仲，蘇州吴人。舉進士，尤爲禮部侍郎薛邕所器，擢上第。”

衛準（衛單），《唐詩紀事》：“準大曆五年登進士第。” 按“準”一作“單”。

韋重規，見《柳宗元集》，韓注：“重規，大曆五年登進士第。”

李玗。任華《餞李玗擢第還鄭州序》：“今年東都秀才登第者凡十數人，隴西李玗爲之稱首。且宗伯方以拔淹滯、愍勤舊爲務，而玗則年甫二十餘，豈張公意耶？其如考舊文則上等，試文策又上等，欲以年少棄，可乎？不可也。” 按張公謂延賞。

明經科：

陳潤，《永樂大典》引《蘇州府志》：“陳潤是年舉明經，又中奇才異能科。”《唐詩紀事》：“陳潤，大曆間人，終坊州鄜城縣令，樂天之外祖也。”《舊書·張鎰傳》：“大曆五年，除濠州刺史。招經術之士，講訓生徒。比去郡，升明經者四十餘人。”附載於此。

＊張士陵。按岑仲勉《訂補》第6頁云：“拓本《唐故朝散大夫使持

節都督邕州諸軍事守邕州刺史兼御史中丞充本管經略招討處置等使賜紫金魚袋張公(士陵)墓誌銘并序》云:'維唐元和十一年秋九月四日,邕管經略使兼御史中丞張公終於理所。……年八歲,以通《古文尚書》、《論語》登春官上第……享年五十四。'依此計之,士陵生廣德元年癸卯(763),其八歲則大曆五年庚戌(770),今《記考》一〇未著録。"又同上第16頁,將張士陵歸入"新補有年分可知之進士"。　孟按:據張士陵墓誌所言"年八歲,以通《古文尚書》、《論語》登春官上第",則爲明經科登第,而非進士科。又其墓誌銘文亦曰張氏"丱歲通經,弱年筮仕"。誌文見《彙編》[元和104]弟張士階撰文。此條亦見羅補。

知貢舉:上都,禮部侍郎薛邕。見《唐語林》。　按薛邕至此年放四榜,共九十一人。《摭言》以爲八十人,或字有奪誤。〇孟按:常衮草《授薛邕吏部侍郎制》:"中散大夫守尚書禮部侍郎兼集賢殿學士判院事上柱國汾陽縣開國子賜紫金魚袋薛邕……擢以公望,貳於秩宗。豈惟人神之和,兼舉孝秀之目。鑒裁高朗,加以直清,進退可否,歸於精實,慎乃服命,五年如初。擇吏辯言宜當,慎選無易前政,副予得人。可守尚書吏部侍郎,餘如故。"(《文苑英華》卷三八七)

東都,留守張延賞。按張延賞於是年正月充留守。

六年辛亥(771)

四月戊午,《舊書》本紀作"丁巳"。上御宣政殿,親試諷諫主文、茂才異等、智謀經武、博學專門等四科舉人。帝親慰勉,有司常食外,更賜御厨珍饌及茶酒,禮甚優異。舉人或有敝衣菜色者,帝憫之,謂左右曰:"兵革之後,士庶未豐,皆自遠來,資糧不足故也。"因爲之泣下。時方炎暑,帝具朝衣,永日危坐,讀太宗《貞觀政要》。及舉人策成,悉皆觀覽,一百餘道。將夕,有策未成者,命大官給燭,令盡其才思,夜分而罷。時登科者凡一十五人。《册府元龜》

進士二十八人:孟按:本年試《初日照露盤賦》(以"雲表清露,光發金景"爲韻)、《寒夜聞霜鐘》詩,詳下。

王溆，狀元。

章八元，《唐才子傳》："章八元，大曆六年王溆榜第三人進士。居京既久，床頭金盡，歸江南訪韋蘇州，待贈甚厚。復來都應制科。"《唐詩紀事》："八元，睦州人，登大曆進士第。"韋應物《送八元擢第往上都應制詩》云："決勝文場戰已酣，行應辟命復才堪。旅食不辭遊闕下，春衣未换報江南。天邊宿鳥生歸思，關外晴山滿夕嵐。立馬欲從何處别，都門楊柳正毵毵。"○孟按：《新唐書・藝文志四》著録："《章八元詩》一卷。"注："睦州人，大曆進士第。"又《南部新書》卷八："章八元嘗於郵亭偶題數言，蓋激楚之謂也。會嚴維至驛，問元曰：'汝能從我學詩乎？'曰：'能。'少頃遂發，元已辭家，維大異之，乃親指喻。數年間，元擢第。"

路季登，《舊書・路巖傳》："巖祖季登，大曆六年登進士第。"

沈竦，《元和姓纂》："沈廸，番陽令，生竦，大曆六年進士，左庶子。"

趙需，柳宗元《先友記》："需，天水人。"韓注："大曆六年進士。"

張惟儉，柳宗元《先友記》："惟儉，宣城當塗人。"韓注："大曆六年進士。"

盧景亮，見柳宗元《先友記》，韓注："景亮字長晦，幽州范陽人。大曆六年中進士第。"《舊書・文苑傳》："盧景亮第進士、宏詞，授秘書郎。"○孟按：原卷十三貞元九年(793)進士科又著録"盧景亮"，徐氏考云："元稹《酬白學士代書一百韻》詩注：'先是穆員、盧景亮同年應制，俱以詞直見黜。'《舊書・文苑傳》：'盧景亮字長晦，幽州范陽人，第進士、宏詞。'"趙校："盧景亮已見卷十大曆六年。參《學林漫録》六集卞孝萱《登科記考糾繆》。"按卞孝萱《〈登科記考〉糾繆》云："徐松將元稹的話，完全理解錯了。元稹是説，在他和白居易應'才識兼茂明於體用科'之前，曾有穆員、盧景亮兩人，於同一年應制舉，都因文章鯁直，没有考中。而徐松竟誤解爲穆員、盧景亮於貞元九年同登進士科了。"又云："柳宗元《先君石表陰先友記》中列舉了'先友'六十七人，其中有：'穆氏兄弟者，河南人。''盧景亮，涿人。(孫汝聽曰："大曆六年中進士第。")'再看《舊唐書》卷一四六《楊憑傳》：'與穆質……爲友。'(《新唐書》卷一六〇《楊憑傳》同)穆質是穆員之兄，楊憑是柳宗元的岳父。穆員、盧景亮都是柳宗元的長輩。劉禹錫生於大曆七年，柳宗元生於大曆八年，當大曆六年盧景亮登進士科時，劉、柳還未出世。”又云：“《新唐書》卷一六四《盧景亮傳》云：‘第進士、宏詞，授秘書郎。張延賞節度荆南，表爲枝江尉，掌書記。入遷右補闕。朱泚反，景亮勸德宗曰：……帝然之。景亮……與穆質同在諫争地……宰相李泌刻景亮等嘗衆會，漏所上語言……帝怒，貶爲朗州司馬，質亦斥去，廢抑二十年。至憲宗時，由和州别駕召還，再遷中書舍人。……元和初卒。’從盧景亮一生的活動中看出，當貞元九年時，正貶謫在外（‘廢抑二十年’），怎能擅自入京應進士試？”是知作貞元九年者誤，今删併至大曆六年。

楊於陵，《南部新書》：“章八元及第後居浙西，恃才浮傲，宴遊不恭。韓晋公自席械繫之，來晨將議刑。時楊於陵乃韓女婿，以同年救之，曰：‘爲楊郎屈法。’”按此則於陵爲是年及第。　李翱《楊於陵墓誌銘》：“公諱於陵，字達夫，年十八舉進士第。”《舊書·楊嗣復傳》言於陵十九登進士第，二十再登博學宏詞科，當以傳爲正。於陵是年十九歲。〇孟按：然《新唐書》本傳亦謂於陵“十八擢進士，調句容主簿”。又《名賢氏族言行類稿》卷二十二亦載於陵“十八擢進士”。

＊裴佶，原列上年進士科韋重規下，徐氏考云：“《舊書·裴耀卿傳》：‘耀卿子綜。綜子佶，字弘正，幼能屬文，弱冠舉進士。’以元和八年年六十二推之，大曆六年二十歲。按傳云：‘佶授藍田尉。時有詔命畿内諸縣城奉天，時嚴郢爲京兆，政尚峻暴，加以朝旨甚迫，尹正之命，急如風霆。本曹尉韋重規，其室方娠而疾，畏郢之暴，不敢以事故免。佶因請代役，無愆程，當時義之。’重規於五年登第，疑佶之同年，故附載是年。”　孟按：徐松疑裴佶與韋重規爲同年，僅屬推測，並無證據，今仍以其“弱冠舉進士”而繫本年。

＊鄭絪，原列卷二十七《附考·進士科》，徐氏考云：“《舊書》本傳：‘字文明。父羡，池州刺史。絪擢進士第，登宏詞科。’”陳補：“《文苑英華》卷十六載鄭絪、盧景亮《初日照露盤賦》，皆以‘雲表清露，光發金景’爲韻。同書卷一八四《省試詩》又録二人《寒夜聞霜鐘》詩。知二人爲同年進士。徐《考》本年試詩賦題皆缺，當據補。”　孟按：《補遺》册六，第174頁，盧軺撰大中十二年（858）五月十二日《唐故范陽盧氏（軺）滎陽鄭夫人墓誌銘》云：“夫人……祖諱絪，皇太子太傅，贈太師。公進士擢第，首冠宏詞，迥出

判等，授鄠縣尉。”

＊陳京，原列本卷永泰二年(766)進士科，徐氏考云：“《新書·儒學傳》：‘陳京字慶復，陳宜都王叔明五世孫。父兼。京善文詞，常衮稱之，妻以兄子。擢進士第。’《昌黎集》有《與陳京給事書》，五百家韓注引樊注云：‘京字慶復，大曆元年中進士第。’柳宗元有《陳京行狀》。《柳集·先友記》韓注云：‘京爲大曆六年進士。’‘六’蓋‘元’之訛。”陳補云：“其登第之年，韓愈《與陳京給事書》五百家韓注引樊曰作大曆元年，徐氏從之。按《柳河東集》注二次提及京登第年：卷八《唐故秘書少監陳公行狀》注作大曆元年，卷十二《先君石表陰先友記》作大曆六年。今按當以六年爲是，其證有二：永泰二年十一月改元大曆，該年進士習稱爲永泰二年及第，《柳集》韓注云吕牧、何士幹皆同此例，惟陳京作大曆元年，此其一；《陳公行狀》云：‘大曆中，公始來京師，中書常舍人衮、楊舍人炎讀其文，驚以相視曰：“子雲之徒也。”常以兄之子妻公，由是聞名。’既云大曆中始至京師，因常、楊揄揚而名聞，則及第不在大曆以前之永泰二年。此其二。”今移正。

＊于申。《彙編》[貞元 055]據《陝西金石志》卷十六補遺上所録于公異撰貞元九年(793)十月十五日《唐故朝議郎行尚書屯田員外郎上柱國梁縣開國子賜緋魚袋河南于君(申)墓誌銘并序》云：“君諱申，字伯厚，河南洛陽人也。……十八擢進士上第，授校書郎。”按于申卒於貞元九年八月十三日，享年四十，則其十八歲時在大曆六年。又《補遺》册七第 78 頁，劉公輿撰元和二年(807)八月廿九日《唐故尚書屯田員外郎于府君(申)夫人京兆韋氏(懿仁)墓誌銘并序》：“夫人諱懿仁，京兆萬年人也。……年甫及笄，歸於于氏，即故京兆尹、御史大夫頎之元子也。進士高第，清貫累登，翰苑笙簧，人倫龜玉。”按胡補亦據《陝西金石志》(續修陝西通志稿本)録于申於本年。

＊明經科：

＊元衮。《補遺》册三，第 154 頁，元仲容撰元和五年(810)二月《唐故鄂岳觀察推官監察御史裏行上柱國元公(衮)墓銘并序》云：“公諱衮，字山甫。……未十歲，□左氏傳。十四，擢明經第。貞元初，調補汝州參軍事。”按元衮卒於元和四年(809)七月，享年五十二，其十四歲在本年。王補據《輯繩》亦録衮於本年。

諸科二人。

諷諫主文科：

鄭珣瑜，《新書》本傳："珣瑜字元伯，鄭州滎澤人。大曆中，以諷諫主文科高第，授大理評事。"

李益。《册府元龜》、《唐會要》。

茂才異等科：

陳潤。見上。　奇才異能，應即茂才異等科。

博學專門科。闕。

＊知貢舉：上都，禮部侍郎劉單。原作"張謂"，徐氏考云："見《唐語林》。常衮《授張謂禮部侍郎制》云：'敕。稱秩元祀，春官職焉。舉秀興廉，國朝兼領。非文儒碩茂，鑒裁精實，重於一時者，不在此地。中散大夫、守太子左庶子、上柱國、河内縣開國子、賜紫金魚袋張謂，宏達有檢，和平易容，豈道廣而難周，亦言滿而無擇。博涉群籍，通其源流，振起鴻藻，正其聲律。翰飛北閣，焕發司言，居部長人，不忘惠訓。輔相東禁，孝友彰明，貳宗伯之掌禮，典諸侯之貢士。以爾公望，副兹眷求，可守尚書禮部侍郎，散官、勳、封、賜如故。'"陳補："徐《考》定本年上都爲張謂知舉。按《唐語林》卷八謂知六年、七年、八年貢舉，《唐詩紀事》卷二五則以爲'典七年、八年、九年貢舉'。本有歧異。《紀事》卷三六云閻濟美'大曆九年春下第，將出關，獻座主張謂詩六韻。'是謂知九年舉可得證實。徐氏以六年至九年四年間皆作謂知舉，實非是。嚴耕望《唐僕尚丞郎表》以爲本年劉單知舉，所證有：一，《太平廣記》卷一七九引《乾𦠆子》云閻濟美'初舉，劉單侍郎下雜文落'。是劉單在謂前任禮侍。二，《元和姓纂》卷五：'禮部侍郎劉單，岐山人。'是單終于禮侍任。三，《舊唐書》卷一一八《楊炎傳》云：'初，(元載)引禮部郎中劉單；單卒，引禮部侍郎薛邕；邕貶，又引炎。'郎中爲侍郎之誤；薛邕以大曆八年五月由吏侍貶出，則單爲禮侍卒必在稍前；又邕自元年爲禮侍，至五年遷吏侍，單爲禮侍應在邕後。嚴氏考劉單以五年遷禮侍，知六年春貢舉，是年卒官。其説較爲可信。"　東都，留守張延賞。《舊紀》："五月癸卯，以河南尹張延賞爲御史大夫。"則春試時延賞猶在東都也。

＊鄭絪《初日照露盤賦》曰："日初出兮露成文，盤既潔兮光乍分。凝素彩而泛灎，鮮顥氣之絪緼；忽炯爾以流景，乍揭然而拂雲。若乃勢倚金莖，色映霞表，倒初景以摇颺，澹輕烟之縹緲。承露華以逾明，焜霽色而共曉。焕然孤秀，赫奕奕於長川；爛爾生光，照翻翻之高鳥。盤以貞兮露以盈，日既明兮天以清。焜以相鮮，若曙月之臨朝鏡；燦然交映，類瓊花之雜玉英。金景發色，玉壺肇明，敷皓質以流耀，含太陽之至精。伊昔漢帝初營，求仙是務；我皇復立，承天有裕。乍髣髴於帝臺，宛昭彰乎天路。首出庶物，表一人之大明；光發四施，照萬方而遐布。豈有屑瓊蘂，泫珠露，冀靈物之來遊，望神人之自遇。懿夫合以成象，麗然增光；干浮雲以杲耀，激旭日而悠揚。仙掌斜分，若蓮峰之曙景；宸心迴想，如昆岫之晴霜。豈比周穆西遊，覲王母於昆岳；重華南狩，怨帝子於瀟湘，獨能睹雲闕而飲靈漿者乎？徒觀夫素色上升，清光下發，分迴彩以照耀，焜長空而超越。白華映兮光復臨，露彩揚兮色彌深。既炫晃以如玉，乍晶明而散金。且孤高者可擬之以抗志，絜朗者亦抑之而爲心。況地表烟息，天維氣整，日之麗矣，與星明而共融；盤實堅然，齊聖祚之悠永。昔之頌靈液、歌浪井，曾不如賦露盤之瑞景。"《文苑英華》卷十六

＊盧景亮《初日照露盤賦》曰："揭金盤而受露，擢仙掌而凌雲，當朝陽之出海，屬廖郭之無氛。霽色曈曨，金輝晃晶，光奕奕於九霄之際，色昭昭於衆象之表。大明既照，夕露方盈，金景相映，銀華自清。高不可攀，駐王喬之羽駕；仰不可視，奪離朱之目睛。彼方丈之金闕，洎天台之赤城，或煒煌而景耀，或焕赫而霞明；出人寰之杳眇，隔海嶠之峥嶸。孰與我之爲異，摽景光於上京。觀其巃嵸雙立，巖嶤上騖，輕靄不飛，纖雲不度。九成爛爛，摇翠影於樓臺；四野熒熒，落浮光於草樹。斯亦域中之殊觀，豈惟作器而盛露。且夫先王立晦，獨睹太陽，卷天宇之夜色，引帝庭之曙光。惟大君之攸俟，仰群后之所望。其彩若電，其形若

月，列缺雖伏，常煒煒而不收；蟾蜍已歸，實亭亭而未没。日無私而見照，盤既遇而斯發。請言露盤之始也，林巒掩映，崖谷重深，自藴於石，孰爲之金？遭漢皇之雅尚，會良冶之幽尋。忽範鎔而有作，爰奉承之是任。不然者在塗泥而重棄，與瓦礫而湮沉；安敢望微耀之輝映，初陽之照臨。金之爲質也光，盤之爲體也静，從有感而出日，諒無心而生景。念志士之未偶，因達人之宜作而後騁，顧淺陋之凡才，寧覬覦於大幸。"《文苑英華》卷十六。　孟按：上二賦據前考新補。

＊鄭絪《寒夜聞霜鐘詩》曰："霜鐘初應律，寂寂出重林。拂水宜清聽，凌空散迴音。春容時未歇，摇曳夜方深。月下和虚籟，風前聞疑作間遠砧。净兼寒漏徹，閑畏曙更侵。遥想千山外，泠泠何處尋。"《文苑英華》卷一八四

＊盧景亮《寒夜聞霜鐘詩》曰："洪鐘發長夜，清響出層岑。暗入繁霜切，遥傳古木深。何城亂遠漏，幾處雜疏砧。已警離人夢，仍知旅客襟。待時當命侶，抱器本無心。儻若無知者，誰能設此音。"《文苑英華》卷一八四。　孟按：上二詩據前考新補。

七年壬子(772)〔**趙校：原脱"七年壬子"，今補。**〕

進士三十三人：

張式，狀元。　《舊書·張正甫傳》："正甫兄式，大曆中進士登第。"柳宗元《先友記》："式，南陽人。"韓注。"大曆七年進士。"

暢當，《唐才子傳》："暢當，河東人。大曆七年張式榜及第。"《新書·儒學傳》："暢當，進士擢第。"

王仲堪，余家有唐王叔平《故監察御史裹行王公墓誌銘》云："公諱仲堪，字仲堪，其先太原人。生而岐嶷，體備剛柔，越在齠年，便志於學。逮乎弱冠，乃爲燕、趙聞人，經史該通，詞藻艷發。本道廉察使賢而薦之，自鄉試西遊太學。群公卿士聆其聲而交之，所居結轍，名動京邑。大曆七

年,進士擢第。"

王礎,《昌黎集·與陸傪員外書》:"陸相公司貢士,考文章甚詳,原其所以,亦由梁補闕肅、王郎中礎佐之。"五百家注引孫注:"大曆七年中第,十五年卒。"○孟按:《舊唐書·王璠傳》:"父礎,進士,文辭知名。"

胡珦。《昌黎集·少府監胡公神道碑》:"胡公諱珦,字潤博。凡一試進士,二即吏部選,皆以文章占上第。"五百家注引補注云:"大曆七年,珦登第。"按珦,張籍妻父也。

諸科四人:

歸登。《舊書·歸崇敬傳》:"歸登字沖之,大曆七年舉孝廉高第。"

博學宏辭科:

楊於陵。見上。

知貢舉:上都,禮部侍郎張謂。見《唐語林》。

八年癸丑(773)

進士三十四人:《文苑英華》載陸贄《東郊朝日賦》,以"國家行仲春之令"爲韻。《容齋續筆》引《唐登科記》,作《東郊朝日賦》以"國家行仲之令"爲韻,誤缺一字。是年試《禁中春松詩》,亦見《文苑英華》。○孟按:本年進士科所試賦題當爲《登春臺賦》,以"晴眺春野,氣和感深"爲韻,詳下張濛考。原徐氏所録陸贄《東郊朝日賦》亦删却。

陸贄,《順宗實録》:"陸贄,吴郡人。年十八,進士及第。"《讀書志》:"陸贄,嘉興人。大曆八年進士。"《永樂大典》引《蘇州府志》:"陸贄,西京試第六人。"權文公撰《翰苑集序》:"公諱贄,字敬輿,吴郡蘇人。溧陽令偘之子。年十八,登進士第。"《舊書》本傳:"登進士第,以博學宏辭登科。"《唐詩紀事》有錢起《喜陸贄擢第還蘇州詩》云:"鄉路歸何早,雲間喜擅名。思親盧橘熟,帶雨客帆輕。夜火臨津驛,晨鐘隔浦城。華亭養仙羽,計日再飛鳴。"

嚴綬,《舊書》本傳:"嚴綬,蜀人。曾組方約,利州司功。祖挹之,符離尉。父丹,殿中侍御史。綬大曆中登進士第。"元稹《嚴公行狀》:"公以大曆八年舉進士,禮部侍郎張謂妙選時彦,在選中。"

鄭利用，柳宗元《先友記》："利用，餘慶從父兄也。"韓注："利用，大曆八年進士。"

周存，見《文苑英華》。〇孟按：《古今詩話》引《林下詩談》："貞元中有周存者，性喜放生，嘗放一鯉魚，戲爲詩，極佳，陸氏稱之，末云：'倘若成龍去，還施潤物功。'後入試，試題爲《白雲向空盡》，詩既成，苦於無結，忽憶鯉魚詩，因改二字云：'倘若成龍出，還施潤物功。'遂得通籍。"又《唐宋科場異聞録》據《堅瓠集》引《林下詩談》亦云："貞元中，周存性喜放生。嘗放一鯉，因戲爲詩，極佳，陸贄稱之。結句云：'倘若成龍去，還施潤物功。'後入試，試題爲《白雲向空盡》，詩既成，苦于無結，忽憶鯉魚詩，因改'成'字爲'從'字云'倘若從龍去，還施潤物功。'主司大賞，遂得通籍。"按此詩見《文苑英華》卷一八二《省試三（州府試附）》，原注："《類詩》作焦郁。"詩云："白雲生遠岫，摇曳入晴空。乘化隨舒卷，無心任始終。欲銷仍向日，將斷或因風。勢薄飛難定，天高色易窮。影收元氣表，光滅太虚中。況若從龍去，還施潤物功。"《唐詩類苑》卷三作"周存"，題前有"賦得"二字。此詩當爲州府試所作。言"貞元中"誤，當爲大曆中。

員南溟，見《文苑英華》。

常沂，見《文苑英華》。

＊苗秀，陳補："《全唐文》卷四五七小傳：'秀，大曆八年進士。'另詳下條。"按胡補亦據《全唐文》小傳補録苗秀。

＊張濛。陳補："《文苑英華》卷五一（孟按：陳補原誤作"五五"）收陸贄、苗秀、張濛《登春臺賦》，皆以'晴眺春野，氣和感深'爲韻，應即本年所試。徐氏定本年試《東郊朝日賦》，實誤。此賦僅存一篇，並無其他證據可定爲本年試題。張濛，説孫，均子，貞元五年爲中書舍人，六年以禮部侍郎知舉，見《新唐書》卷一二五、《金石萃編》卷一〇三、《登科記考》卷十二。"今從陳補。

諸科五人。

知貢舉：上都，禮部侍郎張謂。見《唐語林》。東都，留守蔣涣。《舊書》本紀："七年五月癸亥，以檢校禮部尚書蔣涣充東都留守。八年九月甲午，東都留守蔣涣兼知東都貢舉。"

＊陸贄《登春臺賦》曰："春發生以煦物，臺居高而處明。俯而望焉，舒郁郁之和氣；登可樂也，暢怡怡以之遠情。觸類斯感，衆芳俱榮，風出谷以天霽，雲歸山而景晴。俛視平皋，傍臨遠嶠，窮漢苑以周覽，匝秦城而迴眺。林巒彩翠，浮佳氣於遥天；宫觀參差，麗飛甍於夕照。望莫若兮望遠，感何深兮感春。登其臺，則歷階而至極；應乎律，故陰慘而陽伸。令行斯順，澤布惟均；視雖微而必審，思何遠而不親。懿夫情之誘人，人罔或捨。時之感物，物莫能假。臺有春而必望，春何情而不寫。條風始至，散灼灼之紅桃；穀雨初收，潤萋萋之緑草。天何言哉生衆彙，人有靈兮感元氣。既望春而可樂，亦升高而足貴。賞同沂水，聊舞雩以詠歌；登異觀臺，寧睹蠟而增欷。周望既極，含情則多，媚遲日之未下，憂輕風之屢過。目眇眇以心遠，野悠悠而氣和；可以樂芳時之景物，壯皇室之山河。豈比夫羈士登樓而作賦，碩人在軸而爲歌者哉！春無物而不滋，臺無遠而不覽，豈老氏之或論，伊潘生之所感？稽其趣時之規遠，創意之義深。春非臺而何樂，臺非春而罔尋。故望春者惟臺是履，登臺者惟春是臨。繄在物之可用，必從時之所任。儻自下而可托，庶升高而至今。"《文苑英華》卷五十一

＊苗秀《登春臺賦》曰："惟窮愁之伊鬱，嗟大塊之勞生，登春臺而寫望，獨觀化以娱情。熙熙然不知吾之喪我，悠悠爾方悟象之難名。矧夫見千門之景霽，逢六合之風清。夫何化者之自化，使夫成者之自成。樂以忘歸，嘆盤遊之楚后；極而起恨，痛傷心於屈平。然則春之爲氣，可以感人；臺之爲高，可以觀徼。揔山川以窮覽，極宇宙而遐眺。俯瞻魏闕，散嘉氣之氤氲；延望天門，登大明之晶耀。於時也，三農伊始，百卉皆春，天地相近，雷雲解屯。欣大皞之在震，嘉勾芒之御辰。以斯觀乎天倪，乃無所不至；以是觀乎王化，亦何遠不均？稽乎登臺之意也，寓興寔繁，忘情蓋寡；獨有役於耳目，匪安排於原野。爭徇物以矜能，建升高

而自下。庸詎知澹乎無爲,道之所貴,起乎累土。采老氏之言玄,歌彼載陽;識詩人之所謂,方發生之道達。屬陽和之布氣,登臺謂何,雅興逾多。玩韶景而則麗,聆微風而轉和,雖黄鳥之可悦,無同人而則那。時來何歡,物至而感,思千里之遐騁,登九層以流覽。褰裳未濟,徒有望於江湖;藻鑒高懸,且欲呈其肝膽。故其取類也遠,寓興也深,庶鑒登高之賦,無遺入爨之音。"《文苑英華》卷五十一

＊張濛《登春臺賦》曰:"達萬類者莫尚於和氣,鬱萬類者莫極於幽情;故登臺而豁望,得寓目於春榮。高臨乎雙闕,迥出乎重城,洞千門而拂曙,披九陌於初晴。雲當軒而氣潤,風溢檻而光清;陰始分而土膏起,陽已動而泉脉生。縹緲九層之端,希微四達之眺;春馭興而摇裔,興牽春而窈窕。鶬鶊來於東野,鴻雁去於南津;愛烟霞而改舊,嘉草樹而含新。思欣欣於麗景,情艷艷於韶春;雖懵陰陽之義,且知天地之仁。我國家道洽一作合。衆靈,化涵諸夏,吹律豈勞於鄒衍,操音寧藉於子野。德被荒遐而有截,澤周品物而無假;因壽域以同歸,奚欒郊而獨寫。是知氣之所感者情,情之所和者氣,氣苟達而内愜,情必洽而外慰。等彼純綿之温,若享太牢之味,固在極於羨溢,寧止臻於髣髴。不然者太昊之令何榮,老氏之言安貴而已也。春臺高兮勢峩峩,鶯亂囀兮傳伐柯。聊登陟兮一過,攬春心兮未和。春臺曉兮光淡淡,花競落兮如菼菼。遠憑臨兮一覽,嫋春心兮多感。感因外而重遣,和自中而再尋。任三陽之榮悴,齊萬化以浮沉。風何知於虎嘯,雲何識於龍吟。猶春臺之蹈泰,與聖政之同深。"《文苑英華》卷五十一。　孟按:以上三篇賦據前考新補。

陸贄《禁中春松詩》曰:"陰陰清禁裏,蒼翠滿春松。雨露恩偏近,陽和色更濃。高枝分曉日,靈韻雜宵中。〔趙校:"中",《英華》卷一八七作"鍾"。〕嵐助爐烟遠,〔趙校:"嵐"下,《英華》卷一八七注

“一作香”。〕形疑蓋影重。願符千載壽,不羡五株封。儻得迴天眷,全勝老碧峰。”《文苑英華》

周存《禁中春松詩》曰:“幾歲含貞節,青青紫禁中。日華留偃蓋,雉尾轉春風。不爲繁霜改,那將衆木同。千條攢翠色,百尺澹晴空。影密金莖近,花明鳳沼通。安知幽澗側,獨與散樗叢。”《文苑英華》

員南溟《禁中春松詩》曰:“鬱鬱貞松樹,陰陰在紫宸。葱蘢偏近日,青翠更宜春。雅韻風來起,輕烟霽後新。葉深棲語鶴,枝亞拂朝臣。全節長依地,凌雲欲致身。山苗蔭不得,生植荷陶鈞。”《文苑英華》

常沂《禁中春松詩》曰:“映殿松偏好,森森列禁中。攢柯霑聖澤,疏蓋引皇風。曉色連秦苑,春香滿漢宮。操將貞石固,材與直臣同。翠影宜青瑣,蒼枝秀碧空。還知沐天眷,千載更葱蘢。”《文苑英華》

九年甲寅(774)

進士三十二人:東都試《蠟日祈天宗賦》,見《乾𦠆子》。上都試《元日望含元殿御扇開合詩》,東都試《清明日賜百僚新火詩》,見《文苑英華》。〇岑補云:“按張莒爲是年進士,雖見《柳集》韓注,但余見本《英華》並未注明爲本年上都試題。《郎官考》四引文則作‘大中十三年’,並云‘歲時雜詠一作大曆’莒爲宗元先友,‘大中’自是‘大曆’之訛。再考《全唐詩》五函二册收莒此詩,亦注‘大曆十三年吏部試’。是《記考》本年收人莒詩,尚無確據(參下卷二二大中十三年)。且吏部非進士試題所自出也。”

楊憑,狀元,見《廣卓異記》引《登科記》。《舊書》:“憑字虛受。”《新書》:“一字嗣仁。”柳宗元《祭楊憑詹事文》,童宗説注云:“大曆九〔趙校:“九”原誤“元”,據《柳宗元集》卷四〇改。〕年,憑舉進士甲科。”

張莒,柳宗元《先友記》:“莒,常山人。”韓注:“大曆九年進士。”

鄭轅,《唐詩紀事》:"轅,大曆九年進士。"

韓濬,《唐詩紀事》:"濬,大曆九年進士。"李端《送濬及第歸江東覲省詩》云:"登龍兼折桂,歸去當高車。舊楚楓猶暗,前隋柳已疏。月中逢漢客,浪裏得鄉書。見説江邊住,知君不厭魚。"

王濯,《唐詩紀事》:"濯登大曆九年進士第。"

史延,《唐詩紀事》:"大曆九年,留守蔣渙試進士於東都,延登第。"

閻濟美,《舊書·良吏傳》:"閻濟美登進士第。"《乾䐂子》載閻濟美紀事云:"某三舉及第。初舉劉單侍郎下雜文落第,二舉坐王侍郎雜文落第。某當是時,年已蹭蹬,常于江徼往徑山欽大師處問法。是春,某既下第,又將出關,因獻座主六韻律詩曰:'謇諤王臣直,文明雅量全。望爐金自躍,應物鏡何偏。南國幽沈盡,東堂禮樂宣。輸今游異士,更昔至公年。芳樹歡新景,青雲泣暮天。唯愁鳳池拜,孤賤更誰憐。'座主覽焉,問某今年何者退落。具以實告,先榜落第。座主赧然變色,深有遺才之嘆,乃曰:'所投六韻,必展後效。足下南去,幸無疑將來之事。'某遂出關。秋月江東求薦,名到省後,兩都置舉,座主已在洛下。比某到洛,更無相知,便投跡興化里店。屬時物翔貴,囊中但有五縑,策蹇驢而已。有舉公虞景莊,已爲東府首薦,亦同處焉,僕馬甚豪。與某相揖,未交一言,久乃問某曰:'閻子自何至?'止對曰:'從江東來。'敬奉不敢怠。景莊一旦際暮醉歸,忽蒙問某行第,乃曰:'閻二十,消息絶好,景莊大險。'某對曰:'不然。必先大府首薦,聲價已振京洛。如某遠地一送,豈敢望有成哉!'景莊曰:'足下定矣。'十一月下旬,遂試雜文。十二月三日,天津橋放雜文榜,景莊與某俱過。其日苦寒,是月四日,天津橋作鋪帖經,景莊尋被黜落。某具前白主司曰:'某早留心章句,不工帖書,必恐不及格。'主司曰:'可不知禮闈故事,亦許詩贖?'某致詞後,紛紛去留。某又遽前白主司曰:'侍郎開獎勸之路,許作詩贖帖,未見題出。'主司曰:'賦天津橋望洛城殘雪詩。'某只作得二十字,某詩曰:'新霽洛城端,千家積雪寒。未收清禁色,偏向上陽殘。'已聞主司催納詩甚急,日勢又晚,某告主司:'天寒水凍,書不成字。'便聞主司處分:'得句見在將來。'主司一覽所納,稱賞再三,遂唱過。其夕景莊相賀云:'前與足下並鋪試《蠟日祈天宗賦》,竊見足下用魯某對衛賜。據義衛賜則子貢也,足下書衛賜作駟馬字,唯以此奉憂耳。'某聞是説,反思之，實作騆馬字，意甚惶駭。比榜出，某濫忝第，與狀頭同參座主。座主曰：'諸公試日，天寒急景，寫札雜文，或有不如法。今恐文書到西京，須呈宰相，請先輩等各買好紙，從來請印，如法寫凈送納，抽其退本。'諸公大喜。及某撰本却請出，騆字上朱點極大。座主還闕之日，獨揖前曰：'春間遺才，所投六韻不敢暫忘，聊副素約耳。'"按《唐詩紀事》亦載此事，言濟美於大曆九年春下第，將出關，獻座主張謂詩。是年張謂知上都舉，《乾饌子》作王侍郎，非也。第東都十年知舉爲蔣涣。《紀事》以爲張謂，亦非。《乾饌子》又言劉單侍郎，考大曆中上都知舉無劉單。○孟按：劉單於大曆六年(771)知上都貢舉事，詳該年考。

楊瑀。瑀，大曆九年進士，見柳宗元《先友記》韓注。

知貢舉：上都，禮部侍郎張謂。《唐詩紀事》："張謂，大曆間爲禮部侍郎，典七年、八年、九年貢舉。"東都，留守蔣涣。見上。

張莒《元日望含元殿御扇開合詩》曰："萬國來初歲，〔趙校：原作"萬聖來朝歲"，據《英華》卷一八〇改。〕千秋覲聖君。輦迎仙仗出，扇匝御香焚。俯對朝容近，先知曙色分。冕旒開處見，鐘磬合時聞。影動承朝日，花攢似慶雲。蒲葵那可比，徒用隔炎氛。"《文苑英華》。○孟按：《古今歲時雜詠》卷一録此詩。於題下注云："大曆十三年吏部試。"

鄭轅《清明日賜百寮新火詩》曰："改火清明後，優恩賜近臣。漏殘丹禁晚，燧發白榆新。瑞彩來雙闕，神光焕四鄰。氣回侯第暖，烟散帝城春。利用調羹鼎，餘輝燭搢紳。皇明如照隱，願及聚螢人。"《文苑英華》

韓濬《清明日賜百寮新火詩》曰："玉騎傳紅燭，〔趙校："玉"，《英華》卷一八〇作"朱"，注"一作王"。〕天厨賜近臣。火隨黄道見，烟繞白榆新。榮耀分他室，恩光共此辰。〔趙校："共此辰"，《英華》卷一八〇作"拱紫宸"。〕更調金鼎膳，還暖玉堂人。灼灼千門映，輝輝萬井春。應憐聚螢者,〔趙校:"聚螢者",《英華》卷一八〇作"螢聚夜"。〕瞻望獨無鄰。〔趙校:"獨無鄰",《英華》卷一八〇作"及東鄰"。〕"《文苑英華》

王濯《清明日賜百寮新火詩》曰:"御火傳香殿,華光及侍臣。星流中使馬,燭耀九衢人。轉影連金屋,分輝麗錦茵。焰迎紅蘂發,烟染緑條春。助律和風早,添爐暖氣新。誰憐一寒士,猶望照東鄰。"《文苑英華》

史延《清明日賜百寮新火詩》曰:"上苑連侯第,清明及暮春。九天初改火,萬井屬良辰。頒賜恩逾洽,承時慶亦均。翠烟和柳嫩,紅焰出花新。寵命尊三老,祥光燭萬人。太平當此日,空腹賀陶鈞。"《文苑英華》。 以上又見《唐詩紀事》。

登科記考補正卷十一

唐代宗睿文孝武皇帝

大曆十年乙卯(775)

五月二十五日,敕童子科宜停。《舊書》本紀、《册府元龜》、《唐會要》。

六月,詔國子儒官勘校經本,送尚書省。張參《五經文字序》

進士二十七人:《文苑英華辨證》引《唐登科記》:"大曆十年,上都試《五色土賦》,東都試《日觀賦》。"按《文苑英華》,《五色土賦》以"皇子畢封,依色建社"爲韻,《日觀賦》以"千載之統,平上去入"爲韻。又按《唐詩紀事》,大曆十年東都試《龜負圖詩》。

崔恒,上都第四人及第。《文苑英華》作崔損。注引《登科記》作崔恒,無崔損。 按崔損乃大曆十一年進士,《文苑英華》誤。其開元十八年崔損,别是一人。

崔穜,上都第六人及第。

盧士閱,《文苑英華》作士開。注引《登科記》作士閲,今從之。○孟按:《千唐》[1152]崔居晦撰咸通二年(861)五月廿三日《唐故宋州碭山縣令滎陽鄭府君故范陽盧氏夫人墓誌銘并序》(參見《彙編》[咸通 006])云:"夫人皇考諱士閲,建中之際,以秀才升第,位至使府監察。"知作"士閲"是。然誌言"建中之際"疑誤。又,王補據此誌移附士閲於建中三年

(782),似未妥。

丁澤,《文苑英華》作丁春澤。注引《登科記》作丁澤,今從之。《唐詩紀事》,丁澤爲東都第一。

王建。《唐才子傳》:"王建字仲初,潁川人。大曆十年丁澤榜第二人及第。" 按建爲東都第二人。○孟按:《唐才子傳校箋》卷四《王建傳》於"大曆十年丁澤榜第二人及第"下箋云:"《郡齋讀書志》卷四上别集類及《直齋書録解題》皆載建大曆十年進士,《才子傳》同,似皆本宋時傳世之唐登科記(按《登科記考》亦列王建大曆十年進士,並加按語:'建爲東都第二人。')然細察之,殊可疑。按王建之生、卒、享年,史無記載,自其作品中亦不能考出。聞一多《唐詩大系》定其生年爲大曆三年(768),劉大傑、游國恩等文學史推定爲大曆元年(766)生。今按王建之摯友張籍贈建詩云:'年狀皆齊初有髭,鵲山漳水每追隨。'(《逢王建有贈》,《全唐詩》卷三八五)是張、王乃同年生。白居易元和十年(815)《與元九書》中言詩人多蹇,舉例云:'近日孟郊六十,終試協律;張籍五十,未離一太祝。'是元和十年,張籍五十歲,與張籍'年狀皆齊'之王建,元和十年自然亦五十歲。逆推五十年,爲代宗大曆元年。今王建既以大曆元年生,大曆十年始十歲,三年始七歲,十歲七歲孩童如何能成進士?故游國恩等斷然否定王建曾第進士,甚是。"又云:"然宋人明言王建大曆十年進士,是又何説?或當時有同名爲王建者,爲大曆十年進士,張冠李戴,誤以爲仲初王建。考同時賈島有《光州王建使君君水亭》詩云:'楚水臨軒積,澄鮮一畝餘。柳根連岸盡,荷葉出萍初。極浦清相似,幽禽到不虚。夕陽庭際眺,槐雨滴稀疏。'又《留别光州王使君建》詩下注:'一本無建字。'云'杜陵千里外,期在末秋歸。既見林花落,須妨木葉飛。楚從何地盡,淮隔數峰微。迴首餘霞失,斜陽照客衣。'細會此兩詩意,了不似賈島爲詩贈詩人之作。則一本無建字,或係脱誤。王建詩中及其他有關記載,均從未見仲初曾爲光州刺史者。故大曆十年進士,又刺光州之王建,乃誤爲詩人王建。此雖揣測,當不甚相遠。"

諸科一人。

* 拔萃科:孟按:此"拔萃科"屬吏部試所,據本書徐松所擬《凡例》第十四條補。

＊吉中孚,《新唐書·藝文志四》著録:"《吉中孚詩》一卷。"注:"楚州人。始爲道士,後官校書郎。登宏辭,諫議大夫、翰林學士、户部侍郎、判度支。貞元初卒。"《唐才子傳校箋》卷四《吉中孚傳》:"中孚,楚州人,居番陽最久。初爲道士,山阿寂寥。後還俗。李端贈詩云:'舊山連藥賣,孤鶴帶雲歸。'盧綸送詩云:'舊籙藏雲穴,新詩滿帝鄉。'來長安,謁宰相,有薦於天子,日與王侯高會,名動京師。無幾何,第進士,授萬年尉,除校書郎。又登宏辭科,爲翰林學士,歷諫議大夫,户部侍郎、判度支事。"按中孚以仙官入仕,即爲校書郎,未嘗第進士,《校箋》已辨之。其"登宏辭科"事,《校箋》云:"今按《唐摭言》卷一三《無名子謗議》條載山東野客致劉吏部書云:'兩京常調五千餘人,書判之流,亦有碩學之輩,莫不風趨洛邑,霧委咸京。其常衮之徒,令天下受屈。''徒以竊居翰苑,謬踐掖垣。雖十年掌於王言,豈一句在於人口!''且吉中孚判以"大明御宇"爲頭,以"敢告車軒"爲尾,初類是頌,翻乃成箴。其間又以"金盤"對於"玉府",非惟問頭不識,抑亦義理全乖。據此口嘲,堪入覼縷。張載華以"江皋"對"瀍洛",朱邵南以"養老"對"乞言",理目未通,並考入等,可哀也哉!王申則童子何知,裴通以因人見録。苟容私謁,豈謂公平!'又作詩云:'三銓選客不須嗔,五個登科各有因。無識伯和憐吉獠,弄權虞候爲王申。載華甲第歸丞相,裴子門徒入舍人。莫怪邵南書判好,他家自有景監親。'劉吏部即劉晏,據《舊唐書》卷一二三《劉晏傳》,大曆八年(773),晏以吏部尚書'知三銓選事',至大曆十三年(778),'使務、知三銓並如故。'又據《舊唐書·代宗紀》及《唐語林》,大曆十年至十二年,常衮以禮部侍郎知貢舉。吉中孚應制科,當在大曆十年或十一年,以大曆十一年末元載敗,'無識伯和'就戮,無從'憐吉獠'矣。據無名子書,中孚乃書判拔萃登科。《新志》及《才子傳》云登宏辭科,誤。"今從其説,附於大曆十年。

＊張載華,見上。按《新唐書·宰相世系表二下》清河東武城張氏著録載華名,官兼御史中丞。父衮,虢州刺史。

＊朱邵南,見上。

＊王申,見上。按《新唐書·宰相世系表二中》太原大房王氏著録申名。父令元;兄華,水部員外郎。

＊裴通。以上四人皆見上引《唐摭言》。按唐世名"裴通"者,至少有

三人,此裴通據《無名子謗議》條載山東野客致劉吏部書云"裴子門徒入舍人"及時代考察,當爲裴士淹之子,字文玄,官檢校禮部尚書。士淹曾以禮部侍郎知至德二載(757)、三載(758)貢舉事,官至禮部尚書,封絳郡公。見本書及《新唐書·宰相世系表一上》。

知貢舉:上都,禮部侍郎常衮。《舊書》本紀:"九年十二月,中書舍人常衮爲禮部侍郎。"東都,留守蔣涣。見《唐語林》。

崔恒《五色土賦》曰:"至哉土德,光含五色。其色也辨五方以建侯,其德也發萬物以生植。自夏禹而作貢,在徐方而是職。王者立社以封疆,諸侯苴茅而有國。於赫巨唐,德之皇皇,乘土而化康。采大漢强幹之宜,裂地以爵;法有周維城之制,分土而王。各班其位,各正其方。用甲日而靡忒,建陰氣而允臧。定五方而式序,分五色而有章。平野烟銷,發卿雲之瑞彩;高天雨霽,浮麗日之重光。衆色環封,所以示外共其方職;正色居上,所以表内附於中黄。觀其儀則知大君之有弼,稽其旨則知邦伯之有秩。列三才則惟數在五,參十端則惟德居一。既明既麗,可以比乎天文;不騫不崩,所以保乎陰騭。配皇王之永久,齊天地而終畢。矧夫經邦理社,必土是封。光昭聖德,協贊時雍。將尊天以親地,在侯土與國社。既蕃翰乎四海,實底寧乎天下。若然者,君立社以布政,臣受土而宣威,象君臣之同理,知社土之相依。是以成百王之則,作萬邦之憲。珪璋玉帛,莫不因我而執;公侯伯子,莫不因我而建。土之德也斯美,社之義也奚擬。其色也匪同五星而乍連乍散,其質也各表一方而岳立山峙。有以崇國祚於我皇,有以同磐石於宗子。夫如是則其義廣矣,豈斯文之所能盡紀。"《文苑英華》

盧士閲《五色土賦》曰:"尊彼國常,乃立人極。依大社以封土,命諸侯以方色。木官復位,東方於焉必書;火正是司,南方由之可識。西同白帝之象,北察玄武之職。配中黄而立名,覆四方而作式。於是端扆穆穆,授策皇皇,賢戚封建,君臣樂康。既載人之爾厚,亦植物而惟良。可以載八紘,包大荒。豈離遏於爾邑,盡東南於我疆。昔神黷無厭,聞革故於有魏;天祚明德,遂惟新於聖唐。總祝融與蓐收,臣玄冥與句芒。知合之以濟代,故貢之以來王。守於爾位,亦有寵子。思翦桐而是立,故分茅以共理。所以維臣,所以撫封。爰作稼穡,錫之附庸。列五色以相備,和八音以相從。色能惟正,音乃叶雅。將察之以報功,故封之以立社。惟人是恤,選賢以建。仰夏王之攸敦,法《周官》之大憲。胙之而氏可命,相之而宅可依。五德聿修,萬方知歸。即之也真彩煌煌,望之也靈壇巍巍。足以表正方夏,發揚德輝。等乎珪瑞,叶以元吉。建樹侯家,藩屏王室。分之惟五,行之惟一。實邦家之永固,與天壤而齊畢。"《文苑英華》

丁澤《日觀賦》曰:"日之升也,浴海而麗天;岳之峻也,切漢而臨邊。登高者以致九霄之上,愛景者欲在萬人之先。其所惟一,其仞惟千。伊風靈之有載,彼日觀之存焉。夫其夜刻未終,曙色猶昧,彼窮高之極遠,此有進而無退。未辨昏明,斯分覆載。屢聞鳴雁,猶陰沈而不睹;忽聽晨鷄,即曈曨而可愛。於是漸出暘谷,將離地維,巖巒既秀,草樹生姿,氣則赫赩,人皆仰之。其望也如燭,其照也無私。昔者帝王御宇,立極垂統,封禪及此成功,巡狩應其春仲。莫不登兹絶頂,遐燭大明。思煦嫗之義,窮造化之精。以爲日象一人之德,岳是三公之名。信王侯之設險,俾夷狄之來平。方今一德無爲,三光有象,動植昭泰,神祇肸蠁。千嵒瑞色,思效祉以爰升;萬壑春雲,欲入封而空上。客有才泛羽儀,〔趙校:"才泛"原作"乏才",據《英華》卷二九改。"〕心思騫翥,每積聚螢之志,難登望日之處。引領終夕,含情達曙。知燭照之有期,故躊躇而不去。重曰日有觀兮,〔趙校:"日"字據《英華》卷二九補。〕絶代獨立。登之望兮,無遠不及。何太陽之至精,莫不専於

出入。"《文苑英華》

丁澤《龜負圖詩》曰:"天意將垂象,神龜出負圖。五方行有配,八卦義寧孤。作瑞旌君德,披文叶帝謨。乘流喜得路,逢聖幸存軀。蓮葉池通泛,桃花水自浮。還尋九江去,安肯曳泥途。"《文苑英華》

十一年丙辰(776)

六月七日,國子監司業張參撰《五經文字序》云:"《易·繫辭》曰:'上古結繩以理。後代聖人,易之以書契,百官以理,萬人以察,蓋取諸《夬》。'《夬》,决也。王庭孚號,决之大者,决以書契也。逮《周禮》保氏,掌養國子以道,教之六書,謂象形、指事、會意、形聲、轉注、假借,六者造字之本也。雖蟲篆變體,古今異文,離此六者,則爲謬惑矣。王者制天下,必使車同軌,書同文,故教人八歲入小學,文有疑者,則必闕而求之。春秋之末,保氏教廢,無所取正,各遂其私。故孔子曰:'吾猶及史之闕文也,今亡矣。'蓋夫子少時,人猶有闕疑之問,後亡斯道,嘆其不知而作之也。蕭何漢制,亦有著法,太史試學童,諷書九千字,乃得爲吏,以六體試之。吏人上書,字或不正,輒有舉劾。皆正史遺文,可得焯知者也。劉子政父子校中秘書,自《史籀》以下凡十家,序爲小學,次於六藝之末。後漢許叔重,收集籀篆古文,諸家之學,就隸爲訓注,謂之《説文》。時蔡伯喈亦以滅學之後,經義分散,儒者師門,各滯所習,傳記交亂,訛僞相蒙,乃請刊定五經,備體刻石,立於太學之門外,謂之石經,學者得以取法焉。遭離變難,僅有存者。後有吕忱,又集《説文》之所漏略,著《字林》五篇以補之。

"今制國子監置學書博士,立《説文》、石經、《字林》之學,舉其文義,歲登下之,亦古之小學也。自頃考功、禮部課試貢舉,務於取人之急,許以所習爲通,人苟趨便,不求當否。字失六書,猶爲壹事，五經本文，蕩而無守矣。十年夏六月，有司以職事之病上言其狀，詔委國子儒官勘校經本，送尚書省。參幸承詔旨，得與二三儒者分經鈎考而共决之，互發字義，更相難極。又以前古字少，後代稍益之，故經典音字多有假借。謂若借后爲後，辟爲避，大爲太，知爲智之類，經典通用。陸氏《釋文》自南徂北，遍通衆家之學，分析音訓，特爲詳舉，因當以此正之。惟今文《尚書》改就今字删定，《月令》依其時進本，與《釋文》音訓頗有不同。卒以所刊書於屋壁，雖未如蔡學之精密，石經之堅久，慕古之士，且知所歸。然以經典之文六十餘萬，既字帶惑體，若鼎、鼏同物，《禮經》相舛；蔿、薳同姓，《春秋》互出；詁、故同義，《詩》題交錯之類。音非一讀，若鄉原之鄉爲嚮，取材之材爲哉，兩音出于一家，而不決其當否。學者傳授，義有所存。離之若有失，合之則難並，至當之餘，但朱發其傍而已。猶慮歲月滋久，官曹代易，儻復蕪污，失其本真，乃命孝廉生顔傳經收集疑文互體，受法師儒，以爲定例，凡一百六十部、三千二百三十五字，分爲三卷。《説文》體包古今，先得六書之要。若古文作明，篆文作朙；古文作坐，篆文作㘸之類。古體經典通行，不必改而從篆。有不備者，求之《字林》。若祧禰、逍遥之類，《説文》漏略，今得之於《字林》。其或古體難明，衆情驚懵者，則以石經之餘比例爲助。若宜變爲宜，晉變爲晋之類。《説文》宜、晉，人所難識，則以石經遺文宜與晋代之。石經湮没，所存者寡，通以經典及《釋文》相承隸省，引而伸之，不敢專也。若𦒸變爲壽，㮚變爲栗之類，石經湮没，經典及《釋文》相承作耳。近代字樣，多依四聲，傳寫之後，偏傍漸失。今則采《説文》、《字林》諸部，以類相從，務於易了，不必舊次。自非經典文義之所在，雖切於時，略不集録，以明爲經不爲字也。其字非常體，偏有所合者。詳其證據，各以朱字記之，俾夫觀省，無至多惑。”石刻拓本

停東都試貢舉。《摭言》。 《册府元龜》：“十年五月，詔今年諸色舉並赴上都集。”注云：“時禮部侍郎常衮以貢舉人合謁見，異於選人，並合

上都集，舉舊章也。"蓋十年放榜後，停十一年東都之舉，故從《摭言》，載於十一年。《册府元龜》又注云："是後不置東都貢舉。"

進士十四人：

許孟容，《舊書》本傳："孟容父鳴謙，究通《易》象，官至撫州刺史。孟容少以文詞知名，舉進士甲科。後究《王氏易》登科。"《柳宗元集》韓注："孟容字公範，京兆長安人。大曆十一年，中進士第。"

崔損，柳宗元《先友記》："損，清河人。"韓注："損字至無，系本博陵。大曆十一年，中進士第。"《舊書》本傳："大曆末，進士擢第，登博學宏詞科。"

王紓。紹之兄，見柳宗元《先友記》，韓注："紓，大曆十一年中進士第。"

*明經科：

*李子卿，《全唐文》卷四五八李季卿《三墳記》："□（子）卿字萬……弱冠以明□（經）觀國，莅鹿邑、虞鄉二尉……轉金城尉。"岑仲勉《金石論叢·貞石證史·三墳記》："《全唐詩》五函六册云：'李子卿，大曆末與崔損同第。'據《河東集》卷十二《注》損大曆十一年中進士第；又《全唐文》四五四收李子卿文十餘篇，内有《對國公嘉禮判》，考同書四三六陶朝、達奚摰兩人，皆嘗對此判，並云肅宗時擢書判拔萃科，則此李子卿殆同時中書判拔萃者之一。"按《三墳記》文末有"歲攝提格迺貞陽卜，而祔大墳。三墳以東南爲伯仲叔，貤之若雁行然。大曆建元之明年於斯刻石。""大曆"當爲"貞元"之誤，貞元二年爲丙寅歲。

*吴士平。《補遺》册七，第82頁，陳鴻撰元和四年(809)十一月十八日《唐故朝議郎行大理司直臨濮縣開國男吴君(士平)墓誌銘并序》："元和四年五月甲戌，大理司直吴君終于長安□興里私第，享年卌八。……君諱士平，字貞之……年十五，弘文館明經出身，釋褐補太子通事舍人。"以元和四年卒，年四十八推之，其十五歲在大曆十一年。

知貢舉：禮部侍郎常衮。見《唐語林》。　《舊書·常衮傳》：

"大曆中，爲禮部侍郎。時中官劉忠翼權傾内外，涇原節度馬璘又累著功勳，恩寵莫二，各有親戚干貢舉，及求爲兩館生。衮皆執理，人皆畏之。"　按《摭言》載貞元中有無名子，自云山東野客，移書劉吏部云："兩京常調五千餘人，書判之流亦有碩學之輩，莫不風趨洛邑，霧委咸京。其常衮之徒，令天下受屈，以兹偏見，求典禮闈，深駭物情，實乖時望。衮云親奉密旨，令少取入等，豈聖人容衆之意耶！今信四竪子，取彼五幽人。且吉中孚判以大明御宇爲頭，以敢告車軒爲尾，初類是頌，翻乃成箴。其間又金盤對於玉府，非惟問頭不識，抑亦義理全乖。據此口嘲，堪入覼縷。張載華以江皋對瀍洛，朱邵南以養老對乞言，理自未通，對仍未識。並考入等，可哀也哉。王申則童子何知，裴通則因人見録，苟容私謁，豈謂公乎？況宏辭大國光華，吏曹物色。公明立標榜，令盡赴上都，東京者棄而不收，常衮大辱於國。"當即衮知舉時事也。

十二年丁巳(777)

進士十二人：此年試《通天臺賦》以"洪臺獨存，浮景在下"爲韻，見《文苑英華》。〇孟按：《小苑春望宫池柳色》詩亦爲本年試題，詳下。

黎逢，狀元。　《唐詩紀事》："逢登大曆十二年進士第。"《摭言》："黎逢氣貌山野，及第年初場至，便於簾前設席。主司異之，俏其生疏，必謂文詞稱是，專令人伺之，句句來報。初聞云'行人徘徊'，曰'亦是常言'，既而將及數聯，莫不驚嘆，遂擢爲狀元。"

周澈，見十四年"周渭"注下。　按墓誌言"聯中正鵠於二有司之下"，渭及第於潘炎下，則澈及第於常衮下明矣。《文苑英華·石硯賦》有黎逢、張少博，又《尚書郎上直聞春漏詩》有張少博、周澈，故知澈不在黎逢前也。〇孟按：原卷二十七《附考·進士科》著録有"周徹"，徐氏注云："見權德輿《周君墓誌》。"〔趙校："按此即卷十一大曆十四(孟按：當作"二")年進士周澈。此重出，並誤'澈'爲'徹'。所據《周君墓誌》見權集卷二十三，誌主即澈兄渭。參岑仲勉《姓纂四校記》卷五。"〕今删併。見施補。

鄭餘慶，《舊書》本傳："祖長裕，官至國子司業。父慈，與元德秀友善，官至太子舍人。餘慶少勤學，善屬文，大曆中舉進士。"柳宗元《先友記》，韓注："餘慶字居業，鄭州滎陽人。大曆十二年中進士第。"

任公叔，見《文苑英華》。

楊系，見《文苑英華》。

＊張昔，詳下。陳補："《全唐詩》卷二八八：'張昔，大曆進士第。'《全唐文》卷四五五：'昔，大曆中進士。'"

＊丁位，詳下。陳補："《全唐詩》卷二八八：'丁位，大曆中進士。'"

＊元友直，詳下。《唐尚書省郎官石柱題名考》卷十三："《會要》七十六：建中元年，賢良方正能直言極諫科元友直及第。(《緯略》同。)《文苑英華》百八十八有元友直《省試小苑春望宮池柳色詩》。(《唐詩紀事》三十六：黎逢登大曆十二年進士第。則友直當即是年進士也。)"陳補："《全唐詩》卷二八八：'元友直，結之子。大曆進士。'建中元年舉賢良方正能直言極諫科，見徐《考》。事跡詳孫望先生《元次山年譜》。"

＊楊淩，原列上年進士科，徐氏考云："柳宗元《與楊京兆憑書》：'丈人以文律通流當世，叔仲鼎列，天下號爲文章家。'童宗説注引《登科記》：'大曆九年，楊憑中進士；十三年，楊凝中進士；十一年，楊淩中進士。皆有名，時號三楊。'《唐詩紀事》：'淩字恭履，最善文章。'" 孟按："十一年"，《四部叢刊》本《增廣注釋音辯唐柳先生集》卷三十童注作"十二年"；《柳宗元集》卷三十"孫注"亦作"十二年"。

＊崔績，詳下。陳補："《全唐詩》卷二八八：'崔績，大曆進士第。'"

＊裴達，《唐詩紀事》卷三十二録裴達《南至日太史登臺書雲物》詩，又云："達，登大曆進士第。"按上詩見於《文苑英華》卷一八二《省試三》，與其賦同題之作者有于伊躬，《唐詩紀事》同上卷亦謂："伊躬，大曆進士，元和間爲中書舍人。"又《文苑英華》卷一八八《省試九》録有裴達《小苑春望宮池柳色》詩，賦同題之作者有張昔、黎逢、丁位、元友直、楊系、楊淩、崔績、張季略、沈迴。其中黎逢、楊系登大曆十二年(777)進士第，已見《記考》。又《全唐詩》卷二八八録上述諸人(楊淩除外)同題之詩，除黎逢小傳謂"登大曆十二年進士第"外，其餘皆謂"大曆進士第"。又《記考》卷十一録楊淩爲大曆十一年(776)進士，考云："柳宗元《與京兆憑書》：'丈人以文律通流當世，叔仲鼎列，天下號爲文章家。'童宗説注引《登科記》：'大曆九年，楊憑中進士；十三年，楊凝中進士；十一年，楊淩中進士。皆有名，時號三楊。'"按"十一年"，《四部叢刊》本《增廣注釋音辯唐柳先生集》卷三十童

注作“十二年”;《柳宗元集》卷三十“孫注”亦作“十二年”,是。故知《小苑春望宫池柳色》詩當爲大曆十二年試題。裴達亦當於是年登第。參見陳補。又四庫本《山西通志》卷六十五《科目·唐》:“大曆中進士:裴達,聞喜人。”

∗張季略,詳下。陳補:“《全唐詩》卷二八八:‘張季略,大曆進士第。’郎官柱度支員外郎題名有其名,貞元間任。勞格《郎官石柱題名考》卷十四引其《省試小苑春望宫池柳色詩》云:‘《全唐詩》黎逢大曆十二年進士,季略當亦於是年登第。’”

∗沈迴。陳補:“《全唐詩》卷二八八:‘沈迴,大曆進士第。’《全唐文》卷四四四:‘迴,大曆中進士。’貞元元年舉賢良方正能直言極諫科,見徐《考》。《金石萃編》卷一〇三録其貞元三年撰《諸葛武侯新廟碑》,署:‘山南西道節度行軍司馬檢校尚書刑部員外郎□□御□沈迴撰’。《元和姓纂》卷七載,迴爲吴興人,忌子,事詳勞格《讀書雜識》卷七。按《文苑英華》卷一八八《省試詩》録張昔、黎逢、丁位、元友直、楊系、楊凌、崔績、裴達、張季略、沈迴十人所作《小苑春望宫池柳色》詩。徐氏已考知黎逢、楊系爲本年進士,僅録賦題,則此詩爲本年試題大致可以確定。揆以上述諸人的生平事跡,亦無甚扞格處。惟有楊凌,徐考繫在十一年,注云見柳宗元《與楊京兆憑書》童注引《登科記》。今檢《四庫》本《柳河東集注》、《四部叢刊》影元本《柳先生集》、影印世彩堂本《柳河東集》和中華書局據宋刊百家注本排印《柳宗元集》,實爲‘十二年凌中進士’,徐氏所見本有誤。今考知凌有本年應試詩,可增一更有力的證據。”

知貢舉:禮部侍郎常衮。見《唐語林》。

黎逢《通天臺賦》曰:“行人徘徊,登秦原而遊目,見漢右之荒臺。清風穆其尚在,翠華歸而不迴。對古情至,臨高思來。披蔓草以遐想,睹離宫而興哀。試問薪者,乃秦人也。云漢之興,兹臺之下,馳道通乎中禁,周墻繞於平野。經逝川而不息,撫環堵而殊寡。昔漢皇帝,幸甘泉宫,肆目將遠,築臺其中。高居物外,若與天通。祈列仙之戾止,致壽聖之延洪。繹繹憑雲,蹲蹲捧日。干元氣以直上,倚長空而迴出。危檻岧嶢,迴途鬱律,植承露之盤,開肅神之室。將以接上元,朝太一。乘大君之登降,訪總真之摭實。於戲!郊祀之義,志而可採。鴻紛之狀,望而已改。哀壯麗之都失,想威靈其如在。徒野鳥之飛來,何真人之可待。且白日可以精貫,玄珠難乎力求。雖層臺巙嵯,磴道周流,秦畤乎西面,齊宫乎上頭。仰通蒼昊,俯瞰皇州。寧不死之可致,諒其生也若浮。我國家立太平,尚清静,儼宸居以自整,絶仙臺之望幸。雖丹檻棲於列宿,飛梁歷於倒景,有唐虞之允恭,無漢武之遊騁。化由其衷,居慎其獨,有儀可象,無思不服。自然爲域中之大,獲天下之福。等南山之不騫,何高臺之是築。"今本《文苑英華》闕名,據《永樂大典》載舊本《文苑英華》補。

任公叔《通天臺賦》曰:"武皇起雲陽之宫,致崇臺於爽塏。就山谷之交會,得神明之所在。近瞰八極,周臨四海。將端冕而不二,必垂衣而有待。是用迴載天路,高標地游。依稀玄圃,想像丹邱。嶝道邈以特立,通天赫其無儔。托神靈於秦甸,結元氣於雍邱。白日旁轉,青雲上浮。八垓可接於咫步,萬象無逃於寸眸。是獻歲春,衆靈咸秩。天子乃舉群祠,撰吉日,郊上玄,禮太一。風伯陪乘,蚩尤扈蹕。向甘泉以整像,届通天而挺出。既而越氛霧之途,近星辰之境。背麟衍之五畤,面長安之萬井。岐陽、太華,雙標象魏之形,秦嶺、終南,遥樹軒墀之屏。蹈烟霞而有慕,潔齋戒而思告。奉寶位之虔恭,伫神仙於光景。當其宵衣待曙,暘谷未開,鈎陳匝乎營衛,天漢列以昭回。爟火周起,神光迴來。暨三山之遍登,當仰候於斯臺。靄靄高躅,神祇燁煜。喜氣周旋,慶雲迴復。召安期於滄海,降王母於黄屋,樹翠玉以青葱,草靈芝以芬馥。上結彩幟,高居耳目。斯覽物於懷柔,非取樂於幽獨。觀乎層構凌空,形勢作雄,風起而纖埃不致,雨過而瀑溜潛通。其載惟厚,其覆惟洪。所以大啟於皇祚,豈徒峻極於蒼穹。是以擁帶休徵,感通純嘏。會歌童之曲節,彰從臣之風

雅。立極人望,叶靈王者。將大漢之可追,願侍祠於臺下。"《文苑英華》

楊系《通天臺賦》曰:"伊昔炎漢,功高化洪。樂率土之暨阜,築通天而且崇。初一簣以發地,終百尋以隱空。構之以楩梓,飾之以丹紅。浮彩外爍,流光内融。赫兮烜兮,獨出烟雲之表;壯矣麗矣,迥標天地之中。柏梁不同,井幹非匹。勢岌嶷以山峙,體曈曨而景軼。中邃窅窕,入之者當晝而居昏;上跂峻蹭,登之者先曙而觀日。偓佺於是乎宴處,安期於是乎暇逸。月上壁而旁飛,雲緣梯而下出。粲粲彩彩,靈仙兮所在。若瑶臺之雲馭,冠鰲山於溟海。炳炳彪彪,天子兮共遊。若瓊樓之雲蔚,照龍燭於崑邱。光玉樹而葱翠,影甘泉以沈浮。於是孝武皇帝,紹祚衂胤,登眺遠騁,高揖八極,俯窺萬井。拂軒楯之宛虹,步櫓楹之倒影。乃言曰,可以臨萬國,可以遊九垓。凡厥層構,莫先斯臺。窺地底以豁險,狃天門以崔嵬。謂四夷不遐,將拓跡以開統;見百神咸在,則祈褫而禳灾。既玉女之下視,復金烏之上迴。既而褒雲獻賦,文質彬郁。且曰陛下,承天啟聖,聿膺多福。排玉户於玉堂,颺金鋪於金屋。亦可以上憂宗社,下恤煢獨。何峻極於臺樹,恣歡娱於耳目。將乘奔而獨懼,矧長途而中宿。至矣哉,斯言也。我皇德循楷式,帝錫純嘏。儻茅茨而是陋,堯何是乎光宅天下。"《文苑英華》

*黎逢《小苑春望宫池柳色》詩曰:"上宫新柳變,小苑暮天晴。始見知烟密,遥憐拂水輕。色乘陽氣重,陰助御樓清。不厭隨風嫋,仍宜向日明。客中愁一作客愁觀。美景,池上仰光榮。漸到依依處,思聞出谷鶯。"《文苑英華》卷一八八

*楊系《小苑春望宫池柳色》詩曰:"勝遊從小苑,宫柳望春晴。拂地青絲嫩,縈風緑帶輕。光含烟色遠,影透水文清。玉笛吟何得,金閨畫豈成。皇風吹欲斷,聖日映逾明。願駐高枝上,

還同出谷鶯。"《文苑英華》卷一八八

*張昔《小苑春望宫池柳色》詩曰:"小苑春初至,皇衢日更清。遥分萬條柳,迥出九重城。隱映龍池潤,参差鳳闕明。影宜宫雪曙,色帶禁烟晴。深淺殘陽變,高低曉吹輕。年光正堪折,欲寄一枝榮。"《文苑英華》卷一八八

*丁位《小苑春望宫池柳色》詩曰:"小苑宜春望,宫池柳色輕。低昂含曉景,縈轉帶新晴。似蓋芳初合,如絲蔭漸成。依依連水暗,嫋嫋出墻明。雖以陽和發,能令旅思生。他時花滿路,從此接遷鶯。"《文苑英華》卷一八八

*元友直《小苑春望宫池柳色》詩曰:"柳色新池遍,春光御苑晴。葉依青閣密,條向碧流傾。路暗陰初重,波揺影轉清。風從垂處度,烟就望中生。斷續遊蜂聚,飄飖戲蝶輕。怡然變芳節,願及一枝榮。"《文苑英華》卷一八八

*楊凌《小苑春望宫池柳色》詩曰:"上苑閑遊早,東風柳色輕。儲胥遥掩映,池水隔微明。春至條偏弱,寒餘葉未成。和烟變濃淡,轉日異陰晴。不獨芳菲好,還因雨露榮。行人望攀折,遠翠暮愁生。"《文苑英華》卷一八八

*崔績《小苑春望宫池柳色》詩曰:"帝京春氣早,御柳已先榮。嫩葉隨風散,浮光向日明。悠揚生別意,斷續引芳聲。積翠連馳道,飄花出禁城。柔條依水弱,遠色帶烟輕。南望龍池畔,斜光照晚晴。"《文苑英華》卷一八八

*裴達《小苑春望宫池柳色》詩曰:"勝遊經小苑,閑望上春城。御路韶光發,宫池柳色輕。乍濃含雨潤,微淡帶雲一作烟。晴。羃歷殘烟斂,揺揚落照明。幾條垂廣殿,數樹影高旌。獨有風塵客,思同雨露榮。"《文苑英華》卷一八八

*張季略《小苑春望宫池柳色》詩曰:"韶光歸漢苑,柳色發春城。半見離宫出,纔分遠水明。青葱當淑景,隱映媚新晴。積翠烟初合,微黄葉未生。迎春看尚嫩,照日見先榮。儻得辭幽

谷,高枝寄一名。"《文苑英華》卷一八八

＊沈迴《小苑春望宫池柳色》詩曰:"今來遊上苑,春染柳條輕。濯濯方含色,依依若有情。分行臨曲沼,先發媚重城。拂水枝偏弱,遥風絲已生。變黄隨淑景,吐翠逐新晴。伫立徒延首,徘徊欲寄誠。"《文苑英華》卷一八八。　孟按:以上詩新補,考見前。

十三年戊午(778)

進士二十一人:

楊凝,狀元。　柳宗元《爲李實祭楊凝郎中文》:"惟是伯仲,並爲士則,連擢首科,叠居顯職。"童宗説注云:"大曆九年,憑中進士第。十三年,凝中進士第。"《永樂大典》引《蘇州府志》云:"楊凝第一人及第。"權德輿《兵部郎中楊君集序》:"君諱凝,字懋功。早歲違難於江湖間,與伯氏嗣仁、叔氏恭履修天爵,振儒行,東吴賢士大夫號爲三楊。《易》象之懿文,孔門之言詩,皆生知之。舉進士甲科。"○孟按:《新唐書·韋貫之傳》:"綬,貫之兄。舉孝廉,又貢進士,禮部侍郎潘炎將以爲首舉,綬以其友楊凝親老,故讓之,不對策輒去,凝遂及第。"

衛次公,《舊書》本傳:"次公字從周,河東人。器韻和雅,弱冠舉進士。禮部侍郎潘炎目爲國器,擢居上第。"

仲子陵,權德輿《仲子陵墓誌》:"君丱歲好古學,與同門生肄業於峩嵋山下。採摭前載可以爲文章樞要者,紬繹區别,凡數十萬言。大曆十三年,舉進士甲科。"

＊姜公輔。原列卷二十七《附考·進士科》,徐氏考云:"《舊書》本傳:'登進士第。'"按胡補於本年著録"趙德",考云:"《廣東通志》卷三一《選舉志》一《唐進士》:'大曆十三年戊午:趙德,海陽人。姜公輔,欽州人,翰林學士。'"又著録"姜公輔",考云:"見上。《登科記考》卷二七《附考》進士科:姜公輔,《舊書》本傳:'登進士第。'應移正。《新書》卷一五二本傳:'姜公輔,愛州日南人。第進士,補校書郎。'"陳補:"乾隆《廣東通志》卷三一:'大曆十三年戊午,趙德,海陽人;姜公輔,欽州人,翰林學士。'趙德年輩後於韓愈,顯然有誤。《舊唐書》卷一三八:'姜公輔,不知何許人。登進

士第，爲校書郎。應制策科高等，授左拾遺，召入翰林爲學士。'徐《考》定公輔建中元年舉賢良方正能直言極諫科，則本年及第，與《舊唐書》正好契合。"今移正。又《太平廣記》卷一五一"薛邕"條引《嘉話録》："崔造方爲兵部郎中，與前進士姜公輔同在薛侍郎坐中。"今補姜公輔名，趙德從闕。

諸科二人。

知貢舉：禮部侍郎潘炎。《舊書》本紀："十二年四月壬午，禮部侍郎常衮爲門下侍郎、同中書門下平章事。癸未，以右庶子潘炎爲禮部侍郎。"

十四年己未(779)

五月辛酉，代宗崩。癸亥，德宗即位。《舊書》本紀、《通鑑》。

六月己亥朔，大赦天下。詔曰："天下有才藝尤著、高蹈邱園及直言極諫之士，所在具以名聞。諸色人中有孝悌力田、經學優深、文詞清麗、軍謀宏遠、武藝殊倫者，亦具以名聞。能詣闕自陳者亦聽。仍限今年十二月内到，朕當親試。"《册府元龜》。　《通鑑》："十二月，湖南賊帥王國良阻山爲盗，上遣都官員外郎關播招撫之。辭行，上問以爲政之要，對曰：'爲政之本，必求有道賢人，與之爲理。'上曰：'朕比以下詔求賢，又遣使臣廣加搜訪，庶幾可以爲理乎？'對曰：'下詔所求及使者所薦，惟得文詞干進之士耳，安有有道賢人肯隨牒舉選乎？'上悦。"

進士二十人：是年試《寅賓出日賦》，以"大明在天，恒以時授"爲韻，見《文苑英華》。試《花發上林苑詩》，見《唐詩紀事》。

王儲，《文苑英華》注云："大曆十四年，王儲作魁。"《玉芝堂談薈》："王儲狀元。"惟作大曆五年，誤。

周渭，《文苑英華》注引《登科記》："周渭第二人。"《權文公集·周君墓誌銘》："君諱渭，字兆師，服儒篤學，工爲詞賦。大曆末，常、潘繼居小宗伯，號爲得士，君與令弟澈聯中正鵠于二有司之下。是歲，孝文帝嗣大統，詳延諸生，又以貞師伐謀對有明法，授汝州襄城尉。"　按貞師伐謀，即明年軍謀越衆科。

袁同直，《文苑英華》注引《登科記》："袁同直第五人。"按吕温《臨洮送袁七書記歸朝詩》注云："時袁生作僧，蕃人呼爲袁師。"又鮑溶有《見袁德師侍御説江南有仙檀花因以戲贈詩》，皆謂同直也。○孟按：岑補云："同直與德師各爲一人，辨見拙著《唐史餘瀋》，此誤。"

竇常，《舊書・竇群傳》："兄常，字中行，大曆十四年登進士第。"《唐才子傳》："竇常，叔向之子也，京兆人。大曆十四年王儲榜及第。褚藏言《竇常傳》："府君諱常，扶風平陵人。大曆十四年舉進士，與故吏部侍郎奚陟、商州牧卞俛、秘書獨孤綬同年上第。"　按傳言寶應元年卒，年七十，則是年二十四歲。

卞俛，見上。

奚陟，《舊書》本傳："字殷卿，亳州人。祖乾繹，天寶中弋陽郡太守。陟少好讀書，登進士第。"劉禹錫《奚陟神道碑》："陟字殷衡。幼而擢陵苕之秀，長而成清廟之器，群倫月旦，咸以第一流處之。及從鄉賦，洎升名太常，果居上第。明年，詔郡國徵賢良，設四科以盡材，公居文詞清麗之目，授弘文館校書郎。"柳宗元《先友記》："奚陟，江都人。"韓注：陟字殷卿，大曆十四年中進士"。○孟按：《新唐書》本傳作："大曆末，擢進士、文詞清麗科。"

王表，

朱遂，

趙博宣，《乾𦠆子》："侍郎潘炎進士榜有六異：朱遂爲朱滔太子；王表爲李納女婿，彼軍呼爲駙馬；趙博宣爲冀定押衙；袁同直入番爲阿師；竇常二十年稱前進士；奚某亦有事。時謂之六差。"《唐詩紀事》同，"奚某"作"奚陟。"○孟按：原卷二十七《附考・進士科》又著録"趙博宣"，徐氏考云："《舊書・趙涓傳》：'子博宣，登進士第。'"趙校："趙博宣已見卷十一大曆十四年，詳《施補》。"按施補云："考《舊唐書》卷一三七《趙涓傳》云：'趙涓，冀州人也……興元元年卒……子博宣登進士第。'而《乾𦠆子》謂趙博宣爲冀定押衙，與朱滔之子同年登第，其時代籍貫皆與《舊唐書》所云趙涓之子相合，是即一人，附考所録趙博宣應删。"今删併。

獨孤綬。《文苑英華》作"獨孤授"，注云："《登科記》作獨孤綬，第十八人。”

博學宏詞科：試《放馴象賦》，以“珍異禽獸，無育家國”爲韻。《文苑英華》又有《沈珠於泉詩》，當亦此年試題。

獨孤綬，《舊書·于邵傳》：“獨孤綬舉博學宏詞，吏部考爲乙第。邵在中書，覆升甲科，人稱其當。”《杜陽雜編》：“上每臨朝，多令徵四方邱園才能學術、直言極諫之士，由是題筆貢藝者滿於闕下，上親自考試，用絶請托之門。是時文學相高，公道大振，得路者咸以推賢進善爲意。上試制策於宣政殿，或有詞理乖謬者，即濃筆抹之至尾。如輒稱旨者，必翹足朗吟，翌日則遍示宰臣學士，曰：‘此皆朕門生也。’是以公卿大臣已下，無不服上藻鑒。宏詞獨孤綬，所司試《放馴象賦》，及進其本，上自覽考之，稱嘆者久。因吟其句曰：‘化之式孚，則必受於來獻；物或違性，斯用感於至仁。’上以綬爲知去就，故特書第三等。先是，代宗朝文單國累進馴象三十有二，上即位，悉令放之於荆山之南。而綬不辱其受獻，不傷放棄，故賞其知去就焉。” 按《舊書》本紀，放文單國所獻舞象事在大曆十四年閏五月丁亥，獨孤綬蓋於是年登進士第，又登宏詞科。

獨孤良器。見《文苑英華》。

知貢舉：禮部侍郎潘炎。見《唐語林》。

王儲《寅賓出日賦》曰：“惟天爲大兮，堯實則之。命羲和而馭日，俾出納而從時。肇歲首以平分，既中星鳥；及宵衣而敬導，始見嵎夷。所以示農功之有序，叶君德於無私。我國家克定三元，光臨四海，纂唐虞之舊説，崇德禮而私在。將舉正以履端，奉天時而不改。繇是春官藏事，太史作程。天子居青陽之左个，覽萬物之初生。始昭宣於東作，終協贊於西成。杲杲臨空，無幽而不燭；遲遲監下，有蟄而皆驚。伊兆人分地之利，我聖上則天之明。淑氣載揚，暢禽魚而共躍；融風乍扇，逌葵藿而咸傾。庶績其凝，三農式就。高臺紀於雲物，大野陳其蒐狩。畢嚮化以觀光，亦順時而敬授。歲如何？其歲既登，節盈縮兮日有恒。歲如何？其歲將起，兆發生兮日之始。苟奉順而無違，得禎祥而所以。原夫君比德於日，日麗光乎天。撫有萬方，每朝君於歲始；照臨庶物，故出日於春前。煦百泉而冰泮，薰九陌而蒼然。合璧表無爲之化，重雲示有慶之年。信惟貞而惟一，示無黨而無偏。客有藏器俟時，卑躬思泰，遇乾坤之訢合，睹日月之光大，莫不向春景以自娱，沐堯風而永賴。"《文苑英華》

周渭《寅賓出日賦》曰："陶唐氏欽若日出，資授人時。乃命羲仲，往哉汝司。紀寅賓而建始，旌燭照兮無私。暘谷初升，退群冥於側陋；扶桑適上，分萬象於毫釐。日之爲德也均，日之爲功也大。作朝夕之程準，見乾坤之交泰。無遠無近，幽而必通，惟植惟生，罔不成賴。出於東兮，示發生之所在；傾於西兮，睹光靈之不改。必將表歲以務穡，登獨陵虚而賦彩。爾其孟陬叶月，大簇和聲，農祥正而士膏咸動，庶績凝而百度惟貞。于以秩東作，于以望西成。塗足沾體，勉穡夫與田畯；布和施令，樂國泰而君明。豈不以五行班序，七曜宣精者哉。則有三足呈祥，重暉降祉，瑞聖斯應，爲光有以。遠色杲杲，非童子之辯焉；浮彩昭昭，惟仲尼之揭矣。爰考休徵，圖牒與能。既煦育之無外，同寅賓而有恒。賓者導也，惟人之導陽；寅者敬也，唯人之敬授。諒難踰而可仰，參地載而天覆。觀其煜燿動川，澄明麗天。消瀌瀌之殘雪，斂靄靄之輕烟。謡東君於楚客，〔趙校："於"原作"與"，據《英華》卷三改。〕祀岱岳於漢年，願捧圖稱瑞以相宣。"《文苑英華》

袁同直《寅賓出日賦》曰："日爲天經，春爲歲始。貞三農而允協於度，調四時而不愆於理。敬其所出，導其所以。升黄道而萬化融，出青方而百工起。所以放勳欽明，羲仲是司，協和天意，敬授人時。闕其職則厚生斯廢，行其典乃庶績咸熙。且曉色曈曨，清光杳藹，垂大明於有截，察幽深於無外。守晦明之度類，順躔次之交會。合一德而無私，位三光而稱大。煦育無偏，陰陽氣宣。應律管而初變，暖林花而未鮮。興農功於燠室，發耒耜於原田。既陶陶以受歲，亦欣欣而樂天。則知日以陽爲德，君以政爲恒。陽虧則物無仰照,政失則年用不登。睹寅賓之有則,知平秩之方弘。瞻彼漲海,日之所在。出扶桑而吐輝,泛暘谷而裕彩。貞明宇宙,協順時候。將虔敬而專其所職,豈出納而輕其所授。我國家獻歲發生,舒句達萌。驚大田於東作,紀斯箱於西成。君德與日德俱遠,道光與日光齊明。將授官而守職,俾萬化而爲程。"《文苑英華》

獨孤綬《寅賓出日賦》曰:"古先哲王,允釐内外。雖庶政之咸叙,在司天而爲大。所以叶乎上下,所以察乎交會。其職廢而時令則乖,其職修而黎人永賴。歲既陽止,東風作矣。惟時羲仲,奉若天紀。候暘谷之初升,揆農功之當起。寅賓克展,守而勿失,耒耜乃修,視其所以。觀乎旭日之漸也,麗蒼穹而曜晶,按黄道而徐行。萬物發春,仁氣良由兹始;四方仰照,陽德協於麗明。盈縮必循夫晷度,職司寧闕其將迎。木位值于扶桑,初杲杲以出;土膏潤於南畝,且澤澤其耕。故王者重焉,官不虚授。考之曆象,則象是用貞;準之田農,則農靡愆候。惟帝典之明徵,示人有常;惟日官之無改,永代斯在。平秩乎下,以播百穀;欽若乎上,以刑四海。慎爾有司,惟其敬之。是將邁景德於太皞,俟神功於女夷。玉燭開耀,金烏效遲。致人和而歲美,無亂日而廢時。況吾君承乾,玄化昭宣。叙三光以著象,乘六龍而御天。經紀不忒,職官惟賢。分命之事舉,曲成之道全。觀寅賓之出日,端稼穡兮大田。願聆舜絃,歌唐年,因末光之可就,與羲馭而迴旋。"《文苑英華》

王儲《花發上林苑詩》曰:"東陸和風至,先開上苑花。穠枝藏宿鳥,香蘂拂行車。散白憐晴日,舒紅愛晚霞。桃間留御馬,梅處入胡笳。城郭連增媚,樓臺映轉華。豈同幽谷草,春至發猶賒。"《文苑英華》

周渭《花發上林苑詩》曰:"灼灼花凝雪,春來發上林。向風初散蘂，垂葉欲成陰。人過香隨遠，烟晴色自深。净時空結霧，疏處未藏禽。奉茸何年植，間關幾日吟。一枝如可冀，不負折芳心。"《文苑英華》

竇常《花發上林苑詩》曰："上苑曉沈沈，花枝亂綴陰。色浮雙闕近，春入九門深。向暖風初扇，餘寒雪尚侵。艶迴秦女目，愁處越人心。繞繞時縈蝶，關關乍引禽。寧知幽谷羽，一舉欲依林。"《文苑英華》

王表《花發上林苑詩》曰："上苑春何早，繁花已滿林。笑迎明主仗，香拂美人簪。地接樓臺近，天垂雨露深。晴光來戲蝶，夕影動棲禽。欲托凌雲勢，先開捧日心。當知桃李樹，從此必成陰。"《文苑英華》

獨孤綬《花發上林苑詩》曰："上苑韶容早，芳菲正吐花。無言向春日，閑笑任年華。潤色籠輕靄，晴光艶晚霞。影連千户竹，香散萬人家。幸繞樓臺近，仍懷雨露賒。願君垂採摘，不使落風沙。"《文苑英華》

獨孤綬《放馴象賦》曰："彼炎荒兮，王國是賓；此馴象兮，越俗所珍。化之式孚，則必受於來獻；物或違性，斯用感於至仁。吾君於是詔掌獸之官，諭如天之意。惟越獻象，不遠而致。推己於物，曾何以異。徒見弭雄姿而屈猛志，安知不懷其土而感其類。揆夫國用，芻豢之費則多；許以方來，道途之勤亦至。與其絏之而厚養，孰若縱之而自遂。且彼集於禁林，我則有五色九苞之禽；在於靈囿，我則有雙骼共觝之獸。何必致遠物於外區，崇偉觀於皇都。是用返諸林邑之野，歸爾梁山之隅。時在偃兵，豈嬰乎燧尾；上惟賤賄，寧恤乎焚軀。非同委棄，罔或踟躕。知拜跪兮則有，謝渥恩兮豈無。復得顧侶求群，跨川登陸，食豐草以垂鼻，出平林而瞪目。逍遥乎存存之鄉，保守乎生生之福。懷仁初就於牽掣，順理竟致於亭育。游乎水同反身之龜，處乎山異放麑之鹿。大道茲始,淳風不遐。感以和樂,亦參乎百獸率舞;驅之仁壽,寧阻乎四海爲家。奚必充帝庭之實,駕鼓吹之車,然後可以爲國華者哉!由是聖心孚於下國,物靡不獲其所,化乃允臻其極。放一獸而庶類知歸,遂四方而萬代作則。彼周驅犀象,漢放駿馬,未可論功而校德。"《文苑英華》

獨孤良器《放馴象賦》曰:"皇上御寶,曆之惟新,闡乾符,發坤珍。德被華夷,敷雲雨之廣澤;恩及飛走,含天地之全仁。乃却走馬以反素,斥馴象而不異。非耳目之可役,同寶玉之遐棄。放之於無人之境,歸之於不毛之地。或群或友,伊飲齕之無虞;載寢載興,信生成之自遂。解網之惠無聞,放麑之仁克類。然後以儒爲林,毓賢哲以爲禽;以道爲囿,利忠良以爲獸。亮功格於人神,德齊於宇宙。是由化與澤俱,仁與道符。賢爲其寶,太康之訓不作;獸用不擾,虞人之箴遂無。徇物之情允著,好生之德式孚。可以順天然,可以遂亭育。既絶燧尾之患,不虞焚身之戮。去狂顧於人寰,徇野心於林麓。伊昔漢氏,惟其晋家。焚翟頭之裘於前殿,却千里之馬於後車。猶自颺休垂美,有聞無譁。況我一人,温恭允塞。本忽之而勿營,非欲之而復抑。往籍之所未睹,前王之所不克。誠可以懷四夷,柔萬國者也。"《文苑英華》

獨孤綬《沈珠於泉詩》曰:"至道歸淳樸,明珠被棄捐。失真來照乘,成性却沈泉。不是靈蛇吐,猶疑合浦旋。岸旁隨日落,波底共星懸。致遠終無脛,懷貪遂比肩。欲知恭儉德,所寶在唯賢。"《文苑英華》

獨孤良器《沈珠於泉詩》曰:"皎潔澄泉水,熒煌照乘珠。沈非將寶契,還與不貪符。風折璿成浪,空涵影似浮。深看星並入,静向月同無。光價憐時重,亡情通道樞。不應無脛至,自爲暗投殊。"《文苑英華》

唐德宗神武孝文皇帝

建中元年庚申(780)

正月丁巳朔,改元建中。《舊書》本紀

十五日,《唐大詔令集》作二月十五日。策賢良方正,能直言極諫科舉人問:"朕聞古之善爲國者,未嘗不旁求正士,博採直言,勤而行之,輔成教化者也。朕臨御日淺,政理多闕,每期忠義,切投藥石。子大夫戢翼藏器,思奮俟時,今啟心以沃予,當有犯而無隱。朕不自滿假,企慕前王,〔趙校:《英華》卷四九一作"朕竊不自揣,敢慕前王",下文姜公輔對策同。〕上法羲、軒,下遵堯、舜,還已散之淳樸,振將頽之紀綱,使禮讓興行,刑罰不用。而人猶輕犯,吏尚徇私,爲盗者未奔,不仁者未遠。豈臣非稷、契而致是乎?抑君謝禹、湯使之然也?〔趙校:"抑",《英華》卷四九一作"爲",下文姜公輔對策同。〕設何謀而可以西戎即叙?施何化而可以外户不扃?五諫安從,三仁誰最?周昌比漢高於桀、紂,劉毅方晋武於桓、靈,但見含容,兩無猜怒。故君不失聖,臣不失忠。子既其儔,應詳往行,四賢優劣,佇辨深疑。在於朕躬,所有不逮,條問之外,委悉書之。必無面從,以重不德。"《册府元龜》、《文苑英華》、《唐大詔令集》。

六月九日,敕孝廉科宜停。《唐會要》。 按《册府元龜》以二年六月敕。

皇太子欲以仲秋之月行齒胄之禮,歸崇敬上疏曰:"五經六籍,古先哲王致理之式也。國家創業,制取賢之法,立明經,發微言於衆學,釋回增美,選賢與能。自艱難以來,取人頗易,考試不求其文義,及第先取於帖經。遂使專門業廢,請益無從,師資禮虧,傳授義絶。今請以《禮記》、《左傳》爲大經,《周禮》、《儀禮》、

《毛詩》爲中經,《尚書》、《周易》爲小經,各置博士一員。其《公羊》、《穀梁》文疏既少,請共準一中經,通置博士一員。所擇博士,兼通《孝經》、《論語》,依憑章疏,講解分明,注引旁通,問十得九,兼德行純潔,文詞雅正,儀型規範可爲師表者,令四品以上各舉所知。在外者給驛,年七十已上者蒲輪。其國子、太學、四門三館,各立五經博士,品秩上下,生徒之數各有差。其舊博士、助教、直講、經直及律館、〔趙校:"直及"二字誤倒,據《舊書》卷一四九《歸崇敬傳》乙正。〕算館、書館助教,請皆罷省。

"其教授之法,學生至監,謁同業師。其所執贄,腶脩一束,清酒一壺,衫布一段,其色隨師所服。師出中門,〔趙校:原脱"師"字,據《舊書》本傳補。〕延入與坐,割脩斟酒,三爵而止。乃發篋出經,摳衣前請,師爲依經辨理,略舉一隅,然後就室。每朝晡二時請益,師亦二時居講堂,説釋道義,發明大體,兼教以文行忠信之道,示以孝弟睦友之義。旬省月試,時考歲貢。以生徒及第多少,爲博士考課上下。其有不率教者,則夏楚扑之。國子之不率教者,則申禮部,移爲太學生。太學之不變者,移之四門。四門之不變者,歸本州之學。州學之不變者,復本役,終身不齒。雖率教九年而學不成者,亦歸之州學。

"其禮部考試之法,請無帖經,但於所習經中問大義二十,得十八爲通。兼《論語》、《孝經》各問十得八,兼讀所問文注義疏,必令通熟者爲一通。〔趙校:"一通"原誤倒,據《舊書》本傳乙正。〕又於本經問時務策三道,通二一作"三"。爲及第。其中有孝行聞於鄉閭者,舉解具言於習業之下。省試之日,觀其所實,義少兩道,亦請兼收。其天下鄉貢亦如之。習業考試,並以明經爲名。得第者授官之資與進士同。若此則教義日深而禮讓興,禮讓興則强不犯弱,衆不暴寡。此由太學中來者也。"詔下尚書,集百僚定議以聞。議者以爲省者,禁也,非外司所宜名。《周禮》代掌其職者曰氏,國學非代官,不宜曰一作"爲"。太師氏。其餘大抵以習俗既久,重難改作,其事不行。《舊書·歸崇敬傳》、《册府元龜》。　按《唐語林》云:"建中初,金吾將軍裴冀曰:'若禮部先時頒天下曰,某年試題取某經,某年試題取某史,至期果然,亦勸學之一術也。'"當亦是年事。

十一月辛酉朔,朝集使及貢士見於宣政殿。兵興已來,四方州府不上計、内外不朝會者二十有五年,至此始復舊制。《舊書》本紀。　《摭言》:"計吏至一百七十三人,仍令朝集使每日二人待制。"

進士二十一人:《摭言》引作二十二人。

魏弘簡,柳宗元《魏府君墓碣》:"府君諱弘簡,字裕之,由進士策賢良,連居科首。"韓注:"建中元年,弘簡中進士第。貞元元年,又中賢良。"

辛惲,柳宗元《先友記》:"惲,隴西人。"韓注:"建中元年進士。"

唐次,見柳宗元《先友記》,韓注:"次字文編,并州晉陽人。建中元年進士第。"又見《舊書·文苑傳》。○孟按:《新唐書·唐儉傳》亦載:"裔孫次,字文編,建中初及進士第。"

孔戣,戣見《舊書·孔巢父傳》。　按戣爲戡母弟,蓋亦巢父兄岑父子。　韓愈《孔戣墓誌銘》:"戣字君嚴,始以進士佐三府。"五百家注引補注:"建中元年,戣第進士。"

杜兼,《舊書》本傳:"京兆人。貞觀中宰相杜正倫五代孫,舉進士。"《新書》:"初正倫無子,故以兄子志静爲後。父廙,爲鄭州録事參軍事,安禄山亂,爲所害。兼尚幼,逃入終南山。伯父存介爲賊執,臨刑兼號呼,願爲奴以贖,遂皆免。建中初,進士高第。"韓愈《杜兼墓誌銘》:"兼舉進士第。"五百家注引補注:"兼字處弘。"〔趙校:《全文》卷七二二作"處元"。〕又引韓曰:"建中元年,兼中進士第。"

田敦。《舊書·令狐峘傳》:"峘貶衢州别駕,衢州刺史田敦,峘知舉時進士門生也。初,峘當貢部,放榜日貶逐,與敦不相面。敦聞峘來,喜曰:'始見座主。'迎謁之禮甚厚。敦月分俸之半以奉峘。"

＊鄭昉,《文苑英華》卷一八九載鄭昉《人不易知》詩。考《全唐詩》卷七八一録此詩,作者鄭昉屬"爵里世次俱無考"者。徐松《登科記考》卷七,開元十五年(727)"武足安邊科"有鄭昉;其人又於開元十九年(731)中博學宏詞科,見《補正》卷七。然《全唐文》卷四三六鄭昉小傳云:"昉,滎陽

人，建中元年登第。”録其《對請命服判》一文。同卷又録盧藻《請命服判》，是爲同時所試。同上盧藻小傳云：“盧藻，肅宗時擢書判拔萃科。”（鄭、盧二判文，又皆見《文苑英華》卷五三二。）知此鄭昉與開元之鄭昉非一人。《唐五代人物傳記資料綜合索引》第712頁即分列兩鄭昉，其一注云：“開元十五年及第。”爲見於《登科記考》者；其二注云：“建中元年及第。”即爲本詩之作者。然《全唐文》所言鄭昉“建中元年及第”，今未詳所據。《登科記考》卷十一亦不載建中元年(780)進士科所試詩題。

* 明經科：

* 崔稃。《彙編》[元和101]鄭涵撰元和十二年(817)七月十二日《唐故懷州録事參軍清河崔府君(稃)故夫人滎陽鄭氏合祔墓誌銘并序》(周紹良藏拓本)云：“公諱稃，字嘉成，清河東武城人也。……公幼承德訓，雅有深致，弱冠治魯春秋與虞夏商周之書，薦於有司，經明上第，釋褐參陝州大都督府軍事。”按崔氏卒於元和十二年(817)，享年五十七，則其弱冠歲在建中元年。

諸科二十七人。

賢良方正，能直言極諫科：

姜公輔，見《册府元龜》、《唐會要》。　《舊書》本傳：“登進士第，爲校書郎。應制策科高等，授左拾遺。”《新書》：“公輔，愛州日南人。”〇孟按：陸贄草《姜公輔左庶子制》：“姜公輔首舉高第，擢居諫曹。”

元友直，見《册府元龜》、《唐會要》。

樊澤，見《册府元龜》、《唐會要》。　《舊書》，本傳：“字安時，河中人。父詠。澤長於河朔，相衛節度薛嵩奏爲磁州司倉、堯山縣令。建中元年，舉賢良對策，禮部侍郎于邵厚遇之。”《新書》：“澤舉賢良方正，次潼關，雨淖，困不能前。有熊執易者，同舍逆旅，哀之，輟所乘馬，傾褚以濟，自罷所舉。是歲，澤上第。”《舊書·于邵傳》：“初，樊澤常舉賢良方正，邵一見之於京師，曰：‘將相之材也。’不十五年，澤爲節將。”　按澤即樊宗師之父，韓愈《樊宗師墓誌銘》：“父澤，以軍謀堪將帥策上第。”蓋是年有軍謀越衆科，因而致誤也。〇孟按：上引《新書》云云，當本《唐摭言》卷四。

呂元膺，見《册府元龜》、《唐會要》。　《舊書》本傳："字景夫，鄆州東平人。曾祖紹宗，右拾遺。祖霈，殿中侍御史。父長卿，右衛倉曹參軍。元膺建中初策賢良對問第，授同州安邑尉。"

韓臯。《舊書·韓滉傳》："子臯，字仲聞，由雲陽尉擢賢良科。拜右拾遺，轉左補闕。累遷起居郎、考功員外郎。俄丁父艱，德宗遣中人就第慰問。"按德宗之初，建中元年、貞元元年、貞元四年，皆舉賢良方正科，韓滉卒於貞元三年，則臯登科在其前。而貞元元年韋執誼等十八人名皆見《會要》、《册府元龜》，無臯名，則臯於建中元年登第無疑矣。

文詞清麗科：○陳補云："《文苑英華》卷八八有梁肅、沈封、鄭轅《指佞草賦》，皆'以"靈草無心、有佞必指"爲韻。'此三人皆於本年舉文詞清麗科，此賦當即此科所試，徐氏失收。"

奚陟，見《册府元龜》、《唐會要》。　《舊書》本傳："登制舉文詞清麗科，授弘文館校書。"

梁肅，見《册府元龜》、《唐會要》。　崔元翰《梁肅墓誌銘》："君諱肅，字寬中，建中初以文詞清麗應制，授太子校書。"《新書》："肅字敬之。"○孟按：《全唐文》卷五一七梁肅《過舊園賦序》："余行年十八歲，當上元辛丑，盜入洛陽，三河間大塗炭。因竄身東下，旅於吴越，轉徙阨難之中者垂二十年。上嗣位歲，應詔詣京師，其年夏，除東宫校書郎。"

劉公亮，見《册府元龜》、《唐會要》。

鄭轅，見《册府元龜》、《唐會要》。

沈封，見《册府元龜》、《唐會要》。

吴通玄。見《册府元龜》、《唐會要》。　《舊書·文苑傳》："吴通玄，海州人。幼應神童舉，建中初策賢良方正等科。通玄應文詞清麗，登乙第，授同州司户。"

經學優深科：

孫玭，見《册府元龜》、《唐會要》。

黎逢，見《册府元龜》、《唐會要》。

白季隨。見《册府元龜》、《唐會要》。白季隨，一作"李隨"。

高蹈邱園科：

張紳，見《册府元龜》、《唐會要》。

衛良儒，見《册府元龜》、《唐會要》。

蘇哲。見《册府元龜》、《唐會要》。

軍謀越衆科：

夏侯審，《唐才子傳》："夏侯審，建中元年禮部侍郎令狐峘下試軍謀越衆科第一，釋褐授校書郎。"〇孟按：《唐會要》卷七十六"制科舉"載建中元年"軍謀越衆科：夏侯審、平知和、鄭儋、凌正、周渭、丁悦及第。"《册府元龜》卷六四五同，唯"凌正"作"陵正"。

平知和，見《册府元龜》、《唐會要》。

鄭儋，見《册府元龜》、《唐會要》。　韓愈《鄭儋神道碑》："儋以進士選爲太原參軍，對直言策，拜京兆高陵尉。"五百家注引孫曰："建中三年，中軍謀越衆科。"

凌正，見《册府元龜》、《唐會要》。

周渭，見《册府元龜》、《唐會要》。

丁悦。見《册府元龜》、《唐會要》。

孝弟力田，聞於鄉閭科：

郭黄中，見《册府元龜》、《唐會要》。

崔浩，見《册府元龜》、《唐會要》。

李牧。見《册府元龜》、《唐會要》。

知貢舉：禮部侍郎令狐峘。《舊書》本紀："大曆十四年九月，中書舍人令狐峘爲禮部侍郎。建中元年二月甲寅，貶史館修撰、禮部侍郎令狐峘柳州司馬。"《順宗實録》："大曆八年，劉晏爲吏部尚書，奏峘爲刑部員外，判南曹，累遷至禮部侍郎。峘之判南曹，晏爲尚書，楊炎爲侍郎。峘德晏之舉，分闕必擇其善者與晏，而以惡者與炎，炎固已不平。至峘爲禮部，而炎爲相，有杜封者，故相鴻漸之子，求補弘文生。炎常出杜氏門下，托峘以封。峘謂使者曰：'相公欲封成其名，乞署封名下一字，峘因得以記焉。'炎不意峘賣之，署名屬峘。峘明日疏言：'宰相炎迫臣以威，臣從之則負陛下，不從即炎當害臣。'德宗以問炎，炎具道所以。德宗怒曰：'此奸人，不可奈。'欲杖而流之，炎救解，乃黜爲衡州别駕。"《樊澤傳》言禮部侍郎于邵。按令狐峘貶時試製舉已過，則澤實峘門生，非邵也。傳但言于邵厚遇之，亦未言爲門生。

姜公輔對策曰："臣聞堯舜之馭寓也，以至理理萬邦，以美利利天下。百姓猶懼其未化也，萬邦猶懼其未安也，乃復設謗木詢讜議，不敢滿假，不敢荒寧。伏惟陛下，玄德統天，文思居業，慎重光之丕緒，返淳古之休風。光啟憲章，疇咨菅蒯，錫臣之策，思以啟沃。臣狂簡，不知化源，謹昧死稽顙，輒陳愚慮。

"制策曰：'朕竊不自揣，敢慕前王，欲上法羲、軒，下遵堯、舜。還已散之淳樸，振將頹之紀綱，使禮讓興行，刑罰不用。而人猶輕犯，吏尚徇私，爲盜者未奔，不仁者未遠。豈臣非稷、契而致是乎？爲君謝禹、湯使之然也？'大矣哉陛下之言乎！臣聞禹稱善人，不善者遠矣。伏見陛下，徵隱逸於空山，拔夔、龍於下位，聘名士，禮賢者，善無欲之徒，〔趙校："徒"原作"從"，據《英華》卷四九一改。〕發惟新之詔，使吏肅人悦，法明令張。而猶曰君謝禹、湯，臣非稷、契，此陛下讓之至也，臣何敢間焉。夫中於道者易以興化，失其道者難以從宜。事爽其分，則一毫以乖；事審其分，則殊途同歸。計歲者非一時而可用，致理者非一日而成功。但立法於制事之初，望化於經年之外，使損益鑒於興替，寒暑漸於春秋，何憂不均理於羲、軒，同光於堯、舜。

"制策曰'設何謀而可以西戎即叙？施何術而可以外户不扃'者。陛下孚惠，心和戎狄，相彼君長，解辮户庭。應以地僻遐荒，未知聖造。伏以戎狄，輕而寡信，貪而無親。視邊戍申嚴則請通國好，睹疆埸無備則屢啟貪心。固難可以禮義和，難可以恩澤撫。取今之要，莫過於智將悍卒，設險邊隅。臣伏以陛下，且以恤下爲心，不以西戎爲慮。今請制其邊，兵有常數，將有常務，分其土而居之，給其畜而業之，因其業也而爲之城池，因其將焉而爲之牧守。又申嚴其令，使獲虜馬者賞以馬，使獲虜羊者賞以羊。人皆固業,戰自力倍,則可少安。今積甲日深,興戎歲廣,黎人抗弊,未可勤師。伏望利物之原,息人之道,使廣庶類,農桑以時。弘濟濟之士於朝,盛洋洋之化於野,使其來也慕斯文物之盛,居其邊也杜其利欲之求,然後欵塞而可即叙矣。夫奸邪生於豪傑,廉耻生於禮義。禮義立,孰有不耻且格乎?衣食足,孰有背義趨利者乎?臣以爲遂其富利之業,申其仁義之化,則外户不扃矣。

"制策曰'五諫安從,三仁誰最'者。夫諫者以諷爲先,亂國非無直言也,直言不用,故諂諛勝矣。理國非無諂諛也,諂諛不用,則直言勝矣。時逢否閉,仲尼或守其主文;今日昭明,微臣請從其直諫。臣之職也,敢二事乎。昔商紂不君,虐棄天物,三仁弼諫,藩捍宗彝,退八百之師,抑三分之衆。均其憂亂,俱可稱仁;較其持危,或非同德。比干知死亡之義,且曰陷君;微子去父母之邦,或云智免。進退不失其正,在於太師乎。

"制策曰:'周昌比漢高於桀、紂,劉毅方晋武於桓、靈,俱見含容,兩無猜怒。故君不失聖,臣不失忠。子既其儔,應詳往行,四賢優劣,伫辨深疑。'臣聞君明則臣直。二聖以乘時開國,參佐昌圖;二臣以委質造邦,克扶興運。開忠讜之路,成不諱之朝,固擬議失倫,比方不怍。將以感君之未寤,致理於升平;絶好惡之門,傳和睦之代。名高終古,傳在策書,巍巍三代,斯爲盛美。臣素無學術,謬竊對揚,若變其微,斯言之玷。使臣以禮,晋武寧劣於漢高;鼓怒抗辭,周昌不優於劉毅。

"制策曰'在乎朕躬,有所不逮,條問之外,委悉書之。必無面從,以重不德'者。臣固凡陋,越在側微。仰天地之大全,空忻化育;體陰陽之廣運,每荷陶甄。豈意聖詔薦臨,猥垂下問,心慮殞越,夏蟲不睹於春冰,曲士寧知於天道。欲申微素,進退憂惶。伏見陛下,以道生成,以德覆載,賞以春夏,刑以秋冬。捐金玉於江湖,反珍奇於藪澤,委符瑞爲草莽,用忠良爲靈慶,臨群下以正德,惠兆人以厚生。誠太平之道也,刑措之漸也,臣不勝其忭。願陛下俯仰必於是,寤寐必於是。《詩》云:'靡不有初,鮮克有終。'抑臣以爲知終終之可以存義者,其惟聖人乎。伏惟陛下終之,臣不勝葵藿傾心之至。謹對。"《文苑英華》

*梁肅《指佞草賦》曰:"聖澤濡煦兮動植斯形,相彼瑞草兮逢時效靈。體嘉生於浩氣,秉植道於彤庭。昔在堯帝,至化惟馨,伊屈軼之芳貞,協王猷與國經。有皇睿后,德動杳冥,二氣暢而群生遂,百祥來而萬宇寧。矧夫佞者,小人之道;直者,爲國之寶。雖糾正於邦憲,實發明於瑞草。象恭言僞,於是焉去而勿疑;葉布莖分,何患乎辨之不早。若乃一人當宁一作宇,超黄越虞,百辟來朝,日臨雲趍,風力論道,伊咎陳謨,瑞草(孟按:"草"字原闕,據《全唐文》卷五一七校補)在前,疇敢以諛?故曰:物生於有,有生於無;感此變化,發爲禎符。不然彼植物之何知,乃同功於帝俞。天道不言,聖人無心,寓形闡教,其用則深。禾穎降於周王,芝房發於漢后,信呈豐兮告慶,并垂美於不朽。彼集作此直指以去邪,諒於功乎何有?我明主所以超三英之躅,彼靈草所以爲百瑞之首,有由然也。史魚守直,宣父惡佞,佞直不分,邦家靡定。惟草所指,惟皇所聽,指歸乎一,聽戒乎失。苟君集作執道之不弘,徒倚瑞以自必。重曰:曄彼草兮直而指佞(孟按:《全唐文》卷五一七無"佞"字),聖之瑞兮時之禮(孟按:"禮",《全唐文》卷五一七作"理"),頌皇休兮無極已。"《文苑英華》卷八十八

*沈封《指佞草賦》曰:"伊嘉卉兮昔生軒庭,蓋歷代而莫觀其狀,至我后而方睹其形。對右平與左墄,間朱草與彤庭一作階蓂;薰風晝灑,湛露宵零。所以彰吾君之睿聖,所以表吾君之德馨,匪然何以於昭其異。有赫厥靈,根莖竦擢,枝葉静好,惡夫佞,允叶乎聖心,作乎祥特,異於靈草。況今勤施五至,克奉三無,多忠良之士,絶讒佞之夫。非斯草之助化,何以臻於此乎?指佞之爲德也廣,指佞之爲瑞也深。逢聖斯生,介一人之景福;

有佞必指，俾百寮而革心。故能殊衆芳之質，標群瑞之首。彼獬豸之觸邪抵罪，在法則嚴；伊平露之傾葉知方，於人何有？孰若我應明聖，指邪佞。昔之輔德，告軒后之功成；今也呈祥，贊吾君之理定。一名屈軼，千載挺出，有佞則指，孰云無必。豈比夫蓮蒲空扇於堯厨，芝房徒歌於漢室哉！足以彰至理，薦嘉祉。君子在位，我則恭默以傾心；佞人入朝，我則無私以直指。信可以美芳聲於雅頌，垂不朽於國史。"《文苑英華》卷八十八

＊鄭轅《指佞草賦》曰："旒扆肅誠，天地降靈，藎臣咸造，屈軼生庭。翠影如植，皇心以寧。暑屏寒生，感蓮蒲之代謝；日來月往，異蓂莢之飄零。舄奕玄造，誕生厥草，表忠蹇之不遲，懼壬佞之何早。宵承湛露，密葉如傾，晝偃薰風，纖莖若掃。倚那且都，歌詠難模。其生也則一，其道也乃殊。育於軒階，其指或有；生於聖代，其用則無。是靈草之無心，以聖人之爲心，對危行而不侮，覿巧言而則侵。榮乎砌陰，實爲龜爲鏡；肅我皇度，式如玉如金。冠卉之首，綿代曠有。茅三春之可封，芝九莖而延壽；曷若兹草之盛，莫之與並。類貂蟬之性潔，均獬豸之質勁，得詩人之無邪，行疑孔門之遠佞。於鑠屈軼，邈乎迴出；遇唐復生，應時作實。經百王而影戢，歷一作越。千祀而宥密；如執法之不回，奉直道而自必。所以野退宵人，朝多髦士，同魚水之合契，絶蝃蝀之莫指。封思齊於大夫，名可比於君子；謝有香之蘭蓀，惡無言之桃李。"《文苑英華》卷八十八。　孟按：以上三篇賦據前考新補。

二年辛酉(781)

二月，中書門下奏："准制，崇玄館學生試日，減策一道者。其崇玄館附學館見任者，既同行事，例合霑恩。惟策一道，不可更減，減大義兩條。"從之。《册府元龜》、《唐會要》。

十月，中書舍人趙贊權知貢舉。先時，進士試詩、賦各一篇，時務策五道；明經策三道。贊奏以箴、論、表、贊代詩、賦，仍各試

策三“三”一作“二”。道。“應口問大義明經等舉人，明經之目，義以爲先。比來相承，惟務習帖。至於義理，少有能通。經術寖衰，莫不繇此。今若頓取大義，恐全少其人，欲且因循，又無以勸學。請約貢舉舊例，稍示考義之難。承前問義，不形文字，落第之後，競喧者多。臣今請以所問録於紙上，各令直書其義，不假文言。既與策有殊，又事堪徵證。憑此取捨，庶歸至公。如有義策全通者五經舉人，請准廣德元年七月敕，超與處分。明經請減兩一作“一”。選。伏請每歲甄獎，不過數人，庶使經術漸興，人知教本。”敕旨：“明經義策全通者，令所司具名奏聞，續商量處分。餘依。”《册府元龜》、《唐會要》。　按次年進士試《學官箴》，是罷詩賦自三年始，第不知復於何年用詩賦。考《文苑英華》載貞元四年試《曲江亭望慈恩寺杏園花發》詩，大約貞元之初，即復舊制。故大和間禮部奏言“國初以來試詩賦，中間或暫改更，旋即仍舊”是也。

進士十七人：據《摭言》，是年原試《白雲起封中賦》。按趙贊之奏在十月，故此年試猶用詩賦。〇孟按：本年所試《白雲起封中賦》（以“皇漢施德、介丘告成”爲韻），詳下。

崔元翰，狀元。《廣卓異紀》引《登科記》：“崔元翰建中二年進士，狀元及第。”《舊書·于邵傳》：“崔元翰年近五十，始舉進士。邵異其文，擢登甲科，且曰：‘不十五年，當掌詔令。’”又《崔元翰傳》：“博陵人，進士擢第，登博學宏詞制科。又應賢良方正、直言極諫科。三舉皆升甲第，年已五十餘。”《新書》：“崔元翰名鵬，以字行。”柳宗元《上江陵趙相公寄所著文啟》有崔比部，韓注：“比部名鵬，字元翰。”《唐語林》：“詞科本以京兆等第爲梯級。建中二年，崔元翰、崔敖、崔備三人府元、府副、（府）第三人。于邵知貢舉，依次放及第。蓋推崇藝實，不能易也。”〇孟按：《唐語林》所記當本《東觀奏記》卷中。又《南部新書》卷三：“崔元翰晚年取應，咸爲首捷：京兆解頭、禮部狀頭、宏詞敕頭、制科三等敕頭。”

崔敖，見上。　《摭言》：“崔元翰爲楊崖州炎所知，欲奏補闕。懇曰：‘願進士。’由此獨步場中。然不曉程試，先求題目爲地，崔敖知之。（孟按：此處原作“先求題目，爲弟崔敖知之。”據雅雨堂本《唐摭言》卷九“好知己惡及第"條校正。辨見《趙守儼文存·從〈登科記考〉談到古籍整理的格式問題》。)旭日都堂始開,盛氣白侍郎曰:'《白雲起封中賦》,敖請退。'主司於簾中卒愕换之。是歲二崔俱捷。"

崔備,見上。《唐詩紀事》:"崔備登建中進士第。"

鄭元均,柳宗元《先友記》:"元均,滎陽人。"韓注:"建中二年進士。"〇孟按:《補遺》册七,第79頁,李宗衡撰元和三年(808)七月《唐右庶子韋公(聿)夫人故滎陽縣君鄭氏墓誌銘并序》:"維元和三年歲次戊子春三月廿九日辛亥,夫人被疾,殁于長安長興里第,享年六十八。……洎伯兄述誠、仲氏元均、叔氏通誠,皆懿以辭才,繼登進士第于太常,當時號爲卓絶。夫人在家,誦女史,服姆教,脩德容。"可證元均登第之不誤。

于公異,《永樂大典》引《蘇州府志》:"于公異建中二年登第。"《舊書》本傳:"吴人,登進士第。公異初應進士舉,與舉人陸贄不協。及贄爲宰相,奏公異無素行,黜之。"

*高孚。陳補:"《文苑英華》卷十二收其《白雲起封中賦》,'以"皇漢施德、介丘告成"爲韻。'爲本年試題。"

明經科:

董溪。《新書·董晋傳》:"子溪,擢明經。"韓愈《董溪墓誌銘》:"溪字惟深,十九歲明兩(孟按:"兩",原誤作"四",據昌黎集卷二十九改。)經,獲第有司。"以元和六年卒、年四十九推之,及第在是年。

諸科二人。

知貢舉:禮部侍郎于邵。《舊書》本紀:"四月丁巳,貶禮部侍郎于召桂州刺史。"按"召"即"邵"。〇孟按:《南部新書》卷二:"父子知舉三家:高鍇,子湘、湜;于邵,子允躬;崔郾,子瑶。惟崔氏相去只二十年。"

*高孚《白雲起封中賦》曰:"客有遭逢漢昌,從武帝而登岱,睹白雲而效祥。曰:此蓋非常,不飄不揚。初起封中,方郁郁以呈象;稍浮山上,乍英英而有光。原初出之意也,告成我皇。我皇德以静人,威以平難,廓清諸夏,光啟大漢。俗既和兮考時巡,

禮既備兮登日觀。惟天輔聖無雨，則其明微；惟岳通玄出雲，所以幽贊。不然者山有四岳，胡獨興於此？地有四極，胡不普而施？觀耀質以流彩，若無心而有知。無心者何？隨車而動息；有知者何？表聖之功德。帝穆清以脩祠，雲故清其容；帝貞白以爲心，雲故白其色。豈徒然也，君爲萬國所仰，岳乃衆雲所届。其垂思儲精，登封俯拜，亦庶乎明神斯答，景福攸介。故夫是雲也，乘元氣而出，冠靈壇而浮，不漠漠以四散，直亭亭於上頭。祥光内朗，瑞色旁流，既表慶於兹日，復增華於介丘。此可以見其無疆之休者也。且夫刻石者所以紀號，泥金者所以昭告，必玄德之已升，乃兹山之可造。若齊桓僭侈，秦帝驕暴，縱傾國以脩封，豈嘉祥之云報？美矣哉，晝日斯清，瑞雲孔明。絪緼蕭索，下應一人之感；髣髴影響，旁聞萬歲之聲。彼入房彰於殷帝，浮河表於周成，豈可與兹而名哉！”見《文苑英華》卷十二。　按此賦據上考新補。

三年壬戌(782)

四月，敕禮部：“應進士舉人等，自今以後，如有試官並不合選，〔趙校：“並”原作“及”，據《册府》卷六四〇改。〕並諸色出身人等有應舉者，先於舉司陳狀，〔趙校：“先於舉司”原作“先與舉人”，據《册府》改。〕准例考試。如才堪及第者，送名中書門下，重加考核。如實才堪，即令所司進納告身，注毁官甲，准例與及第。至選日，仍稍優與處分。其正員官不在舉限。”《册府元龜》、《唐會要》。

進士二十八人：《詞學指南》：“建中三年，進士試《學官箴》。”又進士別頭試試《攲器銘》，見潘昂霄《金石例》。

* 韋執誼。原列卷二十七《附考・進士科》，徐氏考云：“《順宗實録》：‘執誼進士對策高第，驟遷拾遺。’”按胡補：“韓愈《順宗實録》(馬其昶校注本《韓昌黎文集外集》下卷)卷五云：‘執誼，進士對策高第。’集注：‘執誼，京兆人。建中三年中進士第，貞元元年中賢良方正能直言極諫科第一

人。'"今移正。

諸科一人。

知貢舉:中書舍人趙贊。見上。

四年癸亥(783)

十月丁未,涇原兵叛,上出苑北門。戊申,至奉天。《舊書》本紀

進士二十七人:是年試《易簡知險阻論》,見《國史補》。

薛展,狀元。

武元衡,《唐才子傳》:"武元衡字伯蒼,河南人。建中四年薛展榜進士。"《舊書》本傳:"曾祖德載,天后從父弟,官至湖州刺史。祖平一,終考功員外郎、修文館學士。父就,殿中侍御史。元衡進士登第。"〇孟按:《郡齋讀書志》卷四上别集類上載元衡"建中四年進士"。

韋同正,《唐詩紀事》:"韋同正登建中四年第。"

韋純,《舊書》本傳:"貫之本名純,以憲宗廟諱,遂以字稱。八代祖敻,仕周,號逍遥公。父肇,官至吏部侍郎,貫之即其第二子。少舉進士,貞元初登賢良科。"《太平廣記》引《續定命録》:"武元衡與韋貫之同年及第,武拜門下侍郎。韋罷長安尉赴選,元衡以爲萬年丞。過堂日,元衡謝曰:'某與先輩同年及第,元衡遭逢,濫居此地,使先輩未離塵土,元衡之罪也。'貫之嗚咽流涕而退。後數月,除補闕。是年,元衡帥西川。三年後入相,與貫之同日宣制。"〇孟按:《南部新書》卷二:"韋貫之及第年,建議曰:'今歲有司放榜,春闈以前請以新及第爲名。'至今不改。"

柳澗,澗建中四年進士,見洪興祖《韓子年譜》。 按澗爲華陰令,以贓貶。昌黎上疏理澗,復爲國子博士。

熊執易,《國史補》:"熊執易通於《易》義。建中四年,侍郎李紓試《易簡知險阻論》,執易端坐剖析,傾動場中,一舉而捷。"《摭言》:"熊執易赴舉,行次潼關,秋霖月餘,滯於逆旅。俄聞鄰店有一士吁嗟數四,執易潛伺之,日前堯山令樊澤舉制科,至此馬斃囊空,莫能自進。執易造焉,遽輟所乘馬,倒囊濟之。執易其年罷舉,澤明年登科。"《記纂淵海》引《該聞録》

云:“唐熊執易通九經,當時設科取士,題目甚多,執易俱中等中。章武皇帝詔就殿,試以二論:一《簡易而知險阻》,一《五運相承是非》。執易前論書三千字,《五運相承論》于卷首題云:‘五運相承,出於遷史,非經典明文。又唐方承土運,故不對。’朝廷賞其才,授西川節推。” 按是時罷詩賦,故試進士有論。《該聞録》以爲殿試,非也。

*韓弇。原列卷二十七《附考・進士科》,徐氏考云:“李翱《韋氏墓誌》:‘韓氏府君諱弇,進士及第。’” 孟按:洪興祖《韓子年譜》引《唐科名記》云:弇“建中四年登第。”今據以移正。亦見胡補。

諸科三人:

馮伉。《舊書・儒學傳》:“馮伉,建中四年登博學三史科。”按“博學三史”當即三史科,非制舉也。〇孟按:《新唐書》本傳稱伉“第五經、宏辭”。又《名賢氏族言行類稿》卷一亦載:“馮伉,魏州人,第五經、宏辭。”則《舊唐書》所載“博學三史”似應爲“博學宏辭”與“三史”兩科。附此俟考。

拔萃科:

李益,

韋綬,

路泌。《舊書・路隨傳》:“父泌,字安期,建中末以長安尉從調,與李益、韋綬等書判同居高等。泌授城門郎。屬德宗違難奉天,泌時在京師,棄妻子潛詣行在。”

知貢舉:禮部侍郎李紓。《舊書》本傳:“紓自虢州刺史徵拜禮部侍郎。德宗居奉天,擇爲同州刺史。尋棄州,詣梁州行在,拜兵部侍郎。反正,兼知選事。李懷光誅,河東節度及諸軍會河中,詔往宣勞節度。使還,敷奏合旨,拜禮部侍郎。”〇孟按:《南部新書》卷六:“李紓侍郎嘗放舉人,命筆吏勒書紙榜,未及名,首書貢院字,吏得疾暴卒。禮部令史王昶者亦善書,李侍郎召令終其事,適值昶被酒已醉,昏夜之中,半酣揮染,筆不加墨。迨明懸榜,方始覺悟,修改不及。粲然一榜之中,字有兩體,濃淡相間,反致其妍,自後書榜因模法之,遂爲故事。”事又見《賈氏談録》。

興元元年甲子(784)

正月癸酉朔,帝在奉天行宫受朝賀畢,改建中五年爲興元元年,大赦天下。制曰:"尚德者,教化之所先;求賢者,邦家之大本。永言兹道,夢想勞懷。而澆薄之風,趨競不息,幽棲之士,寂寞無聞。蓋誠所未孚,故求之不至。天下有隱居行義、晦迹邱園、不求聞達者,委所在長吏具名聞奏,朕當備禮邀致。諸色人中,有賢良方正、能直言極諫及博通墳典、達於教化,並識洞韜略、堪任將帥者,委常參官及所在長吏聞薦。"《册府元龜》、《唐大詔令集》。

二月丁卯,車駕幸梁州。《舊書》本紀

五月戊辰,李晟收京城。《舊書》本紀

七月壬午,上至自興元。《舊書》本紀

進士五人:是年,進士試《朱干銘》,見潘昂霄《金石例》。

馬異。《唐才子傳》:"馬異,睦州人也。興元元年,禮部侍郎鮑防下進士第二人。"

知貢舉:禮部侍郎鮑防。見《唐語林》。　穆員《鮑防碑》:"真拜右常侍,扈從巡狩,轉禮部侍郎。"

登科記考補正卷十二

唐德宗神武孝文皇帝

貞元元年乙丑(785)

正月丁酉朔,大赦天下,改元貞元。《舊書》本紀

四月十一日,敕:"比來所習《爾雅》,〔趙校:此敕亦見《册府》卷六四〇,"比來"作"明經舉人",似當從《册府》。〕多是鳥獸草木之名,無益理道。自今已後,宜令習《老子道德經》,以代《爾雅》。其進士亦宜同大經略例帖試。"《唐會要》

五月二日,敕:"自今已後,明經習《禮記》及第者,許冬集。"《唐會要》

九月乙巳,《唐大詔令集》注云九月二十五日。　按《舊書》本紀,乙巳後有庚申、辛酉,《册府元龜》載此月有丁巳,其非二十五日明矣。上御宣政殿,策賢良方正、能直言極諫等三科舉人。《舊書》本紀、《册府元龜》。　《唐大詔令集》注云:"試官鮑防、獨孤愐。"

策賢良方正,能直言極諫科問:"皇帝若曰:蓋聞上古至道之君,垂拱無爲,以臨海内。不理而人化,不勞而事成,星辰軌道,風雨時若。邈乎其不可繼,何施而臻此歟?三代以來,制作滋廣,異文質之變,明利害之鄉。威之以刑,道之以禮,敦其俗而彌薄,防其人而益媮。豈澆淳必繫於時耶,何聖賢間生而莫之振

也？朕祗膺累聖之業，猥居兆人之上。虔恭刻勵，如恐失墜，憂濟庶務，夕惕晨興。永惟前王之典謨，是憲是則。師大禹以崇儉，法高宗以求賢，興夏啟之征，作周文之罰。旌孝悌，舉直言，養高年，敦本業，平均徭税，黜陟幽明。勵精孜孜，勤亦至矣。然而浮靡不革，理化不行，暴亂不懲，奸犯不息，五教猶鬱，七臣未臻。鄉黨廢尚齒之儀，蒸黎無安居之志。賦入日減而私室愈貧，廉察日增而吏道愈濫。意者朕不明歟，勢不可歟？何古今之事同而得失之效異也！思欲鏟革前弊，創立新規，施之於事而易從，考之於文而有據。備陳本末，將舉而行。無或憚煩，略於條對。自頃陰陽舛候，祲沴頻興，仍歲旱蝗，稼穡不稔。上天作孼，必有由然，屢降凶灾，其咎安在？傳曰：'時之不乂，厥罰恒暘。'又曰：'堯、湯水旱，數之常也。'二者乖反，其誰云從？今人靡蓋藏，國無廩積。朕屢延卿士，詢訪謨猷，至乃減冗食之徒，罷不急之務。既聞嘉話，亦已遵行。而停廢之餘，所養猶廣。欲轉糧於江徼則遠不及期，〔趙校："糧"，《英華》卷四八六作"輸"。下文穆贄對策同。〕將搜粟於關中則擾而無獲。節軍食則功臣懷怨，省吏員則多士靡歸。中心浩然，罔知攸濟。子大夫藴蓄才器，通明古今，副我虚求，森然就列。匡朕之寡昧，拯時之艱灾。畢志直書，無有所隱。"《册府元龜》、《文苑英華》、《陸宣公集》。

策博通墳典，達於教化科問："皇帝若曰：朕承祖宗之鴻烈，獲主神器，任大守重，懼不克堪。思與賢士大夫共康理道，虚襟以佇，側席以求，而群議紛然，所見異指。或率古義而不變，或趨時會而不經，依違以來，七年於兹矣。國制多缺，朕甚恧焉。今子大夫博習墳典，深明教化，褎然充舉，咸造於庭。其極慮精心，以喻朕之未寤。仲尼叙禮、樂，删《詩》、《書》，修《春秋》，廣《易》道。六經之教，所尚各殊，豈學者修行，理當區别？將聖人立意，本異宗源？施之於時，孰爲先後？考之於道，何者淺深？差次等倫，指明其義。夫知本乃能通於變，學古所以行於今，今之教人，則異於是。工祝陳禮、樂之器,而不知其情;生徒誦禮、樂之文,而不究其事。欲人無惑,其可得耶!將革前非,固有良術。堯、舜率天下以義,比屋可封;桀、紂率天下以暴,比屋可戮。然則上之化下,罔或不從。而三仁、四凶,較然自異,有教無類,豈虚言哉。作樂移風,聞諸昔典。夫至雅必淡,至音必希。文侯列國之賢君,猶曰則惟恐寐,矧彼流俗,其能化乎?將使天地同和,灾沴不作,黎人丕變,奸慝不萌。何施何爲,以致於此?王者制理,必因其時,故忠敬質文,更變迭救。三代之際,罔不由之。自秦鏟古法,漢雜霸道,紛綸千祀,至教不興。國家接周、隋之餘,俗未淳一。處都邑者,利巧而無耻,服田畝者,樸野而近愚。尚文則彌長其澆風,復質又莫救其鄙俗。立教之本,將何所從?自昔哲王,惟以三正互用;後之術士,乃言五運相生。以漢應火行,則周爲木德,禮稱尚赤,義例頗乖。永言於兹,莫識厥理。九流得失之論,歷代興亡之由,王、鄭識禮之異同,《公》、《穀》傳經之優劣,必精必究,用沃虚懷。"《文苑英華》、《唐大詔令集》、《陸宣公集》。

策識洞韜略,堪任將帥科問:"皇帝若曰:朕遐觀典謨,詳求理道,三代之際,粲然可徵。未嘗不文武並興,農戰兼務。故能居則足食,動則足兵。兵足則威,食足則固。威則暴亂息,固則教化行。理國之本,實在於此。秦漢以降,王制不修,選士廢射御之儀,教人無蒐狩之禮。即戎者不知其稼穡,力本者罕習於干戈。於是異文武之人,分農戰之道,守則乏食,征則鮮兵。歷兹千年,竟莫能復。抑知之者蓋寡,將行之者惟艱歟?朕念之甚勤,思繼前躅。良以軍旅之士,役戍靡寧,勳庸既多,爵秩咸貴。俾服田疇,慮興怨咨,仰給縣官,不可勝計。由是版圖日減,阡陌歲荒,水旱小愆,廪餉咸竭。欲使軍人悦歸於耒耜,儒者咸達於韜鈐,〔趙校:"咸達",《大詔令集》卷一〇六作"兼達",義長。〕田萊盡耕,攻取必勝。誘人孔易,其術安施?王者之師,本於立德,兵家之法,方務出奇。德以信成,奇以詐勝,理有違反,將何適從?宋襄成列而敗軍,見嘉魯策;韓信决囊以摧敵,取貴漢朝。然則喪國亡身,豈霸王之道;冒危乘險,非仁誼之心。所宜討論,以定褒貶。夫衆寡不敵,克必以謀。樂生下齊,孫子破楚,魏武之勝袁紹,宋高之滅姚泓,成敗之由,備陳本末。古人有言曰:'誅伐不可偃於天下。'又曰:'善爲國者不師。'二端異焉,其有深旨?子房序次兵法,任宏論譔軍書,指明異同,詳録名氏。想聞商略,擇善而行。"《文苑英華》、《唐大詔令集》、《陸宣公集》。

丁巳,詔曰:"朕祗膺祖宗之業,猥居億兆之上,任大守重,不敢康寧,永懷萬事之統,懼有所闕。夕惕若厲,中夜以興,求賢審官,期於至理。而政化猶鬱,太平未臻,思得海内忠良,竭誠規諫。洎經術之士,才略之臣,以明教化,以立武事。惟兹三者,政之大經。慮巖穴之間,尚多遺逸,故科别條目,廣延異能。賢良方正、能直言極諫韋執誼等,達於理道,甚用嘉之。位以旌能,宜升秩序。其第三等人,委中書門下即超資與處分。第四等人,即優與處分。第五等人,即與處分。嗟乎,强學以待問,進德以及時。昔公孫弘猶聞十上,失之正鵠,必反諸身。凡爲多士,宜各自勉。"《册府元龜》、《唐大詔令集》。

十月甲子,授賢良方正、能直言極諫韋執誼等一十八人官有差。《册府元龜》

十一月癸卯,冬至大禮,大赦天下。制曰:"致理之本,在乎審官,審官之由,資乎選士。將務選士之道,必精養士之方。魏晋已還,澆風未革。國庠鄉校,唯尚浮華,選部禮闈,不稽實行。學非爲己,官必徇人,法且非精,弊將安救?宜令百僚,詳思所宜,各修議狀,送中書門下參較得失,擇善而行。"《舊書》本紀、《唐大詔令集》、《陸宣公集》。

進士三十三人:○《御製段大尉碑》詩。詩見《文苑英華》卷一八○,同題作者有葉元良、薛有誠(薛存誠)。考唐德宗所撰《贈太尉段秀實紀功碑》見《全唐文》卷五十五。考《舊唐書》卷十二《德宗紀》

上："興元元年……八月辛丑，詔所司爲贈太尉段秀實樹碑立廟。"同書卷一二八《段秀實傳》："興元元年……德宗還京，又詔曰：'贈太尉段秀實，授乎貞烈，激其頽風……英名凛然，振邁萬古。宜差官致祭，並旌表門閭，緣葬所須，一切官給。仍於墓所官爲立碑。'"又《新唐書》卷一五三《段秀實傳》載："興元元年，詔贈太尉，謚曰忠烈。……帝還都，又詔致祭，旌其門閭，親銘其碑云。"以此知"御製段太尉碑"事在興元元年(784)八月前後，則試官以此爲題試舉子者，當在貞元初期。檢《登科記考》於貞元元年、二年、三年皆闕省試詩題，當即其時也。又今已考知薛有成(薛存誠)登貞元元年(785)進士第，見《補正》卷十二。則此題當爲貞元元年禮部所試。

鄭全濟，狀元。

麴信陵，《唐才子傳》："麴信陵，貞元元年鄭全濟榜及第。"《容齋五筆》："麴信陵，以貞元元年鮑防下及第爲四人，以六年作望江令。"○孟按：《郡齋讀書志》卷四上、《直齋書録解題》卷十九、《唐詩紀事》卷三十五皆言信陵"貞元元年進士"。《太平寰宇記》卷一二五《淮南道三・望江縣》："麴令祠堂，在縣北三里五十步。按唐《登科記》，麴信陵貞元中進士擢第。本縣圖經云：爲兹邑令時亢旱，精誠祈禱，刊文於石沉於江中，神明立降甘雨。貞元五年百姓感其惠，立祠祭祀。白居易詩云：我聞望江縣，麴令撫煢嫠。在官有二政，名不聞京師。身殁欲歸葬，百姓遮路岐。攀轅不得去，留葬此江湄。至今道其名，男女涕皆垂。"

羊士諤，《唐才子傳》："羊士諤，貞元元年禮部侍郎鮑防下進士。"○孟按：《郡齋讀書志》卷四上、《直齋書録解題》卷十九皆云士諤貞元元年第進士。

陸瀍，《唐詩紀事》："瀍登貞元元年進士第。"

姚係，《唐才子傳》："姚係，河中人，貞元元年進士。"

盧汀，《昌黎集》有《酬司門盧四兄雲夫院長望秋作》，五百家注引集注云："盧四名汀，貞元元年進士。"

錢徽，《舊書》本傳："徽字蔚章，父起。徽，貞元初進士擢第。"白居易《和錢員外答盧員外早春獨遊曲江詩》"醉思詩侶有同年"注："雲夫、蔚章同年及第。”

崔從，《舊書·崔慎由傳》：“父從，貞元初進士登第，釋褐山南西道推官。”

崔頲，珙之父，貞元初進士登第，見《舊書·崔珙傳》。

＊崔廷，岑補云：“拓本《唐故滎陽縣君鄭夫人墓誌銘》（大中六年）云：‘故光禄卿致仕賜紫金魚袋博陵崔府君諱廷……貞元初名升大常，元和中位陪省署，憲宗皇帝嘉其人物，重其皇華，遂假旌旄，錫金紫，御命吊祭於樂□國，雖泛滄溟……長慶二年，大卿薨於位。’是崔廷爲貞元初進士，可據補。《記考》一二貞元元年進士雖著録崔頲，但據《舊書》一七七《崔珙傳》：‘祖懿。父頲，貞元初進士登第，元和初累官至少府監，四年，出爲同州刺史卒。’若廷則《千唐》長慶四年有《故朝散大夫光録（禄）卿仕崔廷墓誌》云：‘高祖寶德，皇朝司封郎中。’檢《新表》七二下，廷、頲雖同屬博陵二房，然此廷爲寶德玄孫，職方員外郎廷，彼頲爲武宗相珙之父，終同州刺史。世系固别，仕履亦異，非同人也。”今據補。

＊獨孤寔，《補遺》册三，第 241 頁，獨孤霖撰咸通二年（861）二月二十八日《唐故兗海觀察支使朝散大夫檢校秘書省著作郎兼侍御史河南獨孤府君（驤）墓誌銘》云：“君諱驤，字希龍，臨川八世孫也。……皇考諱寔，尚書膳部員外郎、國子博士。……員外貞元初進士擢第，文學之美，世濟家傳。”

＊薛存誠。原列卷二十七《附考·進士科》，徐氏考云：“貞元進士第，見《唐詩紀事》。《舊書》本傳：‘存誠父勝。’韓愈《祭薛中丞文》五百家注引樊曰：‘存誠字資明，河中寶鼎人。貞元中登第。’”　孟按：兩《唐書》本傳皆載存誠進士擢第。又，宋蜀刻本《新刊經進詳注昌黎先生文》卷二十二《祭薛中丞文》，文讜注：“薛存誠字資明，河中寶鼎人。正元初進士第。”按文讜注昌黎集多徵引《登科記》，此語亦必有所據。今移正。

＊明經科：

＊孫公乂。《千唐》[1113]馮牢撰大中五年（851）七月三日《唐故銀青光禄大夫工部尚書致仕上柱國樂安縣開國男食邑五百户孫府君（公乂）墓誌銘》（參見《彙編》[大中 054]）云：“公諱公乂，字□□，其先魏之樂安人

也。……年十四,初通兩經,隨鄉薦上第。"按孫氏生於大曆七年(772)十一月廿一日,其十四歲時在貞元元年。亦見張補。

諸科二十一人。

賢良方正,能直言極諫科:○孟按:本年是科十四人擢第。詳下裴復考。

韋執誼,見《册府元龜》、《唐會要》。　《舊書》本傳:"京兆人。父浼,官卑。執誼幼聰俊有才,進士擢第,應制科高等。"○孟按:《全唐文》卷六○五劉禹錫《唐故中書侍郎平章事韋公集序》:"德宗朝天水姜公公輔、杜陵韋公執誼、河東裴公垍以賢良方正徵。"

穆贄(穆質),《文苑英華》作"穆質"。注引《登科記》作"贄,第二人"。《舊書·穆寧傳》:"穆質强直,應制策入第三等。其所條對,至今傳之。"《新書·鮑防傳》:"時比歲旱,策問陰陽祲沴,質對:'漢故事,免三公,卜式請烹弘羊。'指當時輔政者。右司郎中獨孤愐欲下質,防不許,曰:'使上聞所未聞,不亦善乎!'卒置高第。帝見策嘉揖。"柳宗元《祭穆質給事文》云:"賢良發策,始振其儀。天子動容,敬我直辭。載之册府,命以諫司。"《太平廣記》引《異聞集》:"穆質初應舉,試畢與楊憑數人會,穆策云'防賢甚於防奸',楊曰:'公不得矣。今天子方禮賢,豈有防賢甚於防奸?'穆曰:'果如此是矣。'遂出謁鮮于弁,弁待穆甚厚。食未竟,僕報云:'尊師來。'弁奔走具靴笏,遂命徹食。及至,一眇道士爾。質怒弁相待之薄,且來者是眇道士,不爲禮,安坐如故。良久,道士謂質曰:'豈非供奉官耶?'曰:'非也'又問:'莫曾上封事,進書策求名否?'質曰:'見應制,已過試。'道士曰:'面色大喜,兼合官在清近。是月十五日午後當知之矣。策是第三等,官是左補闕,故先奉白。'質辭去,至十五日方過午,聞扣門聲即甚厲,遣人應問,曰:'五郎拜左補闕。'當時不先唱第三等便兼官,一時拜耳,故有此報。"○孟按:鄭易撰《鄭敬墓誌》亦作穆質,見下文引。

鄭利用,見《册府元龜》、《唐會要》。

楊邵,見《册府元龜》、《唐會要》。

裴復,見《册府元龜》、《唐會要》。　韓愈《河南少尹裴君墓誌銘》云:"公諱復,字茂紹,河東人。"又云:"公舉賢良,拜同官尉。"○孟按:韓愈《河南少尹裴君(復)墓誌銘》:“公諱復,字茂紹,河東人。……公舉賢良。”五百家注引孫曰:“貞元元年九月,上策賢良方正能直言極諫三科舉人,復與韋執誼等十四人中賢良。”

柳公綽,見《册府元龜》、《唐會要》。《舊書》本傳:“字起之,京兆華原人。年十八應制舉,登賢良正方、直言極諫科,貞元元年也。”

歸登,見《册府元龜》、《唐會要》。《舊書·歸崇敬傳》:“歸登,貞元初登賢良科。”

李直方,見《册府元龜》、《唐會要》。

崔邠,見《册府元龜》、《唐會要》。《舊書》本傳:“少舉進士,又登賢良方正科。”

鄭敬,見《册府元龜》、《唐會要》。○孟按:《千唐》[1006]鄭易撰元和十一年(816)二月十三日《唐故朝散大夫絳州刺史上柱國賜紫金魚袋鄭公(敬)墓誌銘并序》(参見《彙編》[元和088])云:“公諱敬,字子和。……時有詔徵天下賢良文學之士,上親御正殿策焉。公與吏部侍郎崔公邠、兵部侍郎歸公登、中書侍郎韋公執誼、給事中穆公質等,並對爲上第。”

魏弘簡,見《册府元龜》、《唐會要》。弘簡見建中元年。以墓誌貞元二十年卒、年四十七推之,是年二十八。

沈迥,見《册府元龜》、《唐會要》。

田元祐,見《唐會要》,《册府元龜》作“元禄”。

徐衮,見《册府元龜》、《唐會要》。

韋純,見《新書·鮑防傳》。○孟按:《舊唐書》本傳亦載:“少舉進士,貞元初,登賢良科。”

錢徽,見《永樂大典》引《蘇州府志》。

麴信陵。見《永樂大典》引《蘇州府志》。

博通墳典,達於教化科:

熊執易,見《册府元龜》、《唐會要》。

劉簡甫,見《册府元龜》、《唐會要》。

識洞韜略,堪任將帥科:

許贇。見《册府元龜》、《唐會要》。

超絶科。見《雲麓漫鈔》。

知貢舉：禮部侍郎鮑防。見《唐語林》。　按防是年又爲考策官。《唐才子傳》："鮑防遷御史大夫。貞元元年，策賢良方正，得穆質、柳公綽等，皆位至台鼎，世美其知人。"穆員《鮑防碑》："詔徵賢良，求其讜言，時員仲兄不敢違詔，實蒼生利之。宰臣病之，與公並命考策者，以爲異日故事。言或有犯，投之不疑焉。公曰：'使上聞所未聞，聖朝之瑞也。'擢居甲第。"

穆贄賢良方正、能直言極諫策曰："臣聞帝王之理殊塗，而諫諍之道一致；五諫之要同歸，而直諫之用爲急。今朝廷之不聞直聲久矣。伏惟陛下，採唐堯師錫之義，降禹、湯罪己之詞，詳延直臣，博求失政。自近古已來，憂勞思理，未有如此其至者，且何患乎不得爲堯、舜而已。若欲陛下之德於天比崇，欲陛下之名與天無極，斯乃天之意也，臣之志也。不然者，臣當退從作者七人之八耳，孰爲來哉。

"制策曰：'上古有道之君，垂拱無爲，以臨四海。不理而人化，不勞而事成，星辰軌道，風雨時若。邈乎其不可繼，何施而臻此歟？三代以來，制作滋廣，異文質之變，明利害之鄉。威之以刑，導之以禮，敦其俗而彌薄，防其人而益婾。豈澆淳必繫於時耶，將聖賢間生而莫之振也？'臣聞三皇以道化，五帝以德化，故曰脩己以安百姓，垂衣而化天下。天何言哉，帝何力哉，無爲而已，遂性而已。至道既往，至德寖衰，而三代之主，先之以禮義，故有法度之制，質文之變。高其隄防，崇其刑辟，不臻大化，汔可小康。上古之君，三代之主，教化既異，勞逸自殊。則知禮之盛衰，皆德所致效，在德有優劣，非時有澆淳。繼三代者，其隆殺可知矣。

"制策曰：'朕祗膺累聖之業，猥居兆人之上。虔恭刻厲，如恐墜失，憂濟庶務，夕惕晨興。'臣聞舜、禹日兢，湯、武日業，皆前代帝王之所以爲理,憂勤之至也。臣竊聞陛下,憂勞大道,勤績庶務,無大無小,必躬必親,靡不關心,靡不經手。勤亦至矣,憂亦至矣。然神太用則竭,形太勞則弊。古人云,人生處代,如白駒過隙耳,何忽自苦如此。又陛下一則罪己,二則罪己。若然者,復何用宰相乎?何用有司乎?

"制策曰:'永惟前王之典謨,是憲是則。師大禹以崇儉,法高宗以求賢,〔趙校:"宗"原作"祖",據《英華》卷四八六及上文策問改。〕興夏啟之征,作周文之罰,旌孝弟,舉直言,養高年,敦本業,均平徭賦,黜陟幽明。厲精孜孜,勤亦至矣。然而浮靡不革,理化不行,暴亂不懲,奸犯不息,五教猶鬱,七臣未臻。鄉黨廢尚齒之儀,蒸黎無安土之志,賦入日減而私室愈貧,廉察日增而吏道愈濫。意者朕不明歟,勢不可歟?何古今之事同而得失之效異也!思欲鏟革前弊,創立新規,施之於事而易從,考之於文而有據。備陳本末,將舉而行。'臣聞事不師古,以克永世,匪說攸聞。陛下追惟前王之典謨,是稽古之道也。然陛下師古爲理也,欲何爲乎?爲皇乎,爲帝乎,爲王乎?驅天下之人欲令歸忠耶,歸敬耶,歸文耶?漢文帝以清净爲宗,近稱刑措;漢宣帝以刑名律下,亦謂中興。自古以來,未有不舉綱而目正,不澄源而流清者矣。此亦陛下熟聞之矣。是憲是則之,宜更申明之,使在下者有所趨也。臣聞大禹稱三王首者,以其卑宫室,菲飲食,裕人克己,儉之至也。其道湮没不嗣久矣。惟陛下獨能師而行之,苟綸言之可復,則天下之可化。所謂其身正不令而行,其身不正雖令不從者也。

"臣聞自古求賢,各以類至。三皇師其臣,五帝友其臣,三王臣其臣。取其師之禮,黜位而朝之。取其友之禮,以身先焉。取大臣之禮,以皮幣先焉。陛下欲爲皇,則行事師之禮。欲爲帝,則行取友之禮。欲爲王,則行取大臣之禮。自昔哲王,則有感夢而行,傅巖惟肖;則有協卜而出,渭濱親載;則有卑辭以厚禮,湯命五返於處士;則有可就不可屈,備獨三顧於草廬。此皆陛下備聞之矣。臣竊見國家取賢之道,其禮部、吏部,失之遠矣。則制策之舉,最爲高科,以臣言之,不得無弊。且陛下弓旌不出,玄纁深藏。無聘問之先,有投刺自媒者;無軟輪之禮,有躡屩而來者。支離於京闕,會計於有司。又廣張節文,妄設條格,禁禦約束,鄰諸盗賊,防賢之意,甚於防奸。崎嶇困辱,曠日引久,〔趙校:"引",《英華》卷四八六作"永"。〕然則一睹天顔,一承聖問。臣恐皇王佐略,不可由此而致也。今之所得者,乃臣輩瑣瑣者耳,强名曰賢,賢者固如是耶?厚顔包羞?臣竊自笑。則高宗求賢之意,似或不然。此乃國家最弊之務,伏惟陛下加思,重而慎之。

"陛下文可經天地,武可定禍亂。我武載張,則河壖亡命之寇既已指朝自滅;我文載脩,則淮瀕逋逃之醜可以不日自來。道冠古今,功格上下,夏啟、周發,曾何足云。陛下旌孝弟而孝弟未能化人,旌之未得其實也。舉直言而直言未得上達,舉之不得其人也。養高年則廢禮已久,未有聞也。敎本業則失農者多,鮮有勸者。平均徭税而怨嗟日生,奸贓之吏未去也。黜陟幽明而善惡同貫,考課之法未精也。陛下師崇儉之遺訓,則浮靡何患不革?前王之典謨必用,則理化何患不行?化行則暴亂懲,奸犯息,然後禮義可浹,五教自宣矣。七臣者,豈非《孝經》所謂天子有争臣七人乎?今朝廷立官致位,有以諫爲名者,左右前後拾遺、補闕,其數甚衆,不止七人。使陛下有未臻之嘆,其過將有所歸矣。以陛下養高年之禮著於上,則鄉黨不廢尚齒之儀。均徭役之法行於吏,則蒸黎有安土之志。安土則樂業,樂業則務本,務本則興農,興農則家給,家給則賦不減而人不貧矣。吏道愈濫者,吏之不精也。臣竊見吏部課最者遺其實,以資歷爲優;試材者失其本,以書判爲上。加以檢驗滋章,簡牘繁揉,瞶眊淹滯,克緣爲奸。事壅於上,權移於下,胥役末品,得擅官府。所以財賄公行,不殊市道,量職求直,價若平準。然古則爲官擇人,今則爲財擇官。反古害今,其弊如是。又有通經之目,試文之科,不同歸於吏部,選之至於此,雖廉察日增,固不及也。若鏟革前弊,明詔固當疾行;創立新規,微臣以爲不可。且烈祖之憲章未改,前王之法度粲然,德輶如毛,在克己而已,何必改作,然後成功?因人之欲,順天之時則易從;行古之道,得理之中則有據。

"制策曰:'自頃陰陽舛候,祲沴頻興,仍歲旱蝗,稼穡不稔。上天作孽,必有由然,屢爲凶災,其咎安在?傳曰:"時之不乂,厥罰恒暘。"又曰:"堯、湯水旱,數之常也。"二者相反,其誰云從?今人靡蓋藏,國無廩積。朕屢延鄉士,詢訪謀猷,至乃减冗食之徒,罷不急之務。既聞嘉話,亦已遵行。而停廢之餘,所費猶廣。欲轉輸於江徼則遠不及期,將搜粟於關中則擾而無獲。節軍食則功臣懷怨,省吏員則多士靡歸。中心浩然,罔知攸濟。'臣聞旱蝗者,稽諸《洪範》,爲言不乂之罰也。言之不乂,令之不信也。言者,西方金也,金失其性,爲木所傷。木,東方少陽,古云陽勝,所以爲旱。陽既亢極,氣又囂蒸,則介蟲爲孽,螽蝗爲害。臣見比年,旱魃爲害已甚矣,則《洪範》之徵亦明矣。無乃陛下詔令不信乎!抑又聞軍旅之後,必有凶年。其握兵者不本乎仁義,貪於殘戮,人用愁苦,怨氣積下,以傷陰陽之和也。則國家兵先於河北,河北旱蝗隨之。次及河南,河南旱蝗亦隨。後次及關中,關中又蝗旱。旱既仍歲,蝗亦比年,無乃陛下用兵者不詳其道也!臣謹稽古典,參於歷代,禳除異術,祈禱多門。至若貶食省用,稼穡圭璧,求邪於幻術,覬福於澤流,土龍矯首於通衢,群巫分袖而鼓舞,此又從人之欲也。至若兩漢舊儀,三公當免,卜式著議,弘羊可烹,此又一時之事也,然俱非救旱之本。去灾之道,則有一郡一邑,一宰一牧,勤恤人隱,精達神明,或以身禳,或以心禱,蝗且去境,旱不爲灾。牧宰之微,尚或臻此,況陛下尊爲天子,德爲聖人,神動而天從,氣使而時變,至誠所感,何往不通?臣伏見陛下去年八月二日所下德音,避正殿而不居,損常膳而不御,議獄緩死，掩骼埋胔。詔文始書，害氣將究；詔書始下，和氣自生。故不旬朝之間，凶渠殲殄，兵革偃息，甘雨薦降，氛灾自銷。天之監人也，明矣速矣。然則陛下之德有以動天，天且不違，況於鬼神乎？若堯、湯之灾，陰陽之數，此則先儒之言略矣，小臣不敢傳疑。惟《洪範》之徵信也，謹而言之，陛下從而鑒之。〔趙校：《英華》卷四八六作"陛下鑒之可也"。〕臣聞堯之水，湯之旱，而國無損瘠者，蓄積多而備先具也。今國家或時不雨，一歲不登，堯、湯比之懸矣。人至困竭，國爲空虚者，備之不早。頃所以賦斂無極，怨讟日盈，權須詭求，朝令夕具，豈不以兵食乎？今蒲同勞師既還，關輔生人纔息，不急軍食，不煩軍須。則搜粟關中，重擾未可；轉輸江徼，雖遠可期。關兵食以廪儲，雖積食猶慮費用者多，〔趙校："積"，《英華》卷四八六作"節"。〕則功臣何因而懷怨？擇賢才以實官，雖省員猶慮曠職者衆，則多士何憂而靡歸？臣聞方内之理亂，由君上之所執，上有所執，則下有所守。臣竊觀國理，似或不然。無可久之圖，無常備之制，用無本末，舉無條綱，任運而行，應急而化。若虚舟之觸，用濟江河；如亂絲之棼，望成綸綍。所以遇運則福至，遇厄則禍生，遇歲惡則勞，遇歲豐則逸。坐迎天命，不關人謀。聖心浩然，罔知攸濟者，乃彝倫不叙之故。

"制策曰：'子大夫藴蓄才器，通明古今，副我虚求，森然就列。匡朕之寡昧，拯時之艱灾。畢志直書，無有所隱。'此乃陛下厚禮衆君子之意，臣微曷足以當之。若臣者生爲唐人，馬牛之齒甫以壯矣。道不得行，身不得遂，陋矣賤矣，與螻蟻何異。然《詩》、《書》天人之際，皇王經緯之道，三墳六經，九流百氏，前王沿革之要，歷代興亡所由，既嘗經之於心，頗亦備之於學。雖未之究，可略而言。至若時政之損益，任賢之得失，刑辟之有輕有重，生人之或利或病，臣又耳或有所妄聞。身遠與寡，莫爲之先，且無因至陛下言之爾。皇天后土，宗廟社稷，實宜知臣之心。每用憤發悃款，隱憂愊臆，激於肝血，藏於骨髓，思有以一出之久矣。蒙陛下開天地之德,降雷雨之施,深詔執事,旁延郡國,俾有賢良方正、直言極諫之舉。臣也幸苟有志,人乃舉之,此亦上天降祐皇唐,使陛下錫臣此便,得有路索言之於上也。若賢與良,則臣豈敢;惟諫與直,或有可觀。言不直,諫不極,是微臣不忠之罪,孤陛下虚聽之德也。至如忌諱挾誅,誹謗附律,脯醢淫戮,鼎鑊濫刑,此乃昏主暴君亡國之具,亦陛下之所明知,故臣不復有虞於聖朝耳。是敢竭慮極愚,指陳其切。是耶納而行之,非也容而宥之,所謂言之無罪,聞之者足以戒也。謹對。"《文苑英華》

二年丙寅(786)

六月十一日,敕:"《開元禮》國家盛典,列聖增修。今則不列學科,藏在書府,使效官者昧於郊廟之儀,治家者不達冠昏之義。移風固本,合正其源。自今已後,其諸色舉人中有能習《開元禮》者,舉人同一經例,選人不限選數許集。但問大義一百條,試策三道。全通者超資與官;義通七十條,策通二道已上者,放及第;已下不在放限。其有散試官能通者,亦依正員官例處分。其明經舉人有能習律一部以代《爾雅》者,如帖義俱通,於本色減兩選,令即日與官。其明法舉人有能兼習一經,小帖義通者,依明經例處分。"《册府元龜》、《唐會要》。

進士二十七人:

張正甫,狀元。《永樂大典》引《蘇州府志》:"張正甫,第一人及第。"《舊書》本傳:"正甫字踐方,南陽人。曾祖大禮,坊州刺史。祖紹貞,尚書右丞。父沘,蘇州司馬。正甫登進士第。"〇孟按:韓愈《舉張正甫自代狀》,五百家注引韓曰:"正甫字踐方,南陽人,正(貞)元二年進士。"

竇牟,《唐才子傳》:"竇牟字貽周,貞元二年張正甫榜進士。"韓愈《竇牟墓誌銘》:"公學問於江東,尚幼也,名聲詞章行於京師,人遲其至。及公就進士,且試,其輩皆曰莫先竇生。於時公舅袁高爲給事中,方有重名,愛且賢公,然竇未嘗以干有司。一舉成名而東,遇其黨必曰:'非我之才,維吾舅之私。'"五百家注引程注:"牟,京兆金城人。"褚載言《竇牟傳》:"府君諱牟,字貽周。貞元二年舉進士,與從父弟故相贈司徒易直、故相贈少師李公夷簡、故兵部侍郎張公賈、故工部侍郎張公正甫同年上第。" 按長慶二年卒,年七十四,是年三十八歲。

竇易直,見上。《因話録》:"竇相易直,幼時名秘。家貧,就業村學,其教授叟有道術而人不知。一日近暮,風雪暴至,學童悉歸家不得,而宿於漏屋之中。寒争附火,唯竇公寢於榻,夜深方覺。叟撫公令起,曰:'竇秘,君後爲人臣,貴壽之極,勉勵自愛也。'及德宗幸奉天日,公方舉進士,亦隨駕而西。乘一蹇驢至開遠門,人稠路隘,其扉將闔。公懼勢不可進,聞一人叱驢,兼捶其後,得疾馳而出。顧見一黑衣卒,呼公曰:'秀才,已後莫忘閻情。'及升朝,訪得其子,提挈累至,〔趙校:《因話録》卷六"累至"下有"大官"字。〕吏中榮達。" 按《舊書》本傳云:"易直舉明經,爲秘書省校書郎。"言明經,似誤。〇孟按:《新唐書》本傳亦稱"擢明經,補校書郎"。

李夷簡,見上。《舊書》本傳:"字易之,鄭惠王元懿四世孫。擢進士第,中拔萃科。"

李俊,《太平廣記》引《續玄怪録》:"岳州刺史李俊舉進士,連不中第。貞元二年,有故人國子祭酒包佶者,通於主司,援成之。榜前一日,當以名聞執政,初五更,俊將候佶,里門未開,立馬門側。旁有賣糕者,其氣爖爖,有一吏若外郡之郵檄者,小囊氊帽,坐於其側,頗有欲糕之色。俊爲買而食之,客甚喜,啖數片。俄而里門開,衆競出,客獨附俊馬曰:'願請間。'俊下聽之,曰:'某乃冥之吏送進士名者,君非其徒耶?'俊曰:'然。'曰:'送堂之榜在此,可自尋之。'因出視,俊無名,垂泣曰:'苦心筆硯二十餘年,偕計者亦十年,今復無名,〔趙校:"復"原誤"後",據《廣記》卷三四一改。〕豈終無成乎!'曰:'君之成名在十年之外,禄位甚盛。今欲求之亦非難,但於本禄耗半,且多屯剥,纔獲一郡,如何?'俊曰:'所求者名,名得足矣。'客曰:'能行少賂於冥吏,即於此取其同姓者易其名,可乎?'俊問幾何可,曰:'陰錢三萬貫。某感恩而以誠告,其錢非某敢取,將遺牘吏,來日午時送可也。'復授筆使俊自注。從上有故太子少師李夷簡名,俊欲揩之,客遽曰:'不可。此人禄重,未易動也。'又其下有李温名,客曰:'可矣。'乃揩去温字,注俊字。客遽卷而行,曰:'無違約。'既而俊詣佶,佶未冠,聞俊來,怒,出曰:‘吾與主司分深,一言狀頭可致,公何躁,甚頻見問,吾其輕語者耶?’俊再拜,對曰:‘俊懇於名者,若恩决此一朝。今當呈榜之晨,冒責奉謁。’佶唯唯,色猶不平。俊愈憂之,乃變服伺佶出,隨之。經皇城東北隅,逢春官懷其榜,將赴中書,佶揖問曰:‘前言遂否?’春官曰:‘誠知獲罪,負荆不足以謝,然迫於大權,難副高命。’佶自以交分之深,意謂無阻,聞之怒曰:‘季布所以名重天下者,能立然諾,今君移妄於某,蓋以某官閑也。平生交契,今日絶矣。’不揖而行,春官遽追之,曰:‘迫於豪權,留之不得,竊恃深顧,外於形骸,見責如此,寧得罪於權右耳。請同尋榜,揩名填之。’祭酒開榜,見李公夷簡,欲揩,春官急曰:‘此人宰相處分,不可去。’指其下李温,曰:‘可矣。’遂揩去温字,注俊字。及榜出,俊名果在已前所指處。其日午時,隨衆參謝,不及赴糕客之約。迫暮將歸,道逢客,泣示之背曰:‘爲君所誤,得杖矣。牘吏將舉勘,某更他祈,共止之。某背實有重杖者。’俊驚謝之,且曰:‘當如何?’客曰:‘來日午時,送五萬緡,亦可無追勘之厄。’俊曰:‘諾。’及到時焚之,遂不復見。然後筮仕之後,追勘貶降,不絶於道,纔得岳州刺史。未幾而終。” 按是年即包佶放榜,小説家言未足盡據。

李稜,《太平廣記》引《續定命録》:“故殿中侍御史李稜,貞元二年擢第。”

張賈,吕温《韋夏卿碑》言開府辟士,有禮部員外郎清河張賈。

*皇甫鏞,原列卷二十七《附考·進士科》,徐氏考云:“《舊書·皇甫鎛傳》:‘鎛弟鏞,端士也,亦進士擢第。’白居易《皇甫鏞墓誌》:‘鏞字䶊卿,由進士出身,補夏陽主簿。’” 孟按:《千唐》[1033]張賈撰大和二年(828)二月十六日《國子祭酒致仕包府君(陳)墓誌銘并序》(參見《彙編》[大和 011])云:“君諱陳,字□□。……考諱佶,天寶中,以弱冠之年,升進士甲科。文章之奥府,人物之高選,當時俊賢,咸所景附。洎登朝右,蔚爲名臣,歷銀青光禄大夫、尚書刑部侍郎、國子祭酒、掌禮部□(貢)舉、秘書監、丹陽郡開國公、太子少保。……而右揆平章事竇公,工部尚書張正甫、太子賓客皇甫鏞,洎左散騎常侍張賈皆門生也,感恩追舊,永願扶獎。”按“竇公”,謂竇易直。以此知皇甫鏞亦本年登第。今移正。

張署,《昌黎集》有《河南令張署墓誌銘》:“君諱署,河間人。大父利貞,皇考諱郇。使君方質有氣,形貌魁碩,長於文詞。以進士舉博學宏詞,爲校書郎。”五百家注引樊曰：“君行十一。”又引補注：“署貞元二年進士第。”

齊據，高陽齊據，見柳宗元《送嚴公貺序》。韓注：“據，貞元二年中第。”

劉闢。《舊書》本傳：“貞元中進士擢第，宏詞登科。”《獨異志》：“唐劉闢初登第，詣卜者葫蘆生，筮得一卦，以定官禄。葫蘆生雙瞽，卦成，謂闢曰：‘自此二十年，禄在西南，不得善終。’闢留束素與之。其後脱褐，從韋令公於西州，官至御史大夫，爲行軍司馬。既二十年，韋病薨，使闢入奏，請益東川。詔未允。闢乃微服單騎，復詣葫蘆生筮之。揲蓍成卦，謂闢曰：‘吾二十年前，常與一人曾卜得無妄之隨，今復得此卦，非曩昔賢乎？’闢即依阿唯諾。葫蘆生曰：‘若審其人，禍將至矣。’闢不甚信，乃歸蜀，果叛。憲宗皇帝擒之，戮於藁街。” 按韋皋卒於永貞元年，逆數至貞元二年爲二十年。惟《韋皋傳》言順宗即位，皋遣支度副使劉闢於京師。《獨異志》謂皋薨後闢乃入奏，非是。且皋已死，誰復使闢耶？

諸科一人。

韜晦奇才科：

朱放。《唐才子傳》：“朱放字長通，南陽人。貞元二年，詔舉韜晦奇才。詔下，聘禮拜左拾遺，不就。”

知貢舉：禮部侍郎鮑防（未畢事），國子祭酒包佶（放榜）。《舊書》本傳：“正月丁未，以禮部侍郎鮑防爲京兆尹，國子祭酒包佶知禮部貢舉。”穆員《鮑防傳》：“每歲貢士，充於王庭，心爲靈龜，事絶請托。京師仍歲蝗旱，務殷人耗，拜京兆尹。”《摭言》：“貞元二年，禮部侍郎鮑防帖經後改京兆，刑部侍郎。”《永樂大典》引《嘉定鎮江志》：“包幼正以國子祭酒知貢舉。”〇孟按：據上引張賈撰《國子祭酒致仕包府君（陳）墓誌銘并序》所叙包佶歷職，是以國子祭酒掌貢舉也。

三年丁卯（787）

進士三十三人：

牛錫庶，狀元。《摭言》：“貞元二年，牛錫庶、謝登蕭少保下及第。先是昕寶應二年一榜之後,爾來二紀矣,國之耆老,殆非俊造馳騖之所。二子久屈場籍,其年計偕來,主文頗以耕鑿爲急。〔趙校:“主文”前後疑有脱文。〕無何並馳人事,因迴避朝客,誤入昕第。昕岸幘倚杖,謂二子來謁,命左右延接。二子初未知誰也,潛訪於閽吏,吏曰:‘蕭尚書也。’因各以常行一軸面贄,大蒙稱賞。昕以久無後進及門,見之甚喜,因留連竟日。俄有一僕附耳,昕盼二子囅然。既而上列繼至,二子隱於屏後。或曰:‘二十四年載主文柄,國朝盛事,所未曾有。’二子聞之,亦不意是昕,猶慮數刻淹留,失之善地。朝士既去,二子辭,昕面告之,復許以高第。竟如所諾。”《太平廣記》引《逸史》:“牛錫庶,性静退寡合,累舉不第。貞元元年,因問日者,曰:‘君明年合狀頭及第。’錫庶但望偶中一第爾,殊不信也。時已八月,未命主司。偶至少保蕭昕宅前,值昕杖策將獨遊南園。錫庶遇之,遽投刺,並贄所業。昕獨居,方思賓友,甚喜,延與之語。及省文卷,再三稱賞,因問曰:‘外間議者,以何人當知舉?’錫庶對曰:‘尚書至公爲心,必更出領一歲。’昕曰:‘必不見命。若爾,君即狀頭也。’錫庶起拜謝,復坐未安,忽聞馳馬傳呼曰:‘尚書知舉。’昕遽起,錫庶復再拜,曰:‘尚書適已賜許,皇天后土,實聞斯言。’昕曰:‘前言期矣。’明年果狀頭及第。”

謝登,見上。

趙傪,《因話録》:“趙傪,貞元三年進士及第,當年制策登科。”《唐語林》以爲貞元六年進士。按傪於四年登制科,則《語林》誤矣。　按即撰《顯慶登科記》序者。

裴墐,柳宗元《裴府君墓碣》:“公諱墐,字封叔,河東聞喜人。由進士上第,校書崇文館。”韓注:“貞元三年,墐中進士。”　按墐之後夫人,宗元兄女。

*裴垍。原列卷二十七《附考·進士科》,徐氏考云:“《舊唐書》本傳:‘垂拱中宰相居道七代孫。垍弱冠舉進士。’”　孟按:《新唐書·蕭昕傳》載:“昕始薦張鎬、來瑱,在禮部擢杜黄裳、高郢、裴垍。其後鎬興布衣,不數年位將相,瑱爲將有威名,黄裳等繼輔政,並爲名宰云。”蕭昕凡三知禮部貢舉:寶應二年(763)、廣德二年(764)、貞元三年(787),皆見《記考》。杜黄裳與高郢於寶應二年蕭昕下擢進士第。裴垍於貞元十年(794)中賢良方正、能直言極諫科,其年座主爲顧少連。以上亦皆見《記考》。因知垍

“弱冠舉進士”必在蕭昕門下。若以垍登寶應二年或廣德二年進士第，則其至貞元十年登制科時年已五十餘，此似無有可能。若以其登貞元三年進士第，則登制科時爲二十七歲，較合情理。據《舊唐書》本傳知裴垍卒於元和六年(811)，則其享年爲四十五歲。又《補遺》册四，第251頁録有孫緯撰咸通十四年(873)二月二十五日《唐知鹽鐵陳許院事侍御史内供奉賜緋魚袋孫虬故室河東裴氏墓誌銘并序》云：“裴氏其先，河東聞喜人。……烈祖垍，以德行文學擢進士第，升賢良科。當元和朝，天子以武定河塞之猘吠者，且急於自輔，故擢公於宰相之任。”即此裴垍。

諸科五人。

＊知貢舉：禮部侍郎薛播(未畢事)，禮部尚書蕭昕(放榜)。原僅作“禮部尚書蕭昕”，徐氏考云：“《舊書》本傳：‘昕，貞元初兼禮部尚書，尋復知貢舉。’按《舊書》，三年正月乙巳，禮部侍郎薛播卒，蓋以播代佶。播卒，昕方知舉也。” 孟按：《舊唐書·德宗紀上》：“(貞元)三年正月……乙巳，禮部侍郎薛播卒。”按貞元二年鮑防以禮部侍郎知貢舉，於正月十六日丁未貢舉事未畢而遷京兆尹，由國子祭酒包佶權知貢舉放榜。徐松於該年知貢舉署：“禮部侍郎鮑防，國子祭酒包佶。”本年薛播以禮部侍郎知舉，事未畢而於正月二十日乙巳卒，繼由禮部尚書蕭昕權知貢舉放榜。是亦當如上年故事而署薛播名，今據補。又參見本書卷十寶應二年(763)知貢舉蕭昕名下注引《容齋五筆》。

四年戊辰(788)

正月庚戌朔，御丹鳳樓，大赦，制曰：“賢良方正、直言極諫者，高蹈不仕、隱居巖穴，孝弟力田、聞於鄉里，所在長官，具以名聞，親當策試。”《册府元龜》

是月，敕：“應補弘文、崇文學生，員闕至少，請補者多，就中商量，須有先後。伏請按“伏請”上疑有奪文。準建中三年十一月敕，先補皇緦麻已上親，及次宰輔子孫。仍於同類之内，所用蔭先盡門地清華，履歷要近者，其餘據官蔭高下，類例處分。”《唐

會要》

四月,《唐大詔令集》作正月,今從《册府元龜》。策賢良方正、能直言極諫科問:"皇帝若曰:朕聞王者統御寰宇,司牧黎元,一人之聰不足以周聽,一人之目不足以遍觀,敷求賢良,用輔聞見。朕以寡德,纂承丕緒,托於人上,十載於兹。雖多難僅寧,而升平未復。永惟前古之理,布在方册,憲章典禮,可得而詳。考之則易遵,行之則難至。中夜忘寢,莫知所以。然子大夫學覽該通,待問斯久,斂襟應召,朕甚嘉焉。各啟爾心,以祛予惑。成王致理,刑措不用;孝文勵精,斷獄四百。太宗皇帝籲勺群慝,削平八隅,囹圄空虚,又踰前代,一歲所決,二十九人。今者官署尚存,法令明具,封域之内,可謂小康。而黔首上僚,尚資科禁,循源究本,其故何哉?豈朕教之不明,將或人之多僻?仁敷旨要,當酌其宜。文王建邦,經制斯備;周公立政,禮樂增修。然而朝命六卿,揆分百度,鄉閭有長,林澤有官,計以職員,動以萬數。農夫不充於緝伍,編籍不給於虞衡。以是制人,義或安在?永言師效,良用爲疑。唐虞設規,九載三考,俾安其位,將盡其能。列授群司,寄之衆務。一官不理,事有所隳;一吏非人,官有所廢。罰寧俟於終日,賞不待於踰時。若官廢而後求人,事廢而後變法,政將□澆,其道如何?今欲濟天下於太和,致群生於仁壽,勸農務本,何術爲先?敦學崇儒,何禮爲切?何方可以順風雨,何典可以序神祇?成湯遇灾,何七年而後禱?高祖伐叛,何歷載而不賓?辨於古者通於今,鑒於事者明於理。備陳終始,朕親覽焉。"《唐大詔令集》

進士三十一人:《摭言》:"貞元中,劉太真侍郎試《曲江亭望慈恩寺杏園花發詩》。" 按太真連放兩榜,此未知何年,姑載於第一榜,俟考。五百家韓注引孫注:"貞元四年,侍郎劉太真知舉,放進士三十六人,崔立之中第。" 按此年三十一人,云三十六人,未知孰是。或誤以五年人數當之也。〇孟按:據陳補,《南至日隔霜仗望含元殿爐香》詩爲本年試題,《曲江亭望慈恩寺杏園花發》詩當爲明年試題,詳下。然《古今歲時雜詠》卷三十九録崔立之《南至日隔仗望含元殿香爐》詩,題下注:“貞元六年。”立之貞元六年(790)中博學宏詞科,詳該年考。今姑從陳補,以俟確考。

包諠,《摭言》:“包諠者,江東人也,有文辭。初與計偕到京師後時,趁試不及。宗人祭酒佶憐之,館於私第。諠多遊佛寺,無何,唐突中書舍人劉太真。睹其色目,即舉人也,命一介致問。諠勃然曰:‘進士包諠,素不相識,何勞要問?’太真甚銜之,以至專訪其人於佶。佶聞諠所爲,大怒而忌之,因詰責,遣移他舍。諠亦無怍色。明年,太真主文,志在致其永棄,故落雜文,俟終場明遣之。既而自悔之,曰:‘此子既忤我,從而報之,是爲淺丈夫也必矣。但能永廢其人,何必在此。’於是放入策。太真將放榜,先巡宅呈宰相,榜中有姓朱人,及宰相以朱泚近大逆,未欲以此姓及第,亟遣易之。太真錯愕趨出,不記他人,唯記諠爾。及諠謝恩,方悟己所惡也,因明言。乃知得喪非人力也,蓋假手而已。”《唐語林》:“包諠,江浙人。下第遊漢南,與劉太真相會辨難。劉詞屈,責其不敬。諠擲杯中其額。後太真爲禮部侍郎,諠應舉。太真覽其文卷於包侍郎佶之家,初甚驚嘆,及視其名,乃包諠也,遂默然。至出榜,宰相欲有去留,面問太真,换一名。太真不能對,忽記諠之姓名,遽言之,遂中第。”按《唐語林》所載與《摭言》異,故兩存之。顧況《華亭縣令延陵包公壁記》云:“君辟秀才,以文字自附。隨難奉天,重圍暗解,上撫其背,而春官亦以賓禮待之。” 按包公疑即諠也。

崔立之,《唐詩紀事》:“立之登貞元進士第。”《容齋續筆》:“崔立之字斯立,在唐不登顯仕,他亦無傳,而韓文公推獎之備至。其《藍田丞壁記》云:‘種學績文,以蓄其有,泓涵演迤,日大以肆。’其《贈崔評事詩》云:‘崔侯文章苦捷敏,高浪駕天輸不盡。頃從闕外來上都,隨身卷軸車連軫。朝爲百賦猶鬱怒,暮作千詩轉遒緊。才豪氣猛易語言,往往蛟螭雜螻蚓。’其《寄崔二十六詩》云:‘西城員外丞,心跡兩崛奇。往歲戰詞賦,不將勢力隨。傲兀坐試席,深業見孤羆。文如翻水成,初不用意爲。四坐各低面,不敢拭眼窺。佳句喧衆口,考官敢瑕疵。連年收科第,若摘頷底髭。’其美之如是。但記云‘貞元初,挾其能戰藝於京師,再進再屈於人’,而詩以爲

‘連年收科第’,何其自爲異也?予按杭本韓文作‘再屈於人’,蜀本作‘再進屈千人’,《文苑》亦然,蓋他本誤以千字爲于也。又《登科記》,立之以貞元三年第進士,七年中宏詞科,正與詩合。” 按《韓文考異》於《藍田縣丞廳壁記》下云:“斯立,貞元四年進士,六年中博學宏詞。”又於《寄崔二十六立之》詩下云:“立之,中貞元四年進士第,知舉侍郎劉太真。”洪氏所引《登科記》誤。〇孟按:宋蜀刻本《新刊經進詳注昌黎先生文》卷五《寄崔二十六立之》詩題下王儔補注:“《登科記》:立之正(貞)元四年進士。”又,韓愈《答崔立之書》,五百家注於題下引樊曰:“立之字斯立,貞元四年進士。”

鄭群,韓愈《鄭群墓誌銘》:“群字弘之,世爲滎陽人。以進士選吏部考功。”五百家注引樊氏曰:“貞元四年,群登進士第。”〇孟按:宋蜀刻本《新刊經進詳注昌黎先生文》卷三十二同上文“以進士選”文讜注:“按《登科記》,大曆四年也。”據《誌》所載,群卒於長慶元年(821)八月,春秋六十。以此推之,大曆四年(769)群方八歲。此誤也。疑“大曆”爲“貞元”之訛,或誤以大曆四年登進士第之“鄭儋”爲鄭群耳。

*盧播,原列本卷貞元五年(789)進士科,所據爲裴度撰《劉太真神道碑銘》稱盧播爲劉太真之門人。按岑補云:“《千唐》大中十二年《盧宏並夫人崔氏墓誌》云:‘父播,貞元四年進士擢第。’今《記考》一二於五年下著録盧播云:‘按裴公統言兩榜,無由別爲某年,今並載於下以俟考。’今得此志,則播名應移四年之下。” 孟按:此條亦見羅補。又,《彙編》[元和131]李行脩撰元和十三年(818)九月九日《唐故歸州刺史盧公(播)墓誌銘并序》云:“公諱播,字播。……舉進士上第,補西府文學。”按播卒於元和十三年正月,享年七十。則其於本年擢第時爲四十歲。

*裴次元,詳下。

*王良士。陳補“貞元四年”考云:“《文苑英華》卷一八〇《省試詩》有崔立之、裴次元、王良士(誤作士良)《南至日隔霜仗望含元殿爐香》詩。今知立之本年進士及第,次元本年舉制科,良士爲本年或明年劉太真知舉時登第(見裴度《劉太真神道碑》,徐氏附載明年)。綜合諸證,《南至日……》當爲本年所試,《摭言》云劉太真試《曲江亭望慈恩寺杏園花發》詩,應爲明年試題。”今從陳説,移王良士至本年。

明經科:

林藴，明林俊《見素文集》："藴字夢復，〔趙校：《新書》卷二〇〇、《全文》卷四八二作"復夢"。〕披第六子，貞元四年明經及第。"

＊蔡沼。施補云："歐陽詹《送蔡沼孝廉及第後歸閩問覲序》云：'人之慚莫先乎同有求而一不得，人之慕莫甚乎偕遠遊而一先歸。蔡侯沼，字虚中，予之邑人，又懿親也。虚中以學，予謬於文，共受遣乎長吏，皆求試於宗伯。虚中登太常第，歸寧故園；予有曝鰓之困，猶留京師。'(《歐陽行周文集》〔《四部叢刊》本〕卷十)《登科記考》未録，可補入。按序，似蔡沼乃一舉而登明經第者。又按歐陽詹《送洪孺卿赴舉序》：'予五升詞場，四遭掎摭。'(同上)歐陽詹登進士第在貞元八年(見韓愈《歐陽詹哀辭》〔《韓昌黎集》卷二十二〕)，則其初舉進士當在貞元四年。蔡沼與歐陽詹同自閩至長安應試，一舉而登明經第，其亦在貞元四年歟。"今從施補。

諸科二十六人。

賢良方正，能直言極諫科：

崔元翰，《廣卓異記》引《登科記》："貞元四年，崔元翰賢良方正、直言極諫科頭登科。"權德輿《崔君元翰集序》："年殆知命，甫與計偕至京師，洎博學宏詞、直言極諫，凡三登甲科，名動天下。"按《玉芝堂談薈》，唐有四元，崔延翰又爲制科首。"延翰"當爲"元翰"。〇孟按：岑補云："按元翰舉制科，當在建中元年前後，説詳拙著《唐史餘瀋》。"考《唐史餘瀋》卷二《德宗・同年崔元翰制科及第》云："余因李巽之考證，於是更疑及同年之崔元翰。登科記考一二云：'廣卓異記引登科記……延翰當爲元翰。'余按德輿序又接云：'初自典校秘書，連辟汧公、北平王二司徒府管奏記之職，歷太常寺協律郎、大理評事，錫以命服，登朝廷爲太常寺博士、禮部員外郎，貞元七年春，轉職方員外郎知制誥。'(《全唐文》四八九)則似三登甲科釋褐而後，始辟外幕者。舊書一三七本傳：'後北平王馬燧在太原，聞其名，致禮命之，又爲燧府掌書記，入朝爲太常博士、禮部員外郎。'燧罷於貞元三年六月(舊記一二)，又似四年時元翰已官太常博士者。《舊書》一三一《李勉傳》：'(建中)四年，李希烈反……遂潛師潰圍，南奔宋州，詔以司徒平章事徵。'似元翰三登甲科總在興元前者。德輿序又接云：'八年冬，罷爲比部郎中，十一年夏，感疾不起，其壽四百甲子。'是元翰卒年六十七，由此上推至貞元四年，年已六十，與序前文'年殆知天命'不合。檢《登科記考》一一,大曆十四年有博學宏辭科,建中元年有賢良方正能直言極諫科,前者元翰年五十一,後者元翰年五十二,正與年殆知命相符,豈貞元四年爲大曆十四年之誤歟? 然其非貞元四年則無疑矣(元翰,建中二年進士)。"按元翰既於建中二年登進士第,似不可能在此之前登制科。姑仍《廣卓異記》,岑説備考。

裴次元,見《册府元龜》、《唐會要》。

李彝,見《册府元龜》、《唐會要》。　任華《送李彝宰新都序》:"宗室後進有以學術辭藻著稱者,彝也。去年制舉不捷,無何,以書歷抵二相國,論安邊術,由是召試西掖。凡數十百人,彝與莊若訥、高郢同入高等。"

崔農,見《册府元龜》、《唐會要》。

史牟,見《册府元龜》、《唐會要》。

陸震,見《册府元龜》、《唐會要》。

柳公綽,見《册府元龜》、《唐會要》。　《舊書》本傳:"貞元四年,復應制舉,再登賢良方正科,時年二十一。"劉禹錫《舉開州柳公綽自代狀》:"前件官以賢良方正再揚王庭。"〇孟按:《新唐書》本傳作:"舉賢良方正、直言極諫,補校書郎。間一年,再登其科,授渭南尉。"《名賢氏族言行類稿》卷四十作:"柳公綽字孝寬……舉直言極諫、賢良方正,一年,再登其科。"

趙傪,見《册府元龜》、《唐會要》。〇孟按:趙守儼《唐代登科記與徐松〈登科記考〉》曾舉徐松《登科記考》考訂疏誤例云:"卷十二據趙璘《因話録》繫趙傪進士及第於貞元三年(787);又據《會要》、《册府元龜》係傪登制科於貞元四年(788)。按《因話録》卷一'德宗躬親庶政'條自注:'(璘)伯父傪(今通行本誤作"修",據《新書》卷七三下《宰相世系表》改正)貞元三年進士及第,當年制策登科。'唐人重科第,璘記其伯父登科的年份,一般不應有誤,《徐考》於趙傪及第之年既從璘説,而制策登科又改從《會要》,而且不作考辨,不加説明,不知理由何在。"(《趙守儼文存》)

徐弘毅,見《册府元龜》、《唐會要》。

韋彭壽,見《册府元龜》、《唐會要》。

鄒儒立,見《册府元龜》、《唐會要》。

王及,見《册府元龜》、《唐會要》。

杜倫，見《册府元龜》、《唐會要》。　《杜行方墓誌》："烈考倫，文術政事爲龜玉。異時選部第書判，明廷策賢良，皆登甲科。歷憲門、郎署，而後出分符竹。"

元易，見《册府元龜》、《唐會要》。

王真。見《册府元龜》、《唐會要》。　按是年林藴亦應賢良方正而未登科，其策有云"臣遠祖比干，因諫而死，天不厭直，更生微臣"，見黄滔《甫山靈巖寺碑銘序》。

清廉守節，政術可稱，堪任縣令科：

李巽（李異）。見《唐會要》。　《册府元龜》作"李異"。按《舊書》本傳及權德輿作墓誌，皆不言巽應制科，則作"異"者是。○孟按：岑仲勉《唐史餘瀋》卷二《德宗·貞元四年李巽及第》云："《會要》七六，貞元四年四月，'清廉守節政術可稱堪（緯略此下有"任"字）縣令科，李巽及第。'緯略同。郎官考一採此條附左中李巽下。《登科記考》卷一二云：'《册府元龜》作李異，按《舊唐書》本傳及權德輿作墓誌，皆不言巽應制科，則作異者是。'余按《全文》五〇五《李巽誌》：'始以明經筮仕爲華州參軍，試言超絶，補鄠縣尉，登朝爲監察御史、殿中侍御史，由美原縣令課最爲刑部員外郎，由萬年縣令課最爲户部、左司二郎中，由常州刺史理刑第一徵爲給事中，以御史中丞領潭州刺史、湖南觀察使。'復據卷四九六《同人李巽遺愛碑》，巽以貞元八年十二月莅湖南，是巽自筮仕後迄貞元八年，凡更十二任，推言之，貞元四年時李巽已早官京縣令（縣令之上者），胡爲尚赴堪任縣令科也？勞考誤。"

孝弟力田，聞於鄉閭科：

張皓。見《册府元龜》、《唐會要》。

知貢舉：禮部侍郎劉太真。《唐語林》："貞元四年，劉太真侍郎入貢院，寄前主司蕭昕尚書詩曰：'獨坐貢闈裏，愁心芳草生。山公昨夜事，應見此時情。'"○孟按：此處稱引《唐語林》見該書卷四，又見《全唐詩》卷二五二劉太真詩，題作"《貢院寄前主司蕭尚書昕》"，然注云："一作吕渭詩。"按《唐摭言》卷八"主司撓悶"條所記爲貞元十一年（795）吕渭知貢舉事，參見本書卷十四該年考。《唐語林》晚出，且爲抄撮諸書而成,恐誤。參見陶敏《全唐詩人名考證》〔3488C〕。

＊崔立之《南至日隔霜仗望含元殿爐香》詩:"千官賀長至,萬國拜含元。隔仗鑪光出,浮光烟氣翻。飄飄縈内殿,漠漠澹前軒。聖日開如捧,卿雲近欲渾。輪烟洒宫闕,蕭索散乾坤。願惹天風便,披香捧至尊。"《文苑英華》卷一八〇

＊裴次元《南至日隔霜仗望含元殿爐香》詩:"冕旒初一作親。負扆,卉服盡朝天。暘谷初移一作移初。日,金爐漸起一作出御。烟。芬香流遠近,散漫入貂蟬。霜仗凝逾白,朱欄映轉鮮。始看浮闕在,稍見一作竟逐風遷。爲沐皇家慶,來瞻羽衛前。"《文苑英華》卷一八〇(按《古今歲時雜詠》卷三十九作郭遵詩)

＊王良士《南至日隔霜仗望含元殿爐香》詩:"抗殿疏龍首,高樓接上玄。節當南至日,星是北辰天。霜一作寶。戟羅仙仗,金爐引御一作瑞。烟。霏微霜闕近,溶曳九門一作州連。拂樹祥光滿,分晴曙一作曉色鮮。一陽今在曆,生植願陶甄。"《文苑英華》卷一八〇(按《古今歲時雜詠》卷三十九作車紨詩)。　孟按:以上三詩新補,考見上。

五年己巳(789)

二月敕,特置三禮、《開元禮》科。《舊書·職官志》。　按《開元禮》科置於二年,至此年始有登科者,見《登科記》。《職官志》誤。

四月,詔曰:"明經舉人所習《爾雅》,多是草木鳥獸之名,無益理道,宜令習《老子道德經》以代《爾雅》。其進士同大經例帖。"《册府元龜》

五月二一作"二十"。日,詔曰:"王者設教,勸學攸先;生徒肄業,執禮爲本。故孔子曰:'不學禮,無以立。'又曰:'安上理人,莫善於禮。'然則禮者,蓋務學之本,立身之端,居安之大猷,致理之要道。屬辭比事而不裁之以禮則亂,疏通知遠而不節之以禮則誣,實百行之本源,爲五經之户牖。雖聖人設教,罔不會通,而

學者遵行,宜有先後。自頃有司定議,計功記習,不量教化淺深,義理難易,遂使修傳學者例從冬集,習禮經者獨授散官。敦本勸人,頗乖指要,姑務弘獎,以廣儒風。自今以後,明經習《禮記》及第者,亦宜冬集。如中經兼習《周易》若《儀禮》者,量減一選。應諸色人中習三禮者,前資及出身人依科目例,《通典》、《册府元龜》作"依科目選例,吏部考試"。白身人依貢舉例,《通典》、《册府元龜》作"依貢舉例,禮部考試"。每經問大義三十條,試策三道。所試大義,仍令主司於朝官學官中,簡擇精通經術三五人聞奏,主司與同試問質定通否。義策全通爲上等,特加超獎。大義每經通十五條《通典》、《唐會要》作"二十五條"。已上,策通兩道已上爲次等,依資與官。如先是員外試官者,聽依正員例。其習《開元禮》人,問大義一百條,試策三道。全通者爲上等。大義通八十條已上,策通兩道已上爲次等。餘一切並准習三禮例處分。其諸館學士願習三禮及《開元禮》者並聽。仍永爲常式。"《册府元龜》、《唐會要》、《唐大詔令集》。

進士三十六人:○孟按:《全唐詩》卷三三三楊巨源《奉和裴相公詩》云:"竹寺題名一半空,衰榮三十六人中。"按詩題之"裴相公"指裴度。"三十六人"即爲同年進士及第之人數。《曲江亭望慈恩寺杏園花發》詩、《南風之薰賦》(以"悦人阜財,生物成遂"爲韻。)爲本年試題。詳下。

盧頊,狀元。

楊巨源,《唐才子傳》:"楊巨源字景山,蒲中人。貞元五年劉太真下第二人及第。"○孟按:《郡齋讀書志》卷十七云巨源"貞元五年第進士"。宋蜀刻本《新刊經進詳注昌黎先生文》卷二十一《送楊巨源少尹序》,王儔補注:"巨源無傳。今以《登科記》、白樂天、張籍、劉夢得詩考之,正(貞)元五年第進士,後自秘書爲太學博士,遷省郎,出爲鳳翔少尹。"又,同上文五百家注於題下引集注:"巨源新、舊史無傳,《藝文志》云'字景山。'貞元五年第進士。"

崔簡，柳宗元《祭姊夫崔使君簡文》韓注："崔簡，貞元五年中進士第。"又《崔使君權厝誌》注云："崔簡字子敬。"○孟按：柳宗元《故永州刺史流配驩州崔君(簡)權厝誌》："博陵崔君，由進士入山南西道節度府。"注引孫曰："貞元五年，簡中進士第。"

馬逢，《唐才子傳》："馬逢，關中人。貞元五年盧頊榜進士。"

王叔雅，許志雍《故江南西道觀察判官監察御史裹行太原王公墓誌銘》："公諱叔雅，字元宏，太原祁人。郡舉進士，纔及京師，動目屈指，傾蓋結轍，爲禮部侍郎劉太真深見知遇，再舉而登甲科。"以元和四年卒、年五十五推之，是年三十五歲。

嚴公弼，柳宗元《送嚴公貺下第歸興元覲省詩序》："子之伯仲皆脱略貴美，服勤儒素，退托于布衣韋帶之任，如少習然，故繼登上科。"童宗説注云："嚴公貺兄公弼，貞元五年登第。"

張正元，《唐詩紀事》："正元登貞元五年進士第。"

裴度，《舊書・裴度傳》："度字中立，河東聞喜人。貞元五年進士擢第。"《劇談録》："唐中書令晋公裴度，微時羈寓洛中。常乘蹇驢入皇城，方上天津橋，時淮西不庭已數年矣，有二老人倚橋柱而立，語曰：'蔡州用兵日久，徵發甚困於人，未知何時平定。'忽睹度，驚愕而退。有僕者携書囊後行，相去稍遠，聞老人云：'適憂蔡州未平，須待此人爲將。'既歸，僕者具述其事，度曰：'見我龍鍾，相戲耳。'其秋，果領鄉薦，明年及第。洎秉鈞衡，遂平淮西。入朝居廊廟，大拜正司徒，爲侍中、中書令。洎留守洛師，每話天津橋老人之事。"《摭言》："裴晋公質狀眇小，相不入貴。既屢屈名場，頗亦自惑。會有相者在洛中，大爲搢紳所神。公時造之問命，相者曰：'郎君形神稍異於人，不入相書。若不至貴，即當餓死。然今則殊未見貴處，可别日垂訪，勿以粗糲相鄙。候旬日爲郎君細看。'公然之，凡數往矣。無何阻朝客在彼，因退遊香山佛寺，徘徊廟廡之下。忽有一素衣婦人，致一緹褶於僧伽和尚欄楯之上，祈祝良久。復取筊擲之，叩頭瞻拜而去。少頃，度方見其所遺忘，念致彼既不可追，然料其必再至，因爲收取。躊躇至暮，婦人竟不至。度不得已，攜之歸所止。詰旦，復攜至彼，時寺門始闢，俄睹向者素衣疾趨而至，逡巡撫膺惋嘆，若有非横。度從而訊之，婦人曰：'新婦阿父無罪被縶，昨告人假得玉帶二、犀帶一，直千餘緡，以遺津要，不幸遺失于此。今老父不測之禍無所逃矣。'度憮然,復細詰其物色,因而授之。婦人拜泣,請留其一,度不顧而去。尋詣相者,相者審度,顏色頓異,大言曰:'此必有陰德及物,此後前程萬里,非某所知也。'再三詰之,度偶以此言之。相者曰:'衹此便是陰功矣。他日無相忘,勉旃勉旃。'度果位極人臣。"裴度《劉太真神道碑銘》:"貞元三年,拜禮部侍郎。天下賓王之士尚實遠名者,竊相賀矣。秉公心而排群議,履正道而杜私門,以爲聳善興能,試言考藝,若求虚譽,獲小嫌,是全身之計,非取士之方也。乃貶抑浮僞,仍歲不回。適值時棟變更,朝柄奪移,怒不在公,而及於公矣。遂因嚚嚚之口,成是貝錦,出爲信州刺史。"又曰:"門人之在朝廷者,諫議大夫杜羔、中書舍人裴度、起居舍人盧士玫、殿中侍御史李修、光禄少卿盧長卿、右司郎中韋乾度、工部員外郎李君何;在藩牧者,浙東觀察都團練使、御史中丞李遜,黔中觀察經略使、御史中丞李道古,澤州刺史、中丞盧頊,嘉州刺史王良士,復州刺史鄭群,沔州刺史嚴公弼,慈州刺史劉元鼎;其在幕府者,侍御史田伯,殿中侍御史盧璠、馬逢,監察御史馮魯、楊巨源,其在畿者,櫟陽令麻仲容、藍田丞崔立之、盩厔尉麴澹等。咸懷賞鑒,自悼遺闕。"按裴公統言兩榜,無由别爲某年。今並載於下,以俟考。○孟按:《全唐詩》卷三八五張籍《和裴司空酬滿(一作蒲)城楊少尹》詩云:"共驚向老多年别,更憶登科舊日同。"謂裴度與楊巨源同年登科也。《全唐文》卷七五二杜牧《上宣州高大夫書》:"元和中宰相河東公、中書令裴公皆進士也。裴公仍再得宏辭制策科。"

胡證,《舊書》本傳:"證字啟中,河東人。父瑱。證貞元中繼登科。"《摭言》:"胡證尚書質狀魁偉,膂力絶人,與裴晉公度同年。度尚狎遊,爲兩軍力人十許輩陵轢,勢甚危窘。度潛遣一介求救於證,證衣皂貂金帶,突門而入,諸力士睨之失色。證飲後到酒,一舉三鍾,不啻數升,杯盤無餘瀝。逡巡主人上燈,證起,取鐵燈臺,摘去枝葉,而合其跗,横置膝上,謂衆人曰:'鄙夫請非次改令,凡三鍾引滿,一遍三臺,酒須盡,仍不得有滴瀝。犯令者一鐵躋。'證復一舉三鍾。次及一角觝者,凡三臺三遍,酒未能盡,淋漓逮至並座,證舉躋將擊之。群惡皆起,設拜叩頭乞命,呼爲神人。證曰:'鼠輩敢爾,乞汝殘命。'叱之令去。"按昌黎有《奉酬振武胡十二丈大夫詩》。○孟按:韓愈《唐故試大理評事胡君(明允)墓銘》:"母弟證,秩大夫。"五百家注引孫曰:"證字啟中,貞元元年登第。"按《舊書》本傳謂"貞元中",似以五年爲是。

羅玠,《摭言》:"羅玠。貞元五年及第。開宴曲江,泛舟舟沈,玠以溺死。後有闕宴前卒者,謂之'報羅'。"按玠衡山人,劉禹錫《送周魯儒詩序》言玠升俊造,仕甸服,官至御史,則《摭言》之説未確。

杜羔,《新書·杜兼傳》:"從弟羔,貞元初及進士第。"按《世系表》,羔爲襄陽杜氏,兼爲洹水杜氏,非同族。《玉泉子》:"杜羔妻劉氏,善爲詩。羔累舉不中第,乃歸,將至家,妻即先寄詩與之曰:'良人的的有奇才,何事年年被放迴。如今妾面羞君面,君到來時近夜來。'羔見詩,即時而去,竟登第而返。"〇孟按:《南部新書》卷四:"杜羔妻劉氏善爲詩,羔累舉不第,將至家,妻先寄詩與之曰:'良人的的有奇才,何事年年被放回。如今妾面羞君面,君若來時近夜來。'羔見詩,即時回去,尋登第。妻又寄詩云:'長安此去無多地,鬱鬱葱葱佳氣浮。良人得意正年少,今夜醉眠何處樓?'"

竇平,《昌黎集》有《送竇平從事序》,五百家注引孫注曰:"平,扶風平陵人。貞元五年登第。"

＊吴仲舒,胡補:"《全唐文》卷五九三《吴仲舒小傳》:'仲舒,貞元五年進士。爲雄武軍使張仲武從事。'"又詳下陳補。

＊李夷亮,胡補:"《全唐文》卷五九四《李夷亮小傳》:'夷亮,宰相夷簡之弟。貞元五年進士。'"又陳補於"貞元五年"下考云:"《文苑英華》卷十三收張正元、吴仲舒、李夷亮、李方叔《南風之薰賦》,皆'以"悦人阜財、生物成遂"爲韻'。正元、方叔爲本年進士,因知此賦即本年試。《全唐文》卷五九四云:'夷亮,宰相夷簡之弟,貞元五年進士。'《舊唐書》卷一七六僅云夷亮'登進士第',徐氏收入附考。"今移正。

李方叔,見《昌黎集·張署墓誌銘》,五百家注引樊曰:"方叔,貞元五年登第。"

盧士玫,

李修,

盧長卿,

韋乾度,

李遜，《舊書》本傳："字友道。曾祖進德，太子中允。祖珍玉，昌明令。父震，雅州別駕。遜登進士第。"元稹《李建墓誌銘》曰："與仲兄遜舉進士，並世爲公卿。"〇孟按：白居易撰《有唐善人墓碑銘并序》："唐有善人曰李公，公名建，字杓直，隴西人。……公養有餘力，讀書屬文，業成，與兄遜起應進士，俱中第，爲校書。"

李道古，《舊書·李皋傳》："子道古，登進士第。"韓愈《李道古墓誌銘》："公以進士舉及第。"五百家引補注："道古，貞元五年登第。"〇孟按：《彙編》[貞元 093]樊澤撰貞元八年(792)五月十二日《有唐山南東道節度使贈尚書右僕射嗣曹王(李皋)墓銘并序》："王諱皋，字子蘭。……王有男七人……而道古擢秀才第，又獻書金門，授秘書省校書郎，充集賢校理。"

劉元鼎，〇孟按：《補遺》册六，第 184 頁，劉異撰咸通九年(868)閏十二月一日《唐故朝請大夫守衛尉卿柱國分司東都賜紫金魚袋劉公(略)墓誌銘并序》云："公諱略，字野夫，河間樂城人也。……少師生我先公尚書諱元鼎。卅四舉進士，補太原參軍事，歷官大理卿、兼御史大夫、慈、蔡、壽、絳四郡，贈兵部尚書。"

＊田伯，孟按：見上引裴度《劉太真神道碑銘》，徐氏漏收。此條亦見朱補。

馮魯，

麻仲容，

麴澮，

張汾，《乾䉛子》："貞元初，邢君牙爲隴右臨洮節度，進士張汾往謁。後二年及第。" 按邢君牙拜節度在貞元三年，則汾登第疑在此年。

＊楊衡，原列卷二十七《附考·進士科》。徐氏考云："符載《荆州與楊衡説舊因送遊南越序》：'前年冬，中師聊整文思，起常于禮闈間，飛聲騰陵，譟動公卿。常伯輪教，俯授高第。'又云：'己巳歲，中師自長安僑寓荆州。'己巳爲貞元五年，則所謂前年，當是三、四年也。又《犀浦縣令楊府君墓誌》：'有才子衡，進士擢第。'" 孟按：《唐才子傳校箋》卷五《楊衡傳》箋云："《唐摭言》卷二及《北夢瑣言》卷五均謂楊衡曾登進士第。符載《犀浦縣令楊府君墓誌》(見前)云：'有才子衡，進士擢第。'可證《摭言》及《瑣言》

所記不妄。徐松《登科記考》卷二七《附考·進士科》云:'……己巳爲貞元五年,則所謂前年,當是三、四年也。'按徐説誤。苻載所云'前年',係對作《序》之年而言,非對楊衡返自長安之'己巳'歲而言。《序》云:'相國齊公,挺鸞皇之儀,郁經緯之譽,新荷天寵,鎮安越服,執事行業明白,且曰親舊,或將修假道之禮,不爲丁寧結約,求以自輔乎!'相國齊公即齊映。據《舊唐書》卷一三《德宗紀》下,齊映於貞元七年(791)五月自衡州刺史遷爲桂管觀察使。楊衡將隨齊映赴任,故知此《序》必作於貞元七年五、六月間。貞元七年之'前年',當是貞元五年(789)。是年恰爲'己巳歲'。楊衡登進士第必在是年。"按《校箋》是,今從之。

*李君何,見《文苑英華》。

*周弘亮,見《文苑英華》。 《唐詩紀事》:"弘亮登貞元進士第。"

*曹著,見《文苑英華》。

*陳翥。見《文苑英華》。 孟按:陳補於"貞元五年"下考云:"以上四人徐《考》繫於四年,皆據《文苑英華》所録省試詩。詳前考,均當移在本年。"今從陳説。

明經科:

丁公著,《舊書·孝友傳》:"丁公著字平子,蘇州吴郡人。祖裒,父緒。公著年十七,父勉令就學。年二十一,五經及第。" 按公著卒於大和六年,年六十四,及第當在是年。

*韋孟明。《補遺》册三,第150頁,柳澗撰元和三年(808)十一月四日《唐故同州澄城縣主簿韋府君(孟明)墓誌銘并序》云:"君諱孟明,字孟明。……弱冠舉明經,調補左内率府兵曹。……元和三年正月廿八日,終於虢之逆旅,春秋卌有九。"以弱冠歲推之,其登第當在本年。

諸科六人。《玉海》引《登科記》,貞元五年始有《開元禮》一人。

知貢舉:禮部侍郎劉太真。《舊書》本紀:"三月丙寅,貶禮部侍郎劉太真爲信州刺史。"《册府元龜》:"德宗貞元五年,禮部侍郎劉太真貶信州刺史。太真性怯懦詭隨,其掌貢舉,宰臣姻族、方鎮子弟,先收擢之。又常叙陳少遊勳績,擬之桓文,大招物議,因有斯貶。"按《魏邈墓誌銘》云:"少履文字,貞元初以鄉舉射策上省者五六,以賄援兼無,竟不登第。然當時稱屈者衆矣。”是其時貢舉固未厭人望也。楊巨源有《懷德抒情寄上信州座主詩》。○孟按:《全唐文》卷五三八裴度撰《劉府君(太真)神道碑銘并序》:“公諱太真,字仲適,族彭城。……貞元元年,轉刑部侍郎。……三年,拜禮部侍郎,天下賓王之士尚實遠名者竊相賀矣。秉公心而排群議,履正道而杜私門,以爲聳善興能,試言考藝,若求虚譽、護小嫌,是全身之計,非取士之方也。乃貶抑浮僞,仍歲不回。適值時棟變更,朝柄奪移,怒不在公而及於公矣。遂因囂囂之口,成是貝錦,出爲信州刺史。”兩《唐書》本傳亦皆載劉太真貞元五年知貢舉被貶爲信州刺史事。

＊李君何《曲江亭望慈恩寺杏園花發詩》曰:“春晴憑水軒,仙杏發南園。開蘂風初曉,浮香景欲暄。光華臨御陌,色相對空門。野雪遥添净,山烟近借繁。地閑分禁苑,景勝類桃源。況值新晴日,芳枝度彩鴛。”《文苑英華》

＊周弘亮《曲江亭望慈恩寺杏園花發詩》曰:“江亭閑望處,遠近見秦源。古寺遲春景,新花發杏園。萼中輕蘂密,枝上素姿繁。拂雨雲初起,含風雪欲翻。容輝明十地,香氣遍千門。願莫隨桃李,芳菲不爲言。”《文苑英華》

＊曹著《曲江亭望慈恩寺杏園花發詩》曰:“渚亭臨净域,憑望一開軒。晚日分初地,東風發杏園。異香飄九陌,麗色映千門。照灼瑶華散,葳蕤玉露繁。未教遊妓折,乍聽早鶯喧。誰復争桃李,含芳自不言。”《文苑英華》

＊陳翥《曲江亭望慈恩寺杏園花發詩》曰:“曲池晴望好,近接梵王家。十畝開金地,千林發杏花。映雲猶誤雪,照日欲成霞。紫陌傳香遠,紅泉落影斜。園中春尚早,亭上路非賒。芳景堪遊處,其如惜物華。”《文苑英華》。 孟按:以上四詩原附貞元四年下,今移正於本年,考見上。

＊張正元《南風之薰賦》曰:“昔者南風和醇,明德惟新,創五

法而配夏,感萬物以如春。不然者夔何以得爲典樂?舜何以尊爲聖人者哉?其風乃周流遐裔,蕩滌庶物,廓宇宙以澄清,屏腐餘之伊鬱。故表太平之至理,卑寰宇之無咈也。且順而隨時曰巽,氣之相感曰咸,合之寧間于幽林曠野,散之何啻乎萬壑千巖。當其南正司辰,朱明應節,我風在德,何以驗乎枯桑?我風在仁,何必候於空穴?物既斯悦,薰不在乎器;人奚以欽,物莫能同。葉不在乎蘭,人何以結?(此數句疑有顛倒)知執德不回,嘉祥有開,始斯人之解愠,倏儀鳳以員來。有孚顒若,至德休哉。足以成天下之務,畜天下之財。今國家以義爲利,知風之自,賔皇猷之穆穆,因皇道之易易。竹帛之功斯在,絲桐之音不墜。夫如是,未有靈瑞之不臻,生成之不遂者也。寧與夫蓬振塵驚,颼飀凄清,或敗物者有墜,或中人而喪精。未若我皇内協正德,外和厚正;在乎野而草自偃,入乎林而條不鳴。是則良哉元首,克洽九有。仰南風兮何翕爾而純和,幸得詠時康與俗阜。"《文苑英華》卷一三

* 吴仲舒《南風之薰賦》曰:"歌《南風》之薰兮,肇自前烈;美《凱風》以時兮,流乎俊哲。澹澹蕩蕩,生乎無間;馥馥微微,播於有截。故功成作樂,上下昭着;治定制禮,而君臣有别。吾亦乘日月之至明,致中和之令節。言而履之,萬國稱慶;動而法之,千寮胥悦。此所謂規模帝舜,慰洽吾人。操五絃之琴,而八風從律;徵三代之樂,而六氣平均。使天下霈然而有感,窮海外颯爾而知春。至於傳之永久,垂之不朽,可以動萌芽,可以榮林藪。薰風之有德也,使國富以人安;薰風之有惠也,使時和而俗阜。若乃燠佳氣兮允塞,掃祥烟兮乍開;早綻青門之柳,先驚上苑之梅。晦入陽春之曲,潛吹玉管之灰。此亦韶年之麗景,況有順時而豐財。或披襟而乍對,或臨水而輕拂。承長養則芳氣襲於一人,闡煦嫗則膏露霑於萬物。斯以發號施令,前規後監,三農以之協洽,兆人以之無疑咸。如此則典禮備、麟(按原作"鱗",據《全唐文》卷五九三改)鳳至,吾道不樂兮發身有時;薰風自南兮萬物咸

遂。物本無情,因時而生,百姓日用而不覺,五音歲兆於未萌。儻高飈之借便,順下風而長鳴。"《文苑英華》卷一三

＊李夷亮《南風之薰賦》曰:"時之和兮道之至,彼南風兮舒以肆。發于地,鼓萬物以生成;登于天,叶三光而能粹。豈不以律有度而感應,樂無聲而大備。郁郁也從四氣之攸分,熙熙然見群芳之已遂。若乃涉維夏,背芳晨,烝人已乂,率土惟淳。雲物必書,識烟霞之改舊;君臣有禮,知動植之懷仁。符玄化,越洪鈞,式觀風於我后,終鮮解愠於吾人。伊昔虞帝君臨,憂勞是切,將納隍爲己任,垂大訓於前烈。援琴寫操,知庶政之惟和;負扆居尊,俾含生之是悦。然後澤及幽巖,九區克咸(無側聲韻,或疑此下脱句),氣揚湮鬱,四海無咈。且攸叙於彝倫,故無遺於一物。國家敬授惟明,稽古作程,式宣其和,以厚其生。是以東作之勤,不遺於帝力;《南風》之詠,屢起於皇情。亹亹多士,茫茫萬有,猶偃草而咸若,沐薰風之自久。惟德斯碩,惟財孔阜。"《文苑英華》卷一三

＊李方叔(按《英華》原作"李叔",今據上文改)《南風之薰賦》曰:"至矣哉,如天之君,聲明化淳;穆南端而作樂,播薰風以養人。順聖時而和,則氣無留慝;解吾氓之愠,故物無不親。所以應乎品類,遍乎天地,感一德而當陽,處八方之正位。使夫微者必扇,幽者必遂。不以動而有光,和而能至,風之始也。日月貞明,星辰齊平,然後蕩蕩而起,熙熙而生。觸類而煦然長育,無朕而潛來備盈。行而有孚,倚五絃而調四氣;廣而不費,匝九垓而周八紘。非比夫抵華葉、陵高城,轉蘩蕙而渥彩,合萬籟而成聲者也。風之達也,本於元首,播於群有,使五福富昌,萬物殷阜。宜其叶無爲之大化,匪獨革有苗之小醜。亦有廣莫北動,閶闔東來,不如自其南而掩器,一其薰而阜財。則知端拱垂黻,化人無拂,則必合其君、資其物。豈惟三國不監,二叔不咸,徒偃其禾而表其讒。故我君烈烈,行道有載,歌祖德而庶事用康,諧舜樂而鳴琴

不徹。被南風之溥暢，慰遠黎之胥悦。士有欲摶風於九霄，希假勢於一挈。”《文苑英華》卷十三。　孟按：以上四篇賦爲新補，考見上。

六年庚午(790)

九月敕：“本置兩館學生，皆選勳賢胄子，蓋欲令其講藝，紹習家風，固非開此倖門，墮紊典教。且令式之内，具有條章，考試之時，理須精核。比聞此色，倖冒頗深，或假市門資，或變易昭穆，殊虧教化之本，但長澆競之風。未補者務取闕員，已補者自然登第。用廕既已乖實，試藝又皆假人。誘進之方，豈當如此！自今已後，所司宜據式文考試，定其升黜。如有假代，並准法處分。”《册府元龜》

進士二十九人：按《柳宗元集》有《省試觀慶雲圖詩》，韓注以爲公舉進士時所作。考子厚舉進士於貞元五年，則省試自六年始。七年以後，題皆可考，則《觀慶雲圖》爲六年試題矣。〇孟按：韓注云：“公貞元五年舉進士第，此詩九年所作也。”徐氏不取九年之説而繫之六年，似未當。考《英華》卷一八〇載李程、柳宗元、李行敏有此同題之作。《記考》貞元十二年(796)上述三人同登宏詞科，頗疑此題亦爲該年宏詞科所試。然無他據，附此俟考。又按：《文苑英華》卷一八九《省試詩》收許堯佐、李君房《石季倫金谷園》詩，當爲本年進士科試題。

＊唐款，(孟按：原作“欵”，據兩《唐書》改。下同。)《舊書・文苑傳》：“唐款，貞元六年登進士第。”權德輿《唐君墓誌》：“君諱款，字嘉言，北海人。貞元初舉進士甲科。”

李君房，《昌黎集》有《愛直贈李君房别》一篇，五百家注引集注云：“君房，張建封婿也，貞元六年進士。”

鄭權，《舊書》本傳：“滎陽開封人，登進士第。”《昌黎集》有《送鄭權尚書序》，五百家注引孫曰：“權，汴州開封人。貞元六年舉進士第。”

＊許堯佐，《舊唐書》卷一八九《儒學下・許康佐傳》：“弟堯佐、元佑，堯佐子道敏，並登進士第，歷官清顯。”《新唐書》卷二〇〇《儒學下・許

康佐傳》:“諸弟皆擢進士,而堯佐最先進,又舉宏詞,爲太子校書郎。八年,康佐繼之。堯佐位諫議大夫。”按徐《考》唯於貞元十年(794)著録堯佐登博學宏詞科,然其登進士第則失收。今考《文苑英華》卷一八九《省試詩》收許堯佐、李君房《石季倫金谷園》詩,君房爲本年進士第,則堯佐亦當於本年登進士科。

*王公亮。原列卷二十七《附考·進士科》,徐氏注云:“王公亮,貞元進士第,見《唐詩紀事》。” 孟按:岑補云:“曲石藏《唐故滑州匡城縣令王虔暢墓誌》(咸通七年)云:‘日雲……二子,長曰宗……少曰公亮,貞元六年進士。’今《記考》二七進士科下附見王公亮,云:‘貞元進士第,見《唐詩紀事》。’依《虔暢誌》,則公亮名可移附貞元六年。”今移正。

明經科:

林著,明林俊《見素文集》:“著小名友直,披第三子,貞元六年明經及第。”

*張渾。《補遺》册六,第158頁,韋邈撰大中元年(847)二月十八日《唐故永州刺史清河張公(渾)墓誌銘并序》云:“公諱渾,字萬流,其先洛陽人。……弱冠明經上第,調補滁州掾,後爲揚子主簿。……以會昌六年八月廿三日,疾薨于於河南府洛陽縣仁風里,年七十六。”以會昌六年(846)年七十六推之,其弱冠歲在本年。王補據《輯繩》亦録渾於本年。

諸科五人:

丁公著。公著以五經及第。明年,又通《開元禮》,授集賢校書郎,見《孝友傳》。

博學宏辭科:

崔立之。見《韓文考異》。〇孟按:《古今歲時雜詠》卷三十九録崔立之《南至日隔仗望含元殿香爐》詩,題下注:“貞元六年。”然據陳補該題爲貞元四年禮部試進士題,詳該年考。姑存疑俟考。

知貢舉:禮部侍郎張濛。歐陽詹《唐天文述》:“歲在辛未,實貞元七年,范陽張公濛爲春官之三年。”蓋劉太真貶後,張濛代爲禮部侍郎,至七年爲三年,是六年爲張濛知舉矣。《新書·張説傳》言濛事德宗爲中書舍人,不言爲禮部侍郎。 按濛,張説之孫,均之子。

*許堯佐《石季倫金谷園詩》曰:“石氏遺文在,淒涼見故園。輕風思奏樂,衰草憶行軒。舞榭荒苔掩,歌臺墜葉繁。斷雲歸舊壑,流水咽清源。曲渚殘虹斂,蘩篁宿鳥喧。空餘林上月,長似對金罇。”《文苑英華》卷一八九

*李君房《石季倫金谷園詩》曰:“梓澤風流地,淒涼跡尚存。殘芳迷妓女,衰草憶王孫。舞態隨人謝,歌聲寄鳥言。池平森灌木,月落弔空園。流水悲難駐,浮雲影自翻。賓階餘蘚石,車馬詎喧喧。”《文苑英華》卷一八九。 孟按:以上二詩據前考新補。

七年辛未(791)

十二月,秘書監包佶奏:“開元删定《禮記·月令》爲時令,其音及義疏並未刊正。其《開元禮》所與《月令》相涉者,請選通儒詳定。”從之。《唐會要》

進士三十人:試《珠還合浦賦》,以“不貪爲寶,神物自還”爲韻。《青雲干呂詩》,見《文苑英華》。

尹樞,狀元。《摭言》:“杜黄門第一榜,尹樞爲狀頭。先是杜公主文,志在公選,知與無預評品者。第三場庭參之際,公謂諸生曰:‘主上誤聽薄劣,俾爲社稷求棟梁。諸學生皆一時英儁,〔趙校:“學生”,《摭言》卷八作“學士”。〕奈無人相救。’時入策五百餘人,相顧而已。樞年七十餘,獨趨而進曰:‘未喻侍郎尊旨。’公曰:‘未有榜帖。’對曰:‘樞不才。’公欣然延之,從容因命卷簾,授以紙筆。樞援毫,斯須而就。每札一人,則抗聲斥其姓名,自始至末,列庭聞之,咨嗟嘆其公道者一口。然後長跪授之,唯空其元而已。公覽讀致謝訖,乃以狀元爲請,樞曰:‘狀元非老夫不可。’公大奇之,因命筆親自札之。”盧綸有《送尹樞令狐楚及第後歸覲詩》云:“佳人比香草,君子即芳蘭。寶器金罍重,清音玉佩寒。貢文齊受寵,獻禮兩承歡。鞍馬並汾地,争迎陸與潘。”

陸復禮,見《文苑英華》。

林藻,《永樂大典》引《莆陽志》:“貞元以前,莆人未有登進士者。七年,林端公藻始擢第。”《太平廣記》引《閩川名士傳》:“貞元七年,杜黄裳知

舉，聞尹樞時名籍籍，乃微服訪之。問場中名士，樞唯唯。黄裳乃具告曰：'某即今年主司也，受命久矣。唯得一人某，他不能盡知，敢以爲請。'樞聳然謝曰：'既辱下問，敢有所隱。'即言子弟有崔元略，孤進有林藻、令狐楚數人，黄裳大喜。其年，樞狀頭及第。試《珠還合浦賦》，藻賦成，忽假寐，夢人告曰：'何不叙珠來去之意?'既寤，乃改數句。及謝恩，黄裳謂藻曰：'叙珠來去，如有神助。'"《能改齋漫録》引趙傪《唐登科記》，林藻第十一人。　按《全閩詩話》謂是年進士二十人，林藻第十八，誤。《直齋書録解題》："藻字緯乾。"按藻，披次子。黄滔《祭陳嶠文》云"俱擅乙中之二"，注謂林藻與嶠皆第十二人，當以此爲正。○孟按：《全唐文》卷八二五黄滔《莆山靈巖寺碑銘》："初，侍御史濟南林公藻與其季水部員外郎藴貞元中谷玆而業文，歐陽四門捨泉山而詣焉，其後皆中殊科。御史省試《珠還合浦賦》，有神授之名。"

令狐楚，《唐才子傳》："令狐楚字殼士，敦煌人也，五歲能文章。貞元七年，尹樞榜進士及第。"《舊書》本傳："祖崇亮，父承簡。楚兒童已學屬文，弱冠應進士，貞元七年登第。"劉禹錫《令狐公集序》："公名楚，字殼士，敦煌人，今占數於長安右部。天授神敏，性能無師，始學語言，乃協宫徵，故五歲已爲詩成章。既冠，參貢士，果有名字。時司空杜公以重德知貢舉，擢居甲科。"○孟按：《廣卓異記》卷七："禮部同年三人同時在相位：令狐楚、蕭俛、皇甫鎛。右按《唐書》：貞元七年禮部侍郎杜黄裳下三十人及第。其後令狐楚、皇甫鎛先在相位，乃同表薦蕭俛拜相。"

王履貞，見《文苑英華》。

彭伉，《永樂大典》引《宜春志》："彭伉，貞元七年登進士第。伉，尤之孫。"《唐詩紀事》："彭伉評事，宜陽徵君之孫。伉始以詩寄妻曰：'莫訝相如獻捷遲，錦書誰道泪沾衣。不須化作山頭石，待我東堂折桂枝。'及第後，廉使于公辟入幕。歲久未回，妻張氏寄二絶。其一云：'久無音信到羅幃，路遠迢迢遣問誰。問君折得東堂桂，折罷那能不暫歸。'其二云：'驛使今朝過五湖，殷勤爲我報狂夫。從來誇有龍泉劍，試割相思得斷無?'"李涉《酬彭伉詩》云："公孫閣裏見君初，衣錦南歸二十餘。莫嘆屈聲猶未展，同年今日在中書。"　按同年在中書，謂令狐楚、蕭俛。

蕭俛，《舊書》本傳："俛字思謙。曾祖太師徐國公嵩，祖華，父恒。俛貞元七年進士擢第。”又曰:“俛與皇甫鎛及令狐楚同年登進士第。”《乾𦠆子》:“唐貞元中,蕭俛新及第。時國醫王彦伯住太平里,與給事鄭雲逵比舍住。俛患寒熱,早詣彦伯求診候,誤入雲逵第。會門人他適,雲逵立於中門,俛前趨曰:‘某前及第,有期集之役,忽患。’具説狀。雲逵命僕人延坐,爲診其臂,曰:‘據脉候是心家熱風。雲逵姓鄭,若覓國醫王彦伯,東鄰是也。’俛赧然而去。”

皇甫鎛,《舊書》本傳:“安定朝那人。祖鄰幾,汝州刺史。父愉,常州刺史。鎛貞元初登進士第。”又《令狐楚傳》:“楚與皇甫鎛、蕭俛同年登進士第。”

房次卿,《昌黎集》有《將歸贈孟東野房蜀客詩》,五百家注引樊注曰:“《諱行録》云,房次卿字蜀客。《登科記》,蜀客貞元七年登第。《房武墓誌》云:‘男次卿,有大才。’昌黎《祭房君文》云:‘五官蜀客。’《孟郊集》有《祭房十五次卿少府》篇。”

薛放,韓愈《薛戎墓誌銘》:“公弟集賢殿學士、尚書刑部侍郎放。”五百家注引樊氏曰:“放字達夫,貞元七年登第。”按放,河中寶鼎人,戎之季弟,《舊書》有傳。〇孟按:《全唐文》卷六五四元稹撰《唐故越州刺史兼御史中丞浙江東道觀察等使贈左散騎常侍河東薛公(戎)神道碑文銘》:“公諱戎,字元夫。父曰湖州長史贈刑部尚書同,母曰贈某郡太夫人陸氏尚書景融女,祖曰河南縣令贈給事中纁。河南於邠州爲季子,刑部五男:乂,終郎;丹,終賓客;擁,終御史;公實刑部府君第某子。今尚書兵部侍郎、集賢殿學士放,於公爲季弟。公初不樂爲吏徒,以家世多貴富,門户當有持之者。會兩弟相繼舉進士,皆中選,公自喜,遂入陽羨山,年四十餘不出。”又兩《唐書·薛戎傳》亦皆載戎弟放登進士第。

*獨孤寔,(孟按:原作“獨孤實”,此據《柳宗元集》校改。下同。)柳宗元《送獨孤書記序》:“獨孤生與仲兄寔連舉進士。”韓注:“貞元之七年,寔舉進士。”

竇楚,《能改齋漫録》:“貞元七年,進士爲宰相者四人,令狐楚、竇楚、皇甫鎛、蕭俛。”

*孟簡。孟按:徐氏原於卷二十七《附考·進士科》著録兩“孟簡”,其一考云:“郊之叔,見孟郊詩。”其二考云:“《舊書》本傳:‘簡字幾道,平昌

人，天后時同州刺史訦之孫。工詩，有名，擢進士第，登宏詞科。'《唐詩紀事》：'簡，元和中上第。'按此與孟郊之叔别是一人。"〔趙校："岑仲勉云，此與本卷前所著録之孟簡實爲一人，應删併。見《訂補》及《讀全唐詩札記》。"〕　孟按：華忱之《孟郊年譜》據孟郊《舟中喜遇從叔簡别後寄上時從叔初擢第郊不從行》詩及韓愈《寄孟刑部幾道聯句》推知孟簡約於貞元七年登進士第。又《全唐文》卷五三三李觀《貽先輩孟簡書》云："足下德非古人，何遽相淺，如一及第，僕保之久矣，但與足下論其先後耳。僕長於江表，今未弱冠。"其時簡已及第，而觀於明年登第。

諸科二十二人。

＊知貢舉：禮部侍郎張濛(未畢事)，刑部侍郎杜黄裳(放榜)。原作"禮部侍郎杜黄裳"，徐氏考云："本傳不言黄裳以何官知舉。《廣卓異記》云：'貞元七年，禮部侍郎杜黄裳下三十人及第。'今從之。"　孟按：嚴耕望《唐僕尚丞郎表》卷十六《輯考五下・禮侍》"張濛"條云："張濛，貞元五年冬，以中書舍人權知六年春貢舉，放榜。旋正拜禮侍。時階中大夫。又知七年春貢舉；未畢事，蓋正月卸。"又"杜黄裳"條云："貞元七年春，蓋以刑侍權知貢舉，放榜。"又考云："《全唐文》五九八歐陽詹《唐天文述》：'皇唐百七十有一載，皇帝之御宇之十四祀也(四當作三)，歲在辛未，實貞元七年。是歲也……范陽張公濛爲春官之三年……京兆杜公黄裳爲秋官之二年。'是濛於五年始遷禮侍也。……又據歐陽詹《有所恨》詩序及《永樂大典》載《莆陽志》引《登科記》，詹待試京師凡六年，至貞元八年登第。(見徐《考》十三引)則六年七年詹正在京師，所述六官自不誤。則七年濛在禮侍任，黄裳在刑侍任，是年春知貢舉者應爲濛。而徐《考》一二：貞元七年春，禮部侍郎杜黄裳知貢舉。自注云：'本傳不言黄裳以何官知舉。《廣卓異記》云："貞元七年，禮部侍郎杜黄裳下三十人及第。"今從之。'又檢徐《考》本年各進士項下所引材料有關知舉者：(一)劉禹錫《令狐公集序》(《全唐文》六〇五)：'公名楚……司空杜公以重德知貢舉，擢居甲科。'《舊書》楚傳：'貞元七年登第。'《唐才子傳》(卷五)：'令狐楚，貞元七年尹樞榜進士及第。'(二)《唐摭言》(卷八'自放狀頭'條)：'杜黄門第一榜，尹樞爲狀頭。'《太平廣記》(卷一八〇)引《閩

川名士傳》:‘貞元七年,杜黄裳知舉,聞尹樞時名籍籍,乃微服訪之。’據此,則七年春知貢舉放榜者爲黄裳,蓋無問題,非濛也。此種情形有兩種解釋:第一,濛雖爲禮侍,然權知他官職事,不能兼知貢舉,故敕以刑侍杜黄裳權知禮部貢舉事。如天寶二年正月韋陟以禮侍權知吏侍事,而禮部貢舉則以中舍達奚珣權知,是其例也。第二,《天文述》作於七年正月,其時濛在禮侍知貢舉任,俄病免或遷他官,而黄裳以刑侍權知禮部貢舉,畢其事。第一種情形,此前惟陟、珣一例,第二種情形事例較多,今姑作第二種書之。”今從嚴説補張濛名,並正杜黄裳官職。

尹樞《珠還合浦賦》曰:“驪龍之珠,無脛而至。駭浪浮彩,長川再媚。迴夜光之錯落,反明月之瑰異。非經漢女之懷,寧泣鮫人之泪。狀徵既往,莫究奚自。偶良吏兮斯來,遇貪夫兮則閟。想夫旋返之儀,圓明可期,輝如電轉,粲若星馳。光浦溆,竄蛟螭,映沙礫,晃漣漪。在暗而投,誠則悲路人未鑒;沈泉而隱,亦常表帝者無爲。欣出處兮據德,幸浮沈兮中規。是以特表殊姿,潛懷有道,中含逸彩,上繫玄造。醜當時之饕餮,應爲政之美好。真列郡之尤祥,實重泉之至寶。於是焕清瀨,輝淺灣,奔璀璨,走斕斑。豈能與石前却,隨流往還,泛連波之下,盈一水之間而已哉。兹川兮始明,老蚌兮勿剖。瓴甋兮罷笑,瓊瑰兮莫偶。抱圓質而胥就,揚衆彩而未久。方載沈而載浮,且曷辮而曷不。玉非寶,泉戒貪,實爲國之司南。誠感神,德繫物,在爲政之不咈。愚是以頌其寶而悦按字疑有誤。其人,美斯政而感斯珍。想沿洄於舊渚,念涵泳於通津。則知美政不遠,嘉猷入神。故中潛皎皛,下沈奫淪。轉則無纇,磨而不磷。誠丹泉之莫擬,諒赤水之非珍。苟或疑此爲虚誕,願徵之於水濱。”《文苑英華》

陸復禮《珠還合浦賦》曰:“珠行藏兮,與道爲鄰。政善惡兮,感物生神。私以務貪,必去土而匿耀;光之崇儉,則還浦而歸淳。

我政無累,匪求而至。宛若中流,昭然明媚。對三光而分色,契一德而潛致。盈虚無眹,不隨月魄以哉生;往返有孚,殊異奔星之出使。徒見其表跡,罔知其奚自。睹映水之新規,謂沈泉之初棄。爲人利也,且一貫以稱珍;與衆共之,雖十斛而不匱。然知此珠之感,惟政是隨。當政至而則至;偶俗離而則離。人而無道兮不去何以,人而有得兮不復何爲?止舊浦而可採,同暗投而在斯。質若纍纍,疑照綴於霄漢;色仍皎皎,終炫燿乎漣漪。且夫彼邦政悖,我則爲不居之物;彼邦政閑,我則能應道而還。豈專巨蚌是剖,實惟無脛而走。將不貪以共存,非甚愛之能守。浦之不吝,任變化以往還;珠之圓疑當作"員"。來,辨政理之奸不。明可以久按疑有脱誤。處泥沙而有光,知進退而不苟。利用溥博,何必取之於龍頷;報德宏多,奚猶得之於虵口。其來也所以輔政,其去也所以戒貪。警循良之夕惕,俾傲很以知慚。勿以珠爲藴蓄,勿以珠爲珍好。且還浦而難期,且離邦而難寶。將守之而勿失,在閑邪以存道。"《文苑英華》

＊林藻《還珠合浦賦》(殘句)曰:"珠之去也,山無色兮氛霧冥冥,海無光兮空水浩浩;珠之來也,川有媚兮祥風習習,地有潤兮主物振振。"孟按:原闕,據《閩書》補。原題作《合浦還珠賦》,今據《太平廣記》及《文苑英華》諸同題賦改正。

令狐楚《珠還合浦賦》曰:"物之多兮珠爲珍,通其貨而濟乎人。纔披沙以皛耀,儀疑當作"俄"。錯彩以璘玢。避無厭之心,去在他境;歸克儉之政,還乎舊津。繇是觀德,孰云無神。相彼南州,昔無廉吏。富期潤屋,貪以敗類。孤漢主析珪之恩,奪蒼梧易米之利。濫源既啟,真質斯閟。從予舊而不嘏,按字疑有誤。諒天睬兮有自。孟君來止,惠政潛施。欲不欲之欲,爲無爲之爲。不召其珠,珠無脛而至;不移其俗,俗如影之隨。爾其狀也,上掩星彩,遥迷月規。粲粲離離,與波逶迤。乍入潭心,時依浦口。驚泉客之初泣,疑馮夷之始剖。依於仁里,天亦何言,富彼貪夫，神之所不。沙下兮泥間，韜光而自閑。映石華之皎皎，雜魚目之鰥鰥。豈比黄帝之使罔象，玄珠乃得；藺生之詭秦主，荆玉斯還。繇是發潤洲蘋，增輝崖草，水容益媚，澤氣彌好。川實效珍，地寧愛寶。隱見諒符乎龍躍，虧全非繫乎蚌老。豈惟彰太守之深仁，可以表天子之至道。觀夫采耀外澈，英華内含，飾君之履兮豈不可，照君之車兮豈不堪。猶未遭於採拾，尚見滯於江潭。雖舊吏之録與前賢之談，終思入掬以騰價，永得書紳而厲貪。於惟明時，不貴異物。徒飾表者招累，而握珍者難屈。是珍也居下流而委棄，歷終歲而堙鬱。望高鑒兮闇投，幸餘波之洗拂。”《文苑英華》

林藻《青雲干吕詩》曰：“應節偏干吕，亭亭在紫氛。綴雲初度影，捧日已成文。結蓋祥光迥，爲樓翠色分。還同起封上，更似出横汾。作瑞來藩國，呈形表聖君。徘徊如有托，誰道比間雲。”《文苑英華》

令狐楚《青雲干吕詩》曰：“郁郁復紛紛，青霄干吕雲。色令天下見，候向管中分。遠覆無人境，遥彰有德君。瑞容驚不散，冥感信稀聞。湛露羞依草，南風耻帶薰。恭惟漢武帝，餘烈尚氛氲。”《文苑英華》

王履貞《青雲干吕詩》曰：“異方占瑞氣，干吕見青雲。表聖興中國，來王見六按字疑有誤。君。迎祥殊大樂，叶慶類横汾。自感明時起，非因觸石分。映霄難辨色，從吹乍成文。〔趙校：“乍”原作“作”，據《英華》卷一八二改。〕須使留千載，垂芳在典墳。”《文苑英華》

彭伉《青雲干吕詩》曰：“祥輝上干吕，郁郁又紛紛。遠示無爲化，將明至道君。勢凝千里静，色向九霄分。已見從龍意，寧知觸石文。狀烟殊散漫，捧日更氛氲。自使來賓國，西瞻仰瑞雲。”《文苑英華》

登科記考補正卷十三

唐德宗神武孝文皇帝

貞元八年壬申(792)

進士二十三人:試《明水賦》以"玄化無宰,至精感通"爲韻,見《文苑英華》。《御溝新柳詩》,見洪興祖《韓子年譜》。〇孟按:洪興祖《韓子年譜》引《科名記》:"貞元八年陸贄主司,試《明水賦》、《御溝新柳詩》。其人賈稜、陳羽、歐陽詹、李博、李觀、馮宿、王涯、張季友、齊孝若、劉遵古、許季同、侯繼、穆贄、韓愈、李絳、温商、庾承宣、員結、胡諒、崔群、邢册、裴光輔、萬瓘,是年一榜多天下孤雋偉傑之士,號龍虎榜。"

賈稜,狀元。

陳羽,《唐才子傳》:"陳羽,江東人。貞元八年,禮部侍郎陸贄下第二人登科。"按韓詩《落葉一首送陳羽》。陳羽有《酬幽居閑上人喜及第後見贈詩》云:"九霄心在勞相問,四十年間豈足驚。風動自然雲出岫,高僧不用笑浮生。"〇孟按:宋蜀刻本《新刊經進詳注昌黎先生文》卷二《落葉一首送陳羽》詩題下文讜注:"按《登科記》,羽與公同登正元八年進士第。此當是得第而歸與公别也。"又,五百家注於題下引孫曰:"羽與公同年登第。"

歐陽詹,《永樂大典》載《莆陽志》引《登科記》云:"歐陽詹,貞元八年進士。"《能改齋漫録》:"歐陽詹第三人。"《唐語林》:"閩自貞元以前未有進士。觀察使李錡始建庠序,請獨孤常州及爲《新學記》云:'縵胡之纓,化爲青衿。'林藻、弟蘊與歐陽詹睹之嘆息,相與結誓,登科第。"歐陽詹《有所恨詩序》云:"予待試京師,六年及第,歸覲故園。"又有《及第後酬故園親故詩》云:"才非天授學非師,以此成名曩豈期。楊葉射頻因偶中,桂枝材美敢當之。稱文作藝方慚德,相賀投篇料愧詞。猶著褐衣何足羨,如君即是載鳴時。"又《與王式書》:"予年二十有一,公範與群公則可予以進士之目,而有令予觀國之心。予先與靈源道士、虹巖逸人有潘湖合鍊奉養之契,乞從宿志,勤勤懇懇,獲與靈源、虹巖同居者三年。公範與群公雖不苦以前事相迫,而流言時至。建中初,因當道廉察故相國常公、本州將故中書舍人薛公南澗之談,西湖之禮,丹青目下,程準前期。公範與群公激勵轉加,予亦稍信云云之勸。時兄弟親屬方以衆情聞于大人,大人與群公遂有龍首之會,特詢可否,至於再三。群公不悔前言,以爲可固可必。人之於予,皆欲其升高致遠。至其秋,大人則有遣從計吏之命,當發之日,大人及慈親親祭行於東郊,公範與群公亦共餕神餘於野席。離觴既輟,大人誡勗數言,言可切骨銘心。征車云動,慈親嗚咽數聲,聲堪斷腸褫魄,公範與群公備見聞也。慰上下之望,在乎早成名,早歸寧,予必不惜伎能而有所絶墜,以深上下之念。汲汲揺揺,如旌如翹。受遣之明年,達於長安,賃廡六秋,禮闈四上。頻竭激昂之力,累爲簸揚之棄。反躬忖己,徘徊又疑。"黄璞《歐陽行周傳》:"歐陽詹字行周,泉州晋江人。弱冠能屬文,天縱浩汗,貞元八年登進士第。畢關試,薄游太原,於樂籍中因有所悦,情甚相得。及歸,乃與之盟曰:'至都當相迎耳。'即灑泣而别,仍贈之詩。尋除國子四門助教。往樂籍中者思之不已,經年得疾且甚。乃危妝引髻,刃而匣之,顧謂女弟曰:'吾其死矣！苟歐陽生使至,可以是爲信。'又遺之詩,絶筆而逝。及詹使至,女弟如言,徑持歸京,具白其事。詹啟函閲之,又見其詩,一慟而卒。"韓愈《歐陽詹哀詞》:"貞元三年,予始至京師舉進士,聞詹名尤甚。八年春,遂與詹文詞同考試登第,始相識。"李貽孫《歐陽詹文集序》:"歐陽君生於閩之里。建中、貞元時,文詞崛興,遂大振耀。會故相常衮來爲福之觀察使,有文章高名,又性頗嗜誘進後生,至之日比君爲芝英。君之聲漸騰於江淮,且達於京師矣。尋而陸相贄知貢舉,搜羅天下文章,得士之盛前無倫比,故君名在榜中。常與君同道而相上下者,有韓侍郎愈、李校書觀,洎君並數百歲傑出,人到於今伏之。"按歐陽詹爲第三人,《莆陽志》作第二人,誤。《困學紀聞》:"歐陽生哀詞,閩人舉進士繇詹始,史因之。黄璞《閩川名士傳》,其前有薛令之、林藻。考之《登科記》,信然。"○孟按:《全唐文》卷八二五黄滔《莆山靈巖寺碑銘》:"初,侍御史濟南林公藻與其季水部員外郎蘊貞元中谷兹而業文,歐陽四門捨泉山而詣焉(原注:"四門家晋江泉山,在郡城之北,其集有《與王式書》云莆陽讀書即兹寺也。"),其後皆中殊科。……歐陽垂四門之號,與韓文公齊名,得非山水之靈秀乎?"

李博,《韓譜》又引姚康《科第録》云:"李博,實本年末名,《科名記》録於第四,非也。"韓愈《徐泗濠三州節度掌書記廳石記》云:"掌書記者三人,其一人隴西李博,自前鄉貢進士授秘書省校書郎爲之。"

李觀,李觀《帖經日上侍郎書》:"鄉貢進士李觀長跪,薦書侍郎座右。昨者奉試《明水賦》、《新柳詩》,平生也實非甚尚,是日也頗亦極思,侍郎果不以嫿奪妍,不以瑕廢瑜,獲邀福於一時,小子不虚也。而以帖經爲本,求以過差去留。觀去冬十首之文,不謀於侍郎矣,豈一賦一詩足云乎哉。十首之文,去冬之所獻也,有《安邊書》、《漢高祖斬白蛇劍贊》、《報弟書》、《邠寧慶三州饗軍記》、《謁文宣王廟文》、《文大夫種碑》、《項籍碑》、《請修太學書》、《弔韓弇没胡中文》等作,上不罔古,下不附今,直以意到爲辭,辭訖成章。中最逐情者,有《報弟書》一篇,不知侍郎常覽之耶?觀嘗竊覽侍郎頃年詩一篇,有才者許以不一,端文者許以所長,則雖班固、司馬遷、相如未聞若話言,是侍郎雅評掩於三賢矣。故觀今日以所到之文謀於侍郎,不以帖經疑侍郎也。"李觀《與張宇侍御書》:"觀年十有八,再忝鄉薦。身未入洛,家猶寄吴。"又《報弟兑書》:"六年春,我不利小宗伯,以初誓心不徒還,乃於京師窮居,讀書著文,無闕日時。是年冬,復不利見小宗伯。乃以其明年司分之月,乘羸驢出長安。會候人舉烽謂戎來,遂夜馳歸長安,窮處蕭條猶初。"又《上賈僕射書》:"觀,江東一布衣耳。客遊長安五年,以文藝求容。"又《上陸相公書》:"不肖之身,出自大賢門下,其爲幸也,不敢忘也。" 按《新書》,觀,李華從子。孟郊有《贈李觀詩》,注云:"觀初登第。"韓愈《李元賓墓誌銘》:"李觀字元賓,其先隴西人也,始來自江之東。年二十四,舉進士,三年登上第。又舉博學宏詞。"又《瘞硯文》云:"隴西李元賓,始從進士貢,在京師,或貽之硯。四年悲歡否泰,未嘗廢用。凡與之試藝春官，實二年登上第。"《摭言》："始春官氏擢廣文生者，名第無高下。貞元八年，歐陽詹居第三人，李觀第五人。"

馮宿，王起《馮宿神道碑銘》："年二十六，舉進士。是時明有司即兵部侍郎陸公贄其人也。又應宏詞科，試《百步穿楊葉賦》，雖爲勢奪，而其文至今諷之，後生以爲楷。"昌黎有《與馮宿書》、《與馮宿論文書》，五百家注引孫注："宿字拱之，婺州東陽人。"〇孟按：韓愈《答馮宿書》，五百家注於題下引孫曰："宿字拱之，婺州東陽人，公同年進士。"

王涯，《舊書》本傳："王涯字廣津，太原人。貞元八年進士擢第，登宏詞科。"劉禹錫《王涯先廟碑》："代郡公早在文士籍，射策連中。"〇孟按：韓愈《酬王二十舍人雪中見寄》詩，五百家注於題下引樊曰："王二十舍人，王涯也。公《赴江陵途中寄王二十補闕》即其人。涯，公之同年友，至是爲中書舍人。"《唐才子傳》卷五《王涯傳》："涯字廣津，貞元八年賈稜榜及第。"

張季友，韓愈《張君墓誌銘》："尚書虞部員外郎安定張君諱季友，字孝權，與余同年進士。"又《祭虞部張員外文》："牲在貞元，俱從賓薦。司我明試，時維邦彦。各以文售，幸皆少年。"〇孟按：韓愈《唐故尚書虞部員外郎張府君(季友)墓誌銘》："張君諱季友，字孝權。……孝權與余同年進士。"五百家注引樊曰："貞元八年中進士第第八，與公同年。"

齊孝若，令狐楚《薦齊孝若書》："竊見前進士高陽齊孝若字考叔，年二十四，學必專授，文皆雅正。"又曰："孝若相門子弟，射策甲科。"崔顥亦有《薦齊秀才文》。〇孟按：岑仲勉《跋唐摭言》考崔顥《薦齊秀才書》爲僞作，見《岑仲勉史學論文集》(中華書局 1999 年 7 月第 1 版)。又，宋劉應李輯《新編事文類聚翰墨全書》後丙集卷一《氏族門》："齊孝(按原誤作"李")若，唐正(貞)元中陸贄主試，試《明水賦》、《御溝柳詩》，同韓愈、歐陽詹等榜中皆天下孤雋偉傑之士，號龍虎榜。"

劉遵古，

許季同，《新書·許孟容傳》："弟季同，遷兵部郎中。孟容爲禮部侍郎，徙季同京兆少尹。時京兆尹元義方出爲鄜坊觀察使，奏劾宰相李絳與季同舉進士爲同年，才數月輒徙。帝以問絳，絳曰：'進士、明經，歲大抵百人，吏部得官至千人。私謂爲同年，本非親與舊也。今季同以兄嫌徙少尹，豈臣所助耶？且忠臣事君，不以私害公。設有才，雖親舊亦當白用。

避嫌不用,乃臣下身謀,非天子用人意。'帝然之。"

侯繼,昌黎《送侯参謀赴河中幕詩》:"憶昔初及第,各以少年稱。君頤始生鬚,我齒清如冰。"又有《答侯繼書》。○孟按:韓愈《送侯参謀赴河中幕》詩,五百家注於題下引韓曰:"侯参謀,繼也,與公同年舉貞元八年進士。"又《彙編》[大和100]劉軻撰大和九年(835)十二月十一日《唐故朝議郎陝州硤石縣令上柱國侯公(績)墓誌銘并叙》(北京圖書館藏拓本。参見《補遺》册四,第140頁)云:"公諱績,字夏士,上谷人。……公兄繼以文科入仕。"

穆贊(穆賞),穆贊即穆質,已於貞元元年登賢良方正第,授左補闕,豈有復舉進士之事。至穆贊,亦於大曆五年父寧爲和州刺史時已釋褐,爲濟源主簿。穆員又於貞元九年及第。則此作贊者,蓋"賞"之訛也。賞爲寧第四子。○孟按:《全唐文》卷七八四穆員撰貞元十年(794)十一月二十一日《秘書監致仕穆(寧)元堂誌》:"贊等袛荷嚴訓,仕於天朝,贊以御史中丞,質以右補闕,皆以守職不避强禦,并罹遣逐,員以侍御史佐東都留守,不敢陷所事殺無辜,賞以監察御史叫帝閽解兄難,迭逢困厄。"按賞救兄贊事在貞元六年(790),見兩《唐書·穆寧傳》及《全唐文》卷七八三穆員撰《尊勝幢記》,其時賞已爲監察御史。故此"穆贊"或"穆賞"皆與史不合。又徐松此處著録穆贊(穆賞)亦據洪興祖《韓子年譜》引《科名記》,似誤,録此俟考。又参見本書卷二十七《附考·進士科》穆員考(原列本卷貞元九年進士科)。

韓愈,《舊書》本傳:"大曆、貞元之間,獨孤及、梁肅最稱淵奥,儒林推重。愈從其徒遊,鋭意鑽仰,欲自振於一代。洎舉進士,投文於公卿間,故相鄭餘慶頗爲之延譽,由是知名於時。尋登進士第。"《唐才子傳》:"韓愈字退之,南陽人。貞元八年擢第。"昌黎《上宰相書》:"四舉於禮部乃一得。"又《答崔立之書》:"及來京師,見有舉進士者,人多貴之。僕誠樂之,就求其術,或出禮部所試賦詩策等以相示,僕以爲可無學而能,因詣州縣求舉。有司者好惡出於其心,四舉而後有成。"李翱《韓退之行狀》:"年二十五,上進士第。"　按昌黎《上邢君牙書》云:"二十五年而擢第。"又《北極一首贈李觀》云:"我年二十五,求友昧其人。哀歌西京市,乃與夫子親。"

李絳,《讀書志》:"李絳,贊皇人。貞元八年進士,中宏詞。"劉禹錫

《李公集序》:“公諱絳,字深之,趙郡人,在貢士中傑然有奇表。既登太常第,又以試賦升甲科。”《摭言》:“貞元中,李元賓、韓愈、李絳、崔群同年進士。先是四君子定交久矣,共遊梁補闕之門。居三歲,肅未之面,而四賢造肅多矣,靡不偕行。肅異之,一日延接觀等,俱以文學爲肅所稱,復獎以交遊之道。然肅素有人倫之鑒,觀、愈等既去,復止絳、群曰:‘公等文行相契,他日皆振大名。然二君子位極人臣,勉旃勉旃。’後二賢果如所卜。”《嘉話録》:“李丞相絳,先人爲襄州督部,方赴舉求鄉薦,時樊司空澤爲節度使,張常侍正甫爲判官,主鄉薦。張公知絳有前途,啟司空曰:‘舉人中悉不如李秀才,請只送一人,諸人之資悉以奉之。’欣然允諾。又薦絳弟爲同舍郎,絳感澤殊常之恩。不十年登庸。”

温商,

庾承宣,《新書·歐陽詹傳》:“詹與韓愈、李觀、李絳、崔群、王涯、馮宿、庾承宣聯第,皆天下選,時稱‘龍虎榜。’”

員結,

胡諒,

崔群,《舊書》本傳:“群字敦詩,清河武城人。十九登進士第。”又云:“群年未冠,舉進士。陸贄知舉,訪於梁肅,議其登第有才行者。肅曰:‘崔群雖少年,他日必至公輔。’果如其言。”以太和六年、年六十一推之,是年二十一,傳言年十九者誤。《摭言》:“崔群,貞元八年陸贄下及第,與韓愈爲友。”柳宗元《送崔群序》:“崔君以文學登於儀朝(曹)。”韓注:“貞元八年,群試禮部,中其科。”○孟按:《劉賓客嘉話録》:“韓十八愈直是太輕薄,謂李二十六程曰:某與丞相崔大群同年往還,直是聰明過人。”又,韓愈《遊青龍寺贈崔群補闕》詩,五百家注於題下引集注:“群字敦詩,清河人,公同年進士。”

邢册,按《昌黎集·同年祭張季友文》五百家注引舊本作“維元和十年月日,中書舍人王涯,考功郎中、知制誥韓愈,禮部侍郎崔群,京兆尹許季同,考功員外郎庾承宣,河中節度判官、殿中侍御史邢册等”。

裴光輔,

萬瑺。以上全榜,見洪興祖《韓子年譜》引《科名記》。

明經科：

周匡業（周匡著），歐陽詹《送周孝廉擢第歸覲序》云："始未與周相接，二年間於貢府稠人中見之。年甚華，神甚清，英如穎如，若金在沙，若松在林。常奇之，曰：'誰家千里駒，可羡也。豈權衡藻鏡而遺於是耶？'今春獻藝，果登孝廉上第。予以片言隻字進，亦同年成名，既昔情所佳，又今跡斯叶，或因有覿，獨與之語。宫商起於朱絃，薑桂在乎太牢，泠然可聽，芬乎可嘗，已比郄詵之玉，思懷陸績之橘。夏五月，自京而東，賃陋居，迴軒見别。予則不敏，輒奉以言：'會稽之竹既鏃矣，宜羽之，荆山之璞既琢矣，宜礱之。雖休勿休，古有光大。晨昏之暇勿忘，則迭札之望可酬，連城之價可取，勉哉。有如君材，蓋不易得。'" 按《永樂大典》引《清漳志》："周匡業，明經科及第。"則周孝廉是匡業也。匡業即匡物之兄。○孟按：周匡業或作"周匡著"。《輿地紀勝》卷一三一《福建路・漳州・人物》："周匡物，龍溪人。唐建漳州，州人未有業儒者。先生兄匡著以正元第，而匡物與潘存實讀書于天城山。至元和，匡物擢第。唐世漳之登第者，始于周氏兄弟。天子賢之，敕封天城山爲名第山。"又見《明一統志》卷七十八、《萬姓統譜》卷六十一，然二書言"匡物兄匡著擢貞元進士"則誤。

林蔿。明林俊《見素文集》："蔿，披第四子。貞元十二年，侍郎陸贄下明經及第。" 按陸贄知貢舉在是年，言十二年，誤。○孟按：四庫本《福建通志》卷三十三、光緒《莆田縣志》卷十二皆謂蔿貞元十二年擢明經第。

諸科八人：

張□。韓愈《贈張童子序》云："愈與童子俱陸公之門人也。"《考異》云："童子以貞元八年升於禮部。"

博學宏詞科：試《中和節詔賜公卿尺詩》，見《玉海》。 按《文苑英華》有《鈞天樂賦》，以"上天無聲，昭錫有道"爲韻。裴度、陸復禮、李觀皆有賦，爲宏詞試題無疑。

陸復禮，

李觀，

裴度。《唐詩紀事》："是歲陸復禮第一，李觀、裴度次之。"明張燧《千百年眼》云："裴晉公度，在裴垍下第四人及第。" 按晉公於劉太真下第進士,此云及第者,蓋登宏詞科也。《舊書·裴垍傳》:"轉殿中侍御史,尚書禮部、考功二員外郎。時吏部侍郎鄭珣瑜請垍考詞判,垍守正,不受請托,考覆皆務才實。"是此年宏詞考官爲裴垍矣。惟《文苑英華》只載三人,而晋公爲第四,未知闕者何人。〇孟按:《全唐文》卷七五二杜牧《上宣州高大夫書》:"元和中宰相河東公、中書令裴公皆進士也。裴公仍再得宏辭制策科。"又兩《唐書》本傳亦皆載度登宏辭科。

知貢舉:兵部侍郎陸贄。《唐會要》:"貞元七年,兵部侍郎陸贄權知貢舉。時崔元翰、梁肅文藝冠時,贄輸心於肅。肅與元翰推薦藝實之士,升第之日,雖衆望不愜,然一歲選士纔十四五,數年之内居臺省清近者十餘人。"《摭言》:"陸忠州榜,時梁補闕肅、王郎中礎佐之,肅薦八人俱捷,餘皆共成之。故忠州之得人皆烜赫。事見韓文公《與陸傪員外書》。"《舊書·吴通玄傳》:"通玄與陸贄争寵,會贄權兵部侍郎,知貢舉,乃正拜之,罷内職,皆通玄譖之也。陸贄與宰相竇參相惡,參從子申,嗣虢王則之從父甥也,潛結吴通玄兄弟,爲參共傾陸贄。則之令人造謗書,言贄考試舉人不實,招納賄賂。德宗知之,罷參知政事,尋貶柳州司馬。申錦州司户,李則之昭州司馬,通玄泉州司馬。"《順宗實録》:"陸贄真拜兵部侍郎,知禮部貢舉,於進士中得人爲多。八年春,遷中書侍郎、平章事。"丁居晦《重修承旨學士壁記》云:"陸贄,貞元三年丁憂。六年,遷兵部侍郎,又加知制誥。七年,出守本官。"〇孟按:韓愈《與祠部陸傪員外薦士書》:"往者陸相公司貢士考文章甚詳,愈時亦幸在得中。"五百家注引孫曰:"正(貞)元八年陸贄知貢舉,賈稜等二十三人登第,公與焉。"

賈稜《明水賦》曰:"祭祀上潔,精誠克宣。伊明水之爲用,諒至誠以爲先。積陰以成符,嘉應於冥數。以鑑而取感,無私於上玄。將假以表敬,式彰乎告虔。皎皎泛月,瀼瀼降天。既禀氣在陰,亦成形於夜。有無雖繫於恍惚,融結寧隨於冬夏。明者誠也,我則暗然而彰;水惟信焉,吾非倏爾而化。徒觀其清霄霧斂,朗月輪孤。鑒清熒而類鏡,水滴瀝而疑珠。混金波而共潔,迷玉露而全無。感而遂通，配陽燧之爲火；融而不涸，異寒冰之在壺。彼既無情，此何有待。始同方而合體，寧望遠而功倍。故能佐因心於霜露，均潤下於江海。有形有實，徒加以强名；無臭無聲，孰知其真宰。是以昭其儉，潔其意。含水月之淳粹，脩粢盛於豐備。作玄酒而禮崇，登清廟之誠貴。嗤潢污之野薦，陋甘醴之莫致。祀事孔明，其儀既精，無眹而有，不爲而成。二氣相臨，本自蟾蜍之魄；三危莫比，殊非沆瀣之英。至道自玄而兆，醴泉因地而生。原夫月麗於天，水習乎坎。物有時而出，故方諸而夜呈；事有眹而因，故陰靈而下感。大滿若沖，其來不窮。風塵莫染其真質，天地不隔其幽通。况國家崇儀礿祀，薦敬旻穹，方欲行古道，稽淳風。客有賦明水之事，敢聞之於閟宫。"《文苑英華》

陳羽《明水賦》曰："彼美明水，含精自天。孤影流輝，乃凝空作潤；萬靈來享，故爲酒稱玄。所以貴新滌慮，殷薦告虔。水本涵清，表至深之心著；明以比德，惟馨香之義全。想夫含氣遥空，成形永夜，出陰鑒則凝清自美，對明燭則摇光相借。至誠所感，同就濕而流；大饗是資，若待神而化。斯可謂至精無眹，明誠有孚。泛清月而乍融乍結，洗輕烟而若有若無。潤而鮮，見湛露之濡金鏡；皛兮潔，類清冰之在玉壺。至若高天委秋，皎月分彩，氤氲既合，精粹斯在。方昭德以降神，異趨下而歸海。是知嚴而敬者其德大，潔而祀者其福倍。繄景命之不渝，豈成功之不宰。原夫明水之初化也，天子齋心，司烜蒇事。望靈月，露炎燧，皎皛浮光，清泠在器。自無而有，知靈化之不測；應感而來，知神物之斯至。其或崇國祀，設方明，備禮樂，潔粢盛。用陶匏之器，薦繭栗之牲。秩神祇而配坐，望天地之含精。匪明水而神不降，無明水則祀不誠。是以明處作離，水居爲坎。諒明水之潛化，本陰陽之所感。其名也合五行之德，其用也冠三酒之功。泊爾味淡，凝然色融。至馨無臭，至潔含光。則是水也，與靈物幽通。"《文苑英華》

歐陽詹《明水賦》曰："智之不測，有明水焉。方諸在手，圓月居天。象質遐分，則迢遥而迥遠；精華潛合，遂滴瀝以流連。可謂妙自斯妙，玄之又玄。兹道也自何而來，彼靈也從何而借。越杳杳之蒼昊，滋遥遥之永夜。望蟾魄而光彩殊流，端蛤形而清泠忽下。等陽燧之通感，實柔祇之闓化。豈非月包陰德，蛤乃陰餘，英精合契，氣類相符。共稟坤而配坎，諒交津以有濡，是理焉，自取之乎必有；斯水也，遂生之於本無。精潔可嘉，清明斯在。湛玉露以無垢，入犧罇而有待。處罍實爵，今則由於鬯人；置下升堂，以不聞乎真宰。覩其所自，原夫所致。臨庭目擊，雖從陰鑒而來；向月心祈，允似上天而至。來莫我繫，至莫我精。棄本不仁，故存名而曰水；從儀酌號，遂表性以稱明。信可薦宗祏，祈上清。是故祭先展敬，類帝昭誠。首三酒而上獻，掩五齊以先行。招百神之景福，致萬姓之惟真。無益下人，鄙玉漿於夜漏；自求其溢，哂珠露於金莖。遊原習坎，固有旁感。處陸騰空，不無玄通。龍吟雲而致雨，虎嘯谷以來風。動無千里之熯，潤纔百里之功。豈若以握中之瑣細，映天上之瞳曚，精液下融，神人以崇，而福禄攸同者乎！"《文苑英華》

韓愈《明水賦》曰："古聖人之制祭祀，必主忠敬，崇吉蠲。不責其豐，乃或薦之以水；不可以瀆，斯用致之於天。其事信美，其義惟玄。月實水精，故水其本也；明爲君德，因取以名焉。於是命烜氏，候清夜。或將祭圓丘於玄冬，或將祭方澤於朱夏。持鑒而精氣旁射，照月而陰靈潛下。視之不見，謂合道於希夷；挹之則盈，方同功於造化。應於有，生於無。形象未分，徒逞離婁之目；光華暗至，如還合浦之珠。既齊芳於醴酒，詎比賤於潢污。明德未馨，神功不宰。於以表誠潔，於以誡荒怠。苟失其道，殺牛之祭何爲？如得其情，明水之薦斯在。不引而自致，不行而善至。雖辭麴糱之名，實處罇罍之器。降於圓魄，殊匪金莖之露；出自方諸，已似鮫人之泪。將以贊於陰德，配夫陽燧。夜寂天清，烟銷氣明，桂華吐耀，兔影流精。聊設教以取水，伊不注而能盈。霏然有象，的爾而呈。始茫茫以霜積，漸微微而浪生。豈不以德叶於坎，有類則感，形昭在空，氣應則通。鶴鳴在陰之論不謬，武嘯于谷之道可崇。庶令知聖真之無黨，驗天地之至公。竊比大羹之貴味，幸希薦於廟中。”《文苑英華》、《昌黎集》。

賈稜《御溝新柳詩》曰：“御苑陽和早，章溝柳色新。托根偏近日，布葉乍迎春。秀質方含翠，清陰欲庇人。輕烟度斜景，多露滴行塵。裛裛堪離贈，依依獨望頻。王孫如可賞，攀折在芳辰。”

陳羽《御溝新柳詩》曰：“宛宛如絲柳，含黄一望新。未成溝上暗，且向日邊春。嫋娜方遮水，低迷欲醉人。托空芳鬱鬱，逐溜影鱗鱗。弄色滋宵露，垂枝染夕塵。夾堤連太液，還似映天津。”《文苑英華》

歐陽詹《御溝新柳詩》曰：“東風韶景至，垂柳御溝新。媚作千門秀，連爲一道春。柔荑生女指，嫩葉長龍鱗。舞絮迴青岸，輕烟拂緑蘋。王孫初命賞，佳客幾傷神。芳意能相贈，一枝先遠人。”《文苑英華》

李觀《御溝新柳詩》曰：“御溝迴廣陌，芳柳對行人。翠色枝枝滿，年光樹樹新。畏逢攀折客，愁見別離辰。近映章臺騎，遥分禁苑春。嫩陰初覆水，高影漸離塵。莫入胡兒笛，還令泪濕巾。”《文苑英華》

馮宿《御溝新柳詩》曰：“夾道天渠遠，垂絲御柳新。千條宜向日，萬户共迎春。輕翠含烟發，微音逐吹頻。静看思渡口，迴望憶江濱。裛裛分遊騎，依依駐旅人。陽和如可及，攀折在兹辰。”《文苑英華》

＊劉遵古《御溝新柳詩》曰：“韶光先禁柳，幾處覆溝新。映水疑分翠，含烟欲占春。悠悠遲日曉，裛裛好風頻。吐節茸猶

嫩，通條澤稍均。遠和瑶草色，暗拂玉樓塵。願假鶱飛便，歸棲及此辰。”孟按：此詩原無，據《文苑英華》卷一八八補。

陸復禮《鈞天樂賦》曰：“何上天之默默，有鈞天之可名。蓋德至而則至，從無聲而有聲。和樂發音，與夢寐而潛契；精誠自感，何耳目之能營。懿乎玄德升聞，天降靈貺。匪同乎搏拊之和，豈在乎霄雲之上。感夫心志，達乎肌膚。都萬物而有喜，聞九奏而可娱。其静也寂寂，其動也于于。異霜天之鐘應，同漢月之山呼。肹蠁兮乍有，杳冥兮若無。表穆公之休烈，爲簡子之祥符。以遨以遊，實我之獨得；不考不擊，豈他人之是愉。惟兹至樂，信夫玄造。非天私於二君，惟天響疑當作“嚮”。於有道。不然何融融洩洩，發於自然，萬籟不雜，八音相宣。且降懽以入夢，知惟德之動天。實深乎骨髓之内，豈專於視聽之前。惟寤語之有悦，何言詞之能全。至哉無金石之迭代，無宫商之先後。忽變化於合漠，韻鏗鏘於妙有。既登不死之福庭，自諧保生之仁壽。則知夫天可通兮，道可守。自感應之無差，知影響之不苟。降鑒匪遥，德音孔昭。鄙未善之周武，甚盡美之虞韶。豈獨聆之兮四肢酣暢，感之兮心神洗滌。將使道德之不昧，必受如斯之殊錫者也。”此篇今本《文苑英華》闕名，兹據《永樂大典》載舊本《文苑英華》補。

李觀《鈞天樂賦》曰：“異哉天帝之樂，其可聞乎。美矣盛矣，神夫至夫。謂其有不見其有，謂其無不見其無。是惟德盛者能感，匪詞工者足愉。故昔秦穆之寐也，去乎人間，即乎天上。豁若有遇，杳若無妄。太音嘈兮交作，上帝儼以延望。百神紛紜而齊赴，萬變合沓而殊狀。日月正其東西，星辰分其背向。乃有地祇上謁，天仙下朝。奕奕翩翩，霓裳羽蓋之薦集；砰砰磕磕，撞鐘擊鼓之相囂。舞之者傞傞而中節，歌之者洩洩而匪驕。其疾武足畏，其徐文足昭。遇之以神，殊季札之觀魯樂，而忘味類宣尼之聽《韶》。是知窮深極厚，于何不有。罕見其真，莫尋其首。德聲及於無外，協氣積於虚受。駭矣乎樂以和，和之至而天用作，天之神而樂克宣。其動也與元氣迭運，其静也與太虚相全。噫乎哉，不可階升者天道，但見夫乘虚躡浩。乍如周文之夢，實異季路之禱。獲睹天樂之和羅，神工之擊考。是天之所合，道不虚行。九奏未終，初疑八佾；三嘆既退，方異《六英》。徒觀夫鏜鎝之内響，優柔之正聲。六幽爲之震魄，七曜爲之重晶。而莫識其曲，達其情。既覺既悟，如喜如戚。天樂之遺音在耳，天神之仿像猶覿。顧何德而承之，受祉於天錫。"《文苑英華》

裴度《鈞天樂賦》曰："嘉大樂之同和，惟上帝之申錫。豈功成之可致，必神遇而來覿。吉夢足徵，奇音無斁。爰升天表，備聽乎皦如繹如；方悟人間，徒聞乎擊石拊石。想夫秦穆、趙簡，遊魂太清。下連霄而無覺，上和奏而有聲。感之深，殊九變之曲；神而化，異三代之名。則知昭假於下，潛通在上。俾晝作夜，既尚寐而冥濛；好樂無荒，乃克諧而瀏亮。翕然並作，隱爾盡暢。所以娱其精誠，所以滌夫昏妄。既而受天錫，降天衢。空怳惚於沖漠，猶髣髴於虚無。餘響愔愔而在聽，撫躬眇眇而異途。原夫育萬靈，騰九有。縱未央之娱樂，表不息之悠久。永爲二主，觀樂鈞天。假夢中之高會，豈邦内之驩然。未若我皇，沖一氣而獨運，協六律而相宣。發善令爲鐘鼓，播仁聲於管絃。將興慶於乾坤之内，非取樂於耳目之前。不識不知，順天之道。傍流喜氣，寧候於鏗鏘；盡得歡心，詎資於擊考。斯乃常聞於率土，不閟於重霄。致中和而廣被，誠教化之孔昭。是曰鈞天之樂也，又何《萬舞》之與《九韶》。"《文苑英華》

陸復禮《中和節詔賜公卿尺詩》曰："春仲令初吉，歡娱樂大中。皇恩貞百度，寶尺賜群公。欲使方隅法，還令規矩同。捧觀珍質麗，拜受聖心崇。如荷邱山重，思酬方寸功。從兹度天地，與國慶無窮。"《文苑英華》

*裴度《中和節詔賜公卿尺詩》曰："陽和行慶賜，尺度爲臣

工。寵荷乘佳節，傾心立大中。短長思合製，遠近貴相同。共荷裁成德，將酬分寸功。作程施有用，垂範播無窮。願續延洪壽，千春奉聖躬。"《文苑英華》。　孟按：此詩原署"李觀"，乃據明刻本《文苑英華》卷一八〇，誤。今據中華書局所編目録及《全唐詩》卷三三五改正。

＊李觀《中和節詔賜公卿尺詩》曰："淑景風光媚，皇明寵賜重。具寮頒玉尺，成器幸良工。豈止尋常用，將傳度量同。人何不取則，物亦賴其功。紫翰宣殊造，丹誠勵匪躬。奉之無失墜，恩澤自天中。"《文苑英華》。　孟按：此詩原署"裴度"，乃據明刻本《文苑英華》卷一八〇，誤。今據中華書局所編目録及《全唐詩》卷三一九改正。

九年癸酉(793)

十一月乙酉，南郊，大赦天下。制曰："天下有藴德懷才，隱居不仕，委所在觀察使表薦，當以禮邀致。諸色人中，賢良方正，能直言極諫；或博通墳典，達於教化；或詳練故事，長於著述；或精習律令，曉暢法理；或該明吏術，可委理人；或洞識韜略，堪任將帥者：委所在州府長吏及臺省常參官詳録行能舉奏，並限來年七月内到京。朕當親試。"《唐大詔令集》、《陸宣公集》。　《册府元龜》載此制，作"天下有才德高遠、爲衆所知及隱遁邱園、不求聞達者，委所在州府長吏具名迹聞薦。諸色人中，有賢良方正，能直言極諫；或博通墳典，達於教化；或詳明政術，可以理人者：委常參官及州府長吏各舉所知聞奏。朕當親自策試"。

進士三十二人：是年試《平權衡賦》，以"晝夜平分，銖鈞取則"爲韻。《風光草際浮詩》，見《永樂大典》載《瑞陽志》引《登科記》。

苑論，狀元。　柳宗元《送苑論登第後歸覲詩序》："八年冬，余與馬邑苑言揚〔趙校：原注：苑論字言揚。〕聯貢於京師。自時而後，車必挂轊，席必交衽。量其志，知其達於昭代；究其文，辨其勝於太常。探而討之，則明韜於樸厚之質，行浮於休顯之聞。遊公卿之間，質直而不犯，恪謹而不懾。交同列之群，以誠信聞。余拜而兄之，以爲執誼，而固臨節不奪，在兄而已。是歲，小司徒顧公守春官之缺，而權擇士之柄。明年春，同趨權衡之下,並就重輕之試。觀其掉鞅于術藝之場,遊刃乎文翰之林,風雨生於筆札,雲霞發於簡牘,左右圜視,明儕拱手,甚可壯也。二月丙子,有司題甲乙之科,揭於南宫,余與兄又聯登焉。"

穆寂,《永樂大典》載《瑞陽志》:"貞元九年,穆寂榜。"是寂爲狀元,誤。《嘉話録》:"貞元末,太府卿韋渠牟、金吾李齊運、度支裴延齡〔趙校:原誤"裴元齡",據《舊書》、《通鑑》改正。〕、京兆尹嗣道王實,皆承恩寵事,薦人多得名位。時劉師老、穆寂皆應科目,渠牟主持穆寂,齊運主持師老。會齊運朝對,上嗟其羸弱,許其致政,而師老失授。故無名子曰:'太府朝天升穆老,尚書倒地落劉師。'"釋皎然《送穆寂赴舉詩》曰:"天子錫玄纁,傾山禮隱淪。君抛青霞去,榮資觀國賓。劍光既陸離,瓊彩何璘玢。夙駕别情遠,商弦秋意新。冥冥鴻鵠姿,數尺看蒼旻。殘寇近宋郊,西行惡飈塵。立身素耿介,處難思經綸。春府搜才日,高科得一人。"○孟按:此條引《永樂大典》載《瑞陽志》作"穆寂榜",下文幸南容考所引元刊本《新編排韻增廣事類氏族大全》卷七、明正德《瑞州府志》卷八亦皆作"穆寂榜",則《唐才子傳》所載未必可靠,當存疑俟考。

幸南容,《永樂大典》引《元一統志》:"幸南容,貞元九年與柳子厚同舉進士。"又引《瑞陽志》:"幸南容,高安人。"柳宗元《送幸南容歸使聯句詩序》:"渤海幸君,既登於太常之籍。"又云:"我同升之友。"韓注:"南容與公同登進士第。"《嘉話録》:"唐柳宗元與劉禹錫同年及第,題名於慈恩塔,談元茂秉筆。時不欲名字彰者曰'押縫',版子上者率多不達,或即不久物故。柳起草,暗斟酌之,張復元已下,馬徵、鄧文佐名盡著版子矣。題名皆以姓望,而幸南容人莫知之。元茂閣筆,曰:'請幸先輩言其族望。'幸君適在他處,柳曰:'東海人。'元茂曰:'争得知?'柳曰:'東海之大,無所不容。'俄而幸至,人問其望,曰:'渤海。'衆大笑。慈恩題名,起自張莒,本於寺中閑游,而題其同年人,因爲故事。"○孟按:元刊本《新編排韻增廣事類氏族大全》卷七"編貝貫珠條"亦云:"幸南容,唐貞元中穆寂榜登進士第,試《平權衡賦》,與柳子厚同年。子厚有《送歸聯句序》云:'比詞聯韻,奇藻遞發,爛若編貝,粲若貫珠。'"又,天一閣[正德]《瑞州府志》卷八《選舉制・科第・唐》亦載:"幸南容,高安人,貞元九年穆寂榜進士。"

柳宗元,《舊書》本傳:"曾伯祖奭,高宗朝宰相。父鎮,太常博士,終侍御史。宗元少聰警絶衆,尤精西漢詩騷,下筆構思,與古爲侔,精裁密緻,璨若珠貝。當時流輩咸推之。登進士第。"《唐才子傳》:"柳宗元字子厚,河東人。貞元九年苑論榜第進士。又試博學宏詞,授校書郎。"韓愈《柳子厚墓誌銘》:"子厚少精敏,能取進士第,嶄然見頭角。其後以博學宏詞授集賢殿正字。"五百家注引樊氏曰:"子厚登第年二十一。"劉禹錫《柳君文集序》:"子厚始以童子有奇名於貞元初,至九年爲名進士。"柳宗元《與楊誨之第二書》云:"吾年十七,求進士,四年乃得舉。"又《先侍御府君神道表》:"貞元九年,宗元得進士第。上問有司曰:'得無以朝士子冒進者乎?'有司以聞,上曰:'是故抗奸臣竇參者耶?吾知其不爲子求舉矣。'"又《送蔡秀才下第歸覲》序:"僕之始貢於京師,蓍者卦之曰:'是謂望之未睹,隱而未見,曭乎遠而有榮者也。今兹歲在鶉首,若合於壽星,其果合乎。'"童宗説注云:"貞元七年辛未,歲在鶉首。至九年癸酉,子厚遂登第。酉與辰合,壽星屬辰也。"

劉禹錫,《舊書》本傳:"禹錫字夢得,彭城人。祖雲,父漵,仕歷州縣令佐。禹錫貞元九年擢進士第,又登宏詞科。"權德輿《送劉秀才登科後侍從赴東京覲省序》:"每歲儀曹獻賢能之書於王,然後列於禄仕,宜其續用耳。小司徒以楚金餘刃,受詔兼領,彭城劉禹錫實首是科。"劉禹錫《夔州刺史謝上表》:"臣貞元年中三忝科第。"《蘇州刺史謝上表》:"謬以薄技,三登文科。"又作《子劉子自傳》云:"禹錫既冠,舉進士,一幸而中試。間歲,又以文登吏部取士科。"〇孟按:劉禹錫《劉氏集略説》亦云:"始余爲童兒,居江湖間,喜與屬詞者遊,謬以爲可教。視長者所行止,必操觚從之。及冠,舉秀才,一幸而中。"

談元茂,

張復元,劉禹錫《送張盥赴舉》序:"古人以偕受學爲同門友,今人以偕升名爲同年友。余與張盥爲丈人,由是道也。"又贈詩云:"永懷同年友,追想出谷晨。三十二君子,齊飛凌烟旻。" 按唐人謂同年之父爲同年丈人,禹錫蓋與張盥之父同年,疑即張復元,俟考。

馬徵,柳宗元《御史馬君墓誌》:"嗣子徵,由進士爲右衛胄曹。"

鄧文佐,見《嘉話録》。

武儒衡,武儒衡與柳宗元同升禮部,見宗元《四門助教廳壁記》。

李翺《武儒衡墓誌銘》:“公字庭碩,年二十四,得進士第。”以長慶四年卒、年五十六推之,是年當二十五歲。

許志雍,韓愈《送許郢州序·考異》引樊注:“志雍,安陸許氏,貞元九年進士,終監察御史。”

邱絳,劉禹錫《傷邱中丞詩引》:“河南邱絳有詞藻,與余同升進士科。從事鄴下,不幸遇害。”《舊書·田承嗣傳》:“有進士邱絳者,嘗爲田緒從事。及季安爲帥,絳與同職侯臧不協,相持争權。季安怒,斥絳爲下縣尉。使人召還,先掘坎于路左,既至坎所,活排而瘞之。”

邱穎,權德輿《送邱穎應制舉序》云:“邱侯前年舉秀才上第。” 按穎於十年登制科,當亦九年登進士也。

薛公達,《新書·薛播傳》:“子公達,擢進士第。”《昌黎集》有《祭薛公達助教文》,五百家注引樊曰:“公達字大順,貞元九年登第。”又《薛君墓誌銘》:“始舉進士,不與先輩揖,作《胡馬》及《圓丘》詩。”

衛中行,《昌黎集》有《與衛中行書》,五百家注引集注云:“中行字大受,御史中丞晏之子。貞元九年進士。”《昌黎集》又有《監察御史衛之元墓誌銘》,即中行兄也。劉禹錫《送張盥赴舉詩序》:“吾不幸,向所謂同年友,當其盛時,聯袂齊鑣,亘絶九衢,若屏風然。今來落落,如曙星之相望。然而尚書右丞衛大受、兵部侍郎武廷碩二君者,當時偉人,咸萬夫之望,足以訂十朋之多也。”吕温《韋夏卿碑》言開府辟士,有中山衛中行。○孟按:《全唐文》卷六四八元稹草《授衛中行陝州觀察使制》:“衛中行始以詞賦深美,軒然有名,甲乙符升,遂拾青紫。”

裴杞,見《文苑英華》。

陳璀,見《文苑英華》。

吴秘,見《文苑英華》。

李宗和,見《文苑英華》。

＊陳祜,原作“陳祐”。徐松注云:“見《文苑英華》,‘祐’一作‘佑’。劉禹錫有《贈同年陳長史員外詩》云:‘明州長史外臺郎,憶昔同年翰墨場。’”〔趙校:“按徐松疑此陳祐即元和元年制舉登科之陳岵,見本書卷十六。”〕 孟按:《文苑英華》卷一八三作“陳祜”,《全唐詩》卷七七九同。徐

氏誤。

明經科：

元積，《舊書》本傳："積字微之，河南人。曾祖延景，祖悱，父寬。積八歲喪父，其母鄭夫人，賢明婦人也，家貧，爲積自授書。九歲能屬文，十五兩經擢第。"《侯鯖録》載《元微之年譜》云："貞元九年，微之明經及第。"《劇談録》："元積年少，以明經擢第一。常結交於李賀，一日執贄造門，賀覽刺不容遽入。僕者謂曰：'明經及第，何事來看李賀。'積慚而退。"○孟按：《全唐文》卷六五○元積《同州刺史謝上表》："慈母哀臣，親爲教授，年十有五，得明經出身。"同上卷六五三元積《誨姪等書》亦自言"年十五得明經及第"。同上卷六七九白居易撰《唐故武昌軍節度處置等使正議大夫檢校户部尚書鄂州刺史兼御史大夫賜紫金魚袋贈尚書右僕射河南元公（積）墓誌銘并序》："公諱積，字微之河南人。……十五明經及第。"又同上卷六十四穆宗《命元積守同州刺史充本州防禦長春宫使制》："遊藝資身，明經筮仕，累應科選，益振芳華。茂識宏才，登名晁董之列；佳辭麗句，馳聲鮑謝之間。"

＊杜行方。原列本年進士科，徐氏考云："鄭澣《杜府君墓誌》：'公諱行方，字友直，京兆杜陵人。曾祖元志，王父參謨，烈考倫。公弱冠遊國庠，以明經擢第。釋褐任右司禦率府曹參軍。'以太和七年年六十推之，弱冠當在是年。鄭澣於十年及第，爲行方姨弟，不言是同年，故疑在此年也。"趙校云："據墓誌，應爲明經。卷二十七附考又重出明經杜行方。"孟按：卞孝萱《〈登科記考〉糾繆》云："這段話有兩個錯誤：(1)鄭澣明白地説杜行方'以明經擢第'，而徐松誤認爲進士擢第。(2)徐松以鄭澣是貞元十年進士，不稱杜行方爲'同年'，推斷杜行方是貞元九年進士，殊不知杜行方不是進士，鄭澣怎能稱之爲'同年'呢！《唐文拾遺》卷二十六載鄭澣《唐故同州司兵參軍上柱國京兆杜府君墓誌銘(并序)》，詳觀全文，没有提到杜行方是進士。"今移正至明經科。又，《記考》卷二十七《附考·明經科》又著録杜行方，徐氏考云："《杜府君墓誌》云：'公諱行方，字友直，京兆□陵人。曾祖元志，王父參謨，考倫。公弱冠遊國庠，以□明擢第。釋褐任右司禦率府□曹參軍。'"與本年著録之杜行方實爲一人，今删併。按杜君墓誌見《彙編》[大和062]"姨弟尚書吏部侍郎鄭澣"撰大和七年(833)十

一月甲寅《唐故同州司兵參軍上柱國京兆杜府君(行方)墓誌銘并序》。

諸科八人。

博學宏詞科:試《太清宫觀紫極舞賦》、《顔子不貳過論》,見洪興祖《韓子年譜》引《科第録》。又云:"是科應者三十二人,中選者李觀、裴度、陸復禮。"按李、裴、陸三人已於去年登宏詞,洪氏誤載。《文苑英華·太清宫觀紫極舞賦》以"大樂與天地同和"爲韻。 按《韓昌黎集》有《顔子不貳過論》。〇陳補:"《文苑英華》卷一八〇收李絳、張復元《恩賜耆老布帛》詩,爲今年博學宏詞科試,徐氏失收。"

張復元,見《文苑英華》。

李絳。見《文苑英華》。〇孟按:《舊唐書》本傳:"絳舉進士,登宏辭科,授秘書省校書郎。"又見《新唐書》本傳。

知貢舉:户部侍郎顧少連。柳宗元《送苑論序》韓注:"户部侍郎顧少連權禮部侍郎,知貢舉。"丁居晦《重修承旨學士壁記》云:"顧少連,貞元七年遷中書舍人。八年四月,改户部侍郎,賜紫、金魚袋。"

劉禹錫《平權衡賦》曰:"惟天垂象,惟聖作程。播二氣而是分晷度,立五則而在審權衡。上穆天時,應陰陽之克正;下統人極,俾準繩而惟平。於是黍累無差,毫釐必究。等度量而化通遠邇,體平均而勢行宇宙。當其夾鐘中律,南吕戒候,銅渾應節於寒暑,玉漏方齊乎宵晝。繇是命有司而申令,考前王而是遵,權輕重以審則,中規矩而和鈞。事垂文兮,風傳乎千古;道如砥兮,日用於兆人。懿夫正以處中,平而立矩。命其同也,有虞之制克彰;稱其謹焉,宣父之言可取。故能用該仁里,象合天文。既左旋而右折,量輕併而重分。持平罔虧,可爲範於秉鈞之佐;莅信惟一,將有助於執契之君。不然則何以懸之而息彼奸詐,正之而協於晨夜。得平則正,我之道兮允執厥中;益寡哀多,衆所用兮不言而化。化之有孚,功莫可踰。立規程罔慚夫龜鏡,揣鈞石甯失乎錙銖。匪假垂鈞而其用不匱，何勞剖斗而所争自無。方今百度惟貞，萬邦承則。順時設教兮靡不獲所，同律和聲兮允臻其極。玉衡正而三階以平，七政齊而庶政不忒矣。美君臣之同體，猶權衡以合德。宰準繩之在心，庶輕重之不惑。"《文苑英華》

李宗和《平權衡賦》曰："王者統四時，均五則。彼權衡之爲準，驗陰陽之不忒。鈞深致遠，黍累於焉靡差；稱物平施，晷度由之斯得。惟權也分其重，惟衡也取其平。明乎國經，固懸兹以垂範；掌乎天秩，如用兹而永貞。衡任權以鈞物，權資衡以作程。故一人體之，以清萬國，萬國仰之，而庶政以成。當其玄鳥司分，疇人敬授，既量諸夕，又測其晝。盈虚氣等，何藉於土圭；日夜時分，已傳於玉漏。莫不同度量以應其兹，原注：疑。平權衡以協其候。苟順氣以頒節，實從時而不謬。其功斯博，其道式孚。諒同君原注：疑。於遠近，故不失於錙銖。俾稱物者守之無易，掄材者持之罔渝。皇矣我君，康哉神化。萬方取則，自得於均平；二氣尚分，無愆於晝夜。不然者，何以佐璿璣之斟酌，調元氣以絪氲。申乎舊章，孰以權衡之大；匪無同異，所季原注：疑。春秋之分。齊其輕重，等其規矩。豈鈞銖之是待，在準繩而有取。固將平邦國，亦以叙彝倫。七政惟齊，有符乎應天之運；百工咸賴，實資乎秉國之鈞。宜其平域中而齊律度，貞天下而利黎人。惟正直可法，惟中平可均。夫如是，則權衡者蓋亦考兹義而是遵。"《文苑英華》

＊陳祜《平權衡賦》曰："俾民不迷，兹器維則。行之而萬象正，動之而天下直。一人不宰，命任權者必公；百辟以孚，在持衡者守德。此蓋國之恒準，教以順行。雖因時以考正，乃假人而後成。權之垂，或俯下而斯重；衡之正，乃得一以至貞。忠以自勝，直哉惟清。物無偏以表德，器守公而作程。動心推移，佐璿璣而克正；静無偃仰，若太階之既平。懿夫衡之誠懸，德乃是茂。秉中正以不惑，在毫釐而何謬。衆星分列，若歷歷以拱辰；一權下臨，正亭亭而當晝。斯斟酌之所以，俾名實以相副者也。爾其觀

象取則,其數可陳。積而成重,銖以和鈞。稱物平施,則其道無極;從時利用,乃有命惟新。既審度而攸準,夫何患乎不均。安則無傾,正以順化。四時行令,必因其陰陽;一德奉天,諒貞夫日夜。是知分寸相生成乎象,盈虚有準觀夫文。因黄鐘以起數,應玄鳥之司分。爾乃七政允脩,五常斯睹。爲時德也,誠金義而木仁;爲器法焉,乃左旋而右矩。既輕重之必審,雖細微而待取。平之爲美,曲逆終作漢臣;中以見稱,伊尹是爲殷輔。兹乃衡之爲道也可大,權之爲義也斯孚。繩從則正,德不可誣。動不欺於黍累,用有識於分銖。若夫求平之至者,執中之謂乎。"《文苑英華》

＊劉禹錫《風光草際浮詩》:"熙熙春景霽,草緑春光麗。的歷亂相鮮,葳蕤互虧蔽。乍疑芊綿裏,稍動丰茸際。影碎翻崇蘭,浮香轉叢蕙。含烟絢碧綵,帶露如珠綴。幸因採掇日,況此臨芳歲。"孟按:此詩原無,據《劉賓客文集》外集卷七補,原題上有"省試"二序。

張復元《風光草際浮詩》曰:"纖纖春草長,遲日度風光。靃靡含新彩,霏微籠遠芳。殊姿媚原野,佳色滿池塘。最好垂清露,偏宜帶艷陽。淺深浮嫩緑,輕麗拂餘香。好助鶯遷勢,乘時冀便翔。"《文苑英華》

裴杞《風光草際浮詩》曰:"澹蕩和風至,芊綿碧草長。徐吹遥撲翠,半偃乍浮光。〔趙校:"乍"原作"作",據《英華》卷一八三改。〕葉似翻宵露,藂疑扇夕陽。逶迤明曲渚,照耀滿迴塘。白芷生還暮,崇蘭泛更香。誰知攬結處,含思向餘芳。"《文苑英華》

陳璀《風光草際浮詩》曰:"春風泛瑶草,九日遍神州。已向花間積,還來葉上浮。曉光緣圃麗,芳氣滿街流。澹蕩依朱萼,飆颺帶玉溝。向空看轉媚,臨水見彌幽。況被崇蘭色,王孫正可遊。"《文苑英華》

吴秘《風光草際浮詩》曰:“草色春沙裏,風光曉正幽。輕明搖不散,郁昱麗仍浮。吹緩苗難轉,暉閑葉本柔。碧疑烟彩入,紅是日華流。耐可披襟對,誰應滿掬收。恭聞掇芳客,爲此尚淹留。”《文苑英華》

＊陳祐《風光草際浮詩》曰:“秀發王孫草,春生君子風。光摇低偃處,影散艷陽中。稍稍移蘋末,微微轉蕙叢。浮烟傾緑野,遠色澹晴空。泛彩池塘媚,含芳景氣融。清暉誰不挹,幾許賞心同。”《文苑英華》

張復元《太清宫觀紫極舞賦》曰:“樂者所以諧萬國,舞者所以節八風。故玄宗制《紫極》之舞,朝太清之宫。俾觀舞以知德,德以容備;省風以作樂,樂以文同。吾君纘道紀,脩祖功,將有事以朝獻,必斯舞之是崇。方其一人在庭,群后列位,奉常執禮以恭命,太樂陳儀而蕆事,望聖主以龍升,見舞童而麐至。舞之作矣,應其度而展其容;樂乃遍焉,動於天而蟠於地。其始也顧步齊進,蹁蹮有序。既乍抑而復揚,遂將墜而還舉。始躡跡以盼睞,每動容於取與。陳器用之煌煌,曳衣裳之楚楚。觀乎俯仰迴旋,乍離乍聯。輕風颯然,杳兮若俯虹霓而觀列仙。飄颻遷延,或却或前。清宫肅然,儼兮若披雲霧而睹青天。惟紫也取紫宫之清,惟極也明太極之先。用之則邦國之光備,施之則中和之氣宣。徐而匪濁,比上帝鈞天之樂;静而不過,小圓丘雲門之和。亦何必持彼羽旄,方聞乎得禮;執其干戚,然後爲止戈?彼延陵空嘆於象箾,宋玉徒美其陽阿,詎能合天地之大德,調陰陽之大訛者乎!洪惟我后,遵祖爲大。道其樂使萬物無不宣,飾其容使兆人無不賴。客有觀而作頌,願播之於九域之外。”《文苑英華》

李絳《太清宫觀紫極舞賦》曰:“開元中,賜海内以正朔,示天下以禮樂。舞《紫極》於宫庭,饗玄元於雲幄。乃樹以旌旃,設以宫懸。由中出以表静,用上薦於告虔。盛德之容,昭之於行綴;

至和之節,奉之以周旋。激乎流音之下,存乎大樂之先。八佾以敷,肅然舞於清廟;九奏之作,杳若享乎鈞天。如是則《文始》不得盛於漢日,《大章》未可比於堯年。振萬古而獨出,豈百王之相沿。洎乎秉翟而敍,候樂以舉。協黄鐘,歌大吕。乍陽聞於簫管,忽陰閉於柷敔。淹速以度,正直是與。若中正而離立,復徐動而進旅。和之感物,應鳥獸以蹌蹌;禮以成文,垂衣裳之楚楚。由是俾有司,夙夜在公;候吉日,鼓鐘於宫。方將《萬舞》,爰節八風。于以易其俗,于以告厥功。因乎所有,制在其中。申敬也其恭翼翼,宣滯也其樂融融。齊無聲於合莫,感有情而統同。則其業之所肄,習之則利。作兹新樂,著爲故事。享當其時,舞於此地。退而成列,周廟之干戚以陳;折而復旋,魯宫之羽籥斯備。美乎冠之象以峩峩,舞其容以傞傞。合九變之節,動四氣之和。散玄風以條暢,洽皇化之弘多。是時也天地泰,人神會,舞有容,歌無外。故曰作樂以象德,有功而可大。"《文苑英華》

＊李絳《恩賜耆老布帛詩》曰:"涣汗中天發,殊私海外存。衰顔逢聖代,華髮受皇恩。燭物明堯日,垂衣闢禹門。惜時悲落景,賜帛慰餘魂。原澤沾祥詠,微生保子孫。盛明今尚齒,歡洽九衢罇。"《文苑英華》卷一八〇。　孟按:《英華》録此詩原題作者爲"崔宗",據中華書局新編總目校改。又《唐詩類釋》卷八録此詩亦作李絳。

＊張復元《恩賜耆老布帛詩》曰:"殊私及耆老,聖慮軫玄元。布帛忻天錫,生成在主恩。情均皆挾纊,禮異賁丘園。慶洽時方大,仁瞻月告存。寧知酧雨露,空識荷乾坤。擊壤將何幸,徘徊對九門。"《文苑英華》卷一八〇。　孟按:上二詩據前考新補。

十年甲戌(794)

十月癸卯,御宣政殿試賢良方正、能直言極諫等舉人。《舊書》本紀。　歐陽詹《與張尚書書》云:"去秋遠應直言極諫詔,不逮試。"即此年制舉也。

以官授賢良方正、能直言極諫前進士裴垍等一十人。《册府元龜》繫此事於九月丁丑,《唐會要》又載於十二月。　按十月御試,固知九月授官之誤。而十二月又失之過遲,故俱削之。

進士二十八人:是年試《風過簫賦》,見《酉陽雜俎》。　按《文苑英華》,《風過簫賦》以"無爲斯化,有感潛應"爲韻。〇孟按:《進善旌賦》(以"設之通衢,俾人進善"爲韻)、《春風扇微和》詩當爲本年進士科試題,詳下考。《風過簫賦》或爲此前試題,然年份未詳。故徐氏原所録范傳正、夏方慶《風過簫賦》删去;夏方慶亦移入《附考》。

陳諷,狀元,見《廣卓異記》引《登科記》。　《文苑英華》注:"陳諷,貞元十年及第。"

范傳正,傳正字西老,貞元十年舉進士,見柳宗元《祭李中丞文》注。《舊書·良吏傳》:"范傳正,南陽順陽人。舉進士,又以博學宏詞及書判皆登甲科,授集賢殿校書郎。"《酉陽雜俎》:"范傳正中丞舉進士,省試《風過簫賦》,甚麗,爲詞人所諷。"

李逢吉,《舊書》本傳:"逢吉字虚舟,隴西人。祖顔,父歸期。逢吉登進士第。"

陳通方,《永樂大典》引《閩中記》:"陳通方,閩縣人。貞元十年第四人及第。"《閩川名士傳》:"陳通方,閩縣人。貞元十年顧少連下進士及第。時屬公道大開,採掇孤俊,通方年二十五,第四人及第。以年少名高,輕薄自負。與王播同年。王時年五十六,通方薄其成事後時,因期集,戲拊其背曰:'王老,王老,奉贈一第。'言其日暮途遠,及第同贈官也。王曰:'擬應三篇。'通方又曰:'王老一之爲甚,其可再乎?'王心每貯之。通方尋值家艱,還歸,王果累捷高科,官漸達。通方後履人事入關,王已丞郎判鹽鐵。通方窮悴寡坐,不知王素銜其言,投之求救。同年李虚中時爲副使,通方亦有詩和之,求爲汲引,云:'應念路旁憔悴翼,昔年喬木幸同遷。'王不得已,署之江西院官。赴職未及其所,又改爲浙東院。僅至半程,又改與南陵院。如是往復數四,困躓日甚。退省其咎,謂甥姪曰:'吾苟戲謔,不知王生遽爲深憾。人之於言,豈合容易哉。'尋值王真拜,禮分懸絶,追謝無地,悵望病終。"

李虚中，見上。韓愈《李虚中墓誌銘》："虚中字常容，進士及第。"按即創爲命書者。五百家韓注以虚中十一年登第，誤。○孟按：《全唐文》卷四九三權德輿《送李十二弟侍御赴成都序》："隴西李侯虚中敏厚而文，嘗再中正鵠於春官天官氏。"

王播，《舊書》本傳："播字明揚。曾祖璡，嘉州司馬。祖昇，咸陽令。父恕，揚州參軍。播擢進士第，登賢良方正制科。"《唐詩紀事》："王播少孤貧，嘗客揚州惠照寺木蘭院，隨僧齋飡。僧厭怠，乃齋罷而後擊鐘。二紀，播自重位出鎮是邦，因訪舊遊，向之題名皆以碧紗幕其詩。播繼以二絶句曰：'三十年前此院遊，木蘭花發院新脩。如今再到經行處，樹老無花僧白頭。''上堂已了各西東，慚愧闍黎飯後鐘。三十年來塵撲面，而今始得碧紗籠。'"

鄭澣(鄭涵)，《舊書·鄭餘慶傳》："餘慶子澣。澣本名涵，以文宗藩邸時名同，改名澣。貞元十年舉進士。"〔趙校："澣"原作"瀚"。按上引《鄭餘慶傳》並前貞元九年進士杜行方注均作"澣"，今據改。〕《昌黎集》有《送鄭涵校理序》，五百家注引補注："涵第進士，餘慶時爲東都留守。"

豆盧署，《太平廣記》引《傳載》："豆盧署，本名輔真，少年旅於衢州。刺史鄭式瞻厚待之，謂曰：'子複姓，不宜二名，吾爲子易之。'乃書'署著助'三字授之，曰：'吾恐子群從中有同者，子自擇焉。'是夕夢老父告之：'聞使君與君易名，君當四舉成名，四者甚佳。'又曰：'君後二十年牧兹郡。'又指一方地曰：'此處可建亭臺。'既寤，因改名署。後已再下第。又二舉，後復不第。又二舉，及成名，蓋自改名後四舉也。後二十年，果爲衢州刺史，于所夢之地立'徵夢亭'。" 按《前定録》作"貞元六年舉進士，下第。既二年，又下第。後二年，果登第"，故知在此年。

柳立，河東柳立，見柳宗元《四門助教廳壁記》，韓注："貞元十年，立中進士。"○陳補云："中華本《柳宗元集》卷二四《送從兄偁罷選歸江淮詩序》注引韓曰：'其曰從姪立，貞元十一年中進士第者也。'同書卷二六《四門助教廳壁記》注引孫曰：'貞元十年立中進士第。'徐《考》從後者，似未允當。當以十一年爲是。" 孟按：其二説皆無佐證，似難遽定，姑仍徐《考》，以俟確證。

李頔，《太平廣記》引《感定録》："貞元中，有舉人李頔方就舉，聲價極振。忽夢一人紫衣云:‘當禮部侍郎顧少連下及第。’寐覺,省中朝並無姓顧者。及頃有人通刺,稱進士顧少連謁。頵驚而見之,具述當門生。顧曰:‘某纔到場中,必無此事。’來年頵果落第。自此不入試,罷歸。至貞元九年,顧少連自户部侍郎權知貢舉,頵又未第。因潛往造焉。臨放榜,時相特囑一人,頵又落,但泣而已。來年秋,少連拜禮部侍郎,頵乃登第。”按“貞元中”當作“大曆中”。

席夔,五百家韓注引樊注云:“《諱行録》,席夔行八,貞元十年進士。”

齊昭,五百家韓注樊氏曰:“《登科記》,昭貞元十年登進士第。”

*張仲孚,胡補云:“《廣東通志》卷三一《選舉志》—《唐進士》:‘貞元十年甲戌:張仲孚,曲江人,御史。……又《舊唐書·張仲方傳》:‘弟仲孚,登進士第,爲監察御史。’”　孟按:日本藏[萬曆]《粤大記》卷四《科第·唐進士科》:“貞元十年:張仲孚,曲江縣人,仲方之弟,監察御史。”

*陳九流(陳左流),詳下。陳補:“《全唐詩》卷三四七:‘陳九流,貞元中進士。’一作‘左流’,未詳孰是。”　孟按:《文苑英華》卷六十八作“陳左流”注云:“總目作九流。”同上卷一八三作“陳九流”。《全唐文》卷五九四陳左流小傳:“左流(《英華》注:總目作“九流”。),貞元十二年進士。”是爲一人,當以“九流”爲正。言“十二年”,誤。

*張彙,詳下。陳補:“《全唐詩》卷三六八:‘張彙,貞元十年進士。’又注:‘一作彙征。’誤。彙征貞元七年自刑部郎中除睦州刺史,見《嚴州圖經》卷一。《全唐文》卷六一五:‘彙,貞元十年進士。’”按胡補亦據《全唐文》及《全唐詩》小傳録張彙於本年。

*柳道倫,詳下。陳補:“《全唐詩》卷三四七:‘柳道倫,貞元中進士。’《全唐文》卷六一五同。《元和姓纂》卷七載爲并子。《新唐書》卷二〇二載並大曆中辟河東府掌書記,遷殿中侍御史。”

*郭遵,詳下。原列卷二十七《附考·進士科》,徐氏考云:“郭遵,貞元進士第,見《唐詩紀事》。”　按陳補云:“《唐詩紀事》卷四三:‘遵,登貞元進士第。’徐氏收入附考。所録《南至日……》詩,《文苑英華》卷一八〇作裴次元詩。”

*豆盧榮,詳下。陳補:“《全唐詩》卷三四七:‘豆盧榮,貞元

進士。'"

＊竇從直，詳下。

＊邵偃。陳補："《全唐詩》卷三四七：'邵偃，貞元中進士。' 按《文苑英華》卷一八三《省試詩》收陳九流、張彙、范傳正、陳通方、柳道倫、崔立之、郭遵、豆盧榮、邵偃《春風扇微和》詩。徐氏考定傳正、通方爲本年進士，前列記載可定彙亦本年第，九流等五人皆貞元中第，因可確定《春風扇微和》爲本年試詩。立之於四年及第，緣何有本題詩，俟考。又《文苑英華》卷六八收李逢吉、陳諷、柳道倫、陳左流、竇從直、范傳正《進善旌賦》，皆以'設之通衢，俾人進善'爲韻。綜合徐氏及本文前考，其中五人皆本年及第者，因知此賦爲本年試題，從直亦本年舉。"

明經科：

張□，昌黎《贈張童子》序："童子生九年，自州縣達禮部，一舉而進，立於二百人之列。又二年，益通二經，有司復上其事。繇是拜衛兵曹之命。" 按童子以貞元八年舉童子科，此年又明經及第也。

＊盧伯卿。《千唐》[1073]盧慤撰開成五年(840)十一月三十日《唐故知鹽鐵轉運鹽城監事殿中侍御史内供奉范陽盧府君(伯卿)墓銘并序》(參見《彙編》[開成 049])云："公諱伯卿，字元章，其先姜姓，食菜於盧，因而受氏。……既冠，擢明經第，始調補絳州萬泉尉。"按盧氏卒於開成五年(840)，享年六十七，則其既冠之歲在貞元十年。按張補録入附考類。亦見楊希義《輯釋》。

諸科二十六人。

賢良方正，能直言極諫科：孟按：凡十六人。見下引《容齋續筆》。

裴垍，見《册府元龜》、《唐會要》。《舊書》本傳："字弘中，河東聞喜人。弱冠舉進士。貞元中，制舉賢良極諫，對策第一，授美原縣尉。"劉禹錫《韋處厚集序》："德宗朝，天水姜公輔、杜陵韋公執誼、河東裴公垍以賢良方正徵。"〇孟按：《補遺》册四，第 251 頁，孫緯撰咸通十四年(873)二月二十五日《唐知鹽鐵陳許院事侍御史内供奉賜緋魚袋孫虬故室河東裴氏墓誌銘并序》云："裴氏其先，河東聞喜人。……烈祖垍。以德行文學擢進士第，升賢良科。”

王播，見《册府元龜》、《唐會要》。 李宗閔《王播神道碑銘》：“貞元十年，舉進士第。是年策賢良，以直言校書於集賢殿。”以太和五年卒、年七十二推之，是年三十五歲。《閩川名士傳》以爲五十六歲者誤。

朱諫，見《册府元龜》、《唐會要》。

裴度，見《册府元龜》、《唐會要》。 《舊書》本傳：“應制舉賢良方正、能直言極諫科，對策高等，授河陰縣尉。”

熊執易，見《册府元龜》、《唐會要》。〇孟按：《新唐書·鮑防傳》載：“貞元元年，策賢良方正，得穆質、裴復、柳公綽、歸登、崔邠、韋純、魏弘簡、熊執易等，世美防知人。”元刊本《新編排韻增廣事類氏族大全》甲集卷一：“熊執易通九經，唐貞元中策賢良方正，與裴復、柳公綽、崔邠同榜，世美鮑防知人。”康熙九年刻本《新刊京本排韻增廣事類氏族大全綱目》甲集卷一所録同上。按執易於貞元元年(785)登制科“博通墳典、達於教化科”，見《册府元龜》、《唐會要》，徐氏已著録，而上引諸書謂之登貞元元年“賢良方正”科，誤。

許堯佐，見《册府元龜》、《唐會要》。 權德輿《送許協律判官赴西川序》：“十年冬，予與今左曹相君、兵部郎崔君同受詔禁中，雜閲對策，以第其等。將命於庭，有請程百職之功緒者，且以郎吏、諫曹爲言。時相君爲吏部郎，崔爲右補闕，因相顧曰：‘直言者方譏切，吾黨其可捨諸？’予撫手賀之，以爲得雋。及後詔下，徵他日之詞，則許生也。” 按許生當即堯佐。《唐詩紀事》：“許康佐諸弟皆第進士，而堯佐最先進，又舉宏詞。”《新書》：“許康佐弟堯佐，擢進士第。又舉宏詞，爲太子校書。”

徐弘毅，見《册府元龜》、《唐會要》。

杜轂，見《册府元龜》、《唐會要》。

崔群，見《册府元龜》、《唐會要》。 柳宗元《送崔群序》：“甲俊造之選，首讎校之列。”童宗説注云：“貞元十年，群舉賢良方正，授校書郎。”

皇甫鏄，見《册府元龜》、《唐會要》。 《舊書》本傳：“鏄，貞元初登進士第，登賢良文學制科。”《容齋續筆》：“唐德宗貞元十年，賢良方正科十六人，裴垍爲舉首，王播次之，隔一名而裴度、崔群、皇甫鏄繼之。六名之中，連得五相，可謂盛矣。而邪正夐不侔，度、群同爲元和宰相，而鎛以聚斂賄賂亦居之，度、群極陳其不可，度耻其同列，表求自退，兩人竟爲鎛所毁而去。且三相同時登科，不可爲無事分。而玉石雜糅，薰蕕同器。若默默充位，則是固寵患失，以私妨公。裴、崔之賢，誼難以處也。”按此是崔群、皇甫鎛名在裴度之次，今《册府元龜》、《唐會要》傳鈔誤也。○孟按：《全唐文》卷五十八憲宗《授皇甫鎛户部侍郎同平章事制》：“夙懷經濟之策，早在賢良之選。”

王仲舒，見《册府元龜》、《唐會要》。　《舊書・文苑傳》：“王仲舒字弘中，太原人。不就鄉舉，貞元十年策試賢良方正、能直言諫科，仲舒登乙第，超拜右拾遺。”權德輿《吏部員外郎南曹廳壁記》：“太原王仲舒，貞元十年冬，繇諸侯部從事賢良對策，歷左右諫列、儀曹考功郎。”韓愈《王仲舒神道碑銘》：“貞元初射策，拜左拾遺。”又見墓誌銘。○孟按：韓愈撰《唐故江南西道觀察使中大夫洪州刺史兼御使中丞贈左散騎常侍太原王公(仲舒)墓誌銘》：“公諱仲舒，字弘中。少孤，奉其母居江南，游學有名。貞元十年以賢良方正拜左拾遺。”五百家注引嚴曰：“按王弘中碑云貞元初策拜左拾遺，與陽城合遏裴延齡不得爲相，墓誌則曰貞元十年以賢良方正拜左拾遺，按陸贄之貶在十一年春，而陽城傳云裴延齡讒毁陸贄等坐貶黜，城率拾遺王仲舒數人守延英上疏。則墓誌云十年是矣。”

許季同，見《册府元龜》、《唐會要》。

仲子陵，見《册府元龜》、《唐會要》。　《新書・儒學傳》：“仲子陵，蜀人，舉賢良方正。”權德輿《仲君子陵墓誌銘》：“貞元十年，舉賢良方正，拜太常博士。”又《司門員外郎壁記》：“鼓城仲子陵，脩詞而筮仕，説經有師道。”

鄭士林，見《册府元龜》、《唐會要》。

邱穎。見《册府元龜》、《唐會要》。　權德輿有《送邱穎應制舉序》。按邱穎與韓昌黎同爲董晋幕客，昌黎《寄周員外詩》云：“陸孟邱楊久作塵，同時存者更誰人。”其言邱即穎也。　按《容齋續筆》，是年賢良方正科十六人。楊嗣復《權文公集序》又作升名者十七人。此祇十五人，當有奪佚。

博通墳典，達於教化科：

朱穎。見《册府元龜》、《唐會要》。

詳明政術,可以理人科:

張平叔,見《册府元龜》、《唐會要》。○孟按:《全唐文》卷六六二白居易草《張平叔可京兆少尹知府事制》:"自貞元以來,用三科取士,奉詳明政術、可以理人之詔而得其名有其實者幾何人哉?平叔居其一也。"

李景亮。見《册府元龜》、《唐會要》。

博學宏詞科:洪興祖《韓子年譜》引《科第録》:"十一年,試《朱絲繩賦》、《冬日可愛詩》、《學生代齋郎議》。" 按《韓文考異》,《學生代齋郎議》諸本作貞元十年應博學宏詞,是洪氏譜誤。○孟按:宋蜀刻本《新刊經進詳注昌黎先生文集·外集》卷二《上考功宏詞官虞部崔員外書》文讜注:"唐進士禮部既登第後,吏部以宏詞試之,中其程,然後命官。公正元八年進士,至是再試宏詞不售,按此書云公年二十六,即貞元九年也。而古本《省試代齋郎議》,貞元十年應宏詞時作,即公九年、十年兩應是科也。故《與崔立之書》云:'凡二試於吏部,一既得之,又黜於中書。'此是再黜後書也。"

陳諷,見《文苑英華》。 《廣卓異記》引《登科記》:"陳諷,貞元十年進士,狀元及第。當年宏詞頭登科。"

王太真,見《文苑英華》。

庾承宣。見《文苑英華》。

*知貢舉:禮部侍郎顧少連。原作"户部侍郎顧少連",徐氏考云:"見《唐語林》。 柳宗元《與顧十郎書》云:'門生守永州司馬員外置同正員柳宗元謹致書十郎執事:大凡以文出門下,由庶士而登司徒者,七十有九人。'韓注:'貞元九年、十年,顧少連以禮部侍郎知貢舉,取進士六十人,諸科十九人。'按進士之數與《登科記》符,諸科疑有誤字。" 孟按:嚴耕望《唐僕尚丞郎表》卷十六《輯考五下·禮侍》"顧少連"條云:"貞元八年冬,以户侍權知禮部貢舉。九年二月二十七日丙子,放榜。後正拜禮侍,續知十年春貢舉,放榜。是年,徙散騎常侍。"則貞元十年顧少連乃以禮部侍郎知貢舉也。按嚴説證據有三:第一,《全唐文》卷四七八杜黄裳撰《東都留守顧公(少連)神道碑》載少連歷官有"凡三踐列曹",即先後任户、禮、吏三侍郎。第二,本年

進士科李頔名下徐松注據《太平廣記》引《感定録》:"貞元中,有舉人李頔方就舉,聲價極振。忽夢一人紫衣云:'當禮部侍郎顧少連下及第。'寐覺,省中朝並無姓顧者。及頃有人通刺,稱進士顧少連謁。頔驚而見之,具述當門生。顧曰:'某纔到場中,必無此事。'來年頔果落第。自此不入試,罷歸。至貞元九年,顧少連自户部侍郎權知貢舉,頔又未第。因潛往造焉。臨放榜,時相特囑住一人,頔又落,但泣而已。來年秋,少連拜禮部侍郎,頔乃登第。""來年秋"未當,當指貞元九年秋。第三,上文徐松引柳宗元《與顧十郎書》韓注:"貞元九年、十年,顧少連以禮部侍郎知貢舉。"亦未確,其九年當爲以户侍權知貢舉,十年乃以禮侍知貢舉。今據改。

＊李逢吉《進善旌賦》曰:"皇唐之與伊唐也,濬哲文思,異代同時,咸進善以欽若,又建旌以求之。不進善焉,何以延仄陋之士;不彰别也,何以嘉讜正之詞。是宜式創宏模,聿陳令典,綴拆羽以藻耀,植脩竿之偃蹇。相其地以崇樹所宜,因其人以康莊是踐;即之者有以翊聖,瞻之者於焉遷善。忠謇之徒,鳳馳雲趨,畢效臣節,同膺帝俞。猶金礪而君臣合契,類土圭而形影相符。迴立岩亭而克同國柄,直行勁挺而自陟天衢。由是悉索草茅,罔資介儐,高懸垂逮下之德,仰視知不言之信。咸策足以員來,思捐軀而自徇。同于舞羽,至誠之感必臻;異彼弨弓,非禮之招不進。大哉求仁,其必有因,懿此標表,本乎諮詢。制其事者,上惟允恭之帝;集其下者,衆皆可封之人。是必隨謗木以用捨,與諫鼓爲等倫。若夫容衛繁多,制度奇詭,玄虵始務其厭勝,翠鳳式崇乎侈靡,熊武之示勇則那,日月之比崇徒爾。寧有裨於啟沃,且無取於率俾。偉夫有臺有宫,胡爲乎途中,所以闡于聖聰,使無不通;爰樹爰揭,豈惟乎人悦,所以遵彼隽傑,使皆就列。然後朝廷邁德,嗣於羲軒,得賢方於稷卨;躬好問之裕,有知人之哲。固以日奏於嘉言,矧斯旌之攸設。"《文苑英華》卷六十八

＊陳諷《進善旌賦》曰："惟哲王儲精庶務，示人降衷，冀一善之咸睹，俾群情而大同。抗以高旌，式觀於五達；萃兹多士，以聞乎四聰。是用去疵厲而達幽仄，和上下而宣德風；邦有道而無隱，善如流而必通。原夫創自堯心，變昭漢列，參夫折羽之制，有類干旄之設。名既匪於司常，用有殊於掌節，多通達之要會，集寰海之賢哲。每聞致主之言，時得興邦之説，足以見王臣之謇謇，聖德之孜孜。示人有作，虚己無私，旌非善而罔進，國非賢而不釐。遵道員來，懋德音而親問；擇陰斯止，備獻體亦陳詞。敷一德而見答，俾兆人而賴之，徒美夫因事立名，教人示信。略孤表以遥集，掩群才而得隽，無勞負笈而來，豈必繫轅而進。于以光啟帝道，輝映天衢，陋燕昭之尊隗，小齊景之招虞。正以居中，表弘道之在我；直而端本，知立德之不孤。於是野絶遺賢，朝無闕典，仰崇標而勸義，臨廣術而來善。豈比夫周聆木鐸之謡，漢尚石渠之選。方今酌憲前古，肇康有人，將葑菲而並采，俾弓旌而是陳。故野無逃名之士，朝有俾象之臣。舉善陟幽，振遺芳於虞帝；率心敗德，矯覆轍於嬴秦。然則庶積交脩，遐邇率俾，儻片善之可録，庶無疑於室邇。"《文苑英華》卷六十八

＊柳道倫《進善旌賦》曰："帝堯有君人之大德，恢理國之令圖，將啟納善之懷於四方之士。乃立進善之旌於五達之衢，所以訪政化之本，招賢俊之徒，告善員來。故進而無妄，聞善必納，信言而有孚，類諫鼓所陳，同謗木之設。彼思聞過而遷善，此俾明善而就列；善既陳而一人有慶，旌既立而萬姓咸悦。寧同旟旐之翩翩，奚貴干旄之孑孑。九達之上，大逵之中，直影而晴分瑞日，孤懸而晝引祥風。置之則上德下布，就之則下情上通；既至者固當授之以禄，將來者不假招之以弓。初孰爲此，自陶唐氏，制乃有常，張而不弛，嶷然而孤標獨立，迥爾而中立無倚。示華夏則綏之斯來，化要荒而罔不率俾。厥旌既陳，盛德日新，使樂善之儔，得因旌以進，知建旌之意。固惟善是親，可以光被區宇，統和

天人，比垂衣於百代，異舞干於七旬。繇是廣達四聰，必徵片善，咸望雲而就日，若風行而草偃。求其善理，知百僚之師師；採其善言，得王臣之謇謇。今大君聰明文思，庶政無遺，善以求人，固以達於政矣。旌可進善，亦在推而廣之，士有敦詩書、懷忠信，學頗師於鄒魯，君幸逢於堯舜，比潛鱗而待躍，同弱羽之思振。欣逢進善之時，庶以善言而進。"《文苑英華》卷六十八

＊陳九流《進善旌賦》曰："彼旌孑孑兮五達之中，進善爲名兮求善爲功，狀岧亭以截日，勢聳擢以淩空。王者所以開讜諫之路，作耳目之聰。故帝堯設之，道由此達；洎我唐建也，化乃斯通。觀其迥立長衢，孤標數仞，麗晴天以獨出，抗高閣而爭峻。體惟能正，俾止惡而來觀，影則不虧。使言善而思進，莫非明主求臣，願聞所陳，期乎啟沃之佐，想夫股肱之人。由是標格寰中，萬姓瞻之以爲準。高居物外，九重隔之以爲臬。（孟按：原作"梟"，注："疑作臬。"兹據《全唐文》卷五九四改）至乃不傾不危，持堅孤絶，非虹蜺之光欲掩，豈日月之明能揭。故邦無道則我斯廢，邦有道則我斯設。彼書謗之木，安可與齊；承露之盤，何能並列。吾君庶政允釐，獻納是思，多聞得賢之頌，每詠補衮之詩。猶恐化理未（孟按：原作"永"，據《全唐文》卷五九四改）洽，俊乂（孟按：原作"又"，據《全唐文》卷五九四改）尚遺，而彼士則可招矣，在斯旌故宜立之。且夫爲干者其利淺，爲旌者其功尠，曷若當天下之用，進海内之善。搜揚不倦，道已盛於方今；正直長存，事足昭（孟按：原作"招"，據《全唐文》卷五九四改）於古典。況登於睿鑑，旌之通衢，人則是仰，物豈能踰。謂善建者手不可拔，豈有力者負之能趨。是知昔之設旌也其美如彼，今之設旌也其美如此。君若好善，士皆可俾。士有願歌乎聖德，庶無慚於末技。"《文苑英華》卷六十八

＊竇從直《進善旌賦》曰："邈矣帝德，至哉聖謨，廢置殊時，古今合符。孑孑之狀可觀，將從五達；孜孜之道斯表，克協三無。是以聳彼群彦，致之康衢，願揚美以歸厚，思獻忠而效孚。故得

繼以此信，言由是進，明揚既達，且自殊於表閭；謇諤必陳，豈可同夫先俊。觀其悠揚廣衢，旖旎從風，諒賢愚以咸覿，固朝野而必同。式委垂而下俯埃壒，乍直指而上映晴空；過之而凛然生敬，仰止而卓爾在中。苟厥志之有立，當其誠以遂通；俾其不進不止，豈徒自西自東已哉。俟爾貞烈，自疑非虚設；既異詩人之干旄，匪同叔孫之綿蕞。匪善奚取，惟賢是謁。彼謗木焉得而比矣，諫鼓胡可而儔之。苟匡救之惟徵，我無爾詐，而旌别之有制，爾無我欺。則賢既樂只，人將率俾，不獨翻曉日以摇摇，獵輕風而靡靡。至仁斯被，至化爲淳，何必改舊，然後爲新。矯前王之令德，酌古典之攸尊，雖謩訓以克備，尚蒭蕘之是詢。萬國欽風，巖廊盡英髦之士；百蠻向化，版築無屠釣之人。故知至德在於求賢，救世資乎擇善。則設旌之道也，爲皇王之盛典。”《文苑英華》卷六十八

＊范傳正《進善旌賦》曰："爲君者莫大乎求賢，審賢者莫先於進善；不立表以取則，何勗人於自勉。故我后纂唐，德酌堯典，爰揭旌以建標，若懸鑑而攸選。其制惟新，難乎所陳。置於朝，懼來而有阻；樹於野，慮獻之無因。於是施之五達之陌，以招四遠之人。乃折羽上插，綴旄傍委，映旭日之曈曈，隨長風而靡靡。孤標迥出，中立無倚，將舉事以舉言，在率土而率俾。儀神都，聳康衢，或斂袵以下過，或峨冠以來趨。善或可聞，豈持之而有怍；德苟未進，敢欺之而自誣。旌因名而助順，士脩業以求進。小人斯遠，寔曰不怒而威；君子必臻，可謂不言而信。瞻之者其行勵，仰之者其心慎，非表善之爲崇，亦懲惡而能峻。故得有善者不擁，無媒者自通。所以導人之志，達帝之聰。豈比夫舞干兩階，徒有格苗之用；樊纓七就，何旌進善之功。亭亭不撓，奕奕斯設，招一善而百善知歸，納一人而萬人胥悦。諒厥裁之爲美，與恒用而有别。施之行馬，豈得耀於朱門；授乃元戎，何貴偶夫全節。藏器以待時，與斯而若斯；惟事非細，惟賢是司。儻片善可録，至

公不疑。願伫立於旌下,幸因兹而進之。"《文苑英華》卷六十八。

孟按:以上賦六篇據前考新補。徐松原録范傳正、夏方慶《風過簫賦》删去。

*陳九流《春風扇微和詩》曰:"喜見陽和至,遥知橐籥功。遲遲散南陌,裹裹逐東風。暗入芳園裹,潛吹草木中。蘭蓀纔有緑,桃杏未成紅。已覺寒光盡,還看淑氣通。由來榮與悴,今日發應同。"《文苑英華》卷一八三

*張彙《春風扇微和詩》曰:"木德生和氣,微微入曙風。暗催南向葉,漸翥北歸鴻。澹蕩侵冰谷,悠揚轉蕙蘩。拂塵迴廣路,泛瀨過遥空。暖上烟光際,雲移律候中。扶摇如可借,從此戾蒼穹。"《文苑英華》卷一八三

*范傳正《春風扇微和詩》曰:"曖曖當遲日,微微扇好風。吹摇新葉上,光動淺花中。澹蕩凝清晝,氤氲暖碧空。稍看生緑水,已覺散芳蘩。徒倚情偏適,徘徊賞未窮。妍華不可狀,竟夕氣融融。"《文苑英華》卷一八三

*陳通方《春風扇微和詩》曰:"習習和風扇,悠悠淑氣微。陽升知候改,律應喜春歸。池柳晴初折,林鸎暖欲飛。川原浮彩翠,臺館動光輝。泛艷摇舟闕,揚芳入粉闈。發生當有分,枯朽幸因依。"《文苑英華》卷一八三

*柳道倫《春風扇微和詩》曰:"青陽初入律,淑氣應春風。始辨梅花裹,俄分柳色中。依微開夕一作曉。照,澹蕩媚晴空。拂水生蘋末,經巖觸桂蘩。稍抽蘭葉紫,微吐杏花紅。願逐仁風布,將裨生植功。"《文苑英華》卷一八三

*郭遵《春風扇微和詩》曰:"微風飄淑氣,散漫及兹晨。習習何處至,熙熙與春親。曖空看早辨,映日度逾頻。高拂非烟雜,低隨衆卉新。霽天輕有靄,綺陌盡無塵。還似登臺意,元和欲煦人。"《文苑英華》卷一八三

*豆盧榮《春風扇微和詩》曰:"春晴生縹緲,軟吹和初遍。池影動淵淪,山容發蔥蒨。遲遲入綺閣,習習流芳甸。樹杪揚鸎啼,階前落花片。韶光恐閑放,旭日宜遊宴。文客拂塵衣,仁風願迴扇。"《文苑英華》卷一八三

*邵偃《春風扇微和詩》曰:"微風扇和氣,韶景共芳晨。始見郊原緑,旋過御苑春。三條開廣陌,八水汎通津。烟動花間葉,香流馬上人。逶迤雲彩曙,嘹唳鳥聲頻。爲報東堂客,明朝桂樹新。"《文苑英華》卷一八三。 孟按:以上詩六首據前考新補。

王太真《朱絲繩賦》曰:"達者睹物而自識,眷繩而象直。白能受采,知成用而可脩;樂匪在音,遂執中而有得。諒絲繩之爲物,類托質以自植。幸操張以一伸,任縱横而取則。故能貞而守正,勁以全真。含至和以不屈,抱孤直以誰鄰。若剛克以自致,諒柔立而有音。齊達人之履道,比君子之脩身。久而莫渝,豈紅紫之見奪;勁而不撓,非糾纏疑作"纆"。之爲倫,當其涚水初滋,勢如束理。女工爰作,視其所以。如積微於杪忽,遂立質於經紀。察其本,同成經以自綸;喻乎時,表直道以如砥。挂端標以有準,持正色而爲美。將配德於清壺,願齊名於直矢。故能從繩作直,因物寓詞。苟一繩之可法,將百行以爲師。義足仰而象矣,理自中而得之。直可自佯,奚感鮑君之與;色非我行,徒興墨子之悲。將勁挺而自守,庶回邪而不欺。俾夫取象師心,必由斯道。考朱絲之外物,得素尚於中抱。奚水鑑之足徵,詎韋絃之是保。觀夫正不與奸色儔,勸吾人之聿脩;直不爲虚聲枉,俾吾人之取象。故能名昭樂曲,義暢人謨。鄙在棼而不理,賤爲直以就汚。願處微而自正,終守直而不渝。足以詭良材而轉雅操,端循質而喻通途。苟中正之可進,願從繩而已乎。"按《文苑英華》此賦闕名。《永樂大典》載作王太真,今從之。

庾承宣《朱絲繩賦》曰:"絲之爲體兮,柔以順德。絲之爲用

兮,施之則直。從其性而不改,成其音而不忒。故君子體直以爲象,履中而立身。豈委曲而取媚,將勁挺而惟新。既端懿以難匹,想高張而莫倫。初未爲絃兮,信任其舒卷。既比夫矢也,諒難乎屈伸。寧懼不合於衆而改操,不同其類而易直。雖立質以假物,立音而因人。敦夫旊氏之功,辨夫園客之養,非繞指以可悦,將如絲而是仰。志士以是而興嘆,詩人因此而取象。清廟之瑟,非我而莫聞;空桑之琴,非我而奚響。惟直是與,惟端是求。惡靡然以從俗,恥紛若以隨流。天心保真,側媚見而用悔;原注:疑。神道助正,謇諤鑒而無憂。信乎去邪以受福,孰不履正而身脩。間其色兮未嘉,素其質兮孰美。信挺挺而直繩是若,固奕奕而渥丹無比。欲衆之好,我染之而匪他;知代之惡,邦直之而有以。非矯其俗,將遷其時。寧三時而有贊,諒一向而無疑。道在斯而爲得,文捨此而何之。古所以嗟是非而莫分,怨邪正之難考。多將任情而媚俗,鮮能率性而行道。何不鑒朱繩而獨異,與群類而且殊。其美雖偶,其道則孤。儻斯言而是當,又可得而已乎。”《文苑英華》

陳諷《冬日可愛詩》曰:“寒日臨清晝,寥天一望時。未銷埋徑雪,先暖讀書帷。屬思光難駐,舒情影若遺。晋臣曾比德,謝客昔言詩。散采寧偏照,流音信不追。餘輝如可就,迴燭幸無私。”《文苑英華》

庾承宣《冬日可愛詩》曰:“宿霧開天霽,寒郊見初日。林疎照逾遠,冰輕影微出。豈假陽和氣,暫忘玄冬律。愁抱望自寬,羈情就如失。欣欣事幾許,曈曈狀非一。傾心儻知期,良願自兹畢。”《文苑英華》